Nicolaus Sombart

Pariser
Lehrjahre
1951–1954

Leçons de Sociologie

Hoffmann und Campe

Die Deutsche Bibliothek – CIP-Einheitsaufnahme

Sombart, Nicolaus:
Pariser Lehrjahre / Nicolaus Sombart.
– 3. Aufl. – Hamburg : Hoffmann und Campe, 1995
ISBN 3-455-08539-3

Copyright © 1994 by Hoffmann und Campe Verlag, Hamburg
Schutzumschlaggestaltung: Lo Breier
unter Verwendung eines Fotos von Helmut Newton
Gesetzt aus der New Caledonia
Satzherstellung: Fotosatz Froitzheim GmbH, Bonn
Druck und Bindung: Friedrich Pustet, Regensburg
Printed in Germany

La nudité de la
femme est plus sage
que l'enseignement
du philosophe

Die Nacktheit der Frau
ist weiser als die
Lehre des Philosophen

Max Ernst

INHALT

I

ANNÄHERUNGEN

Aufbruch

Paris war die Stadt, in die meine Mutter reiste, um ihre schönen Kleider zu kaufen. Das letzte Mal war sie dort gewesen, als zwischen dem Eiffelturm und dem modernisierten Art-Déco-Trocadéro noch einmal der Glanz einer Weltausstellung die alte Hauptstadt des 19. Jahrhunderts verklärte. Ach, wieviel Unsinn ist seitdem nicht über die Pariser Weltausstellungen geschrieben worden.

Mit ihren Erzählungen brachte sie mir die Sondernummer der Zeitschrift *Illustration* mit, deren Spezialhefte für den Luxus ihrer Ausstattung, die Qualität der auf verschiedenfarbige Folien geklebten polychromen Bilderreproduktionen, aber auch die Sorgfalt und Eleganz des Umbruchs und der Aufmachung einer jeden einzelnen Seite berühmt waren. Nie wieder ist wohl von einer Zeitschrift, welcher Provenienz auch immer, ein ähnlicher Standard technischer Perfektion und unfehlbaren Geschmacks erreicht worden. So ein Produkt konnte offenbar nur in Paris entstehen. Wie die Parfums, wie die Kreationen der Haute Couture, gehörte es zu den Attributen einer bis dahin nicht erreichten Lebenskultur, deren Prestige in den dreißiger Jahren von Rio de Janeiro bis Beirut, von New York bis Bukarest unangefochten war.

Alles, was mit Paris zusammenhing, hatte für mich in meiner Jugend einen besonderen Glanz, die Aura des Ungewöhnlichen, des Besseren, des Begehrenswerten. Das galt auch für die weißen Hefte der *Nouvelle Revue Française*, die einige Jahre lang regelmäßig zu uns nach Hause in die Humboldtstraße kamen. Auf stark holzhaltigem, schnell vergilbendem Papier gedruckt, waren sie weiß Gott kein Luxusprodukt, aber nicht weniger Erzeugnisse eines auf die Spitze getriebenen Raffinements, deren Konsum Genüsse besonderer Art versprach, die, wenn sie auch rein geistig waren, ein gewisses Etwas, eine Stimmung, eine Spannung, einen Kitzel vermittelten, einen kulinarischen Mehrwert gewissermaßen, den das Leseangebot der väterlichen Bibliothek nicht hergab. Wenn ich die Beiträge lesen wollte, die das Inhaltsverzeichnis auf der kargen, aber eben doch elegant und vornehm wirkenden, nur auf die Schrift gestellten Umschlagseite anzeigte, mußte ich die Bögen aufschneiden; es kam vor, daß ich sie in meiner Ungeduld sehr ruppig einfach mit dem Finger aufriß, so daß die Ränder zerfetzten, was mein Vater nicht sehen durfte! Die Artikel und die Namen ihrer Autoren führten mich zu den Büchern, die im Roten Salon in der Bibliothek meiner Mutter standen. Bücher, die sie, wenn sie sie nicht aus Paris mitbrachte, in der *Librairie Française* in Berlin bestellte, die von einer pummeligen, unglaublich geschwätzigen, nicht mehr jungen, aber noch nicht zum Alter entschlossenen Französin mit blondgefärbten Locken geführt wurde.

Meine Mutter nahm mich manchmal mit, wenn sie bei ihr hereinschaute, was ungefähr alle Woche einmal geschah. Reisebücher von Morand, Gedichtbände der Comtesse Anne de Noailles, Colettes Romane, die *Falschmünzer* von Gide, alle auf schlechtem Papier gedruckt, aber sorgfältig eingebunden – wie die Bände der *Recherche du temps perdu*, die ich damals ein erstes Mal zu lesen versuchte, ohne anderen Gewinn freilich als die rauschhafte Ahnung einer fernen, mir fremden, gleichzeitig aber auf geheimnisvolle Weise immer schon vertrauten Welt, die kennenzulernen, in die einzudringen ich mir intensiv wünschte.

Das war Paris, das Paris in mir, bevor ich Paris kannte. Hier wurde eine Sehnsucht geschürt, die gar nicht so sehr auf die Entdeckung von etwas Neuem gerichtet war als auf die Wiederfindung eines dunkel Erinnerten.

Während meiner Militärzeit, die ich als Flaksoldat in der »Luftwaffenreisegesellschaft« bescheiden und ohne jede Anteilnahme verbrachte, war das einzige, das mich aus der tiefen Apathie, in der ich Schutz gefunden hatte, reißen konnte, der Gedanke einer möglichen Annäherung an Paris. Als ich hörte, daß wir zur Ausbildung nach Frankreich versetzt werden sollten, nach Vitry, geriet ich ganz aus dem Häuschen. Lag Vitry nicht in unmittelbarer Nähe von Paris? Irrtum. Unser Vitry lag im Artois, im nördlichen Kohlendistrikt mit seinen Abraumkegeln am flachen Horizont – einem der desolatesten Landstriche Europas. Paris lockte in unerreichbarer Ferne. Es blieb nur die Wunschvorstellung einer Dienstreise, eines Spezialauftrags, auch dann noch, als wir längst mit unseren Zweizentimeter-Flak-Geschützen in Rußland herumfuhren. Dieser absurde Wunsch, über den ich doch mit niemandem gesprochen haben konnte, muß mir derart von der Stirn abzulesen gewesen sein, daß meine Kameraden sich mit der Komplizenschaft eines jungen Kompaniechefs, der sich gelegentlich gerne einmal mit mir unterhielt, den Scherz erlauben konnten, mich zum Rapport auf die Schreibstube zu beordern, wo mir in aller Form ein Marschbefehl ausgehändigt wurde: Ich war zur Ausbildung als Dolmetscher nach Paris abkommandiert! Natürlich fiel ich darauf herein. Man hatte die Grausamkeit, das Spiel über 24 Stunden lang zu treiben, selige 24 Stunden. Dann war auch dieser Traum zu Ende. Nichts mit den Weibern, sagte grinsend der Spieß, der sein Vergnügen kaum verhehlte, den »Studenten« hereingelegt zu haben. »Die Weiber« – das war für ihn, der so wenig dort gewesen war wie ich, Paris. Auch er hatte sein Paris im Kopf. Mit seinen Stereotypen gehört es zur Topographie des kollektiven Unbewußten der Deutschen, ich war da keine Ausnahme. Paris ist das Sündenbabel, die Stadt der leichten Frauen, der Kokotten, des hemmungslosen Sinnengenusses. Wenn ich mich recht besinne, schwang, wie ein kaum perzeptibler Oberton, eine Nuance dieses Vorwurfs, oder war es nur ein Verdacht, eine auf Gerüchten, die nicht totzukriegen waren, basierende Vermutung in den Worten meines Vaters mit, wenn dieser über Paris sprach, was oft geschah, als er kurz vor seinem Tod Zolas *Rougon-Macquart* in einem Zuge wieder durchlas und mir von ihren Heroinen erzählte: Gervaise und Nana. Und gewiß ist in Paris die Rolle der Frauen eine andere als in der preußisch-protestantisch-professoralen Welt, zu der er und ich als sein Sohn gehören.

Mein Vater war eigentlich ganz nach Italien orientiert. Italiensehnsucht, bis zu seinem Tode. Aber es gab eine Phase wissenschaftlicher und politischer Zusammenarbeit mit Franzosen, Anlaß zu Parisreisen. Und zwei seiner Frauengeschichten sind aufs engste mit Paris verbunden. Lilly Braun, die er in der Bibliothèque St. Geneviève ansprach, und Paula Modersohn-Becker, mit der er sich dort verabredet hatte. Das Rendezvous mit ihr war kein Erfolg. Sie rächte sich mit dem scheußlichen Porträt, das heute in der Bremer Kunsthalle hängt.

Später, in den zwanziger Jahren, begleitete er seine junge zweite Frau nach Paris und saß etwas gelangweilt und amüsiert bei *Fouquet's*, während sie bei ihrer Modistin war; abends ging man dann mit den rumänischen Verwandten, die das alles bezahlten, ins Boulevard-Theater und danach ins *Tabarin*.

Er hatte Gespräche mit seinem Verleger Plon und seinem Übersetzer Jankelewitsch (dem Vater des zu meiner Zeit berühmt gewordenen Philosophen des Todes, der aus verständlichen Gründen Deutsche nicht mehr zu sehen wünschte), der die beiden letzten Bände des *Modernen Kapitalismus* so mustergültig ins Französische übertragen hatte, daß mein Vater sagen konnte, das Buch sei französisch besser als deutsch, was durchaus ernst gemeint war, er konnte es beurteilen.

In den Heidelberger Studienjahren entdeckte ich dann, immer noch ohne je dort gewesen zu sein, mit meinen Freunden und Spießgesellen Kesting und Koselleck eine Dimension von Paris, die mir bis dahin verborgen geblieben war: Paris, die Hauptstadt der Revolution. Paris war mehr als die Hauptstadt Frankreichs, es war Hauptstadt der Welt, *capitale de l'hu-*

manité – die Metropole schlechthin. Eine emblematische Stadt, Laboratorium der großen Ideen, die man sich von der Zukunft machen konnte, von Fortschritt und Freiheit, von den Rechten und der Würde des Menschen, Experimentierfeld gesellschaftlicher Veränderungen – hier vollzog sich exemplarisch der Fortgang der Geschichte, der Geschichte, versteht sich, als universalem Menschheitsgeschehen, in dem jedes Individuum die letzte verbindliche Referenz einer Sinngebung seines je eigenen Lebensschicksals finden konnte. Das hat von London, geschweige denn von Berlin nie jemand behauptet.

Auf eine neue und tiefere Weise begann ich zu verstehen, was es mit der Rede von den zwei Heimaten jeden Erdenbürgers für eine Bewandtnis hat, dem Land seiner Geburt und Paris. Der das gesagt hat, war kein Ästhet und Flaneur, sondern Weltbürger in einem moralischen und politischen Sinne, nicht Globetrotter, sondern *citoyen du monde*, und die Formel von den zwei Heimaten, mochte sie seitdem auch zu einem Gemeinplatz verkommen sein, allenfalls geeignet für Tischreden, wollte besagen, daß Paris der Mittelpunkt der Welt sei, nicht mehr und nicht weniger, und zwar darum, weil es der Ort ist, an dem sich, für jeden, der zur großen Gemeinschaft der Menschen gehörte, wo immer auch er geboren sein mochte, das geistige Schicksal der Menschheit entscheidet.

So empfand ich ganz selbstverständlich Paris als auch meine Hauptstadt; dies um so mehr, als ich seit dem Verlust des Grunewalder Hauses, seit dem vorausgesehenen und ungeduldig erwarteten Ende des Krieges, seit der Zerstückelung Deutschlands, Berlin vollkommen abgeschrieben hatte und mich zwischen Trümmerbereinigung und Vergangenheitsbewältigungszwängen im Adenauer-Deutschland, diesem Rumpfstaat ohne Mittelpunkt, ohne Kapitale, geistig und politisch, existentiell, wie man damals sagte, vollkommen fremd, heimatlos, wie in einem No-man's-Land, wie in einem Exil befand.

Die unerhörte Erregung, in der ich meine erste Reise antrat, kann ich nur noch mit größter Mühe nachempfinden, aber ich erinnere mich daran, ich kann sie gewissermaßen rekonstruieren. Jene Erregung, die einen ergreift, bevor man etwas vollziehen wird, das man mit allen Sinnen begehrt: der antizipatorische Rausch, in den einen die Vorlust versetzt. Die Frage stellt sich mir heute, ob diese von allen Lüsten, die zu erfahren es dem Menschen gegeben ist, nicht die schönste, ungetrübteste, reinste ist.

Noch niemals hatte sie mich so vehement ergriffen wie damals, als ich zum ersten Mal nach Paris aufbrach, weil ich mir bislang in meinem Leben nichts so intensiv gewünscht hatte.

Als der Zug den Frankfurter Hauptbahnhof verließ und ich, vollkommen außerstande, mich in meiner Kabine zur Ruhe zu legen, am heruntergelas-

14

senen Fenster im Gang stehend, ganz leicht hinausgelehnt, den Zugwind in den Haaren, das Rattern über den Weichen im Ohr, das Schauspiel des langsamen Übergangs vom Lichtgeflimmer der Stadt in das Dunkel der Nacht auf mich wirken ließ, war ich mir voll bewußt, welch entscheidenden Moment meines Daseins ich erlebte. Mit dieser Fahrt begann ein neues, ich war überzeugt davon, mein eigentliches Leben. Alles, was sich zuvor zugetragen hatte, die Jugend in Berlin, der Krieg, das Studium in Heidelberg, die Reise nach Italien, waren nur Etappen, Vorstufen. Kein Schritt zu etwas Neuem war diesem vergleichbar, weder der triste Marsch des Geschorenen in die Flensburger Kaserne noch die mirakulöse Rettung am Tage des Waffenstillstands aus Kurland, in einem kleinen Kahn über die Ostsee, die Bugwellen russischer Schnellboote im Rücken, noch auch die glückselige Fahrt über den Brenner, wo mir in Rom, in Neapel, in Positano soviel Schönes und Bedeutsames bevorstand. Jetzt erst kam die große Wende. Das ist keine nachträgliche Stilisierung, so empfand ich es in diesem Augenblick. Nichts von allem, was ich hinter mir ließ, trauerte ich nach. Ich hatte keine Angst vor dem Unbekannten, im Gegenteil. Mich erfüllte ein grenzenloser Jubel, ein Gefühl der Befreiung. Ich seufzte tief, ich atmete auf.

Der erste Tag

Ich hatte alles gut vorbereitet. An der Gare de l'Est würde mich ein Freund, Marshal Suther, abholen. Der Zug traf zu einer barbarisch frühen Stunde ein, es war im Januar, es begann gerade zu dämmern. Und da stand er, wie erwartet, in einem gelben Kamelhaarmantel, ohne Hut, kein Franzose, kein Deutscher, ein junger Amerikaner, den ich in Heidelberg kennengelernt hatte, dunkeläugig, feinnervig, ein Sproß der Südstaaten, einer dieser sensiblen jungen amerikanischen Offiziere, die mit der ersten Welle der Befreiungstruppen nach Deutschland gekommen waren. Er hatte sich beim Aufbau der Heidelberger Universität die größten Verdienste erworben. In den Genuß des großzügigen Programms zur Förderung der Kriegsveteranen gelangt, studierte er jetzt in Paris Kunstgeschichte, was sonst.

Er schloß mich wie einen Bruder in die Arme. Vor dem Bahnhof stand der kleine offene MG, schwarz, mit roten Lederpolstern, Chromspeichenrädern und weißen Felgen. Den kannte ich noch aus Heidelberg. Bevor er den Motor anwarf, fragte er: »Où veux-tu aller?« Wir sprachen jetzt französisch. Ich zögerte nicht, obwohl mir die Idee erst in diesem Augenblick kam: »Allons voir la Tour Eiffel!«

Da hockte ich fröstelnd in dem kleinen schwarzen Auto, das mein Freund schweigend und scheinbar ganz planlos durch die Straßen steuerte. Die Fassaden waren diesig verhüllt, keine Volumen, nur Silhouetten, nicht Stein und Eisen, Luftspiegelungen. La Madeleine, Place de la Concorde, Le Petit Palais, Le Grand Palais, Le Pont Alexandre III, das Marsfeld, der Eiffelturm – dort, schwebend, im Morgengrauen. Traumfetzen im Niemandsland des Erwachens. Noch hatte ich die Möglichkeit nicht, sie im Koordinatennetz eines Stadtplans genau zu verorten, aber – und das beglückte mich – ich erkannte sie.

So würde es bleiben. Obwohl mir alles unbekannt war, war es mir vertraut. Durch mein Nichtwissen schimmerte ein Vorwissen hindurch – Bilder und Namen, Anekdoten und Jahreszahlen, Balzac und Proust. Jedes Erkennen wurde zum Wiedererkennen, zum lustvollen Déjà-vu. Meine Neugierde, meine Bereitschaft, mein Begehren – ja, das ist vielleicht das richtige Wort – hielten die Schwelle der Erkenntnis besetzt. Eine Enttäuschung war in dem Stadium dieser ersten visuellen Kontaktnahme nicht möglich. Ich brauchte nie festzustellen, »daß alles ganz anders war«. Es war so, wie es war, mit einer berückenden Evidenz.

Um die Wahrheit zu sagen: Vom Eiffelturm konnten wir überhaupt nur die gewaltigen vier Füße sehen, die in den Wolken verschwanden. Auch war zu dieser frühen Stunde der Zugang für das Publikum noch nicht eröffnet. Wir suchten uns also ein Bistro in der Nähe, um die Öffnung abzuwarten, in der Hoffnung, daß sich bis dahin der Himmel etwas gelichtet haben würde.

Ach, dieses erste Frühstück mit dem Café au lait und den Croissants auf der schäbigen Lederbank an einem Marmortischchen, serviert von einem mürrischen Garçon in der langen, weißen, um die Hüfte geschlungenen Schürze, alles war so, wie es sein mußte. Die Erwartung war erfüllt, und die Erfüllung machte mich selig. Ich mag Milchkaffee gar nicht und mache mir nichts aus Croissants, doch an diesem ersten Morgen waren sie die unerläßlichen Ingredienzen eines elementaren Rituals der Initiation und der Aneignung. Ich schmeckte Paris, ich aß Paris.

Dann fuhren wir hinauf in das gewaltige eiserne Gestänge, glitten empor in diesem phantastischen Konstrukt saint-simonistischer Technikgläubigkeit, das wie kein anderes Bauwerk der Welt sinnfällig zum Ausdruck bringt, was man meinen kann, wenn man von dem »Projekt der Moderne« spricht. Symbol aber auch des Pariser Weltherrschaftsanspruchs. Durchaus sinnvoll stand es auf dem Terrain, auf dem die Menschlichkeitskapitale ihre Feste zelebriert – von den Feiern zu Ehren der Göttin Vernunft bis zu den Weltausstellungen.

Ich wollte da hinauf, um in der ersten Stunde Paris mit einem Blick zu

umfassen. Bewundernd, besitzergreifend wollte ich es unter mit liegen sehen – wie eine Landschaft vor der Schlacht, wie den Körper einer Frau.»À
nous deux maintenant!« Dabei fühlte ich mich weder als Napoleon noch als
ein Rastignac, eher wie ein Wanderer, der von einem Gipfel aus die Landschaft überblicken will, in die er hinabsteigen wird, um ihre legendäre
Schönheit zu erkunden. Nichts davon. Wir standen im Wolkengefetz, der
Wind blies uns ganz schön um die Ohren, von der Stadt war keine Spur zu
sehen. Das Bild der Isis war verschleiert. Das machte aber nichts. Die Situation war erhaben, die Stimmung hochromantisch. Wichtig war in diesem
Augenblick, daß ich meinen Wunsch erfüllt hatte! Ich stand auf der Spitze
des Eiffelturms. Es war ganz so, als ob ich Paris zu meinen Füßen hätte
liegen sehen.

Jetzt übernahm mein Freund die Führung. Nach dem Eiffelturm, den er
in seinem Programm nicht vorgesehen hatte, fuhren wir zum Arc de
Triomphe, von dort die Champs-Élysées hinunter, durch die Tuilerien zum
Louvre – doch da gingen wir nicht hinein. Dann weiter zu Notre-Dame und
zur Sainte-Chapelle.

Die erste richtige Überraschung war der Halt auf dem Markt der Rue de
Buci. Die Sonne war herausgekommen, da wimmelte es von Menschen . . .
Die Schreie der Händler hinter ihren Ständen, die aufgetürmten Pyrami-
den von Obst und Gemüse, der Gestank an den Tischen der Fischverkäu-
fer – ich roch Paris, dörflich, ländlich, Paris village. Mir kam es geradezu
orientalisch vor. Ganz so wirkte auf mich das kleine Restaurant, in dem wir
jetzt, der Absicht meines Freundes folgend, essen sollten: eine Garküche,
wie sie französischer nicht sein konnte. Die vollbesetzten Tische lagen im
hinteren Teil des niedrigen, rauchgeschwärzten Raums. Um zu ihm zu gelangen, mußte man an dem breiten Herd vorbei, auf dem in großen Töpfen
die Gerichte schmorten, deren Namen mit Kreide auf einer darüberhän-
genden Tafel aufgeschrieben standen. Man konnte in die Töpfe hinein-
gucken oder ihre Deckel lüpfen, um sich das auszusuchen, was man essen
wollte: bœuf bourguignon, Kutteln in Weißweinsoße, Kaninchenragout,
weiße Bohnen, Karotten, Pommes frites etc. Touristen waren hier nicht.
Junges Volk, Studenten, das Lumpenproletariat von St. Germain-des-Prés,
die Weiber vom Markt.

Einen Platz zu bekommen, schien hoffnungslos, die Wartenden standen
dichtgedrängt vor den dampfenden Kasserolen und Marmiten, die auf dem
Feuer brutzelten, das eine großbusige Madame in einer blauen Schürze mit
gerötetem Gesicht eifrig schürte. Sie füllte auch die Teller, in denen man
sein Essen dann an den Tisch mitnehmen konnte. Der Herd strahlte eine
angenehme Wärme aus. Trotz allen Geschiebes war es stinkgemütlich. Getränke servierte ein schmächtiges Jüngelchen, auch blau beschürzt. Er rief

die Bestellungen, überlaut kreischend, von den Tischen zur Theke nach vorn:»Un rouge, un!« Wir bestellten uns bei dem phlegmatisch-hageren, spitznasigen, mit einer Baskenmütze bedeckten ältlichen Gesellen, der die Theke betreute, erst einmal einen Kir.

Ich denke mir, daß dieses Lokal, genauso, wie ich es an diesem ersten Tag kennenlernte, seit hundert Jahren unverändert existiert hat. Es vermittelte eine unmittelbare Anschauung der Lebenswelt, wie sie die Romane von Balzac, Eugène Sue und Victor Hugo schildern. Die war, als ich 1951 nach Paris kam, noch überall gegenwärtig. Heute ist das alles verschwunden, mit Stumpf und Stiel ausgerottet. In unserer Garküche stellt eine Boutique ihren schicken Schnickschnack aus. Nur den Markt de Buci gibt es noch.

Zum Abendessen führte mich mein Cicerone in ein Freßlokal – anders kann ich es nicht nennen. Es war krachend voll, in großen und kleinen Sälen in mehreren Stockwerken saßen die Gäste an eng gestellten Tischen, in großen und kleinen Gruppen, manche aber auch allein, dem Genuß des Essens und Trinkens andächtig hingegeben. Uns wurden zwei Plätze in einer Ecke zugewiesen. Gott sei Dank waren sie reserviert. Wie auf den anderen standen auf unserem Tisch drei gewaltige Magnum-Flaschen (ich sah sie zum erstenmal) mit Rotwein, Weißwein und Rosé. Es war die Spezialität dieses Hauses, daß der Weinkonsum unbeschränkt war, *la formule* – man konnte trinken, soviel man wollte, und allein dieser Gedanke beflügelte mich; obendrein wurde uns noch ein Süßwein als Aperitif serviert. Und die Speisenfolge von mindestens sieben Gängen durch einen *pousse* – ein Glas Calvados – unterbrochen. Ich schlug mit einer Gefräßigkeit zu, die sich nur durch lange Kriegsjahre und die Kargheit deutscher Nachkriegsjahre entschuldigen ließ. Soviel ich sehen konnte, waren wir die einzigen Fremden. Die Leute, die hier saßen, waren hierhergekommen, fest entschlossen, es sich gut schmecken zu lassen, und hatten sich dafür die nötige Zeit genommen. Nirgends war die Spur einer Ungeduld zu merken, überall herrschte das schiere Behagen, ein an Wollust grenzendes Wohlgefühl. Meine Stimmung erreichte einen neuen Höhepunkt.

Aber es sollte noch besser kommen. Die nächste Etappe des Programms, das mein Freund sich für mich ausgedacht hatte, war ein Lokal in einer Seitenstraße der Place Blanche, in dem etwas geboten wurde, dem damals noch ein Ruch von Laster anhaftete: eine Tuntenshow. Man saß dichtgedrängt an langen Tischreihen, mußte aber erst einmal am Eingang neben der Garderobe warten, bis einem ein freiwerdender Platz zugewiesen wurde, zu dem man sich mühsam durchdrängeln mußte. Die Leute kamen und gingen, offenbar genügten vielen ein oder zwei Nummern des Programms, das pausenlos lief. Sofort wurden einem, ohne viel Federlesens, eine *consommation* vor die Nase gestellt und abgerechnet. Es bedienten dieselben, die auf der Bühne auftraten, verkleidete, grell geschminkte, schwabbelige Männer. Im Saal machten sie die Gäste an:»Komm, setz dich hierher, du Süßer.« Besonders hatten sie's auf die Damen abgesehen, die eine gewisse Verlegenheit nicht überwinden konnten. Wenn sie vor den Vorhang traten, gaben sie, von der kreisrunden Aureole des Scheinwerfers verklärt, mit geziertem und g'schamigem Getue, mit Wimpernklimpern und verdrehten Augen Pariser Chansons zum besten, mal à la Piaf, mal à la Marlene Dietrich, mit krächzenden, brüchigen Stimmen, immer mit einer parodistischen Note, bei der es nicht klar war, ob sie nur der Absicht entsprang, sich über die weiblichen Vorbilder zu mokieren, die da imitiert wurden, oder einer gesunden Dosis Selbstironie. Es herrschte eine vergnügte, fast familiäre Atmosphäre, an der auch das Publikum teilhatte. In Schwung gehalten wurde das Ganze durch Madame Arthur, ein Kerl von der Statur eines Gardegrenadiers in giftgrünem, fischbeinversteiftem Kunstseidenmieder, eine Federboa um die muskulösen Schultern und den faltigen Hals geschlungen, der zwischen Rampe und Tischen einherstakste und das Programm und eventuelle Publikumsreaktionen mit unglaublich obszönen, immer witzigen und schlagfertigen Zwischenbemerkungen kommentierte, wobei er jedesmal eine phänomenal lange Zunge aus dem lippenlosen Maul herausschießen ließ, wie ein Chamäleon, zwanzig Zentimeter lang, ich übertreibe nicht – in sich schon eine Obszönität, weil völlig klar war, wozu diese Zunge hauptsächlich diente. Auch Madame Arthur konnte geziert kichern, mit den Wimpern klimpern und mit ihrem tutuverhüllten Popo wackeln. Aber schlecht beraten war, wer sich mit ihr auf ein Wortgefecht einließ; er wurde brutal fertiggemacht. Die Respektlosigkeit gehörte zum Stil des Hauses. Es lag darin die ganze Verachtung der Homosexuellen für den»Hetero«, Männlein wie Weiblein.

Noch einmal ging es dann in dem possierlichen schwarzen MG quer durch die ganze Stadt, von Montmartre nach Saint-Germain-des-Prés. Es war jetzt schon Mitternacht. Gleich um die Ecke, bei der kleinen Place Furstemberg, wenige Meter von der Garküche entfernt, klopfte mein Freund an eine Tür, die man am Tag sicherlich nicht bemerkt hätte. Es dauerte ein Weilchen. Dann ließ uns ein stupsnäsig-sommersprossiges junges Mädchen, nachdem es uns streng gemustert hatte, eintreten. Ich sah sofort, daß mir mein Freund an meinem ersten Tag noch etwas ganz Besonderes bieten wollte. Schon bei Madame Arthur interessierten ihn meine Reaktionen mehr als das Programm, das er längst kannte und das ihn eher langweilen mußte. Er hatte sich die Aufgabe gestellt, mir sein Paris zu zeigen.

Der winzige Raum lag im Halbdunkel, an das sich mein Auge erst gewöhnen mußte. Er war überfüllt. Die Gäste, sehr viel elegantes junges

Volk, meistens Amerikaner, saßen auf unbequemen Hockern an niedrigen Tischchen, auf denen je eine Kerze brannte. Als das Lied zu Ende ging, das gerade gesungen wurde, als wir eintraten, wurde eine der Kerzen ausgepustet. Es war nicht die erste. Es gehörte zum Ritual, daß hier nach Mitternacht nach jedem Lied eine Kerze nach der anderen gelöscht wurde. Eine geschickte Inszenierung, die ihre Wirkung nicht verfehlen konnte. Man kam, um an dieser Zeremonie teilzunehmen. Es war schick und stimmungsvoll zugleich. Keiner konnte sich dem entziehen.

Mein Freund hatte seine Aufgabe glänzend gelöst. In seinem Einführungsparcours hatte er mir einen vollkommenen Eindruck von Paris vermittelt; er hatte Paris auf die Kurz-Formel einer Tagestour gebracht. Ich hätte danach abreisen und sagen können, ich kenne Paris. Mehr wissen wir von der Mehrzahl der Städte ohnehin nicht, die wir besucht haben und von denen wir sagen, wir kennten sie. Von dem meisten, von dem wir meinen, wir kennen es, wissen wir weitaus weniger. In Wahrheit wissen wir nichts.

Ich lag in meinem Bett und ließ alles, was ich gesehen hatte, noch einmal Revue passieren. Ich hatte die Vorhänge nicht zugezogen. Eine Lichtreklame von gegenüber projizierte in immer gleicher Abfolge wechselnde Flimmerbilder an die Decke über mir. Sacré-Cœur, der Invaliden-Dom, die Sainte-Chapelle, Notre-Dame, Place de la Concorde, Place Pigalle, Place Furstemberg. Über allem, dominierend, das Haupt in den Wolken, das stählerne Gestänge, der Eiffelturm. Immer von neuem. Ich war selig und konnte nicht einschlafen. Ich war übersättigt und doch nicht satt. In mein Glücksgefühl mischte sich ein Sehnen. Es fehlte mir etwas. Ich spürte einen Mangel. Ich hätte nicht sagen können, was es war. Der weiche Leib eines weiblichen Wesens, der sich an mich schmiegte. Eine dunkle Stimme, die mir ins Ohr raunte. »Encore.«

Das andere

Ich betrat noch die Hauptstadt des 19. Jahrhunderts. Sie war fast unversehrt, als Stadtlandschaft, als gesellschaftlich-geistige Lebenswelt. Man hatte damals noch unmittelbar Zugang zu einem Erfahrungsraum, der ein Jahrhundert umspannte. Es war tatsächlich die Stadt Balzacs und Baudelaires, der Revolution und der Restauration. Es war der Ort, an dem man – wie an keinem anderen – die Umrisse der mentalen und sozialen Strukturen der europäischen Hochkultur an ihrem Kulminationspunkt, die hier ihre paradigmatische Ausprägung gefunden haben, klar und deutlich erkennen konnte. Paris, *la capitale de l'occident*. Die Epochenstadt.

Was lockt die deutschen Paris-Pilger von Anarchis Cloots über Börne und Heine, Marx und Lassalle bis zu Tucholsky und Klaus Mann, eine nicht abreißende Kette von deutschlandflüchtigen Paris-Fans? Die Freiheit! Die Idee der Freiheit, ein Freiheitsgefühl, eine Freiheitssehnsucht, ein Freiheitsversprechen. Hier bin ich Mensch, hier darf ich's sein. Das Politische verbindet sich dabei mit dem höchst Privaten. Das Mekka der *Revolution* ist das Dorado gesellschaftlicher Verhältnisse, die dem Individuum eine optimale Chance der Selbstverwirklichung versprechen. Revolution wird zur Metapher für die Möglichkeit jeder Revolte, in der das Ich die Grenzenlosigkeit seiner Wünsche auskosten kann. Deutschland wußte nichts von Freiheit. Freiheit war dort die Anerkennung der Notwendigkeit, die freiwillige Unterwerfung unter das Gesetz –»denn das Gesetz nur kann uns Freiheit geben«. Freiheit galt als etwas in höchstem Maße Suspektes, Anstößiges, Ordnungswidriges, dem man mit größtem Mißtrauen begegnen mußte. Das war anders in Frankreich, das war anders in Paris. Der Abstand von Deutschland zu Paris ließ sich immer bemessen an dem unterschiedlichen Grade, in dem hie und dort die Idee der Freiheit als politisches Ideal, als Grundrecht des einzelnen, als Prinzip der Daseinsgestaltung und Lebensführung zur Geltung kam, wobei zu beachten ist, daß aus der deutschen Perspektive *Liberté* und *Libertinage* auf beunruhigende Weise ineinander übergehen. Die Hauptstadt der *Revolution* war auch die große Hure Babylon. Paris war nicht darum so attraktiv, weil man dort freiheitlicher denken, sondern auch weil man dort freier lieben konnte.

Die politische Repression geht immer zusammen mit der sexuellen, so wie die politische Emanzipation untrennbar verbunden ist mit der sexuellen. Angst davor gehört zur Tradition der deutschen Selbstbehauptung. Es gehört zum Kern des deutschen Denkens, jener renitenten deutschen *Kulturkritik*, die zum geistigen Erbe des Bismarck-Reichs gehört und mit ihm entstand und für die Paris zum Inbegriff, zur symbolischen Repräsentanz all dessen geworden ist, wovon deutscher Geist, deutsches Wesen, deutsche Art sich unterscheidet. Paris, das ist die Hochburg jener *Civilisation*, vor deren Verlockungen ein deutsches Kulturbewußtsein sich schützen und bewahren muß. Paris ist der Herd einer schrecklichen Ansteckungsgefahr. Zivilisation, das klingt deutschen Ohren wie *Syphilisation*.

Ich erfinde nichts. Ich übertreibe nichts. Man braucht nur einmal wieder in den Büchern der *deutschen Männer* nachzulesen, die es sich zur Aufgabe gemacht hatten, das Wesen der deutschen Kultur zu definieren – Vertreter eines ethnischen Fundamentalismus, wie man heute vielleicht sagen würde. Anti-Liberalismus, Anti-Parlamentarismus gehen da immer zusammen mit Misogynie und Paris-Phobie. Eine Männerwelt wird verteidigt gegen eine Welt, in der die Frau herrscht. Das Weib, so heißt es, prägt die

urbanen Lebensformen, deren Gefühlsuntergrund ein dunkles, ausweglo-
ses, nie zu befriedigendes sinnliches Begehren ist. Wehrlos fühlt sich dort
der Mann seinen Trieben ausgeliefert. Er ist selbstsüchtig und einsam und
spricht es auch vor sich selbst und unter vier Augen schamlos aus. Anmutige Verzweiflung, verweiflungsvolle Anmut ist da der beste Fall; der
schlimmste Fall ist anmutloser, gieriger Materialismus. Vereinigung von
Skepsis und Anmut, Lebensgenuß und Melancholie – das ist die Seelen-
stimmung des urbanen Lebenszustands, der in den Zentren städtischer Geselligkeit sich entfaltet, für die Paris das Urbild, das unerreichte Vorbild,
das abschreckende Beispiel ist.

Für die urbane Lebensform bedeuten die Mauern der Stadt, die die
Häuser umschließen, etwas Heiliges. Das ist nichts für die Deutschen. Für
sie sind es nicht die Mauern der Stadt, die das Vaterland ausmachen, son-
dern die Männer. Nicht das Haus und der Salon, sondern die Männerver-
sammlung und das Feldlager sind die symbolischen Figurationen ihrer
Welt. Gegen das urbane wird ein heroisches Lebensgefühl gestellt. Gegen
Eudämonie das Dämonische. Man könnte lachen, aber diese lebensfeindli-
chen Dichotomien, die Hartnäckigkeit, mit der sie sich gehalten haben, die
Angst und Faszination, die aus ihnen spricht, gehören auch zur deutschen
Geschichte, die man lesen kann als die Geschichte der Urbanisierung eines
Volkes, das dieser Urbanisierung im Innersten widerstrebt, aber nicht auf-
hört, sich danach zu sehnen.

Paris – der andere Pol, der Gegenpol, *das andere*, unterdrückt, verborgen, verschmäht, draußen gelassen, immer verführerisch und gefährlich
präsent. Nach Paris zu gehen, heißt für einen Deutschen immer, sich den
Zwängen der deutschen Männergesellschaft zu entziehen – auszuschweifen
in das Reich der Mütter.

»Warum aber«, so sinniert Heine, »war die Freude meiner Rückkehr
nach Paris so überschwenglich, daß es mich fast bedrückte, als beträte ich
den süßen Boden der Heimat, als hörte ich wieder die Laute des Vaterlandes? Warum übt Paris einen solchen Zauber auf Fremde, die in seinem
Weichbild einige Jahre verlebt? Viele wackere Landsleute, die hier seßhaft,
behaupten, an keinem Ort der Welt könne der Deutsche sich heimischer
fühlen als eben in Paris, und Frankreich selbst sei am Ende unseres Herzens nichts anderes als ein französisches Deutschland.«

»Die Deutschen«, meint Nietzsche etwas später, »haben keine Kultur:
Sie sind nach wie vor von Paris abhängig – die Ursache ist, sie haben auch
keinen Charakter.«

Deutschlandflüchtig – parissüchtig, das gehört zusammen. Es scheint
nicht so, als hätte sich daran viel geändert. Auch nicht nach dem Zweiten
Weltkrieg. Warum war mir denn dieses Nachkriegsdeutschland so gräßlich?

Nie ist es den Deutschen materiell und politisch besser gegangen. Allein es fehlte an Weite, Großzügigkeit und Stil. Es fehlte Eleganz, Sinnenfreude und Urbanität. Es fehlte die Metropole. Berlin? Ach, Berlin war verloren. Es herrschten dort noch die preußischen Sekundärtugenden. Es fehlte das andere, die andere Hälfte eines Ganzen. Ohne sie war eine Erkenntnis der konkreten Wirklichkeit in ihrer Totalität nicht möglich, das fühlte ich. *Être à Paris* – in Paris sein – war jetzt meine *raison d'être* – meine *raison sociale*. Ich hätte sie so in den Fragebogen der Präfektur einsetzen können, den ich ausfüllen mußte, als ich im Hotel Henri IV an der Place Dauphine Quartier nahm.

Hôtel Henri IV

Ohne eine Ahnung von der sozialen und mythischen Topographie der Stadt zu haben, hatte ich, noch in Deutschland, auf dem Stadtplan eines alten Paris-Baedekers, den ich in einem Frankfurter Antiquariat billig erwerben konnte, den kleinen dreieckigen Platz auf der Île de la Cité ausgemacht. Dort, dachte ich und legte den Zeigefinger auf die Stelle, müßte man wohnen. Das war offensichtlich der Mittelpunkt von Paris. Und schon am zweiten Tag begab ich mich dorthin und fand, im Schmuck ihrer Platanen, zwischen der pompösen, überflüssigen Prachttreppe des Palais de Justice und den beiden Louis-treize-Eckpavillons, die sie zum Pont-Neuf abschließen, die über alle Maßen anmutige Place Dauphine, gesäumt von kleinen Restaurants, Antiquitätenhändlern und Handwerkerläden, darunter mehrere Buchbinder. Und siehe, da war auch ein kleines Hotel, schmalbrüstig in die Häuserfront eingeklemmt. Nichts hatte sich hier seit hundert Jahren verändert. Wie hieß es? Wie konnte es nur heißen? Hotel Henri IV.

Ich ging hinein, die schmale Stiege hinauf, zum Entresol, in dem man sich bücken mußte, um nicht an die Decke zu stoßen – so schien mir. Hier war der *Empfang*, das Bord, an dem die Schlüssel, mit einem Hartgummiball beschwert, vor den schmalen Fächern hingen, wo die Gäste ihre Post und, noch wichtiger, die Zettel, auf denen Telefonanrufe notiert wurden, und natürlich auch die Rechnungen, fanden.

Ein wirklich vorsintflutliches Telefon! Wie oft würde ich hier stehen, mit dem schweren, messinggezierten Hörer in der Hand, und in das geschweifte Schallrohr aus schwarzem Bakelit sprechen! Ja, sagte der junge Mann mit der Baskenmütze auf dem Kopf, Staubwedel unter dem Arm – er hatte eine blaue Arbeitsschürze umgebunden, die ihm bis zu den Waden reichte –, es wäre noch ein Zimmer frei, ob ich es mir ansehen wolle. Ich folgte ihm eine steile Spindelstiege hinauf. Ein schwarzer Kater strich uns um die Beine. Zimmer gab es auf jeder Etage immer nur drei, ein großes und zwei ganz kleine. Er zeigte mir das größere im zweiten Stock, mit einem schönen, hohen Fenster, Blick auf den Platz hinaus. Die gegenüberliegende Fassade war so nah, daß man durch die Zweige der Platanen bequem in die Räume vis-à-vis hineinschauen konnte. Ein Veilchenstrauß grüßte herüber. Ein Kamin, darüber ein großer Spiegel, bis zur Decke, in der Ecke ein französisches Bett unter einem Wandbord. Hinter einem Wandschirm ein Waschtisch und ein Bidet (fließendes warmes und kaltes Wasser). Mit einem Blick ergriff ich Besitz von dem Raum: Den wackligen Klapptisch, der vor dem Fenster stand, mit einem einzigen Stuhl, würde ich vor den Kamin stellen – darauf die Schreibmaschine –, mein Arbeitsplatz. Auf das Bett würden der Kelim und ein paar Kissen geschmissen: der Divan, ohne den ich mir ein Zimmer, das ich bewohne, nicht vorstellen kann. Die Bücher würden auf dem Bord Platz finden. Der Preis? Der Wirt war es gewohnt, Dauergäste zu haben. Neben mir, sagte er, wohnt seit vielen Jahren ein alter Kapitän, der noch mit dem Segelschiff das Kap Horn umfahren hatte. Kleine Pause, um den Eindruck abzuschätzen, den die Mitteilung auf mich gemacht haben könnte. Mit gesenkter Stimme dann: Oft würde ich ihn nicht zu sehen bekommen, denn er sei bettlägerig und verlasse sein Zimmer kaum noch; nachts würde ich ihn manchmal vielleicht hören, er leide unter Asthmaanfällen.

Die Monatspauschale schien erschwinglich – für heutige Verhältnisse unvorstellbar niedrig. Für mein damaliges Budget gerade noch tragbar. Ich schlug zu, und in diesem Zimmer 9 habe ich gelebt, bis ich Paris zwei Jahre später wieder verließ.

Ich kam mir richtig großartig vor, in einem Hotel zu wohnen. Bis zu diesem Zeitpunkt, seit meiner Rückkehr aus dem Krieg, hatte ich nur in möblierten Buden gehaust, wenn ich überhaupt ein Zimmer mein eigen nennen konnte. Jetzt bewohnte ich ein kleines Zimmer in einem kleinen Hotel im 1er Arrondissement und gehörte zu der Schicksalsgemeinschaft der Bewohner eines *Petit Hôtel*, der Gemeinschaft der sans-famille, der sans-patrie, der Minderbemittelten, der *Unbehausten* – wie sie alle übrigens, Rilke, Wilde, Hemingway, Miller, Hessel, Benjamin, man ist da ja nicht in schlechter Gesellschaft. Romain Rolland bringt seinen Helden sinnigerweise im Hôtel de Civilisation unter, einer tristen Absteige; die Surrealisten machen ihre makabren Scherze über das nette kleine *Hôtel aux Hommes Célèbres*, Place du Panthéon, neben den Pompes Funèbres, in dem sie ihren Schabernack treiben.

Es gab vielleicht noch an die hundert dieser bescheidenen Herbergen, als ich nach Paris kam. Wo sich das eine oder andere erhalten zu haben scheint, hat sich, trotz eines alten Namens sein Charakter völlig verändert, es ist schick und teuer geworden. Das Biotop ist ausgestorben. Unwiederbringlich verloren, wie die *Vespasiennes*. Bald wird niemand mehr da sein, niemand mehr leben, der seine Atmosphäre beschreiben kann. Die Geruchsnuancen, die Geräusche, das wacklige Mobiliar, die billigen Vorhänge, die, zu knapp bemessen, nie ausreichten, um ein Zimmer zu verdunkeln, die knarrenden, halsbrecherischen Stiegen, die von der Decke baumelnden zu schwachen, unmattierten Glühbirnen, die Verbotsschilder, die die Benutzung von Teekochern untersagten, aber auch die winzigen Balkone, von denen man den schönsten Blick über Dächer und Kamine hatte, les toits de Paris, und immer die Katzen, nicht ohne Grund, denn es gab Mäuse in den alten Häusern und, wenn man Pech hatte, Wanzen und Kakerlaken in den Waschtischen, das warme Wasser floß nur stundenweise, dafür aber war der Hahn nie dicht und tropfte, was empfindliche Gäste den Schlaf kosten konnte, wozu mitunter auch andere Umstände beitrugen, die vögelnden Nachbarn – wenn man sie sah, konnte man es sich nicht vorstellen –, der Schnarcher in der Etage darüber, die Wände waren hauchdünn, Fachwerkkonstruktion, mit Latten verschlagene Schilfrohrfüllung unter dem Putz, dafür waren die Wirtsleute immer nett, familiär,»menschlich«. Es wird Zeit, die Geschichte des kleinen Hotels zu schreiben. Ein Dissertationsthema für Komparatisten.

In Zukunft sollte man von allen, die in Paris gelebt und über Paris geschrieben haben, die Adresse angeben, feststellen, wo sie gewohnt haben, den Namen ihres Hotels. Das gehört, meine ich, zur literarhistorisch-wissenssoziologischen Standortbestimmung eines Werkes und seines Autors – besonders dann, wenn er in einem *Petit Hôtel* abgestiegen ist. Man sieht die Blümchentapete des Zimmers vor sich, riecht förmlich das ganze Elend, wenn man den Satz liest:»So, also hierher kommen die Leute, um zu leben, ich würde eher meinen, es stürbe sich hier.« Der Wesensunterschied zwischen dem »Malte« und den»Duineser Elegien« liegt, möchte ich meinen, darin, daß der eine in einem kleinen Pariser Hotel, die anderen auf einem Schloß geschrieben wurden, mit Ausblick auf das blaue Meer.

»Was für eine schöne Adresse Sie haben!« sagte manchmal mit näselnder Stimme einer der freundlichen Leute, die wissen wollten, wo ich in Paris wohnte. Sie dachten sich: wie die Schauspieler, Maler und amerikanischen Millionäre, die dort residierten, eine luxuriöse Wohnung oder, hoch zwischen den Kaminen, ein Atelier mit Riesenfenster auf die Seine.

Eine sehr gute Adresse, aber sehr unpraktisch, wie sich bald herausstellen sollte. Bis zu den *Deux Magots* in St.-Germain-des-Prés, wohin ich täglich mußte, war es ein ganz schöner Fußmarsch. Auch die Sorbonne und, in der anderen Richtung, die Bibliothèque Nationale waren nicht in walking distance, ganz zu schweigen vom Faubourg, vom Seizième und dem Bois de Boulogne! Der geographische Mittelpunkt von Paris lag etwas abseits von den Orten, die für mich zu Schwerpunkten meines Pariser Lebens werden sollten.

Das Spiel mit der richtigen Adresse kannte ich noch nicht. Wie das in Paris lief, mußte ich erst lernen. Dabei half mir André Siegfried, dessen Vorlesungen in der Rue Guillaume ich besuchte; kein Prof., ein großer Herr, HSP, der, amüsant und ernst zugleich, also geistreich, eine Soziographie von Paris entwickelt hatte – und zwar vom 18. Jahrhundert bis in die Gegenwart –, wozu er auf Stadtplänen den genauen Standort der großen Couturiers zum Beispiel oder der Herzöge eintrug. Was wußte ich von Couturiers? Was wußte ich von Herzögen?

Vie expérimentale

Wußte ich eigentlich genau, was ich in dieser Stadt wollte? Ich war auf einem Wege, ohne bestimmtes Ziel, doch mit einem sicheren Gespür für die Marschrichtung. In Deutschland hatte mich nichts gehalten. Ich hätte nach Amerika gehen können. Ein Stipendium der Ford-Foundation war mir in Aussicht gestellt. Aber ich war hierher gekommen, unter sehr viel ungünstigeren Bedingungen. Natürlich hatte ich in der Tasche ein Forschungsprojekt, hatte ich ein Thema.

Ich hatte mir vorgenommen, über die Elite-Theorie von P. S. Ballanche zu arbeiten. Ich wollte meine Studien über die Gesellschaftstheorie von Saint-Simon dadurch vertiefen. Über den hatte ich in Heidelberg promoviert. Das Verhältnis von Geschichtsphilosophie und Soziologie wollte ich erforschen, die Geburt der Soziologie aus dem Geiste der Geschichtsphilosophie, oder so, genau stand das natürlich noch nicht fest. Aber war das nicht überhaupt nur ein Vorwand?

Ich war auf der Reise. In euphorischen Momenten, in denen mein grandioses Ich seine Ansprüche anmeldete, spukte in meinem Kopf die Vorstellung, mein Aufenthalt in Paris werde so etwas wie der Höhepunkt und Abschluß meiner Grand Tour. Davon konnte natürlich überhaupt nicht die Rede sein. Zur Grand Tour gehörten ein Reisemarschall, substantielle Kreditbriefe und – ein Kavalier. Ich erfüllte keine der drei Bedingungen. Wenn überhaupt etwas, war ich der Held eines bürgerlichen Erziehungsromans, der auf der Reise zu sich selbst ist.

Eine Italienreise hatte ich schon hinter mir, eher in der Art des *Taugenichts*. Neapel, wo ich – bei Jesuiten wohnend – unter der Anleitung von Benedetto Croce Marx und Heidegger las. Rom, das mir Ludwig Curtius erschloß. Positano, wo ich in dem magischen Dreieck zwischen Stefan Andres, Armin T. Wegener und Kurt Crämer in das ewige Streitgespräch von Malern und Schriftstellern hineingerissen wurde: Verstehen die Maler mehr von Literatur als die Schriftsteller von der Malerei oder umgekehrt? Die Antwort fiel in der *Casa sul Mar*, wo Tag und Nacht die Wellen gegen die Grundmauern platschten, immer zugunsten der Maler aus. Florenz, wo ich in der zypressenumstandenen Villa Machiavelli in Fiesole, in die sich der rumänische Botschafter aus Berlin, Comnène, alias Popescu, mit seiner immer noch schönen Gattin und der immer noch unverheirateten Tochter mit der großen Nase nach dem Kriege zur Ruhe gesetzt hatte, zum ersten Mal eine Ahnung davon erhielt, welches die äußeren Bedingungen für ein Leben sein könnten, in dem sich Geist, Geld und Geschmack zu einer höchsten menschlichen Daseinsform verbinden, der einzigen, die ich ganz spontan und selbstverständlich als die mir angemessene empfand, auch wenn ich mich, wie in diesem Falle, fragen mußte, wo der Luxus herkam.

In Neapel begegnete ich einem jungen Engländer. Die Croce-Töchter hatten ihn mir anvertraut. Ich sollte ihn, bitte schön, bei »meinen« Jesuiten in der Villa Luisa unterbringen. Das wollte ich gerne tun. Die Villa lag in einem Mimosenhain, der jetzt gerade in voller Blüte stand, und aus meinem Bett konnte ich, wie Philipp II. im Escorial das Tabernakel, hinter den Fensterscheiben Capri schwimmen sehen, einem selbstgefällig aufgeplusterten Schleierfisch in seinem Glas vergleichbar. Durch einen deluvialen Klatschregen stiegen wir unverdrossen zum Capo di Monte hinan. Wir wären nicht auf die Idee gekommen, auf eine der überfüllten Straßenbahnen zu springen, die uns quietschend überholten, so sehr fesselte uns das Gespräch, unser erstes langes Gespräch, in dem wir uns wechselseitig über unseren Lebenslauf und unsere Pläne zu verständigen versuchten, ich mit einem ganz rudimentären Englisch, er in einem nicht viel besseren Französisch mit dem unnachahmlichen Upper class accent, den nachzuahmen, wie ich später mit Vergnügen feststellen sollte, das ständige Bemühen der französischen Aristokratie ist. Die Geburtsstunde einer Freundschaft, die ein Leben dauern sollte. Wir waren ungefähr gleich alt. Um die Fünfundzwanzig. Auf die Frage, was er werden wolle, antwortete mein Begleiter, dem das Wasser in Sturzbächen über das schöne Gesicht rann, was ihn überhaupt nicht zu stören schien, nein, er fände es tout à fait délicieux, und nach einer Pause des Zögerns sagte er mit einem tiefen Seufzer: »Über mir hängt das Damoklesschwert eines Sitzes im ›House of Lords‹.«

Ich mußte schlucken. Ein junger Lord! Ich war nicht etwa neidisch, wo denken Sie hin, sondern neugierig. Ein Exemplar dieser Spezies war mir noch nicht begegnet. Was mein Selbstgefühl empfindlich berührte, war die

Subalternität meiner Frage. Etwas »werden wollen«, sich ein »Berufsziel« setzen – wie peinlich. Man ist etwas, und darüber spricht man nicht, weil es als bekannt vorausgesetzt werden kann, wie man auch über seine Einkünfte nicht spricht, die man selbstverständlich hat. Ein künftiger Lord kann auf Grand Tour gehen, sie gehört zu einem festvorgezeichneten Lebensplan (wie seine Schule und sein College in Oxbridge), wie jeder Satz, den er öffentlich oder privat ausspricht, wie alles, was er tut und läßt, egal welche Tätigkeit er ausübt, lebensstilmäßig geprägt ist durch seinen sozialen Status (und nicht umgekehrt).

Für mich lagen die Dinge anders. Mein Lebensweg war nicht seit meiner Geburt festgelegt, und wenn er das einmal war, so hatte Hitler dem ein Ende gesetzt. Ich war nichts und hatte nichts. Ich fand keinen festen Platz in der Gesellschaft vor, ich mußte mir einen Platz erst suchen.

Nichts stand für mich fest. Ich war nicht mehr als ein von den widersprüchlichsten geistigen Interessen, von Wißtrieb, Genußsucht und Lebensgier umhergetriebenes Subjekt, ohne klar definierten sozialen Status, ein »Möglichkeitsmensch«. In einem Schwebezustand der Suspendierung aller Entscheidungen und Festlegungen, war zunächst einmal alles, was ich tun würde, Exploration. Jede Exploration war ein Experiment.

Mit größtem Entzücken hatte ich, schon in Heidelberg, in der Zeit, in der ich an meiner Dissertation arbeitete, in den Papieren des Grafen Henri de Saint-Simon eine Theorie der *vie expérimentale* entdeckt. Der Mann, der als erster seine Zeit als Zeit gesellschaftlicher Veränderung, als époque de transition, verstanden hatte und eine »Wissenschaft« des gesellschaftlichen Wandels begründen wollte, hatte auch die Intuition gehabt, daß die erkenntnistheoretische Voraussetzung dafür die existentiell-experimentelle, »wissenschaftlich« erworbene Eigenerfahrung sei.

»Man muß«, sagt Saint-Simon in den Direktiven, die er seinem Neffen Victor auf den Lebensweg gegeben hat, »in seinen besten Jahren so originell und aktiv leben, wie es irgend geht; alle Theorien und Wissenschaften kennenlernen; alle Klassen der Gesellschaft durchlaufen; so viele soziale Rollen erproben wie nur möglich und darüber hinaus Kontakte schaffen, die für die anderen und für einen selbst völlig neu sind; im Alter seine Beobachtungen über die Auswirkungen dieser Erfahrungen auf die anderen und auf sich selbst zu einer neuen Philosophie zusammenfassen.«

Das hatte mir sofort eingeleuchtet. Das war ein Programm der pragmatisch-empirischen Wahrheitssuche, das ebenso meinen Bedürfnissen wie meinen Neigungen entsprach. Saint-Simon hat auch die moralische Grundverfassung angegeben, unter der allein ein solches Vorhaben erfolgreich durchgeführt werden kann. Auf seinem Sterbebett sagte er zu seinem Lieblingsschüler: »Rodrigue, souvenez-vous que pour faire des grandes choses, il faut être passionné.« Bis heute bin ich der Idee der vie expérimentale treu geblieben.

Die neue Philosophie, die Saint-Simon am Ende seines abenteuerlichen Lebens konzipiert hat, war, ich brauche es wohl nicht ausdrücklich zu sagen, die Wissenschaft von der Gesellschaft, die Soziologie. Er selber hatte einen Namen für seine große Entdeckung noch nicht gefunden (den Neologismus prägte erst sein Schüler Auguste Comte), aber er hat den Weg gewiesen: die Erkenntnis der Struktur- und Entwicklungsgesetze der menschlichen Gesellschaft nicht nur als Bedingung der Möglichkeit, die Revolution zu beenden, sondern als Voraussetzung eines diesseitsimmanenten Daseins- und Selbstverständnisses.

Ich wollte nicht nur den Ursprung der Soziologie in einer Zeit des gesellschaftlichen Wandels erforschen, sondern wollte es *more sociologico* tun, als einer,.der, wie Saint-Simon, die gesellschaftliche Wirklichkeit in ihrer Komplexität und Vielschichtigkeit, in ihren Widersprüchen und Verheißungen, in leidenschaftlicher Anteilnahme er-lebt, er-fährt und dem es auf diese Weise gelingt, in seinem Bewußtsein das gesellschaftlich-geschichtliche Sein seiner Zeit auf den Begriff zu bringen, als jemand, dem sich im Medium seiner persönlichen Erfahrung der Zeitgeist erschließt, so daß er sich sagen darf, er stünde auf der »Höhe der Zeit«.

Rastignac

»À nous deux, maintenant!« Wer erinnert sich nicht dieser Szene? »Il lança sur cette ruche bourdonnante un regard qui semblait par avance en pomper le miel et dit ces mots grandioses.« Die Herausforderung, die Paris für jeden unternehmungslustigen jungen Mann darstellt, ist in diesen vier Worten auf die kürzeste Formel gebracht. Sie gelten in jeder Konfrontation, in der es um Schicksal geht. Sie sind die Kampfansage an einen Feind. Sie sind eine Liebeserklärung. Es sind die Worte jedes Mannes, wenn er in der entscheidenden Situation einer Frau gegenübersteht. Ein letztes Mal werden sie aufblitzen, wenn wir dem Tod ins Auge schauen.

Ich trat nicht in Paris an als ein Rastignac, als Eroberer, Emporkömmling, Aufsteiger. Ich fühlte mich eher wie ein Absteiger. Ich wollte so ungebunden wie möglich alle Regionen der Gesellschaft erkunden, das Oben und das Unten. War das Glück mir hold, so würde ich, wie der Studiosus Don Cleophas Leandro Perez Zambullo, Student zu Alcalà, meinen Asmodeus finden, der für mich, wie er es für ihn in Madrid getan hat, die Dächer von den Häusern nimmt, um mir Einblick in die Interieurs aller Klassen zu verschaffen.

Die Frage, die mich, methodologisch und epistemologisch, beschäftigen mußte, war die nach meinem eigenen Standort. Es gibt wohl nichts Schwierigeres, als sich selbst sozial einzustufen. Aber damit fängt alles Nachdenken über die Gesellschaft an. Das ist der Unterschied zwischen dem Philosophen und dem Soziologen. Der Philosoph setzt sich, wer auch immer er sei und welches auch immer sein sozialer Standort ist, als philosophisches Subjekt in unmittelbaren und abstrakten Bezug zur »Welt«. Sein Selbstbewußtsein ist immer die letzte Instanz jeder Erkenntnis, die Welt – sie war nicht, ehe er sie erschuf. Anders der Soziologe. Erst wenn er seinen eigenen sozialen Standpunkt definiert hat, kann er ein kritisches Bewußtsein davon gewinnen, was er von der Wirklichkeit zu sehen und zu erkennen vermag. Seine Perspektive mit ihren Verzerrungen und Verkürzungen, sein Gesichtskreis, sein Horizont bestimmen quantitativ und qualitativ seine Erkenntnischance. Er muß davon ausgehen, daß wichtiger als alles, was er sieht, das ist, was er nicht sieht. Und einfach nicht sehen kann. Sein Einblick ist immer beschränkt; jeder sieht immer nur einen kleinen Ausschnitt der sozialen Realität. Den Rest muß er sich dazu denken, dichten, erfinden. Durch Extrapolation, durch Konstruktion, durch Imagination. Inwieweit ist der durch den subjektiven Standpunkt gegebene Ausschnitt relevant? Inwieweit ermöglicht der begrenzte Einblick einen Durchblick, der generellere Aussagen über die gesellschaftliche Realität, Totalität, Wahrheit erlaubt?

Die Unschärferelation gilt für den Soziologen mehr noch als für den Physiker. Der Standort des Beobachters verändert das beobachtete Objekt (oder nein, das beobachtete Objekt verändert den Beobachter). Der »teilnehmenden Beobachtung« sind nicht nur epistemologische und psychologische, sondern auch materielle und vor allem soziale Grenzen gesetzt. Die Forscherbegierde reicht nicht aus, um exploratorisch in Territorien einzudringen, die sich dem Einblick dessen entziehen, der gesellschaftlich keinen Zutritt zu ihnen hat. Das Unglück der Soziologie ist ja, daß sie weitgehend von Menschen betrieben wird, die von der Gesellschaft nur eine sehr unvollkommene Anschauung haben. So ignorieren sie einfach das elementare axiomatische Grundfaktum, daß *jede* Gesellschaft hierarchisch stratifiziert ist, einen Boden und eine Spitze hat, ein Unten und ein Oben. Darüber aber kann es gar keinen Zweifel geben, nur Täuschungen. Optische Täuschungen, Selbsttäuschungen, die vom Standort des Beobachters abhängen.

Die schlechteste aller Perspektiven ist die von unten nach oben. Die allerschlechteste ist die aus dem »Kellerloch«, vom absoluten sozialen Nullpunkt aus. Alles, was man aus dieser Optik zu erkennen vermeint, muß, getrübt von Ressentiment und Selbstmitleid, notgedrungen falsch sein. Das soziale Ressentiment schärft den soziologischen Blick nicht. Letztlich kann man die gesellschaftliche Welt nur von oben erkennen (wie das Weichbild der Stadt Paris von der Höhe des Eiffelturms).

Natürlich mußte ich mir eingestehen, daß ich dem sozialen Nullpunkt näher stand als der Spitze der Gesellschaft. Würde es mir gelingen, in die Gipfelregionen vorzustoßen, von wo aus ich den richtigen Überblick gewinnen konnte?

Die Geschichte bei Balzac geht so weiter: »Et pour premier acte de défi, qu'il portait à la société, Rastignac alla dîner chez Madame de Nucingen.« Obwohl ich keinen Anschlag auf die Gesellschaft plante, sondern sie nur kennenlernen wollte, folgte ich der Strategie von Rastignac. Wir erinnern uns. Der jüdische Geschäftsmann und Bankier Baron von Nucingen hatte 1802 die intelligente temperamentvolle kaltschnäuzige und intrigante Delphine, die jüngste Tochter des Nudelfabrikanten Goriot, geheiratet. Sie wird schnell die Geliebte von Henri de Marsay, dann von Eugène Rastignac. Um ihre durch Herkunft und Heirat prekäre gesellschaftliche Stellung zu festigen, versucht sie ihre Tochter mit einem Grafen d'Heronville zu verheiraten; das Projekt scheitert an dem Widerstand der Familie, die zur alten Hocharistokratie gehört. Sie verheiratet die Tochter schließlich mit einem ihrer Liebhaber. Als ihr Mann sich sterblich in Esther Golsek, eine der schönsten und raffiniertesten Kurtisanen von Paris, verliebt, hilft sie ihm mit ironischen Ratschlägen.

Als erstes ließ ich mir bei einer kleinen Akzidenzpresse an der Place Dauphine neue Visitenkarten drucken. Ohne den »Dr.« vor meinem Namen. Ich hatte mir erklären lassen, daß man mich mit dieser Titulatur für einen Arzt halten würde. Und das wollte ich ja nicht. Am liebsten hätte ich darauf gesetzt: *sociologue*. Aber das wäre schlechter Stil gewesen.

31

II

DIE GÖTTIN ZEIGT SICH

PARIS, Lutetia, Urbs aeterna, Nabel der Welt, capitale de l'occident, Hauptstadt der Revolution, des Königsmords und der Republik, Jahrhundertstadt, mythische Metropole, Stadt der Städte, modernes Rom, Babylon, Mekka, heilige Stätte, ville lumière, Hochsitz von Luxus und Laster, von Stolz und Vorurteil, von Glanz und Elend, von Reichtum und Armut, von menschlicher Größe und menschlicher Minderwertigkeit, Matrix der unendlichen Vielfalt aller gesellschaftlichen Lebensformen, Laboratorium aller Verwandlungen, Schauplatz der *Comédie humaine*, Treibhaus der *Fleurs du mal*, blutgetränkter, lustgesättigter Mutterboden der Utopien und der Phantasmagorien, Spielplatz der Ideen und Ideologien, lieu magique, Metapher, Allegorie, Paradigma für das unergründliche Entwicklungsgeschehen der Spezies, Modell des Erlebniszusammenhangs, des Erfahrungskomplexes »Mensch und Gesellschaft«, »Gesellschaft und Geschichte« – für das Leben schlechthin.

Da war ich nun also, an diesem Ort ohnegleichen, voller Erwartungen, ziemlich ahnungslos. Fest davon durchdrungen, daß ich hier Möglichkeiten der geschichtlich-gesellschaftlichen Wirklichkeitserkundung finden würde wie nirgendwo sonst auf der Welt.

»À Paris«, sagt Rivarol, »la providence est plus forte qu'ailleurs.«

Der Glanz des Außen

In meinem Tagebuch finde ich die Notiz:»Dana T. getroffen, dumm, arrogant, groß – aber ihre physische Nähe wirkt betörend, wie die eines großen Tieres. Irgend etwas Reiches aus Kalifornien, das mit Mutter und Schwester und Auto in Europa reist.

Es war gewiß kein Zufall, daß das erste Mädchen, mit dem ich mich in Paris anfreundete, eine Amerikanerin war; so wenig wie es ein Zufall war, daß mich am Tage meiner Ankunft jener junge Amerikaner an der Gare de l'Est in Empfang genommen hatte.

Der vertrauliche Umgang mit Amerikanern gehörte zu den besten Erfahrungen der ersten Nachkriegsjahre, die ich in der Amerikanischen Zone verbracht habe. Ich hatte nie das geringste Ressentiment gegen sie, erlebte sie als großzügig, freimütig, offenherzig. Ich teilte ihr Mißtrauen gegen die Deutschen. Ich war ihnen dankbar für alles, was sie uns Neues brachten. Ich habe sie wirklich als Befreier empfunden. Immer wieder habe ich bei denen, mit denen ich zu tun hatte, die alte amerikanische Faszination für Europa wiedergefunden, für ein kulturelles Europa, das politisch in Schwierigkeiten geraten war und dem sie selbstverständlich zu Hilfe kommen wollten – wie man einem kranken Nachbarn zu Hilfe kommt, für den man einen gewissen Respekt bewahrt hat, obwohl sein Unglück selbst verschuldet ist. Italien, Frankreich – es war in ihrer Perspektive nicht viel besser darum bestellt als mit diesem verdammten Deutschland. Sie kamen jetzt herüber, weil sie wußten, daß sie hier etwas finden würden, wenigstens die Spuren davon, was es in Amerika nicht gab. Sie waren auf der Suche nach dem alten Europa, dem ich mich zugehörig wußte, und auf dieser Ebene trafen und verstanden wir uns.

Ich hatte Dana mit Mutter und Schwester in der Eingangshalle des Palais de Chaillot getroffen (dem alten *Trocadéro* der Weltausstellungen), in seiner Art-déco-Verkleidung, wo die Vollversammlung der UNO tagte. Abends zuvor hatte ich in meinem Mini-Radio davon gehört und wollte jetzt selber sehen, mit eigenen Augen sehen, wie Weltpolitik gemacht wird. Die Vereinten Nationen, das war für mich etwas ganz Großes, Grandioses. Der erste Versuch, den institutionellen Rahmen für eine planetarische Weltordnung zu schaffen. Der Staatenordnung folgte die Weltorganisation. Dem *ius publicum europaeum* die Rechtsgemeinschaft der *Einen Welt*. Sie zu konstituieren, zu organisieren war die vornehmste Aufgabe der Politik. Die Beendigung des Weltbürgerkriegs, die Befriedung der Menschheit: Das war der geschichtliche Auftrag meiner Generation. So verstand ich den Lauf der Geschichte, die auch die Geschichte des Verhältnisses von Mensch und Erde ist, der Spezies und ihres Lebensraums, des Parasiten und seines Wirts.

Um Einlaßkarten zu den Publikumstribünen des großen Versammlungssaales zu erhalten, mußte man sich in eine lange Schlange einreihen, deren Mäander wie eine kunstvolle Arabeske auf die weißen Platten der Terrasse gezeichnet waren, die zwischen den beiden Flügelbauten des Palais den szenischen Blick auf das Panorama der Pariser Stadtlandschaft freigibt, den Eiffelturm als die dominierende Figur über den weißen Kuppeln... Die Zahl der Neugierigen war beeindruckend. Paris schien sich der Bedeutung des Ereignisses bewußt zu sein. Es war für einige Tage wieder *capitale du monde*.

Auf dieser Terrasse hatte vor einigen Jahren ein junger Amerikaner in einem sonderbaren Streik demonstriert. Er hatte seinen kostbaren amerikanischen Paß preisgegeben und forderte einen von der UNO ausgestellten Personalausweis als Weltbürger.»World Citizen No. 1.« Niemand wollte und konnte seinem Ansinnen Genüge tun. Um die Aufmerksamkeit der Weltöffentlichkeit zu erzwingen, installierte er sich mit seinem Schlafsack auf der Terrasse des Trocadéro und erklärte, er würde dort so lange bleiben, bis sein Status als Weltbürger offizielle Anerkennung durch die Behörden der Weltorganisation gefunden haben würde. Nach einiger Zeit entfernte ihn die Polizei als obdachlosen Staatenlosen. Ein armer Irrer. Ich hatte für diesen tapferen Alleingang die größten Sympathien, erkannte in dem anarchistischen Gestus den Wunsch, über alle Konventionen, Regeln und logischen Erklärungsmöglichkeiten hinaus in einem transgressorischen Schritt eins werden zu wollen mit der Welt. Die Politik zu überwinden oder zu unterlaufen, kann nicht Sache einer politischen Aktion sein. Das ist der Irrtum aller Anarchisten. Daß er das Richtige meinte und wollte, stand für mich außer Frage. So grüßte ich in ihm einen einsamen Partisanen des Weltgeistes. Ich widmete ihm sogar ein Gedicht, eine Ode der Solidarität, des Mitgefühls, der Bewunderung – erschienen im *Ruf*. Gary Davis, Weltbürger Nummer eins, Salut!

Meine drei amerikanischen Damen waren nach Paris gekommen, um sich zu»kultivieren«. Ihre Bildungsansprüche waren nicht sehr hoch. Sie waren ein dankbares Publikum: Alles, was sie sahen, begeisterte sie. Ich kannte den Typ.

Sie fühlten sich als Touristen und wollten auch gar nichts anderes sein. Sie hatten sich ein Jahr genommen, um Europa kennenzulernen. In einigen Wochen würden sie in Rom sein, später nach Kopenhagen und London fahren, im Winter vielleicht in St. Moritz oder Kitzbühel Ski laufen. So genau lag das alles nicht fest. Ob sie sich bis nach Deutschland würden vorwagen können, wußten sie noch nicht. Sie hätten gern die Schlösser Ludwigs II. besucht. Die kannte ich doch? Oh, sie müssen phantastisch sein. So romantisch!

Sie gehörten nicht zu den wirklich reichen Amerikanern, die eine Suite im Claridge oder Georges V nehmen oder schlicht im Ritz absteigen. Sie konnten aber mit hochgezogenen Brauen auf die Omnibustouristen herabschauen, die Paris überschwemmten, ganz zu schweigen von den Rucksackamerikanern, die unisex in Blue jeans und ausgeleierten, grobmaschigen Pullovern von unbestimmter Farbe, die Männchen am Bart, die Weibchen an strähnigen langen Haaren zu erkennen, an allen markanten Punkten der Stadt unweigerlich anzutreffen waren. Gemeinsam mit ihnen hatten sie als

Stützpunkt und Hort, Auskunftsstelle, Bank, Post und Verkehrsbüro die Niederlassung von American Express, wichtiger für jeden Amerikaner auf Reisen als die Botschaft seines Landes, die sie einmal am Tage anlaufen mußten, um nicht das Gefühl zu haben, in der Fremde verloren zu sein.

Sie kannten nicht die Amerikaner, die ständig in Paris lebten – die Millionäre der Rue Vanneau, die Edel-Boheme des Quartier Latin, die Journalisten und Korrespondenten, die sich allabendlich zum Drink in der Bar des *Crillon*, gleich neben der amerikanischen Botschaft, trafen. Ihre Referenzen waren weder Henry James noch Hemingway, Henry Miller oder F. Scott Fitzgerald. Aber irgendwie waren sie auf ihre Weise programmiert, hatten sie *ihr* Paris im Kopf. Repräsentationen der *ville lumière*, Weltausstellung, Picasso, die tollen zwanziger Jahre, *Sur les toits de Paris*, Flashes, Clips, Spots, Melodien, Gershwin. Sie waren ihrer Paris-Sehnsucht gefolgt, auf der Suche nach etwas ganz Bestimmtem. Die Hauptstadt Europas. Auch ihre Hauptstadt. Hinter allem, konfus, ihnen selbst nicht bewußt, uneingestehbar, Ansporn ihrer Neugierde, Triebfeder ihrer Erlebnisbereitschaft, Mobil ihrer Offenheit, Motiv ihrer Verführbarkeit, Ziel ihrer Wünsche, das tief in das Herz jeder Amerikanerin eingebrannte Bild des *european lover*.

Sie waren hier – ohne jeden Inferioritätskomplex – als Eroberer. Sie *waren* superior. Sie *waren* die Sieger. Sie hatten das Geld. Die harten Dollars. Paris stand zur Disposition. Was sie wollten, konnten sie sich kaufen, konnten sie sich einbilden, kaufen zu können. Ganz anders als ich.

Daß ich Deutscher war, schien sie nicht im geringsten zu stören. Im Gegenteil. Sie fanden es großartig, daß ich hier war, um zu studieren und Bücher zu schreiben. Daß ich kein Franzose war, mußte für sie etwas unterschwellig Sekurisierendes haben. Ich war hier ein Fremder wie sie – »French people« gegenüber waren sie eher zurückhaltend, es wäre übertrieben, von Mißtrauen zu sprechen, aber ganz geheuer waren sie ihnen nicht.

Sie fanden Paris pittoresk, aber unglaublich dreckig. Das Gefälle von Kalifornien zu Paris war für sie, sagte ich mir, etwa so wie das von Paris nach Kairo für einen Westeuropäer. Hier herrschten Gerüche, Unzuverlässigkeit, Verworfenheit wie im Vorderen Orient. Man mußte das Gemüse desinfizieren, konnte nur Mineralwasser trinken und sah sich gezwungen, dreimal am Tag zu duschen.

Aus einer ganz anderen Perspektive erschien ja auch mir Paris unglaublich rückständig. Ich hatte keine Schwierigkeiten, es mit ihren Augen zu sehen. Als Europäer hatte ich ihnen dann aber wieder eine autochthone Vertrautheit zu der exotischen Wunderstadt voraus. Das wurde selbstverständlich von mir erwartet, und selbstverständlich fiel mir die Rolle des

Cicerone zu. So hatte ich die doppelte Freude, nicht nur zu sehen, sondern zu zeigen. Ich machte die Erfahrung, daß die beste Methode zu lernen das Lehren ist.

Dana wollte Paris kennenlernen. Das hatten wir gemeinsam. Sie scheute sich nicht im geringsten, zu diesem Zweck den Angaben irgendwelcher Prospekte und Broschüren zu folgen. Das Fremdenverkehrsamt der Pariser Stadtverwaltung hatte gerade einen englischsprachigen Führer herausgebracht:»Paris – Where, what, when, how?«, mit einem schönen Cover von Raoul Dufy. Es stand wirklich alles darin, was man als Neuankömmling in Paris an Informationen, praktischen Hinweisen und Adressen wissen mußte. Zehntausend Notate.

Davon aber wollte ich nichts wissen. Die Schwierigkeit meines Umgangs mit den amerikanischen Damen lag darin, daß mir der Gedanke schrecklich war, Paris als Tourist zu erleben, und sei es in noch so angenehmer Gesellschaft. Ich wollte Paris auf eigene Faust für mich entdecken. Mein Paris. Nicht ein Paris von außen, sondern ein Paris von innen. Kurz, ich hatte einen ausgesprochen idiosynkratischen anti-touristischen Affekt.

Trotzdem mußte ich mich den Wünschen der schönen Dana, ihrer Entschlossenheit und ihrem Enthusiasmus, beugen. Es nützte auch nichts, daß ich versuchte, möglichst unauffällig, unsere Schritte von den ausgetretenen Pfaden wegzulenken, zu den Zielen, zu denen mich meine speziellen Interessen zogen, Orten einer literarisch-historischen Vergangenheit. Zu meiner Wut, zu meinem Ärger und zu meiner Beschämung mußte ich feststellen, daß die American-Express- und Cook-Busse immer schon dastanden. Auf der Besichtigungsebene war die Topographie meines Paris, so wie ich sie im Kopf hatte, deckungsgleich mit dem Paris der Fremdenführer. Jede Exkursion lief notwendig darauf hinaus, daß wir Sehenswürdigkeiten besichtigten, und ich mußte mich damit abfinden, daß es offenbar keinen anderen Weg gibt, um das Sehenswürdige zu sehen.

Für die Zeit ihres Aufenthalts hatten meine Amerikanerinnen sich ein komfortables möbliertes Appartement im Erdgeschoß eines vornehmen Hauses in der Rue de Longchamps auf der Rive Droite genommen und waren sehr stolz darauf, sagen zu können, daß die Dame, von der sie es gemietet hatten, eine richtige Gräfin sei, nicht gerade sympathisch, eher unfreundlich, förmlich, steif, auf jeden Pfennig bedacht, Madame de Dampierre.

Erst sehr viel später würde ich erfahren, daß in der Beletage des Hauses, in dem ich Dana zu gemeinsamen Streifzügen abholte, einer der letzten großen politisch-literarischen Salons von Paris seine Rituale zelebrierte.

Dort wurde ich eingeführt durch den Sohn der unfreundlichen Dame, der Soziologie und Ethnologie studierte, Eric. Er hatte eine tiefe Abneigung gegen den mondänen Zirkus seiner Mutter und hauste, wenn er nicht in Afrika herumreiste – nur so weit weg wie möglich –, unter dem Dach, wo er sich in ein altes Mädchenzimmer geflüchtet hatte. Wir diskutierten über Max Weber und Marcel Mauss. Er konnte nicht verstehen, wieso ich den geringsten Gefallen daran finden konnte, mich auf den Jours seiner Mutter zu zeigen.

Unvergeßlich ist mir das Mehr an Respekt, mit dem ich von der Concierge, durch den Spalt ihrer Glastür, die mit einem roten Läufer ausgelegte Treppe zur Gräfin Dampierre hinaufgewiesen wurde – verglichen mit dem barschen, hochmütigen Ton, in dem sie mir, als ich schüchtern nach meinen Amerikanerinnen fragte, die Auskunft erteilte: »La porte en face!«

Ich klingelte oft an dieser Tür. Ich sah Dana zu gern. Die starke physische Attraktion, die sie auf mich ausübte, verstärkte den exploratorischen Impuls, der mich unwiderstehlich hinaus in die große Stadt trieb. Ich hätte nicht sagen können, was größer war: mein Verlangen, mir Paris zu erschließen, oder mein Wunsch, mit ihr auszugehen. Zuerst – und gelegentlich einmal wieder – mit Madame Mère und der Schwester, schließlich aber immer zu zweit.

Ich war sehr stolz, der Begleiter einer so prachtvollen jungen Frau zu sein. Sie entsprach vollkommen dem Stereotyp der schönen Amerikanerin. Aber das störte mich überhaupt nicht. Sollte ich heute definieren, worin die Faszination ihrer Erscheinung lag, so würde ich ohne zu zögern sagen: in ihrer königlichen Haltung. Wie sie ging! Sie ging nicht, sie schritt, hochaufgerichtet, das Haupt stolz erhoben, das Kinn leicht emporgeworfen. Eine tolle Figur, Beine, Busen, alles okay! Aber der Hals... Diese majestätische Haltung wäre nicht möglich gewesen ohne diesen übertrieben langen, leicht geschwungenen Hals, der makellos aus den sanft abfallenden, vollkommen modellierten Schultern aufstieg, von Perlenschnüren mehrfach umschlungen, was ihn in seiner Vollendung erst richtig zur Geltung brachte. Die blondierten, glänzend gebürsteten Haare straff zurückgenommen, Chignon oder Pferdeschwanz, an den wohlgeformten Ohren lange Gehänge, wie nur sie sie tragen konnte – dieser Schwanenhals war das Besondere ihrer außergewöhnlichen Schönheit. Ich war immer wieder völlig hingerissen.

»You are so beautiful«, sagte ich.

»The beauty is in the eye of the beholder!« antwortete sie jedesmal.

Sie war ganz Oberfläche: glatt, undurchdringlich. Impénétrable. Eine hochmütige Prüderie gehörte zu ihrer Appretur wie die Bodylotion und die Rubinstein-Creme. Zum Anschauen, nicht zum Anfassen. Weiße Herrin.

Unnahbar, dachte ich und akzeptierte die aseptische Kühle. Ich sollte eines besseren belehrt werden.

Wo wir auftraten, erregten wir Aufsehen. Ohne falsche Bescheidenheit war sie sich dieser Wirkung durchaus bewußt, obwohl ihr immer in eine unbestimmte Ferne gerichteter Blick – der etwas vage, betörende Blick der Kurzsichtigen – ihre Umgebung keiner Beachtung würdigte. Sie spürte die Bewunderung wie ein Knistern auf ihrer Haut und nahm sie hin wie einen Tribut. Sie hätte mich nicht als ihren *escort* (das war mein offizieller Titel) geduldet, wenn ich neben ihr eine schlechte Figur gemacht hätte.

Die unterwürfigsten Vasallen ihrer Schönheit waren die Mutter und die Schwester – gutaussehende, wie sie immer tadellos angezogene Frauen, aber ohne jeden Glamour. Sie wirkten, wenn ich sie abholen kam, neben ihr wie ihre Garderobiere und Zofe. Wenn sie uns verabschiedeten, warfen sie mir einen fast neidischen Blick zu, mit dem sie mich spüren lassen wollten, welche Auszeichnung es sei, diese Pracht ausführen zu dürfen. Man vertraute sie mir gewissermaßen zu guten Händen an. Dabei schwang in ihrem »Have a good time!« auch etwas von der kupplerischen Komplizenschaft der Duenjas mit.

Sicher war ich nicht der ideale Freier. Sie wußten, daß ich arm war wie eine Kirchenmaus. Sie hatten das akzeptiert. Sie fanden es »charming«. Das gehörte zu meinem »continental touch«. Und um ein für allemal das leidige Problem »Wer zahlt?« aus der Welt zu schaffen – es kam überhaupt nicht in Frage, daß jemand anderer zahlte als ich, der Herr, der Mann, das Protokoll will es so –, hatte sich eingebürgert, daß Dana mir, bevor wir aus der Haustür gingen, einen großen Geldschein in die Brusttasche meines Jakketts hinter das Taschentuch steckte. Aber ich fühlte mich dadurch keineswegs gekauft, zur Ware erniedrigt, zum Konsumobjekt degradiert, ausgehalten, prostituiert. Ich fühlte mich beschenkt, und ich liebe Geschenke. Ich registrierte diese Geste als einen Akt von Großzügigkeit, und ich liebe Großzügigkeit.

So schwärmten wir aus, Tag für Tag, Abend für Abend, und oft brachte ich sie erst in den Morgenstunden in die Rue de Longchamps zurück. Die junge Dame wollte sich nicht nur bilden, Gott sei Dank, sie wollte sich auch amüsieren.

Nachdem wir unser Besichtigungspensum absolviert hatten, versuchte ich immer, meinen kleinen, bescheidenen Erfahrungsvorsprung auszunutzen, um ihr etwas zu zeigen, was sie trotz ihres perfekten *guide* vielleicht doch nicht so ohne weiteres gefunden hätte. Also ging ich mit ihr zum Beispiel zu Madame Arthur. Das war wie für sie gemacht, dachte ich mir. »Are they really men? I can't believe it.« Sind Männer so, ist das Leben so?

Prickelnd, vulgär – not to believe. Ist alles ganz anders, als man denkt? Männer als Frauen? Warum? Weiß man es denn!? Keine Frau ähnelt doch auch nur entfernt der Frauenimitation der Tunte. So spricht keine Frau, so geht keine Frau mit den Fummeln um, so zieht sich keine Frau an. Alles ist reine Erfindung.

Viel war damals die Rede von einem wunderschönen Geschöpf, das sich aus einem verführerischen Knaben in ein bezauberndes Mädchen verwandelt hatte, Coccinelle. Man konnte ihren makellosen Leib im *Caroussel*, einem eleganten Nachtklub in der Nähe der Champs-Élysées, bewundern, wo sie auftrat, hüllenlos im Spiel der Scheinwerfer und Straußenfedernfächer. So schön wie der ihre, dachte ich, muß der Körper von Dana sein. Dann wurde bekannt, daß ein renommierter Rechtsanwalt sie heiraten wollte, was er auch tat. Alle Zeitungen brachten das Bild der jungen Braut in weißem Festkleid an der Seite des glücklichen Gatten. Alle Welt war außer sich. So was hatte es noch nie gegeben. Auch mich hat die außergewöhnliche Affäre seltsam erregt.

Dreißig Jahre später traf ich Coccinelle, groß angekündigt als Pariser Attraktion, in einer Berliner Kneipe wieder, eine fette alte Schwuchtel mit aufgedunsenem Gesicht und gewaltigem Busen. Mir brach das Herz.

Oder wir gingen ins *L'Escale*. So hieß das Kellerlokal, das ich ganz zufällig auf dem Heimweg von einem Abend mit Cioran – der hundert Meter weiter oben in derselben Straße, Rue Monsieur le Prince, in einem kleinen Hotel lebte, einem von der Sorte des meinen – entdeckt hatte.

Ich dachte, ich komme in eine Café-Bar, in der vielleicht noch ein letzter Gast an der Theke vor seinem Glas hockt, aber dann hörte ich Gitarrenklänge aus den Tiefen. Hinunter die Wendeltreppe, hinunter in das Gewölbe. Da saßen, hockten, standen sie dicht an dicht, nur eine ganz kleine Fläche, ein winziges Stück Estrich von hartgetretener Erde war freigelassen. Und da tanzte, als ich herunterkam, vollkommen entfesselt, vollkommen enthemmt, ein nacktes Mädchen, ganz nackt, das war damals noch nicht erlaubt, von einem dünnen, schräg einfallenden Scheinwerferstrahl, dem es sich immer wieder zu entziehen zu versuchen schien, verfolgt. Die Musik war spanisch, die Musikanten waren Spanier, die Leute in der Mehrzahl Spanier. Das Mädchen war in einem spanischen Kostüm aufgetreten, das es sich Stück für Stück vom Leibe gerissen hatte, Striptease. Das läuft sonst ganz anders, ganz langsam, diskret vom Schlagzeug begleitet. Hier wurde Carmen gemimt. Von einer rothaarigen, weißhäutigen kleinen Bestie – *une vraie rousse* –, Sommersprossen auf der Nase, wie ich erfahren sollte, eine Engländerin, keine zwanzig. Vollkommen besinnungslos den Konvulsionen ihres Körpers ausgeliefert. Sie folgte nicht der Musik, die Musik folgte ihr.

Das wollte ich Dana zeigen. Aber an dem Abend, an dem wir in das Gewölbe hinunterstiegen, trat das rothaarige Mädchen nicht auf. Sie war keine Nummer des Programms, es gab überhaupt kein Programm. Das Mädchen käme manchmal, unvorhergesehen, und manchmal tanzte es dann. Hatte ich es wirklich gesehen? Eine Erscheinung, eine Halluzination. Ich stand schön dumm da. Nachdem ich ihr den Auftritt so anschaulich geschildert hatte, wollte sie ihn nun auch sehen. Ich bin nicht sicher, ob auch sie Gefallen daran gefunden hätte.

Ein anderer Abend endete in einem kleinen orientalischen Nachtlokal in der Rue de la Huchette, wo es Couscous gibt und exquisiten türkischen Kaffee. Wir waren zuvor in der *Opéra Comique* gewesen, um ein Ballett zu sehen, das uns enttäuscht hatte. Jetzt wollten wir noch etwas anderes. *Arabian Nights!* Man kann in Paris alles haben! Auch das. Am Boden, in einer Ecke, hockt eine Drei-Mann-Kapelle mit Fez und dudelt maureske Dissonanzen. Dann kommen die Mädchen und führen Bauchtänze vor. Das Publikum ist eher fremdländisch, dunkelhäutig. Beleibte Männer mit fetten, glattrasierten, glänzenden Gesichtern, schwarzen Schnurrbärten, schweren Augenlidern, Kennerblicken. Die Mädchen wissen, daß sie hier nicht mogeln können. Erstklassiger Import. Spitzenklasse. Es gibt in Istanbul und Kairo auch nichts Besseres. Die Braven! Nur der Unterleib bewegt sich, das leicht vorgeschobene breite Becken, die nackte Wampe, begleitet von dem schwerelosen Spiel der Arme und Hände. Was zuerst wie Verhaltenheit scheint, steigert sich in unendlicher rhythmisch monotoner Wiederholung zu unverhohlener Provokation. Körpersprache. Unchiffriert. Jede Bewegung verspricht etwas, was sie nicht hält. Das Äußerste an Verlockung, aber es gibt kein Gewähren. Und fort und fort, das wogende Wallen, fort und fort. Kein Tanz könnte sinnlicher sein, eindeutiger in seiner Absicht, stärker in seiner Wirkung und gleichzeitig delikater, diskreter, reservierter. Preisgabe und Versagung in einem. Aus dieser Ambivalenz erwächst ein Genuß, der – erhaben über jede Möglichkeit einer schnellen Erfüllung – zum kunstvoll zelebrierten Ritual des Begehrens wird. Nicht die Exponentialkurve des phallischen Lustgewinns – wie beim Striptease –, ein klar vorgezeichneter Ablauf: progressive »Enthüllung«, Steigerung, ekstatischer Höhepunkt, Aus, Blackout, Vorhang. Tot. Erektion, Ejakulation, petite mort. Nein, das war das Ondulatorische der vaginalen Lusterfahrung, das nacheinander verschiedene Intensitätsgrade durchlaufen kann, aber nie aufhören muß. Ewige Wiederkehr. Wieder-Holung. In der Schwebe lassen – Suspense. Scheherazade. Sie erzählt die nie endende Geschichte, wenn der Morgen graut, unterbricht sie sich, damit es in der nächsten Nacht weitergehen kann; dabei trägt sie zwei Kinder aus, ohne daß der betörte

Schahira es auch nur bemerkt, hat allerdings der Sicherheit halber die kleine Schwester mit ins Bett genommen. Auf jeden Fall besser als männlicher Besitzwahn, Eifersuchtsdelirium und – Kopf ab. Keine Entscheidung. Keine dramatische Pointe. Ich bin nicht die eine einzige, ich bin viele, immer wieder neu, Fortsetzung folgt. Haremskünste!

Ich war wieder einmal fasziniert, gar nicht so sehr von den etwas pummeligen Mädchenleibern als von den Gedanken, zu denen sie mich stimulierten (es findet alles im Kopf statt). Mir schwante etwas von höheren Graden der Liebeskunst, als sie mir vertraut waren, einer erotischen Kultur, die das sexuelle Verlangen nicht isoliert und exaltiert, sondern sublimiert, ohne es zu verleugnen. Erotik. Was wußte ich davon? Nichts. Ich wußte noch nicht, daß sie der Schlüssel zu jeder höheren Lebenskultur ist. Aber ich hatte die konfuse Ahnung, daß es so sein mußte.

Ich war so versunken, so verzaubert, daß ich gar nicht sofort merkte, wie Dana den Darbietungen der Tanzmädchen mit kaum verhehltem Abscheu folgte. Offenbar empfand sie, was ich da als subtiles Kunstprodukt genoß, als Triumph weiblicher Superiorität zu erraten begann, als Produkt einer der unseren überlegenen Kultursphäre, genau umgekehrt, als Erniedrigung einer Frau, der Frauen, als Manifestation einer ganz einseitigen, rückständigen, unterentwickelten Unterwerfung der Frau unter die Gelüste des Mannes, denkbar nur unter sozialen Verhältnissen, in denen der Mann in seinen sexuellen Bedürfnissen Herr und Despot, die Frau aber ein Nichts, das Objekt, die Sklavin ist. Das war für sie unerträglich. Sie wünschte zu gehen. Spitzfingerig schiebe ich der trotz ihrer offenkundigen physischen Erschöpfung hingebungsvoll lächelnden Fatima einen Geldschein in den oberen Saum ihrer grünseidenen Pluderhose (so hatte ich es die fetten Männer tun sehen) und winkte dem befezten Diener, um zu zahlen. »Disgusting«, sagte Dana. Mit der gleichen Geste, mit der ich dem Mädchen die Zehn-Francs-Note an delikatester Stelle in den Hosenrand schob, steckte sie mir die Tausend-Francs-Scheine in die Jackett-Tasche...

Hätten wir etwas Geduld gehabt, um zu warten, so würden wir an jenem Abend die kleine Tänzerin uns haben folgen sehen, gehüllt in ihren billigen Pelzmantel, von keiner Pariser Midinette zu unterscheiden. Und die Musikanten, in Trenchcoats und Baskenmützen, die, während sie sich auf ihr Velo schwingen, schnell noch die letzten Zeitungsnachrichten über die Unruhen in Tunis diskutieren. Vormittags sind sie Studenten an der Sorbonne, vielleicht am Ethnologischen Institut.

Es fügte sich gut, daß wir am nächsten Tag das *Musée de l'Homme* besuchten, das im *Palais de Chaillot* liegt, just da, wo wir uns kennengelernt hatten. Das war mein Vorschlag. Ich wollte unbedingt den Schädel von Saint-

Simon sehen. Meinem Saint-Simon. Niemand weiß genau, wie er dorthin gekommen ist. Kaum jemand weiß, daß sich die kostbare Reliquie dort befindet. Mir hatte es Maxime Leroy gesagt, den ich inzwischen kennengelernt hatte (ich ging nicht nur mit Dana aus, obwohl mir das in diesen ersten Wochen das wichtigste war). Zur Demonstration der diversen morphologischen Ausprägungen der Spezies Mensch wird er dort in einer Vitrine gezeigt – zwischen den Schädeln von Descartes und Cartouche, ein Räuberhauptmann, der 1721 auf dem Platz von Grève gerädert und geviertteilt wurde. Hie *hommes célèbres*, dort *hommes criminels*. Einige Vitrinen weiter Negerschädel und pathologische Deformationen. Es konnte kein Zweifel bestehen, daß der Schädel echt war. Deutlich erkannte ich an seiner Struktur die morphologischen Voraussetzungen für das scharfe Adlerprofil.

Ich war ganz außer mir vor Freude und improvisierte einen kleinen Vortrag über den außerordentlichen Mann, der mein Vorbild war. Dana hörte andächtig zu, wenn es ihr vielleicht auch merkwürdig vorkommen mochte, daß sich ihr Begleiter mit einem Mann identifizieren konnte, der über ein Jahrhundert tot war.

Von Saint-Simon war es nicht weit zu Auguste Comte. Sie stimmte begeistert zu, als ich ihr vorschlug, sie zum *Temple de l'Humanité* und zu dem Haus zu führen, in dem der Begründer der Menschheitsreligion lange Jahre gelebt hatte und gestorben war. Aber soweit waren wir noch nicht. Erst mal soll es auf eine amerikanische Party gehen.

Da hilft keine Ausflucht. Ich bin ja gewissermaßen »dienstverpflichtet«, und warum sollte ich schließlich nicht mitgehen? Auch die Amerikaner gehören zu Paris (waren um diese Zeit wenigstens ein sehr wichtiger Teil von Paris), mitunter konnte es scheinen, als seien die Franzosen in Paris nur eine geduldete Minorität, auf jener Ebene zumindest, auf der sich der Fremde bewegt, der von Paris nicht mehr zu sehen bekommt als das Paris der Sehenswürdigkeiten.

Massenandrang, Hunderte von Menschen, obwohl in einer Privatwohnung (600 Quadratmeter mindestens). Der zentrale Raum, eine zweigeschossige Halle mit gotischem Gewölbekranz. Hochlehnige Louis-treize-Sessel, Truhen, schwere, lange Refektoriumstische. Viel ist von der Innenausstattung vor lauter Leuten nicht zu sehen. Alles Amerikaner, furchterregende Moms, korrekte Herren, liebenswürdige, kurzgeschorene, hochbeinige Knaben, aus dem Ei gepellte Mädchen. Unmöglich zu erfahren, wer hier eigentlich einlädt. Texas? NATO? CIA? Ordinärstes Amerikanisch, ein fremder Volksstamm. Sehen aus wie Menschen, sind aber keine. So ein Haufen Menschen von gleicher Nationalität, welche auch immer es sei, ist schwer erträglich!

Ich fühle mich völlig verloren und klammere mich an Dana, die sich strahlend, lächelnd, grüßend ihren Weg durch die Menge bahnt, vollkommen à l'aise, Whisky on the rocks, Fisch im Wasser. Um Dana hat sich eine Gruppe von jungen Leuten gebildet. Es wird beschlossen, in einen Nachtklub zu fahren. Man geht so formlos, wie man gekommen ist, als wäre man auf einem Bahnhof. Wie viele sind wir? Eine Kolonne von Autos setzt sich in Bewegung. Wohin geht es? »You'll see.« Dana will, daß es eine Überraschung für mich wird. Immer liebenswürdig, aufmerksam. Am galonierten Türhüter vorbei treten wir in die gedämpfte Atmosphäre des elegantesten und teuersten Nachtklubs von Montmartre: *Chez Florence*. Rot und Gold. Gold und Geld. Hier amüsieren sich die Herren der Welt. Onassis. Aga Khan. Der Herzog von Windsor.

Alles war mit dunkelrotem Samt ausgeschlagen, die Decken vergoldet, niedrige Räume, Nischen, Alkoven, richtige Höhlen, und tiefe Sessel, üppige Sofas, alles rot; Spiegel, kleine Lampen auf den roten Damastdecken. Springbrunnen in wechselnden Beleuchtungen. Ali Baba. Tausendundeine Nacht. Unzählige Diener in orientalischen Kostümen, einen Fez mit Troddel auf dem Kopf. Ein Mohrenknabe für den Mokka. Eine Acht-Mann-Kapelle spielt Slows. Nachdem wir installiert sind, geht die Floor-Show weiter. Ein Zauberer, ein Flamenco-Paar, alles erstklassig. Auf unseren Tischen erscheint der Champagner, Magnumflaschen, mir schwindelt ein wenig. Dana läßt den Pelz über die Schultern gleiten und streckt sich vor Behagen. Sofort erscheint eine Garderobenfrau (Spitzenhäubchen, Spitzenschürze), um den Mantel diskret hinauszutragen. Nein, sie möchte ihn in ihrer Nähe behalten. Bewegung auf dem Musikantenpodest: Die Tanzkapelle in den weißen Smokings wird durch eine Zigeunerband abgelöst. Eh! Eh! Die Zigeuner kommen! Der Schlagbaß, das Vibrieren der Hämmer auf dem Zymbalon. Die Geigen mit einem Seidenvoiletuch zwischen Schulter und Kinn gedrückt. Dem kann ich nicht widerstehen. Ich fasse nach Danas Hand. Ob sie wohl rumänische Weisen kennen? Ein Zeichen, und die Zigeuner schwärmen aus, scharen sich um unseren Tisch. Sie stehen vor uns, hinter uns. Dana ist der Mittelpunkt. Der Primas neigt sich zu ihr herunter, geigt ihr ins Ohr, lächelt mit blinzelndem Einverständnis zu mir herüber, sinnbetörende Zauberklänge, ein Zirpen und Säuseln, ein Singen und Weinen.

Mein Gott, Bukarest mit Onkel Georgica und der schönen Tante Viorica, ich in meinem weißen Anzug (kurze Hosen), der kleine Prinz. Sie wollten mich feiern. Im besten Restaurant von Bukarest, *Capşa*, für seine Zigeunerkapelle berühmt. Wir saßen in der milden Sommernacht auf der Terrasse, über uns, in der Pergola, das Weinlaub mit zu uns herunterspiralenden Ranken. Am Tisch die Ständer mit den Eiskühlern für die Flaschen. Weißwein, Selters. Man trinkt Gespritzten. Wir hatten mit Wassermelonen begonnen, halbrunde, blutrote Scheiben in der flaschengrünen, glänzenden Schale. Ich hatte mir das ausgesucht – wegen der prächtigen Farben. Und dann gab es etwas Rumänisches: Ente auf Sauerkraut (im Kraut geschmort). Jetzt spielten die Zigeuner für uns, für die schöne Tante Viorica mit den Gazellenaugen, für mich, nur für mich. Die zahllosen Tische, alle dicht besetzt mit schwatzenden, lachenden, vergnügten, gelösten Menschen – nur ein diffuser Hintergrund, vergessen. Zigeunermusik! Eh! Eh! Diese eine Nacht. Wie lange war das her? Beinahe zwanzig Jahre.

Ein unbeschreibliches Glücksgefühl durchrieselt mich. Wann bin ich je wieder so glücklich gewesen? Es war gestern. Ich bin vollkommen benommen, berauscht, wir tanzen. Dana? Dana! Ich spüre, daß sie mich zum ersten Mal als Mann wahrnimmt, ihren kleinen Gigolo, ihren *escort*. Sie preßt sich an mich. *Dansons joue contre joue.* Ich küsse das Ohrläppchen, den Schwanenhals am Haaransatz, hinter dem Ohr, ihre Lippen berühren meine Wange, meine Nüstern blähen sich: Mazouko. All die hübschen, jungen Paare. Schummerbeleuchtung, nur die Lämpchen auf den Tischen glimmen apricotfarben, orangen, der Duke of Windsor in der Ecke! Es darf nie aufhören. Ach je!

In Bukarest damals folgte die Strafe auf dem Fuße: Ich hatte in dieser Nacht die furchtbarste Magenkolik meines Lebens. Schrie, wand mich vor Krämpfen. Man mußte den Arzt holen. Cholera-Tropfen, das half. Aber schlafen konnte ich nicht mehr. Setzte mich in dem dunkelgetäfelten Treppenhaus auf die Stufen und weinte vor mich hin. Warum? War das der Preis?

Die Rechnung. Diskret gefaltet auf einem Teller, zwischen die Sektkübel gestellt, in denen die leeren Flaschen Kopf nach unten stehen. Zehn Arme strecken sich nach dem Wisch aus, um ihn an sich zu reißen. Ich habe gerade Zeit, einen Blick auf die Endsumme zu werfen. Mein Gott: dreimal soviel, wie ich im Monat zur Verfügung habe! Meine gute Erziehung verläßt mich. Ich habe einen Trotzanfall. Sollen die das bezahlen, die soviel Geld haben! (Dabei ging es doch gar nicht um mein Geld.)

In der Garderobe macht mir Dana eine Szene, vollkommen berechtigt, so geht es nicht. Sie verkündet, daß ich die ganze Gesellschaft zu einer Zwiebelsuppe in den Hallen einladen will. *Le chien qui fume.* Obligatorischer Bummelabschluß.

Wir geraten in den Morgentrubel. Lärm, Rauch, Stimmengewirr, man kann sein Wort nicht hören, kein Tisch ist frei. Doch, dort in der Ecke steht jemand auf. Platz für vier. Es wird gerückt, Stühle werden durch die Luft herübergereicht, wir sind mindestens zwölf. Smokings, Pelze, die einzigen Fremden jetzt (Marine = Sehleute, hieß das früher einmal in Berlin), Touristen eben. Toleriert, ignoriert. »Passez toujours, ma petite dame!« Die Herden aus den Bussen sind längst durchgelaufen. Um uns herum quakend, grunzend, gurgelnd, kichernd das deftig-derbe, dicke Völkchen der Markthallen, *le peuple*. Alles ganz echt. Die Hallen von Baltard dienen noch dem Zweck, für den sie errichtet waren: zentraler Umschlagplatz einer Millionenstadt mit Nahrung. Fressalien. *Le ventre de Paris*. Für uns »Nachtsehenswürdigkeit«. Ihre architektonische Schönheit beachteten wir nicht. Kontakt mit der Realität, kein museales Vergnügen. Wirklichkeit. Keine »Kapitalismuskritik« im kritisch getrübten Blick. Pulsierendes Leben. Gerüche, Geräusche, Fleisch, Früchte, Fische, Fülle, Überfluß. Schwerarbeit. Schweiß. Dicke Brieftaschen, Weiber mit blutbefleckten Schürzen, Huren, Folklore, Zola, nicht Benjamin.

Uff! Der blaßlila Himmel, den es nur in Paris gibt. Es ist sechs Uhr morgens. Dana faßt mich unter. Sie will noch etwas zwischen den Ständen herumbummeln. Sie schmiegt sich an, drückt meinen Arm. Ist versöhnt. Wir geraten in die Halle, in der die Blumen verkauft werden, Berge von Blumen, Kaskaden von Blumen, Katarakte von Blumen, ein Blumenmeer. Sie läßt mich eine Sekunde stehen. Kommt zurück, in den Armen Bündel, Garben weißer Lilien, sie kann die Fülle kaum halten. »That's for you!« Da nimm! »I love you.«

Der 6. Dezember ist mein Namenstag. Ich hatte es völlig vergessen. Dana nicht. Ich kam, sie für eine Vormittagstour abzuholen, und erwartete die Instruktionen. Jetzt waren die Museen dran. Vielleicht das Rodin-Museum? Vielleicht zu den *Nénuphars* in der Orangerie?

Dana hatte sich etwas anderes ausgedacht. »I invite you to lunch on the Eiffel tower.« Und: »We'll have champagne.« Hatte ich ihr von meinem ersten Tag erzählt? Meine kleine Enttäuschung gebeichtet? Da war etwas nachzuholen, gutzumachen.

Enttäuschungen zerstören Illusionen nicht. Sie verschieben den Erwartungshorizont. Die nicht gestillte Neugier steigert die Genußfähigkeit. Mein Glücksgefühl wäre heute geringer gewesen, wäre die erste Eskalation des Eiffelturms ein voller Erfolg gewesen.

Das Restaurant war viel feiner, als ich gedacht hatte. Wir waren fast allein. Die Zahl der Menschen, die zu unserer Bedienung bereitstanden, war bei weitem größer als die Zahl der Gäste. Der Tisch war offensichtlich bestellt. Der Maître d'hôtel geleitete uns mit seinem Gefolge zu unseren Stühlen. Mit Behagen entfaltete ich die große gestärkte Damastserviette, studierte die riesige Speisekarte mit den beeindruckenden Preisen. Dana hatte die Damenkarte, so ließ ich sie für uns beide wählen. Sie besteht auf Heidsieck millésimé!

Wir saßen ganz dicht an den Panoramascheiben, die Stadt tief unter uns. Es war, als säßen wir im Speisesaal eines Zeppelins. Paris schien unter uns wegzugleiten.

Es war ein regnerischer, windiger Tag; immer wieder riß die Wolkendecke auf, nur ein Sonnenstrahl strich wie ein Scheinwerfer über das graublaue Meer der Häuser und trieb gelbe und orange Farbflecken über die Wogen hin. Einen Augenblick leuchtete Sacré-Cœur auf (dort waren wir übrigens noch nicht), vollkommen irreal, irr, ein Kreidefelsen, ein Eisberg. Eine Schneevision. Ich hob mein Glas und trank Dana zu, deren Spiegelbild mir in der blanken Scheibe zulächelte.

Die Stunde war vollkommen. Das Spektakel des Fernblicks, die exquisite Mahlzeit, der Anblick des schönen Mädchens vor mir, das so stolz war, mir diese Freude zu bereiten, die Vorfreude auf das, was kommen würde. Denn es würde etwas kommen! Ganz unvermittelt hatte Dana, als wir in ihr Autochen gestiegen waren, fallenlassen: »After lunch, I want to see your place.« Nanu? Das war etwas ganz Neues. Bisher hatte sie mich allenfalls im Taxi vor dem Henri IV abgesetzt. Von etwas anderem war nie die Rede gewesen, ich wäre auch nie auf den Gedanken gekommen, es ihr anzutragen.

Ich sollte aus dem Staunen nicht herauskommen. Ohs und Ahs! »How nice! Really!« Sie trat an mich heran und küßte mich auf den Mund. Zungenkuß – das war ein Zeichen. Sie warf die Schuhe ab. Sie zog ihr Kleid aus. Schwarz, sie trug immer nur schwarz. Ein Etuikleid, Hals und Schultern frei, nur ganz schmale Träger. Zu elegant für den Tag, eigentlich, würde ich heute sagen. Sorgfältig legte sie das Kleid am Boden des Zimmers aus.

Ich konnte jetzt sehen, daß sie zu den Frauen gehörte, die, wenn sie von ihren hochstöckeligen Schuhen herunter sind, plötzlich so aussehen, als hätten sie zu kurze Beine. Knie und Fesseln sind nicht mehr so fein modelliert, wirken weniger nervös, plumper. Ich registrierte das ganz genau aus der Ecke meines Pseudodivans. Schön war sie doch. Ihre weiße Haut leuchtete: Der epidermale Glanz des Außen.

Entschlossen trat sie zu mir und setzte sich neben mich. Meine erste Geste zielte darauf, ihr den kleinen schwarzen Slip, den sie anbehalten hatte, vom Gesäß zu ziehen. Das wollte sie nicht, zog mich aber zu sich, über sich, und begann, mich mit Küssen zu bedecken. Durch langjährige Lektüre amerikanischer Bücher hatte ich gewisse Vorkenntnisse von den Liebespraktiken der Amerikanerinnen, ausreichend, um zu wissen, was »dating« ist, »necking« und »petting«. Es war alles erlaubt, nur nicht das eine. Tout excepté ça. Aber in meinen Vorstellungen war ich, was Liebespraktiken anging, noch völlig befangen, meine Verhaltensmuster waren ganz geprägt vom Ablaufschema elementarer Männlichkeitsmanifestation,

so daß ich alles, was davon abwich, als unappetitlich, unanständig, als ungehörig empfand, etwas, das nicht nur mich, sondern auch das Mädchen, mit
dem ich zusammen war, entwürdigte. So war mein erster Reflex der, sie
zurückzuweisen. Aber das ließ sie nicht geschehen. Mit einem liebevoll
besänftigenden, fast mütterlichen Lächeln wandte sie mir ihr schönes Antlitz zu und sagte:»Let me do it.«

So blieb mir nichts anderes übrig, als zärtlich diesen weißen, fleischigen,
wundervoll modellierten, üppig von den Schultern in die Oberarme hin-
überquellenden Rücken zu streicheln, der sich mit exhibitionistischer Wollust meinen Augen darbot, die leicht verglast die poröse Textur der Haut,
wie unter einer Lupe, zur Landschaft vergrößert wahrnahmen. Und was
der reine Frust hätte werden können, wurde zu einer Lehrstunde der Liebeskunst. Ausgerechnet die kühle, abweisende, wie mir manchmal hatte
scheinen wollen, völlig asexuelle, schöne Dana wurde zu derjenigen, die
mich als erste mit Registern der Erotik vertraut machte, von deren Existenz
ich bis dahin kaum etwas geahnt hatte.

Was ich als eine Einschränkung mißverstanden hatte, eine Begrenzung,
erwies sich als die Bedingung für den Übertritt in höhere Erlebnisbereiche.
Sie liebte mich wie ein Knabe einen Mann. Damit gab sie mir eine
Chance, ihr meine Weiblichkeit zuzuwenden. Hier fängt die wahre Liebe
an, der reine Genuß. Hier beginnt der Bereich, in dem Frauen ihre Macht
auskosten können. Keine Penetration, keine Unterwerfungsgeste, sie sind
Herrin der Lage. Ich sollte im Laufe meines Lebens erfahren, wie sehr
Frauen es lieben, so zu lieben. Wenn man gelegentlich von Paaren hört,
von denen es heißt, daß der Mann der Frau bedingungslos verfallen sei, so
kann man sichergehen, daß dies das Geheimnis ihres Glücks ist. Lustig fand
ich die unvorhergesehene Kombination von Prüderie und Sinnlichkeit in
Danas Gebaren. Einer Sinnlichkeit, die erst durch das, was man als Prüderie bezeichnet, entbunden wird; einer Prüderie, von der sich herausstellt,
daß sie die Voraussetzung eines subtilen Lustgewinns ist.

Von nun an hatten unsere Exkursionen eine obligate neue Etappe im
Hotel Henri IV. Die Frage, die sich stellte, war nur, ob vorher, nachher
oder zwischendrin, wobei sich hier ungeahnte Variationen und ebenso viele
Varianten der Lust ergaben. Zuvor – und ich erwartete sie, noch im Mor-
genmantel, oder schnell, zwischen einem Museumsbesuch und einem
Theaterabend, oder – angenehm ermattet – nach der Rückkehr von Versailles, wohin wir einen Tagesausflug unternommen hatten. Der Gedanken-
austausch über das, was wir gerade zusammen gesehen hatten oder sehen
würden, lief – während wir miteinander spielten – mühelos fort, wie ein
Bach, der einen Spaziergang begleitet. Es schien ganz so, als gewännen die
Eindrücke durch die Freuden, die wir uns gegenseitig bereiteten, an Tie-

fenwirkung. In meiner Erinnerung sind beide untrennbar miteinander verschmolzen. Jetzt waren wir Partner in einem Prozeß der Wirklichkeitsaneignung und Erkenntnis.

10, rue Monsieur le Prince

Unsere schönste gemeinsame Exkursion bleibt für mich der Besuch in der Wohnung von Auguste Comte, 10, rue Monsieur le Prince. Ich hatte ihn immer wieder hinausgeschoben, weil ich mir soviel von ihm erwartete. Es war nicht ein Besuch wie die anderen, sondern eher so etwas wie eine Wallfahrt. Der Ort, den ich da aufsuchen wollte, war nicht eine Sehenswürdigkeit oder Touristenattraktion. Ich wollte mich an einem symbolischen Ort der Erinnerung in jenes Paris zurückversetzen, das wiederzufinden und zu erforschen ich gekommen war.

Hier, in diesem kleinen Appartement, war das grandiose Projekt einer universalen Menschheitswissenschaft entstanden. In diesen Räumen hat, allein, vor mehr als hundert Jahren ein genialer Kopf das geistige Vermächtnis der Französischen Revolution von der Eigenverantwortlichkeit des Menschen für sein Geschick auf dieser Erde, in der Immanenz seiner Diesseitigkeit, zum Programm einer umfassenden Gestaltung seiner zukünftigen Lebensordnung weiterentwickelt. Schluß mit der Theologie. Endgültig und ein für allemal Schluß damit. Auch mit der Metaphysik, Abschied von der Philosophie. Eine pragmatische Gesellschafts- und Herrschaftslehre. Der Menschheitsgedanke ausgeweitet, vertieft, konkretisiert, systematisiert zu einer Lehre von der menschlichen Gesellschaft, die von nun an die Leitwissenschaft aller Wissenschaften sein würde, die Soziologie.

Die Soziologie! Eine Pariser Erfindung, eine Pariser Idee, die nur in der Hauptstadt der Revolution konzipiert werden konnte. Sie ist die Antwort auf die große Herausforderung, der Durchbruch eines neuen Lebensgefühls und Weltbewußtseins, geboren aus der Erfahrung der Krise, aus der Ungewißheit einer Zeit gesellschaftlicher Veränderungen, des Umbruchs, des Umsturzes, des Wandels, einer Zeit des Übergangs von etwas Altem, Antiquiertem, Überholtem zu etwas Neuem, noch Unbekanntem, nur dunkel Geahntem. Die Soziologie war Krisenwissenschaft und Zukunftsforschung. Sie sollte die Revolution beenden und der post-revolutionären Zukunftsgesellschaft den Weg bereiten. Paris war der Schauplatz dieses gesellschaftlichen Wandels. Es war der zentrale Ort, an dem die Gesetze dieses epochalen Transformationsprozesses aus der Leidenserfahrung der Zeitgenossen ins Bewußtsein gehoben und auf den Begriff gebracht wurden.

Was hieß das überhaupt: Paris, *la capitale du monde, la capitale de l'humanité?* Das war doch kein Werbeslogan, keine beliebige Redensart, keine hyperbolische Metapher für eine x-beliebige Großstadt. Die Formel bezeichnete sehr genau den Entstehungsort der universalen Menschheitswissenschaft, der damit zum geistigen Mittelpunkt eines bis dahin nie so klar gefaßten, den Erdball und alle Völker der Erde umgreifenden Weltverständnisses geworden war, in dem die Gattung zum Bewußtsein ihrer Einheit als planetarische Schicksalsgemeinschaft gelangt war.

Im Paris der Restauration war Auguste Comte nur einer von vielen, die versuchten, das Geheimnis des turbulenten Veränderungsprozesses, in den die menschliche Gesellschaft gerissen worden war, zu ergründen. Eine Generation sah sich vor diese Aufgabe gestellt, und die Zahl bedeutender Männer und Frauen, die einen Versuch unternommen haben, sie zu lösen, ist erstaunlich groß. Man kann fast von einer kollektiven geistigen Arbeit, einer kollektiven Denkanstrengung sprechen, in der ein kollektiver Lernprozeß den adäquaten Ausdruck zu finden sucht. Jeder nahm auf seine Weise daran teil. Jedes Genre wurde erprobt. Die politische Auseinandersetzung um die Verfassung, der ideologische Kampf der Parteien, die wissenschaftliche Theoriebildung, die Geschichtsschreibung, die Autobiographie, die Literatur. Die Romanciers, allen voran Balzac, gingen in der Exploration der im Wandel begriffenen gesellschaftlichen Wirklichkeit vielleicht am weitesten. Aber Auguste Comte ist es gelungen, das in tausend Varianten zum Ausdruck kommende neue Zeitbewußtsein auf dem Niveau eines kohärenten Diskurses zu einem imposanten Gedankengebäude zusammenzufassen. Sein System ist bis heute der unübertroffene, durch nichts ersetzte Kanon des für unser Zeitalter gültigen Verständniszusammenhangs. Wenn man will, ist er in nichts originell. Alles, was er sagt, seine Terminologie, seine Methode, seine Arbeitshypothesen, sein historisches Ablaufmodell, lag in der Luft. Er hat den Zeitgeist zur Sprache und auf den Begriff gebracht.

Jeder Mensch, der ernsthaft versucht, sich in pragmatischer Absicht eine Vorstellung von der Situation der Gattung auf dem Planeten Erde zu machen, und nur so kann er sich über seine eigene Lage verständigen, denkt, ob er es weiß oder nicht, zwangsläufig in Comteschen Kategorien. *Le Grand Être* – die Gattung, die Menschheit; *le Grand Fétiche* – der Planet Erde; *le Grand Milieu* – der Lebensraum, die Umwelt, die Sphäre, in der Natur und Geschichte sich durchdringen, die ökologische Basis des Human-Biotops. In diesem dreidimensionalen Rahmen entfaltet sich das geschichtlich-gesellschaftliche Kontinuum, ob wir es nun artgeschichtlich, entelechetisch, evolutionistisch, historisch oder soziologisch begreifen wollen, als Prozeß, über dessen Fortgang in der Zeitdimension, zumindest für die kurze Spanne seiner letzten Phase, es möglich ist, gewisse wissenschaftliche Aussagen zu machen. Diese Tatsache selbst muß als ein Moment der Entwicklung erkannt werden und ist konstitutiv für die Bedingungen ihres weiteren Ablaufs.

Bekanntlich geht das Comtesche Drei-Stadien-Gesetz von der Beobachtung aus, daß das menschliche Selbst- und Weltverständnis nacheinander drei verschiedene Stadien durchlaufen hat: das Stadium der Theologie oder Fiktion, das Stadium der Metaphysik oder Abstraktionen, das Stadium schließlich der Wissenschaftlichkeit oder Positivität. Es geht jeweils um den Modus der Daseinsbewältigung und Wirklichkeitserkenntnis. »Il s'agit de préparer un meilleur avenir.« Das ist die Aufgabe, von der erkannt ist, daß sie nur auf einem wissenschaftlichen Reflexionsniveau gelöst werden kann. Und nur darum geht es. »Savoir pour prévoir, prévoir pour gouverner.« Ein politisches Programm, wenn man so will, das nicht von den Insuffizienzen des Menschen ausgeht, sondern von seinen Kapazitäten, getragen von der Überzeugung, daß ihm die Möglichkeiten gegeben sind, sein Schicksal als Gattungswesen in den Griff zu bekommen. Die Voraussetzung dafür ist die universale Gesellschaftswissenschaft. »C'est maintenant à l'esprit d'ensemble qu'il appartient exclusivement de présider à la réorganisation sociale.«

Das Ziel, auf das alles zuführt, auf das alles hinläuft, auf das alles notwendigerweise zuführen und hinlaufen muß, und sei es in infinitesimaler Annäherung: »L'unité finale«, keine Utopie, keine eschatologische Kategorie, sondern eine wissenschaftliche Arbeitshypothese, eine Orientierungshilfe, ein Fluchtpunkt, ein Horizont.

Wie sehr auch immer abgewandelt, ausgewalzt, komprimiert – das Geschichtsbewußtsein des modernen Menschen ist geprägt durch das Comtesche Drei-Stadien-Gesetz. Dahinter gibt es kein Zurück. Es ist positivistisch oder oskurantistisch. Es ist zukunftsgewandt oder nihilistisch, es ist gesund oder krank. Man hüte sich vor den falschen Propheten, die den Untergang der Welt verkünden, weil sie den Messias erwarten, den destruktiven Charakteren, die die Welt auf ihre Zerstörungswürdigkeit prüfen, wo es doch nur darum gehen kann, die konstruktiven Möglichkeiten ihres Fortbestands zu erkunden.

Ach, ich war hingerissen! Nie war mir so deutlich gewesen, was auch meine Aufgabe sein mußte. Ich fühlte mich als Glied in der großen Schicksalsgemeinschaft Menschheit. Idee und Realität des *Grand Être* waren mir plausibel, Geist und Körper durchströmte ein Gefühl der Zugehörigkeit, der Verbindung, der Abhängigkeit mit dem immensen physisch-psychisch-spirituellen Ensemble, dem geschichtlich-gesellschaftlichen Kontinuum, in dem wir stehen: ich war ein Teil des gewaltigen Organismus, in den zeitlich und räumlich unser Schicksal eingebettet ist, unser aller irdischer Leib: Die Toten, die vor uns gelebt haben, die Abfolge der zahllosen Generationen, die sich in der Vergangenheit verlor, die Lebenden, unsere Zeitgenossen, wo auch immer sie auf diesem, unserem Planeten beheimatet waren, und all jene, die erst geboren würden, die Abfolge der zahllosen Generationen nach uns, unsere Zukunft.

Menschheit ist, durch die Jahrtausende, aber im emphatischen Sinne heute, zum Zeitpunkt der Großen Gegenwart, der in diesem Prozeß ein Kulminationspunkt ist, *l'ensemble continu des êtres convergents*. Ausgeschlossen sind die Bösen, die Faulen, die Parasiten, diejenigen, die denen, die ihnen nachfolgten, nichts weitergegeben haben, das zumindest dem entspricht, was sie von ihren Vorgängern erhielten, alle, die sich nicht um die Menschheit verdient gemacht haben, indem sie nur ihren egoistischen, partikularen Interessen nachgegangen sind.

Zentral ist für Auguste Comte die Vorstellung eines Dienstes an der Menschheit, in der er eine anthropologische Konstante sehen will, die Wurzel jeder Ethik. Er hat nicht nur das Wort *Soziologie* erfunden – als Bezeichnung der universalen Menschheitswissenschaft –, er hat auch den Neologismus *Altruismus* geprägt. Es gibt nicht nur Menschenrechte, sondern auch Menschenpflichten. Dort, wo sie zur Richtschnur eines menschheitsbezogenen Handelns und Denkens werden, *vivre pour autrui*, konstituieren sie jenes allverbindende, das individuelle Sein transzendierende Solidaritätsgefühl.

Habe ich der schönen Dana dergleichen oder ähnliches erzählt und sie damit gelangweilt, während wir in den kleinen, niedrigen Räumen der letzten Wohnung des großen Mannes herumgingen, andächtig, auf den Zehenspitzen des Herzens sozusagen? Da war der Schreibtisch, an dem er gearbeitet hatte, dort der Sessel, in dem er seine Schüler empfing, dort das Bett, in dem er gestorben ist, alles geschmackvolle Directoire-Möbel, kein Empire-Kitsch. Jedes heute eine Kostbarkeit, die nur sehr reiche Leute sich hinstellen könnten, damals bescheidenes Gebrauchsgut, das sich offenbar auch ein armer Hilfslehrer, ein mittelloser Intellektueller leisten konnte. Keine Bücher. Seit seinem vierzigsten Lebensjahr las Comte nicht mehr. Nur in einer Vitrine verschlossen die hundert Bände der *Bibliothèque de l'Humanité*, die er zu Frommen und Nutzen für seine Schüler und Anhänger ausgewählt hatte, die großen Werke der Weltliteratur, die Essentials, ein Minimum, mehr lohnte es sich nicht zu kennen.

Was habe ich der jungen Amerikanerin von all den Gedanken, die mir da durch den Kopf schwirrten, von all den Empfindungen, allen Hoffnungen, allen Träumen, die plötzlich in mir aufgestiegen waren, vermitteln können?

Ich hatte ihr schon gesagt, daß ich Soziologe sei und mich hier in Paris mit den Ursprüngen dieser Wissenschaft beschäftigen wollte. Aber was, um Gottes willen, ist für ein amerikanisches College-Mädchen Soziologie? Das, wozu sie überall herabgesunken ist – ein akademisches Prüfungsfach. Sonst begleitete ich sie. Diesmal begleitete sie mich. Ich hatte ihr angekündigt, daß dieser Besuch etwas Besonderes sein würde. Etwas, was mir sehr wichtig war. Zum erstenmal hatte eine unserer Unternehmungen eine ganz persönliche Note bekommen, etwas Privates, Intimes, das ich als ungehörig empfunden hätte, wenn mich unsere neugewonnene sexuelle Komplizität nicht zu einer solchen Vertraulichkeit ermuntert hätte. Der Gedanke machte mir Freude, ihr etwas Schönes zu zeigen, etwas Seltsames, das mein Geheimnis war. Ich hatte das Gefühl, ihr ein Geschenk zu machen, und das war mein Wunsch. Sie hatte mich immer nur verwöhnt, jetzt war es an mir, ihr ein Zeichen meiner Dankbarkeit zu geben. Und Dana schien entzückt und bewegt. Meine Hochstimmung, in der Erinnerungen und Ideen, Veneration und Enthusiasmus sich mischten, wurde noch gesteigert durch das warme Mitgefühl, das mir die spirituelle Kommunion mit meiner sprachlosen Begleiterin vermittelte.

Der Einstieg in die Vergangenheit, die wunderbare Begegnung mit den Manen von Auguste Comte, wäre vielleicht nicht gelungen, wäre nicht das hutzelige Männlein gewesen.

Das Haus mit der Wohnung Auguste Comtes ist ja kein öffentliches Museum. Es steht überhaupt nicht zur Besichtigung frei. Besucher sind gar nicht vorgesehen. Ich war einfach so hingegangen, auf gut Glück. Ich hatte Glück. Ich klopfte an, es wurde mir geöffnet. Nicht sofort. Es dauerte eine geraume Weile, bis ich hörte, daß sich jemand mit schlurfenden Schritten näherte und mit einem Schlüsselbund hantierte. Ganz vorsichtig wurde der schwere Torflügel zurückgezogen, nur um einen Spalt, man wollte sehen, wer da Einlaß forderte. In dem dunklen Vorraum erkannte ich erst gar nicht, wer mir geöffnet hatte. Ich sah nur ein Paar große, helle, leuchtende Augen. Dann erkannte ich, daß sie zu einem kleinen Herrn gehörten, der ganz in Schwarz gekleidet war, mit einem schwarzen, breitrandigen, halbsteifen Hut auf dem Kopf. Ganz zierlich war er und winzig. Ich sehe ihn deutlich vor mir, er wirkte auf mich nicht wie ein lebendiger Mensch aus Fleisch und Blut, sondern wie eine Erscheinung. Sein langes, bleiches, wächsernes Gesicht war eingerahmt von weißen Locken. Auffällig war der üppige, zottelige weiße Schnauzbart. Man sah eigentlich nur die großen hellen Augen und den Schnauzbart. Einen Anzug, wie er ihn trug, fand man überhaupt nur im Kostümverleih. Ganz stilgerecht dazu der hohe steife Kragen mit eingeknickten Ecken, der ihn zwang, seinen Hals hochzurecken. Einen Vatermörder nennt man das wohl. Wie alt mochte er sein? Das war kein Zeitgenosse. So eine Figur hatte ich bisher nur auf vergilbten Daguerreotypien gesehen. »Monsieur est-il positiviste?« fragte das Männlein. Ich stutzte. Damit hatte ich nicht gerechnet. Ich sagte, ich sei ein großer Verehrer von Auguste Comte und arbeite wissenschaftlich über ihn. Nur widerwillig ließ er uns ein und wies uns den Weg hinauf in die Wohnung. Sein Französisch war korrekt, hatte aber einen Akzent. Ich fragte ihn vorsichtig, woher er stamme. Er sei Brasilianer, sagte er. Wieso Brasilianer? Ja, weiß man denn nicht, daß die *Religion de l'Humanité* am Ende des 19. Jahrhunderts für ein Jahrzehnt Staatsreligion in Brasilien gewesen ist? Ihre Anhänger nannten sich *Positivisten*. Sie bilden auch heute noch eine große Gemeinde dort. Weiß man, daß die brasilianische Flagge ein positivistisches Emblem ist? Die gelbe Raute auf dem grünen Feld, grün (nicht rot!), die Farbe der Zukunft, in der Mitte der Globus, der große Fetisch, geschmückt mit einem Spruchband, auf dem die Devise steht, die das politische Programm des Positivismus auf die kürzeste Formel bringt: »Ordem e Progréso.«

Meine Anteilnahme, mein Fragen machten das Männlein zutraulicher. Es war so, als belebe sich eine Puppe. Sie wurde agil, bekam etwas Tänzerisches. Ich erfuhr, daß eine Gruppe brasilianischer Positivisten dieses Haus erworben hatte, um eine Gedenkstätte daraus zu machen, weil es abgerissen werden sollte. Ihnen war es auch zu danken, daß die nachgelassenen Papiere von Comte – besonders die umfangreiche Korrespondenz – hier in einem Archiv verwahrt und verwaltet wurden. Sie hatten auch für den Neudruck der wichtigsten Werke von Comte, besonders der vier dicken Bände des *Système de politique positive* – Comtes Spätwerk –, Sorge getragen und den Briefwechsel mit Clotilde de Vaux ediert. Das alles lag über ein halbes Jahrhundert zurück. Das hutzelige Männlein war damals, als ganz junger Mensch, aus Brasilien nach Paris gekommen, wo man ihn als Sekretär, Kustor, Hausmeister angestellt hatte. Als er kam, lebten noch die letzten Schüler Comtes, die ihn persönlich gekannt hatten. Sie haben ihm von dem Meister erzählt. Für ihn war Comte zeitlich noch ganz nah, ganz gegenwärtig, ganz lebendig. Als er jetzt von ihm zu sprechen anhob, sprach er so wie einer, der ihn selber noch gekannt hatte.

Die Frage sollte mich von nun an beschäftigen: Wie vermittelt sich der »Geist« von Generation zu Generation? Durch Sprache, durch Bücher, durch Texte? Durch Erziehung und Sozialisation? Durch die Chromosomen in unseren Zellen, die Gene, das Blut? Phylogenetisch oder ontogenetisch? Gleichviel... Es gibt keine Kommunikation und Transmission von Gedanken ohne körperliche Dimension. Kommunikation unter Menschen ist immer auch ein Kommunizieren von Körpern. Die *tradition orale* geht vom Mund zum Ohr. Das Medium ist Sympathie, ein Kontinuum sinnlicher Kontakte, Wißbegierde und Mitteilungslust. Wenn durch den großen Menschheitsleib die Ideen strömen, so werden sie getragen vom Fluß libidinöser Energien. Jede Idee, jeder Gedanke ist auch ein Wunsch, eine Sehnsucht, die sich überträgt von Körper zu Körper, von Begehren zu Begehren.

»Eros, nicht Gewalt hält die Welt zusammen.«

Oder vermittelt der »Geist« sich über die Dinge? Die Dinge, an denen die Spuren vergangener Lebenswelten haften? Wie steht es um diesen Sessel, um dieses Haus? Wie steht es um diese Stadt, die in ihrer Gegenwärtigkeit unzählige Geschichten von Vergangenheit in sich bewahrt und lebendig hält? Unsere Lebenswelt ist vergangenheitsgesättigt. *Le Grand Espace*, der Lebensraum der Menschheit, des *Grand Être*, ist nicht nur eine ökologische Gegebenheit, sondern ein geistig-historisches Phänomen, ein mythischer Traditions- und Erlebnisraum.

Clotilde de Vaux

Auf dem Tisch stand der vergilbte kleine Strauß, im Angesicht dessen Auguste Comte gestorben ist und der da – so hat es Comte angeordnet – an seinem Platze stehengeblieben ist, wie alles in diesem Raum. Der Strauß von Clotilde de Vaux, seiner Geliebten, seiner Herrin, die er zur Hohenpriesterin der *Religion de l'Humanité* erhoben hatte und von der er wollte, daß sie gleichberechtigt mit ihm, neben ihm, als Stifterin der universellen Menschheitslehre von seinen Schülern und Anhängern verehrt würde. Mehr als eine Erinnerung, eine Reliquie, ein Kultobjekt.

Der arme, kleine, staubige Strauß von verhutzelten Blumen, den Comte selber ein Jahrzehnt lang, nachdem Clotilde schon gestorben war, zum Zentrum seiner Meditationen gemacht hat, in der Zeit, in der er sein Hauptwerk – das *Système de politique positive* – niederschrieb. Man muß wissen, daß es konzipiert war als eine Huldigung an diese Frau und daß dessen großer zentraler, durchaus origineller und revolutionärer Gedanke es war, die entscheidende Bedeutung und Rolle der Frau für die künftige Menschheitsentwicklung, für die Gesellschaftsordnung der Zukunft aufzuzeigen.

Als er Clotilde kennenlernte, war Comte ein Mann von 47 Jahren. Er hatte – so konnte man meinen – sein Lebenswerk hinter sich. Er war schon berühmt als der Autor eines vielbändigen *Cours de philosophie positive*. Seine Geschichtsphilosophie, das Drei-Stadien-Gesetz, seine Wissenschaftstheorie, die Begründung der Soziologie als analytischer und normativer handlungsbezogener, zukunftsorientierter Gesellschaftswissenschaft, das ganze Lehrgebäude des Positivismus stand schon da und erregte das Erstaunen, die Bewunderung und das Ärgernis der Welt weit über die Grenzen von Paris und Frankreich hinaus, als diese junge Frau, die Schwester eines Schülers, in sein Leben trat und es von Grund auf veränderte. Es war ein Blitzschlag, ein Coup de foudre. Comte sah die Göttin. Aber er erblindete nicht. Ihm wurden die Augen geöffnet. Er hatte eine Offenbarung.

Der Rationalist entdeckte das Gefühl, der Wissenschaftler die künstlerische Intuition, der selbstverständlich in den traditionellen Bahnen maskuliner Geistigkeit denkende Mann das *Weibliche*.

Was sich da ereignet hatte, ging in seiner Bedeutsamkeit weit über ein auch noch so bedeutsames Geschehen in der privaten Erlebnissphäre eines einzelnen hinaus. Die Begegnung Auguste Comtes mit Clotilde de Vaux ist einer der ganz großen Momente in der Geschichte des Okzidents, eine Sternstunde der Menschheit, in denen etwas Neues zum Durchbruch kommt, das konstitutive Ereignis am Anfang einer Epochenwende.

Es spielt überhaupt keine Rolle, daß die Begegnung kurz war, kaum ein Jahr gedauert hat, daß die Beziehung der beiden äußerst förmlich und konventionell geblieben ist, daß von einer Liebesgeschichte nicht die Rede sein kann. Aber was Comte hier widerfahren war und was er zur großen Liebe stilisiert und verklärt hat, transzendierte alle Konventionen und gesellschaftlich vorgegebenen Erlebnisstrukturen. Es war die Epiphanie des Weiblichen im Horizont des seit zwei Jahrtausenden durch den männlichen Logos geprägten menschlichen Selbstverständnisses.

Mit einem Schlage entdeckte der Philosoph der Menschheit ihre andere, verborgene, vergessene, verdrängte, unterdrückte, negierte Hälfte.

Es mußte wohl so sein, daß ausgerechnet der Erfinder des Positivismus, der Theoretiker einer sozialen Handlungslehre, in dessen Konzeptionen das rationale männliche Systemdenken einen unübertroffenen Höhepunkt erreicht hat, die plötzliche Erleuchtung von der fundamentalen Bedeutung der Zweigeschlechtlichkeit der menschlichen Spezies, der Menschheit als Gattungswesen haben würde. Er begriff, daß ohne Berücksichtigung dieses Faktums alles, was er sich ausgedacht und geschrieben hatte, unvollständig, unvollkommen und darum falsch war, und er hat sich hingesetzt, um alles noch einmal umzuschreiben. Thema und Inhalt seines neuen, gewaltigen Werkes, für dessen Vollendung er noch einmal beinahe zehn Jahre brauchte, war die Reintegration des Weiblichen in seine universale Gesellschaftslehre, die damit aufhörte, ein Konstrukt der reinen Wissenschaft zu sein, das heißt männlicher Weltinterpretation und Daseinsbewältigung, und zum Vehikel einer Heilsbotschaft wurde, daß die Beendigung der großen Krise nur dann gelingen könnte, wenn sie von beiden Hälften der Menschheit angestrebt und geleistet würde, den Männern und den Frauen. »In dem Ideal der Menschheit, wenn es dargestellt je existieren sollte, müßte aus Individuen Männlichkeit und Weiblichkeit zusammenfließen.« Das hat ein deutscher Romantiker gesagt. Auch die Saint-Simonisten hatten es verkündet. Comte hat aus dieser Erkenntnis die neue Achse jedes Nachdenkens über die Menschheit als Gattung, jeder Erkenntnistheorie und jeder Lebenspraxis gemacht. Auf einer höheren, höchsten Ebene ist ihm damit die »Synthese« gelungen, die er von Anfang an, aber mit unvollkommenen Mitteln, angestrebt hat, das und nichts anderes ist der Kern seiner *Religion de l'Humanité*. Im Mittelpunkt steht der Kult der Frau und der Liebe. »Il n'y a rien de réel au monde que l'amour«, hatte Madame de Staël gesagt, die große Dame, mit der die andere Hälfte der Menschheit in die europäische Geschichte eingebrochen war und exemplarisch ihren Anspruch und ihre Fähigkeiten demonstrierte, als geistiger und politischer Faktor ernst genommen zu werden. Auguste Comte beruft sich auf sie. In seiner programmatischen Devise »L'amour pour principe, l'ordre pour base, le progrès pour but« steht die Liebe an erster Stelle. (La religion positive doit la consacrer.) Das ist der unabdingbare Anteil der Frauen. Sein Ordnungsmodell ist hierarchisch. Aber an seiner Spitze steht als höchste moralische und geistige Instanz kein Mann, keine Vaterfigur, sondern das Hohe Paar, Priester und Priesterin, Animus und Anima. Shiva und Shakti.

Das war unerhört! Noch zu Lebzeiten von Comte entbrannte unter seinen Schülern und Anhängern ein erbitterter Streit, ob der zweite Comte, der Verkünder der *Religion de l'Humanité*, überhaupt ernst zu nehmen sei. War sein Spätwerk nicht das Produkt einer Geistesverwirrung, die ein Weibsbild – natürlich – ausgelöst hatte, ein religiöser Wahn? Was soll das überhaupt heißen, *Religion*? Davon war man doch gerade herunter, im dritten, positivistischen Stadium. Nein, man mußte Comte gegen sich selbst in Schutz nehmen. Der wahre Comte, ungemindert in seiner Bedeutung, war der Comte des *Cours de philosophie positive*, der Begründer des Positivismus, eines rationalen, wissenschaftlichen, diesseits-immanenten Daseins- und Weltverständnisses. Kurz, der »zweite Comte« wurde ridikülisiert, okkultiert und schließlich vergessen. Dabei darf gar kein Zweifel daran bestehen, daß dieser zweite Comte der wahre Comte ist. Es zu leugnen, heißt seine singuläre säkulare Leistung völlig verkennen, es heißt vor allem, das Wesen der Soziologie verkennen. Da geht es um mehr als um einen Schulenstreit, um mehr als eine wissenschaftsgeschichtliche Kontroverse. Es geht um die Frage, ob man das Schlüsselproblem der Epoche erkennt und sich ihm stellt oder es verfehlt.

Heute weiß ich das alles. Als Dreißigjähriger war ich noch nicht reif für diesen großen Gedanken. Mir schwante allenfalls, daß das Geschlechterverhältnis ein zentrales Thema der Soziologie sein müßte, einfach darum, weil die Anthropologie des positiven Zeitalters, die an die Stelle der theologischen und metaphysischen Vorstellungen vom Menschen trat, den Menschen als sinnliches, zweigeschlechtliches Wesen begreift, was mit einer Neubegründung der gesellschaftlichen Rolle von Mann und Frau eine totale Umwälzung aller gesellschaftlichen Verhältnisse zur Folge haben würde.

Alles hat seine Zeit

Eines schönen Tages war Dana verschwunden. Die Damen hatten ihr Appartement im Hause der Gräfin gekündigt und waren in ihrem kleinen Auto an die Côte d'Azur gefahren – Richtung Italien, die nächste Etappe ihrer Grand Tour.

Soll ich gestehen, daß ich froh über Danas Verschwinden war? Wir waren das Stück Weg gemeinsam gegangen, das es uns gemeinsam zu gehen vorherbestimmt und also möglich war.

Dana gehörte zu meiner Paris-Erfahrung wie ich zu der ihren. Sie war genau die, die ich in diesem Augenblick brauchte, so wie ich der war, den sie in diesem Augenblick gebraucht hat. Mehr als wir zusammen erlebt haben, konnten wir zusammen nicht erleben.

Für mich hat sich eine gewisse Regel ergeben, an die ich mich halten kann. Es gibt die Drei-Tage-Beziehungen, dann diejenigen, deren Dauer jeweils auf drei Wochen oder auf drei Monate oder auf drei Jahre bemessen ist, und schließlich jene seltenen, bedeutsamen, die ein Leben anhalten – sagen wir dreißig Jahre. Aber da hört man dann auf, die Jahre zu zählen. Jede zeichnet sich aus durch eine ihr eigene Erlebnis- und Erfahrungsstruktur, hat eine eigene Gesetzmäßigkeit des Ablaufs, hat eine eigene Gestalt. Quantität und Qualität bedingen einander nicht in dem Sinne, daß die Qualität mit der Dauer zunähme. Es ist auch nicht umgekehrt. Jede hat ihren eigenen Intensitätsgrad. Es sind nur völlig verschiedene Lebensmuster, verschieden wie Pflanzen unterschiedlicher Ordnungen. Man kann einen Rosenstrauch, eine Lilie und einen Magnolienbaum nicht miteinander vergleichen. In ihrer Verschiedenheit tritt uns die Welt in ihrer überschwenglichen Fülle entgegen. Man muß die Unterschiede und die für jede Art eigentümlichen Gesetzmäßigkeiten aber kennen, um nicht mit falschen Erwartungen an sie heranzugehen.

Das Paris, das ich mit Dana zusammen entdeckt hatte, war genau das

Paris eines Drei-Monate-Zyklus, und ich hätte vollauf befriedigt sein können, wenn meine Beziehung zu dieser Stadt auf dieses Maß bemessen gewesen wäre, wie es für Dana der Fall war. Ich war hier auf unbestimmte Dauer und wußte vom ersten Tag an, daß es eine Beziehung fürs Leben sein würde. Deswegen hatte ich mir auch Zeit lassen können und mich darauf einlassen, erst einmal den Touristen zu spielen.

Jetzt galt es, sich in der Stadt einzurichten auf der Erlebnisebene einer festen Liaison, aus der vielleicht eine Ehe wird.

III

MEIN PROJEKT

Tageslauf

Ich hatte mich ganz auf Dauer installiert. Für ein Jahr war ich gekommen. Es sind zwei Jahre daraus geworden. Meine »Pariser Jahre«, denen ich hier nachspüre. Damals erschien mir ein Jahr noch endlos lang, und jedes Jahr hatte seine ganz eigene Physiognomie. »Kind, je älter du wirst, desto schneller vergeht die Zeit«, raunt die Stimme aus dem Off. Das weiß ich heute, wo ich Mühe habe, die Dekaden in meiner Biographie auseinanderzuhalten. Dafür entwickelt sich ein Sinn für Kontinuitäten, und die Chronologie wird immer unwichtiger, die Erinnerung immer wichtiger. Man beginnt die Webmuster zu erkennen, die mit der Zeit deutlicher hervortreten. So gesehen, habe ich Paris nie verlassen. Es ist der zentrale Ort meines Lebens geblieben, zu dem ich immer wieder zurückgekehrt bin. Ich kenne mehr Menschen dort als irgendwo auf der Welt. Trotzdem möchte ich dort nicht begraben sein.

Wenn ich versuchen will, mich ganz auf die Zeit meines ersten Parisaufenthaltes zu konzentrieren, so ist das, weiß Gott, nicht einfach. Mühsam muß ich jenen Kern einzigartiger, einmaliger, unwiederbringlicher Erfahrungen herauspräparieren, der tief in meinem Inneren zum Kristallisationspunkt eines mysteriösen »Paris-in-mir« geworden ist, einer phantasmatischen Geisterstadt, eines Erinnerungskomplexes von Gesichten und Geschichten, Gerüchen und Gerüchten, von historischen Daten und banalen Fakten, von Stimmungen und Gefühlen, beiläufigen und bedeutenden Gedanken, Bildern und Begriffen, alle unentwirrbar miteinander verbunden, aufeinander bezogen, allgegenwärtig und uneingrenzbar, die sich im Laufe eines langen Lebens ständig angereichert und zu einem Bestandteil meiner selbst, einem dominierenden Pol, einer Instanz meines seelischen und intellektuellen Haushalts, zu einem unverwechselbaren physiognomischen Merkmal meiner Persönlichkeitsstruktur, meiner Charakterneurose, meiner Identität verfestigt haben.

Wenn ich von Paris erzähle, wie ich nach Paris gekommen bin, um mich zu finden, erzähle ich natürlich von mir. Aber der Held dieser Erzählung, dieser junge Mann, der sich da im Herzen der großen Stadt, Place Dauphine, im Hotel Henri IV, einquartiert hat, ist mir seltsam fremd. Frei heraus gesagt: Er ist mir nicht sympathisch. Mich rührt seine Ahnungslosigkeit und irritiert seine Arroganz. Er weiß so wenig, und ich muß ihm ständig zu Hilfe kommen mit dem, was ich heute weiß. Das aber danke ich auch seinen Erfahrungen, den guten und den schlechten, vor allem den schlechten. Ohne ihn wäre ich nicht der, der ich heute bin. Ich bin in der Lage eines Ghost Writers, der seinen Klienten nicht mag und der nur einen Ausweg hat, ihn so genau wie möglich zu beschreiben.

Ich hatte mir den Tag so eingeteilt: pünktlich um acht Uhr klopfte Monsieur Bailitrand an die Tür, um mich zu wecken. Er brachte mir eine Tasse Café-*filtre*, die er mit einem freundlichen Wort über das Wetter auf meinen wackeligen Nachttisch stellte. Mit dem Kaffee kam die schwarze Katze zu mir ins Zimmer herein, sprang auf das Bett und kuschelte sich auf meinen Bauch. Das war sehr schnell eine Gewohnheit geworden.

Ich wachte jetzt langsam auf. Die letzten Traumbilder schwappten noch herüber. Das Bewußtsein stellte sich sukzessive ein. Ich konnte anfangen, mir zu überlegen, was mich an diesem Tag erwartete. Ein neuer Tag. Immer stand viel mehr auf dem Programm, als ich bewältigen konnte, immer standen neue »Entdeckungen« bevor, so daß ich nie die Zeit fand, an die vorhergegangenen zurückzudenken. Ich streichelte, noch etwas traumverloren, von einer diffusen Vor-Lust durchströmt, das Katzentier, bis es laut und vernehmlich schnurrte. Das waren Augenblicke eines intensiven kreatürlich-kindlichen Glücksempfindens.

Um neun Uhr würde das Mädchen kommen, dem ich jeden Tag zwei Stunden lang diktierte. Eine junge Deutsche, die ich durch eine Anzeige am Schwarzen Brett der *Alliance Française* gefunden hatte. Diese unerläßlichen Hilfskräfte wechselten von Zeit zu Zeit, aber sie ähnelten einander alle. Studentinnen oder Au-pair-Mädchen. Sie waren, konnte ich mir sagen, aus denselben Gründen wie ich nach Paris gekommen. Kleine Schwestern, mit denen mich eine natürliche Kameradschaftlichkeit verband. Mit keiner hatte ich eine Affäre, was nahegelegen hätte bei der großen Vertrautheit, zu der die morgendlichen Diktatstunden verführten. Ich erinnere mich, daß ich ihnen zweihundert Francs für die Stunde zahlte, was sicher ein absolutes Minimum gewesen ist.

Ich mußte also aufstehen, so schwer es mir fiel, das Bett machen und in den »Divan« verwandeln, von dem aus ich dann diktieren würde, mich rasieren und anziehen.

Das Ungemach des Aufstehens wurde gemildert durch eine morgendliche Musiksendung, die ich mit dem kleinen Radioapparat empfangen konnte, der, noch in Frankfurt erstanden, auf dem Kamin vor meinem

Schreibtisch stand. Ein winziges Kästchen, im Design wie ein Baby-Radio. Man mußte, wenn man es sah, gerührt sein und »süß!« sagen. Mozarts Sonaten, präsentiert von Jean Vitold! Täglich am Morgen eine Stunde, ich glaube, über Jahre hinweg. Eine etwas versoffene, einschmeichelnde tiefe Stimme kommentierte die Mozartschen Kompositionen, erzählte ihre Entstehungsgeschichte, verglich verschiedene bekannte und unbekanntere, oft sehr alte, aus den Archiven stammende Aufnahmen und beurteilte die jeweiligen Solisten. Eine berühmte und für ihren Stil dieses sehr anspruchsvollen Kultursenders – *France-Musique* – charakteristische Produktion. Es wurde weit mehr gesprochen als Musik zu Gehör gebracht, und ich habe nie in meinem Leben einen so intensiven Musikunterricht genossen und kannte mich für einige Zeit mit den Nummern des Köchelverzeichnisses ebenso gut aus wie während des Konfirmandenunterrichts mit den Ziffern der Bibelverse. Den Autor der Sendung lernte ich auf einer Party kennen, einen jovialen, etwas untersetzten Mann von Genie, polnisch-jüdischen Ursprungs, der gut zu seiner Stimme paßte, sicher zu Höherem berufen, zum Chorleiter und Dirigenten. Seine große Liebe galt Bach. Als ich ihm meine Bewunderung und meinen Dank für seine Morgenandachten aussprach, lud er mich ein, einmal, wann ich wollte, daran teilzunehmen. Ich ging auch hin und sah mit Vergnügen, wie er, Platten hantierend, Zigaretten paffend, seinen gelehrten Kommentar in der matinalen Gottverlassenheit eines winzigen Aufnahmestudios, dem Techniker hinter der Scheibe als einzigem Zeugen, in das Mikrophon oder, wie man so schön sagt und was in diesem Fall auch ganz seine Richtigkeit hatte, in den Äther sprach.

Ich diktierte also Artikel, Artikelchen, die ich in der deutschen Presse plazieren konnte, ja, die sich bei den Redakteuren des *Tagesspiegel*, der *Frankfurter Allgemeinen*, der *Süddeutschen Zeitung* einer gewissen Beliebtheit erfreuten, so daß ich die verschiedenen Texte jeweils mehrfach unterbrachte, was damals, wo es eine überregionale Verbreitung der Tageszeitungen nicht gab, durchaus noch möglich war. Gelegentlich bekam ich einen Rüffel, gelegentlich ein schmeichelhaftes Lob. Karl Korn von der *Frankfurter* war eher streng, etwas schulmeisterlich, und schickte mir schon einmal einen Text zurück mit ausführlichem Begleitbrief, weil er meine Auffassung über dies oder das nicht teilte. Sperr von der *Süddeutschen* liebte mich und druckte alles unbesehen. Von ihm kamen direkte Aufträge, Telegramme: Ich brauche ein Interview mit Annette Kolb. Schreiben Sie über Savignac – ein Plakatmaler, der damals in Mode war. Seine epigrammatischen, leicht surrealistischen Reklamebilder hatten einen völlig neuen heiter-ironischen Ton auf die Anschlagflächen der Metrostationen gebracht; Colette wird achtzig. Ich trottete brav zum Palais

Royal und diktierte am nächsten Morgen meine Schmonzette. Ach, der nette Sperr. Er machte seine Kulturbeilage mit souveräner Gelassenheit, bayerisch, fast naturburschenhaft, völlig unintellektuell, aber mit großem Fingerspitzengefühl. Er hatte kein Glück im Leben. Er starb plötzlich, ganz unvorbereitet, kaum über die fünfzig. Er hatte sich auf einer Bergwanderung, zu der ihn eine junge Person aus reinem Mutwillen angestiftet hatte, in neuen Stiefeln die Füße wundgelaufen, Blutvergiftung.

Ich hielt nicht besonders große Stücke auf diese journalistischen Gelegenheitsarbeiten, war aber auf sie angewiesen. Sie brachten jenen Zusatzverdienst, ohne den ich gar nicht hätte leben können.»Le beurre dans les épinards«, die Butter im Spinat. In gewisser Weise gehörte diese Nebenbeschäftigung zum Programm meiner Wirklichkeitserkundung. Ich hatte großen Spaß daran. Irgendwie, dachte ich mir, würde ich sie einmal für ein Paris-Buch verwenden können: Man kann ja nie wissen.

Fürs erste hatte ich Wichtigeres zu tun. Ich war nicht nach Paris gekommen, um ein Paris-Buch zu schreiben, Gott bewahre mich, sondern um hier meine Habilitationsschrift zu verfassen, eine große wissenschaftliche Arbeit. Ein Monsterprojekt.

Dazu mußte ich überhaupt gar nicht schreiben, sondern lesen, viel lesen. Und das tat ich in der *Bibliothèque Nationale*.

So brach ich pünktlich um 11.00 Uhr das Diktat an den Paris-Schmonzetten ab und machte mich auf den Weg in die Rue de Richelieu.

Rekonstruktion einer Epoche

Mein spezielles Forschungsvorhaben lief hinaus auf die Rekonstruktion einer Epoche, die 150 Jahre zurücklag.

Mein ursprünglicher Plan, den soziologischen Gehalt der Geschichtsphilosophie des fast völlig vergessenen Philosophen Pierre Simon Ballanche, seine sehr originale Elite-Theorie in einer monographischen Studie darzustellen, hatte mich vor die Notwendigkeit gestellt, den Zusammenhang dieses Denkansatzes mit der konkreten geschichtlichen Situation zu eruieren, das hieß den *Zusammenhang von Geschichtsphilosophie und Französischer Revolution* zu untersuchen.

Was zunächst nur eine biographische Frage schien, wuchs sich sehr schnell zu einem selbständigen Problem von großem Eigensinn aus. Ballanche verblaßte zu einem Sonderfall der in höchstem Maße erregenden wissenssoziologischen Frage: Welches ist überhaupt der Zusammenhang bestimmter historischer Ereignisse, spezifischer Erfahrungen also, mit bestimmten Modi des Philosophierens? Nichts ist ungeklärter. Dabei handelt es sich bei dieser Frage um das Zentralproblem geistesgeschichtlicher Forschung überhaupt. Meine Untersuchung konnte darum nicht auf das Werk eines einzelnen Philosophen beschränkt bleiben. Es kam auf den Vergleich einer möglichst großen Zahl verwandter Denker an, Zeitgenossen, Schicksalsgenossen, und es gab deren in Hülle und Fülle. Ich war ausgegangen von Saint-Simon. In seinem Schatten hatte ich Ballanche entdeckt. Die auffällige Ähnlichkeit in der Terminologie, in der Gedankenführung, in gewissen prägnanten Formulierungen hatte mich frappiert und stutzig gemacht. Was hatte es mit dieser Ähnlichkeit, mit diesem Doppelgängertum für eine Bewandtnis? Das Zeitgeistgemäße war keine methodologisch befriedigende Antwort. Wenn es so etwas gab: Wie war das vermittelt? Wie fand es seinen sprachlichen Ausdruck? Jetzt machte ich die nähere Bekanntschaft einer großen Familie kauziger Selbstdenker, die jeder auf seine Weise dasselbe versucht hatte: sein Zeitalter auf eine geschichtsphilosophische Formel zu bringen. F. G. Coessin, Azaïz, Fabre d'Olivet, Heoné Wronski, Buchez, Lamennais, alle vergessen, verschollen, nicht einmal mehr Spezialisten bekannt, jeder ein Sonderstudium wert, jeder genauso interessant wie Ballanche und Saint-Simon. Sie zu entdecken, der Vergessenheit zu entreißen, war ein wahres Vergnügen. Erst wenn man diese Unbekannten neben diejenigen stellt, deren Namen man kennt – die Saint-Simonisten, Fourier, Quinet, Auguste Comte und Victor Cousin –, übersieht man das Spannungsfeld, in dem sich das neue Weltverständnis vielstimmig artikulierte, in seiner ganzen Breite und kann darangehen, seine Entfaltung und seine Struktur in der verwirrenden Vielfalt je eigener, originärer Ansätze als fundamental identisch aufzuweisen. Der allen gemeinsame Erfahrungsraum war die Revolution. Allen gemeinsam war diese neue Erfahrung von Geschichte. Alle wollten eine konkrete historische Situation auf »den Begriff bringen«, das, was »in einem anderen Land« Hegel geleistet hatte.

Doch mit einer solchen Einsicht, die damals einer echten Entdeckung gleichkam – inzwischen hat sich das alles längst herumgesprochen und ist zum Gemeingut, ja zum Gemeinplatz geworden –, war es längst nicht getan. Die Frage nach dem inneren Zusammenhang einer spezifischen historischen Lage und spezifischer geistiger Interpretationsstrukturen war alles andere als geklärt. Was bedeutete es schon, wenn man die Beziehung einer Handvoll Philosophen zu den Ereignissen der Zeitgeschichte nachweisen konnte? Was war damit gewonnen, die Thematik *Französische Revolution* auch dort aufgespürt zu haben, wo sie sich in den abstrusesten Travestien versteckt hielt?

Der Abgrund zwischen der Faktizität der Geschichte und den Manifestationen gedanklicher Spekulation blieb klaffend bestehen. Jetzt zeigten sich die methodischen Schwierigkeiten des Forschungsvorhabens erst in voller Schärfe. Wollte man den Zirkel der üblichen ideengeschichtlichen Ableitungen und Genealogien durchbrechen, wollte man sich nicht damit begnügen, Texte miteinander zu vergleichen, chronologisch zu ordnen und auf die Geschichtstabellen des Ploetz abzustimmen, so mußte man den Versuch wagen zu zeigen, wie sich aus dem gesellschaftlichen Alltag der Geschichte bestimmte Erfahrungskomplexe herauskristallisieren, wie daraus stereotype Denkfiguren werden, die sich zu einem überindividuellen Verständniszusammenhang ordnen, wie auf der Stufenleiter intellektueller Erfahrungsbewältigung schließlich ein System der Begriffe entsteht, eine Geschichtsphilosophie.

Meine Aufgabe unterschied sich radikal von der des Historikers, da es keinesfalls darum gehen konnte, festzustellen,»wie es wirklich gewesen ist«. Wie ist das, was »erlebt« wurde, »gedacht« worden, das war die Frage.

Für meinen Zweck mußte ich mich auf das Niveau banaler Zeitgenossenschaft begeben. Nicht nur die systematischen Deutungsentwürfe waren jetzt interessant, sondern die spontanen Zeugnisse aller, die dabeigewesen waren.

Die Möglichkeiten zu einer solchen Enquete bot die für die Periode unerschöpfliche Memoiren-Literatur. Generäle, Publizisten, Hofdamen und flüchtige Aristokraten, Juristen und Diplomaten, Schauspieler und Parlamentarier, Gelehrte, Geistliche und Schlachtenbummler, Bankiers, Fürsten und Kurtisanen – alle hatten sie sich, oft in stupender Ausführlichkeit, über ihr Leben und Erleben ausgelassen. An verschiedenen Standorten, mit verschiedenen Blickwinkeln, als bloße Zeugen, als Komplizen, als Handelnde, als Opfer, auf verschiedenen Stufen der Bewußtheit, mehr oder weniger intelligent, mehr oder weniger der Sprache mächtig, hatten sie das gleiche erlebt. Wie hatten sie darauf reagiert? Wie erfaßten sie das Geschehen? Wie versuchten sie es sich zu erklären?

Ein schier uferloses Unternehmen, aber es erwies sich als ergiebiger als erhofft. Es stellte sich nämlich heraus, daß von umfassenden Situationsanalysen bis zur gedankenlosen redensartlichen Verwendung stereotyper Gemeinplätze im wesentlichen schon alle Elemente geschichtsphilosophischer Interpretation und Mystifikation auf der Ebene des Erfahrungsberichts vorhanden sind. Das Grundmuster war immer das gleiche. Die Revolution war »Krise« und »Bürgerkrieg«; sie war der Übergang von etwas »Altem« zu etwas »Neuem«, sie war der Widerstreit zweier »Prinzipien«; ihre »Beendigung« tat not.

Aber es gab da noch andere Quellen, um sich die Genese eines genuinen Zeitverständnisses zu erschließen: all jene Dokumente, in denen zur politischen Situation, sei es polemisch, sei es berichtend, nicht rückblickend, sondern im Feuer der Aktualität, Stellung genommen worden war. Es zeigte sich, was für ein einzigartiges Arbeitsinstrument die Bibliothèque Nationale darstellte. Mit dem Gesetz vom *dépôt légal*, demzufolge jede Publikation, jede der Öffentlichkeit zugedachte Drucksache am Tage ihrer Veröffentlichung mit einem Exemplar in der nationalen Zentralbibliothek hinterlegt werden mußte, war diese zu einem vollkommen lückenlosen Archiv der geistigen Produktion Frankreichs geworden. Ich konnte mir auf meinen Tisch kommen lassen, was zwischen 1795 und 1825 – so hatte ich meinen Forschungsbereich zunächst zeitlich eingegrenzt – an politischen Flugschriften, Pamphleten, Betrachtungen über die gegenwärtige Lage Frankreichs, Stellungnahmen zu Tagesfragen, oft nicht mehr als vier Seiten, erschienen war. Immer las ich sie unter dem Gesichtspunkt: Wie erlebten, wie verstanden die Zeitgenossen ihre Gegenwart? Es war der jeweilige Stand der Pressefreiheit, die Auswirkung der Zensurbestimmungen zu berücksichtigen. Sehr schnell aber schon konnte ich feststellen, daß sich das Muster des Zeitverständnisses nicht nur terminologisch, sondern in seiner Struktur als Interpretationszusammenhang mit der Struktur der geschichtsphilosophischen Systeme deckt.

Mein Saint-Simon erwies sich dabei als besonders interessanter Fall, da er eigentlich nie etwas anderes als Flugschriften produziert hatte, in denen er irgendwie zu politischen oder geistigen Tagesfragen Stellung nahm. Die systematische Darstellung seiner *neuen Philosophie* hat er anderen überlassen. Doch hat er in seinen *brouillons*, die immer Improvisationen waren, die entscheidenden Stichworte geliefert.

Es ging mir wie Gauß, der gesagt hat, die Ergebnisse hätte er schon, er wisse nur noch nicht, wie er zu ihnen gelangen würde. Ich hatte die Genugtuung zu erleben, wie meine Arbeitshypothese sich zur These mauserte: Alle Grundbegriffe und Dogmen des geschichtsphilosophischen Diskurses haben sich aus dem Urstoff vulgären Gegenwartsbegreifens gebildet. Es ist möglich, den Ursprung geschichtsphilosophischen Denkens an den Vertikalen zu demonstrieren, die seine entscheidenden Begriffe und Topoi mit den ihnen zugrunde liegenden aktuellen Tagesfragen durch alle Schichten des zeitgenössischen Situationsverständnisses hindurch verbinden. Dazu war es erforderlich, den politischen und gesellschaftlichen Standort jedes Autors präzise bestimmen zu können. Nur dann würde man seine Aussagen richtig beurteilen. Das Grundschema der Polarisierung, der »Bipartition«, mußte anhand einer umfassenden Kenntnis des Personals der Freund-Feind-Gruppierungen verifiziert werden.

Es ließ sich erkennen, daß die Suche nach einem »dritten Weg«, einer neutralen Position über den Parteien, das Grundmotiv aller gedanklichen

Arbeit war; daß »Geschichtsphilosophie« sich immer auf dem transzendentalen Ort des »pouvoir neutre« etablierte.

Auf diesem Ort – den Napoleon als erster okkupiert und den Madame de Staël ihm streitig gemacht hatte – errichteten Saint-Simon und Auguste Comte das Gedankengebäude der »Soziologie«.

Bibliotheksgefühle

Von der Place Dauphine war es gar nicht weit bis zur Rue de Richelieu, doch war es zu weit, um zu Fuß dort hinzugehen. So zog ich es vor, das kleine Stück mit dem Omnibus den Quai entlangzufahren, vom Pont Neuf am Louvre vorbei zum Palais Royal. Dort saß ich dann an meinem gewohnten Platz, so lange, bis der Lesesaal geschlossen wurde, kurz vor sechs. Immer kam der Ruf des Aufsehers »Messieurs, Mesdames, on ferme!« zu früh. Jeder, der einmal in der Bibliothèque Nationale gearbeitet hat, hat diesen Ruf im Ohr. Einen unnachahmlichen, melodischen Singsang, vergleichbar dem Ruf eines Muezzin. Er gehört zu den »cris de Paris«, von denen noch im 19. Jahrhundert die Straßen widerhallten. Ich bin sicher, er war schon derselbe zu den Zeiten, als Heinrich Heine hierherkam. Auch er war ein eifriger Bibliotheksgänger. Als Börne ihn fragte, wohin er denn nach der Ankunft in Paris zuerst gegangen sei, und wohl annahm, er habe die Denkmäler der unfernen französischen Vergangenheit aufgesucht, schockierte ihn Heine, indem er ihm sagte, sein erster Gang habe ihn in die Bibliothèque Royale geführt. Er wollte die dort aufbewahrten Manuskripte der Manessischen Liederhandschrift sehen. Die Verse des Walther von der Vogelweide waren ihm wichtiger als das Panthéon.

Der Stapel der Bücher, die ich mir hatte kommen lassen, oft waren es an die hundert, war abends lange noch nicht durchgearbeitet, wenn es bei den meisten auch genügte, mit einem schnellen Blick auf Titelblatt, Inhaltsverzeichnis und Register festzustellen, daß man es nicht würde lesen brauchen. Zum »wissenschaftlichen« Lesen gehört es ja, die Technik zu erlernen, schnell herauszufinden, was man nicht zu lesen braucht. Was übrigblieb und noch exzerpiert werden mußte, wurde am Abend mit einem eigens für diesen Zweck bestimmten Riemen zusammengeschnallt und mit Namenszettel an der Abgabe hinterlegt, wo das Paket nicht länger als einen Tag aufbewahrt wurde: Pensum, aber auch Vorfreude auf den nächsten Tag. Wenn man einen Tag schwänzte, mußte die ganze Arbeit mit dem Bestellzettel-Ausschreiben wieder von vorne beginnen. Das zwang zur Stetigkeit.

Eine kleine Mittagsmahlzeit gönnte ich mir in einem winzigen, unfern in einer Nebenstraße im Sous-sol gelegenen Lokal, wo ich zu einem Viertelchen ein Tellergericht zu mir nahm, eine wahre Zwergenmahlzeit, auch wenn ich mich reichlich am kostenlos bereitgestellten Weißbrot schadlos hielt. So wenig zu essen hatte auch sein Gutes. Ich ermüdete nicht, was nicht heißt, daß ich nicht manches Mal die erste Stunde nach der Mittagspause, das Kinn in der aufgestützten Hand oder den Kopf in den über einem Bücherhaufen gekreuzten Armen, diskret verschlafen habe. Ich war nicht der einzige, gelegentlich stieg von einem der Plätze ein Schnarchen auf, das jedoch niemanden indignierte und höchstens den Schläfer selbst unsanft weckte.

Vielleicht hat es keinen Ort in Paris gegeben, an dem ich mich so heimisch gefühlt habe wie in der Bibliothèque Nationale. Sobald ich dort saß, durchströmte mich ein wohlig sekurisierendes »Bibliotheksgefühl«. Hier war ich geborgen.

Es hatte etwas Erhebendes, Schmeichelhaftes, sich sagen zu können, hier unmittelbaren und uneingeschränkten Zugang zu allem zu haben, was Menschen je gedacht, erfahren und gewußt haben, wovon sie Zeugnis abgelegt haben. Man konnte daran nach Belieben partizipieren, davon profitieren, daran weiter spinnen. Der wahnsinnige Gedanke: daß, wenn man alles lesen könnte, man alles wissen würde! Die unermeßliche Fülle des angesammelten Materials hatte etwas Schwindelerregendes, aber die methodische Ordnung, die hier herrschte und es möglich machte, auch das Entfernteste und Entlegenste mit sicherem Zugriff erreichen zu können, hatte etwas überaus Beruhigendes und schmeichelte obendrein clandestinen Omnipotenzphantasien. Die geistigen Reichtümer der Welt standen auch dem elendsten Wicht auf Abruf zur Verfügung. Ein Zettel genügte, und was man sich wünschte, würde einem auf den Tisch gebracht. Hier war alles wohl geregelt und unter Kontrolle; hier regierte Ordnung – draußen herrschte das Chaos.

Die Lektüre selbst war etwas ungemein Genußvolles, im Grunde Perverses. Das Hinübergleiten auf eine andere Erfahrungsebene, das Eintauchen in eine andere Erlebnissphäre konnte mich in einen wahren Rauschzustand versetzen. Es gab Momente, in denen ich diejenigen verstehen konnte, die davon überzeugt sind, daß die wahre Wirklichkeit der Welt die der Bücher ist. Das Lesen ist dann der einzige Weg, der zum Wissen und vom Wissen zur Wahrheit der Wirklichkeit führt. Was es in der Bücherwelt nicht gibt, gibt es nicht. Sie war nicht ein Substitut, sondern das Substrat der Welt.

Aber es gab auch die Stunden der Anfechtung, in denen mir der Lesedienst einfach zum Halse heraushing. Dann rebellierte ich gegen die Lesefron, die ich mir selber auferlegt hatte. Ich kam mir an meinem Platz vor wie der

Galeerensträfling auf seiner Ruderbank. Wenn man vom Mittelgang des großen Lesesaales, in dem die Aufpasser auf und ab schreiten, zur Rechten und zur Linken die Reihen der gebeugten Rücken überblickte, konnte man tatsächlich meinen, man befände sich im Bauch einer Trireme. Wie Masten stiegen die eleganten gußeisernen Pfeiler in die Höhe. Da sitzt du, hörte ich eine Stimme in mir sagen, wie angekettet, stundenlang, tagelang, wochenlang und starrst vor dich auf bedrucktes Papier, und während du hier hockst, rauscht draußen das Leben an dir vorbei. Es ist gar nicht auszudenken, was du alles versäumst.

Mochte das Lesen die sublimste Form der Aneignung der Welt sein, es war immer auch eine Absage an das Erleben der Welt. Ich hatte einen richtigen Horror, zum Büchermenschen zu werden, ein Bibliotheksschrat. Das abschreckendste Beispiel des Büchermenschen war für mich Karl Marx. Ich hatte immer das Gefühl gehabt, wenn ich mir seine Situation als zwanghafter, obsessioneller Dauerleser im British Museum vorstellte, was er sagt, kann nicht stimmen: Er weiß gar nicht, was wirklich in der Welt geschieht!

Mein Vorbild war immer wieder Saint-Simon, der nicht las, sondern lebte, und das hieß, mit dem, was das Leben an Möglichkeiten bietet, zu experimentieren. Die Lektüre war für ihn nicht das privilegierte Mittel der Wissensaneignung. Er informierte sich, indem er die Leute, von denen er vermutete, daß sie etwas über das Thema, das ihn interessierte, zu sagen hatten, zum Essen einlud. Er legte größten Wert auf die Qualität seines Kochs, weil er überzeugt war, daß die Güte der Speisen sich auswirken würde auf die Qualität der Informationen! Er ist in diesem Punkt enttäuscht worden. Die illustren Herren aus der École Polytechnique von gegenüber ließen es sich wohl schmecken, erwiesen sich jedoch als eher maulfaul.

Wahrscheinlich kam es ihm auch gar nicht einmal so sehr darauf an, zu hören, was die Koryphäen der Wissenschaft zu sagen hatten, sondern sie zu beobachten. Er experimentierte mit ihnen als Verhaltensforscher, dem es um eine Typologie und Psychologie der im Entstehen begriffenen Gesellschaft zu tun war. Er hatte auch andere Gäste! Bei ihm verkehrte die bunte Mischgesellschaft des Directoire und des Consulats. Das Personal der triumphierenden Bourgeoisie, die sich vom Schock der Terreur erholte und in vollen Zügen ein neues Lebensgefühl auskostete, neue Privilegien, neue Freiheiten, neue Gedanken.

Dazu gehörte auch ein ganz neuer Typ von Frauen, deren sozialer Status nicht mehr durch ihre Herkunft determiniert war, es genügte, daß sie schön, verführerisch und geistvoll waren. Man sprach nicht von ihrer Emanzipation, sie lebten sie. Die Mode war skandalös: auf den großen Festen erschienen die Damen in durchsichtigen Gewändern, so gut wie nackt.

Im Directoire formte sich die neue soziale Elite, jene »Gesellschaft«, die dann, unabhängig von der jeweiligen Verfassung und der Regierungsform, fast zwei Jahrhunderte lang Frankreich beherrscht hat. Es war genau die, deren Struktur und personelle Zusammensetzung, deren Cliquen und Parteiungen, deren Selbstverständnis und Selbstdarstellung, deren Riten und Mythen zu erforschen ich mir zur Aufgabe gemacht hatte und deren Kontinuität mich so fesselte: Es war genau dieselbe, die ich vorfand, als ich nach Paris kam.

Das war das *chaos cosmogonique*, aus dem die »neue Gesellschaft der Zukunft« hervorgehen würde, wie der Phoenix aus der Asche, das Thema des geschichtsphilosophischen Denkens. Mein Ballanche hatte dafür das geheimnisvolle Wort *palingénésie* gefunden.

Sortir en ville

Saint-Simons Diners waren Versuchsanordnungen. Er brachte seine eigenen Erfahrungen ein als »teilnehmender Beobachter«. Er hatte Affinitäten zu jedem der Elemente, die sich da zu einem neuen Amalgam verbanden. Er war noch ganz Aristokrat des Ancien régime, aber »Cadet«, der die progressiven Ideen seiner Hauslehrer verinnerlicht, aber auch etwas vom Glücksritter des 18. Jahrhunderts hatte, einem Cagliostro, einem Casanova; als Grundstücksspekulant, Großunternehmer und Projektemacher gehörte er ganz der neuen Ära an.

So war es nicht verwunderlich, daß er in der Vielfalt des Maskentreibens, das ihn umgab, hellsichtig die Umrisse jenes neuen Typus erkannte, dem die Zukunft gehören würde, den »Industriel«, eine Mischung von Visionär, Entrepreneur, Technokrat und sich dem Gemeinwohl verpflichtet fühlendem Citoyen mit Sendungsbewußtsein und Führungsqualitäten, der die Chancen zu nutzen verstand, die das neue Zeitalter dem Tüchtigen eröffnete, Vorkämpfer, Komplize und Nutznießer des technisch-sozial-ökonomischen Umwandlungsprozesses, für den die politischen Revolutionen nur Vordergrundsscharmützel sind und für den der eigene Erfolg die erste Voraussetzung für die Erreichung des anvisierten Zieles ist: das größte Glück für die größte Zahl.

Da wehte ein anderer Geist als der Calvins. Die Bereitschaft zum Neuen, zur Veränderung der gesellschaftlichen Verhältnisse, zur Utopie machte nicht halt vor den eigenen Lebensverhältnissen und schloß deren innovatorische, emanzipatorische Neugestaltung mit ein. Die Produktionsverhältnisse waren nicht reformbedürftiger als das Geschlechterverhältnis. Die politischen Verkehrsformen konnten nicht verbessert werden, wenn diese

Verbesserung nicht Hand in Hand ging mit einer Veränderung der Verkehrsformen der Liebe. So hatte Saint-Simons großzügige wissenschaftlich-experimentelle Geselligkeit auch eine andere Dimension. »Dîners et soirées libres se succédaient sans interruption,... il s'y ajoutait sur le tard des scènes d'ebauchements amoureux où quelques invités, dit-on,... se laissaient aller à des transports anacréontiques que du fond de son fauteuil, calme, impassible, ne prenant même point part à la conversation, Saint-Simon regardait..., prenant bonne note de tout et se préparant de transformer le genre humain.«[*]

Man sehe mir das lange Zitat nach, das aus dem Buch von Firmin Maillard »La légende de la femme émancipée« stammt. Ich bringe es mit unverhohlenem Vergnügen, weil es aus dem Zettelkasten eines anderen Bibliotheksschrats stammt und ich mir genau die Gefühle vorstellen kann, mit denen er es exzerpiert hat.

Dem Angebot der Bücherwelt steht gegenüber das Angebot der Lebenswelt. Das Pathos des Experiments ist gegen den Hort der Bibliotheken gerichtet.

Wie immer ich es auch drehte und wendete, die Durchführung meines »Projektes« erforderte, daß ich unendlich viel las. »Lies oder stirb!« lautete der kategorische Imperativ der Pflichterfüllung, der mich in die Bibliothèque Nationale trieb. »Lies nicht und lebe!« lautete der Ruf der Sirene. Er lockte mich unwiderstehlich hinaus in die Stadt.

»Sortir en ville«, das hieß »sortir dans le monde«. Das Schwergewicht sollte natürlich auf dem Lesen liegen – das Ausgehen nur eine Zugabe, eine Art Dessert, eine Belohnung sein. Ich muß gestehen, daß sich sehr schnell die Prioritäten verkehrten, und zwar nicht nur darum, weil ein natürliches Gefälle den Menschen unwiderstehlich vom Pole der Arbeit, der Anstrengung, der Leistung zum Pole leichterer Daseinsweisen treibt, an denen der mühelose Genuß, das reine Vergnügen locken, sondern weil ich merkte, daß ich in diese Richtung gehen mußte, wenn ich jene »Gesellschaft« kennenlernen wollte, deren Genese und Funktionsmodus immer mehr zum zentralen Gegenstand meiner Ideengeschichte und -forschung wurde. Man kann nicht verstehen, was man nicht kennt.

»Sortir en ville« war keine Diversion, keine Abschweifung, kein Sich-im-Pariser-Leben-Tummeln, sondern ein epistomologisches Postulat. Es war

---

[*] »Diners und offene Abende folgten ohne Unterbrechung... dem schlossen sich zu später Stunde erotische Spiele an, zu denen sich, sagt man, einige Gäste in anakreontischer Freizügigkeit hinreißen ließen, die Saint-Simon von seinem Sessel aus gelassen, cool, ohne an der Konversation teilzunehmen, beobachtete... alles genau registrierend und sich darauf vorbereitend, die Menschheit zu verändern.«

der Königsweg zur Erkenntnis sozialer Zusammenhänge. Ihn zu betreten, war für den Soziologen, als der ich mich fühlte, eine Pflicht. Der Einstieg in die Gesellschaft wurde mir leichtgemacht. Ich hatte zwar kein Geld, aber etwas, dessen Wert nicht hoch genug eingeschätzt werden kann: Beziehungen. Keine fetten Kreditbriefe, aber Empfehlungsschreiben mit guten Adressen. Ich stand nicht ganz mit leeren Händen da. Ich verfügte über eine gute Portion an »kulturellem« Kapital. Mit diesem Pfund konnte ich wuchern.

Ich war arm wie eine Kirchenmaus und litt unter meiner Armut, aber ich akzeptierte nicht, aus meiner Notlage eine Weltanschauung zu machen. Es schien mir unelegant, die Welt an der Elle meiner privaten shortcomings zu messen.

Meine Beziehung zu Paris verstand ich, ohne darüber nachdenken zu müssen, in anderen als soziologischen Kategorien! »A la cité innombrable s'oppose le héros légendaire destiné à la conquérir.«

Die Menschen, die ich »en ville« traf, hatten nur eine sehr undeutliche Vorstellung davon, was ich tagsüber tat. Es interessierte sie auch nicht. Ich mußte nur einen Status haben. Ein Etikett war unerläßlich, um vorgestellt, weitergereicht, empfohlen zu werden. Was war ich? Student war ich nicht, dazu war ich zu alt. Als Journalist wollte ich auf keinen Fall gelten. Den Titel »écrivain«, so fand ich, konnte für sich nur in Anspruch nehmen, wer ein gewisses Œuvre aufzuweisen hatte; die Tatsache, zu schreiben oder schreiben zu wollen, konnte keinesfalls dazu die Berechtigung geben. Schließlich erwies sich meine Tätigkeit in der Bibliothèque Nationale noch als die solideste meiner Referenzen. Niemand verlangte, daß ich ein Forscher sei, aber alle Welt war damit zufrieden, wenn es nach der Nennung meines Namens hieß:»Le jeune allemand qui prépare une thèse sur Ballanche«, um so mehr, als niemand wußte, wer dieser Ballanche – wie bitte? – war und ich das nun erklären mußte. Der Kontakt war geknüpft, das Gespräch in Gang – die Gastgeberin konnte sich jemand anderem zuwenden.

IV

DU CÔTÉ DES BERTAUX

Was mache ich hier? Ich erzähle Geschichten aus meinem Leben. Pariser Geschichten. Die Schwierigkeit meines Vorhabens liegt darin, daß ich nichts, auch gar nichts, erfinden darf. Ich kann nur weglassen. Von allen Kunstfiguren bleibt mir nur die Litote. Ich hätte doch besser daran getan, einen Roman zu schreiben. Aber das von mir gewählte autobiographische Genre garantiert das, worauf es mir allein ankommt: Authentizität – empirie- und erfahrungsgesättigte Wahrheit; nicht die Wahrheit der Dichtung, nicht die abstrakte Wahrheit des more geometrico, sondern die soziologische Wahrheit, die das in das Erlebniskontinuum des Subjekts in seiner Leiblichkeit eingeschmolzene Substrat der geschichtlich-gesellschaftlichen Wirklichkeit ist, in der wir leben, und die unsere einzige Referenz ist.

So kann mein Schreiben nicht einem Plan folgen, dem Plan der Erzählung oder einer Beweisführung. Ich habe nur einen Leitfaden: die Erinnerung. Die Erinnerung, die der dritte Aggregatzustand des Erlebens im Prozeß der Wirklichkeitserprobung und -aneignung ist – nach dem antizipatorischen Vorgriff, dem die Vorlust zugeordnet ist, und dem hic et nunc des Erlebnisses selbst. Mit seinem je einzigartigen situationsgebundenen emotionellen und faktischen Kontext gehört das Erinnern dessen, was uns widerfahren ist, mit allen Gewißheiten und Ungewißheiten, mit Nachlust und Trauerarbeit, in den intimsten Bereich der persönlichen Daseinsbewältigung, wo wir mit der Aufgabe der Sinnfindung konfrontiert sind. Die Fülle der Erinnerungen ist die Matrix des Sinns.

Dies Buch ist darauf angelegt, in der Beschreibung und Erzählung des Selbsterlebten nach den Indizien zu suchen, die auf eine immanente Sinnhaftigkeit verweisen. Was mich ermuntert, ist die Beobachtung, daß ich in der Rückschau immer wieder Konstellationen entdecke, Kontinuitäten, Komplementaritäten, Polaritäten, die tatsächlich so etwas wie Sinnmuster ergeben, die von unsichtbarer Hand in den Erlebnisteppich eingewoben wurden und den Anschein erwecken, als hätte sich die »Wirklichkeit« an die Dramaturgie eines in sich schlüssigen Szenarios gehalten, wie es kein freischaltender Autor besser hätte konstruieren können. Ich brauche sie nur nachzuzeichnen. No fiction. Aber nichtsdestoweniger bin ich zu einer ständigen Arbeit des »Erfindens« gezwungen, der schöpferischen Gestaltung, wenn ich, um die gefundene Spur, die Sinnfährte, die sich mir offenbart hat, nicht zu verlieren, in den unbegrenzten, unablässig nachwuchernden Stoff, der aus meiner Erinnerung aufsteigt, jene Ordnung und Façon bringen will, die eine »Geschichte« daraus machen.

Das erste Diner

»Monsieur le préfet vous attend!«

Das hatte ich nun doch nicht erwartet, als mir Tutti Fischer, die Tochter des Verlegers Samuel Fischer, die mit ihrem Mann zusammen jetzt wieder den alten Verlag in Frankfurt leitete, sagte: »Wenn du nach Paris fährst, mußt du Pierre Bertanx besuchen.«

Er hatte mich in seine Amtsräume in der Rue des Saussaies bestellt, ein Adelspalais des dix-huitième, wie es der Sitz vieler Ministerien und Residenzen der hohen Verwaltung ist. Dort lag auch seine Dienstwohnung, die ich wenig später kennenlernen sollte.

Ich war tief beeindruckt von der großzügigen Pracht dieses Amtssitzes. Das Büro des Präfekten lag in der Beletage, zu der man über eine sanft geschwungene Treppe schmaler, mit ihren Profilen ineinandergefügter Sandsteinstufen, die ein schmiedeeisernes Gitter schwerelos begleitete, emporstieg.

Eine Flucht großer, hoher Säle, Säle eines Schlosses, mit Goldstukkaturen an Wänden und Decken, schweren Vorhängen und hohen Spiegeln. An allen Wänden große Gobelins. Versailler Parkettböden. Die Säle dienten jetzt als Vorzimmer, in denen ein eher schäbiges Büromobiliar etwas verloren herumstand, hinter dem Sekretärinnen und die jungen Leute, die zum Kabinett gehörten, ihrer Arbeit nachgingen und kaum aufschauten, um den Besucher zu mustern, der da von einem uniformierten Amtsdiener in das Allerheiligste geführt wurde. Das historische Dekor war alt, aber echt. Wenn man näher hinsehen würde, würde man bemerken, daß die schweren Vorhänge sonnenverschlissen und fleckig waren, der Stuck an vielen Stellen abgebröckelt, die Spiegel blind, die Decken staub- und rauchgeschwärzt. Die Vierte Republik hatte noch nicht den Modernisierungsfimmel. Das begann erst mit Malraux. Es herrschte in der öffentlichen Sphäre eine Mischung von Ärmlichkeit und verfallener Pracht.

Wir verweilten einen Augenblick vor der hohen Flügeltür. Ich rückte die Krawatte zurecht und vergewisserte mich noch einmal, daß ich den Briefumschlag und das Buchgeschenk parat hatte (als ob ich sie nicht fest in meinen Händen hielte), und dann öffneten sich die beiden Flügel der Tür, und ich sah über einen riesigen Aubusson hinweg, hinter einem mächtigen, sicher drei Meter langen, bronzebeschlagenen – mit zahllosen Telefonen vollgestellten – Louis-quinze-Schreibtisch einen eleganten Herrn in dunkelblauem Nadelstreifenanzug, der sofort von seinem Sessel aufsprang, mir mit elastischen Schritten entgegenkam, mir beide Hände entgegenstreckte und mich in akzentfreiem Deutsch mit den Worten begrüßte:»Herzlich willkommen!« Dann zog er mich zu einer Gruppe schönster Louis-quatorze-Fauteuils, die vor dem Fenster standen, und ließ sich behaglich-lässig, mit übergeschlagenen Beinen, in der Ecke eines Canapés nieder, während ich ihm schräg gegenüber artig auf der gepolsterten Kante eines der Sessel Platz nahm.

»Sie bringen mir Grüße von Tutti«, begann er das Gespräch, und ein Strahlen ging über sein faltiges, gebräuntes, charaktervolles Gesicht. Und ich sah zum erstenmal seine verschmitzten Augen und diesen ganz besonderen Ausdruck eines apriorischen Einverständnisses, der seinem Gegenüber jede Verlegenheit im Nu nehmen mußte, ihn aber gleichzeitig entwaffnete. Jetzt konnte ich meine Mitbringsel überreichen. Fast ungeduldig zerriß er den Umschlag des Briefes und versenkte sich genußvoll – und für einen Augenblick wie verloren – in seine Lektüre. Dann packte er umständlich das Buch aus. Es war das Goya-Buch von Malraux, und er strahlte aufs neue.

Es war nicht einfach gewesen, das Buch zu bekommen! Ich sollte es in der deutschen Buchhandlung von Flincker abholen, die auf der Île de la Cité, bei mir um die Ecke, am Quai des Orfèvres, im Sous-sol lag. Genau neben dem *Relais des Camionneurs*, wo ich mir gelegentlich eine kleine Mahlzeit – gekrönt von einem»Montblanc«, einem Töpfchen, in dem Maronenmus mit Crème fraîche eine delikate Mischung eingeht – genehmigte. Ich kannte die Auslage genau, zu deren Dekors neben den Neuerscheinungen deutscher Verlage und französischen Publikationen zu deutschen Themen zwei silbergerahmte Fotos gehörten, die den Besitzer händeschüttelnd, das eine Mal mit Thomas Mann, das andere Mal mit Robert Schuman vor jenem Büchertisch zeigte, den man im Hintergrund des Ladens erkennen konnte. Ich wurde nicht gerade freundlich aufgenommen.»Ach, Sie kommen von den Fischers, und Sie wollen das Buch natürlich umsonst haben!« kreischte mich das kleine Männlein an, das kaum die mit hohen Bücherstapeln beladenen Verkaufstische überragte.»Die Fischers wollen immer alles umsonst haben. Ich muß immer alles hergeben. Der alte Flincker macht das schon, der hat's ja! Wenn Sie wüßten, was die Fischers für Schulden bei mir haben. Tausende, Zehntausende von Dollars« (er sagte, was mir auffiel, Dollars, und nicht Francs oder Mark).»Natürlich ein kostbares Kunstbuch! Ich sollte es Ihnen überhaupt nicht geben«, zeterte er weiter mit heiser kreischender Stimme, während er schon dabei war, den gewünschten Band geschickt und flink in einen Bogen Geschenkpapier zu verpacken.

»Wer sind Sie überhaupt? Ich habe bei Ihrem Vater in Berlin studiert! Wenn Sie mal kommen, um Bücher zu *kaufen*, dann werde ich Ihnen mehr über die Fischers erzählen. Eine saubere Gesellschaft!« Er schien sie nicht zu lieben. Die Produktion ihrer Verlage stellte gleichwohl das größte Kontingent seines Sortiments und sicher auch seines Umsatzes dar. Er war übrigens selber Verleger und Buchhändler nur, weil er nicht leben konnte, ohne von Büchern umgeben zu sein. In seinen letzten Jahren verkaufte er Bücher überhaupt nicht mehr, sondern hortete sie nur noch. Als ich viele Jahre später auf einem Bummel wieder einmal bei ihm hereinschaute, kreischte er mir aus einem Winkel, eine Schwarte in der Hand, in der er gerade las, den Kopf mit der scharfen Hakennase nur kurz zur Tür wendend, entgegen:»Ich verkaufe nichts! Gehen Sie!«

Ich brauche nicht zu sagen, daß er immens reich war.

»Tutti hat wieder das Richtige getroffen«, rief Bertaux mit sichtlichem Entzücken aus, das sein Gesicht verklärte und verjüngte.»Quelle femme extraordinaire!« (Oder hat er gesagt»épatante«?) Nun mußte ich natürlich alles erzählen, was ich von den Fischers, von ihrem neuen Verlag, von ihren Reisen, von ihrem Leben in Frankfurt in der Falckensteiner Straße wußte, und dann auch davon, was ich jetzt in Paris zu machen gedächte. Und nachdem er sich das eine Weile angehört hatte, schmunzelnd und zustimmend, fragte er mich:»Was kann ich für Sie tun?«

Ich weiß nicht, woher ich den Mut, um nicht zu sagen: die Frechheit, nahm, ohne zu zögern zu antworten:»Sie könnten vielleicht ein dîner für mich arrangieren...« Der Gedanke daran war mir vorher überhaupt nicht gekommen; er hatte sich spontan als das Selbstverständliche eingestellt, über das man nicht erst nachzudenken braucht.»Ein richtiges Pariser dîner«, setzte ich hinzu.

»Was stellen Sie sich darunter vor?« wollte er wissen, aber natürlich wußte er es sofort. Das zeigte der Ausdruck des verschmitzten Einverständnisses in seinen Zügen.

»Bedeutende Männer und schöne Frauen!«

»Pas mal. Ich werde mit Denise sprechen.« Er stand auf, ging zu seinem Schreibtisch hinüber, nahm den Hörer von einem der Telefone. Die Verbindung war sofort hergestellt. Es war der Hausapparat. Wenige Worte. Er kam zurück. »C'est d'accord pour vendredi soir. Im selben Haus, zwei Treppen höher.« Dann war ich entlassen. Der Herr Polizeipräfekt entschuldigte sich, er müsse jetzt zu einer Übungsstunde im Pistolenschießen. »Das gehört zu meinem neuen Beruf.«

Das dîner war genauso, wie ich es mir vorgestellt und gewünscht hatte. Es war, wenn ich es recht bedenke, das erste, richtige große dîner mit allem, was dazugehört, zu dem ich geladen war, und ich begab mich dorthin mit einem beschwingten Gefühl, der Vorlust auf das Erleben von etwas Schönem, in die sich so etwas wie die Genugtuung darüber mischte, nun, nach so vielen Jahren der Entbehrung, des Ausgeschlossenseins, wieder in die Welt einzutreten, wie sie meinen Vorstellungen entsprach, wie ich sie verloren geglaubt hatte und nun, nach langen Irrfahrten gewissermaßen, wiederfinden sollte.

Meine Erwartungen sollten nicht enttäuscht werden, was man nicht oft im Leben sagen kann, und irgendwie ist dieses erste Pariser dîner unübertroffen geblieben, ein perfektes Modell, an dem von nun an alle künftigen dîners sich würden messen müssen, vor allem auch jene, die ich später selbst einmal geben würde. In das Entzücken des Wiederfindens (ein Glücksgefühl, das den verlorenen Sohn bei seiner Heimkehr überwältigt haben muß) mischte sich, ohne jeden Beigeschmack ein déjà-vu, die Freude des Wiedererkennens eines Rituals, das ich als Ideal, als eine Art kulturellen Atavismus, in mir trug, und bei allem, was ich sah und beobachtete, wahrnahm, konnte ich mir immer nur sagen: »Ja, so muß es sein.«

Mein einziger Kummer war, daß ich keinen Smoking anhatte. Ich trug ein schwarzes Habit, von einem kleinen Heidelberger Schneider aus dem Tuch eines alten Anzugs meines Vaters gefertigt, den meine Mutter, Gott weiß wie, aus dem Zusammenbruch in unsere Flüchtlingsexistenz herübergerettet hatte. Der Stoff war vorzügliches englisches Garn – wie neu. Mein Vater hatte sich das noble Kleidungsstück – ganz gegen seinen Willen – in seinen letzten Lebensjahren anfertigen lassen und tatsächlich kaum getragen. Das Produkt der Heidelberger Umarbeitung war durchaus gelungen. Aber heute war es eben der falsche Anzug, und es wurmte mich, nicht so sehr als ein Verstoß gegen das Protokoll als wegen der Einbuße, die ich dem Abend in seiner ästhetischen Vollendung damit zufügte.

Die Frauen waren schön, die Männer bedeutend, wie ich es mir gewünscht hatte. Die Frau von Pierre, Denise, die mich als Dame des Hauses wie einen alten Freund, wie ein Mitglied der Familie, empfing, war selber eine sehr schöne Frau und genoß den Ruf, es zu sein. Sie war eine Tochter des wunderbaren Dichters Jules Supervielle, den ich wenig später kennenlernen sollte. Wenn sie stolz auf ihren Mann war, so war sie noch stolzer darauf, die Tochter dieses Vaters zu sein: ein vornehmer Herr, für den die Poesie ein senioraler Zeitvertreib war, über dem er die Welt und ihren Alltag vergessen konnte. Sie hatte zwei südamerikanische Cousinen eingeladen – die Supervielles stammten aus Uruguay –, die mich mit großen dunklen Augen anlächelten. Und dann – ach – ihre jüngste Schwester, Anne-Marie! Vier Variationen desselben Typus. Graziös und elegant, zurückhaltend und verführerisch, trugen sie, wie eine Mantilla über ihren bloßen Schultern, die melancholische Aura ihrer kreolischen Herkunft. In ihren Gesichtern konnte man vier verschiedene Stufen der Lebenserfahrung, vier Nuancen von Glückserwartung und Resignation ablesen. Denise, die reifste, sie wird um die vierzig gewesen sein, mit wissendem Blick, in matronenhafter Würde, Anne-Marie, das junge Mädchen, sie war damals wohl siebzehn, grazil und zerbrechlich, verspielt und verträumt, mit den Gedanken anderswo, aber mit Gesten, wenn sie ihre schmale, langfingrige Hand auf die Armlehne eines Sessels legte, den Kopf zur Seite neigte, die Schultern anzog, die einluden, ihr dorthin zu folgen.

Die Herren, die jetzt mit dem Hausherrn plauderten, waren prominente Figuren der literarischen Szene. Erval, Cheflektor bei Gallimard, der Dichter Audiberti, von dem gerade ein Stück auf einer Pariser Bühne lief, alle im Abendanzug. Nur einer war da, in einer abgetragenen Tweedjacke mit einem grauen, gestopften Rollkragenpullover – ich stellte es mit Erleichterung fest –, der, etwas abseits stehend, nicht recht zu wissen schien, wo er seinen Platz finden sollte. Zu ihm führte mich Denise und stellte uns vor: halbe Landsleute, meinte sie. Sie hatte offenbar gehört, daß meine Mutter Rumänin war. So lernte ich Cioran kennen, dessen *Précis de décomposition* gerade erschienen und in aller Munde war.

Er war es dann auch, der diesem Abend einen unerwartet dramatischen Akzent gab. Während er bei Tisch kaum den Mund geöffnet hatte und ungerührt durch die schönen Südamerikanerinnen, zwischen denen er saß und denen es nicht gelingen wollte, trotz eifriger Bemühungen, ihn in eine Unterhaltung zu verwickeln, griesgrämig-trotzig in seinem Teller stocherte, als schmecke ihm das vorzügliche Essen nicht, richtete er sich gegen Ende der Mahlzeit plötzlich auf, wandte sich dem Hausherrn zu, der Denise gegenüber am anderen Ende des Tisches saß, und sagte sehr laut, so daß es jeder hören mußte:»Monsieur le Préfet, wissen Sie, daß man sich in Paris erzählt, der Schmuck der Begum läge in Ihrem Safe?«

Sofort verstummte alles, es trat eine vollkommene Stille ein. Die ein Glas in der Hand hielten, schienen es – wie erstarrt – nicht absetzen zu können. Die eine Gabel in der Hand hatten, behielten sie in der Hand. Alle Blicke waren auf Pierre gerichtet. In den Zügen von Denise zeichnete sich das leicht verzerrte Lächeln der Hausfrau ab, die den Faux-pas eines Gastes bemerkt, aber à tout prix übersehen will. Nur Bertaux lachte ganz unbefangen. »Mais voyons, cher ami, vous ne voulez-pas que je prenne au sérieux les racontards de Paris? C'est une bonne blague – c'est ridicule.« Alle atmeten erleichtert auf. Das dîner nahm seinen Fortgang. Die Eisbombe konnte serviert werden. Bald wurde die Tafel aufgehoben, und man ging zum Kaffee in den Salon hinüber.

Ich hatte natürlich überhaupt keine Ahnung, worum es ging, und mußte mir alles erklären lassen. Erst Wochen später war es mir möglich, die wahren Proportionen des kleinen Zwischenfalls abzumessen, der wie ein erster ferner Donnerschlag das große Gewitter ankündigte. In der frechen Frage von Cioran, von der offenbleiben konnte, ob sie ernst gemeint war oder nicht, steckte der Zündsatz eines Skandals, der die politische Karriere Bertaux' beenden sollte. Über den Tisch war nicht ein Federball, sondern eine Eierhandgranate geflogen.

Was war geschehen? Wenige Wochen zuvor hatte an der Côte d'Azur ein »hold-up« in Proportionen stattgefunden, wie man sie bislang nicht kannte. Der Begum war durch kühne Täter der gesamte Schmuck im Wert vieler Millionen Dollar geraubt worden. Ein Jahrhundert-Coup, der die Weltöffentlichkeit beschäftigte.

Es gelang der französischen Polizei, deren Chef Bertaux war, die Täter zu identifizieren. Eine schöne Leistung. Da stellte sich heraus, daß der führende Kopf des Unternehmens, ein der Polizei wohlbekannter korsischer Gangsterchef, ein Caïd der Unterwelt, auch der Mann war, mit dem Bertaux während des Krieges die Zelle des Gefängnisses in der Dordogne geteilt hatte, in das er von der Regierung von Vichy gesteckt worden war, weil er dem Appell de Gaulles zum Widerstand gegen die Deutschen gefolgt war! Pierre Paul Leca.

Aus der Zellengemeinschaft war eine Kameradschaft, eine Männerfreundschaft geworden. Die beiden konnten nicht ahnen, daß sie sich auf diese Weise wieder begegnen würden. Bertaux ließ seinen alten Kumpel wissen, daß er ihn, wenn er ihm sofort seine Beute ausliefern würde, entwischen lassen könnte. So kam es, daß Denise, in der großen *traction avant* ihres Mannes – der Citroën 15 CV war der Dienstwagen der Pariser Behörden, das damals schnellste Auto, jeder Verfolgungsjagd gewachsen, der Stolz der französischen Polizei – bei Nacht und Nebel in die Schweiz fuhr, um dort, aus den Händen der Banditen, die Kassette mit dem Schmuck der Begum in Empfang zu nehmen, die dann im Safe des Polizeipräfekten sichergestellt wurde. Der wollte mit einer schönen Geste der Begum ihre Pretiosen zurückgeben. Sie aber erklärte, nicht mehr daran interessiert zu sein. Die wegen ihres großzügigen Geschäftsgebarens berühmte Versicherungsgesellschaft Lloyd's hatte sie 24 Stunden nach dem Verlust vollkommen entschädigt. Es mußte also ein anderer Weg gefunden werden, um die Geschichte aus der Welt zu schaffen. Aber wie? Der Schmuck blieb im Safe, und die Zeit verstrich, und man hätte sicher eine Lösung gefunden, sich seiner zu entledigen, hätte es nicht in der unmittelbaren Nähe des Polizeichefs einen Mann gegeben, der ihn haßte und nur auf die Gelegenheit wartete, ihn politisch zu vernichten. Ein politischer Gegner? Ein Neider, ein Kommunist, dem der Protegé von Jules Moch ein Dorn im Auge war. Der »Feind«? Er gehört zur Mikrosoziologie der Organisationen. Jeder, der in einer großen Verwaltung Karriere macht, wird wie von seinem Schatten von solch einem Feind begleitet. Es ist vielleicht der nächste Mitarbeiter. Man kann des Erfolgs seiner Tätigkeit nur dann sicher sein, wenn man früh genug jeden Schritt, den man tut, jeden Akt, den man vollzieht, von einer Maßnahme begleitet, die dazu dient, sich gegen die Machenschaften dieses Intimfeindes abzudecken und abzusichern.

Bertaux war viel zu sehr Amateur, Gentleman, einer, der auf sein Charisma zählte und für kleine Intrigen nur Verachtung haben konnte, zu nobel mit einem Wort, um sich seines Feindes erwehren zu können. Das Geheimnis des Safes wurde verraten. Es wurde eine politische Affäre daraus. Bertaux war gezwungen, seinen Abschied zu nehmen, und es wurde ihm von dem für den Tatort zuständigen Gericht in Dragignan der Prozeß wegen Komplizenschaft mit den Tätern gemacht. Während der Gerichtsverhandlungen hatte Pierre Bertaux den »beau rôle«; mit großer Geste überspielte er die strafrechtliche Anklage der Mitwisserschaft an einem Verbrechen und zwang seine Richter, seine Handlungsweise als ein moralisches Problem zu sehen. Zu ihrem Erstaunen gab er zu Protokoll, daß auch korsische Banditen eine Ehre hätten. Sein Plädoyer gipfelte in dem Satz:»J'avais à choisir entre mon devoir et l'amitié. J'ai choisi l'amitié.«

Was als mondäner Skandal erscheinen konnte, war nicht mehr und nicht weniger als ein Stück des latenten französischen Bürgerkriegs, seine Fortsetzung mit anderen Mitteln.

Nach der Befreiung Frankreichs von der deutschen Okkupation (durch die Amerikaner) stellte sich für die Franzosen die Aufgabe, eine souveräne Staatsautorität wiederherzustellen. Die Dritte Republik war kompromittiert durch die Niederlage, l'État Français des Maréchal Pétain durch die Kollaboration. De Gaulle hatte von London und einigen Überseeterritorien aus, die sich seiner surrektionellen Initiative angeschlossen hatten, die Idee einer France Libre lanciert. Es fehlte ihr jede Substanz. Die patriotischen Appelle eines Schwarzsenders genügten nicht, sie ihr zu geben.

Der einzige Ansatzpunkt für eine neue nationale Legitimität war, das wußte de Gaulle, die *Résistance*. Da standen sich aber zwei konkurrierende Ansprüche unversöhnlich gegenüber. De Gaulles Rivale war die Kommunistische Partei (PCF), die die Regularisierung der weit im Lande verstreuten Résistance-Streitkräfte zu einer regulären Truppe benutzt hatte, um ihre Leute zu bewaffnen und straff zu organisieren. Dagegen fielen die buntscheckigen Gruppen und Grüppchen des bürgerlichen Widerstands, die in ihrer Motivation und Zielsetzung alles andere als einheitlich, keineswegs auch homolog auf de Gaulle eingeschworen waren, viel weniger ins Gewicht. Tatsächlich stand Frankreich damals, das vergißt man immer wieder, vor einer kommunistischen Machtübernahme, wie sie in Polen, in der Tschechoslowakei oder Rumänien stattgefunden hatte. Es fehlten nur die russischen Panzer. Hinter der Fassade der von de Gaulle repräsentierten Nationalen Befreiungsfront und der daraus hervorgehenden »Einheit« der Franzosen tobte ein harter Kampf. Von der Entwaffnung der kommunistischen Verbände über die Niederschlagung der von den kommunistisch gesteuerten Gewerkschaften organisierten politischen Streiks bis zur Parlamentarisierung der kommunistischen Partei lief der Weg, der schließlich zum Triumph des bürgerlich-republikanischen Lagers führte. Dessen Führer mußten sich gewissermaßen in einem Zwei-Fronten-Krieg schlagen, gegen die stalinistische Linke auf der einen und die pétainistische Rechte auf der anderen Seite.

In dieser Auseinandersetzung, deren wahre Frontstellungen in der Öffentlichkeit nie deutlich zutage traten, okkupierte der Inhaber des Innenministeriums, Jules Moch, natürlich eine Schlüsselstellung. Ihm unterstanden die Polizeikräfte, für die der Polizeipräfekt verantwortlich war. Jules Moch hatte auf diesen Posten einen ganz jungen Mann geholt, den er in der Résistance kennengelernt hatte – einen Outsider, allerdings *normalien*: Pierre Bertaux, dem es tatsächlich gelang, in einer Mischung von Härte und Geschmeidigkeit, von Kompromißlosigkeit und Fingerspitzengefühl, die noch stark von kommunistischen Elementen durchsetzten republikanischen Ordnungskräfte auf Vordermann zu bringen und sie zu einer zuverlässigen Einsatztruppe im innerpolitischen Kampf zu machen. Die Affäre mit den Diamanten der Begum war ein Schuß seiner Feinde aus dem Hinterhalt. Sein Rücktritt der Preis, den er für seine Politik bezahlen mußte.

Nach seinem Rücktritt vom Posten des Polizeipräfekten, nach dem Ende der politischen Episode seines Lebens, zog Pierre Bertaux sich wieder auf eine akademische Stellung zurück, die ihm ja als *normalien* fürs Leben sicher war. Er zog aus der grandiosen Dienstwohnung in der Rue des Saussaies aus und ließ sich in dem kleinen Häuschen in Sèvres nieder, das er von seinem Vater geerbt hatte.

Les cris d'Annette

In Sèvres besuchte ich ihn, sooft ich konnte. Er bewohnte eines der für die Pariser Vorstädte so typischen kleinen Häuser, die man *pavillon* nennt; die Bezeichnung Villa wäre eine Übertreibung. Es war eine *gentilhommière* mit ihrem Mansardendach und den großen Fenstertüren, die sich zu ebener Erde auf den Garten hin öffnen. Eine großzügige Note bekam das kleine Anwesen durch die üppigen Bäume, die das Haus dicht umstanden, Reste vermutlich des herrschaftlichen Besitzes, der sich hier, bevor er der Parzellierung zum Opfer fiel, ausgedehnt haben mochte, vielleicht aber auch Zeugen der Dendrophilie des Pavillon-Erbauers und einer sich darin manifestierenden Neigung zum Grandiosen. Dazu paßte das gewaltige gußeiserne Gartentor, das in die hohe Mauer eingelassen war, die das Grundstück gegen die Straße hin abschirmte, flankiert von zwei mit Sandsteinkugeln gekrönten Pfeilern aus rotem Backstein. Man mußte einen schweren Klingelknopf aus glattpoliertem Messing in Bewegung setzen, um Einlaß zu erlangen.

Wenn man dann auf den Kiesweg trat – das mit Buchsbaumhecken gesäumte Rasenrondell vor sich –, umstanden von alten mannshohen Rhododendronbüschen, dichte Garben von Flieder und Jasmin darüber, wollte einem doch, was von der Fassade des Hauses hinter den tief herabhängenden Zweigen einer Blutbuche und dem dunklen Nadelwerk einer mächtigen Eibe weiß hervorschimmerte – ungeachtet der wahren Distanz, die sehr gering war, durch das Spiel von Licht und Schatten seltsam entrückt –, ganz wie ein verwunschenes Schlößchen in einem immensen Park erscheinen.

Ein Puppenstubenhaus, trotzdem. Wenn man die vordere Fassade wegnehmen würde, würde man sehen, daß alle Zimmer zu klein waren. Die enormen Lurçat-Teppiche paßten überhaupt nicht an die Wände von Wohn- und Speisezimmer und kragten an Decke und Fußboden über. Der einzige große Raum war das Studio, zu dem Pierre das ganze Dachgeschoß ausgebaut hatte. Die Treppe, die da hinaufführte, eine mit Bücherregalen vollgestellte, lebensgefährlich steile Stiege. Es war nicht elegant, aber gemütlich. An den Wänden Bücher, Aktenschränke, Archivkästen. Vor den tief heruntergezogenen Fenstern Tische, auf denen sich die Papiere häuften. Ein paar Negerplastiken, Batikstoffe, Kissen, die jede Form und Farbe verloren hatten. Das war sein Reich, hier bereitete er seine Vorlesungen vor, schrieb seine Bücher, empfing seine Freunde.

Hier saßen wir an den Sonntagnachmittagen zusammen, auf den zwei breiten, ausgeleierten Sofas, vor dem Kamin, in dem oft die Scheite brannten. Es waren immer einige Gäste da. Ich konnte gespannt sein, wen ich wohl wieder kennenlernen würde. Es herrschte keine Salon-Atmosphäre, in der Konversation gemacht wird, höflich, distanziert, sehr genau auf die eigene Rolle und die des anderen bedacht, sondern die Atmosphäre des Gesprächs, in dem es um die Sache geht, die alle, die sich dort trafen, sofort in eine ganz unkonventionelle Beziehung zueinander versetzte, in der alle Präliminarien sich erübrigten. Oft wußte ich nicht, wer es war, mit dem ich da stundenlang diskutiert hatte. Ich mußte mir erst im nachhinein erklären lassen, welcher mehr oder weniger prominenten Persönlichkeit ich begegnet war. Es kamen nicht nur viele Literaten, sondern auch Professoren und Künstler – oft waren auch Menschen da, auf die kein Etikett richtig passen wollte, die aber mit irgend etwas aufregend Interessantem befaßt oder in der Lage waren, sich in äußerst kompetenter Weise für das zu interessieren, womit man sich selber beschäftigte, Ballanche zum Beispiel. Manche sprachen überhaupt nicht, sondern hörten nur zu, was die anderen sagten.

Da war diese junge Frau, die still mit ihrer Teetasse in einer Sofaecke saß und das Gespräch der Männer um sie herum mit aufmerksamen Augen verfolgte. Wer mochte sie sein? Sie trug ein bescheidenes Tailleur von unbestimmter Farbe, mit einer Seidenbluse, deren Kragen krawattenartig zu einer Schärpe geknotet war. Die Haare waren aufgesteckt, einige Locken fielen in die hohe Stirn. Das Gesicht war ein ebenmäßiges Oval mit einer leicht gebogenen feinen Nase und schmalen Lippen. Sie war nicht schön, aber hübsch und hatte eben diese lebendigen, manchmal richtig frechen Augen, die ganz im Gegensatz zu ihrer ostentativen Zurückhaltung etwas schelmisch Provokatives, spöttisch Flirtives hatten. Sie erinnerte mich an die junge Danielle Darrieux, die ich während des Kriegs in Soldatenkinos in Frankreich gesehen hatte; für mich die Inkarnation der Französin, ein Typus, wie es ihn anderswo auf der Welt nicht gibt. Sie schien immer da zu sein, auf jeden Fall war sie mehrere Male hintereinander da, als ich kam.

»Das ist Annette«, sagte mir Bertaux, als ich ihn am Gartentor, zu dem er mich, es war schon Nacht geworden, begleitet hatte, um es hinter mir zu verriegeln, schüchtern nach dem Namen der jungen Dame fragte. Ich war ungehörigerweise noch sitzen geblieben, nachdem alle anderen Gäste gegangen waren. Jetzt mußte ich rennen, um den letzten Zug zu erwischen. »Eine Schülerin von mir, wenn du so willst, ein außerordentlich tüchtiges Mädchen. Ich erzähle dir einmal mehr von ihr.« Er hatte sein verschmitztes, jungenhaftes Einverständnis-Lächeln, das jeden Altersunterschied zwischen uns auslöschte.

Ich selbst hatte mit Annette nie mehr als zwei Worte gewechselt, um so mehr überraschte es mich, als Bertaux mich eines Morgens anrief und mir sagte:»Tu as fait une touche! Annette scheint sich für dich zu interessieren. Sie will ein dîner für dich geben. Hast du nächsten Donnerstagabend Zeit?« Immer hatte ich Zeit für ein *dîner en ville*, auch wenn es nicht von einer attraktiven jungen Frau arrangiert wurde. War es im Smoking? Es sollte im Smoking sein. Kein Problem, ich hatte jetzt einen.

Pierre und Denise holten mich im Hotel in ihrem 15 CV ab. In allerletzter Minute, eigentlich schon zu spät, aber Denise gehörte zu den Frauen, die immer zu spät sind – Pierre, im Gegensatz dazu, auf die Sekunde pünktlich. Sie war entwaffnend schön, in großer Toilette, Duftwolke, Nerz. »Alors tu es en forme? Es wird ein großer Abend werden.« Ich erinnerte mich vage, daß das dîner zu meinen Ehren veranstaltet werden sollte, schob aber den Gedanken daran endgültig zur Seite, weil ich wirklich nicht verstehen konnte, warum in Gottes Namen Annette für mich ein dîner hätte veranstalten sollen. Ab ging's mit kreischenden Reifen ins XVième, als seien wir auf Verbrecherjagd. Wir parkten in einer Nebenstraße, vor einem großen, behäbigen, von Balkonen geschmückten, Wohlhabenheit ausstrahlenden Appartementhaus.

»Sie hat sich die Wohnung ihrer Eltern ausgeborgt. Sie wollte Platz haben. Ihre eigene Wohnung war ihr zu klein, aber die Eltern sind nicht da.« Jetzt war ich wirklich gespannt. Der gläserne Fahrstuhl stieg wie der Korb unter einer Montgolfière in dem geräumigen Treppenhaus zum dritten oder vierten Stock empor. Marmorsäulen, Spiegel, rote Läufer... Ein Lohndiener öffnete die Tür. Im Salon standen bereits die anderen Gäste herum, zehn, zwölf, wirklich ein großes dîner. Wir waren natürlich die letzten.

Annette, in einem kleinen schwarzen Abendkleid, das ihre runden, sehr fraulichen Schultern freigab, trat sofort auf uns zu, nein, eigentlich auf mich.

»Bonsoir Pierre, bonsoir Denise, bonsoir Nicolas! N'est-ce pas, je peux vous appeler Nicolas?« Sie nahm mich bei der Hand. Wir sollten gleich zu Tisch gehen. Sie führte mich in das Speisezimmer, wo der große, prächtig gedeckte Tisch mit der weißen Damastdecke, dem Sèvres-Porzellan, den Kristallgläsern, den Blumenarrangements, den Kandelabern auf uns wartete. Und da setzte sie mich mit einem schelmischen Blick an ihre rechte Seite, auf den Ehrenplatz. »Pierre, venez ici.« Er nahm zu ihrer Linken Platz. Wer all die anderen Menschen waren, eher jüngere Ehepaare, wie mir schien, wüßte ich nicht zu sagen. Sicher war ich ihnen vorgestellt worden. Ich erinnere mich nicht daran. Es war vom ersten Augenblick an, in dem ich in den Salon trat und Annette auf mich zukam, klar, daß sie nur als Staffage da waren. Sie gehörten nun einmal zu einem dîner wie der Lohndiener. Alles rollte ab, wie es zu dem Szenario gehört. Das »pièce de rési-

83

stance« des Menüs war ein großer Lachs, wie ich ihn in diesen Dimensionen noch nie gesehen hatte. Trotzdem kam ich aus einer gewissen Verlegenheit nicht heraus und war kein sehr gesprächiger Tischpartner. Annette spielte ihre Rolle als *maîtresse de maison* mit der vollkommenen Grazie einer *femme du monde*. Sie, die ich nie eigentlich sprechen gehört hatte, sprudelte nur so, immer zu Pierre gewandt, nur ab und zu mit einem »N'est-ce pas, Nicolas?« bemüht, mich mit in die Unterhaltung einzubeziehen, und ich konnte jetzt die Vertrautheit der beiden spüren, jenes an nichts Bestimmtem festzumachende, aber auch durch keine Zurückhaltung in Gegenwart Dritter auszulöschende Aufeinander-eingestimmt-Sein zweier Menschen, wie es nur durch langen Umgang in großer Intimität entsteht.

Als dann gegen Mitternacht der allgemeine Aufbruch begann – man war nach dem Essen in den Salon hinübergewechselt, wo der Kaffee und Liköre gereicht wurden –, erhob auch ich mich ganz automatisch und folgte Pierre und Denise in das Vestibül, in dem die übliche Suche nach den Pelzen und Mänteln begann (der Lohndiener war inzwischen gegangen) und das allgemeine, überschwengliche Abschiednehmen in der obligaten Beteuerung gipfelte, man hätte einen außergewöhnlich schönen Abend verbracht. So will es die Konvention. Aber nein doch, all die unbekannten Menschen hatten sich offenbar gut unterhalten. Es wurde viel gelacht. Die jungen Frauen faßten sich unter dem Arm, die Männer klopften sich auf die Schultern. Ich war dabei, mir meinen Mantel überzuziehen, da trat Pierre auf mich zu, machte mit der Hand eine Geste der Mißbilligung und sagte halblaut: »Pas question, tu restes.« Ich legte also meinen Mantel wieder ab, etwas verdattert, und ging in den Salon zurück.

Annette stand dort allein, fast verlassen, in ihrem kleinen Schwarzen mit den bloßen Schultern, den Kopf etwas zur Seite geneigt, eine Hand auf die Hüfte gestützt, einen Fuß leicht vor den anderen gesetzt, und schaute mich mit einem Augenaufschlag an, der mich verwirren mußte. Offensichtlich wartete sie auf mich, aber es war eine Veränderung in ihr vorgegangen. In ihrer Pose war sie noch die elegante junge Dame, die genau weiß, was sie will. Doch ihr Blick war nicht herausfordernd, sondern mädchenhaft verschämt, schelmisch vielleicht, sogar ein bißchen unsicher, als sei sie sich des Erfolgs ihrer Initiative keineswegs gewiß. So jugendlich hatte ich sie noch nicht gesehen; das gab mir mein Selbstvertrauen zurück.

»Alors, qu'est-ce qu'on fait maintenant?« Das war eine rhetorische Frage. Ich hätte sie in den Arm nehmen wollen, aber das wagte ich dann doch nicht. Wir beschlossen, tanzen zu gehen. Sie wußte auch, wohin. Es war ein Keller ganz in der Nähe der Place Dauphine, das berühmte *Tabou*. Das Gewölbe, zu dem man auf einer steilen Treppe herunterstieg, war dunkel, verqualmt, brechend voll von Menschen. Man konnte sein eigenes Wort nicht verstehen, eine Band von farbigen Musikanten spielte ohrenbetäubend. Es schien unmöglich, einen Platz zu finden, aber in irgendeinem Winkel wurden die dort sitzenden Figuren einfach etwas auseinandergeschoben, und wir konnten uns auf die Steinbank unter die weißgetünchte Wölbung quetschen. Annette ließ ihren Pelz von den Schultern gleiten. Ich verstaute meinen Mantel schlecht und recht zu meinen Füßen. Zwischen den Blue jeans und schmuddeligen Pullovern waren wir viel zu elegant, aber das fiel nicht auf. Das war man hier durchaus gewöhnt, daß nach Mitternacht ein Paar oder eine Gruppe in Gesellschaftskleidung auftauchte. Keiner achtete auf den Nachbarn. Der Jazz und die Drinks, die unglaubliche Enge, in der so viele Menschen auf so kleinem Raum zusammengedrängt waren, versetzte alle in einen Zustand sinnlicher Erregung, eine Trance, die unwiderstehlich jeden zum Tanzen drängte, wofür eigentlich gar kein Platz war. Wir tanzten nicht, aber die Spannung übertrug sich auch auf unsere Körper, die so, dicht aneinandergezwängt, ihre eigene Sprache sprechen konnten. Sang Juliette Greco an diesem Abend? Ich weiß es nicht. Wir waren auch nicht gekommen, um die Greco zu hören.

Bereits im Taxi war mir wieder einmal klargeworden, daß ich überhaupt nicht das Geld hatte, um die elegante junge Dame im Pariser Nachtleben auszuführen. Schon für mich allein waren die Drinks in den renommierten Etablissements der Rive Gauche – von denen der Rive Droite ganz zu schweigen – so gut wie unerschwinglich, so daß ich, wenn ich abends von St.-Germain-des-Prés nach Hause pilgerte – zu einem Kaffee im *Flore* reichte es immer –, schön am *Tabou* vorbeiging, von dem nicht die Musik, nur der dumpfe Rhythmus des Schlagzeugs wie ein seismisches Dröhnen auf die Straße heraufstieg. Ich wußte wohl, daß hier einer der Orte war, an denen eine gewisse Pariser Jugend ihr neues Zeitgefühl zelebrierte. Wenn es mich lockte, da hinabzusteigen, brauchte ich mir bloß zu sagen, daß ich das Geld dafür nicht hatte. Einfach so an der Bar herumzustehen, wie die vielen, die, als wären sie süchtig, ihre Nächte dort verbrachten, war meine Sache nicht. Ich hatte das Gefühl, nicht dort hinzugehören.

Jetzt saßen wir da – geborgen in soviel Lärm und Menschenfülle, in anonymer Intimität, wortlos aneinandergeschmiegt, ohne jedes Zeitgefühl, der Stimmung der Stunde hingegeben. Ich hätte vollkommen glücklich sein können, wenn ich nicht ständig unterschwellig das Nahen des Augenblicks gefürchtet hätte, in dem es darum gehen würde, die Zeche zu bezahlen. Auf Annettes Wunsch hatten wir Champagner bestellt, was eigentlich deplaziert war, aber offenbar ihren Vorstellungen von diesem Abend entsprach. Ich hatte natürlich kein Sterbenswörtchen von meinen geheimen Sorgen verlauten lassen. Als hätte sie trotzdem gespürt, was da in mir vorging und mich wohl auch hinderte, so ganz unbefangen und entspannt zu sein, wie sie es sich wünschte – wofür es freilich auch noch andere Gründe gab als diesen sordiden einen –, entnahm sie der kleinen, schwarz-plissierten Abendtasche, aus der sie immer wieder ihre Puderdose holte, um sich schnell über Stirn und Nase zu wischen, zwei große Geldscheine und schob sie in meine Hand. Widerspruch war nicht möglich, eine Erklärung nicht nötig. Ich steckte das Geld hinter das Batisttuch in die äußere Brusttasche meines Jacketts und legte meinen anderen Arm, jetzt zum erstenmal, um ihre schönen Schultern. Ich hätte diese kleine, diskrete Transaktion, die eine unmittelbare erlösende Wirkung auf mich hatte, gewiß als weniger peinlich empfunden, wenn ich damals schon gewußt hätte, welches unbeschreibliche, mit nichts zu vergleichende Lustgefühl eine Frau empfinden kann, die dem Mann, den sie begehrt, ihr Geld schenkt.

Als wir dann aus dem Keller, der immer noch voll besetzt war, zur Rue Dauphine hinausstiegen, graute schon der Tag. Ich sagte ihr, daß ich wenige Schritte weiter wohnte, und wollte ein Taxi für sie anhalten. Sie ließ mich verstehen, daß sie mit mir kommen wollte. Es mag merkwürdig klingen, aber ich war nicht sonderlich darauf aus. Der Abend war so, wie er war, vollkommen. Die Vertraulichkeit, die zwischen uns entstanden war, hatte trotz der Ausstrahlung ihrer physischen Nähe meine Sympathie für sie verstärkt, nicht mein Begehren geweckt. Auch fand ich meine Bude viel zu schäbig, um sie dieser eleganten jungen Frau zuzumuten. Aber sie hatte ihr Programm.

Kaum hatte sich die Tür von Zimmer 9 hinter uns geschlossen, wir hatten gar nicht die Zeit, uns auf mein Bett zu setzen (das wäre die einzige Möglichkeit gewesen, ich hatte nur den einen Stuhl), trat sie ganz dicht an mich heran, schaute mit demselben Augenaufschlag zu mir hinauf, mit dem sie mich nach dem Fortgang ihrer Gäste empfangen hatte, öffnete meine Jacke und begann, meinen Gürtel zu lösen. Sie warf nicht die Arme um meinen Hals, bot mir nicht die Lippen zum Kuß, wie ich es erwartet hätte. Ihre Hände glitten um meine Taille, als wollte sie sich meiner Körperlichkeit vergewissern, mißtrauisch tastend, wie bei einer Sicherheitskontrolle auf dem Flughafen.»Enlèves-moi ça!« Da war nichts zu machen. Sie riß mir die Kleider buchstäblich vom Leib, bevor sie selber die ihren fallen ließ. Ich durfte sie nicht berühren. Sie entschied, was sie auszog und was sie anbehalten wollte. Während sie darauf bestand, daß ich alles, was ich anhatte, auszog, aber auch alles, was mir gar nicht so recht war, wollte sie nicht nackt sein. Und das war, das fühlte ich, keine Koketterie, eher der Rest eines jungmädchenhaften Schamgefühls, das allerdings gar nicht zu der mänadenhaften Wildheit paßte, in die sie sich jetzt hineinsteigerte und deren hemmungslose Dynamik mich unwiderstehlich mitriß.

Und noch einmal erlebte ich eine Metamorphose. Ich wußte schon, daß das Antlitz einer Frau auf dem Gipfel der Lust den Ausdruck tödlichen Schmerzes zeigen kann. Über den Ausdruck im Antlitz der Frauen in diesen Augenblicken ließe sich vielerlei sagen. Von der stillen Verklärung, in der eine alterslose, diaphane Schönheit aufleuchtet, von dem Sichtbarwerden einer zum Letzten fähigen, fast männlichen Entschlossenheit, von den Grimassen satter Befriedigung, von den nach Luft ringenden, Augen verdrehenden, die vertrauten Züge zur Unkenntlichkeit verändernden Trancezuständen, aber auch dem Widerschein einer göttlichen Heiterkeit, in der Triumph und Dankbarkeit sich mischen, glitzernde Tränen in den Augenwinkeln, die langsam die Wangen hinabgleiten. Jetzt erlebte ich etwas, das mir so nie widerfahren war. Diese Frau schrie mit verzerrten Zügen, in denen nur Entsetzen, wahnsinnige Pein zu lesen war. Sie schrie, als würde sie gefoltert. Ich mußte fürchten, ihr weh zu tun. Ich fragte sie. Es war klar, daß sie meine Frage nicht hören konnte.»Continue«, stöhnte sie zwischen zwei Schreien.»Je t'en supplie.«

Mein Gott, was würde der Kapitän, mein Nachbar, sagen? Die aus dem Schlaf gerissenen Touristen über und unter mir? Was würde ich morgen von Jean, dem Wirt, zu hören bekommen – von den vorwurfsvollen Blicken seiner Frau ganz zu schweigen? Er würde mich auf die Straße setzen. Ein Passant würde die Polizei alarmieren, weil er überzeugt sein mußte, da oben, im zweiten Stock des Hôtel Henri IV, würde eine furchtbare Gewalttat begangen, eine Frau erwürgt. In meiner Hilflosigkeit preßte ich ihr die Hand auf den Mund, um ihre Schreie etwas zu dämpfen. Sie biß sich fest, aber wollte keine Ruhe geben. Ich befand mich in einem extremen Zustand teilnehmender Beobachtung. Einerseits registrierte mein Bewußtsein alles ganz kühl, als sähe ich aus sicherer Distanz einer Vergewaltigungsszene zu, andererseits elektrisierte mich dieser Ausbruch, und mein Körper wurde zum blindwütigen Komplizen eines schrecklichen Opferkults, dessen Bedeutung ich nicht kannte. Die Schreie signalisierten das Erreichen einer nicht überschreitbaren Grenze. Weiter konnte man nicht gehen.

Annette verließ mich, ohne daß wir auch nur ein Wort gewechselt hätten, nachdem ich neben ihr eingeschlafen war.

Die Masken der Lust? Das Register der Empfindungen ist reichhaltiger als das Register der Möglichkeiten ihres mimischen Ausdrucks. So kann sich wie schwachsinnig, wie irre, wie schmerzverzerrt darbieten, was die hochdifferenzierte, ganz individuell bedingte, mit nichts zu vergleichende physiognomische Chiffre einer letzten Glückserfahrung ist.

Ich war tief betroffen. Offenbar war ich der Zeuge eines Geschehens geworden, zu dessen Erklärung mir der Schlüssel fehlte. Ich war nicht abgebrüht genug, um diese elementare Eruption einfach als den normalen

Ablauf eines gelungenen Orgasmus zu registrieren. Was war mit dieser jungen Frau geschehen, die so still und zurückhaltend am Kaminfeuer von Bertaux, Tee schlürfend, unseren Gesprächen gelauscht hatte, was mit der eleganten jungen Dame, die in so souveräner Lässigkeit ihr dîner inszeniert hatte? Ich hatte gesehen, was in ihrem Körper vor sich gegangen war, konnte mir von der Stärke ihrer Emotionen eine Vorstellung machen. Was aber war in ihrem Kopf vorgegangen?

Le silence de la mer

Annette war zwei oder drei Jahre älter als ich. Wie ich fand, eigentlich schon zu alt für mich. Wir waren aber die gleiche Generation und hatten in der gleichen Phase unseres Lebens den Krieg erlebt. Ich, bevor ich nach Rußland kam, als Wachsoldat der Luftwaffe auf einem im Hinblick auf die Invasion Englands ausgebauten, nie benutzten, Feldflugplatz in Nordfrankreich; Annette in Südfrankreich, wohin ihre Familie geflüchtet war, als Studentin an der Universität von Toulouse. Oder war sie noch Schülerin auf einer Mädchenschule? Ja, eines der jungen Mädchen, die in einer weißen Bluse mit einem kurzen plissierten Schottenrock, wie man ihn damals trug, ein Band in den Haaren, auf dem Fahrrad in dem besetzten Frankreich ihre Wege machten. Eines dieser hübschen französischen Mädchen, denen die deutschen Landser nachgafften.

Über einen jungen Professor, in den sie sich verknallt hatte, kam sie in die Résistance, nicht weil das der politischen Einstellung ihrer Familie entsprach, die es eher für opportun hielt, die Ruhe-und-Ordnung-Parolen des Maréchal Pétain zu befolgen, sondern aus Protest gegen die Eltern, dem antibürgerlichen Protest eines jungen Menschen, für den die Hypokrisie der Erwachsenen unerträglich ist, der Kompromisse für amoralisch hält, der sich nach dem Absoluten, Authentischen sehnt, nach Kameraderie und Komplizenschaft mit Gleichgesinnten, nach Geheimnis und Abenteuer, nach Intensität des Erlebens, nach Liebe – man kennt das, jede heranwachsende Generation kommt wieder an diese Schwelle, nicht jede hat die Chance, für die Erfüllung ihrer Sehnsüchte die geeigneten historischen Verhältnisse vorzufinden. Und immer sind die Mädchen radikaler, unerbittlicher, unnachgiebiger, unversöhnlicher in ihren Forderungen als die Jungen, mutiger.

Annette fiel die Aufgabe zu, deutsche Offiziere zu beseitigen. Oder hatte sie sich selber diese Aufgabe gewählt? Sie hatte ihre eigene Methode. Die war nicht der Schuß aus dem Hinterhalt, nicht die lautlose Strangulation eines Schlafenden, nicht das Sprengstoffattentat in einer Wachstube oder einem Kasino. Sie suchte den persönlichen, direkten Kontakt mit ihren Opfern, richtete es so ein, daß sie, wenn sie auf ihrem Fahrrad durch die Straßen fuhr oder Arm in Arm mit einer Freundin, die nichts von ihren Absichten wußte, spazierenging, von einem Deutschen angesprochen wurde. Nichts war leichter. Ein Augenaufschlag genügte. Die armen Burschen hatten ja nichts anderes im Kopf, als eines dieser hübschen französischen Mädchen aufzureißen. Sie akzeptierte ein Rendezvous. Verschämt. Man durfte sie nicht zusammen sehen. Man traf sich ein-, zweimal in einem Café, zum Eis, zum Aperitif. Sie war zurückhaltend, aber kokett, verspielt, ganz nach Wunsch; unmöglich, sich nicht in sie zu verlieben. Sobald sie sich ihrer Sache sicher sein konnte, wählte sie mit Umsicht Ort und Stunde in einer kleinen, etwas abgelegenen Bar und leerte dann, im geeigneten Augenblick, die Giftampulle in das Glas Pernod, oder was immer es war. Sie wartete so lange, bis ihr Begleiter über dem Tisch zusammenbrach. Dann verschwand sie unbemerkt oder gedeckt durch die Mitwisserschaft des hinter seiner Theke geschäftigen Wirtes, der genau wußte, was da geschah. Hat sie es einmal getan, ein einziges Mal oder öfter? War das ihre Spezialität geworden, für die man sie in andere Städte schickte, nach Paris, für die sie ausgezeichnet wurde wie für den Einsatz vor dem Feind? Damals fühlte sie sich im Dienst, erfüllte pflichtgemäß, sachlich, kühl, mit klarem Kopf eine Sonderaufgabe. Ihre Hände zitterten, wenn sie die Glaskapsel zerbrach, ihr Herz klopfte bis zum Hals, aber sie verlor die Nerven nicht. Sie mußte tüchtig, furchtlos, effizient handeln wie ein *combattant*. Damals war das kein Problem. Aber sie ist damit nie fertig geworden.

Die Emotionen, die das junge Mädchen verdrängen konnte, holten sie ein. Die Erinnerung an ihre Heldentaten verblaßte nicht, sondern wurde immer intensiver. Die Gestalt dieser jungen Deutschen, mit denen sie ein tödliches Spiel gespielt hatte, wurde immer lebendiger, die Züge, die sie beobachtet hatte, um die ersten Zuckungen des Todeskrampfes abzuwarten, verklärten sich. Sie sah jetzt nicht mehr die Maske eines anonymen Feindes, den sie glaubte hassen zu müssen, der ihr nicht nur gleichgültig, sondern verabscheuungswürdig schien, sie sah ein Antlitz, das schön und liebenswert war. Er hatte so nett zu ihr gesprochen in seinem unbeholfenen Französisch, er hatte diese blanken und doch sanften Augen gehabt. Es war ihr gar nicht schwergefallen, mit ihm zu plaudern, mit ihm zu flirten. In der Erinnerung vielleicht mehr noch als damals, als sie zielstrebig ihren Auftrag durchzuführen hatte, ertappte sie sich bei Gefühlen, in denen so etwas wie Sympathie mitschwang. Unwiderstehlich drängte sich ihrer Phantasie die Vorstellung auf, daß sie diese jungen Deutschen nicht getötet, sondern geliebt hatte.

Es genügte nicht, sich, als der Krieg vorbei war, mit deutscher Literatur zu beschäftigen, um sich von dieser Obsession zu befreien. Sie mußte einen lebendigen Deutschen haben, der genauso war wie diese jungen Offiziere damals, der so aussah, der dieselbe Aura hatte, der diesem geheimnisvollambivalenten Bild des Deutschen entsprach, das sich so tief in das kollektive Unbewußte dieses besiegten Volkes gesenkt hatte, mit seiner gehaßten feldgrauen Uniform, dem Lederzeug, den Rangabzeichen, den Waffen, den Stiefeln, diesen gewichsten Stiefeln, deren Schritt in den Straßen einer unerträglichen Demütigung gleichkam, der zu den schrecklichsten Greueltaten fähig war, von dem man aber wußte und hörte, daß er Verse von Hölderlin und Rilke auswendig konnte. Es war unmöglich, mit irgend jemandem darüber zu sprechen. Der einzige, der von ihrem Trauma wußte, war ihr alter Résistance-Chef Bertaux. Als sie mich bei ihm sah, war ihr Entschluß sofort gefaßt. Sie führte ihren Plan mit derselben Kaltblütigkeit aus wie damals.

Es ging ihr nicht um meine Person. Es handelte sich nicht um ein frivoles Pariser Abenteuer. Es handelte sich um die Bereinigung einer bösen Angelegenheit, die zehn Jahre zurücklag. Was in Annette vorging, als sie in meinem kleinen Zimmer vor mir stand, ist mit wenigen Worten sicher nicht zu sagen. Was sie mir auszog, war nicht mein Smoking, sondern eine Uniform, was sie löste, war nicht mein Gürtel, sondern ein Koppel. Sie stand unter dem Zwang, etwas nachholen zu müssen, was sie versäumt hatte. Aber sie mußte auch etwas gutmachen, was sie getan hatte. Sie wollte die Lust kosten, um die sie sich betrogen hatte. Aber sie wollte sich auch bestrafen. Sie hatte mich ausgewählt, um mit mir eine Versöhnungsfeier zu zelebrieren, die Exorzismus und Sakrifizium zugleich war. Sie wollte das Opfer sein.

Heute weiß ich, daß dem, was ich damals erlebte und natürlich gar nicht begriff, eine Bedeutung zukam, die weit über die akzidentielle Begegnung zweier junger Menschen in der Großstadt Paris hinausging. Hier haben sinnbildlich und stellvertretend ein junger Deutscher und eine junge Französin die säkularen Mißverständnisse, die das Verhältnis dieser beiden europäischen Völker seit Bismarck vergiften, in einem quasi magischen Beschwörungsakt entschärft.

Die gellenden Schreie von Annette waren ein spätes Echo auf das ostentative Schweigen der jungen Frau – so wundervoll gespielt von Nicole Stéphane in dem Film von Melville nach der berühmten Novelle von Vercors, *Le silence de la mer*. Jeder, der diese Geschichte gelesen hat, weiß, daß dieses hartnäckige, arrogante Schweigen eine Lüge war. Die Wahrheit dieser Lüge waren die Schreie von Annette.

Ich bin nicht sicher, ob sich die Nachgeborenen eine Vorstellung davon machen können, welch ungeheure Wirkung diese im Untergrund des besetzten Frankreich entstandene Geschichte in den Kreisen der Résistance, dann – nach dem Kriege – in Deutschland gehabt hat. Es ist, wie ich mich bei erneuter Lektüre überzeugen mußte, ein recht schlechtes Stück Literatur. Aber es ging nicht um Literatur in diesem Text. Es war dem Autor gelungen, in einer vollkommenen, gültigen Form ein Symbol für das Dilemma und die Tragik der deutsch-französischen Beziehungen zu schaffen – die tiefe Verstrickung, die wechselseitige Liebe, die Unvereinbarkeit der Standpunkte, die Ablehnung, den Verzicht, die Unmöglichkeit eines Paktes, den Schmerz und die Sehnsucht, ja, den Schmerz als den alles Oberflächliche transzendierenden Grundton. So konnte diese kleine, im Grunde anspruchslose Geschichte in ihrer tiefen Richtigkeit zu einer Metapher der Sehnsucht werden.

Ein Geschenk

Ob es mir damals schon klar war? Heute weiß ich natürlich, daß Pierre die ganze Geschichte arrangiert hat. Annette war seine Geliebte. Wenn nicht mehr zu der Zeit, in der ich sie bei ihm traf, so in den Jahren davor. Ich möchte mir vorstellen, daß sie überhaupt nur aus Liebe und Bewunderung für ihn, den Résistance-Chef von Toulouse, den Mut zu ihren Mordtaten gefunden hat.

Es wäre nun, glaube ich, falsch, in dieser Beziehung nur einfach eine banale Liebesgeschichte zwischen einer Schülerin und ihrem Lehrer zu sehen, sentimental und sexbezogen. Sie muß auf ein phylogenetisch viel tiefer liegendes Interaktionsmuster bezogen werden – die selbstverständliche Kameraderie einer verschworenen Gemeinschaft, in der Sexualität einen ganz anderen Stellenwert hat als in der Paarbeziehung. Sie ist da nicht die Konsekration eines privilegierten, exklusiven, heterosexuellen Zweierverhältnisses, sondern die letzte Konsequenz der Kohäsion einer Gruppe, ist nicht Ausdruck der Bindung einer Person an eine andere und nur an diese, sondern Manifestation eines kollektiven Solidaritätsgefühls, ist der Preis, wenn man will, aber auch die letzte Bestätigung einer Komplizenschaft, die ihre Wurzel in einem gemeinsamen, gemeinschaftlichen Tun hat. Die Geliebte des Chefs wird einen respektierten Sonderstatus haben, prinzipiell und potentiell aber gehören die Frauen allen Männern, und alle Frauen sind prinzipiell und virtuell bereit, mit allen Männern zu schlafen. Das ist dann die berühmt-berüchtigte »Weibergemeinschaft«, die das dunkel ersehnte Ideal der einen, die Horrorvision der anderen ist. Als archetypisches Wunschbild wird sie unweigerlich in Zeiten des gesellschaftlichen Umbruchs akut, wenn mit neuen Lebensformen experimentiert wird. Regression oder Utopie? Wie eng liegt beides beieinander. Es scheint so, als sei der Triebhaushalt – auch des modernen Menschen – in seinen tiefsten Schichten nach den Bedürfnissen der Urhorde organisiert und die Paarbeziehung nur ein prekäres Kunstprodukt der Hochkultur, die deren Krisen nicht standhält. So wird man auch feststellen müssen, daß es nicht »Liebe«, diese überaus schwer definierbare artifizielle Gefühlslage zwischen zwei Menschen, die nichts voneinander wissen, sondern Komplizenschaft ist, ein atavistisches Urgefühl von Partizipation und Zusammengehörigkeit, was allein einer Zweierbeziehung eine solide Basis und Dauer zu verleihen vermag.

Jetzt waren die beiden alte Kameraden, *copains*. Er kannte das resolute Mädchen gut. Wenn sie etwas haben wollte, mußte sie es haben. Wenn sie ihm gesagt hat:»Den will ich haben«, war es für ihn selbstverständlich, daß er ihr dazu verhelfen würde. Aber es muß ihm auch Spaß gemacht haben, diese zwei jungen Menschen zusammenzubringen.

Auch für ihn, den ehemaligen Résistance-Chef, war ich doch nicht irgendein Schüler, ein jugendlicher Freund, ein ausländischer Gast, sondern der junge Deutsche par excellence, der mit einer Botschaft aus seiner Jugend zu ihm gekommen war. So wie ich jetzt in Paris lebte, hatte er 25 Jahre zuvor, als er so alt war wie ich, in Berlin gelebt, mit denselben Schwierigkeiten, denselben Hoffnungen, demselben Auftrag. Er mußte in dem jungen Deutschen in Paris wie in einem Spiegel den jungen Franzosen in Berlin wiedererkennen. Das war mehr als eine Erinnerung, das war eine Aufforderung, die Geschichte, die damals begonnen hatte, wiederaufzunehmen, fortzusetzen, sie nun doch zu einem guten Ende zu führen.

Pierre gehörte zu den jungen Intellektuellen, die man am Ende der zwanziger Jahre aus Paris nach Berlin schickte – Raymond Aron und Jean-Paul Sartre gehörten dazu –, um einer deutsch-französischen Verständigung, um die es nach dem Ersten Weltkrieg schlimmer denn je bestellt war, den Weg zu bereiten. Es sah damals so aus, als würde man die Beziehung zwischen den beiden Völkern, die durch den Versailler Frieden völlig vergiftet war, langsam wieder sanieren können. Paneuropa, der Völkerbund waren für die, die sich darum bemühten, weil sie von der Notwendigkeit einer solchen Verständigung überzeugt waren, auf Überwindung des Nationalen angelegte Ansätze einer neuen von Deutschland und Frankreich getragenen europäischen Ordnung.

Es war, erinnern wir uns, die Zeit Stresemanns und Briands, eine Sternstunde Europas. Wie ungeheuer ihr Verdienst um eine deutsch-französische Annäherung war, kann man nur ermessen, wenn man die unglaubliche Distanz im Auge hat, die beide für die politische Kultur ihres Landes so repräsentativen Gestalten voneinander trennt. Von extrem nationalistischen

Positionen waren beide – nicht aus Sentimentalität, sondern auf Grund nüchterner, realpolitischer Erwägungen – auf Friedens- und Versöhnungskurs gegangen. Sie hatten nicht die öffentliche Meinung ihrer Völker hinter sich. Im Gegenteil. Es gab aber in beiden Ländern eine beträchtliche Anzahl verantwortungsbewußter Menschen, die so dachten wie sie und versuchten, sie in ihren Absichten zu unterstützen. Nicht nur Intellektuelle. Deutsche und französische Industrielle diskutierten erste Projekte für eine Montanunion.

Wichtige Figuren in dem Spiel waren Pierre Viénot, zuletzt Staatssekretär im Auswärtigen Amt, und seine Frau, die Tochter des luxemburgischen Großindustriellen Mayrisch, die fest davon überzeugt waren, daß jeder politischen und wirtschaftlichen Zusammenarbeit eine geistige Verständigung vorausgehen mußte. Claire Mayrisch war eine temperamentvolle, dynamische junge Person mit höchst progressiven Ideen, die sie in die Nähe der PCF brachten und die mit dem Geld, das sie geerbt hatte, eine segensreiche mäzenatische Tätigkeit entfaltete, von der zahllose französische und deutsche Intellektuelle profitiert haben. Bernhard Groethuizen gehörte zu ihren besonderen Protegés.

Es war die Zeit, in der die Gebrüder Mann auf Anregung des *Centre de Rencontre Intellectuelle* mit Valéry und Gide in Paris zusammentrafen. Wie delikat die Situation war, wie groß die psychologischen Hindernisse, die es zu überwinden galt, kann man in der *Pariser Rechenschaft* von Thomas Mann nachlesen. Ein wichtiges Dokument einer damals aufkeimenden Annäherungsbereitschaft. Dort wird man auch eine Würdigung der Rolle finden, die der Germanist und Lexikograph Félix Bertaux als Mittler und Vermittler zwischen den Sprachen und ihren Repräsentanten gespielt hat. Das war der Vater von Pierre, den eine lebenslange Freundschaft mit Heinrich Mann verband.

Als Pierre 1926/27 nach Berlin kam, um dort ein Buch über Hölderlin zu schreiben, geschah dies im Geiste des nämlichen Verständigungswillens, für den das kulturell Gemeinsame, das zwei europäische Völker durch die Jahrhunderte verband, wesentlicher war als das, was sie an der Oberfläche politisch zu trennen schien. In Berlin fand er am Pariser Platz in der französischen Botschaft Pierre de Margerie und seinen Sohn Roland, überzeugte Exponenten einer französischen Entspannungspolitik, die systematisch den Kontakt zum deutschen Geistesleben suchten. (Eine wichtige Rolle spielte dabei die Frau von Roland, Jenny, geborene Fabre-Luce, deren Salon zu einem Mittelpunkt inoffizieller, gesellschaftlicher Begegnungen wurde.) Tutti Fischer aber war es, die den jungen *Normalien* »von oben« – wie er zu sagen pflegte – in die Gesellschaft des Berlins der Goldenen Zwanziger einführte. Er lernte Jakob Wassermann kennen, aber auch Joseph Roth und

Walter Benjamin, er verkehrte im Hause des preußischen Kultusministers C. H. Becker, aber auch in dem literarischen Salon der Antonina Valentin. Er hat dieser Berliner Zeit eine hohe Bedeutung in seinen Lehr- und Wanderjahren beigemessen. »Dort habe ich gelernt«, sagte er mir einmal, »daß die wahre Kultur nicht durch andere vermittelbar, sondern nur durch sich selbst, im gesellschaftlichen Spiel, erfahrbar ist. Jede große Kultur ist zugleich Gesellschafts- und Individualkultur. *On n'a de culture que celle qu'on se donne à soi-même.*« Es konnte so scheinen, als hätte sich paradoxerweise in diesem Jahrzehnt der Akzent weltgeschichtlicher Bedeutsamkeit von Paris nach Berlin verschoben, als sollte Berlin damals die *capitale du monde* werden.

Dann kam Hitler und machte allen Illusionen ein Ende. Die elementaren Kräfte nationaler Selbstbehauptung erwiesen sich, gegen jede Vernunft, als stärker als die Zukunftsmusik der Völkerverständigung. Der Ungeist von Versailles – 1871 und 1919 – triumphierte. Hitler war sein Erfüllungsgehilfe, der Nachfolger Bismarcks und Clemenceaus. Was für eine furchtbare Enttäuschung, was für ein furchtbares Erwachen! Schlechte Zeiten für die Freunde der deutsch-französischen Versöhnung! In der offiziellen Sprachregelung des neuen Deutschland kamen alle alten Stereotypen der Verunglimpfung des Nachbarvolkes wieder zu Ehren. Es war wieder der Erzfeind, dessen kulturelle Errungenschaften – sein universalistischer Humanismus, seine Urbanität, sein Pazifismus – als verabscheuungswürdiges Gegenteil der Wertvorstellungen hingestellt wurden, denen das deutsche Volk sich verpflichtet fühlte und denen es nach unerträglichen Demütigungen jetzt einen unerwarteten nationalen Aufstieg zu verdanken schien. Gemessen am Ideal der gesunden, rassisch homogenen Volksgemeinschaft war Frankreich nichts anderes als eine zum Untergang verurteilte, dekadente Gesellschaft. Als untrüglichstes Symptom seines Verfalls galt seine ethnische Unterwanderung, die »Vernegerung«. Daß dort die Juden herrschten, vervollständigte nur das Bild. Ich habe das alles noch aus meiner Schulzeit im Ohr.

In Frankreich fühlten sich alle bestätigt, die die Deutschen immer schon für Barbaren hielten, aber auch die, die verzweifelt nach Mitteln und Wegen suchten, um die Republik aus den bürgerkriegsähnlichen Zuständen zu befreien, in die sie die Wirtschaftskrise gerissen hatte, und die im Frankreich der dreißiger Jahre, mit ganz ähnlichen Frontstellungen, zu einer Radikalisierung der politischen Verhältnisse geführt hatten, wie man sie im Deutschland der Weimarer Zeit erlebt hatte. Im nationalsozialistischen Deutschland sahen sie, trotz allen Widerwillens, den sie für die teutonische Brutalität empfanden, das Modell einer gelungenen ökonomischen und politischen Neuordnung, einer nationalen Renaissance. Die Wiederherstellung des sozialen Friedens, die militärische Erstarkung, die Planung und erfolgreiche Durchführung technischer Großprojekte wie der Reichsautobahnen, die Ästhetik, das Gemeinschaftsgefühl von Millionen mobilisierenden Großkundgebungen, übte auf die junge Generation, die sich für Frankreichs Zukunft verantwortlich fühlte, eine gefährliche Faszination aus. Man muß ihre Memoiren lesen, um zu verstehen, daß sie vor dieser Demonstration nationaler Stärke kapitulierten und sich darauf besannen, daß es auch in Frankreich eine politische Tradition gab, die die Republik für ein Unglück hielt. Wie immer in kritischen Momenten gewannen die alten Argumente der französischen Rechten an Überzeugungskraft und Evidenz.

Nach der Niederlage des Jahres 1940, als das Zerwürfnis zwischen Deutschen und Franzosen einen neuen, wie es scheinen konnte, absoluten Tiefpunkt erreicht hatte, machten solche Ressentiments die Begründung eines faschistischen Staates in Frankreich möglich und mit ihm das tragische Intermezzo der Kollaboration. Tragisch, weil sich zeigte, wie stark das Bewußtsein einer kulturellen Gemeinsamkeit und Schicksalsverbundenheit, die unterschwellige Sehnsucht nach Verständigung der beiden europäischen Brudervölker auch dann noch waren, wenn sie für politische Zwecke mißbraucht wurden, die einer Zerstörung ihrer ideellen Grundlagen gleichkam. Keiner weiß mehr genau zu sagen, was da wirklich geschehen ist. Ein später Triumph der Konterrevolution, eine Aufkündigung der Ideen von 1789! Das wahnwitzige Unternehmen, Frankreich mit den deutschen »Ideen von 1914« zu rehabilitieren? Ein Hexensabbat, ein *dance macabre*, dem Gestapo und Résistance ein grausiges Ende bereiteten. Dreißigtausend haben dafür mit dem Tode gebüßt – die erschossenen Geiseln nicht mitgerechnet –, ungefähr die Zahl der Blutopfer der Commune. Das war der Preis für die Begründung des Résistancemythos. Auch heute noch ist es riskant, darüber zu sprechen. Aber es ist eine Tatsache, daß Paris in dieser kurzen Zeit, der Spuk dauerte kaum mehr als ein Jahr, zum Schauplatz eines intensiven, geradezu hektischen, deutsch-französischen Kulturbetriebes wurde.

Und wie stand es mit dem Entschluß eines französischen Intellektuellen, für den Hölderlin das Lebensthema war, in den Maquis zu gehen? Das war nur oberflächlich die spontane Entscheidung, sich auch nach der Niederlage noch für die Ehre seines Landes und Volkes zu schlagen, ein patriotisch-nationalistischer Reflex. Das war nicht eine Entscheidung für Frankreich gegen Deutschland. Ein solcher Entschluß wurzelte in tieferen Schichten. Es ging darum, die Idee der unabdingbaren Würde des Menschen, ganz gleich welcher Nationalität, vor dem Zugriff der Gewalt zu schützen. Es war eine Option für die Humanität, gegen die Barbarei, für die Republik, gegen ihre Verächter, für den deutschen Geist, gegen das

Deutsche Reich, und sei es das dritte. Pierre Bertaux entschied sich für Hölderlin, gegen Hitler und Pétain.

Hölderlin war für Pierre das Paradigma deutscher Größe und Unerlöstheit. In seinem Werk, in seiner Biographie versuchte er das Geheimnis eines säkularen deutschen Mißgeschicks zu enträtseln. Ich will nicht behaupten, der Dichter habe ihn nicht weiter interessiert, aber das forschungsleitende Interesse dieses Germanisten war nicht das eines Literaturhistorikers. Er wollte im Lebensschicksal des größten deutschen Dichters die Tragödie des gescheiterten deutschen Jakobiners freilegen. Auch Hölderlin war ein Paris-Pilger. Seit seinem Verstummen gehört ein gestörtes Verhältnis der Deutschen zu den ideellen Errungenschaften der Französischen Revolution zur Signatur ihres geistigen und politischen Sonderweges. Man kann die Geschichte der deutsch-französischen Beziehungen im 19. und 20. Jahrhundert auch als die Geschichte einer leidenschaftlichen Auseinandersetzung um das Vermächtnis der Französischen Revolution lesen. Wie in jeder Beziehung standen sich dabei nicht zwei Partner gegenüber, sondern vier: die beiden Frankreich und die beiden Deutschland. Die Dynamik der deutsch-französischen Beziehungen beruht, so könnte man sagen, auf der ständig wechselnden Konstellation im Umgang mit der gemeinsamen Geschichte.

Als ich Pierre Bertaux begegnete, war für uns beide die Naziherrschaft über Deutschland und Frankreich nur noch ein böser Traum, *un cauchemar*. Beide hatten wir auf Grund unserer Familientradition und unseres geistigen Standortes die Möglichkeit, die neue Situation in einer langfristigen Perspektive zu sehen, sie in größere Zusammenhänge zu stellen. Wir wußten beide, worum es ging, worum es immer gegangen war: die Einigung Europas. *L'Europe une.* Wir hatten die gleiche Vision von der Zukunft. Unabhängig von unserem Alter und den Uniformen, die wir getragen hatten, gehörten wir zur selben confrèrerie.

Ich war jetzt in sein Leben getreten als der Überbringer einer Botschaft. Sie erreichte ihn wie ein Echo aus seiner Jugend, ein Echo der Illusionen und Hoffnungen, die ihn als Jüngling bewegt hatten. Er konnte die Botschaft vernehmen, weil er diese Hoffnungen und Illusionen nicht einen Augenblick verleugnet hatte. Vielleicht hätte er sie nicht mit derselben Hellhörigkeit und Sympathie aufgenommen, wäre sie nicht von der Frau gekommen, die er damals geliebt hatte. Und es war kein Zufall, daß es eine Jüdin war.

Wir konnten mit dem deutsch-französischen Gespräch dort wieder anknüpfen, wo Hitler es abgebrochen hatte. Ich würde in Paris die Fäden wieder aufnehmen, die Pierre damals in Berlin zu knüpfen begonnen hatte.

Für mich war das alles aufregend neu. Er erlebte dasselbe nun zum zweitenmal.

Er nahm mich auf wie einen jüngeren Bruder. Ohne daß wir uns je darüber hätten zu verständigen brauchen, war es klar, daß wir im Dienst einer gemeinsamen Sache standen. Er wußte, aus eigener Erfahrung genau und besser als ich, was ich zu tun hatte und was ich brauchte, um meinen Auftrag zu erfüllen, den er in Analogie zu dem seinen damals als Versöhnungsmission verstand. Mit Takt und Umsicht ebnete er mir die Wege, öffnete er mir die Türen. Wenn er mich in Paris »von oben« einführte, so tat er, wie ich meinen will, mit einem Gefühl von Dankbarkeit, für mich das, was seine Berliner Freunde seinerzeit für ihn getan hatten. Indem er mich Annette zum Geschenk machte, sie mir schenkte, besiegelte er unseren stillschweigenden Pakt mit dem kostbarsten Unterpfand einer Männerfreundschaft.

Abschied

Ich sah Annette noch eine Weile, nicht sehr lange. Es war nie mehr so wie in der ersten Nacht. Diese Geschichte hatte mit ihrem Höhepunkt begonnen. Wir setzten sie überhaupt nur fort, so will mir heute scheinen, weil sie nun mal begonnen hatte. Ich aus Bequemlichkeit, Annette, möchte ich glauben, aus Rücksicht gegen mich, aus Taktgefühl. Sie wußte schon in dem Moment, als sie ihr Fest inszenierte, daß unsere Zeit knapp bemessen sein würde. Unvermittelt ließ sie mich eines Abends wissen, daß sie am kommenden Tag Paris verlassen würde. Für immer. Sie führe nach Afrika, um dort zu heiraten. Ihr langjähriger Verlobter erwartete sie. Er war vorausgefahren, um alles für ihr gemeinsames Leben zu richten. Er hatte eine hochbezahlte Stellung als Berater bei der Regierung eines der neuen, in Entstehung begriffenen, schwarzen Staaten. Sie überreichte mir als Abschiedsgeschenk einen Band Gedichte von Lamartine und ein Dunhill-Feuerzeug.

Die Intensität einer Beziehung ist nicht proportional zu ihrer Dauer. Wenn sonst doch der Reiz einer unverhofften Begegnung darin liegt, daß man nach dem ersten stürmischen Beisammensein den anderen überhaupt erst zu entdecken beginnen kann, die sexuelle Intimität zur Voraussetzung der Exploration des Besonderen, des immer doch Einzigartigen jenes Wesens wird, mit dem man da kopuliert hat, nun also erst, mit all seinen Überraschungen, das Spiel beginnen kann, hinter den Konventionen, hinter den Projektionen, im Spannungsfeld der Reziprozität der Mißverständnisse, einen Menschen mit seiner Biographie, seinen Bedürfnissen und Aggressionen, langsam und behutsam zu entdecken, kennenzulernen, behielt meine Beziehung zu Annette für die kurze Zeit, die sie noch dauern sollte, etwas seltsam Unpersönliches. Es fehlte ihr jeder Spielraum für Spontaneität, und sie war, merkwürdig genug, fast völlig frei von erotischen Spannungen. Wir blieben zwei Fremde, die als Akteure bei der Realisierung eines Szenarios mitgewirkt hatten, das sie selber nicht verantworten mußten. Ich könnte mir denken, daß es Schauspielern so ergeht, die in einem Film eine große Liebesszene zu spielen haben und sich danach noch eine Weile weiter sehen, in einer geborgten, delegierten Intimität, in der zwar noch etwas von der Erregung und Anspannung nachschwingt, die sie zur professionellen Bewältigung ihrer Rollen aufbringen mußten, die aber nicht eine Rolle ihres Privatlebens war.

Gemessen an der Größe unseres Anfangserlebnisses waren wir ganz schön klein. Ich hatte keine Fragen gestellt und hätte wohl auch keine Antworten bekommen. Aus dem sakralen waren wir ins profane Register abgesunken. Aus der Ekstase des Festes in die Monotonie des Alltags. Es war mir recht so. Vielleicht war das aber auch wieder etwas typisch Französisches an dieser Beziehung, das ich nun lernen mußte. Gewiß lag ihre spezifische Qualität darin, daß sie streng formalisiert war, ihr Ablauf nicht bestimmt wurde durch Neuerungen, Überraschungen, Krisen und Zerwürfnisse, vielmehr in der zur Gewohnheit gewordenen Respektierung eines Rituals sein Genügen fand, was, wenn ich es recht bedenke, nicht die schlechteste Art ist, einen erprobten Glückszustand zu perpetuieren. Kinder wissen etwas davon, wenn sie darauf bestehen, daß beim Erzählen eines Märchens auch nicht ein Wort geändert werden darf.

Sie kam mich – immer spät am Abend – im Henri IV abholen. Wir gingen in irgendein teures Restaurant, was ich mir alleine nie hätte leisten können. Im richtigen Augenblick steckte sie mir diskret das Geld zu, immer zuviel, viel mehr, als wir an einem Abend hätten ausgeben können. Ich lernte durch sie auf diese Weise eine Kategorie von Speiselokalen kennen, von deren Existenz ich sonst wahrscheinlich nie etwas erfahren hätte, jedenfalls nicht zu dieser Zeit. Ich kannte noch nicht die Klassifikation und die Nomenklatur des Guide Michelin und war jedesmal wieder entzückt, durch einen neuen Zusammenklang behaglich-komfortabler, wenn nicht luxuriöser Räumlichkeiten, köstlicher Weine, Haute Cuisine und geräuschloser, hochqualifizierter Bedienung. *La Pérouse, Grand Véfour, Ver Galant, Lasèrre* – die Namen allein, jeder mit seiner eigenen Aura, lassen mich vor Wehmut dahinschmelzen. In alle bin ich später, irgendwann, wieder eingekehrt, niemals aber habe ich sie mit derselben Andacht betreten, mit demselben Jubel ihre Reize genossen wie damals, als ich sie in Begleitung von Annette zum erstenmal betrat. Nicht weil es das erste Mal, sondern weil es mit ihr war. Ihre Präsenz machte den Unterschied. Denn trotz der Diskretion, die Empfangschefs und Maîtres d'hôtel eisern beachteten, konnte ich an der Weise, in der man mich ohne jede falsche Servilität nicht als Fremden behandelte, leicht erkennen, daß Annette in diesen Häusern ein wohlbekannter und geachteter Gast war. Das war etwas anderes als mit der schwanenhalsigen schönen Dana! Die hundert kleinen Gesten der Zuvorkommenheit, mit denen man Annette umgab – die Art, wie ihr der Pelz abgenommen, sie zum Tisch geleitet, ihr der Stuhl zurechtgerückt, die Karte überreicht, eine Spezialität des Chefs flüsternd empfohlen, die Bestellung aus meinem Munde zustimmend in Empfang genommen wurde –, galten einer Dame der Pariser Gesellschaft, nicht einer Amerikanerin. Wenn ich mit Dana auf Entdeckungsfahrt zog, stießen wir wohl immer in Neuland vor, verschoben aber nur um ein geringes die Außenseite der Erscheinungen, die uns, wir mochten so genau hinschauen, wie wir wollten, von jenem Eigentlichen, Wesentlichen trennte, das hinter der öffentlichen Oberfläche verborgen blieb. Wir blieben hoffnungslos »außen vor«, im Abseits des Touristen.

Annette führte mich den Königsweg zum Zentrum exklusiver Kernbereiche des Pariser Lebens. Mit ihr sah ich die Stadt nicht von außen, sondern erlebte sie von innen.

Nach dem Restaurant gingen wir in einen der Jazzkeller der Rive Gauche. Dann kam sie zu mir, und es begann das seltsame Entkleidungsritual. Es gelang mir nie, sie dazu zu bringen, sich selber ganz auszuziehen. Es war kein Spiel. Wollte sie auf diese Weise eine Distanz markieren, eine Grenze, die ich nicht überschreiten durfte; hatte sie etwas zu verbergen? Wenn ich insistierte, wurde sie ganz rabiat: »Tu me détesterais, tu ne voudrais plus de moi!« Ich ließ ihr ihren Willen. Sie liebte nicht wie ein Mädchen. Sie gab sich wie eine Frau, die ihren Körper genau kennt und weiß, was sie will und was sie nicht will. Sie liebte ihren Körper nicht. Sie verließ mich, sobald ich eingeschlafen war. Nicht ein einziges Mal blieb sie die ganze Nacht. Die Schreie? Annettes Schreie haben sich tief in die Matrize meiner Empfindsamkeit eingeschliffen. Sie haben sich eingeschrieben als etwas in ihrer Intensität Großartiges, Absolutes, Heiliges. Ich wollte sie immer wieder hören. Ich suchte danach.

Schreien Frauen immer auf der Höhe der Lust? Ach, nicht doch! Meistens begegnet man nur dem kleinen Glucksen, Piepsen, Quieken und Stöhnen, letzteres oft simuliert, dem Kino nachempfunden. Am häufigsten freilich Sprachlosigkeit, nach innen gekehrtes Schweigen, Tränen, Zittern, Körpersprache. Ganz selten nur, wenn die Umstände günstig sind, brechen schon einmal die Schreie durch. Die Möglichkeit jedenfalls gehört zur psychischen und physiologischen Ausstattung jeder Frau, zu ihrem psychosomatischen Potential, so wie zu dem des Mannes die Fähigkeit gehört, im Augenblick höchster Gefahr seinen Feind zu töten. Sie kommt nur nicht oft dazu, davon Gebrauch zu machen. Sie hält sie in Reserve für die großen Gelegenheiten – wie ein Festkleid, ein Collier, das man nicht alle Tage anlegen kann. Schreie gehören nicht zum »normalen« Register der Sexualität. Sie sind der Ausdruck einer sublimen Grenzerfahrung: der dem Sexus möglichen Erfahrung der Transzendenz.

Während ich diese Erinnerungen niederschrieb, ist Pierre Bertaux, fast achtzigjährig, gestorben. Unerwartet, unnötig, ein ärztlicher Kunstfehler? Ich hätte mir so sehr gewünscht, daß er diese schöne Geschichte lesen würde. Er sollte einen Vortrag in Deutschland halten, den Festvortrag zum 200. Todestag von Friedrich II. von Preußen, auf der Hohenzollern-Burg in Hechingen. Er, ein Franzose, über Friedrich den Großen! In Gegenwart seiner Kaiserlichen Hoheit des Prinzen Louis Ferdinand, des Bundespräsidenten von Weizsäcker und von Bundeskanzler Kohl. Er war sich der Ehre und der symbolischen Bedeutung dieses hohen Auftrages bewußt. Höhepunkt und Krönung seines Lebens.

Er wollte die lange Strecke selber mit dem Auto fahren. Nur mal rasch vorher bei einem befreundeten Arzt reingeschaut, ob alles in Ordnung ist. Was, das Herz? Also in deinem Alter... warum läßt du dir nicht einen Schrittmacher einsetzen? Kleinigkeit. Mach ich dir. In drei Tagen kannst du dich ans Steuer setzen. Nach drei Tagen war er tot.

Er hat die Genugtuung gehabt, daß Deutschland ihm die Ehrungen, die ihm gebührten, hat reichlich zuteil werden lassen, obwohl die Zunft, wie nicht anders zu erwarten, mit seiner subversiven Hölderlin-These nichts Rechtes anzufangen wußte. In Frankreich war er der eigenwillige Außenseiter geblieben. Erst bei seinem feierlichen Begräbnis bezeugte die große Zahl und die hohe Stellung derer, die sich an seinem Sarg vereinigten, den Rang, der ihm beigemessen wurde.

Für mich war er ein Vorbild. Ein Mann des Geistes und ein Mann von Welt, der höchsten Ernst mit der Leichtigkeit des Spiels zu verbinden verstand, *désinvolture* und die Treue zu seinen Idealen. Er gehörte zur Gesellschaft, aber er stand auch über ihr.

V

OPTIONEN

Die nihilistische Sirene

Ach ja, der Cioran. Heute ist er ein weltberühmter Mann. Als ich ihn kennenlernte, war gerade sein erstes Buch erschienen: eine skandalöse Weltbeschimpfung, die mit Neugierde aufgenommen worden war. Eine Kuriosität. Keiner von uns hat ihn damals so recht ernst, das heißt beim Wort genommen. Sein Pamphlet wurde gelesen und genossen wegen seines exquisiten Stils, einer vollendeten Form, über der man den Inhalt vergaß oder verzieh – wie bei der *Histoire d'O*, die in der gleichen Zeit als Privatdruck kursierte, ein Meisterwerk der erotischen Literatur, dessen sublime Prosa einen völlig vergessen läßt, daß es sich um die minutiöse Darstellung der wildesten sado-masochistischen Exzesse handelt.

Die Tatsache, daß ein Ausländer so gut Französisch schrieb, schmeichelte der Pariser Eitelkeit, die für gut Französisch schreibende Nicht-Franzosen ein besonderes Faible hat und ihnen auch die höchsten Weihen des literarischen Erfolges nicht vorenthält. Besonders Rumänen haben das immer wieder erfahren.

Seine ersten Leser gehörten noch zu denen, die dankbar waren, das Schlimmste überstanden zu haben, den Krieg, das Exil, die Deportation, den Tod der Menschen, die sie geliebt hatten, den Verlust ihrer Habe und ihrer Häuser. Um die erstaunliche Wirkung auszuüben, die ihn in den siebziger und achtziger Jahren vor allem auch in Deutschland zum Idol einer Jugend machte, die von wirklichem Schrecken nichts mehr wußte, um sich um so ungehemmter einer narzißtischen Wehleidigkeit hinzugeben, mußte es allen erst wieder unverschämt gut gehen. Der Welterfolg Ciorans ist das Indiz einer Prosperität, die sich den Luxus leisten kann, ihren Überdruß am Überfluß zu einer Verweigerungsattitüde zu stilisieren.

In der Maske des morosen Misanthropen war er ein Ästhet des Untergangs, eine nihilistische Sirene, die nicht so sehr durch Argumente als durch die Schönheit ihres Gesangs verführen wollte. Man mußte sich die Ohren stopfen, wollte man durch seine Künste nicht in den Sog des Abgrunds gerissen werden.

Der Erfolg seines Buches führte Cioran automatisch in die für Literatur immer empfänglichen Zirkel des »beau monde«, die er beschimpfte. Er riß sich nicht darum, aber er nahm die Einladungen an, vor allem um zu beweisen, daß er nichts Besseres zu tun hatte, daß er immer Zeit hatte. Sein Ehrgeiz war es, auf keinen Fall zum arbeitenden Teil der Menschheit zu gehören, vor allem keinen der Berufe auszuüben, die für einen Intellektuellen wie ihn in Frage kämen: Lektorat, Journalismus, Lehramt, Übersetzen – Gott bewahre ihn davor! Auch das Schreiben, das für ihn eine Notwendigkeit war, unumgänglich für seine Mentalhygiene – er schrieb, um nicht zu töten, wie er zu sagen pflegte –, durfte auf keinen Fall in Arbeit ausarten.

Es ergab sich gelegentlich, daß wir nach einer gesellschaftlichen Veranstaltung – dem Mittwochsempfang bei Gallimard, einem dîner im Seizième – gemeinsam nach Hause gingen, und da wir beide kein Geld für ein Taxi hatten und die Métro verabscheuten, andererseits ein unausgesprochenes Vergnügen daran fanden, zu Fuß die Stadt zu durchqueren, marschierten wir manchmal viele Kilometer nebeneinander her, nicht schweigsam, sondern in das lebhafteste Gespräch verstrickt. Dieses Gespräch nahm immer denselben Verlauf. Nachdem wir unsere Ansichten über das soeben zusammen Erlebte ausgetauscht hatten – unsere Meinung über Gastgeber und Gäste, über Speisen und Getränke, über das, was so geredet worden war, wobei ich viel von ihm lernen konnte, denn er kannte all die Antezedenzien und Hintergründe, die Anekdoten und Geschichten, mit anderen Worten: den Klatsch, war ein scharfer, unbestechlicher, sarkastischer Beobachter –, nachdem wir also reichlich gelästert hatten, ging er dazu über, mir zuerst noch behutsam, dann immer eindringlicher, schließlich in einem leidenschaftlichen Stakkato seine Konzeption von den Bedingungen der menschlichen Existenz und der Welt, das hieß von der Nichtigkeit beider, zu entwickeln. Aus dem Dialog wurde ein Monolog, aus dem Monolog eine Kapuziner-Predigt. Er griff mich am Ellbogen, und während wir gingen, er mit kleinen, trippelnden, ich mit meinen langen Schritten, redete er pausenlos auf mich ein, um so hartnäckiger und aufgeregter, je mehr er spürte, daß ich ihm nicht unbedingt beipflichten wollte. Seine Verzweiflung, die die Grundstimmung seiner Rede war, wurde offensichtlich verschärft durch die Verzweiflung, es mit jemand zu tun zu haben, der nicht intelligent genug war, ihm zu folgen. Unverhohlen spottete er über meine Naivität. Er nahm mir meine eher optimistische Einstellung zum Leben richtig übel. Meine Skepsis seinen Bekehrungsversuchen gegenüber qualifizierte er als Trotz. Mit derselben Hartnäckigkeit, mit der ich meinen Anspruch auf die Sinnhaftigkeit der Welt nicht aufgeben wollte, beharrte er auf dem Nachweis ihrer Sinnlosigkeit.

Ich bejahte also die Welt und das Dasein?, krächzte er. Ob ich nicht sähe, daß die Bejahung des Daseins etwas Minderwertiges sei, etwas eines luziden, aufrechten Menschen nicht Würdiges. »Was ist niedriger als dieses Ja, das wir zur Welt sagen? Diese Bejahung kommt einer Selbstaufgabe gleich, die wir auf keinen Fall akzeptieren dürfen. Wir müssen uns dagegen zur Wehr setzen, wir können es, dank unserem Stolz und dank unserer Schmerzen, vor allem dank der Melancholie, die uns vor dem Absinken in den banalen und subalternen Konformismus des Ja-Sagens bewahrt. Was zieht uns in diese Niederung? Nichts anderes als unsere Feigheit.« Davon wollte ich nichts hören. Vor allem weil ich wußte, daß er nicht vor der Schlußfolgerung zurückschreckte, wenn wir klar dächten und ehrlich wären, uns bliebe nichts anderes übrig, als uns umzubringen. Das war die logische Konsequenz seiner negativistischen Philosophie.

So schritten wir durch Paris, die Lichterstadt. Unsere Vertraulichkeit war die von zwei Pennälern, die Spaß daran finden, zusammen zu feixen und sich in uferlosen Weltanschauungsdisputen zu verlieren.

Trotz der großen Gegensätzlichkeit unserer Auffassungen, der Unvereinbarkeit meines Weltzutrauens und meiner Weltzuversicht und seiner metaphysischen Welt- und Lebensverneinung entwickelte sich zwischen uns eine gewisse Kameraderie. Im Grunde waren wir ja gar nicht so weit voneinander entfernt. Er war nur zwölf Jahre älter als ich, ein junger Mann noch, ein ewiger Student, der dasselbe Leben führte wie ich, Dauermieter in einem kleinen Hotel der Rive gauche, das seine lag in der Rue de l'Odéon, ohne einen Pfennig, von irgendwelchen kleinen Zuwendungen und Stipendien abgesehen, aß er, weil es das billigste war, in der Mensa.

Er war nicht bequem, aber anregend. Im breiten Spektrum des intellektuellen Sinndeutungsangebots, das sich mir in Paris erschloß, markierte der Nihilismus Ciorans den absoluten Nullpunkt. Weiter als er konnte man nicht gehen in der Verneinung. Was mir der Ausdruck einer schweren Depression, einer seelischen Malaise, eines Krankheitszustands zu sein schien, eines unziemlichen Überhandnehmens der Todeswünsche, eines autodestruktiven Narzißmus, war für ihn, wenn man ihm glauben wollte, die höchste Stufe in der Erkenntnis der Wahrheit.

Er ist nicht müde geworden, sie in immer neuen, notgedrungen immer redundanteren Schriften zu verkünden. Ein Autor, schrieb Oscar Wilde, hat die Wahl, sich zu widersprechen oder sich zu wiederholen. Cioran hat sich wiederholt und ist damit zu Weltruhm gelangt. Jede Art von Preis und Ehrung ist ihm zuteil geworden. Niemand hat sich daran gestört, daß er achtzig Jahre geworden ist, ohne für sich persönlich die Konsequenzen aus seiner suizidären Theorie zu ziehen.

Als ich ihn kennenlernte, war sein vielleicht wichtigstes Werk *Geschichte und Utopie* überhaupt noch nicht erschienen. Das vielleicht radikalste Manifest einer negativen Anthropologie und einer sich daraus ergebenden nihilistischen Theorie des Politischen, das je verfaßt worden ist. Ein Loblied der Grausamkeit, der Rachsucht, der Blutrünstigkeit, des Mordes, der Gewalt, der Hinterlist. Der Mensch ist ein böses Raubtier, das Bedürfnis zu morden liegt ihm im Blut. Seine eingeborene Grausamkeit läßt sich nicht zähmen. »Gut« wird er nur durch Selbstverleugnung, indem er das Beste seiner Natur zerstört. Wer das nicht einsieht, ist ein armer Tropf.

Paranoide Menschenfeindlichkeit, eine grenzenlose Menschenverachtung, die vor dem Gedanken der Vernichtung des Menschen nicht zurückschreckt, diesen vielmehr zur Maxime des politischen Handelns erhebt, führt zur Verherrlichung des Massenmörders, zur Rechtfertigung des Gewaltherrschers, des Tyrannen. »Politik« ist nichts anderes, als »die Kunst und die Lust zu töten.« Im gleichen Zuge wird jeder Humanismus, jede humanitär-altruistische Regung, jede tolerant-liberale Gesinnung als Schwäche denunziert, zum Schwachsinn deklariert. Das klingt nicht nur monströs, es ist monströs. Aber es ist nichts Neues. Cioran hat nichts erfunden. In seinem brillanten Essay hat er lediglich jene politische Philosophie zusammengefaßt, in der jede Macht- und »Real«politik immer schon ihre Rechtfertigung gesucht (und gefunden) hat.

Er kann sich auf Machiavelli, Hobbes und de Maistre berufen. Seine Lehrmeister sind de Sade, Dostojewski und Nietzsche, der überkandidelte Nietzsche des *Willens zur Macht* und des *Übermenschen*. Hitler und Stalin, die er beide überaus schätzte, hätten sein Buch mit tiefster Genugtuung gelesen und auf dem Nachttisch gehabt. Am nächsten stand er Carl Schmitt. Jedes Carl-Schmitt-Seminar könnte man einleiten mit der Lektüre von Ciorans Text. Jeder würde sofort verstehen, was es mit dem *Begriff des Politischen* für eine Bewandtnis hat. Meine Abwendung von Carl Schmitt begann mit dem Schauder, den mir Ciorans Traktat einflößte.

Die Selbstzerstörungsimpulse eines neurasthenischen Individuums wurden hier verallgemeinert zu einer Theorie des politischen Handelns. Das waren die verruchten Gedanken, die der verruchten Tat vorausgehen. Der Propagandist des Suizids wurde zum Apologeten des Mordes. Der Nihilist zum Schrittmacher des Bösen. Der Schreibkünstler zum Schreibtischtäter. Da hörte der Spaß auf. Auf die Gefahr hin, als Schwachkopf zu gelten, konnte ich nicht glauben, nein, wollte ich nicht glauben, daß das die letzte Wahrheit über die Natur des Menschen als gesellschaftlichem Wesen sei. Wenn etwas wahr daran war, so war es nur die halbe Wahrheit. Das war die schwarze Seite der *Idées sociales*.

Gewiß, der gute Mensch Cioran wollte niemanden töten, sowenig wie er sich selber töten wollte. Er wollte nicht zerstören, wenn er auch mit Vergnügen an seinem intellektuellen Molotowcocktail herumbastelte. Er wollte verblüffen, *épater le bourgeois*, Angst machen. Seine mörderischen Theorien waren Produkte einer autotherapeutischen Überlebensstrategie – schreiben statt töten –, sie waren aber auch sein Weg zum Erfolg. Mit ihnen schuf er sich eine unverwechselbare Identität. Es ist die trotzige Identität des Mannes aus dem Kellerloch, dessen Höchstes es ist, den Offizier mit den Glacéhandschuhen anzurempeln. Dazu gehört, daß er das, was er zu verabscheuen und zu verachten vorgibt, zutiefst bewundert. Er wappnet sich gegen die Verlockungen der großen Welt, die ihm unzugänglich ist, indem er sie herabwürdigt und schmäht. Doch würde er ohne sie nicht bestehen. Ohne sie wäre er jenes Nichts, das er ständig gegen sie als letzte Wahrheit ins Treffen führte.

Im Grunde liebte er das Leben – wie er Paris liebte. Er war verliebt in Paris, verliebt in die französische Sprache. Ihr galt seine ganze Leidenschaft, um sie rang er wie um eine Geliebte, in dem schmerzlichen Bewußtsein, daß sie zu hochgestellt war, als daß er hoffen konnte, sie je zu besitzen. Nun, die französische Sprache ist eine große Dame, aber sie ist wie diese für Schmeicheleien empfänglich und widersteht auf die Dauer, so wenig wie jede Frau, der stärksten Waffe eines Verehrers nicht: der Beharrlichkeit. Cioran hat mit ihr geschlafen. Dieser Triumph, der ein gesellschaftlicher war, hat ihn gerettet.

Es war ihm schon ernst mit seiner Wahrheit, aber nicht todernst. Er genoß seine Außenseiterstellung, seine Bohemeexistenz viel zu sehr. Es machte ihm einen rumpelstilzchenhaften Spaß, als Bürgerschreck in den Salons Furore zu machen. So darf man das Augenzwinkern nicht übersehen, mit dem er seine schwarze Philosophie propagierte. In diesem Wahnsinn war Methode. Und in der Methode steckte ein gutes Stück maghrebinischer Schlitzohrigkeit.

Das wurde mir klar, als ich mir Gedanken über seine Herkunft machte und feststellte, daß er aus derselben Ecke stammte, wie mein Freund Rezzori und wie Celan (der Ciorans *Lehre vom Zerfall* ins Deutsche übersetzt hat). Ein merkwürdiges Trio, das man als eigene Konstellation am europäischen Literaturhimmel erkennen muß. Drei Schriftsteller, man könnte sie verschiedener nicht erfinden. Ein Essayist, ein Romancier, ein Poet, die es, jeder auf seine Weise, zu Weltruhm gebracht haben. Was haben sie gemeinsam, der Popensohn, der Sohn des k. u. k. Forstbeamten, der Rabbinerenkel? Ihre Jugenderfahrungen in einer Kleinstadt irgendwo am Rande der Karpaten. Südosteuropa, Balkan, von Paris aus gesehen die äußerste Peripherie.

Inzwischen hat man die Bedeutung dieses exzentrischen Landstriches an der Grenze Kakaniens und Rußlands, wo sich Fuchs und Hase gute Nacht sagen, als Pepiniere literarischer Talente erkannt. Deutsche, Rumänen, Juden, Ungarn, Ukrainer, Kosaken, mit ihren Sprachen und Schulen, ihren Konfessionen und Kirchen, ihren Speisen und Festen, ihren Trachten und Märkten, lebten da friedlich miteinander, durcheinander, ein Völkergemisch, ein Sprachengewirr, eine multikulturelle Gesellschaft fürwahr. »Der vielstimmige Gesang der Mönche wechselte ab mit dem Geleier der Talmudschüler.« Die nicht Juden sind, sind Antisemiten. Auch das gehört ganz selbstverständlich dazu. Keine Idylle. Ein Feld vielfältiger Spannungen, in dem jeder um seine Identität kämpfen muß, um den Preis, besser zu sein als die anderen. Da kommen sie her.

Pennäler aus einem Provinznest am äußersten Rande Europas, die nur eine Idee haben: heraus hier, in die Großstadt, in die große Welt. Bukarest – denn inzwischen waren sie ja, ihrem Paß nach, Rumänen –, aber Bukarest, das war allenfalls eine Durchgangsstation. Wo wollten sie hin? Wien, Berlin? Natürlich. Aber das war ja auch nur Mitteleuropa, ein bißchen westlicher, ein bißchen zivilisierter. Nein, letzten Endes wollten sie nach Paris, *capitale du monde, ville lumière* …

Sie haben alles gelesen, in allen Sprachen, sind mit ihrem verfeinerten, überspitzten ideosynkratischen Sprachgefühl die geborenen Stilisten, Übersetzer, Linguisten, Komparatisten. Nominalisten – Sprachkünstler und Sprachakrobaten. Man macht ihnen sobald kein X für ein U vor. Ihre Väter und Lehrer haben sie längst durchschaut. Mit dem lieben Gott darf ihnen keiner kommen, der wird ausgelacht. Aber ihr brandneuer Atheismus der ersten Generation belastet noch ihr Gewissen. Sie werden Gott nie wirklich los.

Thema Nummer eins ist ein anderes.

Wenn sie im Sommer vor dem Kaffeehaus auf dem Corso sitzen und diskutieren, pfeifen sie den Mädchen nach, es ist immer eine Schwester dabei. Sehr früh haben sie gelernt, was Sache ist, durch Bordellbesuch, manchmal gemeinsam. Resultat: anständige Frauen gibt es nicht. Alle Frauen sind Huren. Die es nicht sind, wie die überfürsorglichen Mütter, Tanten und Großmütter, sind verehrungswürdig, aber unerträglich und kommen sowieso nicht in Frage. Idealisierung wie radikale Verurteilung des weiblichen Geschlechts. Zu Hause gackern im Hof die Hühner, die Sessel in der guten Stube sind mit Schutzbezügen verhängt, an der Lampe über dem Eßtisch baumeln die Fliegenfänger. Es riecht nach Öl, Schafswolle, Bohnerwachs und Knoblauch. Man kann der stickigen Atmosphäre nur entfliehen, wenn man sich mit einem Buch auf sein Bett schmeißt oder durch die Stadt streunt, um die Kumpel zu finden, mit denen sich philosophieren läßt, oder man sucht Zuflucht bei Linda im Puff.

Da kamen sie her, da wollten sie raus. Raus aus dem Mief, raus aus der Enge der kleinstädtischen Lebenswelt. Ihr kulturelles Kapital war die primäre Lebenserfahrung, die sie unter den ganz speziellen Bedingungen ihres ethnisch-sozialen Mischmilieus gemacht hatten. Wer sich durchsetzen will, muß um eins schlauer sein als die anderen, aber er darf es sich nicht anmerken lassen. Er muß die Schwächen seines Nebenmannes ausnutzen, er muß, wie ein Kartenspieler, bluffen. Vorsicht mit den Weibern! Man geht ihnen besser aus dem Weg. Wer reinfällt, ist selber schuld. Im Geunke Ciorans, in der Celanschen Litote, in Rezzoris Geflunker finden wir dasselbe Grundmuster. Der eine erschreckt uns mit seinen Selbstmordtheorien, lebt aber vergnügt bis ins hohe Alter. Der andere foppt uns mit hermetischen Versen, friß, Vogel, oder stirb. Der dritte entzückt uns mit Lügengeschichten, in denen er seinen »Familienroman« inszeniert. Was, das gefällt euch nicht? Ich erzähle doch Märchen. Gedankenspiele, Sprachspiele, Mystifikationen, Provokationen – find' einer heraus, was der Autor wirklich im Schilde führt. Je mehr man auf ihn eingeht, um so mehr geht man ihm auf den Leim. Das ist ihr Trick. Sie scheinen todernst, aber sie haben es darauf angelegt, den braven Leser auf den Arm zu nehmen, ihn zu verschaukeln, wenn er nicht pfiffig genug ist, ihr Spiel zu durchschauen. So haben sie, wie die Zigeuner, die vor den Café-Terrassen auf ihren Geigen, virtuos und exotisch, ihre Heimatweisen fideln, in Paris ihr Glück gemacht. »Was kann ich dafür, daß ich nur ein emporgekommener Neurotiker bin, ein Hiob auf der Suche nach dem Unglück, ein träger, verirrter Skythe?« Wenn Cioran gelegentlich schonungslos mit sich selbst umgeht, schreibt einer seiner Pariser Verehrer, so, weil er glaubt, er müsse sich gewaltsam seines balkanischen Erbes entledigen.

Gaston Bachelard

Soviel über Cioran, den Weltverächter und Misanthropen. Am absoluten Gegenpol, am anderen Ende des breiten Spektrums von Sinngebungsangeboten, die sich dem nach Erkenntnis Suchenden im Paris der fünfziger Jahre darboten, stand Gaston Bachelard, ein Weltbejaher und Freund der Menschen.

Er sah etwa so aus, wie man sich Karl Marx vorstellt, die weiße Löwenmähne über der hohen Stirn, der struppige Vollbart, nur hatte er im Gegensatz zu diesem, den man sich mit boshaften, stechenden Äuglein denken muß, in denen Haß und Leidenschaft blinkt, diese unendlich gütigen, liebenswürdig-verschmitzten Augen, den offenen Blick, brillenlos, nicht eines Intellektuellen, sondern eines alten Bauern, eines Handwerksmeisters, eines Hirten.

Zu einer schwarzen paspelierten Joppe trug er eine Lavallière-Krawatte, das heißt ein zu einer Schleife um den offenen Hemdkragen gebundenes Seidentuch, was ihm eine künstlerische Note verlieh. Es fehlte ihm alles Bürgerliche, die großbürgerliche Arroganz und Konventionalität, vor allem aber jede kleinbürgerliche Beschränktheit, Bedrücktheit und Servilität. Ganz offensichtlich litt er nicht an jener bei Professoren – und nicht nur bei französischen – so verbreiteten geistigen Konstipation und war – das sah man auf den ersten Blick – frei von Eitelkeit, Häme und Neid. Er lächelte mild. Un homme doux. Seine Generosität, seine innere Freiheit standen ihm ins Gesicht geschrieben. Ein weiser alter Mann. Man mußte ihn lieben. Er war kein Großstädter. Kein Pariser. Er war ein *homme du terroir*, der seine Verbundenheit zu Grund und Boden, zur Scholle, zur Erde nie verleugnet und vergessen hat. Die kalkigen Weinberge der Champagne. Gut essen und trinken. Heimatverbundenheit, das hat in Frankreich einen so ganz anderen Klang als in Deutschland. Nichts Hinterwäldlerisch-Obskurantistisches war damit verbunden, sondern, im Gegenteil, eher etwas Antiklerikal-Laizistisches, Republikanisch-Aufklärerisches. Wie das? Die Defeudalisierung der Mentalitäten. Über das französische Land ist einmal der revolutionäre Sturm hinweggebraust und hat die alten Abhängigkeitsverhältnisse weggefegt. Zwei Drittel der enteigneten Nationalgüter waren Kirchenbesitz, der Rest den Aristokraten weggenommen worden. Wer davon etwas erworben hatte, war jeder Restauration abhold bis ins fünfte Glied. Es fehlt, anders als in Mittel- und Osteuropa, der Untertanengeist.

Das alles war im ersten Augenblick sichtbar, lag in dem Blick, lag in der Geste, mit der er dem jugendlichen Besucher bedeutete, sich zu setzen. Wo?

Er saß hinter seinem Schreibtisch, auf dem Berge von Büchern sich stapelten, umgeben von Büchern, die sich am Boden zu Bergen türmten, die jeden Quadratzentimeter der Wände des kleinen, niedrigen Raumes bis an die Decke füllten, der sein Arbeitszimmer war. Ein kleiner Raum in einer kleinen Wohnung, wie sie nicht anders zu erwarten war, in einem Häuserblock des sozialen Wohnungsbaus (HLM), Place Maubert, 5ième. Die Adresse Bachelards war in Paris bekannt und gehörte zur geistigen Topographie der Stadt. Für einen Gelehrten mit so ausgesprochenem künstlerischen Habitus ein ganz ungewöhnlicher Wohnsitz, der sich nur verstehen ließ, wenn man wußte, daß es natürlich irgendwo à la campagne in einem Dorf ein kleines Landhaus gab, mit etwas eingedelltem Ziegeldach, Kaminen und Gartenmauer aus Feldsteinen, in dem noch einmal soviel Bücher angehäuft waren und vielmehr und wo Bachelard seinen Schnaps brannte. Es war klar, daß es ihm vollkommen gleichgültig war, wo er in Paris wohnte und wie er wohnte und daß es für ihn kein anderes Dekor gab als seine Bücher ringsum. Mit seiner weit ausgreifenden, mich zum Setzen einladenden Handbewegung schien er sich auch irgendwie zu entschuldigen, daß es gar so viele seien.

Zum Glück kam mir das schüchterne junge Mädchen zu Hilfe, das mir die Tür geöffnet hatte und einen Korbstuhl, auf dem eine buntscheckige Katze in einem Nest von alten Zeitungen schlief, für mich als Sitzgelegenheit frei machte. Dann stellte sie sich schräg hinter den alten Herrn mit der weißen Mähne und dem wallenden Vollbart, als müsse sie in seiner unmittelbaren Nähe bleiben, um ihm jederzeit hilfreich zur Hand gehen zu können, aber auch so, als müsse sie ihn schützen vor dem Fremden, vor seiner eigenen jovialen Gesprächigkeit. »Ma fille!« sagte er mit einem um Nachsicht bittenden, gleichviel stolzen Lächeln – wie er zuvor mit seiner Handbewegung zu sagen schien: »Mes livres.« – »Was wäre ich ohne sie?« Das Mädchen sagte nichts, schlug aber auch nicht die Augen nieder, sondern lächelte mit den Augen, ein schönes sanftes Lächeln, das ihre Züge verklärte. Ach ja, der Vater ... Sie war nicht eigentlich schön, aber wie sie so lächelte, in diesem Augenblick war sie es, wunderschön, gar nicht wie ein wirkliches Mädchen, eher wie die Figur aus einem Märchen oder aus einem Roman, ja, so wirkten sie beide, der so ganz zeitlos unmodische alte Herr mit den weißen Locken, der jetzt so vertraulich mit mir sprach, und sie, die ihm andächtig zuhörte, ach ja, das waren sie doch, nicht wahr, der Harfner und Mignon. Ich konnte den Blick gar nicht von ihr lassen, was nur darum nicht ungehörig war, weil ihr Vater nur über sie sprach, wie sehr sie ihm bei seiner Arbeit helfe, sie schriebe alle Manuskripte ins reine, mache aber auch für ihn Exzerpte und Recherchen in den Bibliotheken, wie sehr sie ihn darin unterstütze, in den Ablauf seiner Tage eine gewisse Ordnung zu bringen, wie sie für ihn koche, ihm den Tee und Kaffee bereite, den er zur Ermunterung immer wieder brauche, wie sie seine Korrespondenz für ihn erledige, und dafür sorge, daß die Besucher ihm nicht zuviel von seiner Zeit nähmen. Aber er liebe Besuche über alles, vor allem von jungen Menschen, sagte er.

Als ich Pierre Bertaux am nächsten Sonntag von meinem Besuch bei Bachelard berichtete, den er sehr verehrte, er bezeichnete sich gern als sein Schüler, und das war keine Redensart, lautete seine erste Frage: »Suzanne était-elle là?« Er sah mich an und schmunzelte, als ich bejahend antwortete. »Sie ist immer da!«

»C'est plus qu'une fille«, sagte Bachelard – Haushälterin, Sekretärin, Mitarbeiterin, Dienerin, Schutzengel, Muse. Es war so, als wollte der alte Herr mich davon überzeugen, daß sie es sei, die seine Bücher möglich machte, daß es diese Bücher, dieses umfangreiche Werk ohne sie nicht gäbe und daß, wenn man irgendein Interesse daran fände, es nicht ihm, sondern ihr zu danken habe.

So war es vielleicht wirklich, nein sicherlich. Fernerstehende machen sich nicht klar genug, welches die Arbeitsbedingungen eines Intellektuellen und insbesondere die Entstehungsbedingungen von Büchern sind. Bücher schreiben, dieses perverse Geschäft, bei dem der Schreiber, ganz auf sich gestellt, unabänderlich allein ist. Sein muß. Und doch, dieses schöpferische Alleinsein kann eingebettet sein in eine Zweisamkeit, und es gibt die produktiven Symbiosen, Ehefrauen, Lebensgefährtinnen, Sekretärinnen, Töchter – sie stehen im dunkeln, und man sieht sie nicht. Wird man einmal eine Literaturgeschichte schreiben, in der diese unsichtbaren Helfer, ohne die nichts geschrieben worden wäre, in den Vordergrund gestellt würden?

Während ich ihm zuhörte und das Mädchen anschaute, fühlte ich mich in wachsendem Maße zu diesen beiden wunderbaren Menschen hingezogen, so zu sein wie sie, schien mir unsäglich begehrenswert, teilzuhaben an einer solch innigen Gemeinschaft des Vertrauens, des Einverständnisses, der Zärtlichkeit, und es mischte sich in dieses plötzliche Gefühl der Zuneigung eine Spur von Trauer, eine Spur von Neid, daß es mir nicht vergönnt war, in solchen Verhältnissen affektiver und effektiver Komplizität zu leben, eine Nuance von Melancholie bei dem Gedanken, daß es mir wohl auch nie gegeben sein würde, ein solches Glück zu kennen. Melancholie ist die Antizipation der Enttäuschungen über nicht in Erfüllung gegangene Hoffnungen. Und während ich doch gekommen war, um über die deutschen Übersetzungsrechte der Bücher über Feuer, Wasser, Luft und Erde mit dem Vater zu sprechen, durchströmte mich der vollkommen unsinnige Wunsch, für einen kurzen Augenblick, den Bruchteil einer Sekunde, stark genug aber, daß sich etwas davon auf sie übertrug, so daß sie plötzlich die Augen senkte, überkam mich der, ich muß es gestehen, aberwitzige Gedanke, die Tochter zu heiraten.

Ich sage: zu heiraten. Nichts anderes, nicht mehr und nicht weniger. Kein frivoler Gedanke, keine Begehrlichkeit trübten dieses Gefühl. Dieser momentane Anflug von Verliebtheit war ganz rein, ganz Ausfluß der Bewunderung, die ich für den Vater empfand, ebenso überwältigend und unbegreiflich. Ich hatte diese beiden Menschen nie in meinem Leben gesehen, wußte überhaupt nichts von ihnen, und der Abstand, der uns trennte, die objektive Entfernung der sozialen, nationalen und sonstigen Ausgangspositionen konnte größer kaum gedacht werden. Doch hatte es genügt, diesen Mann zu sehen, um seinem Zauber zu verfallen, die Bereitschaft zu verspüren, mich seiner Autorität bedingungslos zu unterwerfen in der beglückenden Gewißheit, hier einen Meister gefunden zu haben, dessen Schüler ich sein wollte, dessen Sohn.»Hier laßt mich immer leben: ein Vater so wunderherrlich wie die Frau, macht mir die Welt zum Paradies.«

Was ich Sonderbares bei diesem Besuch erlebte, durfte mich indessen nicht überraschen. Ich hätte wissen müssen, daß diese Konstellation, die sich schon mehrere Male in meinem Leben gebildet hatte, offenbar zu seinen Grundmustern gehörte. Die bewunderten alten Herren, Gelehrte meistens, die Väter, zu denen es mich hinzog, auf der Suche nach einem Lehrer, einem Meister, und die Töchter, die in ihrem Umkreis lebten, von ihrer Aura verklärt und verschönt, zutraulich und verwöhnt, die mich berückten. Anima, die Tochter von Carl Schmitt, Sylvia – die jüngste Tochter von Benedetto Croce, Olivia – die jüngste Tochter von Ludwig Curtius. Und Anne-Marie Supervielle? Diese Figuration ist eine Variante der Filiation, der Weitergabe des Wissens und der Tradition von Meister zu Schüler – *par fille interposée*. Die Tochter des Meisters wird die Frau des Schülers, deren Tochter die Frau des Schülers des Schülers wird, wenn dieser zum Meister geworden ist. Man sollte sich einmal überlegen, wie sehr nach diesem Muster die Berufungen, Sukzessionen und Schulbildungen an den deutschen Fakultäten in zwei Jahrhunderten gelaufen sind. Die geistige Kontinuität geht über die Töchter.

Was wußte ich von Bachelard? Herzlich wenig. Ich sollte erst später, bedeutend später, in Erfahrung bringen, wie sehr dieser Philosoph der Träumerei, dieser träumende Philosoph mein Mann war. Ich habe es damals lediglich gespürt, und meine Intuition hat mich nicht getäuscht. Als ich ihn besuchte, war er schon eine legendäre Figur. Wegen der verwirrenden Zweihäusigkeit seines Werkes, das einerseits den exakten (Natur-)Wissenschaften, andererseits der Poesie gewidmet war. Nicht weniger aber auch um seiner für einen zu höchsten Ehren und Ruhm gelangten Gelehrten recht ungewöhnlichen Laufbahn willen. Jeder wußte, daß der 1884 in einem Dorf als Sohn eines Schuhmachermeisters geborene Gaston, in dem Alter, in dem andere die Privilegien der Rue d'Ulm genossen, als Postbote seinen Lebensunterhalt verdienen mußte, was ihn nicht hinderte, nebenher Mathematik, Physik und Chemie zu studieren, um dann in den mittleren Schuldienst überzuwechseln. Er unterrichtete diese Fächer an dem College seines Heimatortes. Erst als Vierzigjähriger promovierte er an der Sorbonne, war danach zehn Jahre an einer Provinzuniversität in Dijon tätig, bevor er 1940 den Ruf auf einen Lehrstuhl für Geschichte und Philosophie der Naturwissenschaften nach Paris bekam, den er bis zu seiner Pensionierung, kurz nach meinem Besuch, innehatte. In Anerkennung seiner großen Verdienste wurde er in die Académie des sciences sociales et politiques gewählt. Das Collège de France, wo er hingehört hätte, blieb ihm versagt.

Vom Tellerwäscher zum Millionär! Er war das französische Äquivalent des amerikanischen Traums vom Aufstieg des kleinen Mannes, ein Produkt des republikanisch-laizistischen Erziehungssystems von Jules Ferry, eines demokratischen Bildungsideals, das, napoleonisch-militärisch gesprochen, den Marschallstab in den Tornister jedes Grenadiers legt. Natürlich war er ein Ausnahmefall.

Sein Entwicklungsgang als Gelehrter war nicht weniger atypisch und wunderbar. Er führte von den positiven Naturwissenschaften über Wissenschaftstheorie und Geschichte zur Epistemologie und transzendentalen Philosophie. Von da zur Phänomenologie des Imaginären und zur Poesie. Sein erkenntnisleitendes Interesse galt den epistomologischen Voraussetzungen wissenschaftlicher Erkenntnis. Sehr früh, ungewöhnlich und gefährlich in einer Periode der uneingeschränkten Herrschaft des wissenschaftlichen Positivismus, hat er sich gegen die Vorstellung eines linearen Fortschritts gewandt. Es gibt, sagte er, kein Kontinuum, nur Sprünge und Brüche. Der Fortgang der Wissenschaften verdankt sich jähen Erkenntnisschüben, ausgelöst durch neue Problemlagen, neue Intuitionen, neue Strategien der Daseinsbewältigung. Es liegt im Wesen »wissenschaftlicher« Erkenntnis, daß sie immer pragmatisch, erfolgsorientiert, auf jeden Fall zeit- und situationsgebunden, also historisch ist. Wissenschaftsgeschichte wird so zur Geschichte der jeweiligen epistemologischen Ansätze im Zugriff auf die Welt. Ich brauche nicht zu sagen, daß der Wissenschaftsphilosoph Bachelard der Erfinder der historischen Epistemologie ist.

Seine eigentliche Leistung und Originalität liegt aber darin, daß er den erkenntnistheoretischen Nachweis dafür erbracht hat, daß die szientistische Erkenntnisweise nur *eine* Spielart, eine Abart, besser gesagt, des menschlichen Erkenntnisvermögens darstellt, daß es *zwei* Modalitäten der Erkenntnis gibt, zwei Demarchen der Welterfassung, der Welterschließung: die instrumentelle Rationalität, die einer je eigenen Logik folgend ihren Spezialerfordernissen dienende Erkenntnistechniken entwickelt: das Denken in Begriffen, das Begriffe erzeugt und die Welt in Begriffen erfaßt; daneben aber noch einen ganz anderen Modus der »Erschließung von Welt«, der gekoppelt ist mit den Sensorien der Einbildungskraft, eine Zuwendung zu jenen Bereichen der Wirklichkeit, des Realen, des Seienden, die nicht rational, »wissenschaftlich«, in Begriffen und Zeichen, erfaßbar sind. Der Zugang zu ihnen: die Phantasie, die Träumerei, Assoziation und Intuition, das Schauen und Erschaffen von Bildern, der poetische Akt, die dichterische Sprache. Zwei Formen der Wahrnehmung. Die Welt »auf den Begriff« gebracht. Die »Welt der Bilder«. Zwei Seinsbereiche oder zwei Funktionen der menschlichen Intelligenz? »Bachelard«, sagte mir Hippolyte, »hat eine Philosophie der menschlichen Kreativität, des sinnstiftenden Willens des Geistes, des Logos, in einer doppelten Perspektive entwickelt, der Perspektive der ›Wissenschaft‹ und der Perspektive der Poesie.«

Die epistemologische Differenz führt zu einer Psychologie und Physiologie kognitiver Prozesse. Die positivistische »Wissenschaft von der Seele« ist hier überfordert. Bachelard zögert nicht, die Tiefenpsychologie zu mobilisieren, um die alten Antinomien von rational und irrational, real und imaginär, faktisch und fiktiv zu unterlaufen. Die erste Topic Freuds wird zum wichtigen heuristischen Instrument. Wichtiger, ausschlaggebend die Rezeption der Archetypenlehre von Jung.

Bachelard übernimmt von C. G. Jung die Dichotomie von »Animus« und »Anima«. Damit hat er den Hauptschlüssel zur Lösung seines erkenntnistheoretischen Problems gefunden. Die Wurzeln der Empfindsamkeit, mit denen wir in die Welt angeschlossen sind, sind weiblich (Anima), aber unser bewußtes Handeln, unser Willen, die Welt durch unsere Geisteskraft zu beherrschen, ist wesenhaft männlich (Animus). »Science« ist männlich. »Poesie« ist weiblich. Dem Animus zugeordnet sind die Projekte und die Sorge, zwei Weisen, nicht bei »sich selbst«, »außer sich«, nicht »gegenwärtig« zu sein, in der Zeitdimension zu stehen. Zur Anima gehört die Träumerei, die in der Gegenwart/Präsenz der beglückenden Bilder lebt.

Dans les heures heureuses, nous connaissons une rêverie qui se nourrit d'elle-même, qui s'entretient comme la vie s'entretient. Les images tranquilles, dons de cette grande insouciance qui est l'essence du femina, se soutiennent, s'équilibrent dans la paix de l'anima. Elles se fondent, ces images, dans une intime chaleur, dans la constante douceur où baigne, en toute âme, le noyau du féminin. En tout cas, c'est dans le royaume des images, que, philosophes songeurs, nous cherchons les bienfaits de l'anima.[°]

Die Doppelgleisigkeit seiner Explorationen, die Entdeckung der Zweipoligkeit des Erkenntnisvermögens, hat Bachelard ins Zentrum der bisexuellen Struktur der menschlichen Natur geführt, der geschlechtlichen Zweihäusigkeit unserer seelischen und somatischen Grundausstattung als Mann und Weib, masculin – féminin, M und W, Shiva und Shakti, Ying und Yang. Beides ist in uns. In dieser Polarität erfahren wir die innere und äußere Welt als Ganzes, als Einheit.

Mit freundlicher Unterstützung der Tochter, die erst einmal in irgendeiner Kartei nachprüfen ging, ob sie noch zu vergeben waren, erwirkte ich eine

---

[°] In glücklichen Stunden erleben wir eine Träumerei, die sich aus sich selbst speist und sich auch lebendig hält, ebenso wie das Leben selbst.
Die ruhigen Bilder, Geschenke jener großen Unbekümmertheit, die das Wesen des Weiblichen ist, finden Unterstützung und Gleichgewicht im Frieden der Anima. diese Bilder verschmelzen zu vertrauter Wärme, zu eben jener dauerhaften Zartheit, dem Kern der Weiblichkeit. Jedenfalls begeben wir Träumer-Philosophen uns ins Reich der Bilder, auf der Suche nach den Segnungen der Anima.

Option für eine deutsche Ausgabe der *Vier Elemente*, für die es – wie sich herausstellen sollte – zwanzig Jahre zu früh war. »Vier Mappen, vier Speicher!« seufzte er. »Heute, nach soviel Mühe und Arbeit, jetzt, wo meine Sammlung kommentierter Bilder, mein Herbarium, mehr als zweitausend Blätter umfaßt, möchte ich alle meine Bücher am liebsten neu schreiben!«

Bachelard gehört zweifellos zu den eindrucksvollsten Persönlichkeiten, die ich während dieser ersten Pariser Jahre kennenlernte. Er war so ganz anders als all die anderen, so ganz und gar un-pariserisch, aber wenn ich es mir heute recht überlege, war er vielleicht der bedeutendste von allen. Er fiel vollkommen aus dem Rahmen. Der Ausnahmefall, der die Regel bestätigt.

Heute erst weiß ich, warum der alte Herr einen so starken Zauber auf mich ausgeübt hat. Er selber war die Inkarnation eines Archetypus, des Archetypus des weisen alten Mannes – Tiresias, der die »nackte Wahrheit« gesehen hat und zur Sühne (oder Belohnung?) von der Göttin in ein Weib verwandelt wird, sieben Jahre lang, und danach über das vollkommene Wissen verfügt, das Wissen um das Wesen beider Geschlechter. Als Zeus und Hera sich darüber nicht einigen können, wer mehr von der Liebe hat, Mann oder Frau, rufen sie Tiresias, den Greis, den Weisen, den Seher, »den aller verborgenen Dinge Kundigen«, den einzigen, der es wissen kann, weil er beides war. Er zögert nicht zu sagen: das Weib. Das ist das Geheimnis des allwissenden Greises.

VI

CHEZ MAXIME

Spaziergänge im Bois

Hélas, ich bin weder der Schüler von Gaston Bachelard geworden, noch habe ich seine Tochter Suzanne geheiratet. Mein wichtigster akademischer Lehrer in Paris wurde eine ganz andere Figur, um zehn Jahre älter als Bachelard, Maxime Leroy. Als ich ihn kennenlernte, war er schon ein sehr alter Herr. Er lebte verwitwet, vereinsamt und – wie ich bald feststellen mußte – fast völlig verarmt in einem kleinen Pavillon in der Nähe der Porte Maillot, den ich nur einmal betreten habe, als ich meinen Antrittsbesuch machte. Das Treppenhaus, die Räume, die ich kurz sah, schienen mir winzig. Es standen fast keine Möbel darin, auch die Bücherregale waren dünn besetzt. Sie wirkten wie unbewohnt. Es mußte irgendwo im ersten Stock einen kleinen Schreibtisch geben, auf dem sich Zettel und Papiere häuften, doch war es wahrscheinlich, daß der Hausherr hauptsächlich in der Bibliothèque Nationale arbeitete. Ich stellte mir in einem Küchenwinkel einen Spirituskocher vor, auf dem sich das hagere kleine Männlein seinen Kaffee kochte und gelegentlich ein Süppchen wärmte. Hier wollte er auch seinen Besucher nicht empfangen. Kaum hatte er mich auf das herzlichste begrüßt, sehr förmlich, sehr höflich, sehr altfränkisch, mit einem Wort *courtois*, wie es einem Fremden gegenüber geboten war, von dem er nichts wußte, als daß er aus Deutschland kam, was nicht unbedingt eine Empfehlung war, aber auch mit der Selbstverständlichkeit, mit der der Meister einen fahrenden Scholaren aufnimmt, der – ohne Unterschied des Alters und der Landsmannschaft – wie er ein Bürger der Republik des Geistes ist, fragte er mich, ob ich ihn auf dem Spaziergang durch den Bois de Boulogne begleiten wolle, den er gewohnheitsmäßig um diese Stunde zu unternehmen pflegte. Ich wollte gern.

Er verwahrte sich dagegen, daß ich ihm in seinen, wie ich nicht übersehen konnte, an den Kanten verschlissenen Paletot half, der viel zu groß für ihn wirkte, weil er sicher aus einer Zeit stammte, in der sein Besitzer noch eine andere Statur hatte, ja, es ließ sich erkennen, daß es einmal ein richtig eleganter Mantel gewesen war – mit einer richtigen Farbe und nicht von diesem undefinierbaren Grau, der Farbe des Alters und der Armut. Es will mir jetzt sogar so scheinen, als wäre er mit einem Pelzkragen aus schwarzem Astrachan besetzt gewesen. Aus einem Ständer zog er einen Stock mit Elfenbeinknauf und setzte sich mit legerer Geste einen etwas verbeulten Homburg auf das schüttere weiße Haar – etwas schiefer, fand ich, als seinen Jahren angemessen war.

»Alors, vous travaillez sur mon ami Ballanche! Quel homme délicieux...« begann er das Gespräch, das nun nicht mehr abbrechen sollte, solange ich in Paris war. »Parlez-moi de lui!«

Ich kannte Maxime Leroy als Autor von Büchern über den Grafen Saint-Simon. Aufmerksam auf ihn gemacht hat mich Carl Schmitt, der mir auch, bei einem Besuch in Plettenberg, in der Zeit, in der ich an meiner Dissertation arbeitete, zwei brochierte, schon etwas zerfledderte Bändchen aus seiner Bibliothek vermacht hatte, die erschienen waren, kurz nachdem ich geboren wurde; sie waren reich mit Anmerkungen versehen, die zeigten, wie intensiv sich Carl Schmitt mit den geschichtsphilosophischen Systemen der Restaurationszeit beschäftigt hatte, nicht nur den Theokraten de Maistre und de Bonald, sondern auch den Frühsozialisten und Utopisten. »Man muß seinen Gegner besser kennen als er sich selbst«, sagte er. »Wenn du nach Paris fährst, mußt du unbedingt Maxime Leroy aufsuchen! Das ist ein ganz großer Mann!«

Ohne diesen Fingerzeig wäre ich vielleicht nie auf den Gedanken gekommen, mich nach Maxime Leroy umzuhören. Er hätte ja längst verstorben sein können. Es war auch gar nicht leicht gewesen, seine Spur zu finden. Von meinen Pariser Bekannten wußte keiner von ihm. Er war vergessen. Ein Mann aus dem 19. Jahrhundert, der fast zur Generation meines Vaters gehörte.

Ich dürfe Maxime Leroy nicht nach seinen Büchern über Saint-Simon beurteilen, hatte Carl Schmitt gesagt. Sein Neo-Saint-Simonismus sei nur eine Fassade. Leroy sei ein »Eingeweihter«, der von den Geheimnissen der Geschichte mehr wisse, als sein liberaler Gestus vermuten lassen könnte. Das seien Konzessionen an den Geist der Dritten Republik. Nein, ich solle sein Descartes-Buch, *Le philosophe au masque,* lesen, in dem er über den Rosenkreuzer Descartes Dinge ans Licht gebracht habe, die die brave akademische Descartes-Forschung in höchste Verwirrung gestürzt hat. Er wisse, daß wahres Wissen immer Geheimwissen sei. »Maxime Leroy ist Freimaurer«, setzte er hinzu. Und in diesen Worten schwang ehrfürchtige Anerkennung mit. Hochgradfreimaurer! Eine der höchsten Chargen des *Grand Orient.* Der *Grand Orient* war für Carl Schmitt so etwas wie für

Maurras der preußische Generalstab. Eine jener Mächte, die hinter den Kulissen die Welt beherrschten. Das müßte ich mir vergegenwärtigen, wenn ich Leroy näher kennenlernen würde. Kurz, ich sollte zu ihm gehen, um ihn auszuhorchen. Solche Andeutungen, es handelte sich bei Carl Schmitt immer nur um Andeutungen, hatten natürlich meine Neugier aufs äußerste gesteigert.

Man kann sich also vorstellen, was in mir vorging, als ich neben dem kleinen Herrn im grauen Paletot im Bois de Boulogne einherging, mir im stillen die Frage stellend, ob er nicht vielleicht ein Repräsentant der aus dem Hinterhalt wirkenden »Herren der Welt« sei. Ehrlich gesagt, ich hatte mir diese okkulten Machthaber etwas anders vorgestellt, etwas weniger ärmlich, denn für mich gehören nun einmal Macht und Reichtum zusammen, auch wenn das, was sie vereinigt, der Geist ist.

Der Mann, der im Laufe seines langen Lebens über dreißig immer bedeutsame Bücher veröffentlicht hatte, war nie Professor und hatte nie ein Amt inne. Man konnte ihn auf kein Fach festlegen. Er bezog auch keinerlei Pension. Ein Vermögen, das einmal seine Unabhängigkeit gewährleistet hatte, war natürlich längst dahingeschmolzen. Er stammte aus wohlhabendem, großbürgerlichem Hause, sein Vater war Industrieller im Lothringischen.

Als ich nach Paris kam, schloß Leroy gerade die Edition der Werke Sainte-Beuves, eine definitive kritische Ausgabe, die in der Reihe der *Pléiade* erscheinen sollte und erschienen ist. Keiner hätte sie besser besorgen können. Leroy war Sainte-Beuve kongenial, beide haben dieselbe Methode: Werk und Biographie eines Autors sind untrennbar verbunden, das eine erklärt das andere. Sie stehen in einem gesellschaftlichen Kontext. Die Psychologie ist der Hauptschlüssel zum Verständnis der Ideen, ihrer Entstehung und ihrer Geschichte.

Jetzt arbeitete er an einer *Geschichte der sozialen Ideen in Frankreich*, die ebenfalls Gallimard in Auftrag gegeben hatte, um ihm weiterhin die kleine Rente zukommen lassen zu können, von der er lebte. Von Rousseau bis Tocqueville und Proudhon. Meine Epoche. Mein Thema. Eine unerschöpfliche Fundgrube an klugen Beobachtungen, scharfsichtigen und witzigen Urteilen und seltenen Zitaten. Es entstand in der Zeit unserer Spaziergänge.

Für Maxime war Ideengeschichte die Geschichte von Menschen, die Ideen hatten, nicht umgekehrt – wie ich es in Heidelberg gelernt hatte –, die Geschichte von Ideen, an denen auch Menschen hingen, die man am besten vergaß, allenfalls Namen, die man sich merken mußte, Etiketten, die man auf die Ideen klebte, aber bitte schön keine Lebensschicksale, die für diese relevant wären.

Alle Menschen, sagte Leroy, haben Ideen und reden darüber, manche legen sie schriftlich dar, und manchmal geraten diese Darstellungen zu interessanten Texten. Manchmal werden politische Pamphlete daraus, manchmal große Literatur. Manchmal ist es ein Zeitungsartikel oder eine Parlamentsrede. Andere schreiben nur Briefe oder vertrauen die Gedanken ihren Tagebüchern an. Wieviel aber wird nur in freier Rede vermittelt, im Gespräch, das keine Spuren hinterläßt, es sei denn, jemand, der etwas aufgeschnappt hat, notiert es in seinem Journal, kolportiert es in einem Brief. Trotzdem geht nichts verloren. Es gibt so etwas wie ein kollektives Gedächtnis, an das jeder von uns angeschlossen ist.

Leroy untersuchte die Zusammenhänge von »Ideen« nicht auf der Ebene der Texte, sondern auf der Ebene der Verknüpfung und Verflechtung gesellschaftlich vermittelter Einzelschicksale. Wichtiger als die Aneinanderreihung signifikanter »Zitate«, durch die sich irgendwelche Einflüsse, Beziehungen und Bedeutungswandel belegen ließen, war für ihn die biographisch signifikante Anekdote, das Bonmot, die eine zwischenmenschliche Konstellation blitzartig erleuchteten. Er hielt nichts vom Textfetischismus. Texte waren für ihn ein notwendiges Übel. Er brauchte und benutzte sie, um an die Realität der gesellschaftlichen Zustände heranzukommen, die sie unvollkommen wiedergaben.

Die *Idées sociales* wuchsen wie Pilze, sie waren kryptogamische Gewächse. Ihre Entstehungs- und Wirkungsgeschichte konnte man nur nachzeichnen, wenn man die Rhizome freilegte, auf denen sie sprossen, das unterirdische Geflecht der sozialen Vernetzungen.

»Prenez l'exemple de Madame de Staël!«

Madame de Staël

Der Kreis um Madame de Staël (aus dem nach ihrem Tode der Salon von Juliette Récamier hervorgehen sollte) war ein solches Rhizom. Er bildete sich während des Directoire, in diesem Treibhaus neuer Ideen und Lebensformen, in dem auf den Trümmern des Ancien régime und den Ruinen der Revolution in einer Atmosphäre hektischer Betriebsamkeit und skandalöser Unbekümmertheit die neue, postrevolutionäre Gesellschaft entstand und mit ihr, gleichzeitig, in eins, als das Medium ihres Selbstverständnisses, die neue Wissenschaft vom Menschen und von der Gesellschaft, die Soziologie.

Eine erstaunliche Frau! Eine wie Napoleon alles überragende Jahrhundert-Figur. Eine Kopfgeburt, in voller Rüstung dem Kopfe des sehr geliebten Vaters entsprungen, könnte man sagen, jenem Schweizer Bankier Nekker (ausgesprochen Neck'r), den Ludwig XVI. fünf Minuten vor zwölf zur

Sanierung der Staatsfinanzen nach Frankreich berufen hatte und der mit einer persönlichen Anleihe von zwei Millionen Francs und sehr klugen Ratschlägen das Menschenmögliche tat, um sie vor dem Bankrott zu bewahren, was, wie man weiß, mißlang. Es konnte nicht gelingen.

Wie sie beschreiben, wie sie beschwören aus dem Geisterreich, denn ich muß von ihr berichten, sie gehört zu diesem Buch wie nur irgendeine der darin vorkommenden Personen. Man wird verstehen, warum.

Aufgewachsen mit Rousseau und Montesquieu, hat sie die Revolution in allen Phasen in leidenschaftlicher Anteilnahme als Befreiungskampf durchlebt. Die neuen politischen Institutionen mußten die neu errungenen politischen Freiheiten des Bürgers sichern, die Versammlungs- und Pressefreiheit insbesondere, die neuen gesellschaftlichen Verhältnisse jedem Menschen, dessen Rechte jetzt verbrieft waren, eine Chance der emanzipatorischen Selbstverwirklichung gewähren, besonders den Frauen. Ihr erst 1817 posthum erschienenes dreibändiges Werk *Considérations sur la Révolution Française* zeigt, mit welcher Klarheit sie die wesentlichen Entwicklungslinien erkannt hat. Es ist bis heute eine der scharfsinnigsten Analysen des zwanzigjährigen Revolutionsgeschehens geblieben.

Nachdem sie zunächst zur Gruppe derer gehört hatte, die den Staatsstreich vom 18. Brumaire vorbereitet haben (sie war damals die Geliebte von Talleyrand, wahrscheinlich auch von Barras und Lucien Bonaparte), wurde sie zur unerbittlichen Gegnerin Napoleons. Das geniale Bürschchen sollte die Revolution beenden, ohne die Freiheit zu verraten; er hat die Freiheit verraten, ohne die Revolution zu beenden, und war so in den Augen von Madame de Staël zur verabscheuungswürdigen Symbolfigur für autoritäre Herrschaft – würden wir heute sagen –, für Despotismus und Tyrannis – nach damaligem Sprachgebrauch –, für den atavistisch-barbarischen, maskulin-martialischen *esprit de conquête* geworden. Er haßte diese Person, in der er seinen eigentlichen ideologischen und politischen Gegenspieler erkannte; er verbannte sie, ließ ihre Bücher verbrennen; das unerträglichste war für ihn, daß sie eine Frau war. Aber es ist signifikant, daß diese epochale Konfrontation in den Rollen eines Geschlechterkampfes ausgetragen wurde – daß eine Frau den Protagonisten der patriarchalischen Ordnung in die Schranken gefordert und besiegt hat. Das steht vielleicht nicht so in den Geschichtsbüchern. Aber es kann kein Zweifel daran bestehen. Auf der Ebene der Ideen hat sie, und nicht die Heilige Allianz, den Sturz Napoleons herbeigeführt. Der Anti-Napoleon mußte ein Weib sein!

Saint-Simon hatte sie im Visier, als er, 1802, in seinem ersten utopischen Entwurf, dem *Lettre à un citoyen de Genève* (das war sie!), dafür plädierte, daß auch Frauen in der künftigen Weltregierung – einer Art oberstem Wissenschaftsrat, dem die Leitung der Menschheitsgeschicke obliegen würde –

Sitz und Stimme haben sollten. Er hat ihr einen Heiratsantrag gemacht, weil er der Überzeugung war, daß der bedeutendste Mann des Jahrhunderts sich mit der bedeutendsten Frau des Jahrhunderts verbinden müßte. Die Vereinigung sollte in der Gondel einer Montgolfiere – im Element der Luft, dem Äther der Menschheitsentwicklung zur Einheit, wie Herder gesagt hat, über Land und Meer – vollzogen werden. Es ist leider nichts daraus geworden. Aber die beiden gehören zusammen, als Persönlichkeiten und Symbolfiguren. Germaine de Staël und Henri de Saint-Simon, an der Schwelle des neuen Zeitalters, die Präfiguration des Hohen Paares: des Père und der Mère suprème, von denen die Saint-Simonisten träumten, Papst und Päpstin der Menschheitsreligion des Auguste Comte.

Ohne die Figur von Madame de Staël und ihre außergewöhnliche Ausstrahlungskraft zu kennen, kann man eine *Histoire des idées sociales* des 19. Jahrhunderts in Europa tatsächlich nicht schreiben. Von ihr sind Impulse ausgegangen, die bis in unsere Gegenwart reichen. Die romantische Bewegung, Byron, Schlegel, Chateaubriand – nicht zu denken ohne ihre Theorie der Leidenschaften: *De l'influence des passions sur le bonheur des individus et des nations*, und ihre Theorie der Literatur: *De la littérature dans ses rapports avec les institutions sociales* (beide gehören natürlich zusammen); die liberale Gesellschaftslehre und politische Philosophie von Benjamin Constant, ihres langjährigen Geliebten, Sismondis soziale Ökonomie, der versucht zu vermitteln zwischen dem Überfluß der wenigen und der Armut der vielen; Wilhelm von Humboldts kühner und sensibler Reformgeist, er war mit ihr durch Italien gereist, und ihre Korrespondenz zeigt den starken Anteil, den er an der Entstehung des Romans *Corinne* genommen hatte; die Idee der freien Liebe, last not least; sozialpolitisch das Projekt der Emanzipation der Frauen von den Zwängen der Männergesellschaft, insbesondere der Ehe.

Diese Frau war die Verkünderin der liberalen Utopie, der Vision einer auf Erziehung und Aufklärung, friedlichen Wettstreit und Meinungsfreiheit, der Emanzipation der Männer und der Frauen, Rationalität und Sinnlichkeit, Kommunikation und Konsensus beruhenden, gewaltlosen, herrschaftsfreien, offenen Gesellschaftsordnung mündiger Individuen und Staatsbürger. *Les idées lumineuses et philosophiques, dont le despotisme ne s'accommode pas.*

Fast mehr noch als durch ihre Ideen wirkte sie, wenn man das trennen kann, durch das Exemplarische ihrer Existenz. Sie hat nach ihren Idealen gelebt, geliebt und Politik gemacht. Eine kämpferische Natur, immer mit höchstem Einsatz dabei, emotionell und intellektuell, mutig, generös, neugierig, begeisterungsfähig, ganz im Sinne von Saint-Simon.

Auf ihrem Schloß Coppet am Genfer See gab sich die geistige Elite Europas ein Stelldichein. Unter ihrer Regie entstand das Modell eines intellektuellen und affektiven Gemeinschaftslebens – Gesprächskreis, Runde geistreicher Gesellschaftsspiele, Cour d'amour, in dem alle Geistesrichtungen und Temperamente ohne Rücksicht auf Nationalität und Geschlecht sich in der Anerkennung ihrer Verschiedenheit und Sonderbedürfnisse als Gleiche begegneten. Schon zu seiner Zeit legendär, beflügelte das vie de château von Coppet die Phantasie und inspirierte Charles Fourier zu seinem utopischen Projekt eines *Phalanstère*. Er erhoffte sich von der großen Dame die Mittel zu seiner Verwirklichung.

Sie war wie Napoleon keine Französin, aber als eine der ersten hat sie sich – wie Saint-Simon – als Europäerin gefühlt. *Il faut être résolument européen.* In ihrem Kampf gegen Napoleon hat sie weite Reisen durch Europa gemacht, Wien, St. Petersburg, Stockholm, London. Überall an den Höfen ihre politischen Ideen unnachgiebig und etwas aufdringlich propagierend, überall begierig, die Besonderheiten der lokalen Kulturen kennenzulernen und dadurch ihren eigenen Horizont zu erweitern. Den Deutschen galt ihr besonderes Interesse, sie hat das geistige Deutschland, Weimar und Berlin, Goethe und die Romantiker, Kant und den Idealismus (in ihrem Buch *De l'Allemagne*) für die Franzosen entdeckt, in der Absicht, diesen einen Spiegel vorzuhalten. Ihr Bild Deutschlands als einer friedfertigen Kulturnation hat trotz des Dementis, das Bismarcks Brutalität und nationalsozialistische Barbarei ihm entgegensetzten, die Vorstellung der Franzosen von ihren Nachbarn jenseits des Rheins nachhaltig bestimmt und ist mit der Hartnäckigkeit, mit der sich Stereotypen, auch positive, halten, bis heute, mit wechselnden Vorzeichen, die kanonische Referenz für jeden Vergleich zwischen den beiden Völkern geblieben.

Sie starb erschöpft von einem intensiven Leben, erfüllt von Kampf und Leidenschaft, in dem Moment, in dem sie, nach dem Sturz Napoleons, hätte beginnen können, in Paris die führende politische Rolle zu spielen, zu der sie sich berufen fühlte. In ihrem Nachlaß fand sich ihr politisches Testament. *Des circonstances actuelles qui peuvent terminer la révolution et des principes qui doivent fonder la république.* Das umfangreiche Manuskript wurde erst 1906 veröffentlicht, aber der Inhalt war ja bekannt. Man kann sagen, meinte Maxime Leroy, daß Frankreich seitdem, wenn es ihm gutging, nach diesen Prinzipien – eines konstitutionell-liberalen Ausgleichs zwischen den beiden »Parteien«, die sich im Kampf um die Macht gegenüberstehen, der reaktionären Konterrevolution und einer radikalen fundamentaldemokratischen Linken – regiert wurde.

Aber die Revolution war nicht zu Ende, wir wissen es. »Elle recommence toujours et c'est toujours la même«. Die kleine Episode der französischen

Geschichte von 1789 bis 1815 erschien jetzt nur noch als Vorstufe eines Entwicklungsgeschehens, das die ganze Menschheit und den ganzen Planeten betraf. Ein größerer Revolutionsbegriff setzte sich durch. Die kleine Revolution war das Paradigma der Großen. Das »terminer la révolution« wurde aus einem politisch-pragmatischen Postulat zu einem geschichtsphilosophischen Topos.

Was es mit den Ideen der Madame de Staël auf einer metapolitischen Ebene für eine Bewandtnis hatte, wurde mir erst deutlich an der Wirksamkeit jener anderen Frau, die als ihre Nachfolgerin, als ihre Statthalterin gewissermaßen, an ihre Stelle trat und der die Aufgabe zufiel, jene soziale Funktion exemplarisch zu erfüllen, durch die allein die Menschheitskrise zu beheben (und ergo die Revolution zu beenden) sein würde: die Vermittlerrolle der Frau.

Madame de Staël hätte diese Rolle selber spielen wollen, aber sie ist immer zu sehr »Partei« gewesen, um über den Parteien zu stehen. Sie war eine Brunhilde, und hatte wie diese eine Schwäche: ein Mann sein zu wollen.

Madame Récamier et ses amis

Das wunderbare war, daß, wenn ich auf unseren Wanderungen durch den Bois, entlang dem See, in dem sich der violette Abendhimmel diesig spiegelte, mit Maxime von historischen Personen sprach, denen mein besonderes Interesse galt, und er mir von ihnen erzählte, lebhaft, witzig, spöttisch, ich das Gefühl haben mußte, er spreche mir von Menschen, die er persönlich intim gekannt hatte. Die zeitliche Distanz, die uns von ihnen trennte, war wie ausgelöscht. Gewiß, sagte ich mir, sie gehören in die Periode, über die er gerade arbeitet, und wenn er sie zitiert, als hätte er gerade mit ihnen gesprochen, so konnte ich mir vorstellen, daß er das alles darum präsent hatte, weil es auf den Zetteln steht, die jetzt seinen Schreibtisch bedecken. Aber das Wissen, das er vermittelte, war kein Zettelkasten-Wissen. Aus ihm sprach zu mir die Stimme einer lebendigen Überlieferung. Er schöpfte aus dem Fundus einer tradition orale, die sich von Mund zu Ohr, de bouche à oreille, von einer Generation zur anderen bis auf den heutigen Tag, in einem nie unterbrochenen Kommunikationsfluß erhalten hat.

Maxime plauderte mit mir über die Pariser Gesellschaft der Restaurationszeit zu Beginn des 19. Jahrhunderts, wie ich mit Joseph Breitbach oder Denise Bertaux über die Pariser Gesellschaft der fünfziger Jahre sprach.

Leichten Fußes bewegten wir uns so im gesellschaftlichen Kontinuum einer großen Gegenwart. In dieser narrativen Kontinuität, in die einzutreten mir vergönnt war, lag für mich die Chance, fern Vergangenes zu verstehen als etwas, das mich unmittelbar betraf und das ich darum und nur deswegen auch unmittelbar verstehen konnte.

Auf den rauschenden Festen des Directoire tauchte plötzlich – in durchsichtigen Gazekleidern so gut wie nackt – eine Jungfrau von vollkommener Schönheit auf, die sofort alle Welt, Männer wie Frauen, Junge wie Alte, in ihren Bann schlug, eine überirdische Erscheinung, eine Göttin. Juliette Récamier. Bis zu ihrem Tod, kurz nach der 48er-Revolution, blieb sie die ungekrönte Königin der Pariser Gesellschaft. In all ihren Metamorphosen hat sie das Traumbild der Weiblichkeit, die Imago des Weiblichen, mit der gleichen Vollkommenheit verkörpert. Als Nymphette, als kokette femme du monde, als reife Frau, als alte Dame – als Muse, als Gespielin und Gebieterin –, in allen Altersstufen blieb sie alterslos, von der Wirklichkeit abgehoben.

Der einzigartige Zauber, der von ihr ausging, hielt über ein halbes Jahrhundert an und dauert bis heute fort. Ihre Legende ist, so scheint es, für ewig in das kollektive Unbewußte des französischen Volkes eingeschrieben, und in jeder Generation findet sich einer, der sie in einer Biographie, die unwillkürlich, zwangsläufig zur Hagiographie gerät, der nächsten erzählt. Es sind immer bedeutende Männer; mir wurde sie nahegebracht durch die Monographie von Herriot, ein langes Leben lang député-maire von Lyon, seiner Heimatstadt, die auch ihre Heimatstadt war; zu wiederholten Malen Ministerpräsident und, was kein Zufall sein kann, der erste Präsident der Beratenden Versammlung des Europarates. *Madame Récamier et ses amis.* Erst vor ein paar Jahren hat eine Frau sich an das verschleierte Bild von Saïs gewagt, Françoise Wagener, und es ist ihr gelungen, einen Teil des Geheimnisses zu lüften. Nicht alles.

Sie war schön, der Inbegriff der klassischen Schönheit, es genügt, sich die Bilder vor Augen zu rufen, die David und Gérard von ihr gemalt haben, um zu wissen, daß das keine Übertreibung ist. Der Kanon weiblicher Schönheit, der seit der Antike das Herzstück unserer Kultur ist, die Idee der Schönheit überhaupt als der Epiphanie des Heiligen in der Diesseitigkeit, hat in dieser Frau, ein letztes Mal vielleicht, vor der Invasion der Ikonoklasten, einen vollendeten Ausdruck gefunden.

Alle bedeutenden Männer ihrer Zeit und ihres Milieus waren ihr, für einige Zeit zumindest, verfallen. Ihre Lebensgeschichte liest sich nicht nur wie ein *Who is who* aller namhaften Zeitgenossen, sondern wie ein Kompendium aller Spielarten der Leidenschaft. Der Leidenschaften, die eine Frau bei den Männern auszulösen vermag, ein Katalog der Rollen und Masken des männlichen Begehrens, vom schieren Wahnsinn bis zur resignativen Huldigung, von der großen Passion, die sich verzehrt und verrauscht, bis zur stummen Anbetung.

An zwei extremen Polen dieses Spektrums stehen zwei Figuren, die selber gegensätzlicher nicht gedacht werden können, der impetuose, geniale Vicomte de Chateaubriand, René, dreißig Jahre lang ihr Herr und Meister, und der stille, bescheidene, brave Ballanche, vierzig Jahre lang ihr ergebener Diener. Beide haben sie ihre Biographie geschrieben, in der sie versucht haben, dem Geheimnis der einzigartigen Wirkung dieser Frau auf die Spur zu kommen. Chateaubriand hat ihr in seinen *Mémoires d'outre tombe* einen ganzen Band gewidmet (wie Bonaparte, als dessen Gegenspieler, als homme du siècle er sich stilisierte); Ballanche in einem Wachstuch-Heftchen, dessen Inhalt nie veröffentlicht wurde. (Aufbewahrt ist es im Stadtarchiv von Lyon, wo ich es mit brennender Anteilnahme gelesen habe, und verstümmelt durch die Schere von Mme Lenormand, der Adoptivtochter von Mme Récamier, die den Nachlaß gesichtet hat, ach, diese prüden Nachlaßverwalter, diese posthumen Zensoren, jeder kennt sie, der auf heißer Spur biographisch-geistesgeschichtlichen Zusammenhängen nachgespürt hat!) Hier große Literatur, Orchestermusik, dort eine eher trockene Chronik, Lautenschlag. Gemeinsam ist beiden, daß sie Rechenschaftsberichte einer das Leben dieser Männer beherrschenden *passion* ohnegleichen sind: für Chateaubriand war es die Krönung, der triumphale Höhepunkt einer langen Reihe von stürmischen donjuanesken Liebesaffären mit vielen, sehr außergewöhnlichen Frauen – man lese die schöne *Biographie sentimentale* meines Freundes Jean d'Ormesson: *Mon dernier rêve sera pour vous;* für Ballanche der keusche Kult der einen, der einzigen Frau, der er sein Leben geweiht hat.

Für beide Männer war der Moment der Begegnung mit dieser Frau ein dezisives Erlebnis, der Blitzschlag, der Coup de foudre, das »Blitzschlagartige«, hier nicht gemeint im Sinne einer poetischen Metapher, sondern phänomenologisch, als Beschreibungsversuch eines außerordentlichen Vorgangs: des plötzlich-überwältigenden Einbruchs des Wunderbaren in das physisch-psychische Gefüge eines Individuums, durch den dessen Leben unwiderruflich von Grund auf verändert wird; eine existentielle Grenzerfahrung. Sie wird nicht unbedingt nur ausgelöst durch die Begegnung eines Mannes und einer Frau, zeugt aber immer von der elementaren Gewalt, die mit dem Einfall, mit der Enthüllung und Offenbarung höherer Mächte in den profanen Lebensalltag verbunden ist. Spuren davon finden sich in jeder banalen Liebesgeschichte.

Im Falle von Chateaubriand war das so: René und Juliette, die sich beiläufig kannten, saßen nebeneinander bei dem letzten dîner von Madame de Staël, die selber nicht mehr daran teilnehmen konnte, denn sie lag auf ihrem Sterbebett. Es war der 28. Mai 1817. Außer den beiden waren anwesend Adrian, Herzog von Laval-Montmorency, Prosper de Barante und

George Ticknor, ein amerikanischer Journalist – une bien jolie table, ein richtiges »Pariser Diner«! Die Stimmung war gedrückt. Niemand sprach ein Wort, aller Gedanken waren bei der sterbenden Gastgeberin. Als die Tafel aufgehoben wurde, hörte René eine warme weiche Stimme, die sagte: »Sollten wir nicht nach unserer kranken Freundin sehen?« Er wandte sich ihr zu, sah Juliette – und es war um ihn geschehen. Er hat die Szene selber beschrieben: »Je tournais la tête, je levais les yeux et je vis mon ange gardien debout à ma droite.« Ihre Augen begegneten sich. Sie sollten sie nicht mehr voneinander lösen. Das war das letzte Wunder, das Madame de Staël vollbracht hatte, schreibt Jean, diese außerordentliche Frau, die so sehr die Liebe geliebt, aber in der Liebe nie das Glück, sondern immer nur das Unglück gefunden hatte. »La foudre était tombée sur Juliette et René.« Juliette war vierzig; Chateaubriand neun Jahre älter.

Um das Wunder zu würdigen, muß man wissen, daß Madame de Staël Juliette Récamier mit der ganzen Leidenschaft, der sie fähig war, geliebt hat. Sie hat dieses etwas törichte Zauberwesen in ihren Bann gezogen und, ohne auf Widerstand zu stoßen, zu ihrer Gefährtin, Gespielin, zur Komplizin, zur Geliebten gemacht. Juliette Récamier war das Geschöpf von Germaine de Staël. Coppet ohne ihre Anwesenheit undenkbar. Beide zusammen waren die Attraktion dieses Liebeshofes, das weiße Täubchen und die Löwin. Von allen bedeutenden und interessanten Männern, die dort Zugang fanden, ist zu sagen, daß sie die beiden Frauen nacheinander oder gleichzeitig geliebt haben. Es war unmöglich, in Juliette nicht verliebt zu sein, und Germaine wollte es so. »C'est de vous que je me sers pour récompenser ceux que j'aime«, sagte sie ihr.

Im Falle von Benjamin Constant geriet das Spiel mit drei Bällen etwas außer Kontrolle. Adolphe entflammte plötzlich für Juliette, nicht um Germaine näher zu sein, sondern um sich von ihr zu trennen. Er wollte Juliette ganz für sich allein haben. Es gab furchtbare Eifersuchtsszenen, Nervenzusammenbrüche, Selbstmorddrohungen, Teufelsbeschwörungen. Das ganze Wahnsinnsszenario des amour fou. Aber Juliette wollte in ihrem natürlichen Harmoniebedürfnis nichts davon wissen und schmiegte sich nur um so stärker an ihre tief verletzte Freundin. Und es war kein Zufall, daß Juliette auf jenem letzten makabren Diner neben Chateaubriand saß. Germaine hatte sie dort plaziert. Sie hat, ich bin dessen gewiß, ihre Geliebte, die nach ihrem Tode verwaist und schutzlos zurückbleiben würde, dem konkurrenzlos bedeutendsten Mann, dem einzigen, der dessen unter allen würdig war, den sie immer als ihresgleichen, als ebenbürtiges Genie bewundert hatte, als ihr Vermächtnis zum Geschenk gemacht. Juliette hat sich diesem Willen ihrer Freundin, herrisch und liebevoll Schicksal zu spielen, selbstverständlich gefügt.

Ballanche, dreißigjährig, traf sie zehn Jahre früher in Lyon, seiner Heimatstadt, die auch die Geburtsstadt von Juliette war, wo sie auf dem Wege nach Coppet Station machte, im Hause eines gemeinsamen Freundes. Von diesem Augenblick an war er ihr verfallen. Die»Frau des Wunders« war ihm erschienen. Es ging ihm genauso wie Chateaubriand. Er wird von nun an sein Leben so einrichten, daß er in ihrer Nähe Wohnung nimmt, sie täglich sehen kann, sie auf ihren Reisen begleiten, ihr Cicisbeo, ihr chevalier servant, ihr Tröster, Kümmerer, Vertrauter, Beichtvater. Eine vollkommene Liebe, ein Liebesdienst, ein Minnedienst, wie ihn die Troubadoure gefordert und vielleicht gelebt haben. Ohne Eitelkeit, ohne Szenen, ohne Imponiergehabe, ohne Anmaßung, ohne Machismo, ohne Frivolität, in heiligem Ernst. Er forderte nichts von ihr, außer ihrer Nähe, ihrer physischen Nähe. Sie hat ihn geduldet, als»Freund« geschätzt, als den treuesten, zuverlässigsten, ausdauerndsten, anhänglichsten aller Freunde, all dieser Männer, die ihr den Hof machten. Er war immer da, immer zur Stelle, wenn sie ihn brauchte.

Man hat sich weidlich über ihn lustig gemacht. Chateaubriand war von dieser présence in höchstem Maße agaciert. Le brave Ballanche, apostrophierte er ihn spöttisch, den er als Rivalen nicht ernst nehmen und auch nicht beseitigen konnte. Der Langweiler war einfach immer da und hatte seinen festen Platz und seine feste Rolle im Bund der»Getreuen der Liebe«.

»Der alte Ballanche«, schreibt Heinrich Heine unter dem Datum vom 21. Juni 1843, in dem Bericht über eine Sitzung der Académie Française, »sieht sehr krank aus . . . Da jener arme Mann gar kein Leben gelebt und auf dieser Erde gar nichts anderes getan hat, als daß er zu den Füßen von Madame Récamier saß und Bücher schrieb, die niemand liest und jeder lobt, so wird Miniet (der Secrétaire perpétuel der Akademie) wirklich seine Not haben, ihm in seinem *Précis historique* eine menschliche Seite abzugewinnen und ihn genießbar zu machen.«

So sah ihn Paris. Aber Heine irrte, was ihm selten passiert. Ballanche hatte ein erfülltes Leben, sei es auch im Register der verhaltenen Leidenschaften, des stillen Glücks. Die Feder des Chronisten des *Précis historique* führen heute wir, und wir wissen, daß der brave Ballanche schließlich im Tode über all seine Konkurrenten um die Gunst der geliebten Frau obsiegt hat. Er ist in ihren Armen gestorben. Und sie hat ihm seinen Wunsch erfüllt, in ihrem Grabe, der Familiengruft der Récamiers auf dem Friedhof von Montmartre, beigesetzt zu werden. Sie ist ihm ein Jahr später dorthin gefolgt.

Das Augenlicht der alten Dame hatte in ihren letzten Lebensjahren gefährlich nachgelassen. Sie mußte sich einer Staroperation unterziehen, die noch nicht ausgeheilt war, als sie, den Rat ihrer Ärzte mißachtend, an das Todeslager ihres lieben Ballanche eilte. Die Tränen, die sie um ihn vergoß, hatten zur Folge, daß sie für immer erblindete.

Ich bin natürlich zu ihrem Grabe gegangen und habe einen Veilchenstrauß zu ihren Füßen gelegt. Ich hätte gewünscht, daß es eine Garbe von roten Rosen und weißen Lilien gewesen wäre, aber das kleine Bouquet des Blümchens, meinte Maxime, das im Verborgenen blüht, war vielleicht angemessener.

Und was die Bücher von Ballanche betrifft, »die niemand liest und jeder lobt«, so sind sie vielleicht das kostbarste Geistesgut, das uns aus der großen Krisenzeit überkommen ist, der bis heute ungehobene Schatz esoterischen Wissens, einer Wahrgabe über die letzten Geheimnisse vom Sinn der Großen Revolution, vom Sinn der »Geschichte« – denn das ist jetzt ein und dasselbe –, deren exoterische Deutungsversuche sich bis zu den Paradoxien der »Posthistoire« selbstreferentiell ad absurdum geführt haben. Wenn es unter all den geistreichen, klugen, tiefgründigen Männern, die damals in geschichtsphilosophischen Kategorien über die gesellschaftliche Entwicklung ihrer Zeit nachgedacht und darüber geschrieben haben, einen »Eingeweihten« gab, dann ist es der brave Ballanche gewesen, der Autor der *Palingénésie sociale*.

Ich war nach Paris gekommen, um diesen Schatz zu heben. Es gibt nichts Aufregenderes für den Forschergeist, als Unbekanntes zu entdecken. Wißbegierde und Abenteuerlust verbinden sich. Unter der behutsamen Führung meines Meisters trat ich Schritt für Schritt gleichzeitig in die Innenräume seines Werkes und in die Intimsphäre seines Lebens ein. Sie waren nicht zu trennen. Indem ich in sie eindrang, erschloß sich mir das Territorium der Madame Récamier, von dem ich jetzt wußte, daß es der soziologische Ort meines Themas war, meines ideengeschichtlichen »Projekts«, zu dessen zentraler Bezugsperson unversehens eine Dame wurde. Wer hätte das ahnen können? Ich bewegte mich in ihrem Umfeld, als sei ich ein Habitué ihres Salons in der Abbaye-aux-Bois, von dem zu meinem Leidwesen keine Spuren mehr existierten. Nur noch ein Straßenname erinnert daran. Meine Enttäuschung war groß, als ich, einen Stadtplan in der Hand, vergebens danach suchte, in der Hoffnung, etwas ähnliches zu finden wie das Haus Auguste Comtes in der Rue Monsieur le Prince, das ich mit der schönen Dana besucht hatte. Aber meine Beziehung zu Juliette war darum nicht weniger intensiv. Sie hätte nicht intensiver sein können, wenn sie gelebt hätte. Was soll ich sagen: ich war in sie verliebt. Saint-Simon begeisterte mich. Madame de Staël bewunderte ich. Ballanche verehrte ich. Madame Récamier liebte ich.

Zwischen dem Denken von Ballanche und dem Sein der Juliette Réca-

mier bestand eine wunderbare Korrespondenz. In ihrem weiblichen Herr-
schaftsraum hat er die ökologische Nische gefunden, das Klima, die optimalen Wachstumsbedingungen für seine *Idées sociales*. In empathischer Teilnahme an ihrer Alltagswelt konnte er das erleben, was er gedanklich in den
Griff zu bekommen versuchte: den Prozeß, durch den eine alte Gesellschaftsordnung von einer sich neu bildenden abgelöst wird. Es war von der
Thematik, aber vor allem vom Szenario und von den Personen her wie ein
Roman von Balzac (der die beiden übrigens sehr wohl kannte). Und es
oblag mir, diesen Roman zu decodieren.

Worauf beruhte die Anziehungskraft dieser Frau? Sie war – ganz im Gegensatz zu Mme de Staël – weder ein geistiger noch ein politischer Mensch.
Sie war überhaupt kein Machtmensch. Sie war naiv, fast primitiv, verfügte
allerdings über ein unbestechliches Qualitätsgefühl, einen angeborenen
bonsense und ungewöhnlichen Herzenstakt. Ein irenisches Naturell.

Ihre Biographen – und als erster Sainte-Beuve – führen ihre Wirkung
gerne zurück auf eine engelhafte Güte. Gewiß, sie war ein Engel, man hat
es immer wieder von ihr gesagt. Un ange de paix qui couvre tout de ses ailes
et de ses roses. Aber das genügt mir nicht als Erklärung. Wenn man von
Engeln spricht, denkt man an etwas Ätherisches, Unkörperliches, Asexuel-
les. Sie so zu sehen, heißt das Geheimnis ihrer erotischen Ausstrahlung
verkennen – die auch ich noch zu verspüren vermochte. Il-y-a en vous un
charme qui frappe tout le monde, mais aussi des qualités mystérieuses que
vos amis seuls connaissent bien. Was waren diese *qualités mystérieuses*? Ich
fragte Maxime.

Er setzte mich auf die richtige Fährte. Die Frage nämlich, die den alten
Herrn hauptsächlich beschäftigte, war die, na, was soll ich sagen, nach dem
comportement sexuel von Juliette, die Frage also: Hat sie sich tatsächlich all
diesen Männern, die um sie herumschwirrten wie die Bienen um den Ho-
nigtopf, versagt? Die Legende wollte es so. Für die Biographen blieb es ein
Rätsel. Man konnte es sich eigentlich nicht vorstellen und wollte es nicht
glauben. Es ging, wie bei den sizilianischen Gevatterinnen, die das Mädchen, das im Verdacht steht, seine Jungfernschaft verloren zu haben, einer
strengen Visitation unterziehen, um ihre *pureté*, die »Reinheit«. Immer
wieder kam Maxime in unseren Gesprächen auf diesen delikaten Punkt
zurück. Was war daran so wichtig?

Eines stand fest: ihre Ehe mit dem Bankier Récamier war eine Josephs-
ehe. Er war ihr natürlicher Vater und hat sie geheiratet, um sie in politisch
unsicheren Zeiten rechtzeitig in den legalen Genuß seines – zeitweise –
immensen Vermögens zu bringen. Im Schutzraum dieser Ehe führte sie
allem Anschein nach ein völlig freies Leben. Sie war entzückt, wenn man
ihr den Hof machte, erlaubte es nicht nur, sondern provozierte es, tändelte,

spielte, flirtete auf Teufel komm raus – ließ aber keinen Mann in ihr Bett, was durchaus ungewöhnlich und unüblich war. In einem Fall ging sie so weit, sich auf ein regelrechtes schriftliches Eheversprechen einzulassen. Beinahe eine Staatsaffäre, denn es handelte sich um den Prinzen August von Preußen (1779–1843), einen Neffen Friedrichs des Großen. In eher ungeschickter, sehr deutscher, martialischer Weise warb er, kein Jüngling mehr, sich seines Ranges bewußt, um die schöne Freundin von Germaine, die er in der knisternden Atmosphäre von Coppet kennengelernt hatte. Er hat sie, auf seine Weise, wirklich geliebt. Doch sein Stil brüskierte die junge Frau, die anderes gewöhnt war, und gab ihr einen Vorwand, den Kontrakt aufzukündigen. Was für ein Jammer, aus deutscher Perspektive! Man stelle sich vor, Juliette als preußische Prinzessin in einem der Potsdamer Schlösser. Doch hätte sie ihn wohl auf keinen Fall geheiratet. La coquine!

Der preußische Prinz – dem wir immerhin das Porträt von Gérard verdanken, das er in Auftrag gab –, interessierte Maxime nur am Rande. Nein, der touchstone der Reinheitsfrage war für ihn das Verhältnis von Juliette zu Chateaubriand, der seinem Charakter und Temperament nach doch wirklich nicht der Mann war, jahrelang mit einer Frau eine Liebesaffäre zu unterhalten, die sich weigerte, seine Geliebte zu werden.

Hat sie, oder hat sie nicht? Die Forschung war ratlos. Herriot hat die Frage der *pureté* nicht näher untersucht. Dabei gab es genug Anlaß, sie zu stellen. Nicht nur die Masse der von Mme de Lenormant vernichteten Briefe!

Wissen Sie, da herrschten sonderbare Sitten in der Abbaye-aux-Bois! Jeder der Bewunderer aus dem engeren Kreis – Barante, Ampère, Jourdan, Andrieu de Montmorancy, Ballanche – hatten das Privileg auf die Berührung eines Körperteils.»Sauf le plus important, bien entendu, à l'idée de ces Messieurs«, fügte Maxime mit Kichern hinzu. Der eine durfte die Schulter, ein anderer die Hand, ein dritter einen Fuß für sich in Anspruch nehmen. Votre Ballanche, cher ami, hatte das Vorrecht, seinen Kopf auf ihre Knie zu legen. Was nun aber Chateaubriand betraf, der sie täglich zu bestimmter Stunde besuchen kam, lagen die Dinge so, daß ihr Zimmer während dieser Zeit abgeschlossen wurde, mit dem strengen Verbot zu stören. Was haben die beiden getrieben? Für Händchenhalten und das Vorlesen aus den Memoiren konnten die Türen doch offenbleiben wie sonst. S'il n'est pas arrivé tout à fait à ses fins, il en a fait au moins une demivierge.

Das war die considered opinion, die sich Maxime Leroy über die Keuschheit der schönen Juliette gebildet hatte (die er, bei aller Wertschätzung, für eine frivole Person hielt) – und über weibliche Keuschheit überhaupt, fürchte ich. Was bei Balzac, in der Duchesse de Langeais, noch in das Ressort der moraltheologischen Kasuistik fiel und die von einem jesuitischen Beichtvater in seelischen Notlagen autorisierte Konzession der Tugend an das Laster war, hatte einen in den allgemeinen Sprachgebrauch eingegangenen Namen und damit eine de facto Anerkennung in der Öffentlichkeit gefunden, seitdem Marcel Prévost, 1894, einen Roman mit dem Titel *Les demi-vierges* veröffentlicht hatte – einen Bestseller –, in dem er die sexuellen Praktiken jener Mädchen beschrieb, die (gerne) alles zu geben bereit waren außer dem einen.

Um das Spezifische im Falle von Madame Récamier zu apostrophieren, die polyandrische Struktur ihrer keuschen Verführungsstrategie, nannte Maxime sie, und da kam unversehens der alte Freimaurer in ihm zum Vorschein, *la demie-vierge de la chaire*.

Inzwischen hat man mit kriminalistischen Methoden herausbekommen, daß es einmal wenigstens passiert ist, in jenem idyllischen Landhaus Chateaubriands, das dieser verkaufen mußte und in dem dann, nachdem Montmorancy es für sie, nicht ganz uneigennützig, denke ich mir mal, erworben hatte, Juliette einige Sommer verbrachte. La Vallée aux Loups. Man kennt das genaue Datum.

Maxime Leroy ist gestorben, ohne daß ihn diese sensationelle Nachricht erreichte. Sie ändert nichts daran, daß er mit seiner Formel von der *demie-vierge de la chaire* etwas Wesentliches getroffen hatte. Es lag ihm fern, ein Wortspiel machen zu wollen, wie heute üblich, wo man den Kalauer als hermeneutische Erkenntnishilfe entdeckt hat – *chaire* einmal als Sitz, Sessel oder Thron (des Meisters vom Stuhle z. B.), *chair* andererseits als Fleisch, als Fleisch und Blut, als Fleisch der Wollust und der Sünde. Solche Scherze waren damals im französischen Sprachbereich noch völlig unbekannt. Erst mit der Freudrezeption von Lacan wurden sie Methode und Mode. Gleichviel. Das Ineinanderfließen hieratisch-ritueller und erotisch-sexueller Konnotationen im Dictum von Leroy läßt, wie in einer Collage von Max Ernst, die ebenso enigmatische wie skandalöse Zweideutigkeit aufscheinen, die das Faszinosum von Juliette Récamier ausmacht: Die Tatsache, verführerisch und unnahbar, unzüchtig und keusch, sublim und frivol zugleich und in eins zu sein. Die fundamentale Ambivalenz ihrer Geschlechtlichkeit, des Geschlechtlichen und des Heiligen, des Heiligen im Geschlechtlichen, des *Sacrum sexuale*.

Man darf die charismatische Wirkung dieser Frau nicht an konventionellen Vorstellungen von erotischen und gesellschaftlichen Verhaltensmustern messen. Ihre Aura war bis zuletzt, dann noch, als sie eingehüllt in Shawls und weite faltenreiche Gewänder auf ihrem Sessel inmitten ihrer Runde saß, wie in den Zeiten ihrer ersten Auftritte in der Gesellschaft, in denen ihre Schönheit allen Anwesenden den Atem verschlug, die der »nackten Jungfrau« – jener archaisch-mythischen Kultfigur –, durch deren Vermittlung sich, den Initiationsritualen aller esoterischen Traditionen zufolge, das weibliche Weltprinzip dem Manne offenbart – der ebenso reale wie symbolische weibliche Körper, durch dessen erotische Attraktivität über das männliche Begehren ein unmittelbarer Bezug zu den kosmischen Urkräften hergestellt wird. Jeder, der in ihren Bannkreis trat, machte die transzendentale Erfahrung einer geheimnisvollen Verwandlung und Steigerung seiner Lebensenergien.

Sie war keine Phantasmagorie, kein Traumbild, keine Allegorie, keine Laura, keine Beatrice, wie Dante und sein Kreis sie besungen haben. Sie war ein lebendiges Menschenkind aus Fleisch und Blut, en chair et en os, konkret, diesseitig, pagan, disponibel. Sie hat direkt gewirkt durch die sinnliche Ausstrahlung ihres physischen Leibes, der aber, um diesen magischen Effekt ausüben zu können, ausgestattet war mit den Attributen sakraler Unversehrtheit und Integrität, die ihn ausgrenzten und über die Schar der gewöhnlichen Sterblichen erhoben. Schönheit genügte nicht. Güte genügte nicht. Es gehörte dazu die rituell-symbolische *Reinheit* der Vestalin, der keuschen Priesterin der Tempelbezirke, eine ideelle – nicht anatomische – Virginität. Wenn es uns heute so überaus schwer fällt, den okkulten Sinngehalt, die Natur dieser *qualités mystérieuses* zu erfassen, so darum, weil dergleichen mit den Erkenntnismitteln des okzidentalen Rationalismus überhaupt nicht erfaßbar ist. Nur die Mythenforscher und die Ethnologen haben eine Ahnung davon. Die beschäftigen sich aber nicht mit dem Paris des 19. Jahrhunderts.

Insofern aber Juliette Récamier Emanation, Inkarnation und Repräsentation von etwas *Göttlichem* war, war der Salon in der Abbaye-aux-Bois mit seinen seltsamen Riten ein heiliger Ort. Im Zentrum der *capitale de l'occident,* inmitten der Gesellschaft im Wandel, im Umbruch und Aufbruch, stiftete er einen neutralen Raum, in dem die politischen, ökonomischen und sozialen Gegensätze aufgehoben waren und wo sich, unter den Auspizien einer Frau, in einer Atmosphäre der Versöhnung, eine Regeneration der sittlichen Kräfte, der sozialen Beziehungen und Verkehrsformen, des ästhetischen und intellektuellen Wahrnehmungs- und Ausdrucksvermögens, kurz, eine allgemeine Veredelung des gesamten gesellschaftlichen Systems vollzog.

Ohne es im geringsten zu wollen oder auch nur zu wissen, war Juliette der Mittelpunkt eines Erfahrungs- und Erkenntnisraumes, in dem ein neues Verständnis von der Bestimmung des Menschen zum Durchbruch kam, nicht als geschlossene »Doktrin«, als »Evangelium«, sondern als stillschweigende Übereinkunft eines erlesenen Kreises von Menschen, gens de bonne compagnie, die im friedlichen Wettstreit um die Gunst einer Frau das Gute und Edle denken, wollen und tun. Was alle verband, waren nicht so sehr Ideen und Gedanken, als vielmehr die gefühlsmäßige Suche nach subtileren Formen des Umgangs untereinander und mit den Problemen der Zeit.

Daraus erwuchs zum Beispiel eine neue Sensibilität für soziale Fragen; ein verändertes Verhältnis zum Politischen, das nicht mehr auf dem zerstörerischen *esprit de conquête* beruhen, sondern der Zielvorstellung einer erdumfassenden Assoziation aller Völker verpflichtet sein sollte; eine konviviale Kultur des Gesprächs, der Vermittlung, des Ausgleichs, der *transaction*, eine Ethik, die das Tragische der menschlichen Existenz in der Geschichte akzeptiert, aber nicht heroisch-eschatologisch übersteigert, sondern verinnerlicht zu einem menschheitsbezogenen Verantwortungsgefühl, dessen Leitwerte Solidarität und Altruismus sind.

Das erstaunliche war, daß es sich bei dem Personenkreis, der sich um Madame Récamier versammelte, nicht um eine marginale Sekte (wie es die Saint-Simonisten von Ménilmontan waren) handelte, sondern um die *fine fleur* der französischen Gesellschaft dieser Epoche, meiner Epoche, Restauration und Bürgerkönigtum, vom Sturze Napoleons bis zur 48er-Revolution.

In der Abbaye-aux-Bois trafen sich Vertreter aller Klassen: Hochadel, Adel, Bourgeoisie, Boheme; aller Nationalitäten: Franzosen, Deutsche, Engländer, Polen, Amerikaner, Italiener, Spanier; aller politischen Richtungen: Legitimisten, Bonapartisten, Orleanisten, Doktrinäre, Liberale; Staatsmänner, Bankiers, Abbés, Diplomaten, Parlamentarier, Literaten, Kritiker, Künstler.

Es war auch nicht eine politisch, ideologisch oder sozial vorgeprägte, homogene Gruppe, keine geschlossene, sondern eine offene Gesellschaft, die sich ständig, auch vom Alter her, in der Kontinuität ihrer Prämissen erneuerte. Das war das Neue und Einzigartige des Salons von Juliette Récamier, was ihn grundsätzlich von den klassischen Salons des Ancien régime unterschied, die strikt standesgebunden und politisch, wenn auch in der Opposition, auf den »Hof« bezogen waren; das unterschied ihn auch von dem Kreis um Mme de Staël, der als Gegenpol zur napoleonischen Tyrannis, trotz aller Liebe für die Literatur, wesentlich immer auch eine politische Funktion hatte. Ja, in dem Stilwandel, der sich im Übergang von Mme de Staël auf Mme Récamier vollzogen hat, läßt sich das Neue des Salons in der Abbaye-aux-Bois am klarsten erkennen.

Im Verzeichnis der Institutionen dieser Zeit, Parlament, Hof, Ministerien, Armee, Gerichtshöfe, Académie Française, Collège de France kommt der Salon von Madame Récamier nicht vor, mit Recht, denn er war keine öffentlich-rechtliche Einrichtung. Er war das genaue Gegenteil, ein Produkt der im Werden begriffenen neuen, bürgerlich-liberalen, wenn man will, der kapitalistischen, industriellen Gesellschaft. Keine Institution, aber eine wichtige, vielleicht die wichtigste gesellschaftliche Instanz. Keine Gegengesellschaft, kein »Subsystem«, sondern – idealtypisch, en miniature – die »neue Gesellschaft« selbst. Das Ideal einer Zukunftsgesellschaft, die Idee einer idealen Gesellschaft, die Utopie wurde hier ganz undogmatisch, spielerisch-experimentell, vorbildlich gelebt.

Und das Bemerkenswerte, Zukunftsweisende daran war eben, wie wir heute erkennen können, daß, während gleichzeitig alle anderen gesellschaftlichen Formationen noch rein männergesellschaftlich, männerbezogen, männerbeherrscht waren, im Mittelpunkt dieses Zirkels, der nichts war als ein vaste réseau d'affection, im Epizentrum des Systems, eine Frau stand.

Was Shelley, Novalis, Goethe, die Saint-Simonisten, Fourier, Auguste Comte, Heine dunkel ahnten, in poetischen Visionen und geschichtsphilosophischen Theorien beschworen – die segensreiche, heilbringende Rolle der Frau in der neuen Phase der Menschheitsentwicklung – hier wurde es Ereignis. Ich halte es nicht für ausgeschlossen, daß dem alten Goethe die Gestalt von Juliette als Modell für die Figuration des Ewig-Weiblichen in der Apotheose des letzten Aktes seines Faust vor Augen stand. Es gibt eine Äußerung von Goethe über Madame Récamier, die in diese Richtung weist.

Am Schnittpunkt von Politik und Literatur, Reichtum, Macht und Geist können wir hier jenen geheimnisvollen, von allen gesuchten mythischen Ort der Vermittlung, der Verwandlung ausmachen, an dem die Revolution zu Ende sein würde.

Die Mittwochsgesellschaft

Maxime Leroy war nun nicht nur der Mann der einsamen Spaziergänge im abendlichen Bois de Boulogne, dem der aufsteigende Nebel etwas Unwirkliches gab, mit ihrer obligaten Etappe im lichterfunkelnden Luxus-Pavillon des *Près Catalan*, der wirkte wie eine dort stehengebliebene Kulisse aus einem Belle-Époque-Film, hell angestrahlt von Scheinwerfern, die man vergessen hatte abzuschalten, und von Statisten belebt, die man vergessen hatte, nach Hause zu schicken. Er war auch der Mittelpunkt eines sonderbaren Gesprächskreises, einer Art von »Mittwochsgesellschaft«, die sich einmal in der Woche in einem kleinen, unscheinbaren Hotel im Umkreis der Oper traf.

Das Hotel hatte, wie das ganze Viertel, bessere Tage gekannt. Heute ließen sein verfallenes Äußeres und abgerissenes Interieur die Frage offen, ob seine Habitués Handlungsreisende der dritten Kategorie waren oder ob

133

es sich einfach um eine Absteige handelte, ein *hôtel de passe,* in dem die etwas ältlichen Damen ihrem Gewerbe nachgingen, die diskret in den umliegenden Straßen auf Posten standen. Dort, in einem Salon der ersten Etage, der mit zierlichen Sesseln und Kanapees in falschem Louis-seize ausgestattet war, am Boden ein falscher Aubusson mit abgetretenen Stellen und Flicklöchern, in einer Ecke ein verstaubtes Klavier, empfing Maxime seine Freunde: »Mes amis!«

Lauter sehr ehrwürdige ältere Herren, nie mehr als zehn, Honoratioren, keiner ohne die Rosette der Ehrenlegion im Knopfloch. Eine muntere Gesellschaft. Ihr Französisch: in den offiziellen »propos'« von gepflegter, ganz altmodischer Rhetorik – Aussprache à la Comédie Française. Unter sich von drolliger Burschikosität, sich eines nicht minder altfränkischen Studentenjargons bedienend, so, als wären sie noch die Pennäler und Studenten, als die sie sich kennengelernt hatten und Freundschaft schlossen. Was führte sie so regelmäßig, und wie ich erfuhr, seit vielen Jahren schon, zusammen? War es allein ihre freundschaftliche Beziehung zu meinem Lehrer? Oder versammelten sie sich hier nur im Vorraum gewissermaßen einer anderen Stätte der Begegnung, in der sie an einem großen, schwarzverhangenen Tisch Platz nahmen, auf dem Totenkopf, Hammer und Kelle lagen? (Also doch? Ich würde es nie erfahren.)

Hier in dem für die Stunde gemieteten Salon saßen sie in den für sie zu engen Sesselchen an der Wand unter den goldgerahmten Fragonard- und Boucherstichen. Reproduktionen natürlich, mit erotischen Szenen, wie sie durchaus stilgerecht zu dem ganzen Dekor gehörten. Ich wurde offensichtlich als Kuriosum vorgeführt – ein junger Deutscher. Man denke! Wenn er mich vorstellte, hatte mein Mentor mit meinem Namen seine Schwierigkeiten. Er hat ihn, glaube ich, nicht ein einziges Mal richtig hingekriegt; daß er wußte, wer ich war, konnte ich nur daran erkennen, daß er mich beharrlich Monsieur Werner nannte. Im Grunde war ich auch für ihn le jeune allemand, qui travaille sur Ballanche. Als Ballanche-Forscher war ich in seine Welt eingetreten, und als solchen hatte er mich aufgenommen, so als hätte ich von Ballanche eine Empfehlung gehabt. Das genügte ihm und wies mir in seinem Universum einen ganz präzisen Platz zu.

Wen traf ich dort? Einen Herrn mit Menjou-Bärtchen und säuselnder hoher Stimme, ehemals erster Staatsanwalt. Maximes Bruder, den Botschafter, ami intime, wie er nachdrücklich betonte, von Briand, einen jovialen Herrn mit Embonpoint und Spitzbart, elegant gekleidet, was ihn von seinem Bruder unterschied, wie auch der Hauch von Eau de Cologne, der ihn umgab. Er war sehr stolz darauf, Deutsch zu können, das er fließend mit jenem Akzent sprach, den der deutsche Schauspieler einer Provinzbühne annimmt, wenn er einen Franzosen markieren muß. Immer lächelte er verschmitzt und verbindlich und versuchte mich in eine Konversation à part zu ziehen – auf deutsch natürlich, um mich nach politischen Persönlichkeiten der Weimarer Republik zu fragen, von denen er – meines Alters nicht eingedenk – selbstverständlich voraussetzte, daß ich sie gekannt habe. Er war der letzte französische Botschafter in – Bayern.

Unser Thema, das dann auch lebhaft von der Runde aufgenommen wurde: le rapprochement franco-allemand, Europa! Ich tat mein Bestes, um den Herren zu beweisen, daß jeder Schritt in Richtung auf eine gemeinsame Verwirklichung eines Vereinigten Europa die latente Gefahr einer Wiedererstarkung des alten nationalistischen Deutschland verringern würde und vice versa.

Zu der Runde gehörte auch der Verleger Marcel Rivière, der noch in seinem alten Verlagshaus in der Rue Jacob residierte, wo er mich auch einmal empfangen hat. Er behielt immer den Mantel an und – obwohl das vielleicht nicht der Fall war, bilde ich mir jetzt ein, er hätte auch den Hut auf dem Kopf behalten. Sein Stolz, sein liebstes Kind, könnte man sagen, denn er hatte zu seinen Publikationen eine väterliche Beziehung, war die große Gesamtausgabe der Werke von Proudhon, die er in den dreißiger Jahren begonnen hatte und die, als ich ihn kennenlernte, noch nicht abgeschlossen war. Er sprach von dem alten Querkopf, dem Marx so übel mitgespielt hatte, wie von einem Menschen, den er persönlich kannte, einem guten Freund, und sprach von ihm, wie, in einem anderen Kreis in Paris, vielleicht von Sartre gesprochen wurde, der um die Ecke wohnte. Proudhon war für ihn Zeitgenosse im Sinne jener epochalen geistigen Zeitgenossenschaft, für deren Realität Maxime Leroy mir die Augen zu öffnen begonnen hatte.

Maxime gehörte von Anfang an zu den Mitarbeitern der Proudhon-Ausgabe. Die Option für Proudhon ist immer eine Option gegen den zentralistischen Staat und sein Gewaltmonopol; bei Leroy nicht zugunsten eines kleinbürgerlichen Anarchismus, sondern für ein föderativ strukturiertes Gemeinwesen, in dem die Gewerkschaften als Repräsentanten des aktiven Teils der Bevölkerung das Sagen haben. Das war soziologisch, nicht politisch gedacht.

Der Historiker der *Idées sociales en France* war nur noch an den großen Zusammenhängen interessiert, an den Verbindungslinien, die von Descartes über Saint-Simon und Auguste Comte zu Proudhon und den syndikalistischen Theoretikern laufen. Bei aller Sympathie für ihre Visionen fiel er nicht den Illusionen anheim, die einen Condorcet oder auch Auguste Comte beherrschten. Aber seine Altersweisheit hat ihn nicht dazu geführt, den Glauben an den Fortschritt der menschlichen Vernunft aufzugeben.

Die Gespräche in der Mittwochsrunde waren politisch-historischer Natur, doch so, daß immer über scheinbar Vergangenes diskutiert wurde. Mit großer Leidenschaft habe ich die alten Herren zum Beispiel über die Kommune streiten hören. Ein Lieblingsthema, dessen Aktualität mir erst langsam aufging: Waren die Massenerschießungen von Thiers, dem Anführer der Februar-Revolution von 1830, dem Vater der Dritten Republik, der Frankreich an die Preußen verraten, so die einen, Frankreich vor der Anarchie gerettet hatte, so die anderen, zu rechtfertigen? Die Zahlen waren erschreckend. 30 000 Erschießungen in den Gräben von Vincennes – mit dem Geräusch der Salven im Ohr haben die Deutschen in Versailles das Reich als *Bollwerk gegen die Revolution* gegründet. Ich hörte fasziniert zu, weil ich mir nicht vorstellen konnte, daß eine ähnliche Gruppe in Deutschland mit derselben Vehemenz und Sachkenntnis über den Krieg von 1870/1871 und die Umstände der Bismarckschen Reichsgründung diskutiert hätten. Selbst für meine Heidelberger Greise hörte doch die Erinnerung an und das Interesse für die deutsche Geschichte im Rückblick an der Schwelle des Ersten Weltkrieges auf.

Es gehörte dazu, daß man mir mit Augenzwinkern erzählte, daß Thiers die Tochter seiner Geliebten, einer wohlhabenden Witwe, geheiratet hat, und mit beiden in einer fröhlichen Menàge à trois lebte. Das fand man nun wieder gut.

Eine Männerrunde, zweifellos, ein Männerbund? Was ist der Unterschied des deutschen und des französischen Männerbundes? In Deutschland die Fixierung auf den Fetisch Staat, die idiosynkratische Ablehnung des »Weiblichen«. Diese Herren hier hatten alle Frauen in ihrem Leben. Eine latente Homoerotik führte zu einer Komplizität »unter Männern«, die ihre Konsekration im Extremfall im gemeinsamen Bordellbesuch fand.

6, Place de la Sorbonne

Zu Maximes Herrenclub gehörte auch der Verleger Vrin. Wer kennt nicht die Librairie philosophique J. Vrin, 6, Place de la Sorbonne – Bücherstube, Antiquariat und Verlagskontor, Treffpunkt der akademischen Welt, eines der Zentren jener spezifischen Subkultur der Sorbonne, die zwischen dem Boulevard St. Michel und dem Quartier Latin ihre ökologische Nische hat. Ordinarien und Scholaren, Magister und Assistenten, Privatgelehrte und jene breite, bunte Fauna von Geistesadepten jeder Spielart, die irgendein Thema, irgendeine These zu ihrem wichtigsten Lebensinhalt gemacht haben, Ordensleute und Rabbiner und in ihrem Gefolge jener besondere Typus blasser, schlecht genährter, schlecht gekleideter, an den äußeren Annehmlichkeiten des Lebens offensichtlich desinteressierter Studenten –

Menschen ganz anderer Art, als man sie im Umkreis der *Sciences Po* antreffen konnte (in der Bibliothèque Nationale fand man sie wieder) –, die in den nahegelegenen Hörsälen mit den grandiosen Namen und den nicht weniger grandiosen Goldstukkaturen an Wänden und Decken, ihren unbeschreiblich unbequemen, engen Holzbänken oder den staubigen, schlecht beleuchteten Seminarräumen den sonderbaren Riten der communauté universitaire nachgegangen waren, sie schauten noch einmal schnell bei Vrin herein, bevor sie sich auf den Heimweg begaben, schnell noch, nach einem Café am Tresen. Hier gab es immer, und sei es nur in den Bücherkästen, etwas Interessantes, ein Exemplar einer nicht mehr auffindbaren orientalistischen Fachzeitschrift, ein längst vergriffenes Lehrbuch der Philosophie des Mittelalters zu billigem Preis.

Der Traum war natürlich, seine Arbeit von Vrin verlegt zu sehen. Der Name Vrin auf einem Buchtitel war ein untrügliches Gütezeichen. Vrin war zum Spezialisten einer ganz bestimmten Kategorie von philosophisch-geistesgeschichtlichen Studien geworden, jede einzelne ein Standardwerk höchster französischer Gelehrsamkeit. Er kannte die Autoren persönlich und hatte die Entstehung ihrer Arbeiten, die sich oft über viele Jahre hinauszog, mit Rat und Tat gefördert. Es genügte, die Titel seiner Bibliothèque de l'histoire de la philosophie zu kennen, um zu wissen, was auf dem einschlägigen Gebiet der höchste Stand der Forschung war.

Eins von diesen Vrinschen Schlüsselwerken war das Buch von Auguste Viatte. *Les sources occultes du romantisme*, in dessen Besitz ich leider vergeblich zu gelangen versuchte. In allen Bibliotheken war es auf geheimnisvolle Weise verschwunden, bei Vrin selber längst vergriffen. Ab und zu, sagte er mir, tauche antiquarisch ein Exemplar auf. Er wolle es mir dann gern zur Seite legen. Er hat sein Versprechen nie einhalten können.

Von ganz ausschlaggebender Bedeutung für mein Forschungsvorhaben war ein anderes Werk seiner Sammlung. Die großartige dreibändige Arbeit von Henri Gouhier über *La jeunesse d'Auguste Comte et la formation du positivisme*, in deren zwei ersten Bänden sich eine umfassende, hochdifferenzierte, in ihrer Gründlichkeit bis heute nicht übertroffene Biographie von Saint-Simon versteckte. In der minutiösen Analyse von Tausenden von Texten, zum größten Teil einer nur in Spezialarchiven noch zugänglichen Broschürenliteratur aus drei Revolutionsjahrzehnten, hatte der Autor die Genese des geschichtsphilosophischen Paradigmas herauspräpariert und zu zeigen verstanden, wie sich in einem Kopf die Synthese aus unzähligen Gedankenpartikeln gebildet hatte. So stellte ich mir in meinen verwegensten Augenblicken die Demonstration meines *Ursprunges der Soziologie aus dem Geiste des geschichtsphilosophischen Denkens* vor. Ach, schön wär's gewesen.

137

Maxime mochte Gouhier nicht (ich hätte ihm nicht sagen dürfen, daß ich ihn aufgesucht hatte). Gouhier war praktizierender, ultramontaner Katholik. Gegen sein in der Nachfolge Gilsons entstandenes Buch *La vie religieuse de Descartes* hatte Leroy das seine, *L'homme au masque*, und später einen *Descartes social* geschrieben. Was schwerer wog: Gouhier liebte Saint-Simon nicht, er machte sich über ihn lustig. Das war unverzeihlich. »Cet homme tue ce qu'il touche«, sagte er, womit er recht hatte. Einmal in der Woche mindestens schaute ich bei Vrin hinein. Dort fand ich die Bücher, die ich lesen mußte. Damals las ich Bücher, die ich mir nicht kaufen konnte, heute kaufe ich Bücher, die ich nicht mehr lesen kann. Vrin, ein großer Herr mit schwerem Oberkörper, immer in grauem Anzug und etwas schmuddeligem, am Hals nicht zugeknöpftem Hemd, die Krawatte wie ein Schnürsenkel verknotet, begrüßte mich stets äußerst zuvorkommend. Er kannte mein Projekt, das ich einmal in der Runde vorgestellt hatte. Immer hatte er einen Band für mich zur Hand. Ob ich nicht die kleine, äußerst seltene Saint-Simon-Ausgabe, Bruxelles, 1839, mit dem *Essay sur sa doctrine* von Charles Lemonier, erwerben wollte? Er machte mir einen Vorzugspreis. Leider hatte er nur zwei von drei Bänden. Er würde versuchen, mir den fehlenden Band zu beschaffen, könne allerdings nichts versprechen. Ich zögerte. Nicht viel später, auf einem unserer Spaziergänge, fragte mich Leroy, ob ich nicht die kleine Saint-Simon-Ausgabe kaufen wollte, die er zufällig bei Vrin gesehen hatte. Es fehlte zwar ein Band, aber das sei nicht weiter schlimm. Dafür sei der Preis äußerst günstig. Mir war sofort klar, daß er die beiden Bände bei Vrin in Kommission gegeben hatte. Er mußte sich davon trennen, weil er das Geld einfach brauchte. Bei meinem nächsten Besuch bei Vrin kaufte ich die zwei Bände, obwohl es mir nicht leichtfiel, die Summe lockerzumachen. Ich war froh, mit dieser kleinen Geste für die Generosität danken zu können, mit der er mir sein Wissen vermittelte. Diese Großzügigkeit war nicht selbstverständlich.

Um das zu begreifen, mußte ich erst eine seltsame Erfahrung machen. Zu den Autoren, deren Arbeiten mir für den Fortgang meiner Studien über die französische Gesellschaft besonders wichtig erschienen und die ich darum unbedingt kennenlernen wollte, gehörte Beau de Loménie. Sein dreibändiges Werk *Les responsabilités des dynasties bourgeoises*, in dem er die Kontinuität der ökonomisch-politischen Oberschicht vom Directoire bis zur Dritten Republik, faktisch bis in den Zweiten Weltkrieg nachwies und damit der Rede von den »vierhundert Familien« eine konkret historische Grundlage gibt, ist ein Schlüsselbuch. In Frankreich höchst umstritten, wie man sich denken kann, in Deutschland völlig unbekannt. Ich wüßte nicht mehr zu sagen, wem ich den Hinweis darauf verdanke. Wahrscheinlich Leroy. Ich schrieb also an Beau de Loménie und bat um ein Rendezvous. Er

138

antwortete prompt. Er sei bereit, mich zu empfangen, doch müsse er, wie das bei Konsultationen jeder Art üblich sei, ein Honorar fordern. Offenbar hielt er mich für einen devisenstarken Nabob. Leroy, dem ich davon berichtete, zeigte sich indigniert.»Vraiment, il demande de l'argent? Ça n'est pas très élégant.« Ich erfuhr erst später, daß Beau de Loménie zu den sogenannten Kollaborateuren gehört hatte und seit Kriegsende, jeder Existenzgrundlage beraubt, völlig mittellos dastand. Sein Brief war ein Notschrei. Er soll wenige Jahre später buchstäblich verhungert sein.

Lange strich ich um eine vierbändige Ballanche-Ausgabe herum. Lederrücken, Goldschnitt, ein bijou. Unerschwinglich. Ich erzählte Jenny de Margerie beiläufig davon. Beim Tee, wenn wir nicht über Rilke sprachen, ihr Lieblingsthema, sprachen wir über Saint-Martin, den philosophe inconnu, Rosenkreuzer, Hauptvertreter des Mysticisme Lyonnais (ausführlich behandelt in dem erwähnten Buch von Viatte). Da war Ballanche nicht weit! Für eine Dame der Gesellschaft mag so ein gelehrtes Spezialinteresse verwunderlich erscheinen. Es gehört aber einfach zu einem extensiven Pariser Salonwissen.

Als ich das nächste Mal zu Vrin kam, war meine luxuriöse Ballanche-Ausgabe verschwunden. Ich erfuhr, daß Madame de Margerie sie tags zuvor gekauft hatte. Sie hatte nicht die Eleganz, sie mir zu schenken.

Der arme Maxime aber schrieb mir, in seiner schönen, aufrechten, schwungvollen Schrift mit lila Tinte auf liniertem Papier, folgenden Brief:

Cher Monsieur,

Si vous venez, mercredi, rue St. Hyacinthe, je vous remettrai un petit portrait de *notre* Saint-Simon, très heureux à la pensée d'enrichir, si modestement que ce soit, votre iconographie Saint-Simonienne.

Bien cordialement à vous Maxime Leroy.

Der kostbare kleine Stich hängt seitdem über meinem Schreibtisch, wo auch immer er steht.

Jenny kannte ich aus Berlin, der Zeit, in der ich mit ihren Kindern Bobby und Diane und ihrer kleinen Nichte Ysabelle in der französischen Botschaft am Pariser Platz gespielt habe. Geborene Fabre-Luce, Schwester des Schriftstellers Alfred Fabre-Luce (verheiratet mit der Prinzessin Charlotte de Faucigny-Lucinge, Tante der Frau von Valérie Giscard d'Estaing, ein Vielschreiber, der fünfzig Jahre lang zwei Bücher jährlich veröffentlicht hat, mit Schloß und Stadtpalais), Ehefrau des Karriere-Diplomaten Roland de Margerie, über ihre Mutter Germain Erbin des Crédit Lyonnais, eines der größten Vermögen Frankreichs (ihr Onkel war André Germain) – gehörte sie, wie es gar nichts anders sein konnte, zu den Damen, die, in der Nachfolge von Mme de Staël und Juliette Récamier, in Paris einen Salon unterhielten. Sie hatte alles, was dazu gehörte, sie war reich, klug und ehrgeizig, sie hatte etwas mehr: die Fähigkeit, sich für alle Abenteuer des Geistes zu begeistern, wie in ihrem Nachruf stand. Sie ist erst 1992 mit dreiundneunzig Jahren gestorben. Es fehlten ihr lediglich das Genie von Mme de Staël und die aufreizende Schönheit von Juliette. Aber bis zu ihrem Tode hat sie mit größter Energie und Stil die Tradition des Salons, Männer von Rang und Talent zusammenzuführen, die alten Freunde zu feiern und die jungen zu fördern, wahrgenommen. Daß sie Rilke, Valérie und Giraudoux zu den ihren zählte, war selbstverständlich, daß sie Gaston Bachelard und Teilhard de Chardin protegierte (und sich bei Papst Pius XII. für ihn einsetzte), ungewöhnlich und verdienstvoll.

Ihre größte Rivalin, mit der sie vieles verband, sie hatten beide denselben herrischen Charakter, war die Herzogin Edmée de la Rochefoucauld, geb. Fels, die ihrer lebenslangen Freundin sechsundneunzigjährig wenige Wochen später in den Tod folgte. Das Ableben dieser beiden großen Damen markierte das Ende der Epoche der Pariser Salons. Bis zu ihnen hat es seit Germaine de Staël in jeder Generation fabelhafte Frauen gegeben, die es verstanden haben, Mittelpunkt eines geselligen und geistigen Kreises zu sein, Daniel Stern, die Prinzessin Mathilde, Mme Strauss-Supé, Mme de Chévigné oder, in den fünfziger Jahren noch, Marie-Laure de Noailles, um nur einige der berühmtesten zu nennen. (Man kann die Geschichte Frankreichs schreiben als eine Geschichte dieser Frauen und ihrer Salons. Man hat es versucht.) Nach ihnen war es damit aus und vorbei. Das Zeitalter Balzacs und Prousts war definitiv zu Ende. Was trat an die Stelle? Die Medien.

Les Banquets

Alle zwei bis drei Monate veranstaltete Maxime Leroy ein Essen, dreißig bis fünfzig Personen, in den Nebenräumen einer großen Brasserie, mit dem lugubren Namen *La bière*, rue St. Antoine, Métro Saint-Paul. Er lud ein. Jeder zahlte sein Couvert. Er wollte, daß ich daran teilnahm, und ich erlebte auf diese Weise etwas, was zur politischen Kultur Frankreichs gehört: das öffentliche Gastmahl von Gesinnungsgenossen. Ja, Maxime Leroys *Bankette*, so nannte er sie, waren letzte Nachklänge jener guerre des banquets, die im Vorfeld der 48er-Revolution eine so entscheidende Rolle gespielt haben. Saturnalien republikanischen Geistes, die einen unübertroffenen Höhepunkt in dem Bankett aller Bankette erlebten, dem Bankett der Zehntausend, zu dem der Präsident der Republik einmal alle Bürgermeister Frankreichs geladen hatte.

Keine Frauen. Ich saß zwischen lauter mir unbekannten Leuten, ohne den Schimmer einer Ahnung zu haben, was da gespielt wurde. Wie bei einem georgischen Festmahl wurden unablässig Reden gehalten und Toasts ausgebracht. Würdigung von Persönlichkeiten, Kommemoration von Daten, die mir nichts sagten. Meine Tischnachbarn – immer sehr höflich um den jeune allemand bemüht, von dem sie sich fragen mußten, was er hier eigentlich zu suchen hatte, doch sofort beruhigt, wenn ich ihnen erklärte, ich sei ein élève von Maxime Leroy – gehörten zu Kategorien der Gesellschaft, die ich anders nie kennengelernt hätte: Ministerialbeamte, Souspräfekten, Journalisten von Provinzblättern aller Altersklassen, sicher auch Mitglieder des *corps enseignant*. Es dominierten die Vierzig- bis Fünfzigjährigen. Häufig hatten sie das rote Bändchen der Légion d'honneur oder das violette der Palmes académiques auf dem Revers ihrer aufgebürsteten Konfektionsanzüge, oft trugen sie noch gestärkte, knopfgehaltene Hemdkragen mit eingeknickten Ecken.

Das Menü war äußerst bescheiden – Vorspeise: Karottensalat und Ölsardine; dann: Bœuf Bourguignon à la meunière; zum Dessert Baba au Rhum. Man war nicht hierher gekommen, um zu essen. Die Unterhaltung an den langen Tischen war so laut und animiert, daß man sein eigenes Wort nicht verstehen konnte. Sobald aber ans Glas geklopft wurde, weil wieder eine Rede fällig war, herrschte schlagartig respektvolle Mäuschenstille, und die Köpfe suchten nach dem Redner, der sich an irgendeinem Ende des Saales, das Glas mit dem Gros Rouge in der Hand, von seinem Platz erhoben hatte.

Wenn ich Bertaux von diesen Banketten »im Sarg« und meinen Mittwochabenden in dem schäbigen Stundenhotel in der rue St. Hyacinthe erzählte, sah er mich mit dem Ausdruck höchsten Erstaunens an und schüttelte den Kopf. Nie gehört, nie erlebt, so was. Ausgerechnet ich mußte kommen, um ihm von so merkwürdigen Veranstaltungen in seinem Paris zu berichten!

Boris Souvarine

Besonders eingeprägt hat sich mir im Umkreis Leroys noch ein kleiner Herr – wie mir schien, viel jünger als die anderen –, der sich im Habitus auffällig von ihnen unterschied. Er war agiler, passionierter, intransigenter. Ich sehe seine große Stirn, das zurückgestrichene, stark gewellte, dichte, widerspenstige Haar. Hinter den Brillengläsern ein stechender Blick aus wasserblauen Augen. Er trug, wodurch er von den anderen abstach, einen hellgrauen Zweireiher, einen Sommeranzug. Auch das mag dazu beigetragen haben, daß er auf mich sehr viel jünger wirkte. Ich fühlte mich zu ihm hingezogen. Wir hatten den gleichen Heimweg. Er wohnte damals in einem der stattlichen Wohnhäuser am Boulevard St. Germain. Einmal nahm er mich zu sich herein. Ich war überrascht von der Großräumigkeit und noblen Eleganz des im Erdgeschoß gelegenen Appartements. Die Bibliothek, in die er mich führte, war ein Saal, in dessen blankem Parkettboden sich das Licht der Kronleuchter spiegelte. Die Bücher standen nicht in offenen Regalen, sondern in hohen geschnitzten Schränken, in deren Türen anstelle der Glasscheiben Metallgitter waren, wie in einer Schloß- oder Klosterbibliothek. Das waren nicht die Räume einer Privatwohnung. Er wohnte in einem Privatinstitut, das er sich eingerichtet hatte, einem Institut für die Sozialgeschichte des 19. und 20. Jahrhunderts, wie er mir sagte. »Sie interessieren sich für Saint-Simon?« fragte er und ging auf einen der Schränke zu, in deren unterer, etwas hervorspringender Partie säuberlich etikettierte große Kartons untergebracht waren. Der, den er herauszog, war mit Broschüren und Drucksachen gefüllt, wie ich sie aus den Antiquariaten kannte und mir in der Bibliothèque Nationale an meinen Platz bringen ließ, originale Saint-Simoniana. Er griff ein nur vierseitiges vergilbtes Flugblatt heraus: »Rede an das Proletariat von Henri de Saint-Simon«. »Unveröffentlicht, bis heute. Sie finden es in keiner Ausgabe und keiner Bibliographie. Nehmen Sie es mit, ich schenke es Ihnen.«

Warum gab er mir gerade diesen Text? Ich habe das erst sehr viel später begriffen, als ich in Erfahrung brachte, mit welch außerordentlichem Manne ich es da zu tun gehabt hatte.

Es war Boris Lifschitz, genannt Souvarine, 1895 geboren in Kiew. Sein Vater, ein jüdischer Diamantenschleifer, wandert nach Frankreich aus, als der Knabe drei Jahre alt ist. Mitbegründer, 1920, der Kommunistischen Partei Frankreichs! 1921 bis 1924 im Präsidium der Komintern, aus dem er ausgeschlossen wird, weil er gegen Stalin für Trotzki Partei ergreift. Seitdem leidenschaftlicher Gegner Stalins, den er des Verrats an der Revolution bezichtigt. Dissident und Renegat der III. Internationale, wird er zum Einzelkämpfer, zum Partisanen eines Kampfes gegen Rechts und Links, was in den dreißiger Jahren hieß, gegen Faschismus *und* Stalinismus, in dem es um die Verwirklichung der alten humanistischen Ideale des Sozialismus ging, Veränderung der Gesellschaft und Menschenrechte, Proudhon und Saint-Simon, nicht marxistisch-leninistische Orthodoxie. Sein nom de guerre ist der Name des revolutionären Intellektuellen in Zolas *Germinal.* 1930 bis 1934 gibt er eine eigene, vielbeachtete Zeitschrift heraus, die zur Legende geworden ist, in der er sein häretisches Programm mit polemischer Verve verficht: *La critique sociale.* Sein Lebenswerk, in der ersten Version noch vor dem Hitler-Stalin-Pakt abgeschlossen, eine monumentale Biographie Stalins, die bei größter historiographischer Exaktheit rücksichtslos mit allen Mystifikationen und Tabus aufräumt. Es ist charakteristisch für die damalige politische Situation Frankreichs, daß es ihm nur mit größter Mühe gelingt, einen Verleger zu finden. Die völlig moskauhörige KPF tat alles, was in ihrer Macht stand, und das war viel, um den gefährlichen Outsider mundtot zu machen. Auch der Rechten war er unbequem. Von Malraux ist der erstaunliche Ausspruch überliefert:»Ich glaube, Sie haben recht, Sie, Souvarine und Ihre Freunde, aber ich werde mich erst auf eure Seite stellen, wenn ich die Gewißheit habe, daß ihr die Stärkeren seid.« Das war auf dem Höhepunkt der Moskauer Schauprozesse. Auch der amerikanische Verleger Knopf, der die Biographie in Auftrag gegeben hatte, zog vor, sie nicht zu veröffentlichen. Das wichtige Buch, als Warnruf gedacht, blieb unbeachtet. Erst 1977 konnte es wieder erscheinen und wurde diesmal ein Welterfolg. Souvarine hatte die Genugtuung, das noch zu erleben, nachdem er die Genugtuung gehabt hatte, daß alles, was er über den schrecklichen Mann geschrieben und vorausgesagt hatte, aufs grauenhafteste von der Geschichte bestätigt worden war.

Nach dem Krieg, den er in Amerika überlebte, stand er, links außen gewissermaßen, in der antikommunistischen Front, die sich in Westeuropa gegen den Imperialismus des Kreml organisierte, und in der sich die Optionen des Weltbürgerkriegs mit denen des Kalten Krieges unrein vermischten. Böse Zungen fragten indiskret, woher das Geld käme, mit dem er sein *Institut* finanziere. Alles spricht dafür, daß er auf der Pay-Roll des geheimnisvollen Mr. Josselson stand, dem Mann, der den *Kongreß für kulturelle Freiheit* mit scheinbar unbeschränkten Mitteln finanzierte.

Als ich Souvarine bei Maxime Leroy begegnete, wußte ich von alledem nichts, es hätte mich auch nicht sonderlich interessiert. Mich faszinierte wohl die *histoire des idées*, aber ich war auf sträfliche Weise unpolitisch.

Als mich die Nachricht vom Tode Stalins erreichte, stand ich eingequetscht auf der offenen Plattform des Autobusses 24, der mich von der Bibliothèque Nationale zur Bibliothek der Sciences Po beförderte, und las die kolossale Schlagzeile auf der Titelseite der Zeitung meines Nebenmannes, der Tränen in den Augen hatte. Meine Reaktion war ungefähr dieselbe wie die, als ich 1945 vom Tode Hitlers erfuhr. Damals stand ich auf der Plattform eines Eisenbahnwagens, Wache schiebend neben meiner Flakkanone, irgendwo in Kurland. Mein Geschützführer, ein alter Zwölfender, der die Nachricht überbrachte, weinte. Der Hund ist tot, dachte ich bei mir, und hütete mich, ein Sterbenswörtlein zu sagen, das wäre in Paris 1953 auch inopportun gewesen. Was ich von Stalin und Hitler zu halten hatte, wußte ich seit meinem 15. Lebensjahr, ich brauchte meine Meinung nicht zu revidieren.

Souvarine war ein engagierter Intellektueller, wie Sartre ihn forderte, wie Sartre es sein wollte. Einer, der die Welt nicht interpretieren, sondern sie verändern wollte. Ein Kämpfer für die große Sache der »Menschheit«. Aber er war noch etwas Besonderes, ein Sonderfall des engagierten Intellektuellen, er war ein »Berufsrevolutionär«. Strange kind of animal. Jemand, der sich – so wie andere Arzt, Professor, Staatsanwalt oder Bankier werden – die Revolution zum Beruf macht. *Faire la révolution* als Lebensinhalt, als Lebensaufgabe! Ein Leben im Dienst der Veränderung der politischen und sozialen Verhältnisse. Unsere, meine, die Große Revolution, verstanden nicht als geschichtlich-gesellschaftlicher Veränderungsprozeß, über dessen Verständnis das Individuum zum Bewußtsein seiner selbst kommen kann, sondern als Technik dieser Veränderung, als Praxis, als etwas, das nicht einfach geschieht, sondern gemacht wird, gemacht werden muß. Und zwar von Leuten, die sich darauf spezialisieren, die diese Techniken beherrschen, von Fachleuten. Die Idee der revolutionären Veränderung nicht als geschichtsphilosophisches Interpretationsschema, als Metapher, sondern als Aktionsprogramm, als Projekt. Ein extremer Fall der von einer arbeitsteiligen Gesellschaft geforderten Spezialisierung. Ich hatte, ohne es zu ahnen, eines der letzten Exemplare dieser inzwischen so gut wie ausgestorbenen Spezies kennengelernt.

Gewiß, er stieg nicht auf Barrikaden, er warf keine Bomben, die Zeiten waren lange vorbei. Aus den Ci-devant-Partisanen des Weltgeistes waren Parteikader geworden, Funktionäre, verwickelt in Richtungskämpfe, verstrickt in Konspirationen, bedroht von Exkommunikationen und Exekutionen. Entweder sie waren Kreaturen des Apparates oder im Exil. Verfolgte Verfolger, verzweifelte Einzelkämpfer schließlich, denen als letzte Waffe das Wort blieb (Kritik als Waffe, Kritik der Kritik, die keine mehr war, sondern Ideologie).

Boris gründete Zeitschriften, die er alleine vollschrieb. Weltrevolution am Schreibtisch, Weltbürgerkrieg im Redaktionsbüro. Letzte Bastion eines »revolutionären Bewußtseins«? Ein von der Polizei beschatteter Pariser Linksintellektueller, den jederzeit ein Emissär Stalins hätte mit dem Beil erschlagen können, zuletzt ein Kalter Krieger im Solde des CIA. Keine Anima candida, wie Maxime, wenn auch beide, jeder auf seine Weise, im Dienst derselben großen Menschheitsideale standen, für die auch mein Herz schlug. Ein Machtmensch, im Grunde, verzehrt von Ehrgeiz und Haßgefühlen. Kein Vorbild für mich.

Heute interessiert mich seine exemplarische Biographie unter einem ganz anderen Aspekt. Und da bedaure ich nun wirklich, daß ich nicht mehr von dem kleinen Herrn, in dessen Augen die Leidenschaft brannte, gewußt habe. Nach seinem Tode erst habe ich herausbekommen, daß Boris Souvarine jahrelang ein Weggenosse von Bataille war, Gesprächspartner und Rivale, deren gemeinsames Thema das neu am Horizont auftauchende Phänomen des Faschismus war. Souvarine hat als erster die Faschismusanalysen von Bataille veröffentlicht, obwohl er ihre apolitische Vorurteilslosigkeit nicht teilte. Was sie aber vor allem verband, erst als Freunde, dann als Feinde, war ihre Beziehung zu Laure, die die Geliebte und Mitarbeiterin von Souvarine war, bevor sie zur Geliebten und Komplizin von Bataille wurde. Laure? Geduld, ich werde die Geschichte dieser außerordentlichen jungen Frau erzählen, die in ihrem kurzen Leben alle Stufen der Emanzipation – von der sozialen über die politische zur sexuellen – exemplarisch durchlaufen hat, eines der sinnbildlichen Frauenschicksale des Jahrhunderts, Heilige, Hure, Hexe, Märtyrerin. Über sie hätte ich mit Souvarine sprechen wollen.

Gnomisches Wissen

Maxime Leroy war kein Freund des systematischen Denkens, des esprit de système, kein »Geschichtsphilosoph«, kein »Wissenschaftler«, kein »Intellektueller«, sondern ein écrivain mit dem gesunden Menschenverstand und dem Savoir-vivre eines homme de bonne compagnie.

Er war ein »Eingeweihter« – aber nicht, weil er über ein Geheimwissen verfügte, das das Herrschaftswissen geheimer Machthaber war, ein Heriophant im Sinne einer esoterischen Gnosis, sondern weil er auf Grund seiner angeborenen Intelligenz, enzyklopädischer Kenntnisse und der Erfahrung eines langen Lebens ein hohes Niveau gnomischer Weltkenntnis gewonnen hatte, eine lebensweisheitliche, wirklichkeitsnahe (wenn nicht konforme) Anschauung von der Weise, in der sich gesellschaftliche Veränderungen im Geiste der Menschen spiegeln und wie man in diesen Spiegelungen ablesen kann, wie sich die Gesellschaft verändert.

»Voyez-vous, Monsieur Werner. Die Geschichte der sozialen Ideen lehrt uns, daß keine von ihnen für sich in Anspruch nehmen kann, wahr zu sein. Alle sind sie ephemer, ungewiß, provisorisch.«
»Eins ist doch auffällig: Alle Doktrinen, alle Theorien einer bestimmten Epoche – und von Epoche zu Epoche – liegen ganz nah beieinander, ergänzen sich, sind komplementär. Das gilt da auch für die extremsten und absurdesten Affirmationen und Negationen. »Il y a une unité entre tous ceux qui pensent, quoi qu'ils pensent.« Alle sind miteinander verbunden. Aber sehen Sie, diesen inneren Zusammenhang, diese intime Zusammengehörigkeit, die wir aus der Distanz, rückblickend, ohne weiteres erkennen können: von den Zeitgenossen wird sie geleugnet. Sie sehen sie nicht. Das ist auch heute so.«

145

»Jeder Wahrheitsanspruch ist Rechthaberei! Was wir einsehen müssen, ist dies: Jeder hat nur ein Recht, das Recht nämlich, sich zu irren, ohne deswegen gleich diffamiert oder verachtet zu werden.«

»Das Wort Wahrheit taugt nichts im Bereich des Sozialen, es gibt immer nur Annäherungen, Approximationen, à peu près. Erst wenn wir uns davon überzeugt haben, daß die Ideen – und die Menschen, die sie verfechten –, so gegensätzlich sie scheinen, immer viel näher beieinander liegen, als sie zugeben wollen, erst dann, ja dann können wir hoffen, daß wir Fortschritte in der Kunst des Regierens, was sage ich, in der Kunst des Verwaltens machen werden, um die kläglichen Lebensbedingungen der Menschen, der großen Mehrzahl der Menschen etwas zu verbessern, die durch soviel Ignoranz, durch so viele Fehlurteile und Vorurteile, aber auch durch so viele zynisch verbreitete Lügen voneinander getrennt sind.«

»Für diese Hoffnung habe ich gelebt, ich gebe sie nicht auf, ich bin ein alter Mann, der nichts mehr zu erwarten hat, aber ich wäre glücklich, wenn ich wüßte, daß Sie diese Hoffnung weitertragen.«

Das war eine andere politische Philosophie als die misanthropisch-dezisionistische Rechthaberei der Freund-Feind-Unterscheidung. Eine menschenfreundliche politische Philosophie der Vermittlung der Konsensus-Suche, des Kompromisses, der Versöhnung.

»Für die Human-Wissenschaften ergibt sich eine wichtige Aufgabe: die Auseinandersetzung der politischen Ideen zu entgiften. Vor allem haben sich die Theoretiker der Politik davon zu enthalten, billige Rezepte und Erziehungsmethoden anzupreisen, die doch nur geeignet sind, die Massen noch fanatischer zu machen. Uns fehlen weder politische Systeme noch die Eignung zur Unterdrückung oder zur Befreiung – was uns fehlt, sind gründliche Kenntnisse der tatsächlichen, lebensweltlichen, gesellschaftlichen Zusammenhänge. *Toute amélioration sociale dépend de notre savoir sociologique.*

VII

LES MYSTÈRES D'ANNE-MARIE

La petite sœur des poètes

Zum erstenmal habe ich sie auf jenem ominösen dîner gesehen, das Bertaux mir ganz zu Anfang meiner Pariser Zeit gegeben hat. Sie war die jüngste Schwester seiner Frau Denise, eine der drei Töchter von Jules Supervielle, ein Nachkömmling, keine zwanzig. Ich habe sie kaum wahrgenommen und kein Wort mit ihr gewechselt. Ich glaube, sie hat während des ganzen Abends den Mund nicht aufgetan, sondern nur gelegentlich melancholisch, resigniert, gelangweilt gelächelt. Doch als dann zum Kaffee ein junger Mann auftauchte, von dem mir Denise zuflüsterte, es sei ihr Verlobter Maurice Clavel, von dem damals gerade ein Stück lief und von dem man in den Salons als einem der aufstrebenden jungen literarischen Talente zu sprechen begann und ich so etwas wie einen jähen Stich durchs Herz verspürte, eine Anwandlung von Eifersucht, völlig sinnlos, aber etwas anderes konnte es nicht gewesen sein, ein winziges Signal, ein rotes Licht, eigentlich eine Warnung, wußte ich, daß sie mir alles andere als gleichgültig war und ich den dringenden Wunsch verspürte, sie wiederzusehen.

Ich traf Anne-Marie dann an einem jener schönen stillen Sonntagnachmittage in Sèvres, am Kaminfeuer, beim Tee, wieder. Ich war ins Gespräch mit Pierre vertieft, sie saß in einer anderen Ecke und hörte ohne die Spur jeder Anteilnahme Denise zu, die ihr mit einer Stimme, die leicht etwas schrill klingen konnte, irgendwelchen Klatsch erzählte. Es gelang mir nur von Zeit zu Zeit, ganz unauffällig, wie ich meinte, den Blick zu ihr hinüberzuwerfen. Sie schien mich überhaupt nicht bemerkt zu haben. Ich aber war mir bewußt, daß – während ich mit Pierre sprach – mein Interesse nur ihr galt. Ich mußte sie wiedertreffen, zu ihr sprechen, wissen, was sie dachte, wenn sie so gelangweilt dreinschaute und so geheimnisvoll lächelte.

Denise hatte dies alles natürlich bemerkt. Ich würde keinen Schritt ohne ihre Billigung unternehmen können. Ich mußte Geduld haben. Ich durfte kein Wort sagen, aber das war auch nicht nötig.

Als ich mich diesmal von ihr verabschiedete, sagte sie leichthin: »Meine Eltern geben übermorgen einen Empfang, Sie können mich begleiten. Vous-y trouverez Anne-Marie.«

147

Denise hatte es sich – vermutlich weil Pierre sie darum gebeten hatte – zur Aufgabe gemacht, mich hierhin und dorthin mitzunehmen. Einen Winter lang war ich ihr *chevalier servant*, und es entstand mit der Zeit zwischen uns eine mondäne Kameraderie. Sie erklärte mir alles ganz genau, wer mit wem zusammengehörte, wer erfolgreich, wer zu meiden war, wo das Geld herkam oder wo es fehlte. Eine Kameraderie, die zu einer Vertraulichkeit führte, die es erlaubte, auch die Fragen zu stellen, die man eigentlich nicht stellt, sich blitzschnell über kleine Strategien zu einigen und sich wortlos mit einem Augenzwinkern zu verständigen, eine harmlose Komplizenschaft, die über die Jahre dann zu einer Freundschaft wurde, die sich ein Leben lang bewähren sollte. Sie sagte mir auch, und das war vielleicht das Wichtigste, was ich tun mußte und vor allem was ich nicht tun durfte, welche Worte um Gottes willen zu vermeiden waren, daß ich nicht die richtige Krawatte gewählt hatte, daß es besser wäre, keinen Hut zu tragen – in meinem Alter –, und daß ich anrufen sollte oder, besser noch: einen kleinen Brief schreiben, um mich für einen Abend bei den Freunden zu bedanken, zu denen sie mich mitgenommen hatte, daß ich mich dort wieder in Erinnerung bringen dürfe, dort hingegen auf keinen Fall, weil es »mal vu« wäre. Man kann von einflußreichen Männern weiterempfohlen werden. In die Gesellschaft eingeführt werden kann man nur durch eine Dame.

Die Aufforderung, zu dem Empfang ihrer Eltern zu kommen, war etwas ganz Besonderes, das fühlte ich, eine hohe Auszeichnung. Als ich klopfenden Herzens im Hause Supervielle eintraf, herrschte dort bereits großer Betrieb. Alle Salons waren hell erleuchtet, die Gäste standen dicht gedrängt bis auf die Stufen der Treppe, die vom Vorgarten in das kleine *hôtel particulier* führte. Die, die schon wieder gingen, begrüßten die, die gerade erst kamen. Es war ein arges Gedränge. *Le tout Paris* oder wenigstens das *tout Paris* der Literatur: Schriftsteller, Verleger, *académiens, normaliens*, aber nicht nur sie, sondern alle, die als Akteure und Statisten, als Regisseure und Szenaristen das darstellten, was man »das literarische Leben« nennen konnte. Die Namen würde ich lernen müssen, die Gesichter würden sich mir einprägen, weil ich sie immer wieder sehen würde, auf den Mittwochabend-Empfängen von Gallimard zum Beispiel, wo die Zahl der Anwesenden allerdings unvergleichlich viel größer war, nicht nur die Prominenz, auch der Troß, die Parasiten, das Fußvolk, die alten Vetteln, russische Emigration, die das Buffet belagerten und sich ungeniert die Petits fours kiloweise in den Mund schoben, die jungen Leute mit dem scheuen Blick, die sich, ein Manuskript in der Tasche, so unauffällig wie möglich und doch unabweisbar neben ein mutmaßlich einflußreiches Mitglied eines Comité de lecture stellten, voller Hoffnung, eines Wortes gewürdigt zu werden, das über ihre Zukunft entscheiden würde, ein Schritt auf dem langen Weg zu Jean Paulhan, der unnahbar, verbindlich und enigmatisch über alles entschied, was in Paris mit Literatur zu tun hatte, ein Schalk und Intrigant von hohen Graden, mit einem untrüglichen Qualitätsgefühl, unerbittlich in seinen Verdikten, auch seinen Freunden undurchsichtig und etwas unheimlich, Herausgeber der NRF, der weißen Hefte meiner Jugend, jetzt »Nouvelle NRF«. Die Zeitschrift hatte von ihrem Rang nichts verloren, dort zu erscheinen kam einer Nobilitierung gleich.

Hier in der Rue Vitale hatte sich jetzt nur der *Inner Circle* eingefunden. Ein flüchtiger Handkuß der Dame des Hauses, die mich, ohne ahnen zu können, wer ich bin, wie einen alten Bekannten empfängt, unerreichbar dort drüben der Vater Supervielle, so würdig, so gebrechlich, so verwirrt und verlegen, so strahlend und gutmütig bon-enfant, dem die seidenweichen weißen Haarlocken in die Stirn fallen – wie einem jungen Mann.

Lohndiener mit Tabletts voller Champagnerflöten. Auch sie würde ich immer wieder treffen und mich erst wirklich dazugehörig fühlen, aufgenommen, akzeptiert, wenn ich das Gefühl haben würde, in ihren unbeirrbar-unbewegten Profiminen den Schein eines Wiedererkennens aufblitzen zu sehen. Die drei Schwestern, jede in einem anderen Raum, um das Wohlbefinden der Gäste bemüht. Niemand durfte abseits stehen, jeder mußte zu dem geführt werden, den er besonders zu sehen wünschte, mit dem zusammengebracht werden, von dem man meinen konnte, er würde zu ihm passen; man stand bereit, sein Glas in der einen, eins dieser Petits fours in der anderen Hand. Obwohl man die größte Mühe hatte, sich vom Fleck zu rühren, war alles in ständiger Bewegung.

Denise wurde nicht müde, mich vorzustellen – immer mit denselben Worten:»Le jeune allemand, qui fait une thèse sur Ballanche.« Für jeden, zu dem sie mich führte, hatte sie eine ebenso kurze und bündige Charakteristik bereit, genug, um zwei Menschen, die sich vorher nie gesehen haben, die Möglichkeit zu geben, ein Gespräch zu beginnen. Mich weiterzureichen, war aber auch für sie die Gelegenheit, sich von jemand freizumachen, der sie mehr als gebührlich mit Beschlag belegen wollte. Sie hatte immer schon den nächsten erspäht, um den sie sich kümmern mußte.

Gespräch ist natürlich nicht das richtige Wort. Es konnte sich immer nur um winzige Bruchstücke der großen Unterhaltung handeln, an der alle teilnahmen, Gesprächsfetzen einer allgemeinen Konversation, eines großen Palavers, in dem diese Gruppe von Menschen kommunizierte – einer Konversation, die nicht hier begonnen hatte und jetzt aufhörte, sondern immer schon fortlief, von weit her kam und sich in unzähligen Verästelungen und Verzweigungen fortsetzen würde, ein Diskurs an der Oberfläche, scheinbar die Oberflächlichkeit selbst, wenn man sich über seine Tiefendimension täuschte. Jeder hatte seine Rolle, seinen Part, seine Geschichten, seine Affären, seine Passionen, sein Buch, und alle wußten das von allen, die sich alle kannten und alle immer wieder an immer anderen Orten trafen. Die Gesamtheit aller punktuellen Verbindungen bildete ein von höchsten Spannungen geladenes magnetisches Feld. Hallo! Ja, dort, Cioran! Endlich jemand, den auch ich schon kannte. Wie ein Fisch im Wasser. Ihn konnte ich ausfragen, er wußte Bescheid. Ich kam mir so tolpatschig vor, weil ich noch nichts wußte, um so glühender war mein Wunsch, alles zu erfahren. Dabei hatte ich doch eigentlich nur eines im Sinn. Geschenkt.

Ich sah Anne-Marie immer nur aus der Ferne, jedesmal, wenn ich mich ihr zu nähern versuchte, stand wieder jemand zwischen uns. Sie trug eine Kamelie im Haar. Sie war so jung, so zart, so vornehm. Sie schien unerreichbar. Erst als die Räume sich gelichtet hatten und nur noch die engsten Freunde übriggeblieben waren, endlich konnte man sich setzen, ich wußte gar nicht, ob es überhaupt ungehörig war, daß ich mich nicht schon verabschiedet hatte, gelang es mir, sie anzusprechen. Woher nahm ich den Mut? Ob ich sie wiedersehen könnte? Ob ich sie anrufen dürfte? Nach kurzem Zögern bestellte sie mich auf die nächste Woche zum Tee. Dann hatte sie sich aber auch schon wieder jemand anderem zugewandt.

Der Glanz, der über dem kleinen Pavillon in der Rue Vitale an jenem Abend gelegen hatte, als dort der große Empfang stattfand, war verflogen. Es herrschte jetzt, an diesem stillen Nachmittag, an dem ich Anne-Marie meinen ersten Besuch abstattete – von einem Rendezvous konnte nicht die Rede sein, nein, es war ein ganz förmlicher Besuch, gesellschaftlich, ganz unpersönlich –, die Alltagsatmosphäre eines angenehm unkonventionellen, etwas vernachlässigten Künstlerhaushalts, für den die mondänen Veranstaltungen zur Strategie einer notwendigen Distanzierung zu Boheme und Bourgeoisie gleichermaßen gehörten. Ich fühlte mich sofort zu Hause, es war genau wie bei uns. Kein Diener servierte den Tee, sondern ein ältliches, moroses Faktotum weiblichen Geschlechts, von dem sich herausstellen sollte, daß es nur Spanisch konnte, schob einen wackligen Teewagen in den dürftig beleuchteten Salon. Die Lampenschirme waren alle nicht im Lot, was aber keinem der Bewohner des Hauses je ins Auge fiel. Auch Anne-Marie war keine blumengeschmückte junge Dame mehr, sondern ein junges Mädchen, das gelangweilt, etwas schlaksig die Treppe herunterkam, um sich mit einem jungen Ausländer zu unterhalten, der sie in ihren Nachmittagsbeschäftigungen störte, noch unentschieden, ob sie ihn als Habitué des Hauses, das heißt ohne Protokoll und familiär, oder als *étranger de distinction* behandeln sollte. Sicher war sie solche lästigen Besuche gewohnt. Ich stellte mir die sagenhafte Unordnung vor, die in ihrem Zimmer herrschen mußte, und was ich als Gleichgültigkeit hätte schmerzlich empfinden können, entzückte mich, weil ich darin den Ausdruck einer Verträumtheit vermutete, die es ihr immer schwer machte, einen Bezug zur Realität zu finden. Zitrone oder Milch? Gesprächig war sie nicht. Worüber sollte sie auch mit mir sprechen? Wenn ich ihr sagte, daß ich in Paris war, um ein Buch zu schreiben, so war das für sie nur selbstverständlich. Aufgewachsen im Schatten eines Vaters, der sein Leben am Schreibtisch verbringt, um zu schreiben, war für sie das dubiose Geschäft des Schreibens etwas ganz Natürliches, ja, wohl die einzig gemäße Form, seinem Leben einen sinnvollen Inhalt zu geben. Sie konnte sich gar nicht vorstellen, daß es Menschen gibt, die nicht schreiben. Mit Ballanche konnte sie wenig anfangen. Am liebsten hätte sie wohl gehört, wenn ich ihr hätte sagen können, daß ich an einem Roman arbeite oder, besser noch, daß ich Gedichte mache. Sie hätte es hingenommen, wenn ich ihr eigene Verse rezitiert hätte.»Connaissez-vous Michaux?« Nein, den Namen hatte ich noch nie gehört.

Gar nicht Französin, sondern Südamerikanerin, viel mehr noch als ihre beiden verheirateten Schwestern, denen sie in der Weise ähnelte, daß man an ihr erkennen konnte, wie die Älteren einmal als Achtzehnjährige ausgeschaut hatten, aber auch wußte, wie dieses feingliedrige Geschöpf einmal aussehen würde, wenn es zur Frau herangereift war. Wie beiläufig, wohl weil sie mich gefragt hatte, wie es in Deutschland sei, und ich etwas über die geistlose Tüchtigkeit und ganz auf den materiellen Wiederaufbau fixierte blindwütige Leistungsbesessenheit gesagt hatte, der ich entflohen war, sprach sie von der tiefen Traurigkeit, die das Leben in Südamerika beherrscht, einer Melancholie, die zusammengeht mit dem vollkommenen Fehlen jeden Zeitgefühls. Südamerika sei der Kontinent der großen Leidenschaften, der unglücklichen Lieben, die ein Leben dauern. Das war nicht Konversation. Ich fühlte, sie wollte mir sagen, daß auch sie eine Fremde in Paris sei, wie ich, und das Leben mit anderen Maßstäben mißt, als sie in dieser hektischen und frivolen Stadt üblich sind. Sie zog mich ins Vertrauen mit einer leisen Warnung.

Dann nahm sie mich mit hinauf, zwei Treppen hoch, in einen unter dem Dach gelegenen großen atelierartigen Raum, aus dem Salon der Eltern hinauf in ihr Reich, und legte Platten auf. Brasilianische Musik. Da lag ein großer Haufen auf dem Fußboden verstreut, und sie suchte darin herum, am Boden hockend, wie das Mädchen am Bach, das die Kiesel wendet, ihr langes Haar, das sie offen über dem Rücken trug, glitt über ihre Schultern und verdeckte ihr Gesicht, man hätte meinen können, sie wolle sich verhüllen, aber ihr schönes Profil mit der feingeschwungenen Nase kam nun erst richtig zur Geltung. Ich hatte mich mit hochgezogenen Beinen auf eine alte Truhe verzogen. Nichts wäre unpassender gewesen, als mich in einen Sessel zu setzen. Ich sollte die Musik hören, die sie liebte; damit dispensierte sie uns aber auch von dem Zwang, miteinander reden zu müssen. Sie verharrte in einem Zustand intensiver Hingabe und Entrücktheit. Ich existierte für sie nicht, trotzdem konnte ich mich des Eindrucks nicht erwehren, daß sie da einen Beschwörungszauber zelebrierte, der auch mich betraf.

Ich dachte an meine Schwester, als diese in ihrem Alter war; geheimnisvoll, katzenhaft, indolent und bis zur Neurasthenie sensibel. Mir war alles so unendlich vertraut. Jedes Gefühl der Fremdheit, des Ausgeschlossenseins, der Verlorenheit im großen Paris war aufgehoben. Um Gottes willen, wie spät war es denn? Ich mußte mich doch verabschieden, konnte hier nicht bis in die Nacht herumsitzen. Das gehörte sich einfach nicht. Was würde Denise sagen? Wurde hier denn nicht zum Abendessen gerufen? So raffte ich mich denn auf, um mich loszureißen, so schwer es mir fiel. Anne-Marie schien ganz erstaunt. Wie, Sie wollen gehen? Das ermunterte mich, sie zu fragen, ob ich sie wiedersehen könnte. Zu meiner Überraschung akzeptierte sie, mit mir auszugehen. Sie würde mir irgend etwas in Paris zeigen.

Warum hatte sie meine Einladung angenommen? Ihr letztes Wort »à la prochaine fois« klang keineswegs wie eine Ermutigung, eher gleichgültig. Wohl deswegen, weil ihre Schwestern ihr aufgetragen hatten, zu dem jungen Deutschen freundlich zu sein, diese Schwestern, die das alles arrangierten und encouragierten, aber auch ganz genau überwachten. Denise versäumte nie, etwas spitz nachzufragen: »Alors vous sortez Anne-Marie?« Eine eher langweilige Verpflichtung also.

Wir machten lange Spaziergänge. Ihre Vorliebe galt offensichtlich dem sechsten und siebentem Arrondissement, wo die größte Zahl der Menschen wohnte, die sie kannte, Sitz der Verlage und des Faubourg St. Germain, nicht als Orts-, sondern als Gattungsbegriff genommen. Ab und zu ließ sie ohne weiteren Kommentar einen Namen fallen, das hieß dann: Sie kennen doch die Leute? oder: Haben Sie seine Gedichte gelesen? Nicht die geringste Spur von Snobismus. Eher ironisierte sie die Mondänität ihrer Schwestern.

Scheinbar gingen wir ohne Ziel, doch hatte ich bald heraus, daß sie mich führte. Immer gab es eine Überraschung, so, als wir einmal wie zufällig in das Musée Rodin gerieten, das ja vor allem durch seine Lage besticht, ein von Bronzen belebtes Schlößchen in seinem Park. Anne-Marie, die es, wie sie mir gestand, immer wieder hierher zog, führte mich – auf Zehenspitzen gleichsam – zu den Stücken, die sie besonders liebte und deren überwältigende krasse Erotik mich in dieser Begleitung in Verlegenheit versetzte. Dadurch aber, daß ich mit ihr das erste Mal hier gewesen war, blieb das kleine Museum ein für allemal mit dem Zauber verbunden, den sie auf mich ausübte. Sie aber hatte die Eigenschaft, alles, was sie vermittelte, in einen höheren, ihre handgreifliche Realität transzendierenden Geheimniszustand zu erheben. Wenn es Menschen gibt, von denen man sagen kann, wie es Leroy maliziös von Henri Gouhier behauptete:»Sie töten, was sie anfassen«, so mußte man von Anne-Marie sagen: Sie verzauberte alles, was sie anrührte.

Ein unvergeßlicher Höhepunkt unserer schweigsamen Gänge war ein abendlicher Besuch im Louvre, der einmal in der Woche von neun bis elf seine Tore für eine»Nachtveranstaltung« öffnete. Das war damals etwas Neues, und ich hätte alleine den Weg dorthin sicher nicht gefunden. Mich störte der hektische Betrieb der Grande Galerie, durch die sich ein Besucherstrom wälzte wie ein Lavastrom. Japaner-Trupps, bebrillt, mit schweren Kameras und Objektiv-Taschen behängt, Rucksacktouristen, unrasiert, in einer Schweißwolke, kinderwagenschiebende Schwangere, Schülerklassen, die Gruppen und Grüppchen wohlerzogener und -gekleideter Herrschaften, die andächtig den meistens törichten, manchmal gelehrten Kommentaren eines Führers lauschten, immer wieder in einer anderen Sprache, ein babylonisches Stimmengewirr. Es war schlechterdings unmöglich, sich die Bilder anzusehen und auf sich wirken zu lassen, und im übrigen schien es mir sowieso, daß ein Museum der ungeeignetste Ort ist, um ein Kunstwerk zu bewundern. Jedes Kunstwerk hat seinen Ort. Eine Kirche, ein Schloß, ein seinem Kunstwert angemessenes privates Interieur. Jede Schaustellung in einem Museum kommt einer Profanierung gleich. Ich irrte mich. Heute zeigen Museen das Kunstwerk so, wie es früher nie und auch an keinem anderen Ort gesehen werden konnte. Sie sind Dispositive ungeahnter Steigerungsprozesse, der Transsubstantiation des gezeigten Objektes ins Immateriell-Imaginäre.

Mit dem Instrumentarium einer hochdifferenzierten Beleuchtungstechnik – den Scheinwerfern und Spotlights, den Soffitten und Farbbirnen – entlockt eine moderne Lichtalchimie dem Schaugegenstand zuvor verborgen gebliebene, in ihm schlummernde ästhetische Qualitäten und schafft dadurch die Möglichkeit neuartiger Erlebniszustände und sinnlich-spiritueller Erfahrung. Wie soll man die Worte finden, um zu schildern, was mit der Siegesgöttin von Samothrake geschieht, die tagsüber als trauernde Gefangene archäologischer Fürsorge in der milchigen Oberlichtberieselung eines öden Treppenhauses fröstelt, jetzt aber, von den wechselnden Lichtspielen der Nachtveranstaltung erweckt, ihre Schwingen zu regen beginnt. Schwerelos schwebt sie empor, hebt sie sich ab. Und jetzt ist sie ein Engel, dessen transparente Gestalt in einem horizontlosen Raum flimmernden Äthers erstrahlt... Und jetzt ist sie, emporgetragen von dem Flutlicht huldigender Scheinwerfer, die schwerelos schreitende, göttliche Jungfrau von unsäglicher Schönheit, deren Alabasterleib durchsichtig unter dem durchsichtigen Gewebe ihres leichten Gewandes schimmert, in dem der Wind spielt. Wo begegnen wir ihr da, glücklich verblendete Sterbliche? Die Epiphanie des Göttlichen konnte nie, auch unter den sonnentrunkenen Himmeln von Hellas nicht, überwältigender sein.

Was ich mit Anne-Marie im *Louvre la nuit* erlebte, öffnete mir die Augen für einen Aspekt des nächtlichen Paris, den ich bis dahin gar nicht richtig wahrgenommen hatte! Alle großen Baudenkmäler wurden seit einiger Zeit von Scheinwerfern angestrahlt. Ich hatte das als selbstverständlich hingenommen, ohne mir weitere Gedanken darüber zu machen. Plötzlich begriff ich, mit welchem erstaunlichen Phänomen ich da konfrontiert wurde. Die Alchimie des Lichtes entmaterialisierte die steinernen Monumente, sublimierte sie zur reinen Phantasmagorie, in der die translapidare Substanz der Stadt in Erscheinung trat. Die Idee der *ville lumière* fand auf einer neuen Stufe der industriellen Revolution, man hat sie als die technotronische bezeichnet, einen neuen Gipfel des wissenschaftlich-technischen Fortschritts also, ihre konkrete Verwirklichung.

Das Licht, das menschengemachte künstliche Licht, ist nicht nur im metaphorischen Sinne die Signatur einer geistigen Aufklärung. Die Illumination der Welt ist eine Dimension des großen geschichtlich-gesellschaftlichen Umwandlungsprozesses, eine Begleiterscheinung der Mutation der Menschheit, ihres Übergangs in einen sublimeren Daseinszustand. *L'Humanité s'éclaire en s'élevant.* (Die Formel ist von Lamartine.)

Das Menschheitshabitat der Zukunft leuchtet und verwandelt den Planeten Erde in einen in der Finsternis des Kosmos aus eigener Kraft strahlenden Stern. Zeitgemäße Architektur ist Lichtarchitektur. Alles, was sie an hard-ware produziert, wird zum Lichtträger. Man erkennt ihre Physiognomie nur in der Nacht.

Nie habe ich Notre-Dame schöner, nie wunderbarer, nie himmlischer gesehen als an diesem Abend mit Anne-Marie. Es war etwas dunstig, und hinter dem Filigran der Bäume schimmerte das nervöse Pfeilerwerk, nicht mehr aus Stein, sondern aus goldenen Lichtatomen gebildet. In das Gold mischten sich orange und Rosentöne. Was aber die flimmernde Lichtvision so über alle Maßen unwirklich machte, war dieses: Man konnte die Türme des Westwerks, die fehlenden Türme von Notre-Dame, von den Lichtbündeln der Scheinwerfer in die sepiadunklen Höhen gezeichnet, ganz deutlich erkennen!

Beiläufig sei angemerkt, daß jeder Tourist, der es sich leisten konnte, diesen erhabenen Anblick als voyeuristischen Augennachtisch gewissermaßen nach dem Genuß der berühmten, von einem geschulten Maître d'hôtel mit artistischer Eleganz freihändig in der Luft tranchierten Canard au sang, nach Crêpes Suzette und einem Glas Veuve Clicquot in dem teuersten Restaurant der Stadt, der *Tour d'Argent,* für 400 Francs, die ihm wie der Preis für seine Davidoff-Zigarre auf die Rechnung gesetzt wurden, bestellen konnte.

Ich nannte Anne-Marie bei mir, wenn ich mit Zärtlichkeit an sie dachte, *la petite sœur des poètes,* denn sie war reine Poesie und lebte – so stellte ich sie mir wenigstens vor – in einer Welt, in der es nur Dichter gab; eine andere Sorte von Menschen existierte für sie nicht. Und wenn sie sich auf jemand anderen einließ, so geschah es, um einen Dichter aus ihm zu machen. Ich fühlte mich sehr plump und naturburschenhaft neben einem Wesen von so extremer Sensibilität, die notwendig mit einem extrem hohen Anspruch an das Leben verbunden war. Kein moralischer, kein gesellschaftlicher, kein religiöser Wertmaßstab kann rigoroser sein als jener, der alles an den Qualitätskriterien mißt, die für die Beurteilung eines Gedichts Geltung haben. Eine solche Attitüde war natürlich eine unglaubliche Herausforderung an die Realität der Alltagswelt. Vor diesem Anspruch konnte niemand bestehen. Nichts von Arroganz, aber ein trotziger, wenn auch unschuldiger Hochmutsgestus, in dem sich eine allerhöchste Vorstellung von der Bestimmung des Menschen manifestierte. »The future will be, as poets are.« Man hatte es nicht mit einem Programm, sondern einem Gefühl, der Eingestimmtheit in eine spezifische Seinsweise zu tun. Der Anspruch wurde nicht erhoben, sondern vorgelebt, war reine Daseinsqualität. Ich finde einfach kein besseres Wort, um zu sagen, was ich meine, man wird mich verstehen und mir verzeihen: Sie war eine Prinzessin.

Solche Geschöpfe sind das Kostbarste, was eine Gesellschaft hervorbringen kann. Treibhausprodukte einer Hochkultur, die nur in der Atmosphäre ganz bestimmter vergeistigter Milieus gedeihen, in denen materielle Probleme vollkommen ausgeblendet sind, Pflanzen, deren entelechischer Kulminationspunkt nicht Laubwerk oder Blüte, sondern der Geheimniszustand der Knospe ist. Zum erstenmal hatte ich Exemplare dieser raren Spezies in Neapel erlebt.

Besuch bei der Schlangendame

Obwohl wir kaum miteinander sprachen, wurde unser Schweigen immer vertraulicher. Wir verabredeten uns von einem Mal auf das andere. Ich vermied es, sie anzurufen. Das schien mir unangemessen. Ich überließ mich ganz ihrer Laune. Wie erstaunt war ich, als mich mein Wirt eines Morgens ans Telefon rief und sie am Apparat war. Das war ungewöhnlich. Ob ich sie am Abend auf eine Party begleiten wollte, zu Freunden, »Des gens drôles, vous verrez«. Sie mußte von ihrer Schwester wissen, wie begierig ich darauf war, Menschen und Interieurs kennenzulernen, Paris von innen zu erleben. Aber ihr gegenüber hatte ich nie gewagt, eine Andeutung in dieser Richtung zu machen. Ich war überzeugt davon, daß sie mich deswegen verachtet hätte. Wollte sie mir eine Freude machen? Ich kam nicht auf den Gedanken, daß sie vielleicht nur einen Begleiter brauchte.

Die Party fand in einem hypermodernen Appartement im Seizième statt, das durch zwei Etagen ging, ein Duplex. Alles war sehr luxuriös, mit jenem auserlesenen Geschmack ausgestattet, der eigentlich schlechter Geschmack ist. Exotisch, spleenig – pariserisch. So waren die Gastgeber. Sie extrem schlank, biegsam, in einem schwarzen, von den Knöcheln zu den Knien hochgeschlitzten, am Hals eng geschlossenen Etuikleid, verschlungene Perlenketten auf den bloßen bleichen Armen, ein goldener Schlangenreif wand sich bis zur Schulter hinauf, Ringe mit bunten Steinen an jedem Finger der leicht gespreizten sehnigen Hände, dunkelgrün lackierte Fingernägel; sie sah aus wie eine Tänzerin aus einem expressionistischen Ballett und bewegte sich auch so. Er im schwarz paillettierten Abendjackett und mit Spitzenjabots üppig besetzter Hemdbrust, wie ich sie noch nie gesehen hatte, Biesenhosen und Lackpumps, der Schädel kahl – es war nicht zu erkennen, ob glattrasiert oder Glatze –, ein feines Mongolenbärtchen über sinnlichen Lippen, nur schwarze Knopfaugen verrieten, daß man es nicht mit einem Asiaten zu tun hatte. Einen Kopf kleiner als seine Frau, die über ihrem Vogelgesicht eine üppige Hochfrisur von schwarzgefärbten Locken trug, die sehr gut eine Perücke sein konnte, wirkte er wie eine sorgfältig auf sie abgestimmte Figurine aus demselben Ballett, zu pittoresk, um unheimlich zu wirken; das aber war offensichtlich der choreographische Grundgedanke. Im übrigen sprach er kein Wort, nur sie plapperte unaufhörlich, so affektiert und gekünstelt, wie man es erwarten mußte, dabei in allem, was sie sagte, die Liebenswürdigkeit selbst.

Sie empfing uns, als seien wir ihre *intimsten* Freunde, die sie zu ihrem *größten* Unglück *ewig* nicht gesehen hatte. Sie schien außer sich vor Entzücken, uns nun *endlich* wieder bei sich zu haben. Wir sollten uns wie zu

Hause fühlen, tun und lassen, was wir wollten. Sie war sicher, wir würden uns nicht langweilen, es seien so viele nette Menschen gekommen, oh, es würde ein *wunderbarer* Abend werden. Sie liebe solche Abende, an denen sie ihre Freunde verwöhnen dürfe, das sei doch das Schönste, was es im Leben gebe, seine Freunde zu verwöhnen,»nicht wahr, Jacques?«Jacques nickte, ohne seine undurchdringliche Miene zu verziehen. Es kamen die nächsten Gäste. Wir waren bis auf weiteres entlassen. Anne-Marie wurde sofort von einer Gruppe jüngerer Leute mit Hallo begrüßt. Ich hatte Zeit, mich etwas umzusehen.

Wir waren in eine große, durch beide Stockwerke gezogene, von Dekkenstrahlern hell erleuchtete zentrale Halle getreten, dominiert von einer sanft geschwungenen Treppe mit gläsernen Stufen, die in das obere Geschoß schwebte. Auf dem spiegelblanken weißen Marmorfußboden lagen Zebrafelle. Außer einem Konzertflügel und hohen Vitrinen an den Wänden, in denen monochrome chinesische Keramik raffiniert beleuchtet ausgestellt war, standen hier weiter keine Möbel, sondern nur eine Unzahl kleiner runder weißgedeckter Tische, umgeben von den zierlichen Goldstühlchen, wie man sie für solche Feste mietet. Flügeltüren öffneten sich nach allen Seiten auf Nebenräume, die im Gegensatz zu der strahlenden Helle in goldenes Dämmerlicht getaucht waren. Ein riesiges Atelierfenster gab den Blick auf die lichterflimmernde mächtige Stadt frei.

Es waren ungefähr fünfzig Personen anwesend, eher bunt aufgeputzt als elegant. Ich kannte natürlich niemanden. Es war wieder eine völlig neue Welt, in die ich da geraten war, völlig anders als alles, was ich bisher zu sehen bekommen hatte. Was waren das nur wieder für Menschen? Wo kamen sie her? Was führte sie zusammen? Ich fühlte mich völlig außerstande, die sozialen Ingredienzien dieser Mixtur zu bestimmen. Literaten, Waffenhändler, Mannequins, libanesische Millionäre, UNESCO-Funktionäre, Innenarchitekten, Künstler. Keine Zahnärzte, kein *Faubourg*, vielleicht ein russischer Fürst oder ein brasilianischer Baron mit falschem Titel. Man sprach französisch mit den verschiedensten Akzenten. Der Ton war auf launige Vertrautheit gestellt, von der man noch nicht sagen konnte, ob sie gespielt war oder der Intimität eines Kreises entsprach, der sich in der stillschweigenden Erwartung zusammengefunden hatte, daß dieser Abend in einer Orgie enden würde.

Was führte Anne-Marie hierher? Und warum hatte sie mich hierhergebracht? Sie fühlte sich offensichtlich wie ein Fisch im Wasser. Der unleugbare Reiz, den ich empfand, hier zu sein, wurde noch erhöht durch das Bewußtsein der Distanz, die diese prickelnde Atmosphäre von der noblen Unaufdringlichkeit des Dichterhauses in der Rue Vitale trennte. Beides Facetten der Wirklichkeit von Paris. Und ich mußte lernen, daß es deren unzählige gab. Und daß ich Paris erst kennen würde, wenn ich sie alle erlebt hätte. Ganz mit solchen Überlegungen beschäftigt, stellte ich mich vor das große Fenster und schaute hinaus. Dort überall, so weit der Blick reichte, hinter den erleuchteten Fenstern, nah und fern, dachte ich mir, finden jetzt gleichzeitig unzählige andere solcher Feste statt, immer in einem anderen Dekor, immer mit anderen Menschen, mit immer anderen Beweggründen, anderen Bestimmungen, anderen Wahrheiten und anderen Geheimnissen. Hier sein, hieß dort überall nicht sein. Ich empfand es schmerzhaft. Man definiert sich in dem, was man ist, durch das, was man damit ausschließt. Der Sartresche Existentialismus ist eine Pariser Stadtphilosophie. Doch ich beklagte mich nicht. Ich war höchst zufrieden, dankbar sogar.

Da ertönte Musik. Keine Jazzband, kein Tango-Orchester – unter den Stufen der gläsernen Treppe hatte ein Viola-Quartett in Stilkostümen Platz genommen und produzierte Cinquecento-Weisen, für mich das Langweiligste, was es gibt, aber natürlich in diesem *environment* sehr schick, weil total unerwartet. Auch in Frankreich haben die Konzerte mit historischen Instrumenten etwas penetrant Weltanschauliches, ihre Mitglieder musizieren mit finster-entschlossenen oder ostentativ verklärten Mienen, die das Publikum zwingen, ihr Gefiedel mit Andacht anzuhören. Es war wohl nicht nur für mich eine Geduldsprobe, doch lag in der Wahl dieser Einlage von seiten der Gastgeber außer dem Wunsch, ihre Gäste zu verblüffen, sicher auch ein sadistisches Moment: Sie wollten sie auf die Folter spannen und waren darin durchaus erfolgreich, um so mehr, als man zu allem Überdruß gezwungen war, aus Höflichkeit frenetisch zu applaudieren und sich in Exklamationen über diese herrliche Darbietung, diese kostbaren alten Weisen, den einzigartigen Sound dieser seltenen Instrumente, das hingebungsvolle Spiel der edlen Musikanten und so weiter und so weiter zu ergehen.

Dann wurde, endlich!, das von allen sehnsüchtig erwartete Buffet eröffnet. Hinter den Musikanten aufgebaut, hatten wir es die ganze Zeit dort verführerisch schimmern sehen. Jetzt durfte man sich einen Teller mit einer Scheibe Trüffelpastete oder einem glasierten Hühnerbein holen und zusehen, daß man an einem der kleinen runden Tische einen Platz fand. Natürlich waren nicht ausreichend Stühle vorhanden, was aber niemand störte, im Gegenteil: Wer sitzt schon auf Stühlen? Es machte sich doch viel besser, sich auf die Treppenstufen zu kauern, auf einer Sessellehne zu balancieren, seinen Teller auf dem Flügel abzustellen oder, am besten, auf dem Boden zu lagern. Besonders die jungen Frauen fanden da die dekorativsten Posen, und natürlich hockte auch Anne-Marie nonchalant auf einem Zebrafell.

Der Diener reichte weitere Köstlichkeiten herum, was manchmal mit argen Schwierigkeiten verbunden war, wenn er sich mit seiner Schüssel tief zu einer Gruppe am Boden Sitzender niederbeugen oder auf der Treppe hinauf- und herunterbalancieren mußte. Er schenkte auch den Bordeaux aus, der in guter Qualität bereitstand. Im übrigen floß der Champagner in Strömen. Es herrschte eitel Wonne und Zufriedenheit.

Nach dem Souper verschwanden die Tischchen und Stühlchen, die Zebrafelle wurden an die Seite geschoben. Aus einer versteckten Lautsprecheranlage erscholl Musik, und es wurde getanzt. Das war nichts für mich. Ich strich durch die Wohnung. Die gläserne Treppe führte zu einem schwarzen Kabinett; Wände, Decke, der Fußboden, alles schwarz lackiert, von chinesischen Dämonenmasken illuminiert. In der Mitte ein mit einem Chinchillapelz überdecktes riesiges Bett.

»Nun, wie gefällt es Ihnen?« raunte die »Schlangendame«, die plötzlich neben mir stand. Es war ihr nicht entgangen, daß einer ihrer Gäste sich von dem Rudel abgesondert hatte. Ohne meine Antwort abzuwarten, fuhr sie fort:»Hier finden keine Morde statt, aber ich liebe dieses Zimmer auch nicht. Es ist das Zimmer meines Mannes. Er hat es sich so eingerichtet, wie er es liebt. Es ist sein ganzer Charakter darin. Ja, wissen Sie, manchmal habe ich vor meinem Mann richtig Angst, obwohl wir schon zwanzig Jahre verheiratet sind. Wenn er in diesem Raum ist, störe ich ihn niemals. Das Wichtigste, um die Harmonie einer Ehe zu bewahren, finde ich, ist, daß jeder seine absolute Freiheit hat und sich ganz in seine Eigenwelt zurückziehen kann, sooft er will.« Es war zu hören, daß sie diesen Kommentar schon oft hergesagt hatte. Wie immer in so prononcierten Interieurs, lieben es die Besitzer, den Fremdenführer zu spielen, ja, man muß sich fragen, ob der ganze Aufwand nicht überhaupt darauf angelegt ist, gezeigt zu werden, so sehr, daß das Leben darin in jedem Augenblick mit dem Bewußtsein verbunden ist, von einem imaginären Besucher gesehen zu werden. Wie eine unsichtbare Kamera ist das Auge des Voyeurs gewissermaßen in das Dekor eingebaut. Was, wenn jetzt die Tür, die so einladend offengestanden hatte, hinter uns zuschnappen würde... Und wenn sich die Schlangendame jetzt auf mich stürzen würde mit einem heiseren Schrei, um mich mit einem gekonnten Judogriff auf die Matte zu legen? Die grünen Krallen rissen mir den Kragen auf, das Vogelgesicht stand dicht vor meinen Augen. Da trat auch schon der Herr mit dem Tatarenschädel aus einer der Lackwände, die wie rauchige Spiegel wirkten, und seine Kulleraugen waren alles andere als gutmütig, bedrohlich fixierten sie mich, genau wie die Dämonenfratzen ringsum. Und es war klar, was er wollte, er wollte *es* sehen.

Diese Chinchillaliege, zweimal zwei Meter, die stand doch nicht da für Meditationsübungen. Der Typ lag hier doch nicht mit Bartbinde und las einen Krimi, ein Glas Wasser und die Schlaftablette auf einem Lacktischchen neben sich, und rief gähnend in das Schlafzimmer von Madame hinüber:»Dormez bien, chère amie.«

Hier frönte das pittoreske Paar seinen Leidenschaften. Hier zelebrierte es seine erotischen Spiele – und dazu gehörte der Dritte. Der muskulöse, wie mit Pailletten von Schweißperlen überzogene Jünglingsrücken, der sich aufbäumt über dem obszönen Schlund; der bleiche, bebende Mädchenleib – eine unschuldige Jungfrau muß es wohl sein. Sollte am Ende...? Nein, unmöglich. Ich war verrückt. Ich hatte zuviel gelesen. Die beiden waren eine perfekte Inkarnation des *couple pervers,* das in der Komplementarität seiner Manien (wie Fourier sagen würde) den höchsten Grad gemeinsamen Lustgewinns und geistigen Einverständnisses zu erreichen befähigt ist – des höchsten Grades von Erkenntnis, würde ich heute sagen, wobei Erkenntnis die gemeinsame und nur gemeinsam zu machende Erfahrung der Wahrheit ist.

Ich faßte mich schnell und fragte leicht verwirrt, ob ich vielleicht auch das Badezimmer sehen dürfte.»Oh, quel polisson!« Die Bitte wurde mir verwehrt. Jacuzzi? Hometrainer? Oder einfach unaufgeräumt? Das Verbot klang eher wie ein Versprechen, das später, irgendwann einmal, eingelöst werden könnte, wenn ich mich für höhere Initiationsgrade qualifiziert haben würde.

»Kommen Sie, tanzen Sie mit mir!« Was blieb mir anderes übrig? Unaufhörlich plappernd, schmiegte sie sich an mich, und Arm in Arm schritten wir die Treppe hinunter und tauchten in das Gewoge der tanzenden Paare.

Wo war Anne-Marie? Sicher saß sie in einen Sessel gekauert in einem der schummrigen Salons. Aber nein, dort tanzte auch sie, geführt von einem hageren älteren Herrn, der gar nicht zu dem bunten Völkchen zu passen schien. Er schien mir ernster als alle anderen, hatte ein scharf geschnittenes Intellektuellen-Gesicht mit einem Vogelblick und kurzgeschorene Haare, von denen man nicht sagen konnte, ob sie hellblond oder schon grau waren. Vielleicht erschien er mir aber nur bedeutender und geheimnisvoller als die anderen, weil Anne-Marie mit ihm tanzte. Sie hatte sich den ganzen Abend nicht um mich gekümmert. Als sie mich jetzt unter den Tanzenden sah, machte sie mir ein Zeichen, ich solle zu ihr kommen. Die Schlangendame ließ mich frei, nachdem sie mir noch ins Ohr geflüstert hatte:»Qu'elle est adorable, votre copine. Der Mann, mit dem sie tanzt, ist ein großer Dichter. Er haßt es, auf Gesellschaften zu gehen, aber auf *mein* Fest ist er gekommen. Ich liebe die Dichter, er weiß es.«

Anne-Marie hatte mich herangerufen – nicht um mich vorzustellen, wie ich hoffte, sondern um mir zu sagen, daß wir jetzt gehen müßten. Sie müsse um Mitternacht zu Hause sein:»Les parents...« Der Blick, mit dem sie sich von ihrem Tänzer verabschiedete, ließ mich verstehen, daß sie ihn nicht erst seit diesem Abend kannte.

Bevor sie aus dem Taxi stieg – ich hatte lebhaft von meinen Eindrücken gesprochen, sie hatte – wie immer – kaum etwas gesagt, nur gefragt –, legte sie mir, zum erstenmal, ihre Hand auf den Arm und vergaß sie dort für eine kleine Unendlichkeit. Ein schwarzer Seidenhandschuh, materiell überhaupt nicht zu spüren, die Wahrnehmung der Geste überwältigte mich. »Kommen Sie mich morgen um fünf abholen!«, und schon war sie verschwunden.

Rue Suger

Morgen? Das war neu, nicht mehr unser Einmal-die-Woche-Rhythmus. Ich war gespannt und erschien auf die Minute pünktlich. Sie wartete schon im Mantel. Heute, sagte sie, führen wir ins Quartier Latin. Am Tage benutzten wir die Métro. Am Boul' Mich' tauchten wir wieder aus den Schächten auf. Das Treiben hier kannte ich gut, aber mit ihr war ich zum erstenmal da, und daher war alles ganz anders. Lauter junge Leute, Studenten, alle viel jünger als ich, viel älter als sie. Mir wurde schlagartig klar, daß ich ein Schulmädchen ausführte. Wollte sie mich in das Musée de Cluny führen, um mir die Tapisserien der *Dame mit dem Einhorn* zu zeigen? Das wäre ganz unser Stil. Nein, sie biegt ab in eine verwinkelte Nebenstraße, aber sie kennt ihren Weg, der zu einem der großen schweren Portale eines alten Hauses führt, der Toreinfahrt eines ehemaligen Stadtpalais, halbverfallen und verwahrlost wie alle Häuser in diesen Gassen, bevölkert von zahllosen Mietparteien.

»Ich werde Sie jetzt einen Augenblick alleine lassen müssen. Warten Sie bitte auf mich... Ich mache nur schnell einen kleinen Besuch.« Sie wies mit der Hand auf die gegenüberliegende Straßenseite. »Setzen Sie sich hierher in das Café. Von da aus können Sie dieses Tor gut überwachen.«

Ich wartete brav. Sie erschien wieder nach einer kleinen Stunde. Die Zeit war mir gar nicht lang geworden. Die Vorfreude darauf, sie gleich wiederzusehen, und ein kleines Glas Weißwein hatte sie mir verkürzt. Sie sah verträumt aus wie immer. Wir schlenderten noch ein wenig durch die Gassen mit den pittoresken Namen. Sie hatte mich untergehakt. Dann winkte sie ein Taxi herbei, entließ mich und war wieder entschwunden, nicht ohne mich auf den übernächsten Tag wieder um fünf Uhr in die Rue Vitale bestellt zu haben. »Sans faute.«

Unser Spaziergang endete sehr schnell wieder vor dem dunkelgrünen Portal mit den polierten Messingknaufen. Wieder wurde ich dazu verurteilt, in dem gegenüberliegenden Bistro zu warten. Es wurde zu einer richtigen Gewohnheit, zwei-, dreimal in der Woche mußte ich sie abholen und zu diesem Portal begleiten. Eine kleine Stunde mußte ich warten, nicht mehr, nicht weniger. Wo mochte sie nur immer hingehen? Ich wagte nicht, sie danach zu fragen. Und sie war ja nicht gerade besonders mitteilungsfreudig. Trotzdem, wenn sie zum Zahnarzt oder zu einer Schneiderin zur Anprobe gegangen wäre, hätte sie mir das doch wohl erzählt. Auf das Naheliegendste kam ich nicht, schon deswegen, weil ich das Gefühl hatte, daß sie mir, seitdem ich ihr zu diesen geheimnisvollen Besuchen das Geleit gab, zugetaner war als zuvor.

Es wollte mir so scheinen, als sei ihre Bereitschaft jetzt größer geworden, auf jenen immer unausgesprochen gebliebenen Rest an Sehnsucht und Erwartung einzugehen, der hinter meinem so überaus korrekten Verhalten ihr gegenüber in meinem Inneren sein Unwesen trieb, jenes physische Begehren, das, wenn ich es mir selber auch nicht eingestehen wollte, die Quelle meines Sehnens, aber auch die Ursache meiner Hemmungen und meiner Verblendung war. Sie nahm meinen Arm, sie schmiegte sich an mich. Sie ließ mich eine Nuance Körperlichkeit spüren. Ein Funke sprang über, das fühlte ich deutlich. Sie konnte auf einmal heiter aussehen, verschmitzt, und ich beobachtete, wie in ihren Zügen ein Lächeln spielte, das gar nicht mehr in das Register verträumter Melancholie gehörte, an das sie mich gewöhnt hatte.

Ich ahnte nicht, was da lief. Im Grunde weiß ich es erst heute richtig... Es bedurfte der Erfahrungen eines langen Lebens, um meiner kleinen Prinzessin auf die Schliche zu kommen. Der Erfahrung zum Beispiel, daß Frauen, wenn sie sexuell erregt sind, weil sie mit einem Mann zusammen waren, nicht etwa den Kontakt mit dem nächsten meiden, sondern ihn suchen. Ihre Erregung wirkt fort, drängt sie, in einem Elan von Generosität gewissermaßen, in die sich so etwas wie Dankbarkeit mischt, etwas davon mitzuteilen, weiterzugeben, weiterzuspielen, weiterzumachen...

Der Kongreß für kulturelle Freiheit

In diesen Tagen war viel los in Paris. Der Kongreß für kulturelle Freiheit – niemand wußte genau, was das war – veranstaltete ein Superfestival ohnegleichen. Es war eine gewaltige, in diesem Umfang und in dieser Qualität bis heute kaum je übertroffene kulturelle Großveranstaltung, eine Multimediashow, die für das Organisationsmodell Festival neue Maßstäbe setzte. Konzerte, Opern- und Ballettaufführungen, literarische Kolloquien, Vorträge, Lesungen, Penneldiscussions, eine Ausstellung moderner Kunst. Jede Menge großer Namen. Alles, was der Okzident an Kulturprominenz aufzuweisen hatte, war aufgeboten. Ich wurde von einer deutschen Zeitung beaufragt, darüber Bericht zu erstatten, was ich gerne tat. Auf diese Weise hatte ich Zugang zu allen Veranstaltungen. Das Programm war überwältigend, und im Monat Mai 1952 sah mich die Bibliothèque Nationale nur sehr selten.

Jeder fand etwas für seinen Geschmack. Drei moderne Opern, keine je zuvor in Paris aufgeführt, waren zu sehen. Die Wiener Staatsoper zeigte Alban Bergs *Wozzeck*, das Londoner Covent-Garden-Ensemble Benjamin Brittens *Billy Bud*, eine farbige Truppe aus Harlem *Vier Heilige in drei Akten* von Gertrude Stein und Virgil Thomson. Neun große Orchester gaben Konzerte: die Bostoner Symphoniker, nach allgemeiner Auffassung von allen die besten, die Wiener Philharmoniker, das RIAS-Orchester aus Westberlin; die Musiker der Suisse Romande aus Genf; das Orchester der Academia St. Cecilia aus Rom; schließlich die Orchester der Opéra, des Rundfunks und des Conservatoire aus Paris selber, nicht zu schweigen von dem renommierten Lamoureuxorchester. Die berühmtesten Dirigenten waren gekommen, um mit ihnen zu spielen: Igor Strawinsky, Pierre Monteux, Charles Munch, Bruno Walter, Ernest Amsermet und Igor Markevitch. Ich kann nicht beschwören, daß die Liste vollständig ist. Außerdem fanden sieben Kammermusikabende weltbekannter Streichquartette statt, darunter das Berliner- und das Pascalquartett und der Nederlands Kamerkoor. Dreiunddreißig namhafte Solisten stellten ihr Können in den Dienst der guten Sache. Aber ich werde ihre Namen hier nicht auflisten.

Ich selber hatte mich mit Gourmandise auf die Galaabende der Tanztruppe des Marquis de Cuevas und des New York City Ballet gestürzt. Diese Truppe unter der Leitung von Balanchine war für die Pariser eine Offenbarung, was technische Perfektion und choreographisches Ingenium betraf, der »Orphée« von Strawinsky, von ihm selbst dirigiert, allerdings eine Enttäuschung. »Abominably long and furiously boring«.

Ein unbestrittener Höhepunkt des Festivals war dann aber die Aufführung des *Oedipus Rex* von Strawinsky mit Strawinsky im *Théâtre des Champs-Élysées* mit den *Lebenden Bildern* von Cocteau, surrealistische Mythologeme, die phantasmagorisch aus dem Dunkel des Bühnenraums über dem Orchester aufleuchteten, während Cocteau mit Grabesstimme dazu seine orphischen Texte las. Obwohl 1927 schon einmal rein konzertant aufgeführt, eine Weltpremiere. Aber was hier zelebriert wurde, war nicht das Neue, sondern die Evokation von Vergangenheit. Der Abend wurde von allen im Saal mit spürbarer Ergriffenheit als Hommage an Diaghilew, den fabulösen Inspirator und Arrangeur szenischer Gesamtkunstwerke, den Schöpfer der *Ballets Russes*, erlebt. Eine Jahrhundertlegende. In einer Atmosphäre von Eleganz, Raffinement und hoher Kunst, in die sich ein Hauch von Nostalgie und eine gehörige Dosis von Snobismus mischte, wollte es so scheinen, als wohnte man einem der großen Momente der Golden Twenties bei, dieser gar nicht so fernen, wenn auch schon legendären Zeiten, die viele der Anwesenden ja noch erlebt hatten. Das war besonders aufregend für die Jüngeren, die, wie ich, alles, was damals geschah, nur vom Hörensagen kannten. Diese Präsenz des Vergangenen als Erfahrung einer Gleichzeitigkeit des Ungleichzeitigen, einer Kontinuität in der Diskontinuität, einer Aufhebung der historischen Chronologie in einem kulturellen Erlebnisraum nennt mein Freund Rezzori »Epochenverschleppung«. Knapp fünfundzwanzig Jahre, was ist das schon? Die Dinge, von denen hier berichtet wird, liegen für den Schreiber und seine Leser über vierzig Jahre zurück und sind doch in der Erinnerung derer, die sie erlebt haben, so lebendig, als hätten sie sich gestern erst zugetragen. Was aber in uns hält sie lebendig? Die »Verlebendigungslust«.

Zu den literarischen Veranstaltungen waren Katherine Anne Porter aus New York, Ignazio Silone aus Rom, Louis Mac-Neice und Stephen Spender aus London gekommen. Das Finale des Festivals war programmiert als ein Feuerwerk abendländischer Rhetorik. In der alt-ehrwürdigen Salle Gaveau stellte der *Kongreß für kulturelle Freiheit* die Schicksalsfrage nach der *Zukunft der Kultur* zur Diskussion. Es präsidierte der Schweizer Denis de Rougemont. Die Liste der auf dem Podium um ihn versammelten Redner umfaßte so illustre Namen wie Salvador de Madariaga, Wystan Hugh Auden, William Faulkner und André Malraux (keine Frau, aber das fiel mir damals noch nicht auf). Der Saal war überfüllt. Die Erwartungen hochgespannt. Ein Regen kommunistischer Flugblätter, der während der Begrüßungsansprache des Präsidenten auf die Versammlung niederrieselte, hatte das seine dazu beigetragen, um die Stimmung aufzuputschen. Zu seinem Bedauern muß der Chronist berichten, daß nicht alle Beiträge gleich gut waren. Es gab sogar einen kleinen Skandal.

Don Salvador war verbios, weitschweifig, redundant und nichtssagend, das heißt, er sagte nichts Neues; Auden hermetisch und selbstreferentiell, das heißt umständlich; Faulkner aber, mit stürmischem Beifall begrüßt, lallte nur – man hatte den armen Mann aus einer Entziehungsanstalt herbeigeschafft und ungeachtet seines reduzierten Zustandes ans Mikrophon geschleppt. Ein bedauerlicher Zwischenfall. Für ein sensationslüsternes Publikum (und die Flugblattwerfer) das gefundene Fressen. Die Peinlichkeit wurde wettgemacht durch die Rede von André Malraux, die unmittelbar folgte.

Ein Bravourstück! Emphatisch, bombastisch, hysterisch. Einem medusierten, leicht eingeschüchterten Auditorium verkündete er, daß Kultur das sei, was Genies hervorbringen. Alles andere ist ohne Belang. Das Genie als höchster, paradigmatischer Ausdruck der schöpferischen Entfaltung und

Selbstverwirklichung des Individuums in Freiheit. Wo es Freiheit nicht gibt, kann das Individuum sich nicht entfalten, kann es keine Genies, ergo keine Kultur geben. »Die Zukunft ist, was Künstler sind!« (obwohl mehr Nietzsche als Wilde aus Malraux' Worten klang). Eine grandiose, etwas schrille Schlußfanfare für das Pariser Festival des *Kongresses für kulturelle Freiheit.*

Wußte das Publikum, dem alle diese Herrlichkeiten aufgetischt wurden, was da geschah? Warum mußte man dem doch so reichhaltigen Programm des kulturellen Alltags, wie es Woche für Woche die *Semaine de Paris* ankündigte, einen Zusatz, ein Mehr oktroyieren? Was war der Mehrwert dieses »Mehr«? Jeder fühlte, daß es um mehr ging als um die Zelebrierung von »Kultur«.

Die Presse reagierte unfreundlich, offen feindselig oder hämisch. Das Ganze war offensichtlich eine amerikanische Initiative. Das paßte den Parisern nicht, vor allem weil man sie nicht gefragt hatte. Das intellektuelle Klima wurde weitgehend beherrscht durch eine UdSSR-freundliche (wenn nicht in der Abhängigkeit von der Kommunistischen Partei hörige) Linke, die sich in einem gereizten Anti-Amerikanismus einig wußte mit der nationalistisch-gaullistischen Rechten. Die offizielle Außenpolitik der IV. Republik, die im Rahmen des Atlantikpaktes auf die europäische Karte setzte, war unter Intellektuellen äußerst unpopulär. Das Monsterfestival eines betont europäischen *Kongresses für kulturelle Freiheit* unter amerikanischen Auspizien paßte überhaupt nicht in die Pariser Szene. Es stellte eine Provokation dar und war natürlich auch als solche gemeint. Was wurde hier gespielt?

Weltpolitik

Neugierde und Mißtrauen, Klatschsucht und Médisance konzentrieren sich auf die Gretchenfrage: Wo kam eigentlich das viele Geld her, das diese Großveranstaltung doch gekostet haben mußte? Offensichtlich handelte es sich um immense Summen. Man munkelte von 500 000 Dollar.

Dem Vernehmen nach waren sie gestiftet von einem Multimillionär aus Cincinatti, Julius Fleischmann, der, nomen est omen, sein Vermögen mit Fleischkonserven gemacht haben sollte, was allerdings eher nach übler Nachrede klang. Da aber niemand den generösen Mäzen zu Gesicht bekommen hatte, zweifelte manch einer an seiner Existenz.

Es gab ihn. Einen Kulturmanager amerikanischen Stils, ein durchaus respektabler und tüchtiger Mann. Mit dem Pariser Festival hatte er insofern zu tun, als er zum Präsidenten der Farfield Foundation ernannt worden war. Diese Stiftung – gemeinnützig, nonprofit making, versteht sich – diente dem Zweck, Personen und Organisationen finanziell zu unterstützen, die sich die Aufgabe gestellt hatten: »to strengthen the cultural ties which bind the nations of the world and to reveal to all people who share the traditions of a free culture the inherent dangers which totalitarism poses to intellectual and cultural development« – ein weites Feld, indeed. Nomen est omen. Genau das aber war das Programm des *Kongresses für kulturelle Freiheit*, der gleichzeitig mit der Stiftung ins Leben gerufen wurde, als Steuerungs- und Durchführungsorgan, als Instrument der Realisierung der Projekte, die die Stiftung finanzieren wollte. Die Festspiele in Paris waren ein erstes Experiment. Mit ihm begann ein gewaltiges, in seiner Art einzigartiges Unternehmen.

»The biggest cultural propaganda effort, either private or governmental, since the war«, konstatierte die für ihre *Letters from Paris* berühmte und gefürchtete, weil immer bestens informierte, Korrespondentin des *New Yorker*, Janet Flanner, in ihrem Bericht über das Pariser Festival.

Sie traf damit ins Schwarze. »Propaganda« ist hier durchaus das richtige Wort. Es ging um die Ausbreitung von Ideen. *Propaganda fide.* Um genau zu sein, mußte man von »Gegenpropaganda« sprechen. Der *Kongreß für kulturelle Freiheit* war die Antwort auf die Herausforderung der ideologischen Propaganda der Komintern, die nach dem Sieg der sowjetischen Armee über Hitlerdeutschland und der Annektion Ost- und Mitteleuropas die nächste Etappe der Ausbreitung des Sozialismus in der Welt vorbereitete: die Unterwerfung Westeuropas.

Der bipolare Antagonismus, der nach dem Zweiten Weltkrieg die weltpolitische Großwetterlage charakterisierte, entfaltete sich auf zwei völlig verschiedenen Ebenen. Was auf der einen der militärisch-ökonomische Machtkampf zweier Imperien um Welthegemonie war, war auf der anderen der geistige Kampf zweier Ideologien, zweier Konzeptionen von der Bestimmung des Menschen, vom Menschheitsgeschick – zweier Sozialreligionen, würde mein Lehrer Alfred Weber gesagt haben, zweier »Kulturen«. »The traditions of a free culture« gegen die Doktrin einer totalitären Gesellschaftsordnung. Die Glaubenslehre des Marxismus-Leninismus gegen die Ideale der »bürgerlichen« Welt.

In diesen »Kulturkampf« trat der *Kongreß für kulturelle Freiheit* ein. Es ging um die Zukunft der Menschheit. Es ging um »Ideen«. Es ging um Weltherrschaft. Hier wurde im Spannungsfeld eines welthistorischen Machtkampfes mit den Mitteln der »Kulturpolitik« große Politik gemacht.

Herr Fleischmann war nur ein Strohmann, und die Farfield Foundation nur eine Deckadresse. Es ging auch nicht um lumpige 500 000 Dollar, sondern um viele Millionen, die im Laufe der nächsten fünfzehn Jahre die

Kampagnen des *Kongresses für kulturelle Freiheit* finanzieren sollten. Zahlmeister des gewaltigen Unternehmens waren nicht ein oder zwei amerikanische Millionäre, sondern der mächtige amerikanische Geheimdienst, der berühmt-berüchtigte CIA. Im Grunde der amerikanische Steuerzahler. Das war 1952 noch ein sorgsam gehütetes Geheimnis. Auch für die meisten, die mit Enthusiasmus an die Verwirklichung der Projekte des *Kongresses* gingen, was sie um so lieber taten, als es sich um die Verwirklichung eines ihrer Lieblingsprojekte handelte.

Nicolas Nabokov

Nicolas Nabokov, der nach außen hin als Generalsekretär des *Kongresses* für das Pariser Festspiel verantwortlich zeichnete, gehörte zu diesen Enthusiasten. Das Festival war seine Idee. Die Durchführung eine großartige organisatorische Leistung. Er brauchte dazu nur seine persönlichen Verbindungen ins Spiel zu bringen. Als Typus war er mir vertraut. Ein *Guter Russe*, wie sie in meinem Berliner Elternhause verkehrten. Genial, jovial, polyglott, Causeur und Charmeur. Ein Weltmann, aber unverwechselbar »rruussisch«, im Sinne des Diktums von Bismarck, daß, wenn man bei einem Russen am Lack kratzt, der Barbar zum Vorschein kommt. Er hatte den Ehrgeiz, Komponist zu sein, und kein anderer als Diaghilew hatte eine Oper bei ihm in Auftrag gegeben, die auch aufgeführt worden ist. Doch seiner Natur nach war er ein Abenteurer, eher ein Playboy als ein Künstler, der seine gesellschaftliche Position weniger seinem Talent als der Gunst der Frauen und reicher Freunde dankte, die er immer wieder zu faszinieren verstand. Alles ideale Voraussetzungen für einen Gentleman-Impresario, die Rolle, die er jetzt im Auftrag des *Kongresses* übernommen und überaus erfolgreich gespielt hatte. Daß sein Festival nicht so ganz in das Konzept seiner Hintermänner paßte, weil es ihnen zu mondän und frivol, mit anderen Worten nicht militant und politisch genug war, brauchte ihn nicht zu bekümmern. Er hatte zeigen wollen, was *the traditons of a free culture* sind, und das war ihm glänzend gelungen.

Die Einheit des vielfältig Gebotenen stiftete nicht eine propagandistische Parole, auch nicht irgendeine Öffentlichkeit, ein Publikum oder die Presse. Die Einheit stiftete die Pariser Gesellschaft, »le monde«. Wichtiger als alle Konzertsäle, Ausstellungshallen und Bühnenhäuser waren darum die Salons, in denen sich »tout Paris« nach den Veranstaltungen mit den Künstlern und den Koryphäen traf. Sie waren der Ort, wo das Fest eigentlich stattfand.

Nach dem Spektakel der Kunst folgt das Ritual der Konsekration durch die »Gesellschaft«. Natürlich trafen sich überall täglich dieselben Leute, was niemanden hinderte, von einem Empfang zum nächsten zu eilen. Man konnte eine Aufführung, eine Lesung, ein Konzert überspringen, eine Party nicht. Hier erfuhr man, was gelaufen war, und nur was man hier erfuhr, war lohnenswert. Hier wurde entschieden, was gut und was schlecht war, was gefiel und was nicht gefiel, was ankam und was durchfiel. Nichts wäre schwieriger, als die Kriterien anzugeben, mit denen bestimmt wurde, was ein »Erfolg« war. Sicher ist nur, daß die »Professionalität« nur eines unter anderen war. Atmosphäre, Schönheit und Eleganz spielten eine Rolle. »Politische« Ideosynkrasien sickerten bestenfalls als ästhetische Vorbehalte ein. Ganz allgemein muß man aber feststellen, daß höchste Kennerschaft zu den Kennzeichen der Urteilsbildung gehörte, nicht nur, weil es immer Experten und Spezialisten für alles gibt, sondern weil ein durch Generationen kollektiv vermittelter, allen gemeinsamer Fundus an Wissen, Sensibilität und Erfahrung das kulturelle Niveau dieser tonangebenden Gruppe von Menschen bestimmt.

Insofern hatte Nabokov gegen seine Auftraggeber recht, wenn er Paris für die erste Großkundgebung des Kongresses gewählt hatte.

Die alte *capitale de l'occident* war der ideale Ort für eine Kulturdemonstration, weil hier die gesellschaftlichen Prämissen einer säkularen abendländischen Kulturtradition noch intakt waren. Das Festival des *Kongresses für kulturelle Freiheit* wurde in dem Maße zum signifikanten Kulturereignis, in dem es zu einem Ereignis der Pariser »Gesellschaft« wurde.

Suzanne Tézenas

Ich lernte Nabokov dann auf dem Empfang kennen, den Suzanne Tézenas in ihrem Appartement 29, rue Octave Feuillet für das Festival gab. Denise hatte mich dorthin mitgenommen. Suzanne war eine der großen Damen von Paris, die sich besonders für Musik interessierte und sich die Förderung der musikalischen Avantgarde zur Aufgabe gemacht hatte. Ihr Protegé war damals Boulez, der mit ihrer Unterstützung eine Vereinigung von Freunden moderner, d. h. seiner, Musik ins Leben gerufen hatte – *le domaine musical* –, die inzwischen in die Musikgeschichte eingegangen ist. Ohne Suzanne wäre dem jungen Komponisten und Musiktheoretiker der Durchbruch nie gelungen. Ihr anteilnehmendes Interesse erstreckte sich aber durchaus auch auf die Literatur. Sie finanzierte junge Verlage und Zeitschriften. Cioran war einer ihrer Schützlinge.

Suzanne war eine schöne, stattliche Frau, ein herber, blonder, etwas maskuliner sportlicher Typ, unauffällig, aber kostbar gekleidet. An diesem Abend war sie ganz in Weiß, ein Spitzenkleid, enganliegend, das ihre elegante Figur diskret zur Geltung brachte. Als ich sie kennenlernte, wird sie um die vierzig gewesen sein, aber sie war alterslos und gehörte zu den wunderbaren Frauen, die noch als alte Damen die Silhouette und das Profil einer Siebzehnjährigen haben. Es gab ihr eine besondere Aura, daß sie, sehr jung noch, die Geliebte von Drieu La Rochelle gewesen war. Drieu, der die geistige und politische Zusammenarbeit mit den Deutschen gesucht hatte, ein Dandy und Décadent, geblendet vom viril-martialischen Auftreten der Eroberer, wie so viele Pariser Literaten und Intellektuelle, gehörte zu den Opfern der *Libération* – um nicht erschossen zu werden, wie sein Freund Brasillach, fand er es eleganter, sich selber zu erschießen. Suzanne trägt die Trauer weiß, dachte ich mir. Sie nahm den jungen Deutschen jetzt mit großer Herzlichkeit auf. Ihr Blick hatte etwas Durchdringendes. Ein gerader Blick aus blauen, etwas zurückliegenden Augen.

Es waren unglaublich viele Menschen da, die sich in den weiträumigen, um eine Halle gruppierten Salons drängelten, besonders natürlich vor dem Buffet, hinter dem vier würdige Diener etwas gelangweilt und blasiert ihres Amtes walteten, weißbehandschuht, den Gästen Gläser mit Champagner oder Whisky gefüllt, auf kleinen silbernen Tabletts über den breiten, mit Herrlichkeiten aller Art üppig beladenen Tisch reichten oder den Ungeduldigen zu einem nach ihren Wünschen garnierten Teller verhalfen. Tweedjacken mit buntem Hemd, taylor-made und billige Straßenanzüge, das kleine Schwarze, Abendkleider und Smoking. Wer sind sie alle, die sich so gut zu kennen scheinen, obwohl sie verschiedener nicht sein könnten. Für jeden ist es selbstverständlich und wichtig, hier dabeizusein. Sie gehören zu einer Gemeinde. Regisseure, Akteure, Komparsen, Stars – gleichviel, alle wirkten in verteilten, genau feststehenden Rollen mit an der Inszenierung eines Kultspieles. Zigarettenduft, vielsprachiges Stimmengewirr, Parfumgeruch – ich erkenne das betörende Gemisch. Lustvoll tauche ich in die knisternde Atmosphäre ein.

Alle Gespräche drehten sich um das Festival, die Aufführung, der man gerade beigewohnt hatte, den Dirigenten, Komponisten, Solisten, die natürlich anwesend waren. Wie üblich nach einem Konzert war im Speisezimmer ein Tisch für die Künstler gedeckt. Der Star des Abends war aber ohne Zweifel Nabokov, der scherzend und schwadronierend, mit ausgreifenden Gesten seine Rede begleitend, die silbergraue Tolle immer wieder kokett aus der Stirn werfend, inmitten eines Kreises von Bewunderern und Bewunderinnen stand, neben sich eine außergewöhnlich aparte junge Frau, ein Mädchen fast noch, gertenschlank, mit einem ebenmäßigen Madonnengesicht auf einem langen Hals, Mittelscheitel, die blonden Haare streng zurückgenommen und zum Pferdeschwanz gebunden. Sie war sich offensichtlich ihrer Schönheit bewußt und genoß die Bewunderung, die ihrem Begleiter entgegengebracht wurde, als wäre es eine Huldigung, die ihr galt. Dabei war es keineswegs ausgemacht, ob es sein Ruhm war, der auf sie ausstrahlte und sie schöner erscheinen ließ, oder ob es ihre Schönheit war, die auf ihn ausstrahlte und sein Selbstwertgefühl steigerte. Ein schönes Paar. Das ideale Paar. Ein reifer Mann, auf der Höhe seines Erfolges, und eine schöne junge Frau. Wer mochte sie sein? Es war nicht schwer herauszubekommen – alles sprach von ihr. Sie hieß Patricia, Patricia Blake. New Yorker Jüdin (Blake stand für Schwarz). Journalistin, die Gedichte machte und sich für russische Lyrik begeisterte. Sie hatte einen Job bei TIME/ LIFE, der darin bestehen sollte, den Orbitury von Churchill à jour zu halten. Nicolas hatte sie geheiratet, die zweite von fünf Frauen. Suzanne stellte mich vor. Ich entrichtete gerne meinen Bewunderungstribut. Nabokov war für mich der große Mann, der das Festival organisiert hatte. Ich wußte nichts von ihm, nicht einmal, daß er der Vetter von Vladimir Nabokov war, den damals noch niemand kannte. Ich wußte nichts von den Männern, die hinter ihm standen und das ganze Unternehmen möglich gemacht hatten. Ich ahnte auch nicht, wie sollte ich, daß ich wenige Jahre später in Kolbshein bei Straßburg in demselben Häuschen leben würde, in dem er, in den zwanziger Jahren, mit seiner ersten Frau, einer Prinzessin Schakovskoy, gelebt hatte, die eine Schwester des Père Jean war, der in meinem Berliner Elternhaus eine so wichtige Rolle gespielt hatte.

Ich hatte viele gute Gründe, auf dieser Party zu sein: meinen Artikel über das Festival, den ich am nächsten Morgen diktieren würde, meine soziologische Neugierde, mein Wunsch, in die Geheimnisse von Paris einzudringen, mein unersättlicher Drang nach Kenntnis und Erkenntnis, mein Defizit an Lebenserfahrung, das eine Ausweitung meines Erfahrungsbestandes so dringend erforderlich machte. Wenn ich es aber recht bedenke, hatte ich zu diesem besonderen Zeitpunkt nur eines im Kopf, meine kleine Prinzessin, Anne-Marie. Ich war in dem Zustand der Verliebtheit, in dem alle Gedanken, alle Gespräche, alle Träume, alle Wege unwiderstehlich zum Gegenstand der Begierde führen, was man sich natürlich nicht eingesteht, wodurch aber, bei Licht besehen, alle guten Gründe zu Vorwänden werden. Ich würde sie bei Suzanne sicherlich treffen, hatte Denise beiläufig gesagt. Ein Versprechen. Ich konnte sie nicht ausfindig machen.

So war ich zerstreut, als mich Suzanne mit dem Maler Nikolas de Staël bekannt machte, einem baumlangen, sehr sympathischen, ganz jungenhaft wirkenden Schweden, der zu den Schützlingen des Hauses gehörte und von dem auch mehrere Bilder an den Wänden hingen. Stilleben, ein Porträt, die mir sympathisch waren wie der Mann. Er galt als einer der aufsteigenden Sterne am Himmel der Pariser Kunstszene. Ich sollte ihn noch öfter treffen, bis ich eines schönen Tages erfuhr, daß er sich aus dem Fenster gestürzt hatte.

Und so war ich auch nicht aufmerksam genug bei meinem ersten Gespräch mit Marie-Laure de Noailles. Sie agacierte mich, mit ihren silbernen Fingernägeln, pausenlos eine neue Zigarette anzündend, obwohl sie die letzte, wie alle anderen zuvor, nur eben kurz angeraucht hatte. Eine phantastische Erscheinung. Ich hatte damals noch keine Ahnung, mit wem ich es zu tun hatte, und sah nur eine aufgedonnerte alte Dame mit dem Habitus einer extravaganten jungen Frau. Die Schulterschleifen ihres schwarzen Stilkleides aus krachendem Taft glitten, gewiß nicht ohne Absicht, über die weißen Arme, die ihr Alter verrieten. Eine schwarze, mit einem Samtband kaum gebändigte Mähne umrahmte das weißgepuderte, maskenhafte Gesicht mit dem seltsam flackernden Blick aus schwarzumrandeten Augen, silbergeschminkten Lidern und falschen Wimpern. Sie sagte ununterbrochen charmante und irre Nichtigkeiten, ohne mich dabei richtig anzusehen. Wenn Frauen sprechen, lehrt Oscar Wilde, soll man ihnen nicht zuhören, sondern sie ansehen und danach beurteilen, wie sie aussehen, wenn sie sprechen. Sie hatte diese Maxime wohl verinnerlicht, und so konnte ich, weil sie ihren Kopf ostentativ zur Seite wendete, während sie sprach, ihr römisches Profil bewundern, das von klassischer Vollkommenheit war, scharf geschnitten, Stirn, Nase und Kinn, wie man sie auf antiken Gemmen findet, männlich, herrisch, edel, alterslos. Sie war, wie ich erfahren sollte, die interessanteste Frau von Paris.

Über ihre Großmutter, Madame de Chévigné, war sie in direkter Linie verwandt mit dem Marquis de Sade. Deren Tochter (Marie Thérèse), wurde, ohne viel gefragt zu werden, 1900 verheiratet mit dem sehr reichen jüdischen Bankier Maurice Bischoffsheim, deutscher Herkunft, wie die Rothschilds. Jüdisches Blut mischte sich in ihren Adern mit dem Blut der Sades.

Der Großvater Adhéaume (!) de Chévigné war Kammerherr des letzten Bourbonen, des Comte de Chambord, und tat Ehrendienst in dessen österreichischem Exil in Froschdorff, wohin auch Enkeltochter Marie-Laure mitgenommen wurde, die sich dort entsetzlich langweilte. Aber das gehörte zu ihrer Sozialisation.

Vater Maurice starb kurz nach ihrer Geburt. Ihre Mutter verheiratete sich wieder, noch einmal mit einem Juden, einem charmanten Schriftsteller und Bonvivant, der sich den Namen de Croisset zugelegt hatte (er hieß Wiener). Das mißfiel sowohl den Chévignés wie den Bischoffheims. Sie sagte dazu:»Vous m'avez fait épouser un premier Juif pour votre satisfaction, eh bien, j'en épouse un second pour la mienne.«

Aus dieser Ehe stammten zwei Kinder (Halbgeschwister von Marie-Laure). Die Tochter Germaine, die einen Prinzen von Montebello heiratete, der Direktor des New York Metropolitan Museum wurde. Den Sohn Philippe, der eine Woolworth heiratete, dessen Sohn, nach dem letzten Krieg, in der V. Republik politische Karriere machte. 1923 – mein Geburtsjahr – wurde Marie-Laure standesgemäß verheiratet mit dem Vicomte Charles de Noailles. Die beiden führten ein großes Haus. Ihr *hôtel particulier*, Place des États-Unis (die beste Adresse der Stadt), der unbestrittene Mittelpunkt des geistig, künstlerischen, gesellschaftlichen Lebens von Paris – eine Legende. Ihre Bälle, Feste, Empfänge sind in die Geschichte eingeschrieben.

In mustergültiger Weise stellten sie ihren Reichtum und ihre gesellschaftliche Position in den Dienst der künstlerischen Avantgarde. Cocteau ist der erste Name, der mir dazu einfällt. Sie kannte ihn seit ihrer Kindheit. Jean verkehrte im Hause der Eltern. Als Sechzehnjährige setzte sie sich in den Kopf, ihn zu heiraten. Daraus wurde nichts. Eine Geschichte für sich. Sie blieb ihr Leben lang die Bewunderin seiner außergewöhnlichen Begabung, Bewunderung, die der Vicomte vorbehaltlos teilte. 1930 finanzierte sie seinen ersten Film *Sang d'un poète*, nachdem sie zuvor *L'age d'or* von Dalí und Buñuel in Auftrag gegeben hatte. Mit Instinkt und Leidenschaft entdeckte und förderte sie Talente, die ohne sie vielleicht nie aus der Marginalität herausgekommen wären. Aristokratisches Mäzenatentum, durch das Geld zu Geist wird.

Seit 1937 veröffentlichte sie Gedichte, Novellen und Erzählungen (unter dem Namen Marie-Laure und dem Pseudonym d'Erila Ferrari). Sie malte auch und stellte in Paris und New York aus. Ihre große Zeit war das Ende der zwanziger, waren die dreißiger Jahre. Aber sie unterhielt ein großes Haus noch während des Krieges, in der Besatzungszeit, was für die Tochter jüdischer Bankiers keineswegs selbstverständlich war. Es hat ihr nach dem Krieg nicht geschadet. Bis zu ihrem Tode – sie starb 1970 – blieb ihre Position unbestritten.

Aus der Optik ihrer Nachbarinnen auf der Place des États-Unis, der Duchesse de la Rochefoucauld oder von Pauline de Pange, war sie vielleicht etwas unseriös, aber am Firmament der Pariser Gesellschaft war sie sicher einer der Fixsterne, die am hellsten leuchteten.

Der Abend mußte schon recht fortgeschritten sein. Es waren sehr viel weniger Leute da. Man konnte sich ungehindert bewegen, ja sich in einen Sessel setzen. Ich hatte wieder einmal nicht den Absprung gefunden und stand herum. Sie war nicht gekommen. Da trat Suzanne, die es als perfekte Gastgeberin nicht sehen konnte, daß einer ihrer Gäste ohne Ansprache war, zu mir und nahm mich kameradschaftlich am Arm:»Venez, il est temps que vous rencontriez un grand ami, un grand poète... je l'aime beaucoup!«, und stellte mich vor einen langen älteren Herrn mit einem hageren scharf geschnittenen Vogelgesicht und kurz geschorenen Haaren. Den Mann hatte ich doch schon einmal irgendwo gesehen, Gottverdammt.»Henri, je vous présente un jeune allemand, qui fait une Thèse sur Ballanche.« Zu mir gewandt:»Henri Michaux«. Dann überließ sie mich meinem Schicksal. Michaux. Den Namen hatte ich schon oft gehört. Von Cioran zum Beispiel, der eng mit ihm befreundet war und ihn sehr bewunderte. Und hatte nicht Anne-Marie von ihm gesprochen, gleich am ersten Abend, als sie mir südamerikanische Platten vorspielte? Ja, war er nicht derjenige, mit dem sie auf der Party des diabolischen Paares die ganze Zeit getanzt hatte?

Während mir das alles in Sekundenschnelle durch den Kopf schoß, hörte ich hinter mir ein sanftes»Bon soir«, und sie trat zu uns, mädchenhaft im schwarzen Rock mit weißer Seidenbluse, eine Kamelie im offenen Haar. Ich sah es in den Vogelaugen kurz aufblitzen, mein Herz krampfte sich zusammen. Wie ein Fieberanfall, der jede Faser meines Körpers erfaßte, durchzuckte mich ein stechender Schmerz. Die beiden sprachen zusammen, coolgelassen einander zugewandt. Sie merkten überhaupt nicht, daß ich mich, ohne eines Satzes, eines Grußes, einer Höflichkeitsgeste fähig zu sein, von ihnen entfernte und die gastliche Stätte fluchtartig verließ, ohne mich von der Herrin des Hauses zu verabschieden, wie es sich gehört hätte.

Michaux

Der Typ mit dem Vogelgesicht gefiel mir nicht. Zu dem, was ich von ihm gelesen hatte, fand ich keinen Zugang. Seine Probleme waren nicht die meinen, sowenig wie die von Cioran. Ihre Lebens- und Leibfeindlichkeit waren mir wesensfremd. Sie waren besessen von der Idee des Nichts und des Bösen. Während Cioran eine Art nihilistischer Mystiker war, ein Hymniker des Nicht-Seins, war Michaux ein Magier, der das Nichts manipulierte, um ihm seine verborgenen Reize abzugewinnen. Dafür, daß sie existierten, waren ihm die Verlockungen des Bösen Beweis. Das Nichts von Cioran konnte man sich vorstellen wie ein blendendes weißes Licht, das jede Seinsspur verschmutzt. Das Nichts von Michaux glich den blutigen Eingeweiden eines lebendigen Körpers, in dem er lustvoll angewidert mit dem Seziermesser herumschnitt. Er suchte nicht die Seele, sondern die Transzendenz in der Immanenz der menschlichen Leiblichkeit. Sinnliche Erfahrung jenseits der Sinne. Dazu gehörte als wichtigstes Ingredienz der Schmerz. Von seinen Höllenfahrten in die innere Nacht kehrte er nur mit Schrekkensberichten zurück. Um die Grenzen, an die er überall stieß, zu überwinden, griff er zu Drogen. Und schließlich war es die überwältigende Erfahrung einer erotischen Ekstase im Mescalinrausch, die grandiose Vision der universellen Fornikation, die einen ersten positiven Befund einbrachte, einen Blick über das Nichts hinaus. Dieser Spur ist er dann nachgegangen. Obwohl er einen Zug zum Asketischen hat, zur fast masochistischen Selbstzurücknahme, obwohl zerebral und Bastlertyp, ist er ein großer Erotomane. Man muß ihn zusammensehen mit Magritte, Delvaux und Simenon. Bei aller Skurrilität, Melancholie und Sentimentalität haben diese Belgier eine unverwechselbare deftig-derbe Sinnlichkeit. Mit fleischigen Händen greifen sie voll zu. Dabei sind sie auf bäuerliche Weise listig und verschlagen, worauf ihre Überlegenheit über die Pariser Neurastheniker beruht, die so suffisant und erschreckt auf sie herabschauen.

»Michaux gehört zweifellos zu den bedeutendsten Schriftstellern unserer Zeit«, heißt es heute umstandslos. Im Paris der fünfziger Jahre galt er als Geheimtip. Was seine Leser spüren mußten und vor allem die Frauen faszinierte, war die Intensität, der Mut, die Kompromißlosigkeit seiner Explorationen »der inneren Welten« an der Grenze des Absoluten. So weit wie er war noch keiner vorgedrungen. Die Protokolle seiner Grenzerfahrungen lasen sich wie Reiseberichte aus bisher unbekannten Territorien, deren sprachliche Präzision ebenso bestechend war wie ihr Exotismus.

Man sollte meinen, ein solcher Autor würde gemieden wie ein Aussätziger. Keineswegs. Er ist hochgeschätzt. Die Pariser Gesellschaft war viel zu erpicht auf Nervenkitzel, auf stark gewürzte Qualitätshappen, um sich eine derartig starke und originelle Begabung entgehen zu lassen. Zu ihrer Tradition gehörte es vielmehr, an ihrer Peripherie dem Talent, auch in seiner asozialsten Gestalt, einen Platz einzuräumen. Spielend nimmt sie die Herausforderung auf, weil sie sich sicher sein kann, daß ihre Verführungskünste stärker sind als der Gestus der Verweigerung. Sie braucht aber auch, zu ihrer intellektuellen und moralischen Ökonomie, zu ihrer ständigen Erneuerung und Revitalisierung, zur Überprüfung ihrer Funktionsfähigkeit die radikale Infragestellung.

Zum »Hof« gehören nicht nur die Narren, Gaukler und Possenreißer, sondern auch die Wunderärzte und Cagliostros, die Fastenprediger und Beichtväter, nicht nur die Feuerwerke der Feste, sondern auch die eschatologische Besinnlichkeit der oraison funèbre. Das Bewußtsein der Vergänglichkeit des Lebens, der Gebrechlichkeit des Leibes, der Eitelkeit alles Irdischen ist ein unabdingbares Ingredienz auch und gerade eines eudämonistischen, dem Diesseits zugewandten, auf die hieratische Überhöhung des Alltags gerichteten Lebenswillens. Werte wie Stil, Form, Schönheit, Eleganz, Leichtigkeit, Anmut gewinnen nur auf diesem dunklen Hintergrund

Relief. Der intellektuelle Nörgler ist das Gewissen des *beau monde*. Vom Standpunkt des Konsums und des Genusses ein Luxus, den man sich leisten kann. So ist es zu erklären, daß die großen Verweigerer, wie Cioran und Michaux, in allen Salons wohl gelittene Gäste waren.

Liebe macht blind, Eifersucht macht hellsichtig. In der Aufdeckung der Hintergehungsstrategien, der Täuschungsmanöver, der Betrugstatbestände, deren Opfer zu sein ich in meinen Liebesaffären fürchten mußte, habe ich immer wieder nahezu mediale Fähigkeiten entwickelt. Diesmal bedurfte es keines besonderen kriminalistischen Scharfsinns, um dem Verbrechen auf die Spur zu kommen. Es gab damals noch ein Telefonbuch von Paris, das nach Straßen geordnet war. Ich konnte also ohne weiteres feststellen, wer alles in der bewußten Gasse hinter dem grünen Portal mit den polierten Messingknöpfen wohnte, vor dem ich so manche Stunde freudig und tumb gewartet hatte.

Das war es also! La petite sœur des poètes liebte nicht nur die Dichter, so wie ich es mir vorgestellt hatte, keusch, ätherisch, romantisch, poetisch – sie war die Geliebte eines Dichters. Das kleine Biest hatte mich an der Nase herumgeführt. Sie hatte mich kühl berechnend, nach Frauenart, als Alibi benutzt. So konnte sie ihren Eltern, ihren Schwestern mühelos erklären, wo sie ihre Nachmittage verbracht hatte. »Je me suis ballader avec le jeune Allemand.« Basta. Alles in Ordnung. Die junge Dame respektierte die bürgerlichen Konventionen.

Die Entdeckung, daß eine Siebzehnjährige die Geliebte eines Mannes von über fünfzig war, schockierte mich zutiefst. Ich konnte mir das einfach nicht vorstellen. Ein Mann über fünfzig schien mir damals unendlich alt, nicht gerade ein Greis, aber beinahe . . . Was konnte das junge Ding an dem ollen Knacker finden? Wenn ich mir gelegentlich die Frage gestellt hatte, warum die Distanz zwischen Anne-Marie und mir so unverrückbar groß blieb, hatte ich alle möglichen guten Gründe dafür gefunden, nur den naheliegendsten nicht, daß ich ihr nämlich zu jung war, will sagen zu unerfahren, ein Grünschnabel, der nichts vom Leben weiß und darum für sie überhaupt nicht in Betracht kam.

Ich mußte selber erst in diese Jahre kommen, um zu wissen, was sich da alles zwischen einem jungen Mädchen und einem »Mann über fünfzig« abspielen kann, von allen erotischen Konfigurationen die wunderbarste. Sie sucht die Welterfahrenheit, die Lebenskenntnis, die es ihr möglich machen soll, ohne Schaden zu nehmen, das Schwere zu vollbringen, wonach sie sich seit ihrer Kindheit sehnt und wovor sie die schrecklichste Angst hat: zur Frau zu werden, zum Weibe. Er sucht in dem stillschweigenden Versprechen der Hingabe eines unberührten Körpers die Erfüllung seines Traumes einer reinen Vereinigung mit dem Objekt des Begehrens, die nicht unter dem Diktat der Sphinx steht. Das junge Mädchen kann den älteren Mann lieben, weil sich in seinen Augen das Spiegelbild ihrer narzißtischen Unversehrtheit reflektiert und nicht nur männliche Begierde wie bei den jüngeren. Ihm ist es vergönnt, sich als Meister, als Lehrer, als Hierophant einer Initiation, eines »rite de passage« zu bewähren, in dem nicht seine Potenz gefordert ist, sondern sein Wissen, sein Einfühlungsvermögen und seine Zärtlichkeit. Das kann er nur, wenn er in seinem Leben viele Frauen gekannt und geliebt hat, und genau das wird von ihm erwartet. Sie will ja ihre Unschuld verlieren, aber nicht als Opfer (victime), sondern als Geschenk, das sie im Allerheiligsten des Tempels den Göttern darbringt. So kann man das sehen. Ich weiß aber sehr wohl, daß es neben der poetisch-platonisch-romantischen auch die satanische Variante gibt: die geile kleine Hexe, die, von inzestuöser Lust besessen, dem alten Hexenmeister hemmungslos zu Willen ist, und nur ihm. Die jungen Männer, die sie an sich heranläßt, führt sie an der Nase herum oder direkt ins Verderben.

Vielleicht handelt es sich überhaupt nur um zwei Aspekte derselben Sache, und die Hexe steckt in jeder Jungfrau. Beides sind nur Phantasmen, Männerphantasien, Versuche, sich als Mann rätselhafte weibliche Verhaltensweisen plausibel zu machen.

Aber die Gestalt des »jungen Mädchens« umstrahlt immer eine sakrale Aura. Ihre Erscheinung ist immer eine Ankündigung des Göttlichen. Ihr Körper birgt die Verheißung letzter, süßester Erkenntnis und ist das unerläßliche, unverzichtbare Instrument dieser Erkenntnis. Er ist die emblematische Chiffre der Wahrheit, der »nackten Wahrheit«. Der Umgang mit ihm – und er muß nackt sein – ist immer sakramental. Das lehrt uns die Geschichte aller Kulturen und aller Religionen. Ob Tantrarituale oder schwarze Messen, ob Beatrice oder Lolita, der nackte Körper der Jungfrau ist das Prärequisit der Kommunion mit dem Mysterium des Seins.

Heute weiß ich, was sich in der Stunde, in der ich unten auf der Straße am Tischchen des Cafés meinen *Quart de blanc* trank, gegenüber zugetragen hat. Ich kann mir ausmalen, wie sie hinter den Stores aus dem hohen Fenster zu mir herunterschaut, während sie ihre Strümpfe, die sie nie ausgezogen hat, straff zieht und ungeduldig nestelnd an den Schnallen der Straps befestigt und dann den Rock zurechtzieht und glattstreift, den Dichter mit dem Vogelgesicht dicht hinter sich, der ihr, die Hand unter den langen schwarzen Haaren auf ihrem schmalen Hals, über die Schulter schaut und väterlich zu ihr sagt: »Geh, sei ein bißchen nett zu ihm!«, worauf sie antwortet: »Mais vous n'y pensez pas« (denn sie siezt ihn).

Meine Romanze mit der kleinen Prinzessin ging so zu Ende, wie sie begonnen hatte: unmerklich. Ich konnte ihr nicht wirklich gram sein. Wenn es mich auch schmerzte, mußte ich einsehen, daß ich gegenüber dem Dichter keine Chance hatte. Sie hat ihn gewählt, und er hat seine Sache sicher gut gemacht. Mir hatte sie eine kostbare Lektion in meiner *éducation sentimentale* erteilt und mir dazu verholfen, den *mystères de Paris* um einiges näherzukommen. Wie die Geschichte weitergeht? Wenig später wird sie einen südamerikanischen Poeten – der Weltruf erlangen sollte – heiraten, wie ihre Mutter, und fünf Kinder mit ihm haben, wie ihre Mutter. Von dem mutigen Abenteuer des jungen Mädchens wird nicht einmal eine Erinnerung bleiben. Ein Fünkchen Heiterkeit vielleicht in den dunklen traurigen Augen einer weißhaarigen alten Dame.

VIII

PAPOUS KÖRPER

Ma Cousine Jacqueline

Papou habe ich bei meiner Cousine Jacqueline kennengelernt, die in Paris lebte, wo sie geboren war. Eine echte Cousine. Ihre Mutter, Tante Cécile, war eine Schwester meiner Großmutter mütterlicherseits, also Rumänin. Sie lebte noch, als ich in Paris eintraf, achtzigjährig, hochverehrt, wenn auch in bescheidenen Verhältnissen. Außer Jacqueline hatte sie noch eine andere Tochter, Odette, und einen Sohn, alle verheiratet. Auch der Vater dieser Kinder lebte noch, ein Baron de Grimaldi, hatte aber seit langem Frau und Kinder verlassen. Er war ein angesehener Architekt, der jetzt mit nun auch schon weißhaariger Zweitfrau im Ruhestand in relativem Wohlstand lebte. Es war also ein ganzer Clan, in den ich da hineingeriet und der mich sofort umstandslos adoptierte. Es herrschten matriarchalische Verhältnisse, Herr de Grimaldi, sein eher mißratener Sohn, die Schwäger waren nur tolerierte Randfiguren. *Chef de famille* war Jacqueline. So wurde sie auch ganz selbstverständlich zur Statthalterin meiner Mutter, mit der sie, aus der Zeit von deren Pariser Reisen, eine mysteriöse Komplizität verband.

Für sie war ich nicht der »junge Deutsche, der über Ballanche arbeitet«, sondern »le fils de Corinne«, auf den sich die ganze, uneingeschränkte Bewunderung übertrug, die sie für seine Mutter empfand. Sie nahm die Aufgabe, die ihr auf diese Weise zugewachsen war, sehr ernst. Die Sympathie, die uns vom ersten Augenblick an verband, spielte dabei eine geringere Rolle als die Familienbande. Mochten andere meine sentimentalen und geistigen Bedürfnisse befriedigen, sie kümmerte sich um mein leibliches Wohlergehen. Und dazu gehörte, ihrer Auffassung nach, in erster Linie meine Ernährung, um deren Qualität sie sich ständig Sorgen machte. Dazu gehörten aber auch die nötigen Frauen.

Meine Cousine, ungefähr fünfzehn Jahre älter als ich, war eine der intelligentesten Personen, denen ich je begegnet bin. Von einer natürlichen Intelligenz, einer angeborenen weiblichen Lebensklugheit. Völlig unintellektuell, total ungebildet, was sie wußte und in ihrem Selbstbewußtsein überhaupt nicht beeinträchtigte. Schön war sie nicht, nach meinen Begriffen, mit einer zu großen Nase, üppigem Busen, den Spitzenvolantblusen zur Geltung brachten, und französischen Beinen mit dafür ungeeigneten sehr knappen Röcken, dabei klein, etwas pummelig, mit blond eingefärbter Dauerwelle, wegen der sie ständig zum Coiffeur rannte. Auch das beeinträchtigte ihr Selbstbewußtsein nicht. Ihres Erfolges bei Männern konnte sie absolut sicher sein. Sie besaß alle Fähigkeiten einer genialen Geschäftsfrau, die sie nach dem Tode ihres Mannes, eines kleinen Winkelzahnarztes, der sie völlig mittellos zurückließ, spielend zur Entfaltung brachte. Über Nacht verwandelte sie die bescheidene Praxis in ein florierendes Immobilienunternehmen und brachte es schnell zu beträchtlichem Wohlstand. Aber das war nach meiner Zeit. Ich kannte sie als kregele, lebenslustige Person, die phantastisch kochen und backen konnte und daran ein großes Vergnügen fand. Ihr Schönstes war es, Gäste zu empfangen, die sie bekochen konnte. Ihre Spezialität waren rumänische Gerichte. Jede Woche veranstaltete sie in ihrer winzigen Wohnung dîners mit zehn Personen und ebensovielen Gängen, die einem Luxusrestaurant zur Ehre gereicht hätten, alle von ihr zubereitet in der winzigen Küche, aber so, daß keine Spur von den Mühen zu spüren war. Auf einem dieser Essen lernte ich Papou kennen. Jacqueline hatte sie für mich eingeladen. »Tu vas voir, elle est sen-sa-tio-nelle.«

Auch Jacqueline hatte die Manier, die fast ein Tick war, alles, was sie gut fand, in hyperbolischen Wendungen hochzuloben. Alles war »phan-tas-ti-que«, »extra-ordinaire«, superlativisch. Das fiel mir ziemlich auf die Nerven, weil es abstach von dem Understatement, das ich für guten Stil hielt, jene distanzierte, reservierte, litotische Ausdrucksweise, die von den Engländern mit hoher Perfektion gepflegt wird und bei der jede Wertschätzung unbedingt mit einem kritischen Vorbehalt besetzt sein muß. Bei Jacqueline handelte es sich um eine naive, wenn auch etwas vulgäre Form der Lebensbejahung und Stimmungsmache, der Statusverbesserung und Selbsterhöhung, wie ich immer wieder beobachten konnte, typisch pariserisch, allerdings hoffnungslos middle-class. Wo auf höheren Etagen Spuren dieses sprachlichen Habitus zu finden waren, hatte die ostentative Übertreibung einen anderen Akzent. Sie bekam etwas Exaltiert-Artifizielles, war Stilfigur, Snobismus, Chi-Chi, formaler Höflichkeitsgestus, nichtssagender Euphemismus. Für Jacqueline war sie eine zur zweiten Natur gewordene Lebensnotwendigkeit.

Sie hatte sofort erkannt, daß es mit meiner sexuellen Erziehung haperte, und sich vorgenommen, dem abzuhelfen. Ich mußte ihr von meinen diversen Affären erzählen, was ich gerne tat, und sie schüttelte nur den Kopf. Sie hielt meine Ungeschicklichkeit für typisch deutsch, womit sie sicherlich

179

nicht ganz unrecht hatte. Sie sah das natürlich zunächst einmal positiv, denn sie adorierte die Deutschen. Das fing bei meinem Vater an, dem Mann von Corinne. Doch wenn sich ihre Bewunderung vorbehaltlos auf mich erstreckte, so lag das vor allem an jenen schönen Burschen, die adrett und blond, mit gewichsten Koppeln und Stiefeln in der Besatzungszeit durch Paris marschiert waren und so wunderbar sangen. »Ah, si tu savais!« Wenn ich ihr Glauben schenkte, waren damals alle französischen Frauen unsterblich in deutsche Männer verknallt. In größte Verlegenheit versetzte sie mich, als sie mich bat, sie mit einer Freundin in die *Coupole* zu begleiten, um ein paar Austern zu essen, in Wahrheit, weil sie meine Meinung über einen Oberkellner wissen wollte, mit dem die Freundin ein Techtelmechtel hatte, ein Deutscher, der behauptete, das Ritterkreuz zu haben und von Adel zu sein. Un garçon for-mi-dable. Ein harmloser Hochstapler, Berliner Junge mit Abstehohren, der vermutlich bei der Fremdenlegion gedient hatte. Die Freundin war offensichtlich scharf auf ihn. Ich würde einen Teufel tun, den beiden den Spaß zu verderben. Also schüttelte ich dem Landsmann kameradschaftlich die Hand. Er war verlegener als ich. Aber für lange Jahre war ich sicher, zu jeder Tages- und Nachtzeit in der *Coupole* einen Tisch zu bekommen, was damals äußerst schwierig war, wenn man nicht seine Beziehungen hatte.

Was mich betraf, ging Jacqueline davon aus, daß ich unwiderstehlich sei und mich mit den Frauen einfach nur ungeschickt anstellte. Das sei zwar nobel, distingué, eines ihrer superlativischen Lieblingsworte, aber völlig fehl am Platze. Ich sei jetzt in Paris und müsse davon profitieren. Wie, fragte ich gespannt. Sie gab mir allerhand Ratschläge. Zum Beispiel: in der Mittagszeit die kleinen Ladenmädchen in den Cafés, wo sie einen Salat essen, anzusprechen, ihnen einen Cappuccino zu spendieren und sie dann in ein Stundenhotel mitzunehmen. Die gäbe es ja überall, im Zweifelsfall kenne das Mädchen eine Adresse. Wo dächte ich hin, keine Prostituierten, sie machen das gratis, »pour le plaisir«. Jacqueline stellte es so dar, als würden all diese Mädchen nur auf mich warten. Oder nachmittags, in den großen Warenhäusern. *Galerie Lafayette, Le Bon Marché, La Samaritaine*, tiens, gleich bei mir um die Ecke! Was meinte ich wohl, was all die jungen Frauen, verheiratet natürlich, die da durch die Rayons strichen, nicht um Besorgungen zu machen, sondern um die Zeit herumzukriegen, bevor sie wieder zurückmußten, in die Enge und Zwänge ihres conjugalen Alltages, was ich wohl meinte, was die suchten? Sie haben nur eins im Kopf. »Elles veulent s'amuser.« Mit anderen Worten, auch sie warteten nur auf mich. »Un beau jeune homme, comme toi«, fügte sie ermunternd hinzu, ich brauchte sie nur anzusprechen und abzuschleppen. Wenn ich diese Bereitschaft nicht ausnützte, sei ich nicht nur schön dumm, sondern egoistisch und grausam, denn ich verweigerte diesen armen Wesen, die noch jung und attraktiv waren, die Wohltat meiner Zuwendung. Dann räumte sie ein, daß ich vielleicht zu seriös für solche leichten Verlustierungen sei. Auf jeden Fall verlöre ich meine Zeit mit sentimentalen und romantischen Affären,»avec des filles, qui te font chier«. Dann kam ihr eine Erleuchtung.»J'ai ce qu'il te faut!« So hat sie mich in bester decameronesquer Tradition mit Papou, der Tochter guter Freunde und Konviven ihrer kulinarischen Festessen, verkuppelt. Ich werde ihr bis zu meinem Tode dafür dankbar sein.

Rendezvous in der Bibliothèque Nationale

Wir begannen unsere Beziehung nach den Spielregeln des»Flirts«. Ich war sofort hingerissen. Sie ließ mich mit dem ersten Blick aus ihren leuchtenden dunkelbraunen Kulleraugen verstehen, daß sie die Partie annahm. Sie wird um die fünfundzwanzig gewesen sein, fünf Jahre jünger als ich. Sie war kein junges Mädchen mehr, keine Knospe, sondern eine voll erblühte junge Frau. Nicht eine Verheißung des Göttlichen, sondern die Göttin selbst.

Der Flirt ist ein Spiel, bei dem es nicht um die Entscheidung geht, ob ja oder nein. Der Ausgang steht fest, sobald sich ein Paar darauf einläßt. Man braucht sich nicht zu verführen, zu betteln und zu bangen. Kein Psychoterror, keine Unterwerfungsstrategien. Ein Spiel, bei dem sich die Partner als ebenbürtig anerkennen. Ein Zeremoniell der Annäherung. Man erprobt seine Kräfte und steigert die Vorlust. Von Liebe ist nicht die Rede, oder nur unter dem stillschweigenden Vorbehalt einer verbalen Konvention. Inbegriffen ist ein – zeitlich begrenzter – Alleinbesitzanspruch unter Ausschluß Dritter. Zugelassen, als reizvolle Stilfigur gewissermaßen, als Affektation, nicht als Gefühl, die Simulation von Eifersucht.

»Was machen Sie eigentlich in Paris?« war ihre erste Frage.»Je travaille à la Bibliothèque Nationale«, sagte ich. – »Und was machen Sie da?« – »Ich lese!« – »Aber doch nicht den ganzen Tag, als Hauptbeschäftigung?« Ich sah ihr an, daß sie überzeugt davon war, da stimme etwas nicht. Mein Versuch, es ihr zu erklären, blieb fruchtlos. Ich sprach von etwas, was für sie vollkommen unnachvollziehbar war.»Je peux venir?«

Sie kam, wie jemand, der nie vom Golfspiel gehört hat und auf einen Golfplatz geht, um festzustellen, was das heißt, wenn jemand sagt, er spiele Golf. Sie wollte mir zuschauen, wie man jemandem zuschauen kann, der eine handwerkliche Arbeit verrichtet, Glasblasen oder Buchbinden zum Beispiel, oder wie man einem Maler zuschaut. Das kann ja ein hoher Genuß sein. Wie aber will man jemandem zuschauen, der liest? Ich wollte ihr das ausreden. Nichts zu machen. Natürlich spielte auch etwas Mißtrauen mit bei dieser

Neugierde. Sie wollte sich vergewissern, daß ich tatsächlich in dieser Bibliothèque Nationale saß und nicht woanders, daß es sich um kein Alibi handelt, das ich erfunden hatte, um mich ihr zu entziehen oder sie zu betrügen. Sie wollte wissen, ob ich fair sei. Was konnte das sein, was mir so oft, wenn sie sich mit mir verabreden wollte, wichtiger zu sein schien als sie? Sie kam, als wäre sie auf diese Bibliothèque Nationale eifersüchtig. Ich hatte an der Pforte eine Nachricht hinterlassen und wurde aus dem Lesesaal herausgerufen. Da stand sie, zwischen den hohen Säulen des Vestibüls – wie das Huhn in der Bahnhofshalle, nicht für es gebaut. Auf hohen Stöckelschuhen, mit feinen Seidenstrümpfen, einem schwarzen plissierten Seidenkleid unter dem Pelz, um den Hals eine schwere Kette von bunten Klunkern. In eine Parfumwolke gehüllt, stand sie da, ein Wesen von einem anderen Stern. Kein Bezug, nichts Gemeinsames mit den Lesern in ihren abgetragenen Jacken und Pullovern, alten, ausgetretenen Schuhen, wilden weißen Mähnen, Kneifer und verbogenen Brillen auf der Nase. Nichts gemein mit den strengen Damen vom Bibliotheksdienst, mit ihrem zum Chignon zusammengezogenen Grauhaar, ihren Baumwollstrümpfen und ihrem flachen, groben Schuhwerk. Keine der vielen Gestalten, die da kreuz und quer an ihr vorübergingen, Bücher unter dem Arm oder einen Zettel in der Hand, schien sie wahrzunehmen. Alle hatten einen abwesenden, auf nichts Äußeres gerichteten Blick, nicht zerstreut, sondern auf etwas konzentriert, nach innen gewandt. Sie sahen sie nicht, wie Sterbliche einen Engel nicht sehen.

Papou war offensichtlich nervös. Zu ihrer Verwirrung mußten besonders die uniformierten unwirschen Amtsdiener beitragen, die mir so freundlich und hilfsbereit erschienen, jemandem aber, der die Rituale des Hauses nicht kannte, vorkommen mußten wie die Agenten eines omnipräsenten Überwachungs- und Kontrollsystems, was sie ja auch waren. Nur widerwillig ließ sie sich dazu herbei, einen Blick durch die um einen Spalt geöffnete schwere Eingangstür in den gewaltigen Lesesaal zu werfen, den ich nie ohne ein seliges Schaudern betrat. Sie musterte die Reihen der an ihren, von den grünen Lampen erhellten, Pulten sitzenden Leser. »Da verbringst du deine Tage?« fragte sie spöttisch, aber auch gerührt.

Da saß ich tatsächlich und las. Hier, lag immer noch, trotz aller Exkursionen und Diversionen, der Gravitationspunkt meines Lebens. Hier war der Mittelpunkt der Welt, die ich mir als Lesender und Lernender erschließen wollte.

Es erwies sich, daß meine Studien zur Entstehungsgeschichte der Soziologie als postrevolutionäre Krisenwissenschaft immer mehr hinausliefen auf eine Pariser Stadtsoziologie. Entscheidend dazu beigetragen hatten meine

Gespräche mit Maxime Leroy. *L'histoire des idées sociales* war eingebettet in die Entwicklungsgeschichte dieser Stadt. Man konnte weder die *Revolution* verstehen noch verstehen, was *Soziologie* ist, wenn man *Paris* nicht verstanden hatte.

Es handelte sich offenkundig um drei Facetten ein und desselben kulturellen »Komplexes«, der seine Zeit, seine immanente Dynamik, seine Struktur und seinen Ort hatte. Das Thema, mit dem ich mich angelegt hatte, lautete im Grunde, wie ich feststellen mußte, schlicht und bescheiden: *Zweihundert Jahre Paris.*

An meinem Arbeitsplatz im Lesesaal der Bibliothèque Nationale gaben sich zehn Generationen ein Rendezvous. Die erste hatte die Französische Revolution »erlebt«, »erlitten«, »gemacht«, die letzte saß um mich herum. Ich fand sie wieder, wenn ich »ausging«. Um mich kreisten, in ihren Zeitkostümen, Aberhunderte von Personen mit Namen, Biographien, Schicksalen, Familien, Adressen. Alle hatte ihren genauen Platz, hatten ihren präzisen Stellenwert in diesem Universum, das ich mir behutsam erschließen mußte.

Es war belanglos für mein Unternehmen, ob sie lebend oder tot waren. Es machte auch keinerlei Unterschied, ob es sich um historische Figuren handelte, die tatsächlich gelebt hatten, oder um erfundene Figuren aus Romanen. Ob Roman oder Geschichtswerk, die Helden der einen und die Akteure der anderen standen in dem gleichen Ereignis- und Wirkungszusammenhang, in dem es unmöglich war, den Anteil des Faktischen und des Imaginären voneinander zu scheiden, weil sie sich ständig durchdrangen und wechselseitig bedingten. Sie gehörten zusammen, erzeugten das Gewebe, wie Kette und Schuß. René, Adolphe und Corinne, Rastignac und Julien Sorel, Frédéric Moreau, Messieurs Teste, Swann und Marcel waren nicht weniger repräsentative Zeitzeugen als Chateaubriand, Benjamin Constant, Juliette Récamier, Victor Hugo, Napoléon le Petit, Jean Jaurès und Léon Blum. Die Duchesse de Langeais war nicht weniger lebendig und signifikativ als die Duchesse de la Rochefoucauld und Marie-Laure de Noailles. Alle gehörten zu meinem Paris, mit allen pflegte ich täglich Umgang.

Wie diese Fülle und Vielfalt der Gestalten bändigen? Es gab keine probate Methode.

Ich hatte es nicht mit der Vergangenheit zu tun. Auch nicht mit einem Nacheinander von Vergangenheiten, die sich stückchenweise addieren ließen, sondern mit der Gleichzeitigkeit eines epochalen Erlebnisraumes. Mein Problem war nicht das datierbare Nacheinander der Phänomene, sondern ihre Permanenz und kumulative Simultanität in der »Großen Gegenwart«.

Gefordert war eine anthropologische Hermeneutik, die es erlaubte, Einzelschicksale auf die Modalitäten ihres Eingebundenseins, ihres Verwobenseins in einen geschichtlich-gesellschaftlichen Wirkungszusammenhang zu befragen.

In Paris hatte ich das Modell der postrevolutionären Situation gefunden, in dessen bipolares Grundmuster sich alle Fakten und Namen, Texte und Zeichen, Ideen und Bilder mühelos eintragen und zueinander in Bezug setzen ließen. Die Frage, die sich stellte, war also die: Wie strukturiert sich Paris als eigenständiger Erfahrungs- und Erlebnisraum? Es war die Frage nach dem Funktionsmodus der »Gesellschaft«.

Heute würde man wahrscheinlich sagen, Paris ist ein morphogenetisches Spannungsfeld mit einem kollektiven Gedächtnis, einem kollektiven Unbewußten und einem kollektiven Schicksal, das Millionen Einzelschicksale miteinander zeit-räumlich vernetzt. Es kündet sich in solchen Vorstellungen der Übergang von dem geschichtsphilosophischen, revolutionsbezogenen zu einem entwicklungsbiologischen, evolutionsbezogenen Denken an.

Ich hatte Papou gebeten, einen Augenblick in der Halle auf mich zu warten, so lange, bis ich meinen Platz geräumt und meine Bücher bei der Aufsicht abgegeben hätte. Da stand sie. Ich hatte mich wirklich beeilt. Und schon saßen wir nebeneinander in ihrem kleinen Sportwagen, den sie verkehrsregelwidrig vor dem Bibliotheksgebäude auf dem Trottoir mit laufendem Motor hatte stehenlassen.

Ihr Kleid war über die Knie hochgerutscht, diese nervösen Knie. Die schlanken Beine mit den schön geformten Waden schimmerten unter den Dior-Maschen. Die schmalen, nicht zu kleinen Füße mit dem hohen Spann. Wie so viele Frauen schlüpfte sie aus den Schuhen, wenn sie am Steuer saß. Obwohl perfekt gekleidet, saß sie neben mir, als wäre sie nackt. Sie war ganz Körper, nur Körper. »Un corps parfait où tout était volupté« (um mit Balzac zu sprechen). Ich konnte kaum reden, aber das war auch nicht nötig.

Sie hielt es für angebracht, mich erst einmal in eine Teestube zu führen, nicht weit entfernt in der Rue de Rivoli, zu *Rumpelmeyer*. Offenbar ging sie davon aus, daß ich – als Insasse einer so austeren Anstalt – verhungert sein müsse, sie kannte aber auch schon meine Vorliebe für Süßigkeiten, die unvergleichlichen Sahne- und Maronenpüree-Törtchen der illustren Konditorei, in der um diese Stunde des späten Nachmittags würdige alte Damen mit Hut und Nerzcape und elegante junge Paare, die sich hier nach ihren Kursen in der *École des Sciences Po* oder der *École du Louvre* ein Stelldichein gaben, in großer Zahl und dicht gedrängt auf den Samtfauteuils vor den kleinen damastgedeckten runden Tischchen saßen. An der Nervosität, mit der Papou eine Zigarette nach der anderen anrauchte, um sie nach wenigen Zügen im Aschenbecher auszudrücken, erkannte ich ihre Ungeduld. Sie aß natürlich nichts zu ihrem Tee. Ganz ernsthaft und überflüssigerweise machte ich noch einen Versuch, ihr zu erzählen, wie faszinierend die Arbeit in der Bibliothek sei, welche erhabene Stimmung mich dort ergriffe, daß ich mich dort in Kommunion mit dem Weltgeist fühlte, nannte die Namen der Autoren, deren Bücher ich gelesen, die interessanten Funde, die ich gemacht hatte. Sie versuchte nicht einmal, ein Interesse vorzutäuschen. Sie hatte etwas anderes im Kopf und keine Zeit zu verlieren. Sie wollte mir zeigen, daß es Besseres gebe, als in der Bibliothèque Nationale zu sitzen und zu lesen.

Ich mußte sie mit hinaufnehmen in das kleine Zimmer an der Place Dauphine. Da atmete sie auf, als käme sie aus einem schlechten Film. Ich war, wie immer in dieser Situation, eher etwas bedrückt wegen der Ärmlichkeit meiner Behausung, die mir den Verheißungen eines solchen Besuches nicht angemessen erschien. Ich hätte mir ein Dekor gewünscht, das schön und elegant war wie sie. Wenigstens Blumen im Überfluß hätten da stehen müssen. Mir war das Gefühl der Genugtuung vollkommen fremd, das, wie ich erfahren mußte, viele Männer empfinden, wenn sie eine Frau aus höheren sozialen Sphären in die Schäbigkeit ihrer inferioren Lebenswelt herabziehen.

Papou schien nicht im geringsten verlegen. Mit einem Liebhaber in ein Hotel zu gehen, war auch für diese junge Dame eine Selbstverständlichkeit, so wie für die Midinette, die petite bourgeoise, die Studentin. Paris war darauf eingerichtet. Ob reich, ob arm, ob Volksschule oder Pensionat, sie hatten es nicht anders gesehen und gelernt. Jacqueline hatte vollkommen recht. Die Absteige konnte so sordide sein, wie sie wollte.

Sie trat in den Raum, schloß die Vorhänge und zog sich sofort aus. Nur die Schuhe behielt sie an und die Klunkerkette. So geschmückt stellte sie sich vor dem Spiegel auf, als wolle sie den Eindruck überprüfen, den sie machen würde. Dann ging sie herum, um sich bewundern zu lassen. Nahm hier ein Buch vom Tisch, dort eine Krawatte von der Stuhllehne. Untersuchte meinen Spirituskocher. Dazu war es nötig, daß sie sich bückte, den Rücken mir zugewandt, und ich bin mir nicht sicher, ob sie nicht genau wußte, daß sie mir auf diese Weise den sinnlich erregendsten Anblick darbot: die in der Einkehlung der langen Oberschenkel unter den Pobacken herausgestülpten pelzigen Wülste ihres Geschlechts. Es war nicht obszön, es war schön.

Sie war das, was man *une superbe créature* nennt. Ein Klasseweib. Durchaus auf der Höhe der Jacquelinschen Superlative. Ein makelloses Exemplar der »schönen Frau«, das Traumbild aller männlichen Wunschphantasien. Das durch den Vorhang rötlich gefilterte Licht steigerte noch die Illusion absoluter Vollkommenheit.

Sie wußte um ihre Wirkung. Sie wußte vor allem ganz genau, wozu sie hergekommen war. Sie hatte die dafür notwendigen vierzig Minuten in ihrem Tagesplan vorgemerkt. Mehr Zeit hatte sie nicht. Mehr Zeit brauchte sie nicht. Sie nahm sich, was sie haben wollte, mit sicherem Zugriff. Vite fait, bien fait. Kein Wort. Keine Zärtlichkeit. Die Schweißperlen zwischen den kleinen, harten Brüsten. Die Beschleunigung des Atems. Die Beine über meinen Schultern. Die roten Krallen, eingeritzt in meinem Rücken. Die verdrehten Pupillen, ein Zittern am ganzen Leibe – dann ein seliges Aufatmen. Das war's.

Sie seufzte noch einmal tief auf, stieß mich unwirsch zur Seite, sprang vom Bett (meinem Ersatzdivan) und begann sich anzuziehen. Genüßlich rollte sie die feinen Strümpfe über die Knie auf die Schenkel hoch, um sie an einem schwarzen Strumpfhalter zu befestigen. Ganz sachgerecht, ohne eine überflüssige Bewegung, machte sie sich fertig, schminkte den Mund vor dem Spiegel, wobei sie die Zähne fletschte. Diese üppigen Lippen, dieses blendendweiße Gebiß. Vier braune Augensterne funkelten. Nur ich empfand in einem residualen Winkel meines bourgeoisen Stilgefühls das fehlende Badezimmer als ein schweres Manko. »Ne lis pas trop!«. Mit diesen Worten verschwand sie. Kein Kuß, kein Gruß. Eine Erscheinung?

Es fällt mir schwer, den Zustand zu beschreiben, in dem sie mich zurückließ. Ein rauschhaftes Glücksgefühl. So etwas hatte ich noch nie erlebt. »Der Schauder, das schnelle und verzehrende Feuer, das rascher ist als der Blitz« hatte mich erfaßt. Jetzt lag ich da, selig ermattet, hellwach, in körpervergessener Trance. Einem sekundenschnellen Ewigkeitserlebnis folgte ein völlig zeitentrücktes Hochgefühl. Was war mir da passiert? Diese wunderbare junge Frau hatte mit elementarer Gewalt von mir Besitz ergriffen, mich zum Komplizen ihrer Lust gemacht, mir in der Hingabe ihres Körpers das göttliche Geheimnis der fleischlichen (physischen) Liebe offenbart. War es nicht das, was ich immer gesucht hatte? Wonach ich mit all meinen Sinnen, all meinem Sehnen strebte? Was war das gewesen? Triumph des Lustprinzips. Das absolute Gegenteil von Arbeit und Leistung. Das Gegenteil von Askese und Mangel. Der Inbegriff der Fülle.

Was war meine Rolle? Der Geliebte der Stunde zu sein. Der Geliebte einer Stunde. »L'Amant«. Ich hätte mich auf unerträgliche Weise instrumentalisiert fühlen können. Zum Glück hatte ich derartige Flausen nicht im Kopf. Ich erlebte es anders. Ich fühlte mich als der Erwählte des Augenblicks. Ihre Hingabe war Gabe, Geschenk aus dem Überfluß, das ich beglückt und von Dankbarkeit überwältigt entgegennahm.

Und der Sinn unserer Beziehung, *dieses* Zusammensein, war kein anderer, als uns ein Fest zu bereiten. Und wir konnten es in dem Bewußtsein tun, daß um dieselbe Stunde – des berühmten *cinq à sept* – hunderttausend

Paare in Paris ein gleiches taten. Wir waren kein Ausnahmefall, wir verletzten keine gesellschaftlichen Konventionen, keine sittengesetze, keine Moral. Wir handelten konform der Tradition eines uralten Mysterienkultes, einer Tradition, die in dieser Stadt nie erloschen ist, seitdem sie aus einem Heiligtum, dem Kult der großen Göttin Isis hervorgegangen ist: wir partizipierten für unseren Teil an einer Orgie.

Omne animal post coitum triste ... ein ganz dummer Spruch (ein rechter Ochsenspruch), allein deswegen, weil der Mensch eben kein Animal ist. Es wird hier etwas insinuiert, um die Wahrheit zu verschleiern, das Hochgefühl des Jubels, des Triumphes, der Dankbarkeit, das die Seelen durchströmt, wenn ein Menschenpaar »Liebe gemacht« hat, eine freudige Stimmung, die noch lange weiterschwingt und das allgemeine Lebensgefühl steigert. Ich war nicht traurig. In Nachlust genoß ich den Duft ihres Parfums, der für ein paar Stunden noch den Tabakdunst, in dem ich lebte, auf unverwechselbare Weise versüßte.

Die Begegnung mit Papou markiert in meinem Leben einen Wendepunkt. Sie führte dazu, daß ich meine Vorstellung davon, was »Liebe« sei, vollständig veränderte.

Ich liebte noch in der Tradition des *amour courtois*. Nach ihren Gesetzen stilisierte ich mein Begehren, meine Emotionen und mein Verhalten. Ich bildete mir ein, daß eine Liebesbeziehung mit ganz bestimmten Gefühlen verbunden ist, mit ganz bestimmten, vorgezeichneten Gefühlen, die man zu empfinden hat oder sich doch wenigstens einbildet und simuliert. Gefühle, gekoppelt mit ganz bestimmten vorgeprägten Worten.

Es handelt sich, wie ich heute weiß, um die Notwendigkeit der poetisch-literarischen Verfremdung und Verklärung des Gegenstandes des Begehrens, dem sich zu nähern nur unter ganz speziellen Gefühlsbedingungen, nur unter Einhaltung bestimmter, kodifizierter Vorsichtsmaßnahmen erlaubt ist und dadurch möglich wird. Eine Annäherungsstrategie, die paradoxerweise einem psychischen Abwehrmechanismus verpflichtet ist. Bei der emphatischen und exklusiven Fixierung auf ein Liebesobjekt geht es gleichzeitig um seine Eroberung und um die Ausgrenzung dessen, was das Ziel dieser Eroberung ist: das Physisch-Geschlechtliche.

Dahinter steht die Angst vor dem »Weibe«, die Angst vor dem »Weiblichen«, die Angst vor der weiblichen Sexualität, ihre Dämonisierung und Verteufelung, die nur beschwichtigt werden kann durch die strikte Trennung des Gefährlichen vom Ungefährlichen, des Reinen-Guten vom Schmutzigen-Bösen. Worauf die manichäistische Wahrnehmung der Frau zurückzuführen ist, die entweder als Domina oder als Dirne, als Herrin oder als Hure erscheint. Gegenstand der Verehrung der Liebeshöfe war nicht die Große Göttin der Mysterienkulte, sondern eine asexuierte vornehme und sittenstrenge Dame, deren Gunstbeweise nicht in der Hingabe ihres Körpers gipfelten. Sie verhieß seelisch-geistige Genüsse ohne Sex. Etwas kulturell Hochstehendes, im höchsten Grade Artifizielles. Wenigstens in der Theorie. Wir müssen hoffen, daß auch in diesem Falle die Praxis weniger rigoros war, und die edlen Paare auch gelegentlich miteinander geschlafen haben – daß sie nicht nur über »Liebe« parlierten und philosophierten, sondern sie »gemacht« haben. Die Art und Weise, in der die Beziehung der Geschlechter und die Geschlechtsbeziehungen geregelt sind, lebt weitgehend von Derivaten dieser mittelalterlichen Konvention und ihrer Sprachregelung.

Mit Papou lernte ich die Regeln des *amour plaisir* kennen, das Register des Umgangs mit Frauen, der auf einer spontanen gegenseitigen Attraktion und der problemlosen gegenseitigen Befriedigung der in ihr sich manifestierenden Bedürfnisse beruht und für den die klassische Formel von Crébillon fils gilt: *On se plait – on se prend. On s'ennuie – on se quitte.* Sex ohne Liebe, könnte man sagen. *Je vous aime* heißt einfach nur *je vous désire.*

Paradoxerweise eröffnete sich mir auf diesem Wege der Zugang zu einer neuen Tiefenschicht der erotischen Erfahrung. Was ich in meiner heidnischen Diesseitsgläubigkeit nur dunkel ahnen konnte, war mir widerfahren, wirklich, leibhaftig, konkret, ohne jedes Verdienst, ohne jede Notwendigkeit, ein Wunder. Papou verdanke ich die Erkenntnis, daß wir Sterblichen den höchstmöglichen Intensitätsgrad weltimmanenter Seins-Erfahrung in der physischen Vereinigung der Geschlechter erleben, wenn Schiva und Schakti sich in unseren Körpern durchdringen. Ich lernte, daß in jeder Begegnung eines Mannes und einer Frau die Chance liegt, daß ihnen das *Göttliche* begegnet. Auch in dem letzten Straßenmädchen tritt dem Manne Schakti entgegen, (oder welchen Namen wir ihr geben wollen, denn die große Göttin hat viele Namen), die ihm die Erfüllung seines innigsten Wunsches verheißt, die Überwindung der Trennung, der Gespaltenheit – der Spaltung der Welt ins Ich und das andere, das Männliche und das Weibliche. Der gemeinsame Genuß, die wechselseitige Stillung des Begehrens, das selige Gefühl im Feuerofen zu verschmelzen, vermittelt uns die ekstatische Erfahrung der Ganzheit, der inneren Einheit der Welt.

So führte meine Begegnung mit Papou notwendig auch dazu, daß ich meine stereotypen Vorstellungen von »anständigen« und »verworfenen« Frauen endgültig über den Haufen warf. Was mich sofort an diesem Geschöpf fasziniert hatte, war die Abwesenheit jeder Hypokrisie, jeder Ängstlichkeit, war das souverän Amoralische, die vollkommene Identität des eigenen Begehrens mit der eigenen Form. Mir trat in ihr ein Typus entgegen, dem ich bis dahin noch nie begegnet war: der Typus der selbstbewußten, vollemanzipierten Frau.

Papou war ein vollkommenes Produkt der höheren Strata, des gehobenen bürgerlichen Mittelstandes. In ihrem Lebensstil, ihrer Kleidung, ihrem Geschmack, ja in der Appretur ihres Körpers war sie den Normen jener sozialen Schicht unterworfen, die Bourdieu später als die *Nouvelle Bourgeoisie* beschrieben hat. Ihr Vater war Industrieller, der nicht zu den alten Dynastien gehörte oder irgendwie weitläufig mit ihnen verwandt oder verschwägert war – ein Parvenü also. Ich meine das nicht abschätzig. Eine Gesellschaft ist in dem Maße regenerationsfähig, in dem sie die Aufsteiger, die den Weg nach oben geschafft haben, die »Empor«kömmlinge, zu integrieren vermag. Diese neue Schicht unterschied sich zunächst durch einen bedeutend herabgesetzten Standard der ästhetischen und moralischen Lebensführung. Es galten vor allem die Distinktionen eines an Preis und Design orientierten Konsumverhaltens.

Papou war groß geworden in einem modernen weitläufigen Appartement in Neuilly, in den Landhäusern ihrer Familie oder von Freunden, in der Bretagne oder an der Côte d'Azur, am Rande der Tennisplätze und der Swimmingpools, hatte ganz jung geheiratet, einen ehrgeizigen, erfolgreichen, sportlich trainierten, an der Harvard Business School ausgebildeten Jungen aus dem gleichen Millieu. Jetzt wohnte sie selbst in einem luxuriösen Appartement, mit allen Accessoires, die dazu gehörten, von der Plattensammlung bis zu den Buffets an der Wand, und hatte zwei kleine Kinder. Zwischen ihrem Coiffeur, den Modehäusern, in denen sie arbeiten ließ, den Boutiquen, den Galerien, den Cocktails, den dîners mit ihrem Mann, bei sich oder befreundeten jungen Ehepaaren, den Tees bei einer Freundin, den Wochenenden auf dem Land, den Kinobesuchen auf den Champs-Élysées, den Stunden mit ihrem Liebhaber führte sie ein bis in die letzte Minute durchorganisiertes, geplantes, gehetztes Leben, in dem für irgendwelche Lektüre, für Muße, ja für den Schlaf keine Zeit blieb.

Immer perfekt und für die Gelegenheit richtig gekleidet, vollkommen körperbezogen, vollkommen in der Gegenwart, im Hier und Jetzt, vollkommen in der Wirklichkeit, lebte sie jenes »intensive Leben«, das nicht leben zu können andere in tiefe Depressionen stürzt. Sie erfüllte, auf ihre Weise, die Forderung, die Sehnsucht Flauberts: »vivre dans le vrai«.

Sie war noch nicht dreißig, als wir uns kennenlernten. Ihre Probleme würden beginnen, wenn sie die Vierzig überschritt und ihre Tochter das Leben zu führen begann, das sie jetzt führte. Aber das brauchte ihre Sorge jetzt nicht zu sein. Töchter solcher Mütter sind schnell Komplizinnen. Das weibliche Wissen um die Techniken der Lebensbewältigung vermittelte sich mühelos – wie, hat Françoise Sagan mit viel Charme und Melancholie in ihrem Erstlingsroman »Bonjour tristesse« geschildert.

189

Papous einziger Kummer war ihre Nase, die im Profil etwas zu groß wirkte, wie sie fand. Da wollte sie meine Meinung wissen, und obwohl ich meinerseits nichts an ihr auszusetzen hatte, tauchte sie eines schönen Tages mit einer neuen Nase auf. Eine gelungene kosmetische Operation, die sie in Brasilien hatte vornehmen lassen. Ihr Ausdruck war vollkommen verändert. Ihr Gesicht war zweifellos hübscher geworden, das heißt, es hatte jede Originalität verloren und war jetzt ganz dem Stereotyp des Covergirls von *Vogue* angeglichen. Was blieb, waren ihre dunkelbraunen Kulleraugen.

Modenschau

Ich ging nicht aus mit Papou. Nicht ins Theater, nicht auf Empfänge, nicht auf Bälle, nicht spazieren, obwohl sie mich immer wieder einmal dazu aufforderte. Das Szenario unserer Beziehung war ein anderes. Ich wollte sie nicht angezogen, ich wollte sie nackt. Ich willigte nur ein in eine Ausnahme, und das mit Freuden, ich begleitete sie zu einer Modenschau der Haute Couture.

Es war deren große Zeit, die Defilees exklusive gesellschaftliche Ereignisse, zu denen der Zutritt so schwer war wie zu den Bällen von Étienne de Beaumont und Marie-Laure de Noailles. Ihre Funktion war eine ähnliche. Es waren Feste der Selbstdarstellung der Pariser Gesellschaft, Demonstrationen des Luxus, der Eleganz, des Geschmacks – Manifestationen eines Lebensstils, der die außeralltäglichen Höhepunkte braucht, um seine Standards zu setzen. Die sie veranstalteten, die Faths, Diors und Chanels, waren längst aus dem Status von Fournisseuren und Lieferanten der Gesellschaft herausgewachsen, sie gehörten zur Gesellschaft dazu. Kenner der Pariser Sozialgeschichte sahen darin einen der wesentlichsten Unterschiede der Vorkriegs- und Nachkriegsgesellschaft. Man sprach vom Einbruch der Couturiers in die höheren Kreise, etwas, das Worth nie gelungen war, trotz seines unbestreitbaren Einflusses und Prestiges. Man trug ihre Kleider, aber man lud sie nicht ein.

Das zeremoniöse Entrée! Der Aufstieg über die breite, von einem dikken, flauschigen Teppich belegte Treppe: lautlos. Der Empfang am Eingang der weitläufigen Salons durch die Direktricen und ein Schwarm zahlloser bildhübscher junger Geschöpfe, die sich um die Mäntel und Pelze bemühen und die Gäste mit Parfum besprühen; betäubender Wohlgeruch. Die Einweisung jetzt im saalartigen Vorführungsraum, Wandtäfelung, Goldkannelüren, Bronzeleuchter, schwere gefütterte Damastvorhänge, auf die reservierten Plätze, die winzigen Goldstühle (immer dieselben), die sich in Doppelreihen, eng aneinandergerückt, den Laufsteg entlang gegenüberstehen. Auf dem roten Samtpolster ein Karton mit dem Namen; Enge, doch kein Gedränge. Es herrscht eine genaue Sitzordnung. Jede Direktrice hat ihr Territorium, verteilt die kostbaren Sitze nach Rang und Würden, niemand darf mehr als eine Begleitperson mitbringen, die auch vorher angemeldet und akkreditiert sein muß. Man sorgt für die *qualité de la salle*. Es gibt bessere und schlechtere Tage. Man weiß genau zu unterscheiden zwischen erster und zweiter Garnitur, kein Hofmarschallamt könnte die feinsten Nuancen des Protokolls besser beherrschen. Wer ist heute da? Die verhaltene Neugierde ist so groß wie auf einer Premiere. Man flüstert sich die Namen zu. Die Frau des italienischen Botschafters, reiche Südamerikanerinnen, Millionärinnen aus den Staaten, Edwige Feuillère, eine Herzogin,»Pas de salle réussie sans duchesse«. Die Zusammensetzung ist immer mehr oder weniger die gleiche, Durchschnittsalter zwischen fünfzig und sechzig, nur einige Töchter fallen aus dem Rahmen. Papou ist bei weitem die Jüngste und wirkt wie eine Provokation. Fast überhaupt keine Männer. Die Ehemänner der noblen Damen haben für solche Distraktionen keine Zeit. Sie begleiten ihre Frauen zu den Anproben, wo die Möglichkeit besteht, mit der Komplizität der Direktrice diskreten Kontakt zu dem vorführenden Model aufzunehmen. So manche Aufstiegsstory begann mit einem *clin d'œil* in den Spiegeln der Umkleidekabinen.

Auf die Sekunde genau der Auftritt der Mannequins. Die feststehende Dramaturgie der Präsentation, die in atemberaubendem Tempo erfolgt. Jedes der vorgeführten Kleider – in sich ein Kunstwerk – muß das vorhergehende übertreffen. Die Spannungskurve folgt der aufsteigenden Ordnung der Gelegenheiten, zu denen sie getragen werden können, im Laufe eines Tages, im Verlauf eines Lebens.

Angefangen mit den noch relativ schlichten Vormittagskleidern, Tailleurs und Mänteln über die Nachmittagskleider in den verschiedenen Graden des Angezogenseins bis hin zu den Abendtoiletten, dem kleinen Abendkleid zuerst, kurz und geschlossen, nur die Arme entblößt, vielleicht am Rücken aufgeschlitzt, dann die prunkvollen Ballroben mit Schärpen und Schleppe und großem Dekolleté. Ein prasselndes Feuerwerk, in dem die einzelnen Konfigurationen pausenlos einander ablösen, begleitet von kleinen Aufschreien des Entzückens und dem gedämpften Applaus der behandschuhten Hände. Als *bouquet*, traditionsgemäß, obligatorisch, von Anfang an zu erwarten, als Abschluß und Höhepunkt, das Kleid der Kleider, weiß wie Schnee, wie Schwanengefieder, eine Wolke von Tüll und Spitzen, das Hochzeitskleid. Ahs und Ohs, eine Erscheinung nicht von dieser Welt. Damit ist der Zauber zu Ende, das Ganze hat kaum mehr als eine halbe Stunde gedauert.

Nur Kenner werden die besonderen Farbnuancen, die Textur der kost-

191

baren Stoffe, die Linie der Saison, den Stil des Hauses registriert haben. Jemand, der wie ich zum erstenmal einer derartigen Show beiwohnte, mußte von dem Gesamteindruck überwältigt sein. Ich war wie verzaubert durch das Wunderbare einer perfekten Phantasmagorie. Und dazu gehörten genauso wie die herrlichen Kleider die geheimnisvollen Gliederpuppen, die sie vorführten. Hochbeinig, flachbusig, das Becken mit den scharf hervortretenden Hüftknochen nach vorn geschoben, das hagere Gesicht maskenhaft geschminkt, mit den blutigen Lippen, den umschatteten, langwimprigen Augen, die nichts sehen. Ihr schneller Schritt mit den nach außen geworfenen, über Kreuz gesetzten Füßen, die zackige Kehrtwendung auf dem Hacken, am Ende der Piste, wo sie einen kurzen Augenblick bewegungslos, in dekorativer Pose, wie erstarrt, innehalten. Das Schwenken der Jacken und Schärpen, um das Futter zu zeigen, kostbarer noch als der verarbeitete Stoff. Ungraziös, diszipliniert, elegant. Keine natürliche Bewegung. Jede Geste ausgeführt wie in Trance, von automatenhafter Künstlichkeit. Wer sind sie? Körperlos, schwerelos, wesenlos – die schönsten Kreationen der Haute Couture wären nichts ohne sie. Unter völligem Verzicht auf eine eigene Identität dienen sie wie Tempeltänzerinnen einem Kult – dem Kult der Schönheit, dem Kult des schönen Scheins. Durch ihre Performance bringen sie das Artifizielle, Phantastische zum Ausdruck, das der Mode eigentümlich ist und ihre Faszination ausmacht: das die Wirklichkeit Überhöhende, ins Poetisch-Irreale Transzendierende ... Jeder Gedanke an einen praktischen Zweck ihrer Darbietung käme einer Profanation gleich. So, wie sie uns die Modelle vorgeführt hatten, wie sie sich uns in ihnen dargeboten hatten, waren sie der Einbildungskraft ihrer Schöpfer entsprungen, Produkte der Phantasie. Die Kleider waren für sie gemacht, wie sie für die Kleider. Nie wieder würde man die exquisiten Roben wieder so sehen wie auf dem Laufsteg, in der Anschauung der reinen Idealität.

Das Ephemere dieser Phantasmagorie stimmte mich traurig. Was wurde aus diesen Kunstwerken? Ich sah wohl, wie die Direktricen die Bestellungen ihrer hochmögenden Kundinnen aufnahmen, aber es war klar, daß keine der anwesenden Damen eines der Modelle »so wie besichtigt« würde tragen können. Die einzige, von der ich mir das allenfalls vorstellen konnte, war Papou.

Sobald sie ihrer kommerziellen Bestimmung zugeführt waren, hörten die Kunstwerke auf, Kunstwerke zu sein, und wurden zu Dekorationsstücken des Alltags, ein Teil des täglichen Lebens. Es führt nicht weiter, über ihren Fetischcharakter als Waren zu sinnieren. Ökonomische Kategorien greifen hier überhaupt nicht. Es geht um das Verhältnis von Kunst und Leben. Das Zentralproblem der Ästhetik. So konnte ich mich mit dem Gedanken trösten, daß das Ritual eines Defilees, in dem die absolute Schönheit aufscheint, auch wenn es nur die Sache weniger Augenblicke ist, den Alltag bis in seine fernsten Peripherien verklärt und auch dort noch seine magische Wirkung ausübt, wo keiner mehr die Quelle des Lichtes kennt, die seinem Leben etwas Glanz verleiht. Welch griesgrämiger Misogyn hat sagen können, die Mode sei niemals etwas anderes gewesen als die Provokation des Todes durch das Weib? Sie ist eine Provokation des Lebens durch den Mann. Ein Triumph der Imagination über das Leben in der Negation seiner materiellen Zwänge, der Überwindung von Alltag und Banalität. Allenfalls, wenn man die Theologie unbedingt ins Spiel bringen will, ein Blendwerk des Teufels. Aber die hat hier nichts zu suchen.

Eine moderne Frau

Die Freiheit, mit der Papou über ihren Körper verfügte, war für mich eine Offenbarung. Sie war in meinem etwas austeren Verständnishorizont die erste Schwalbe, die den Sommer ankündigt – die wahre Revolution. Wenn die sexuelle Freiheit der Frau – wie die Saint-Simonisten, Comte und Fourier behauptet hatten – der Indikator des Entwicklungsstands einer Gesellschaft ist, die sexuelle Emanzipation der Parameter des großen gesellschaftlichen Umwandlungsprozesses, der letzte Sinn aller Veränderungen der *époque de transition* ist, wichtiger als die Veränderung der Arbeitsbedingungen und Produktionsverhältnisse, dann waren Frauen wie sie die eigentlich revolutionäre Kraft, die Avantgarde der Menschheit. Soziale Veränderungsprozesse laufen über die Nutzung von Lebensgestaltungschancen. Gesellschaftliche Veränderungen, was sind sie anderes als Veränderungen in den Modellen der Lebensführung? Papou führte mir vor Augen, was das konkret heißen konnte. Sie repräsentierte die »moderne« Frau. Sie zeigte, indem sie so lebte, was das hieß: »être absolument moderne«.

Ich habe im Laufe der Jahre noch viele Frauen wie Papou kennenlernen können. Papou war ein Luxusexemplar des Typus und noch zu jung, um ihn zu voller Entfaltung gebracht zu haben, eine Frühform. Sicher keine Ausnahme. Zu voller Blüte kommt er Ende dreißig, Anfang vierzig. Das soziale Profil ist grosso modo das gleiche. »Nouvelle Bourgeoisie«. Heute gehört Berufstätigkeit unbedingt dazu, auch das Verheiratetsein.

Die Ehe ist eine Interessen- und Verdienstgemeinschaft, das doppelte Einkommen Voraussetzung des angestrebten Lebensstandards: geräumige, elegante Stadtwohnung in einem guten Viertel, Zweitwohnung in der Normandie, Südfrankreich oder einem der neuen, künstlich zu diesem Zweck geschaffenen Wintersportorte. Zwei bis drei Kinder, in guten Privatschulen (zusätzlich Sport- und Musikstunden), harte Arbeit, Pressereferentin in einem Verlag, Direktrice in einem Modehaus, Chefin einer eigenen Firma, Moderatorin in einer Rundfunkanstalt. Das gesellschaftliche Leben: Repräsentieren mit dem Mann, Einladungen des Chefs (oder interessanter Kunden), wichtiger Kollegen, Ausgehen mit der *petite bande*, das sind sechs bis acht gleichaltrige, gleichgesinnte, gleichgekleidete Ehepaare, Schul- und Studienfreundinnen, mit denen man sich vergleicht, im Berufs- wie im Intimbereich. Sehr zeitraubend, aber ernst zu nehmen ist das Wahrnehmen von Verpflichtungen. Abendessen, Vernissagen, Cocktails – halb privat, halb beruflich.

Ein kleiner Wagen ist unerläßlich (der Mann fährt den großen). Die Kinder werden kreuz und quer durch Paris kutschiert – »Evelyne a sa leçon de danse«, Patrick muß abgeholt werden von der Geigen- oder Fechtstunde. Da gibt es nichts, die Kinder müssen die richtige Erziehung haben. Der Tageslauf ist auf die Sekunde festgelegt, die Termine und Ortswechsel müssen unter den schrecklichsten Verkehrsbedingungen, auch während der Stoßzeit, eingehalten werden, eine unglaubliche Anstrengung. Man ist immer gehetzt, man ist immer zu spät, aber man versäumt nichts.

Zu diesem Programm kommt noch ein Liebhaber. Zwei Varianten: sozial eine Stufe höher gestellt, Top-Management, Dirigent von Weltklasse, Staatssekretär oder Minister (natürlich verheiratet). Wochenenden im Golf-Club. Ein Abend in Deauville. Souper im *Pré Catalan*. Oder aber: ein junger Künstler, wenn möglich Ausländer, ein Student. Also sozial oder wenigstens vom Einkommen her mindestens eine Stufe niedriger. Kommt sie im ersten Fall in den Genuß des materiellen Mehrwerts, etwas verwöhnt zu werden, hat sie im zweiten Falle die Genugtuung, diejenige zu sein, die verwöhnt, kommt also in den Genuß eines moralischen Mehrwerts, respektive eines über den physischen hinausgehenden emotionalen Lustgewinns. Hat sie den einen und den anderen, was gelegentlich vorkommt, kann es, unter Umgehung des Ehemanns, zu einem Transfer der Zuwendungen kommen, der ihr Gefühl, frei über sich und ihre Mittel zu verfügen, noch erhöht. Damit kein Mißverständnis entsteht: diese Beziehungen werden ganz »uninteressiert« erlebt im Register der Leidenschaften, gelegentlich mit einem Schuß von *amour fou*, so als spielten materielle Vorteile überhaupt keine Rolle. Gleichzeitig, und das mag paradox erscheinen, ganz hart, ganz unsentimental, wenn auch nicht schmerzlos.

Der Ehemann weiß es und will es nicht wissen, darüber wird nicht gesprochen. Für Szenen ist gar nicht die Zeit. Die Ehe ist eine Sache für sich. Man darf das eine mit dem anderen nicht vermischen.

Unabhängig von Mann und Liebhaber, sodann, als ausgegrenzte eigene Lebens- und Erfahrungssphäre, ein Freiraum reiner Sexualität, eine Nacht

194

in der Woche, in der Wohnung von Freunden oder einem der einschlägigen öffentlichen Etablissements mit einem eigens dafür gewählten Partner, Partizipation an kollektiver Vögelei, was die Franzosen eine *partouze* nennen und was mit dem deutschen Ausdruck *Gruppensex* nur sehr grobschlächtig und fast irreführend bezeichnet wird. Das beginnt um Mitternacht und geht munter bis sechs Uhr morgens durch. Es bleibt gerade noch die Zeit, nach Hause zu kommen, um sich und dem Mann einen Kaffee zu machen und die Kinder zur Schule zu bringen, bevor man selber zu seinem ersten Termin fährt. Mittags ist man dann am Flugplatz, um den Geliebten abzuholen, auf dessen Telefonanruf aus New York man die Woche lang sehnsüchtig gewartet hatte. (Nur im Liebhaberbereich gibt es Exklusivitätsansprüche, Trennungsschmerz und Eifersucht.)

Ich übertreibe nichts. Ich bin voller Bewunderung. Man muß sich einmal überlegen, was für Energien dazu gehören, ein solches Leben durchzuhalten. Es ist unwahrscheinlich. Aber die vitalen Kräfte solcher Frauen, die beruflich erfolgreich, vorzügliche Ehefrauen und Mütter, oft gute Sportlerinnen, immer verbindlich und zuvorkommend, gepflegt und gut gekleidet sind, laden sich offenbar in dem Maße wieder auf, in dem sie die Möglichkeiten und Bedürfnisse ihrer Sexualität voll ausleben können. Was nach außen hin wie ein permanenter Streß wirken muß, ist eine Hochform intensiven Lebens, das Stressige ist gewissermaßen der gern entrichtete Tribut für eine in vollen Zügen genossene Freiheit. Das gehört zur Ökonomie der Produktivkräfte – im Sinne Batailles –, die sich in der Verschwendung steigern und bei knausrigem Einsatz verdorren. So war das Leben von Viviane, von Catherine, so war das Leben von Papou, nachdem sie sich verheiratet hatte, eine große, glänzende Pariser Hochzeit natürlich, mit allem Drum und Dran, mit der in englischer Schreibschrift gravierten Anzeige auf zwei Bütten-Doppelbögen – die Familie des Mannes und die Familie der Braut geben gesondert geziemende Nachricht –, dem von einem hohen kirchlichen Würdenträger zelebrierten Hochamt in Saint Philippe-le-Roule, dem Empfang in einem exklusiven Hotel für fünfhundert Personen, Brautjungfern und Pagen mit Rosenkörbchen, alle angezogen von Fath oder Dior, aus deren Werkstatt natürlich auch das himmlische Brautkleid stammte.

Ist das nun wirklich etwas wesentlich Neues? War es in Paris nicht immer so? Gehörte so ein Leben nicht immer, mutatis mutandis, zu jener berüchtigten und gefürchteten Herrschaft des Weibes in diesem Sündenbabel?

Es gehört zu einer anderen – wie ich meinen möchte – superioren Kultur. Die Möglichkeit weiblicher Selbstverwirklichung hat im Laufe eines Jahrhunderts lediglich eine sozial breitere Basis gefunden. Auch sie ist zu einem Mittelstandsphänomen geworden. Zu den Zeiten Fouriers hatten nur Kurtisanen, Duchessen und Midinetten die Chance zu einer vollen

Erfüllung der elementaren Bedürfnisse jeder Frau. Er dachte in anthropolo-gischen Kategorien, als er die Forderung aufstellte:»Daß jedes Weib erstens einen Mann haben müsse, von dem sie zwei Kinder empfangen könne, zweitens einen Erzeuger (géniteur), von dem sie bloß ein Kind haben dürfe, drittens einen Liebhaber (favorit), der mit ihr gelebt hat und diesen Titel bewahrt, und endlich, viertens, bloß Besitzhabende (possesseurs), welche keinen legalen Status haben.« Das gehörte zu seinem System. Er war kein Visionär, sondern ein guter Soziologe, der, wie Karl Marx sagte, der ihn sehr liebte, der bescheidenen Mittelmäßigkeit des Restaurationsmenschen mit naivem Humor und durch nichts zu beeinträchtigende Hartnäckigkeit die »kolossale Anschauung des Menschen« gegenüberstellte, die er zum Maß-stab seines Projekts einer Zukunftsgesellschaft gemacht hatte.

»Wenn wir verlangen, daß alle Frauen sich unserer Lust hingeben müssen, so müssen wir ihnen auch erlauben, ihre Gelüste reichlich zu befriedigen. Reizendes Geschlecht, ihr werdet frei sein; ihr werdet wie die Männer alle Freuden genießen können, welche die Natur euch zur Pflicht gemacht hat; in keiner werdet ihr euch zurückhalten müssen. Soll der göttlichste Teil der Menscheit denn vom andern in Eisen geschlagen werden? Nein! Sprengt die Eisen, das ist der Wille der Natur; kennt keine anderen Fesseln mehr als die eurer Neigungen, keine anderen Gesetze als eure Triebe, keine andere Moral als die der Natur; schmachtet nicht länger unter den barbarischen Vorurteilen, die eure Reize welken ließen und eure göttliche Sehnsucht gefangen hielten; ihr seid frei wie wir, und ein Leben der Liebesfreuden steht euch offen wie uns . . .« Das könnte von Fourier sein, ist aber ein berühmter Text des göttlichen Marquis. Man kann eben nicht von der Revo-lution sprechen, ohne von der sexuellen Emanzipation zu sprechen. Es gibt keine »Theorie der Gesellschaft«, die nicht die Stellung der Frauen in der Gesellschaft thematisiert, in jeder Gesellschaft, in »der Gesellschaft«.

Aber ich rede hier von »den Frauen«, als ob alle Frauen gleich wären und die gleichen Bedürfnisse hätten. Was für Papou zutrifft, gilt vielleicht nicht für andere Frauen, nicht für alle Frauen.

Die Zauberwesen

In die Zeit, in der Papou mich so glücklich machte, fällt meine erste Begeg-nung mit einem völlig anderen Typus. Ich meine jene Zauberwesen, die, nicht ganz von dieser Welt, wie mir scheinen wollte, zu meinem größten Entzücken, zwischen dem irdischen Diesseits und dem Jenseits der absolu-ten Schönheit vermitteln, den Modefeen, den Mannequins.

Ich hatte sie zum erstenmal, nach jener fabulösen Modenschau, begleitet von Papou, in der *Bar du théâtre*, Rue de Montaigne, aus nächster Nähe gesehen. Da saßen sie, völlig erschöpft, abgeschminkt, blaß, in sich zusammengesunken, kettenrauchend, in unscheinbaren Kitteln. Nur an den teuren Accessoires, breiten Gürteln und riesigen Taschen war ihre Zugehörigkeit zur Modewelt zu erkennen. Es war der ungünstigste Moment, sich ihnen zu nähern. An einem Gespräch, auch mit einer guten Kundin ihres Hauses, die sich ohne Umstände, burschikos, zu ihnen setzte, nicht älter als sie, zeigten sie wenig Interesse. Geistesabwesend, in sich gekehrt, glichen sie Medien, die langsam nur aus der Trance erwachen. War ich enttäuscht? Mitnichten. Ganz im Gegenteil. Ich war fasziniert. Meine Neugierde, sie kennenzulernen, mehr von ihnen zu wissen, war jetzt erst richtig geweckt. Was war das Geheimnis dieser zarten Geschöpfe, die sich eben noch vor meinen Augen in so grandioser Form produziert hatten? Sie dienten der Schönheit, aber sie waren nicht eigentlich schön. Sie verkörperten das Idealbild weiblicher Grazie, aber sie waren weder graziös noch weiblich. Sie waren überhaupt keine Frauen, ich meine so, wie Männer sich Frauen vorstellen. Sie hatten keinen Körper, zur sinnlichen Liebe geschaffen, wie Papou. Keine Rundungen, Schwellungen, Schenkel, Busen, nichts Wollüstig-Weiches, Üppiges, war an ihnen, nichts zum Anpacken, zum Festkrallen, nichts zum darin Versinken. Auch Knaben waren sie nicht. Ihre Gliedmaßen waren nicht wohlgeformt muskulös, ihre Gestalt nicht athletisch, wenn es auch zum Typus gehörte, daß die knöcherigen Schultern breiter waren als das schmale Becken. Mit den scharf gezeichneten Hüftknochen, den zählbaren Rippen unter kaum angedeuteten Brüsten, mit ihren langen Schwanenhälsen wirkten sie eher mitleiderregend als begehrenswert. Unsinnliche, asexuelle, ätherische Wesen waren das! Aber gerade in ihrer anorektischen Fragilität lag der ganz besondere erotische Reiz, der sie wie eine Aura umgab.

Von der Physis, von der Anatomie, vom Erscheinungsbild her standen diese Geschöpfe offensichtlich zwischen, über den Geschlechtern und allem Geschlechtlichen, jenseits der männlich-weiblichen Polarität, als deren Negation und Transzendenz. Sie gehörten einer höheren Ordnung an, der Ordnung der Engel. Wer sehnt sich nicht danach, einem Engel zu begegnen? War es denkbar, mit ihnen zu schlafen? Sich ihnen als Mann physisch zu nähern, schien ausgeschlossen. Alles derb Natürliche, Gewaltsame, Phallische, mußte sie abstoßen. Der Umgang mit ihnen erforderte andere, subtilere, raffiniertere Formen der Annäherung, der Werbung, der Kommunikation. Andere Register der Sinnlichkeit mußten ins Spiel gebracht werden, um sie aus ihrer keusch perversen Reserve herauszulocken. Ihr Begehren konnte sich nur im Medium zeremoniöser Vermittlung entfalten, gedieh nur in einem Klima großer Sophistikation und Künstlichkeit. Genau das war es ja, das sie für ihren Beruf prädestinierte, der wiederum für sie wie geschaffen schien.

Wenn ein Mannequin im Licht der Scheinwerfer seine Kleider vorführt, geschieht es nicht in einem Gestus der Hingabe, sondern in dem der Verweigerung. Es bietet sich zwar den begehrlichen Blicken dar, aber dieser Exhibitionismus läuft nicht über das Versprechen der Nacktheit des weiblichen Körpers als seiner letzten Bestimmung. Im Gegenteil. Alles ist darauf angelegt, den nackten Leib als Gegenstand der Begierde zu eskamotieren, ihn aus dem Blick zu bringen. Der Körper verschwindet in der Phantasmagorie des schönen Scheins, er löst sich in Wohlgefallen auf. Indem das Mannequin die Schönheit zeigt, negiert es seine Leiblichkeit. Was bleibt, ist der Fetisch, ein Zeichen, der emblematische Verweis auf sublimere Formen des Lustgewinns.

Darin liegt der Unterschied ihrer Darbietungen zu denen der Mädchen, die im *Crazy-Horse-Saloon*, im *Lido* und den Revuetheatern von Pigalle einen vollendet schönen Körper zur Schau stellen – und sonst nichts.

Offenbar fanden diese zarten Geschöpfe die Befriedigung ihrer sexuellen Bedürfnisse nicht in der Bejahung, sondern in einem Ritual der Verneinung ihrer natürlichen Körperlichkeit. Gewiß, sie wollten nicht die Askese, die Abtötung des Fleisches und der Sinneslust. Sie wollten im Gegenteil ein Mehr, ein Jenseits, eine Steigerung der Lusterfahrung über das hinaus, was der Körper üblicherweise hergibt. Vielleicht protestierten sie einfach nur über dessen groben Mißbrauch, einen Mangel an Einfühlungsvermögen und Delikatesse bei seiner Verwendung. Es war so, wie soll ich mich ausdrücken, als würden sie ihren Körper, den Körper da, den wir kennen, mutwillig verbrennen. Aber aus den Flammen steigt, wie ein Phoenix, ein anderer Körper auf – ein paradiesischer, ästhetisch-poetischer Lustkörper.

Wer sich mit ihnen einlassen wollte, mußte ihnen auf den Scheiterhaufen folgen. Dem und nur dem würden sie sich mit Freuden hingeben, der das Autodafé inszeniert. So phantasierte ich drauf los, von Möglichkeiten, mich den Unnahbaren zu nähern; versuchte mir vorzustellen, was ich tun müßte, wer ich sein müßte, um von ihnen angenommen zu werden; versuchte mich einzufühlen, einzuschmiegen, einzukuscheln in ihre vermeintlichen Bedürfnisse, Wünsche und Sehnsüchte. Ich wußte nichts. Ich induzierte, ich projizierte.

Die göttliche Vögelei mit Papou, die mir ihren wunderbaren Körper so großzügig und umstandslos zum Geschenk machte, erschien mir plötzlich in einem anderen Licht. Angesichts der Mannequins schwante mir, daß es noch etwas anderes geben mußte als das heterosexuelle Rollenspiel, andere Formen des Lustgewinns als die Kopulation, andere Ekstasen.

Hieß es nicht, der bevorzugte Umgang der Mannequins seien lesbische Frauen und homosexuelle Männer? Sie suchten nicht Lover, sondern Komplizen, nicht das Bett, sondern die Bühne – die Choreographie erotischer Spiele. Um zu ihnen Zugang zu gewinnen, würde ich noch gewaltig umlernen müssen! Vergessen, was mich ihnen entfremdete, entdecken, was in mir ihnen glich.

Ich würde nicht ruhen, solange es mir nicht gelungen war, die Grenze zu überschreiten, die mich von diesen zweideutigen, widersprüchlichen, hybriden Wesen trennte, die etwas anderes sind als das, was sie scheinen, die lieben, indem sie sich versagen, die genießen, indem sie sich verzehren, *qui jouissent en se consumant*. Ich mußte bedeutend älter und reifer werden, um dieser Herausforderung gewachsen zu sein. Wenn ich heute von »den Frauen« spreche, weiß ich, daß ich dabei immer auch an die Mannequins denken muß.

In Papou hatte sich mir, mit der Brisanz einer geballten Ladung, Schakti, die Große Göttin gezeigt. In der Gestalt der Mannequins trat mir zum erstenmal, schattenhaft, wie hinter Nebelschleiern, ein anderes tief in mir schlummerndes Urbild entgegen, der Archetypus des Androgyns, die emblematische Figur der fundamentalen Bisexualität des Menschen. Was meinten die Romantiker, wenn sie sagten, die Zukunft der Menschheit sei der Hermaphrodit? Die ekstatische Vereinigung der beiden Geschlechter in einer Gesellschaft, in der Mann und Frau gleich sind? Oder die Aufhebung der Geschlechter, in einer Gesellschaft, in der es Männer und Frauen nicht mehr gibt, sondern nur Menschen? Zwei verschiedene Modelle – eine jeweils andere Idee von Ursprung und Zielpunkt der Menschheitsentwicklung durch die Jahrtausende. Zwei verschiedene Versuchsanordnungen im Experimentierfeld der postrevolutionären Situation.

IX

MÄNNER

Chez Joseph

Zu Joseph Breitbach führte mich ein Hinweis von Ernst Jünger. Eine Postkarte, die er mir nach Paris schrieb. Er sammelte wie Paul Morand »letzte Worte«, und ich hatte ihm das geschickt, das von Gide kolportiert wurde (das er vielleicht aussprach, während ich zwischen den Kabelschnüren die Treppen zu seiner Wohnung hinaufstolperte). »J'ai joué le jeu.« Herzlichen Dank! Jünger hatte eine andere Version gehört: »tant mieux«. Dann: »Sie sollten einmal Joseph Breitbach besuchen, der Ihnen liegen wird, 7, rue Val de Grace, Paris VIième.« Da wohnte er damals noch, bevor er in das Eckhaus am Panthéon zog. Blick auf den Schulhof des Lycée Henri IV, gegenüber dem kleinen *Hôtel des Hommes Célèbres*, das die Surrealisten eine Zeitlang zu ihrem Treffpunkt erkoren hatten. Ein Anruf genügte. Breitbach lud mich sofort ein. Um Mitternacht. So einfach ging das.

Ernst Jünger kannte ich schon aus Berlin, wo ich ihn bei Carl Schmitt getroffen hatte, in Uniform, mit *Pour le mérite*. Eine Respektsperson, der Autor des *Abenteuerlichen Herzens*, der *Afrikanischen Spiele* (mehr hatte ich damals nicht von ihm gelesen), umgeben mit einer Aura von Berühmtheit, ein Held, ganz unnahbar, doch auch wieder vertraut, weil zum Umkreis des Meisters gehörend, kein Fremder. Nach dem Krieg lasen wir dann alle, noch als Samisdat, seine *Friedensschrift*, eines der ersten Kultbücher dieser Periode, in meiner Erinnerung verbunden mit Vercors' *Silence de la mer*, und dann die *Strahlungen*, den dicken grünen Leinenband des Heliopolis-Verlages. Ich kann mir die starke Wirkung kaum noch erklären, die für mich von dieser Lektüre ausging. Faszination und Irritation, Zorn und Entzücken, schon keimte der Protest gegen die herrische Arroganz, den sublimen Zynismus, aber es überwog noch die Bewunderung für Haltung und Form, für den militanten Dandyismus, für ein literarisches Herrentum. Damals erschien er mir fast als das Vorbild für die zeitgemäße Existenzform eines Schriftstellers als »Autor«, in dessen Reflexion sich ein Zeitalter spiegelt, eine Epoche zum Bewußtsein ihrer selbst kommt, als moralische und ästhetische Instanz. »Autor« – war es nicht das, was ich werden wollte? Ich war ein Jünger-Jünger. Wer meiner Altersgenossen war es damals nicht? Ich fühlte das Bedürfnis, ihn aufzusuchen. Er hatte ermunternde Worte über meinen kleinen Roman *Capriccio No. 1* gefunden. Den Besuch, den ich ihm in der Oberförsterei in Wilflingen, dem Besitz der Barone Stauffenberg, abstattete, arrangierte in einem zeremoniösen Briefwechsel Armin Mohler, der damals sein Privatsekretär war und den ich dann später als Korrespondenten der Zeit in Paris wiedertraf.

Ich erzähle von Ernst Jünger, weil es wichtig ist, daß ich Joseph Breitbach durch seine Vermittlung kennenlernte. Es ist nicht gleichgültig, wie sich in unserem Leben die Verbindungen zu den Menschen knüpfen. Zufälle gibt es da nicht. Man erkennt die Zusammenhänge, wenn man zurückschaut. Das gehört zu den Privilegien des Alters. Im Laufe der Jahre erst zeichnen sich die Muster ab, die dem Gewebe seinen unverwechselbaren Charakter geben.»Der ganze Teppich menschlicher Beziehungen –« klingt es aus dem Off – »ist sehr fein vorausgeknüpft; und es gibt Stunden, in denen man die Hand des Webers in ihm errät.« Durch jede Biographie ziehen sich die Fäden schicksalhafter Verkettungen, Begegnungen, Freundschaften, Liebesaffären, Feindschaften, versteht sich, stehen nie für sich allein. Um ihren Sinn zu entschlüsseln, muß man Aszendenz und Deszendenz bestimmen können. Immer hat jemand uns eingewiesen, tritt ein anderer das Erbe an, sind wir Gesandte, Beauftragte, weist uns ein Engel den Weg. Es gibt eine Genealogie der Beziehungen. Das gilt auch für Bücher, die für unser Leben bedeutsam werden. Immer gibt es den, der sie uns empfohlen oder geschenkt hat. Das gilt in hohem Maße auch von den Orten, Städten und Landschaften, die in unser Lebensmuster eingewoben sind. Man betritt sie nicht von ungefähr. Auch die Topographie einer Biographie steht unter dem Gesetz der Filiation. So ist es signifikativ, daß mich Ernst Jünger Joseph Breitbach in Paris empfahl.

Für alle Deutschen, die nach Paris kamen, war Breitbach eine Institution. Durch sein Geld, seine vielfältigen Beziehungen, durch seine Hilfsbereitschaft, spielte er eine ganz einzigartige Rolle. Ohne Amt, ohne offiziellen Auftrag hatte er sich, gegen die im Nachkriegs-Paris vorherrschende Stimmung, die Pflege der deutsch-französischen Beziehungen zur Aufgabe gemacht. Es gab damals kein Goethe-Institut oder sonstwelche Förderungseinrichtungen. Der von Adenauer neuernannte Botschafter, Wilhelm Hausenstein, kein Karrierediplomat, sondern ein Kunsthistoriker, hatte selbst die allergrößte Mühe, auf dem Pariser Parkett Fuß zu fassen. Er tat für junge Landsleute nicht das geringste und war im Grunde genauso auf Breitbach angewiesen wie sie. Der stammte aus dem lothringischen Grenzland, stand zwischen den Völkern und Sprachen und lebte seit den dreißiger Jahren in Frankreich. Über den Krieg hatte ihm ein französischer Paß geholfen.

201

Jünger gehörte selbst in das Spannungsfeld der deutsch-französischen Beziehungen, in deren Mittelpunkt Breitbach nach dem Kriege stand. Der große Erfolg, den der ehemalige Besatzungsoffizier aus dem *Majestic* in Frankreich hatte, war mir nie ganz geheuer. Ich durchschaute die Zusammenhänge erst, als ich erfuhr, daß er zu der Gruppe alter Kämpfer gehörte, die sich jährlich im *Maxim's* zu einem Festessen versammelte, um die glorreichen Jahre der Kollaboration zu feiern: der Bildhauer Arno (Tonton) Breker, Jean Cocteau, Jacques de Ricaumont, Maurice Bardèche (Schwager von Brasillach), Serge Lifar, Céline, der junge LePen; auch einige Damen waren mit von der Partie: die »Dottoressa«, aus Jüngers Kriegstagebüchern bekannt, Madame Banine, ihr Mann arbeitete für den französischen Geheimdienst, und die große Schauspielerin Arletty, die wegen ihrer Affären mit deutschen Offizieren nach der »Libération« einige Monate im Gefängnis saß. Gehörte Breitbach dazu? Er hat nie ein Sterbenswörtchen darüber verlauten lassen. Inzwischen ist Ernst Jünger wohl der einzige deutsche Überlebende der Runde.

Ich habe Jahre gebraucht, um mich von der Faszination, die Ernst Jünger auf mich ausübte, zu lösen. Es geschah im Zuge meiner inneren Auseinandersetzung mit Carl Schmitt, in der mir die perniziösen Auswirkungen des deutschen Männerbund-Syndroms langsam zu Bewußtsein kamen. Ein schmerzlicher Prozeß. In den stürmischen 60er Jahren ließ ich mich dazu hinreißen, meinem Unmut in einem kleinen Pamphlet Luft zu machen, dessen Inhalt ich nicht zu verleugnen brauche, von dem ich aber heute gerne eingestehe, daß seine Veröffentlichung eine Ungezogenheit war. Ich brauche nicht zu sagen, daß es mir in gewissen Kreisen äußerst verübelt wurde und sich gewisse Türen für immer vor mir schlossen. Gut daran war, daß sich auf diese Weise mit großer Schärfe eine politische Frontlinie abgezeichnet hat. Erst als ich *Annäherungen. Drogen und Rausch* las, diese in eine tiefsinnige Kosmologie eingebettete Lebensdeutung, konnte ich meiner Bewunderung für den Autor wieder Raum geben, dem ich meine Achtung für die singuläre Leistung einer trotzig-hartnäckig durchgehaltenen ästhetisch-asketischen Selbststilisierung nie versagen konnte.

Breitbach öffnete selbst die Tür, führte mich durch mehrere Räume, zwischen Bücherregalen (neue Bücher in ihren Schutzumschlägen) und großen und kleinen Bronzen (vornehmlich Knaben) in einen geräumigen Salon mit ausladenden, graublau überzogenen Polstermöbeln. Das Licht war gedämpft. Auf der Glasplatte des niedrigen, großflächigen Tisches, zwischen Stapeln von Kunstbänden und einem kostbaren Blumenarrangement, stand eine Flasche Champagner im silbernen Kübel.

Das war der erste vieler nächtlicher Besuche. Er empfing nur nach Mitternacht. Dann blieb man bis drei oder vier. Danach wurde man verabschiedet, und der Herr des Hauses ging auf die Jagd. Man muß ihn gehört haben, wie er von dem Schweiß- und Ölgeruch des Overalls eines Garagisten schwärmen konnte, um zu erraten, welches Wild er bevorzugte. Er tauchte ab in die Unterwelt, ein sordides Paris bei Nacht, das seine eigene Topographie und seine eigene Fauna hatte. *Faire les tasses* lautete damals der gängige Ausdruck für diese nächtlichen Runden. *Les tasses* waren jene öffentlichen Pissoirs, die damals in Paris noch überall auf den Straßen standen, wohltätige Einrichtungen einer fortschrittlichen Stadthygiene, nach ihrem kaiserlichen Erfinder *Vespasiennes* genannt; kleine, gußeiserne Pavillons, schwarz gestrichen, deren gewölbte Blechwände – bestimmt, die Benutzer vor den Blicken der Passanten zu schützen – so hoch angesetzt waren, daß man die Beine bis in Kniehöhe sehen konnte. Trotz der permanenten, melancholisch vor sich hingurgelnden Wasserspülung umgab sie ein feiner Chlor- und Uringeruch. Berühmt wegen der Graffiti an den Innenflächen, waren viele zum Klassen- und Altersschranken überspielenden Treffpunkt für Homosexuelle geworden, für Profis wie für Amateure. Bekannt war zum Beispiel das Häuschen unweit des *Flore* und der *Deux Magots* auf dem Boulevard Saint-Germain, Ecke Rue des Saints-Pères, an dem, nach Mitternacht, besonders hübsche Jungen in extravagantem Aufzug, ganz in Weiß, ganz in Rot, defilierten und auf distinguierte Kundschaft warteten. Es ist ein Jammer, daß diese praktischen Bedürfnisanstalten in den siebziger Jahren einem Modernisierungsschub zum Opfer gefallen sind. Man hätte sie stehenlassen sollen als »Monuments historiques«. Es gibt einen kleinen Photoband von Brassai, der sie für die Nachwelt festgehalten hat, darunter auch dasjenige, das – angeblich – Lenin, als er in Paris weilte, zu benutzen pflegte.

Breitbach verfügte über alle Attribute des Reichtums, seine äußeren Merkmale, inklusive der für reiche Leute typischen Ticks. Wir hielten ihn alle für einen Millionär. Ich will damit sagen, daß er allem Anschein nach zur Kategorie der »Reichen Leute« gehörte, eine Spezies für sich. Reiche Leute sind andere Menschen als wir. Das ist nicht eine Frage des Einkommens, sondern des Lebensstils.

Es war bekannt, daß Breitbach absolut keinen Lärm vertragen konnte und aufs äußerste lichtempfindlich war. Seine Wohnung war, wie die von Marcel Proust, mit Korkplatten schalldicht gegen jedes Geräusch, das von außen hätte eindringen können, abgesichert. Er vertrug es auch nicht, wenn man seine Bücher und Bibelots zu genau anguckte, das empfand er als eine Indiskretion, ein Schnüffeln in seiner Privatsphäre. Von dem Champagner, der immer bereitstand und den er als aufmerksamer Gastgeber nachschenkte, trank er selber nicht. Seine dîners waren berühmt wegen der vorzüglichen Speisen, er selbst nahm kaum davon, weil er immer irgendeine Diät befolgen mußte. Der hypochondrische Umgang mit der eigenen Gesundheit gehört ja auch zum Reicheleutesyndrom.

Gleichzeitig war er in ungewöhnlicher Weise großzügig, immer hielt er ein kleines Geschenk für seine Gäste bereit. Bücher kaufte er nur im Dutzend, mindestens drei für jede seiner Wohnungen, in Paris, in München und für das Landhaus in der Normandie. Die anderen, um sie zu verschenken. Wenn er einen jungen Autor fördern wollte, bestellte er einen Teil der Auflage seiner letzten Neuerscheinung und verteilte sie an seine Freunde und Bekannten.

Die Zahl der Menschen, die er teilweise mit sehr großen Summen unterstützt hat, oft viele Jahre hindurch, ist beachtlich. Viele verdankten ihm vieles, ihr Leben, ihre Karriere.»Il a fait beaucoup de bien à beaucoup de gens«, sagte mir ein französischer Journalist, Theater- und Literaturkritiker, mit dem ich lange Jahre befreundet war, Guy Dumur. Breitbach hatte ihm mit einem bedeutenden Betrag aus der Patsche geholfen. Irgendeine Zeitschriftengründung. Er sagte es, um Breitbach gegen Leute in Schutz zu nehmen, die unfreundlich über ihn redeten.

Natürlich ist auch die Generosität ein Privileg der Reichen, aber nicht alle nehmen die Chance wahr. Unter dem Gesichtspunkt der ästhetischen und moralischen Rechtfertigung des Reichtums ist die Generosität zweifellos die höchste soziale Tugend. Sie gehört zum Legitimationsfundus und den Definitionskriterien jeder echten Aristokratie. Ihre Ausübung erfordert Stil und Diskretion von seiten dessen, der gibt, und von seiten dessen, der empfängt. Auf der einen Seite droht immer die Gefahr, daß Generosität zu einer Strategie wird, um sich andere Menschen zu verpflichten; auf der anderen Seite hat der Mäzen jederzeit allen Grund, sich zu fragen, ob er nicht ausgenutzt wird. Für Breitbach war das Dilemma von Großherzigkeit und Mißtrauen kein Problem. Er war kein Philanthrop, sondern ein Menschenverächter. Er wußte genau, was er von den Menschen, die er beschenkte, zu erwarten hatte, und nutzte seine Mittel mit größter Umsicht und Vorsicht. Er war großzügig, aber gab nichts umsonst.

Sein Problem war ein anderes; Breitbach wollte nicht um seines Geldes willen geschätzt werden, sondern »um seiner selbst« willen. Er wollte, daß man ihn für das hielt, für was er sich hielt. Hinter der Weise, in der er mit seinem Geld umging, verbarg sich ein echtes Identitätsproblem.

Was er sein wollte, war Schriftsteller, écrivain! Und um das zu sein und als solcher anerkannt zu werden, gab er ein Vermögen aus. Wie in anderen ähnlichen Fällen, war das, was er produzierte, gar nicht einmal so schlecht. Aber daß jemand, der soviel Geld hat, auch einen guten Roman schreiben kann, paßt weder zum Bild des Reichen noch zu dem des guten Schriftstellers. Ein dummes Vorurteil natürlich, denn Proust war reich und Gide war reich, und sie hätten beide ihr Œuvre nicht vollbringen können, wenn sie es nicht gewesen wären. Sie wären überhaupt nicht gedruckt worden. Aber das Vorurteil ist weit verbreitet, nicht nur unter denen, die kein Geld haben, sondern speziell in den Köpfen der Reichen selber.

Bei Breitbach spielte es eine besondere Rolle, denn er hatte eine proletarische oder, sagen wir, proletaroide Vergangenheit, die er teilweise verleugnete, teilweise mit einem gewissen Stolz zum bevorzugten Thema seiner schriftstellerischen Arbeiten machte. Als junger Mann, in den zwanziger Jahren, führte ihn sein Solidaritätsgefühl mit der werktätigen Klasse bis zur Mitgliedschaft in der Kommunistischen Partei. Nicht für lange. Er erbte, und wie man weiß, prägt das Sein das Bewußtsein. Doch auch nachdem er selber dazu gehörte, muß sich irgendwo verborgen in seinem Innersten ein tiefsitzendes Ressentiment gegen die Reichen erhalten haben, dem er nicht nur seinen soziologischen Scharfblick verdankte, sondern das auch der letzte Antrieb für sein Schriftsteller-sein-Wollen blieb.

Wer von denen, die ihn gekannt haben, erinnert sich nicht der Einladungen zu den Aufführungen seiner Theaterstücke? Von ihm finanziert, wenn er nicht überhaupt das Theater gekauft hatte. Da saß man dann im leeren Saal. So dürftig das war, was man zu sehen und zu hören bekam, es blieb einem nichts anderes übrig, als in den frenetischen Beifall einzufallen, den er den armen Schauspielern spendete, die ihr Bestes gaben.

In der Zeit, in der ich ihn besuchte, schrieb er unter einem Pseudonym Berichte aus Paris für die Zeit und erwies sich da als der intime Kenner der politischen und gesellschaftlichen Szene, der er zweifellos war. Von einem großen Romanprojekt war immer nur in geheimniskrämerischer Weise die Rede, wie ja Geheimniskrämerei zu seinem Habitus gehörte. Man wußte nicht, ob all die umständlichen Schutzvorkehrungen, mit denen er sich umgab und zu denen auch eine exquisite Höflichkeit gehörte, tatsächlich dazu dienten, ihm den Freiraum zu schaffen, ungestört daran zu arbeiten, oder nur Maßnahmen waren, um sich gegen den Ansturm all der Menschen abzuschirmen, die ihm die Tür einrannten, weil sie es auf sein Geld abgesehen hatten.

Eine Sache für sich war die Geschichte von einem abgeschlossenen umfangreichen Romanmanuskript, das während der Kriegswirren auf geheimnisvolle Weise verlorengegangen sein sollte, von dem viele behaupteten, es hätte überhaupt nie existiert, mit Ausnahme jenes einen Kapitels, das, von Thomas Mann hochgerühmt, in den dreißiger Jahren als Vorabdruck in der *Corona* erschienen war. Es wird kolportiert, daß er sich von einer deutschen Behörde eine sechsstellige Entschädigungssumme für diesen Schaden hat auszahlen lassen.

Mit einem Wort, richtig einzuordnen war der Mann nicht. Es umgab ihn eine Aura von Geheimnis. Das machte für viele seinen Reiz aus, aber richtig warm konnte man mit ihm nicht werden. Es genügte übrigens, seine Physiognomie zu studieren, um zu wissen, daß man bei ihm auf der Hut sein mußte. Über einem breiten, lippenlosen, verkniffenen Mund, der sich zu einem süffisanten Grinsen verziehen konnte, blitzten, hinter dicken Brillengläsern, boshafte, kleine, wasserblaue Augen. Zum Typus gehörte seine tiefe Abneigung gegen »linke Ideologien«, eine Abscheu vor allem Autobiographischen und natürlich die entrüstete Ablehnung der Psychoanalyse.

Seine Vergangenheit war dunkel, wie auch die Herkunft seines Reichtums immer ungeklärt blieb. Es gab Legenden: Seine Mutter aus einer lothringischen Großindustriellenfamilie hatte einen Turnlehrer aus kleinsten Verhältnissen geheiratet; war verstoßen und enterbt worden. Beim Tode ihres Vaters stellte sich heraus, daß das im Testament vergessen worden war und sie nun doch eine immense Erbschaft antreten konnte. Ist das die wahre Geschichte? Es klingt nach Courths-Mahler. Aber das Vermögen stammte von der Mutter, woher sonst? Die Peinlichkeit, mit der er zurecht kommen mußte, war der Turnlehrer. Eine andere Version wollte wissen, daß unser Joseph ein natürlicher Sohn von Jean Schlumberger sei. Also nicht der Turnlehrer, sondern der »ideale« Vater. Das klingt nach »Familienroman«. Das Gerücht wurde sorgfältig in Umlauf gehalten. »Adoptivsohn« gewiß, aber man muß wissen, was das in gewissen Kreisen heißt.

Tatsache ist, daß der junge Mann, seines Zeichens Buchhändlergehilfe mit literarischen Ambitionen, Ende der zwanziger Jahre aus der deutschen Provinz in die französische Metropole übergesiedelt ist und dort, dank der Begegnung mit Jean Schlumberger (auch Millionär notabene und das schwarze Schaf seiner illustren Familie, weil Schriftsteller, eine Verbindung, die zu einer lebenslangen Freundschaft führte), Zugang zu den Kreisen um die *Nouvelle Revue Française* gefunden hat, eine französische Variante von »Männerbund« – ein Machtkartell, das bis in meine Zeit eine fast uneingeschränkte Herrschaft über das literarische Leben Frankreichs ausübte. Das war sein Einstieg in die Pariser Gesellschaft. Klassisch. Rastignac. Der andere Weg nach oben – nicht über die Frauen, sondern über die schwulen Männer.

Es war schwer, seinen gesellschaftlichen Standort zu bestimmen. Auch wenn er alle Welt kannte – die Welt kannte ihn nicht. Erwähnte ich bei den Supervielles oder bei Suzanne Tézenas seinen Namen, so rümpfte man eher die Nase. Auch der Clan der Schlumbergers, mit dem er ostentativ familiäre Beziehungen pflegte, stand ihm mit gemischten Gefühlen gegenüber. Man tolerierte ihn aus Rücksicht gegenüber Onkel Jean, um die Fassade zu wahren. Auf mich wirkte er immer wie ein Chaïd; einer jener Unterweltbosse, die von einem bestimmten Augenblick an ihr Leben ändern und sich in einer honorigen Existenz etablieren, auf einem Landsitz, wo sie Pferde züchten oder als Inhaber eines Antiquitätengeschäfts im XVIten Arrondissement, im Hintergrund die sicher in der Schweiz angelegte Beute eines großen Coups. Man hatte den Typus in französischen Gangsterfilmen gesehen, gespielt von Yves Montand oder Jean Gabin. Ein dunkler »Ehrenmann«, mit besonders empfindlichem *point d'honneur.* Dunkle Brillen – der hypersensitiven Augen wegen natürlich, die Licht nicht vertragen – passen zum Bild. Nie wirklich elegant gekleidet. Immer mit einem Stich. Krawatte oder Schuhe, Lederjacke oder Pullover, irgend etwas wollte nicht passen. Seine Dietl-Anzüge wirkten wie Konfektion.

Breitbach war wie eine Figur aus einem französischen Roman. Aber nicht von Proust, sondern von Balzac. Kein Swann, sondern ein Vautrin. Vielleicht war er aber auch einfach nur ein hochdotierter Geheimdienstagent, ein agent double, der für das *troisième bureau* die Deutschen ausspionierte und nach Bonn berichtete, was in Paris los war. Vielleicht war ein unlimitiertes Spesenkonto die banale und plausible Erklärung für einen Reichtum, den sich niemand erklären konnte? Vielleicht war er ein Mike Josselson, der ein Jahrzehnt lang von seiner Tarnadresse, 104, Boulevard Haussmann, aus, europäisch-amerikanische Kulturpolitik größten Stils mit den Geheimfonds des CIA gemacht hat, Millionen von Dollars, über die er frei verfügte und in der großzügigsten Weise da einsetzte, wo er es für richtig hielt. Für die deutsch-französischen Geheimdienste war es nicht so leicht, einfach einen Multimillionär aus Cincinatti mit dem schönen Namen Fleischmann vorzuschieben, der alles zahlt. Sie haben statt dessen den Schriftsteller-Millionär, den millionaire-écrivain »Joseph Breitbach« erfunden. Eine Superrolle aus einem James-Bond-Film, die ihrem Inhaber auf den Leib geschrieben war, der sie dann auch mit größter Perfektion und zur Zufriedenheit aller Beteiligten spielte.

Alle Welt war erstaunt, erleichtert und angenehm überrascht, als 1962 der *Bericht über Bruno* erschien, ein gut geschriebenes, ein interessantes, ein informiertes Buch. Ein Buch über das Spiel und die Mechanismen der Macht, wie es wenige gibt. Ein soziologisches Lehrstück. Eine Abrechnung? Gleichviel. Mit dem Porträt seines Helden enthüllte der Autor all denen, die es vorher noch nicht gewußt oder geahnt hatten, ohne Koketterie, aber auch ohne Ironie, was hinter dem schriftstellernden Millionär und dem reichen Literaten für ein Kerl steckte – ein zynischer »Machtmensch«, ein Exemplar jener gefährlichen Spezies also, für die nicht literarische, ästhetische oder moralische – geschweige denn erotische – Kriterien den letzten Ausschlag geben, sondern allein die Kategorien des Politischen, und die man selber nur mit den Kategorien des Politischen messen darf. Ein Mann nach dem Herzen von Cioran. Der einzige Lustgewinn der Machtmenschen ist Machtzuwachs, das einzige Spiel, das sie akzeptieren, das Machtspiel. Welches auch immer ihre soziale Ausgangsposition ist, welche Maske sie auch immer tragen, ihr Sinnen und Trachten ist auf Ausweitung ihrer persönlichen Einflußsphäre gerichtet. Sie sind dem Menschen ein Wolf, Raubtiere und haben nur Verachtung für die, die nicht begreifen wollen, daß das die wahre Natur des Menschen ist. Breitbach war der geborene Politiker. Es war nicht schwer zu erraten, daß Talleyrand und Fouché seine Idole waren. Wäre er Politiker geworden, hätte er allerdings sein Buch nicht schreiben können. Denn zur Ausübung der Macht gehört es, daß man darüber schweigt. Die Memoiren von Talleyrand und Fouché sind außergewöhnlich langweilig und völlig unergiebig für den, der darin nach Aufschlüssen über ihr politisches Know-how sucht. Das gilt für fast alle Politikermemoiren. Von den Arkana des Herrschaftswissen verraten sie nichts.

Leçon de sociologie

Was seine geistige Ausstattung betraf, erfüllte Breitbach alle Anforderungen des idealen Soziologen: eine genuine Leidenschaft zum Beobachten und Erkennen, das intellektuelle Vergnügen am Durchschauen, Erfassen und Entlarven komplexer gesellschaftlicher Sachverhalte. Er hatte den unbestechlich-durchdringenden Blick des Außenseiters, der Zugang zum Serail hat, den »regard du bâtard«. Er gehörte nicht zur »Großen Welt«, aber er kannte sich in ihr aus. Bei ihm konnte man erfahren, was in Paris los ist.

Breitbach kannte das politische Personal der Vierten Republik und die Arkana des Palais Bourbon. Er war stolz, daß er jedes Abstimmungsergebnis bis auf eine Stimme genau voraussagen konnte. Er wußte um die dominierende Stellung der kommunistischen Partei, die in keiner Regierung mehr saß, aber von der jede Regierung abhängig war. Die Verfilzung der Bourgeoisie mit den politischen Sachwaltern des Proletariats war eines seiner Lieblingsthemen. Sie zahlte bedeutende Schutzgelder, die Schlumbergers hatten Anteile an dem Kampfblatt des PCF, der *Humanité*. Er kannte natürlich die Besitzverhältnisse aller Zeitungen, ihrer Herausgeber und Chefredakteure und wußte im voraus, wo ein wichtiger Leitartikel, eine politisch relevante Kolumne, ein beachtenswerter Kommentar erscheinen würde, er kannte die Jurys der literarischen Preise, und er kannte die Preisträger, bevor ihre Namen öffentlich bekanntgemacht wurden.

Er kannte die Kurse der Börse und die Wettsätze der Rennplätze. Er kannte alle Spielregeln und den Preis von allem und allen. Wie sagte doch Talleyrand? Jedermann ist bestechlich, nur der Preis ist verschieden hoch.

Er wußte, was in Frankreich so überaus wichtig ist, wer die offizielle, das heißt gesellschaftlich anerkannte Mätresse welcher Persönlichkeit ist, was in jedem Einzelfall die protokollarische Frage aufwirft, ob die beiden zusammen eingeladen werden dürfen oder müssen oder ob die Gelegenheit es vorschreibt, daß der Herr mit seiner offiziellen Ehefrau zu erscheinen hat oder nicht. Er wußte natürlich auch, was nicht weniger wichtig ist, wenn nicht wichtiger, und aus zuverlässiger Quelle, wer *de l'autre bord* ist.

Unvergeßlich ist mir sein Privatissimum über die Struktur der Pariser Gesellschaft und ihr Verhältnis zu *Tout Paris*:

Zunächst galt es streng zu unterscheiden zwischen den verschiedenen, fast hermetisch voneinander abgeschlossenen Gruppen, die zusammen die oberste Etage der sozialen Hierarchie bildeten, die Oberschicht, als da sind der *Faubourg* (der katholische Adel), die *Haute finance juive*, die HSP *(Haute société protestante)*, das *Seizième* (die nichtadlige Großbourgeoisie), die *Roture* der reichen Familien. Dazu gehörten von jeher zu einem gewissen Grade als einflußreiche Randgruppen die Kolonien reicher Ausländer, die Amerikaner der Rue Vanneau, die südamerikanischen Milliardäre, die Rastaquères, die griechischen Reeder, die großen libanesischen und ägyptischen Familien sowie die Spitzen des Diplomatischen Corps.

Notabene: Adel und Großbürgertum bilden in Frankreich ein Amalgam, das der Sprachgebrauch summarisch als »bourgeoisie« bezeichnete – anders als in Deutschland, wo zwischen Adel und Bürgertum, auch wenn es sich um das Großbürgertum handelte, eine scharfe Trennungslinie verläuft, die es immer auch terminologisch zu berücksichtigen gilt.

Jede dieser Gruppen setzte sich zusammen aus einer Vielzahl von Familienverbänden, mit Genealogien, die man mindestens bis ins Seconde Empire zurückverfolgen kann, hatte ihre eigenen Gesetze, geistigen und politischen Traditionen, jede in sich hochdifferenziert, exklusiv und endogam, durch Kommercium und Konnubium verbunden, nach außen hin solidarisch. Es ist kein Zufall, daß die französische Schulsoziologie eine so besondere Vorliebe für die Struktur der Verwandtschaftsverhältnisse hat. Sie weiß um deren zentrale Bedeutung im eigenen Lande, wenn es auch leichter ist, sie bei den Irokesen zu untersuchen. Gemeinsam ist dieser sozialen Oberschicht ein exquisiter Lebensstil – *hôtel particulier* oder wenigstens 600 Quadratmeter in Paris, Schlösser auf dem Lande, zahlreiches Personal, Kunstsammlungen, brillante Geselligkeit – und das Bewußtsein ihres gesellschaftlichen Ranges, den sie durch alle Wechselfälle der Geschichte auf erstaunliche Weise aufrechtzuerhalten versteht und der ihr, welches auch immer die politische Konstellation war, unbestritten ist. Sie definiert sich nicht politisch, in bezug auf den Staat und seine Institutionen. Sie steht darüber. Den Staat kontrolliert sie wie Wirtschaft und Industrie über ein kohärentes System persönlicher Beziehungen.

Um diesen harten Kern gesellschaftlicher Macht formieren sich im öffentlichen Raum der Metropole die politischen und kulturellen Eliten, die aus den niederen Strata nach oben »aufsteigen« und über ihre Position in den Institutionen, Sorbonne, Parlament, Berufskörperschaften, der freien Wirtschaft, der Literatur, der Kunst, der Armee, das Zeitgeschehen prägen und in ihrem Bereich jeweils repräsentieren. Eine wichtige Rolle kommt dabei den *grandes écoles* zu, die jedes Jahr für Begabungsnachschub in die höhere Etage sorgen. Wie das Parlament ein demokratisches Teilstück in einer oligarchischen Ordnung.

In der Gesellschaft in einem exklusiven, restriktiven engeren Sinne sind der Name der Familie, die Herkunft, das Vermögen ausschlaggebend für die Zugehörigkeit, sie ruht gewissermaßen in sich selbst, ist selbstreferentiell und scheut eher die Öffentlichkeit, als daß sie sie sucht. Sie kennt ihre dominierende Position, und das genügt. Sie ist auf kein Publikum angewiesen, sie hat ihre *clientèle*. Sie drängt sich nicht ins Rampenlicht und zahlt, wenn es nötig ist, um nicht in die Gazetten zu kommen. In der Gesellschaft im weiteren Sinne ist es hingegen ausschlaggebend, zu Notorietät und Prominenz zu gelangen. Die Anerkennung läuft über die Publizität, die man sich im Zweifelsfall auch etwas kosten lassen muß.

Hier findet das Phänomen des *Tout Paris* seine Erklärung. Es ist der Tummelplatz der Tagesprominenz, eine Show, ein Spektakel, das natürlich auch sein Protokoll und seine Rituale hat. Aber dort, wo es sich für die Gesellschaft hält, im besten Falle Gesellschaft simuliert. Der gesellschaftliche Erfolg des Aufsteigers mißt sich seit jeher daran, wieweit es ihm gelingt, den Lebensstil der dominierenden Oberschicht zu imitieren. Mißverständnisse werden dadurch gefördert, daß Angehörige der eigentlichen Gesellschaft sich aus privatem Vergnügen, was von ihresgleichen gar nicht gerne gesehen wird, in die Arena des *Tout Paris* begeben und durch ihre wohlklingenden Namen zum Glanz seiner Veranstaltungen beitragen. Ja, man wird sagen können, daß das *Tout Paris* ohne ihre Präsenz gar nicht auskommen kann, daß es nicht wäre, was es ist, nicht das Prestige hätte, das es hat. Diese Delegierten der Gesellschaft, ob es nun ein Rothschild ist, eine Noailles oder ein d'Ormesson, gehören zweifellos zum *Tout Paris* – aber das *Tout Paris* gehört nicht zur Gesellschaft. Man könnte auch behaupten, das *Tout Paris* gibt es gar nicht, es ist eine Fiktion, eine Fabulation, eine Erfindung, eine permanente Improvisation, ein Schwindel, ein Simulakrum. Seitdem sich die Medien seiner bemächtigt haben, ist es der

Schirm, auf dem die Projektion einer gesellschaftlichen Scheinwelt den Blick auf die soziale Wirklichkeit verstellt. Das ist ein soziologisches Schema, ein Modell. Es handelt sich um die bewußte Spitze der Pyramide. Die Struktur der Spitze ist immer konstant, wie breit auch immer die Basis sein mag. Vielleicht gibt es ein Gesetz, demzufolge der Abstand von top zu bottom proportional der Masse der Bevölkerung ist, also immer weiter, je größer das Gesamtvolumen ist. Das gilt auch, wenn die Basis breiter wird und die Spitze sich abplattet. Es gibt immer nur eine Spitze, und kulturgeschichtlich kommt es nur auf die Spitze an. Wird sie – durch revolutionäre Ausrottung zum Beispiel oder durch Krieg – beseitigt, stirbt der Sozialkörper. Allerdings kann man beobachten, daß sich bald eine neue Spitze zu bilden versuchen wird, nach dem alten, ewigen Muster, so wie bei Eidechsen der verlorene Schwanz nachwächst, wenn auch eine Nummer kleiner.

Natürlich ist die Wirklichkeit unendlich viel verzwickter und komplexer. Zwischen den großen Formationen, den Systemen und Subsystemen, ist Platz für jede Menge Zwischenstufen und Zwischenräume, Überschneidungen und Übergänge, Pseudomorphosen, Osmosen und Parallelaktionen, von Nischen und Verstecken, Winkeln und Hohlräumen, Hintertreppen, Vorzimmern und Alkoven, in denen Hochstapler, Snobs, Parasiten, Coiffeure und Galeristen, Journalisten und Intellektuelle jeder Couleur ihr Wesen treiben können. Alle erfüllen sie wichtige Funktionen, als Vermittler, Überträger, Arrangeure, Statisten, Claqueure. Ihnen ist die bunte Vielfalt des Biotops zu danken.

Diese »Wahrheit« steht in keinem Lehrbuch, man findet sie allenfalls in Romanen. Als Grundregel gilt: Wer dazugehört, schweigt, ist zum Schweigen verpflichtet, wer nicht dazugehört, weiß nichts. Er ist auf Gerüchte, Legenden, Vermutungen, Beobachtungen angewiesen, die er nicht verifizieren kann. Er fabuliert. Ihm bleibt nur die Einbildungskraft, was richtige Intuitionen nicht unbedingt ausschließt. So kommt es dazu, daß die »Wissenschaft von der Gesellschaft« von Leuten gemacht wird, die die Gesellschaft nicht kennen. Das ist das Schicksal der Soziologie.

Eine Party für Adorno

Breitbach bevorzugte, eine Grundregel aller Geheimdienste, Einzelkontakte. Sein Modus operandi war die subtile Intrige, die darauf zielt, Menschen auseinanderzubringen, deren Verbindung einem gefährlich werden könnte, und die zu verkuppeln, die man durch die Begünstigung ihrer Schwächen besser in seine Hand bekommen kann.

Zu seiner Strategie gehörten aber auch große dîners. Man war immer wieder verblüfft, wen man alles bei ihm traf. So konnte man bei einem Essen, black tie, versteht sich, Rudolf Augstein, Bruno Kreisky, General Speidel, zwei französische Kabinettsmitglieder, Enzensberger und den Chefredakteur des *Figaro* in traulicher Runde versammelt finden. Man sah, daß die Literatur nicht sein Hauptanliegen war, sondern eine *couverture*.

In den sechziger Jahren gab er eine Party zu Ehren von Adorno, zu der er die Nachfahren alle Aristokraten, die bei Proust verschlüsselt vorkommen, eingeladen hat. Das war eine Konzession an den Snobismus von Adorno. (Was Adorno zum Soziologen qualifiziert, ist seine Liebe zum Gotha.) Breitbach war kein Snob, Machtmenschen sind keine Snobs. Sie benutzen den Snobismus der anderen, der eine harmlose Form des Drangs zum Höheren ist, für ihre finsteren Zwecke. Durch diesen Mißbrauch erst wird der Snobismus verächtlich.

Mit Proust ist es nun so, daß er in seinem großen Gesellschaftsroman zwar das vollständige Compendium einer sozialen Psychologie geliefert hat, in dem vor allem sehr viel Treffendes über die Schrecken der Liebe und die Qualen der Eifersucht zu finden ist, daß er aber da, wo er eine Phänomenologie der Lebensformen der französischen Hocharistokratie versucht, auf den heftigsten Protest derer gestoßen ist, die er zum Objekt seiner Darstellung gemacht hat. Im *Faubourg* ist Proust bis heute Persona non grata. Ich höre noch das zornige Verdikt der Gräfin Jean de Pange, einer geborenen Prinzessin de Broglie, Urenkelin der Madame de Staël, die es wissen mußte: »Tout est faux!« Das will nichts besagen und bezieht sich nicht auf die literarischen Qualitäten von Proust, sondern auf seine Glaubwürdigkeit als Soziologe. Pauline hat ein äußerst amüsantes, mehrbändiges Memoirenwerk verfaßt, um zu erzählen, wie es wirklich in ihren Kreisen zuging. *Comment j'ai vu 1900*. Die Unterschiede sind Nuancen, aber auf die kommt es nun einmal an. Wahrscheinlich war die alte Dame nur ungehalten über die Indiskretionen eines Outsiders. Sie hatte Proust wenigstens gelesen. Schlimmer war das Urteil der Madame de Chévigné, das Cocteau kolportiert:»Marcel nous embête! Il n'a jamais mis le pied nulle part. Il parle de choses qu'il ne connaît pas!« Dabei lehnte sie es kategorisch ab, seine Bücher zu lesen.

Das Spiel, die *Recherche* als Schlüsselroman zu lesen und zu entschlüsseln, war lange Zeit einer kleinen Gruppe von Insidern vorbehalten, die weniger an Literatur und Soziologie als an mondänem Klatsch interessiert waren. Das machte noch Spaß.

Erst mit den Enthüllungen André Germains in seinen *Clefs de Proust* kam dieses esoterische Wissen unter die Leute und wurde zur Sensation, nicht so sehr, weil man erfahren konnte, daß hinter der Prinzessin von

Guermantes die Comtesse de Greffulhe (geb. Caraman-Chimey) und hinter der Herzogin Madame de Chévigné (Großmutter von Marie-Laure de Noailles) stand und hinter dem Baron de Charlus der Comte de Montesquiou, sondern weil nun jeder an dem Geheimnis teilhatte, daß Albertine der Chauffeur Albert war.

Inzwischen ist alle Jahre ein Buch über Proust erschienen und das Gesellschaftsspiel der Entzauberung seiner Figuren unabdingbarer Bestandteil der Proust-Exegese geworden. Der Punkt war schnell erreicht, an dem die Spurensuche nicht weiterführen konnte, weil jeder neue Ansatz, wie der Kriminalist weiß, dazu beiträgt, die Spuren zu verwischen. Schließlich ging es Marcel selbst an den Kragen. Die Enthüllungen über das Männerbordell, Hotel Marigny, von Jupin, alias Albert Le Cuizat, das nicht nur Charlus, sondern auch Proust frequentierte, und die Geschichte mit den Ratten, die er, während er ein Foto seiner Mutter verbrannte, zu Tode quälte, um zum Orgasmus zu kommen, setzten gewissermaßen das Schlußlicht.

Niemand wußte das alles besser als Breitbach. Mit Schmunzeln organisierte er eine *Turquerie* für den Bourgeois-gentilhomme. Indem er ihn mit echten und falschen Aristokraten und Petits fours von *Hédiard* fütterte, machte er sich über den kleinen jüdischen Professor aus Frankfurt mit dem Linksdrall einfach lustig.

Raymond Aron

Breitbach verdanke ich meine erste Begegnung mit Raymond Aron. Sektfrühstück im *Procope*. Dom Perignon. Der Ort war sicher nicht zufällig gewählt. Was er sich dabei gedacht hat, weiß ich nicht genau. Ich denke mir, daß er Aron den Sohn eines deutschen Gelehrten vortraben wollte, den dieser sehr verehrte und für den er auch sehr schöne Worte der Würdigung fand. Ich hatte damals gerade *Le grand Chisme* gelesen, wahrscheinlich auf Anregung von Breitbach hin, der mir im Zweifelsfall das Buch geschenkt hatte. Er kannte mein Faible für die Geschichte der Soziologie und hatte seinen Spaß an meiner Kontinuitäts-Theorie, was die Pariser Gesellschaft betraf, die Permanenz der *deux Frances*, und hatte Aron möglicherweise ein Wort darüber gesagt.

Raymond Arons Neugierde für alles, was Deutschland betraf, insbesondere die deutsche Soziologie, war ungebrochen. Wir hatten ein langes Gespräch, in dem ich von Heidelberg erzählte, besonders natürlich von Alfred Weber. Aron war damals noch nicht der Inhaber eines Lehrstuhles an der Sorbonne, an dem die französische und, was er anstrebte: die europäische

Soziologie ein neues Refugium fanden. Ich wäre gerne sein Schüler gewesen, aber daraus ist nichts geworden.

Raymond Aron war eine ganz wichtige Figur des öffentlichen Lebens und ist es bis zu seinem Tode in wachsendem Maße geblieben. Seinen Einfluß übte er als Journalist aus, nicht als Professor. Er stand auf der Seite des liberalen Widerstands gegen die Verseuchung des politischen Denkens durch die Marxisten, die sich nicht von der Idee des Klassenkampfes und dem Trugbild der Diktatur des Proletariats, nicht von der Faszination durch den Stalinismus lösen konnten; gegen den Neonationalismus der Gaullisten, den provinziellen, fundamentalistischen Chauvinismus der Rechten. Er war gegen jede Art von Dogmatismus und Fanatismus, ein Mann der Mitte, des Ausgleichs, des Kompromisses, der Toleranz, wenn es nicht um die Preisgabe der Menschenrechte ging, mit einem Wort: ein Liberaler. Seine politische Philosophie basierte auf einem Pragmatismus voller Nuancen, auf subtilen und rigorosen Situationsanalysen ad hoc, denen auch seine Kritiker ihre Anerkennung nicht verweigern konnten, und einem unerschütterlichen Vertrauen in die menschliche Vernunft.

Jeder Zynismus, jede Häme, jede verbale Gewalttätigkeit, jede doktrinäre Rechthaberei waren ihm fremd. Er hat sich selten geirrt. In seinen tagespolitischen Kontroversen mit Sartre, dem Klassenkameraden aus der *École normale*, stand er, trotz dessen Popularität bei der Jugend und der Linken, immer auf der richtigen Seite.

Zwei Varianten des bürgerlichen Intellektuellen im Frankreich der Nachkriegszeit, die in der Wahrnahme der Funktionen des *Clerc* ihre Lebensaufgabe sahen. Was sie verband, war das gleiche republikanische Verantwortungsgefühl für das Gemeinwohl. Liberté, justice, vérité – Freiheit, Gerechtigkeit, Wahrheit gehören da zusammen. Dem Pathos des *engagement,* der *action* setzte der andere das Pathos der Distanz entgegen, der *réflection.* Was sie trennte, war ihre radikal verschiedene Einschätzung des Kommunismus/Sozialismus als Zukunftsprojekt für die Menschheit. Heute, nach 1989, ist es leicht, den Scharfblick des einen gegen die Verblendung des anderen auszuspielen. Damals lagen die Dinge noch nicht so einfach. Wenn meine Sympathien zu Aron neigten, so war das keine politische Option, sondern entsprang einer Präferenz für den Typus. Auch als sich alle Welt für ihn begeisterte, mochte ich Sartre nie so recht leiden. Keine Frage der Ideologien und Philosopheme, sondern der Lebensart und der politischen Kultur. Unverständlich bleibt mir die Hartnäckigkeit der französischen Intellektuellen, die auch heute noch sagen: Besser mit Sartre geirrt, als mit Aron recht gehabt zu haben.

Jean Paul Aron

Neben Raymond Aron und Sartre gab es noch andere Spielarten des französischen Intellektuellen. Eine davon repräsentiert Jean Paul Aron, der Neffe von Raymond, mit dem mich eine jahrelange Freundschaft verband. Sein Onkel und Sartre dachten im planetarischen Horizont der Weltgeschichte und der Weltpolitik. Wenn auch typische Franzosen, hatte ihr Denken doch eine internationale Dimension. Jean Paul war ganz und gar, war ausschließlich Pariser. Paris war sein Territorium, was außerhalb geschah, interessierte ihn nicht oder nur insoweit, als es den Pariser Kulturbetrieb affizierte. Das war seine Domäne. Paris natürlich gesehen als *capitale de l'occident*, als Weltstadt, als Weltmittelpunkt. Wozu seine Geschichte seit der Französischen Revolution gehörte. In diesem Mikrokosmos verfolgte er die Bewegungen des Weltgeistes.

Von Haus aus war er Philosoph, aber seine Leidenschaft galt der Soziologie, einer anthropologisch-ethnologisch-historischen Sozialwissenschaft, Mentalitäts- und Alltagsgeschichte, la petite histoire als fait social. Er hat Bücher geschrieben über die Entwicklung der Gastronomie (die Küchenchefs der großen Herren, die nach deren Emigration oder Exekution auf der Straße lagen und auf die geniale Idee kamen, öffentliche Restaurants aufzumachen), die Kurtisanen des Second Empire, die Onanie und die wahnwitzigen Methoden ihrer Bekämpfung – alles viel witziger als Foucault, mit dem er das Schicksal teilte, an Aids zu sterben. Natürlich hat er auch Romane und Theaterstücke geschrieben, die sogar aufgeführt wurden.

Agrégé de Philosophie mit wechselnden Lehraufträgen, Directeur d'Études am CNRS, der großen staatlichen Forschungsinstitution, die unzähligen Forschern außerhalb des akademischen Lehrbetriebs eine Bleibe schafft. Eine Zeitlang war er an der 6ième *section de l'École Pratique des Hautes Études* tätig, berühmt und umstritten, weil sie das trojanische Pferd war, mit dem die Sozialwissenschaften, nach dem Krieg, in die sozialwissenschaftsfeindliche Sorbonne Eingang fanden, bevor er dann, nach dessen Begründung, unter der Ägide von Braudel, an der *Maison des Sciences de l'Homme* ein Wirkungsfeld nach seinem Geschmack gefunden hatte. Zwischendurch leitete er ein paar Jahre die human-wissenschaftliche Sektion bei Plon. Alles nur Zwischenstationen, Wartepositionen, Etappen auf dem Weg zum Ziel, einem Lehrstuhl an der Sorbonne, einer Berufung an das Collège de France, wie Barthes, wie Foucault, wie Bourdieu... Hélas, er sollte es nicht erreichen.

Jean Paul sah aus wie eine Karikatur seines Onkels Raymond. Dessen etwas groß geratene Ohren waren bei ihm ausladende, lange Abstehohren, die starke Nase ein richtiger Judenzinken, die traurigen Augen noch um einige Grade trauriger. Das Haupt wie bei diesem nur mit spärlicher Randbehaarung, so daß seine vorgewölbte Stirn zum alles beherrschenden Signum seiner Physiognomie wurde, wenn es nicht die vorgeschobene, etwas hängende Unterlippe war. Kurz, er war ein häßlicher Vogel und wußte es.

Aber keiner von denen, die ihr Gegenüber mit ihrer Häßlichkeit herausfordern, sondern einer, der mit ihr versöhnen will, was ihm auf erstaunliche Weise gelang, indem er einen unwiderstehlichen Charme entfaltete, mit dem er den Witz seiner Rede noch übertraf. Er war zweifellos einer der geistreichsten und unterhaltsamsten Menschen, die mir je begegnet sind. Man konnte ihm stundenlang zuhören, und das wünschte er sich so. Er legte es bewußt darauf an, komisch zu wirken, weil er das für die einzige Ausdrucksweise hielt, die seiner Häßlichkeit konform war. Er spielte den Clown, was keineswegs hieß, daß er komische Sachen sagte. Im Gegenteil. Alles, was er sagte, hatte Hand und Fuß, war genau durchdacht, gelehrt, gewichtig. Er liebte das Paradox, die Pointe, die Anekdote, das Pastiche und das genaue Zitat. Aber auch Statistiken, Nomenklaturen, Inventare, Auflistungen, Daten. Man könnte sagen, er sprach wie gedruckt, wenn das nicht im Widerspruch zu dem Eindruck stünde, den er vermittelte, daß er aus dem Stegreif improvisierte. Er war, mit einem Wort, ein Meister der Konversation, der vollendete Causeur.

Sein Gedächtnis war stupend. Die Leichtigkeit, mit der er die entlegensten Detailinformationen abrufen konnte, Namen, biographische Daten, Genealogien, bibliographische Titulaturen, Seitenzahlen, versetzte jeden, der mit ihm zu tun hatte, in blassen Neid oder in Bewunderung. Er besaß in extremem Maße die Fähigkeit, wie man sie so überhaupt nur bei Juden findet, sich in kürzester Zeit jedes Sachgebiet mit dem dazugehörigen Datenapparat vollkommen anzueignen und im Kopf zu behalten. Jedes Ungefähr, jede Ungenauigkeit, jedes: »Ach, das fällt mir gerade nicht ein... na, Sie wissen schon«, war ihm ein Greuel. Ein enzyklopädisches Wissen. Ein Lexikonwissen. Stets verfügbar.

Er liebte die Jungen, machte davon aber kein Aufhebens. Seinen besonderen Neigungen ging er diskret, ganz ohne den sektiererischen Eifer nach, der den Umgang mit diesen Herren manchmal so schwierig macht. Wenn es auch immer einen Jüngling gab, dessen Fähigkeiten er über den grünen Klee lobte, traf man in seiner Nähe stets besonders attraktive junge Damen, Mannequins oder Prinzessinnen, Frauen von jener Sorte, die den Umgang mit intelligenten Männern, die mit ihnen sprechen, dem mit solchen vorziehen, die nichts anderes im Sinn haben, als mit ihnen ins Bett zu gehen.

Soziologisch gesprochen, gehörte mein Freund Jean Paul zu jener eminent wichtigen und einflußreichen Personengruppe, die in Paris das geistige Leben bestimmt. Zweihundert bis zweitausend Persönlichkeiten, Schriftsteller, Literaten, Intellektuelle, Akademiker, Verlagsmenschen und Damen der Gesellschaft.

Das Kartell »Literatur und Philosophie« – im weitesten Sinne ein Subsystem im System der Pariser Gesellschaft, ein geschlossener Regelkreis mit eigenen Funktionen, ohne Zentrum und Spitze, mit einer erbarmungslosen Hackordnung, seinem subtilen Protokoll und seinen Ritualen. Eine Institution ohne institutionelle Infrastruktur – angesiedelt zwischen Universität, Verlagen, Zeitschriften, Académie Française, *Coupole, Lippe,* Collège de France und einer Reihe von Salons.

Gegenüber der politischen Macht, der den Staat tragenden politischen Klasse und der gesellschaftlichen Macht der etablierten Oligarchie konstituiert es sich als ein *pouvoir spirituel*, ohne festen Wohnsitz, es sei denn, man sagt summarisch Paris.

Keine revolutionäre Kraft, denn ihre Träger haben nicht die geringste Absicht, die bestehenden gesellschaftlichen Strukturen zu verändern, sie parasitieren vielmehr an ihnen und tragen, indem sie sie mit ihren Idiosynkrasien infizieren, zu ihrer Vergeistigung bei. So dominieren in Frankreich nicht die Wertvorstellungen von Kommerz und Militär, sondern die Maßstäbe der Literatur. Sie sekretiert das epochale Selbstverständnis der Gesellschaft. Ohne sie gäbe es keine *Histoire des idées sociales*.

Soziologisch eine Gruppe fluktuierend in ihrer Zusammensetzung, aber mit genauen Zugehörigkeitskriterien, ein Club – so exklusiv wie der Jockeyclub, ein »network«. Simone de Beauvoir hat die chinesische Literatenkultur im Auge, wenn sie von den Mandarinen spricht, was aber insofern irreführend ist, als das chinesische Mandarinat staatlich institutionalisiert war. Jean Paul, als der gewiefte Ethnosoziologe, der er war, kam dem Sachverhalt, glaube ich, näher, wenn er vom »Clan« sprach.

Der Clan rekrutiert sich aus allen Schichten der Bevölkerung. Der Sohn eines kleinen Schullehrers aus der Provinz, der Industriellensohn aus dem Norden (es kann, wie man weiß, auch eine Tochter sein), der Sohn eines Offiziers aus Besançon, eines Magistrats, eines Épiciers, ein Jesuitenschüler, ein Jude aus dem Elsaß, Protestant, Ausländer kann dazu gehören – ja, ein erstaunlich hoher Prozentsatz an Männern, die keine gebürtigen Franzosen sind, findet Aufnahme im Cénacle, unter der Voraussetzung, daß sie in Paris leben und hervorragend französisch schreiben können.

Sie sind das Dispositiv des Diskurses. Schulbildungen, Cliquen, Bettgeschichten, Filiationen, ideologische Kämpfe, philosophische Kontroversen, Intrigen, Rivalitäten, Todfeindschaften, Exkommunikationen, Heiligsprechungen, Verschwörungen, Flüsterkampagnen: es geht zu wie in einem

Bienenschwarm, wie in einem Wespennest, aber in diesem Klima, in dieser hochgeladenen Atmosphäre wird darüber befunden, was veröffentlicht wird und was nicht, welche Ideen diskutiert werden und welche nicht, wer welchen Preis und welchen Posten, welche Ehrung und welche Kritik bekommen wird und wer nicht. Hier werden die geistigen Moden lanciert. Sie nehmen für sich in Anspruch, den »Zeitgeist« zu spiegeln, repräsentieren in Wahrheit aber nicht mehr als die wechselnden Stimmungslagen des Clans in seinem heißen Bemühen um Selbstdarstellung.

In jedem einzelnen Fall genau zu wissen, wie das läuft, war der Ehrgeiz von Jean Paul, und selber ein passionierter Mitspieler, war er zum unübertroffenen Chronisten dieses Spiels geworden, von dem er nicht müde wurde zu sagen, daß es ein Pariser Gesellschaftsspiel ist. Um es zu charakterisieren, hat er den Begriff der *Parisianité* erfunden.

Wer alles erfahren will über die sukzessiven geistigen Moden in Paris und wie sie unterirdisch zusammenhängen, die Bataille, Barthes, Lacan, Foucault, Leiris, Lévi-Strauss, Pilzen vergleichbar, die aus demselben Wurzelstock hervorsprießen, der lese sein Buch *Les modernes*. Mit dem Witz eines Saint-Simon (des Herzogs), der Goncourts, eines Proust seziert er in brillanten Analysen die Umtriebe und Machenschaften der Intelligenzija. Ein Meisterwerk mondän-intellektueller Berichterstattung.

In meinem Paris der 50er Jahre erfüllte der Clan seine Mission noch ohne Hysterie. Zwischen *Nouvelle Revue Française* und Gallimard, *Temps modernes* und *Flore*, der Duchesse de la Rochefoucauld und Valéry, Marie-Laure de Noailles und Cocteau war kein Platz für Panikstimmung. Ein vages Krisengefühl war de bon ton. Aber das gehörte ohnehin seit hundertfünfzig Jahren zum Zeitgefühl. Das Wissen um seine Kontinuität hatte etwas Beruhigendes, solange Paris unangefochten die *capitale de l'occident* war.

Mit meinem Projekt, den Ursprung der Soziologie zu erforschen, war ich unwillkürlich zum Parisforscher geworden. Keiner hat mehr dazu beigetragen als mein Freund Jean Paul Aron, meinen Sinn für die Einheit dieses Universums, seine Geschlossenheit, seinen inneren Aufbau und die Stetigkeit seines Funktionsmodus zu schärfen.

Er war, das hatte er Breitbach voraus, wissenschaftlich geschult und beherrschte nicht nur das Namenrepertoire des *gentleman about town*, sondern die französische Ideen- und Sozialgeschichte besser als jeder Historiker, darin stand er auch Maxime Leroy nicht nach. Er war ein echter »Parisologe«.

Er ging mit seinem unglaublichen Wissen nicht pedantisch, sondern spielerisch um, aber es machte ihm Spaß, damit zu brillieren. Gelehrsamkeit als Gesellschaftsspiel.

Drei Spiele

Drei Spiele liebte er besonders: Das Métro-Spiel, das Herzöge-Spiel und das Literatur-Spiel.

Das Métro-Spiel bestand darin, daß man alle Métro-Stationen von Paris kennen mußte und sich gegenseitig abfragte. Das ging zum Beispiel so: Zwischen welchen Stationen liegt *Chaussée d'Antin?* Antwort: Zwischen *Havre-Caumartin* und *Richelieu-Drouot*, auf der Linie 9. Aufgepaßt, wenn sich an einer Station zwei Linien kreuzen. *Père Lachaise* liegt zwischen *Saint-Maur* und *Gambetta* auf der Linie 3 und *Ménilmontan* und *Philippe-Auguste* auf der Linie 6. Wie heißen die Stationen zwischen *Marcadé-Poissoniers* und *Barbès-Rochechouart?* Antwort: Es gibt nur eine: *Château-Rouge,* auf der Linie 4. Gibt es noch eine andere Station mit *Château?* Ja, *Château-d'Eau* auf derselben Linie. Oder – eine andere Serie von Fragen: wer ist Oberkampf, Cambronne, Felix Faure, Ségur? Jede Métro-Station war ein Name, und jeder Name war eine Geschichte, ein Bündel von Geschichten.

Heißt die Station *Ségur* nach dem Marschall von Ludwig XVI., der als Kriegsminister die Ordonnanz erließ, die dem Adel allein die Offiziersstellen vorbehielt, oder nach seinem Sohn Louis Philippe, der als Oberst am amerikanischen Freiheitskrieg teilnahm, später Oberzeremonienmeister von Napoleon war, was ihn nicht hinderte, von Ludwig XVIII. die Pairswürde anzunehmen (schrieb Lustspiele, Geschichtswerke und interessante Memoiren). Oder dessen Bruder, Joseph Alexander, der zahlreiche Lustspiele, Opern und Lieder verfaßte, den Roman *La femme jalouse* und die Schrift *Les femmes, leur condition et leur influence sur l'ordre social;* oder Philippe Paul, dem Sohn von Louis Philippe, im russischen Feldzug 1812 Brigadegeneral im Gefolge Napoleons, dessen Geschichte des Rußlandfeldzuges berühmt geworden ist, nach 1831 wurde er wieder zum Generalleutnant und Pair ernannt. Er hat acht Bände Memoiren hinterlassen, die sein Enkel Louis 1894 in einer gekürzten Fassung herausgegeben hat. Nach diesem Louis hieß die Station sicher nicht, vielleicht aber nach der Comtesse de Ségur, geborene Gräfin Rostopchine, Tochter des russischen Gouverneurs, der Moskau in Flammen gesetzt hat. Sie ist berühmt geworden durch ihre *Malheurs de Sophie,* mit der Generationen von Kindern, ich inbegriffen, bis heute groß geworden sind. Von allen Ségurs die einem breiten Publikum sicher bekannteste.

Der Leser, der den vorhergehenden Abschnitt nicht übersprungen hat, wird mir verzeihen. Er hat verstanden, warum er mir wichtig ist. Ich hatte in meinem Forschungsprojekt mit all diesen Ségurs, ihrer Biographie und ihrer literarischen Produktion zu tun. Diese Familie, die in jeder Generation mit der französischen Geschichte und Gesellschaft verbunden war und darüber schrieb, in deren Viten und Werken sich Geschichte ereignete und zum Bewußtsein ihrer selbst kam, ist exemplarisch für meine Theorie von der Kontinuität der soziologischen Verhältnisse in Frankreich von der Revolution bis in die Gegenwart. Familien wie diese gibt es ein gutes Dutzend – die Noailles, La Rochefoucauld, Broglie, Ormessons –, Hunderte, wenn man nicht nur die allerprominentesten nimmt. Und sie halten ihren Rang unbestritten im Frankreich der IV. und V. Republik. Man braucht nur im *Bottin Mondain* nachzuschlagen.

Für mich wurde das Métrospiel ein wichtiger Schlüssel, um in die *Mystères de Paris* einzudringen. Meine Maulwurfsarbeit in der Bibliothèque Nationale, für die meine Freundin Papou so überhaupt kein Verständnis zeigte, bekam unerwartet eine neue Rechtfertigung. Ich konnte gelegentlich mit Jean Paul im Metrospiel mithalten.

Nicht weniger unterhaltsam und lehrreich zugleich waren für mich die beiden anderen Spiele.

Les Ducs Français! 1952 gibt es deren achtundvierzig. Welche tragen ihren Titel zu Recht, für welche sind es nur titres de courtoisie? Welche sind *faux ducs*? Dreiundzwanzig Titel sind Ancien régime – stammen also aus der Zeit vor der Revolution, elf sind von Napoleons Gnaden, zwölf gehen auf die Restauration zurück, zwei auf das Second Empire. Gut. Wer war der erste Duc d'Otrante? Fouché. Der erste Duc de Montebello? Lannes. Und Talleyrand? Talleyrand-Périgord ist ein Titel des Ancien régime.

Ein Fürst von Talleyrand, Herzog von Périgord diente unter Napoleon I. Aber das ist nicht der berühmte, sondern dessen Onkel. Charles Maurice war Sproß einer jüngeren Linie. Napoleon machte ihn zum Fürsten von Benevent. Herzog war er nie. Seine Vettern wurden Herzog von Dino resp. Herzog von Sagan – wegen seines schlesischen Besitzes erbliches Mitglied des preußischen Herrenhauses.

Jean Paul war unschlagbar. Es wäre ein Irrtum zu glauben, seine stupenden Kenntnisse auf diesem Feld seien eine Art von marginalem Spezialwissen, eine persönliche Marotte, so wie ein Dendrologe aus Leidenschaft die lateinischen Namen auch der rarsten Baumarten kennt; sie gingen nur graduell, nicht prizipill über das kulturelle Allgemeinwissen hinaus, das von jedem vorausgesetzt wird, der sich in der Pariser Gesellschaft bewegt. Wie hoch da der Anspruch war, konnte man in dem banalsten Salongespräch erleben. André Siegfried behandelte das in seinen Vorlesungen in der Rue Guilleaume. Ich selber hatte kaum eine Ahnung von all dem, bevor ich nach Paris kam. Dort wurde mir klar, und das danke ich zum großen Teil Jean Paul, daß die mühelose Beherrschung dieses Thesaurus genealogischer Daten nicht nur zum Savoir-vivre eines zivilisierten Europäers, sondern zur notwendigen Grundausstattung eines jeden Soziologen gehört.

Das schönste war das *Personnages littéraires*-Spiel. Es wurde nicht angesagt, man brauchte dazu nicht besonders eingeladen zu werden. Man begann spontan zu spielen, um die Partie abzubrechen, wenn man ihrer überdrüssig war. Es war ein Dauerspiel, von dem vorausgesetzt wurde, daß jeder jederzeit bereit war, sich daran zu beteiligen. Jeder galt als potentieller Mitspieler. Jemand, von dem man das nicht vermuten konnte, kam sowieso nicht in Frage. Ein Gesellschaftsspiel, das Gesellschaft konstituiert, indem es Wissen und kulturelle Erfahrung vermittelt. Ein lebendiges Erbe der alten höfischen Konversationskultur.

Voraussetzung war, daß man das Œuvre von Laclos, Sade, Balzac, Stendhal, Flaubert, Proust aus dem Effeff kannte. Mehr war nicht gefordert. Man mußte genau über alle Haupt- und vor allem über die Nebenfiguren Bescheid wissen. Dabei ging es nicht so sehr um die Einzelpersonen. Wichtig waren: *Les situations, les combinaisons, les liaisons.* Natürlich mußte man ein sehr genaues Bild von der Psychologie von Justine, Emma Bovary und Odette haben. Aber: Was spielte sich zwischen den Personen in jener Intimsphäre ab, die bei jedem Autor im Dunkel der Andeutungen und des Nichtgesagten verbleibt und die soviel Raum für Vermutungen, Spekulationen, Interpretationen und Phantasien läßt? Das war die Frage, mit der man an eine Konstellation heranging.

Wie läuft auf der Ebene des Begehrens die Intrige zur Verführung der Présidente? Wie weit geht die Beziehung von Mademoiselle de Vinteuil und ihren Freundinnen? Welche Teilfreuden (plaisirs) gewährte die spröde Antoinette de Langeais, mit dem Einverständnis ihres jesuitischen Beichtvaters, dem stürmischen Marquis de Montriveau, der sich damit nicht begnügt, weil er alles will? Wie war die Rollenverteilung zwischen Madame de Sainte-Ange, ihrem Bruder, dem Chevalier, dem Sodomiten Dolmancé und dem Gärtner Augustin bei der Initiation von Eugénie, dem jungfräulichen Opfer, der Märtyrerin, der Mörderin? Man sieht, es ging immer um Fragen der erotischen Praxis, um den Versuch der Aufklärung des Mysteriums der zwischengeschlechtlichen Beziehungen, um die Freilegung des polymorph-perversen Substrats der Triebdynamik hinter den Geschlechterrollen und ihrer Tabus. Jede Episode – es war jeweils nur eine, auf die man sich geeinigt hatte – wurde durchgesprochen wie ein Lehrstück. Es war aufregend mitzuerleben, wie in einer Atmosphäre emotionaler und intellektueller Konnivenz die Analysen den Siedepunkt kathartischer Erkenntnis erreichten. Gefordert waren Scharfsinn, Intuition, empathische Sensibilität und die Fähigkeit, subtilste Einsichten zu verbalisieren. Aber keiner hätte sich alleine so weit auf unbekanntes Terrain vorwagen können. Es bedurfte dazu des stillschweigenden Wunsches und Einverständnisses aller Teilnehmer, vor keiner Grenzüberschreitung und Tabuverletzung haltzumachen. Das Setting der Selbsterfahrungsgruppe erbrachte – analog zur Orgie – kollektiv einen Erkenntnis- und Lustgewinn, den der einzelne für sich nicht erzielen konnte. Bemerkenswert war die Weise, in der die delikatesten Themen ohne jede pornographische Peinlichkeit, aber auch ohne jeden pseudowissenschaftlichen Jargon auf hohem sprachlichem Niveau verhandelt wurden. Es ist heute schwer zu sagen, ob die Psychoanalyse hier Pate stand oder ob das erkenntnisleitende Interesse solcher Explorationen der Boden war, auf dem sich das Interesse für die Psychoanalyse in diesen Jahren geradezu epidemisch in Paris ausbreitete.

Keine Theoriebildung, bitte schön, alles blieb in der Schwebe. Im Grunde »klatschten« wir über unsere *personnages* wie über Leute, die wir persönlich gut kannten und die wir gerade in einem Salon oder in einem Café getroffen hatten.

Ich sah Jean Paul eine Zeitlang regelmäßig in dem kleinen Restaurant in der Rue Monsieur Le Prince, wo er jede Woche einmal ein dîner arrangierte (ohne einzuladen, jeder zahlte für sich). Sechs, acht, manchmal zehn Personen waren da, Schüler, Kollegen vom CNRS und *Institut des Hautes Études*, bürgerlich-jüdische Intelligenzija beiderlei Geschlechts, alle unter vierzig, seine Freunde. Er war der Mittelpunkt, alle Blicke waren an seine Lippen geheftet. Er wählte sich ganz unterschiedlich in der Runde ein Gegenüber, mit dem er dann ostentativ ein exklusives Zwiegespräch zu führen schien. Seine mimischen, verbalen und intellektuellen Verführungskünste waren ganz auf dieses Gegenüber konzentriert; es war keineswegs die Person, auf die es ihm, wie man wußte, zu diesem Zeitpunkt am meisten ankam, er spielte über die Bande. Ein kleines Täuschungsmanöver, das er in unserem Kreise eigentlich gar nicht nötig hatte, das aber zu dem autoprotektiven Verhalten des Typus gehört, dem die Dissimulation zur zweiten Natur geworden ist.

Jean Paul sagte mir einmal: man kann Jude sein – das hält man aus. Man kann Homosexueller sein – das hält man aus. Aber Jude und Homosexueller zu sein, das hält man nicht aus. Es entsteht ein lebensgefährliches Gemenge von Hyperintelligenz und Hypersensibilität, das auf eine gesellschaftlich feindliche Umwelt mit extremem Kompensationsdruck reagiert. Das Weininger-Syndrom. Marcel!

Seinem Aids-Tod hat er mit großer Offenheit und einem gewissen Stolz, ja Hochmut entgegengesehen. Er gab dem Superioritätsgefühl des Gezeichneten seine letzte Bestätigung und Weihe.

Anne de Biéville

Zu den amüsantesten Bekanntschaften, die ich der freundlichen und sicher nicht ganz uneigennützigen Vermittlung Breitbachs verdanke, gehört die mit Anne de Biéville. Ein Mann von Welt, sehr kultiviert, der sich für begabte junge Autoren interessiere und ein besonderes Faible für Deutsche habe. Ein alter Freund, er hätte ihm von mir erzählt, und nun sei er begierig, mich kennenzulernen. Ich könnte von dieser Beziehung nur profitieren. Der alte Gauner sagte mir nicht, daß es sich um einen bekannten und berüchtigten Habitué der Pariser Schwulenszene handelte. Ich würde es schon selber merken.

Wie konnte ein Mann Anne heißen? Das klingt auf jeden Fall sehr katholisch und sehr chic, man denkt an Familientraditionen, die auf die Kreuzzüge zurückgehen, an Wallfahrten zu wundertätigen Heiligenbildern oder an die abstrusen Gelübde, die perverse Beichtväter devoten Müttern mit gynäkologischen Problemen abnötigen. So wurde Rilke nicht nur auf einen Mädchennamen getauft, sondern mußte auch bis zur Pubertät Mädchenkleider tragen.

Mein Freund Bobby de Margerie war ganz entsetzt, als ich beiläufig den Namen aussprach. Er schaute sich erst einmal um, ob auch niemand – wir saßen bei seiner Mutter Jenny zum Lunch – mich gehört hatte. Es fehlte nur, daß er sich bekreuzigte.»N'allez pas chez cet homme!«

Ich hatte nicht das Gefühl, daß er um mein Seelenheil oder meine Tugend besorgt war. Er schien mich viel mehr vor einem Individuum warnen zu wollen, das nicht ganz *comme il faut* war. Hört man je auf solche Warnungen?

Breitbach wählte den Ort für ein erstes Treffen zu dritt mit Bedacht. Er hätte uns ja zu sich einladen können, oder zu *Lipp*. Nein, er bestellte mich ins *Élysée-Montmartre*, ein populäres Vergnügungsetablissement, wie sich herausstellen sollte, in dem rund um die Uhr Ringerwettkämpfe veranstaltet wurden. Halb Sport, halb Showbineß, das Publikum kam, um die jugendlichen Catcher zu sehen, deren Phantasienamen in Riesenlettern auf den bunten Plakaten prangten, die einem schon auf der Straße in die Augen sprangen und als einzige Dekoration überall an den schmutzig kahlen Wänden des Schuppens hingen.

Die um den Ring amphitheatralisch ansteigenden Sitzreihen, Holzbänke auf wackeligen Holzgerüsten, waren um diese Stunde dünn besetzt. Es war vier Uhr nachmittags. Fahles Tageslicht fiel aus den hochgelegenen Fenstern ein. Die Zuschauer kamen und gingen. Alt und jung, auch Frauen, der einfachen Kleidung nach Stammkundschaft aus dem Quartier. Da und dort ein Pärchen, das knutschte, als sei es im Kino, da und dort ein einzelner Mann, mit angespanntem Gesicht, Hut oder Schiebermütze auf dem Kopf, da und dort eine größere Gruppe, schwatzend, kichernd, die sich plötzlich belebte, wenn der Jüngling, dessentwegen sie hier war, in den Ring kletterte. Er wurde mit lautem Johlen begrüßt, man feuerte ihn mit Pfiffen und Zurufen an, heulte laut auf, wenn er seinen Gegner triumphierend auf die Matte zwang. Kleine Höhepunkte lustvoller Anteilnahme, nach denen das Interesse wieder abflaute. Momente der Stille, in denen man nur noch das Keuchen des kämpfenden Paares im Saal hörte. Zigarettenrauch kräuselte zur Decke. Wenn er sich in den Lichtstrahlen brach, schien es, als schwebten schräg im Raum Balken aus blauem Dunst. Die Turniere liefen in schneller Folge routinemäßig ab. Die Ringer wurden durch Lautsprecher angesagt, die auch den jeweiligen Sieger verkündeten. Es herrschte eine verhaltene Spannung und Unruhe, wie auf einem Rennplatz. Alles deutete darauf hin, daß gewettet wurde.

Breitbach und Biéville hatten sich mit mir in die oberste Reihe gesetzt, von wo aus man einen guten Überblick hatte. Ich kam mir zwischen den beiden vor wie Pinocchio in Gesellschaft von Gatto und Volpone, der eine mit seinem breiten Katergrinsen, der andere mit seinem wohlgestutzten Schnurrbärtchen über feinen, sinnlichen Lippen, der eine stämmig mit breitem Nacken, der andere zierlich mit einem schmalen ausgekehlten Hals. Sie kannten sich aus hier; fachmännisch kommentierten sie die einzelnen Kämpfe und machten mich mit kurzen Bemerkungen auf die sportlichen und ästhetischen Qualitäten der jugendlichen Athleten aufmerksam, deren Namen ihnen zum größten Teil geläufig waren. Sie verständigten sich im rüden obszönen Jargon des Milieus und bedienten sich einer literarischen Ausdrucksweise nur, wenn sie sich an mich wandten.»Oh, qu'il est beau, ce ga.«

Ich muß sagen, die Jungen waren prachtvoll. Ich konnte das Entzücken der beiden Herren durchaus verstehen. Die muskulösen männlichen Körper, die von der Kraftanstrengung geschwellten, schweißglänzenden Schultern, Hälse, Arme, die geschmeidigen Sprünge, die sicheren Handgriffe, die plastischen Konfigurationen der zwei Leiber, wenn sie eng verschlungen über den Boden rollten. Das war nicht schön und nicht edel, aber geil. Der Anblick ging unter die Haut. Gefragt, ob mir das gefiele, sagte ich, etwas verunsichert, ja.

Wir blieben nicht länger als eine Stunde. Breitbach entschuldigte sich und verschwand. Biéville äußerte in den artigsten Wendungen den Wunsch, mich wiederzusehen. Ob ich am nächsten Tage zum Tee zu ihm kommen wolle, und er überreichte mir zeremoniös seine Visitenkarte. (Bristol, graviert, versteht sich; ich habe sie noch.) *Comte de Biéville-Noyant,*

12, rue des Saints-Pères. Obwohl ich genau wußte, was mich erwartete, nahm ich die Einladung an. Natürlich war der Besuch im *Élysée-Montmartre* nur als Vorspiel gedacht, als Test. Ich kannte das Janus-Gesicht des homosexuellen Begehrens. Krasse Sexualität, physische Brutalität auf der einen Seite, höchste Sensibilität, Vergeistigung, ästhetisches Raffinement auf der anderen. Ich hatte mich nicht geirrt. Ein Interieur von feinstem Geschmack. Ein großer Salon, vier Meter hoch, wie üblich in den alten *hôtels particuliers*, wie sie überall in diesem Viertel stehen. Es war zu vermuten, daß mein Gastgeber nicht der Besitzer des ganzen Gebäudes war, das man über einen gepflasterten Hof betrat, noch der Beletage, zu der die breite gelinde Treppe mit dem schmiedeeisernen Geländer führte, sondern eben nur der Bewohner dieses einen schönen Raumes, dessen drei hohe Fenster sich auf einen Garten öffneten. Er wirkte behaglich und luxuriös zugleich. Die ideale Mischung. Schwere, doppelt gefütterte Damastvorhänge, Marmorkamin, Spiegel bis zur Decke, Louis-quinze-Kommoden. Louis-seize-Fauteuils, auf dem Parkettfußboden ein Aubusson, alles in goldgelben, lindgrünen Tönen; Lampenschirme auf bauchige Chinavasen montiert; Bronzen; Bibelots. In die Augen sprang mir ein mit gelbem, schon etwas mürbem Seidenstoff bespanntes Ruhebett à la Récamier, rotgeflammtes Mahagoni und Goldbronze-Beschläge, ein Prachtexemplar, mit einladender, üppiger Fuchsdecke am Fußende. Eine maskuline Note brachten in dieses delikate Ensemble mächtige englische Bücherregale. Die braunen und roten Lederrücken, in den unteren Reihen in folio, einer Schloßbibliothek würdig, fügten sich farblich wunderbar in das Gesamtbild ein. Überall, auf den Kommoden, auf dem Kaminsims, auf kleinen Tischen, häuften sich die Kunstbücher. Einige besonders kostbare Einbände wurden auf frei im Raum stehenden Pulten präsentiert.

Anne war sich der Wirkung, die dieses kunstvolle Arrangement auf mich ausübte, durchaus bewußt, alles war darauf angelegt. Aber das war es ja gerade. Man merkt die Absicht, und man ist verstimmt. Es fehlte jede Spontaneität, selbst das Etwas an Unordnung – der Bilderrahmen am Fußboden – war gestellt. Es ist schwer zu sagen, was mir mißhagte. Ich war gespannt, was jetzt kommen würde.

»Ich will Ihnen ein paar Sachen zeigen, die Ihnen Spaß machen werden. Schauen Sie hier.« Er führte mich vor eine Bronzestatuette, die auf einer der Kommoden stand: ein mit lässig übereinander geschlagenen Beinen zurückgelehnt dasitzender eleganter Herr, den Spazierstock mit Knauf spielerisch in seinen behandschuhten Händen. Eine Kleinplastik, keine 30 cm hoch, zierlich, impressionistisch, lebendig. »Ein Chef d'œuvre!« sagte mein Gastgeber, indem er mit den Fingern zärtlich darüberstrich.

»Ich bin sehr stolz auf diesen Besitz.« Dann:»Wissen Sie, wer das ist?«
Kunstpause, die mich in meiner ganzen Ignoranz bloßstellen sollte. Robert
de Montesquiou!«

Unmittelbar hinter der Statuette lagen in einem roten Maroquineinband
die Memoiren von Montesquiou griffbereit, in denen diese Bronze und ihre
Entstehung in narzißtischer Selbstgefälligkeit ganz meisterhaft beschrieben
werden. Anne de Biéville las mir die Seite vor wie ein Gedicht. Während er
las, reichte er mir, mit abgespreiztem kleinem Finger, auf dem er einen
Wappenring trug, einige Autographen, die eingepreßt zwischen den Seiten
des Buches lagen: mit roter Tinte in schöner kalligraphischer Schrift – etwas an Stefan George erinnernd – auf goldumrandetem Papier geschrie-
bene Sonette.»Quel homme exquis«! Schnitt.

Diese kleine Sequenz – Statuettenbewunderung, Memoirenlektüre,
Autographen – war ein Beschwörungsritual, hundertmal zelebriert, es gehörte zu dem Initiations- und Verführungsszenario, für das dies Interieur
als Dekoration konzipiert war.

Graf Robert de Montesquiou-Fezensac, der vollkommene Dandy, der De-
kadent *par excellence* war Sproß einer jener großen Familien, die seit der
Revolution in jeder Generation mindestens einen illustren Vertreter aufzuweisen haben. François Xavier z. B., der zweimal Präsident der konsti-
tuierenden Versammlung war, Innenminister während der ersten Restauration, Pair unter der zweiten, 1821 zum Herzog ernannt, Mitglied der
Académie française, oder dessen Neffe, Ambroise Anatole Auguste, Ordon-
nanzoffizier Napoleons I., Mitglied der Deputiertenkammer nach der Juli-
revolution, 1841 Pair de France, bekannt durch seine Übersetzungen von
Gedichten Petrarcas und Michelangelos.

Im stolzen Bewußtsein dieser Tradition besetzte Robert, im Paris des Fin
de siècle, eine einzigartige Position am Schnittpunkt von *mondanité, Parisianité* und *belles lettres,* dort, wo auch in der Dritten Republik wieder das
kulturelle Leben der Nation seinen gesellschaftlichen Schwerpunkt findet.
Verfasser symbolischer Verse, Veranstalter unvergessener Feste, verwickelt
in literarische Fehden, Skandale und Duelle, Weltmann und Mäzen, der,
wie Wilde von sich sagte, sein Talent in sein Œuvre und sein Genie in sein
Leben steckte, hat er, als ihr Challenger, einer, wie es scheinen konnte,
triumphierenden bürgerlich-republikanisch-moralischen Lebenswelt die
absolute Kontrastfigur entgegengestellt: den literarisch dilettierenden
Grandseigneur. Sein extravaganter Lebensstil, die Aura von Laster und Luxus, von Eleganz und Arroganz, mit der er sich zu umgeben wußte, provozierte und faszinierte seine Zeitgenossen, von denen keiner ihn für einen
bedeutenden Dichter hielt, die ihn aber alle, auch im Lager seiner Neider

und Verächter, als *arbiter elegantiarum* anerkennen mußten. Um die Rolle, die er spielen wollte und mit Erfolg gespielt hat, zu verstehen, braucht man nur bei Proust nachzulesen. Er hat für den Baron Palamède (!) Charlus, die Zentralfigur der *Recherche*, Modell gestanden, nachdem er als junger Mann schon das Vorbild für den Helden von Huysmans *À rebours* gewesen war, den Herzog Des Essaintes. Inzwischen ist das literarische Konterfei berühmter als das Original. (»On m'appelle Montesproust.«) Die historische Figur trat hinter die »personnage littéraire« zurück. Ein wunderschönes Beispiel dafür, wie Gesellschaft, Geschichte und Literatur nahtlos ineinander übergehen.

Proust zeigt von seinem Helden die brillante Fassade, aber auch die sinistre Rückseite. Er schildert Größe und Verfall, die Metamorphose des Bildnis des Dorian Gray. Hinter den glanzvollen Masken legt er schonungslos den geheimen Antrieb der hybriden Selbstinszenierung frei: das neurotische Zwangsverhalten des Homosexuellen (»Ou ce qu'on appelle ainsi par erreur«).

Für Anne de Biéville war Des Essaintes/Charlus/Montesquiou eine Kultfigur, Vorbild und Referenz. Die Evokation dieser Gestalt kam einem Signal gleich. Es war das Erkennungszeichen einer Confrèrie.

Die nächste Sequenz des Szenarios, genauso perfekt eingeübt und sicher hundertmal durchgespielt, hieß »Bilderbücher ansehen«.

Mein Gott, was für Bücher! Ich habe dergleichen weder vorher noch nachher je wieder zu Gesicht bekommen. Das alleine hatte den Besuch gelohnt. Ich mußte mich auf die Récamière setzen, und Anne schleppte die unhandlichen Riesenformate von der Bibliothek herüber. Was er mir da mit sichtlichem Vergnügen zeigte, waren bibliophile Kostbarkeiten, Graphikmappen im Format von Atlanten. Er stellte sie aufgeschlagen am Fußende auf die Fuchsdecke und wendete behutsam und langsam die Seiten, damit ich die Bilder voll in mich aufnehmen könnte. Was ich sah, waren drastische, brutale, dabei hochästhetische, pathetisch-poetische Darstellungen homosexuellen Geschlechtsverkehrs, Fellatio, Pedicatio, mutuelle Masturbation. Hard-Porno. Athletische Leiber, schmale Hüftpartien, knakkige Ärsche, pralle Bizeps und Oberschenkel, Schwänze von überdimensionalen Proportionen. Die Köpfe, in deren Mündern diese Schwänze steckten, kurznackig, engstirnig, Wülste über den tiefliegenden Augen, die Nasen kurz, knollig, eingedellt. Alle vom selben Schlag. Keine edlen Epheben. Körper und Physiognomien wie die der jungen Ringer im *Élysée-Montmartre*.

Als Einlage, gewissermaßen, zeigte er mir die *Cent mille Verges* von Apollinaire mit Illustrationen, die alles übertrafen, was ich an heterosexuellen Erotika je gesehen hatte. Bücher der Art, wie sie mir hier vorgeführt wurden, waren kostbare Raritäten, auf Subskriptionsbasis in wenigen hundert Exemplaren hergestellte numerierte Luxusausgaben, zugänglich nur in Privatsammlungen wie dieser.

Le coup des estampes Japonaises nennt man, in der Sprache des Verführers der alten Schule, die Anwendung optischer Aphrodisiaka in der Absicht, das Objekt der Begierde in eine den eigenen Zwecken günstige Stimmungslage zu versetzen. Mein Gastgeber lieferte keine Kommentare, nur Stichworte. Ich merkte, wie er ab und zu verstohlen auf meinen Hosenlatz schielte, um festzustellen, wie ich auf diese massive Dosis Reizstoff reagierte. Aber ich war nur intellektuell erregt, meine Voluptas oculorum, meine Neugierde, war aufs höchste stimuliert. Die Schwänze machten mich nicht sonderlich an. Anne konstatierte es mißbilligend. Die meisten Texte, die den kruden Illustrationen zugrunde lagen, waren von Jean Genet, über den damals ganz Paris sprach.

Eine seltsame Konstellation! Robert de Montesquiou und Jean Genet, der Grandseigneur und der Outcast, Ganove und Knastbruder gaben sich ein Stelldichein im Boudoir eines *homme du monde*, der sich mit beiden identifizieren kann. Zwei extreme Pole im gleichen Spektrum der französischen Gesellschaft. Die Große Welt und die Unterwelt. Was sie verbindet, ist die Homosexualität. Sie kommunizieren im Medium der Literatur. Wir finden sie bei Sade und Balzac. Ihre Beziehung ist das Thema von Proust. Erst mit Genet tritt der Underdog ins Scheinwerferlicht literarischer Verklärung. Einen dekadenten Aristokraten – die Karikatur eines schwulen Standesherrn –, das konnte Prousts sensitives bürgerliches Ingenium neidvoll nachempfindend gestalten; den titanischen Proleten und Arschficker nicht. Dazu reichten seine Phantasie und seine Erfahrung nicht aus. Es wäre ihm nicht in den Sinn gekommen, aus einem der Matrosen aus Jupins Bordell einen Romanhelden zu machen.

Damit eine Figur vom Kaliber Genets *de plein pied* in die Literatur eintrat, bedurfte es zweier Weltkriege. Es mußte Sartre kommen, um dem revolutionären Einbruch mit seiner existentialphilosophischen Suada die Aura eines Menschheitsereignisses zu verleihen. In diesem Sommer war die Einleitung erschienen, die Sartre zu den Werken Genets geschrieben hatte. Ein Vorwort von 750 Seiten! *Saint Genet, comédien et martyr.* Genet wird hier auf die Sartresche Rolle des Sartreschen Helden festgelegt, er wird zum Sartreschen Helden schlechthin gemacht. Ein absolut autonomer Mensch, der sich, allen sozialen Demütigungen zum Trotz – und das Stigma des Homosexuellen ist nur das brennendste –, sein eigenes Universum schafft, indem er Kunstwerke produziert, ein Mensch *causa sui*, ein

Selbstverwirklicher, ganz so, wie Sartre es zu sein wünschte, ein Sartrescher Doppelgänger gewissermaßen, ein erfolgreicherer allerdings, weil sein Leben selber zum Kunstwerk wird: Triumph kompromißloser Asozialität und Amoralität. Aus dem gefährlichen Würgegriff, in den die Gesellschaft diese Art Menschen nimmt, geht Genet als absolut unbeeindruckter Sieger hervor. Das Opfer ist der Erlöser! Das alte, falsche Denkschema: die absolute Negativität, das Böse erzeugt *dialektisch* die Positivität, das Wahre/Schöne/Gute.

Das monströse Produkt Sartrescher Literaturkritik und Philosophie, das noch mehr über Sartre verriet als über den Autor des *Journal d'un voleur*, stand, wie man sich denken kann, wochenlang im Mittelpunkt des großen Palavers. Es rief Proteste hervor, Zustimmung und Kopfschütteln. Wie Claudel und Mauriac reagiert haben, ist leicht vorzustellen! Jean Cocteau, der Sartre und Genet zusammengebracht und mit Sartre die Freisprechung Genets in einem Prozeß erwirkt hatte, in dem dieser wegen Bücherdiebstahls angeklagt war, schrieb in sein Tagebuch:»Die Kanonisation von Eva Perón durch den Papst und die von Genet durch Sartre (ein weiterer Papst) sind die zwei mystischen Ereignisse dieses Sommers.«

Danach ging Sartre auf seinen »Praxis«trip, der, zu seiner größten Enttäuschung nur deswegen nicht im Gefängnis endete, weil der olle General, der nicht gezögert hatte, Brasillach erschießen zu lassen, erklärte:»Man verhaftet nicht Voltaire.« Das Verwirrende an der Sache ist, daß, was auch immer man über Sartre sagen kann, niemand behaupten wird, daß er schwul war. In seiner Eloge auf Genet scheint er sich dafür rechtfertigen zu wollen.

Die dritte Sequenz des Szenarios verlief sicher anders, als sich das mein Gastgeber gewünscht hätte. Mädchen, die mit Typen ausgehen, die sie zwar nett finden, aber mit denen sie nicht ins Bett wollen, kennen diesen delikaten Moment. *Le terrible quart d'heure*. Mit ein bißchen Erfahrung entwickelt man da im Laufe der Jahre eine Technik, die es dem Freier erlaubt, sein Gesicht zu wahren. Ich muß gestehen: ich kam mir ein bißchen wie ein Spielverderber vor.

Als ich merkte, daß der Graf plötzlich etwas ungeduldig wurde, verabschiedete ich mich artig, indem ich ihm für alles Gebotene dankte. Der Dank kam mir von Herzen. Bevor er mich in Gnaden entließ, hatte mein Gastgeber noch eine Überraschung für mich. Mit einem maliziösen Lächeln nahm er von einem Tischchen, wo es griffbereit lag, ein Buch in grünem Leineneinband, öffnete es, und zeigte mir triumphierend die handschriftliche Widmung des Autors. Es waren die *Strahlungen* von Ernst Jünger. Ein Brief lag als Buchzeichen an der Stelle, wo Anne de Biéville genannt wird. Lesen durfte ich das Handschreiben nicht.

Es klingelte. Der Hausherr öffnete etwas nervös. Da stand ein hochgewachsener, schlaksiger Angelsachse, Typ ewiger Jüngling, braungebrannt, mit freundlichen blauen Augen, eine Haarsträhne, von der nicht auszumachen war, ob sie noch blond oder schon grau war, fiel ihm über die hohe Stirn, und es ergab sich, daß ich zu guter Letzt – im Szenario nicht vorgesehen – auch noch die Bekanntschaft von Stephen Spender machte. Er war, das wußte ich, in Paris wegen des Kongresses für kulturelle Freiheit. Er musterte mich mit gewinnendem Lächeln, aber Anne schob mich zur Tür hinaus.

Der Graf von Biéville-Noyant war übrigens gar kein Graf, sondern ein Monsieur Desnoyers. Sein Name wurde geführt in dem Verzeichnis der *Noms de la fausse noblesse*. Aber er war »Literat«, Vaudevilliste, also jemand, der Boulevardstücke schrieb. Man konnte ihn allabendlich nach Mitternacht bei Madame Alice im Café mit dem schönen Namen *Reine blanche* (wie aus einem Roman von Genet) antreffen, Boulevard Saint-Germains, Treffpunkt aller Nachtschwärmer und Strichjungen, die schräg gegenüber, um das bewußte Pissoir, Ecke Rue des Saints-Pères, ihr Revier hatten. Später hat er sogar geheiratet, *tout ce qu'il y a de mieux.*

Nicht ohne eine gewisse Melancholie bewegte mich der Gedanke, daß sein mit Kunstschätzen angefülltes Kabinett, keine hundert Meter von der *Reine blanche* entfernt, im Grunde nichts anderes als eine perfide Sexfalle war, die ihren Zweck dann erfüllte, wenn Anne mit den feinen Lippen, die das raffinierteste Französisch lispeln, den Schwanz irgendeines in der Straße aufgelesenen Burschen bearbeiten konnte. Der Gedanke an seinen netten kleinen Popo hingegen versetzte mich eher in Heiterkeit.

Soviel zu Breitbachs Streichen. *Sacré Joseph!* Ich habe erst später erfahren, daß er, noch vor seiner Übersiedlung nach Frankreich, als ganz junger Kerl also, mit einem Schwulenroman debütiert hatte. *Die Wandlung der Susanne Dasseldorf.* Mittelpunkt der Handlung, die spannend, stellenweise an einen Abenteuerroman erinnernd, vor dem Leser abrollt, ist Heinrich Schnath, ein junger etwas femininer Homosexueller. »Mit einer Realistik, wie wir sie auf diesem Gebiet kaum kannten, wird hier ein Mensch geschildert, der aus Ehrgeiz, Eitelkeit und Leidenschaft zum Intriganten wird, Mitwisser der Geheimnisse aller anderen ist, einen gegen den anderen ausspielt und sich aalglatt allen Gefahren entwindet. Schnaths Geliebter ist Peter, ein normaler Junge, ein urwüchsiger, gesunder Bengel aus dem Volke, der für Geld und gute Worte alles mitmacht«, schrieb damals begeistert Bruno Balz, später Texter von Zarah Leander, im einschlägigen *Freundschaftsblatt.*

Jean-Pierre Giraudoux

Da gibt es noch andere Geschichten zu erzählen. Von dem Sohn Giraudoux zum Beispiel (wir teilten ein Sohnesschicksal), der sich nicht davon abbringen lassen wollte, daß ich nicht genauso selbstverständlich und normal schwul sei wie er. Er war überzeugt, ich ziere und verstelle mich. Um mich etwas aufzulockern, gab er mir das Manuskript eines Romans zu lesen, an dem er gerade arbeitete, über den Jungenstrich Ecke Rue des Saints-Pères. Er machte daraus ein venezianisches Maskentreiben, voller Phantasie und Poesie, aber er war kein großer Schriftsteller wie Genet. Es blieb einem nach der Lektüre ein fader und etwas süßlicher Nachgeschmack. Mir öffnete er für vieles die Augen. Daß ich ein Deutscher war, schien auch ihn besonders anzumachen.

Die Liebe zu Deutschland hatte er von seinem Vater, mit dem er sich in seltener Weise voll identifizierte – er verwaltete dessen literarische Rechte und lebte von den Tantiemen. Giraudoux' Theaterstücke hatten damals in der Welt, vor allem in Deutschland, Hochkonjunktur. *Siegfried* – immer noch die tragisch-lyrische Parabel von einer geheimen deutsch-französischen Brüderschaft, der Sehnsucht nach einer Verständigung, die aber, für jeden Franzosen, an der Unmöglichkeit scheitern muß, die Abgründe des deutschen Wesens auszuloten. Die *Folle de Chaillot* gehörte zu meinen Lieblingsstücken. Die große Idee der Rettung einer von den Männern, den Machern, den *Macs* ruinierten Welt durch den Genius der Frau!

Der Sohn war einer von denen, die die Deutschen liebten, weil sie die deutschen Jungen liebten. Darin glich er meinem Freund und Gönner Jacques de Ricaumont.

Jacques de Mieulet de Ricaumont

Im Gegensatz zu deutschen Aristokraten, die groß und stattlich sind, manchmal sogar etwas grobschlächtig, sind die französischen Aristokraten kleine, zierliche Männlein, nicht schmächtig, sondern drahtig, wendig, spritzig, giftig.

Im Unterschied zu ihren deutschen Standesgenossen, die nur über Verwandtschaftsverhältnisse reden können (und allenfalls Geschichte, soweit sie Familiengeschichte ist), können französische Adelige auch über Literatur reden (soweit diese Thema der Salons ihrer Mütter, Tanten, Schwägerinnen und Cousinen ist, die sie frequentieren).

Sie führen nicht mehr das Florett, sondern eine spitze Zunge. Ihre Konversation ist angelegt auf die witzige, überraschende Replik, die kurz sein muß und treffend. »Touché!« Es verletzt den Comment nicht, verletzend zu sein. Für ein Bon-mot opfert man ohne Zögern einen Freund. Hauptsache ist »elegant sein«. Während der deutsche Adel bei allem Standesdünkel eine gewisse Milde und Bescheidenheit zur Schau trägt, auf die Gefahr hin, geistig für etwas beschränkt zu gelten, sind die französischen Aristokraten anmaßend, frech und unverschämt und schrecken vor keiner Taktlosigkeit zurück, wenn sie formal den Code einer etwas zeremoniösen Courtoisie respektiert. Das Gute an solchen Verallgemeinerungen ist, daß sie nur unter dem Vorbehalt gelten, daß alle Ausnahmen, Varianten und Abweichungen mitgedacht werden.

Was heißt hier Adel? Welche Abgründe trennen in Deutschland protestantisch-preußisch-norddeutsch von katholisch-Wien-orientiert-süddeutsch, Junker von Standesherren, Uradel von Briefadel! In Frankreich sind die Differenzen nicht weniger groß. Die international versippten Familien des »Gratin«, die Herren vom Jockeyclub, trennen Welten von der »petite noblesse« der kleinen Schloßherren, die nie ihre Provinz verläßt und manchmal sehr bescheiden-rustikal lebt. Trotzdem bilden sie alle zusammen eine Kaste, haben die gleichen Vorstellungen und Wertmaßstäbe in puncto Lebensstil, die sich beharrlich am Ancien régime orientieren, das deswegen, sooft es auch totgesagt wurde, immer lebendig geblieben ist.

Ein perfektes Exemplar der Gattung war Jacques de Ricaumont – perfekt bis zur Karikatur. Sproß einer amtsadligen Familie mit Stammschloß bei Toulouse, lebte er, mit einer bescheidenen Apanage, in Paris, gehörte zum »faubourg«, aber nicht zum »gratin«, hatte teils als »homme de lettres«, teils als »homme du monde« eine unangefochtene, wenn auch etwas marginale Position in der »Gesellschaft«. Man liebt den Skandal, aber nicht den, der ihn verursacht.

Mit seinen *idées sociales* stand er am extremen rechten Flügel, war selbstverständlich Monarchist, und zwar Legitimist, für den der Orléanismus bereits eine gefährliche Linksabweichung ist, Antidreyfusard und strenger Katholik, der an keiner Kirche vorbeigehen kann, ohne rasch zu einem Kniefall einzutreten, und keine Gelegenheit versäumt, die heilige Kommunion zu nehmen. Immer ist ein Abbé und Directeur d'âme in unmittelbarer Nähe. Als der Gegner von Vaticanum II, Kardinal Lefèvre, in Paris seine verbotenen Messen nach altem Ritus las, ministrierte der über 60jährige als Meßknabe.

Während des Krieges war er Kollaborateur aus politischer Überzeugung und Gusto. Man erzählt sich folgende Geschichte: Zwei deutsche Offiziere gehen an dem Haus vorbei, in dem Ricaumont lebt. »Hier wohnt einer, der Deutschland liebt«, sagt der eine zum anderen. »Sie irren«, antwortet der, »er liebt nicht Deutschland, sondern die jungen Deutschen.«

Nach der Libération hat man ihm die Haare geschoren, so doll hatte er es getrieben. Kurz danach schon wurde er auf seine dringende Bitte hin als Pressekorrespondent nach Berlin entsandt. Er hoffte dort die Spuren jenes jungen Deutschen zu finden, der während des Krieges in Paris seine große Liebe war. Nie hat er sich irgendwo so wohl gefühlt wie in Berlin. Er hatte eine Wohnung in der Burgfrauenstraße, die seine Freunde in Burg*männer*straße umtaufen wollten. Der französische Hochkommissar, François-Poncet, sah sich genötigt, ihn der Stadt zu verweisen.

Nach Paris zurückgekehrt, blieb er seinen Vorlieben treu. Viele Jahre gehörte er mit Ernst Jünger, Arno Breker, Céline und Arletty zur deutsch-französischen Tafelrunde bei *Maxim's*.

Er hatte die Manieren und die Mentalität eines vollkommenen Hofmannes, amüsant, intrigant, zeremoniös, bei sich und bei anderen auf die Respektierung der Spielregeln bedacht. Was für Jean Paul Aron, der ihm äußerlich etwas ähnelte, nicht mehr als ein Gesellschaftsspiel war, »Le jeu des ducs« zum Beispiel, war für Ricaumont todernst. Der *Gotha* war seine zweite Bibel. Er huldigte dem »snobisme nobilaire« mit einem geradezu religiösen Eifer. Sein Standesbewußtsein legitimierte sich an einer Zwei-Welten-Lehre (Gotha/nicht Gotha), was soziologisch gesprochen auf den mir aus Deutschland wohlbekannten Spruch hinauslief: »Der Mensch fängt beim Grafen an.«

Er war die vollkommene Inkarnation jenes »Gesellschaftsmenschen«, des »*homme du monde*«, für den monde gleich Gesellschaft und monde gleich Welt deckungsgleich zusammenfielen. Es war wie die Identität des Wirklichen mit dem Vernünftigen bei Hegel. Was außerhalb der *monde* war, fiel aus der Welt heraus, war Kontingenz, in-existent.

Zu seinem Vergnügen und dem seiner Freunde hatte er eine *Éloge de la mondanité* geschrieben, ein kleines Meisterwerk. Die höhere Geselligkeit, schreibt er, ist eine sublime Daseinssphäre, die den, der sich darin bewegen darf, von allen inneren und äußeren Unbilden des Lebens, von materiellen Sorgen, den Turbulenzen der Gefühle, von moralischen und metaphysischen Skrupeln entlastet und in einen angenehm spannungslosen Zustand von Glückseligkeit versetzt, ein Raum der Entspannung, der Zerstreuung, des reinen ungetrübten Vergnügens, der Serenität. Ihre Formen, ihre Rituale sind Vorkehrungen, um den, der den Vorzug genießt, zu dieser Enklave der Convivenzia Zugang vor der Außenwelt zu haben, zu schützen. (Und alles kam darauf an, diesen Zugang zu haben.) Ein Paradies, in dem man mit gedämpfter Stimme in wohlgesetzten Worten nur über Nichtigkeiten plaudern darf und eigentlich schön, zumindest aber elegant sein muß. Es gibt eine Paradiesdarstellung von Giovanni di Paolo, sie hängt in Siena, auf der in prächtige Gewänder gekleidete Gestalten ins

Gespräch vertieft in einem Orangenhain lustwandeln. Das ist ein genaues Abbild von Jacques' Vorstellungen von *mondanité*. Es gehörten für ihn dazu noch einige Pagen, die in Kristallkaraffen sein Lieblingsgetränk, eine Art Planters Punch, kredenzten.

Er bevölkerte sein Paradies nach seinem Geschmack, der exquisit war. Im Miniatursalon seiner winzigen Wohnung, in dem alle Möbel ganz klein und zierlich waren, so wie er, empfing er pausenlos. Am liebsten »Royalties«, »Königliche Hoheiten«, Angehörige ehemals regierender Häuser, Prätendenten verwaister Throne. Man konnte bei ihm Aostas und Romanoffs, die Exkönige von Jugoslawien und Bulgarien und jede Menge Bourbonen treffen. Seine besondere Vorliebe galt aber dem deutschen Hochadel. Diese Leidenschaft hatte dazu geführt, daß er in die Rolle eines nicht immer ganz uninteressierten Betreuers einer besonderen Kategorie von Nobeldeutschen geglitten war – sehr hübsche bayerische Prinzen und sehr häßliche Standesfräulein aus der zweiten Abteilung, deren dicke Beine in einer Zeit der kurzen Röcke das Bedauern verschärfte, daß sie keine Krinolinen mehr trugen –, denen er bei ihrem Eintritt in die Pariser Gesellschaft behilflich war. Er sorgte dafür, daß sie »herumgereicht« wurden, wobei er davon ausgehen konnte, daß es keinen Gastgeber mondäner Veranstaltungen, dîner oder Ball, gab, der es sich nicht zur höchsten Ehre gereichen lassen würde, einen Prinzen zur Lippe oder eine Prinzessin von Thurn und Taxis auf seiner Liste zu haben. Böse Zungen nannten ihn den *commis voyageur de la noblesse*.

Jacques liebte mich. Ich kann nicht mehr sagen, wie ich ihn kennengelernt habe. Ich weiß auch nicht, was er an mir Besonderes fand. Es muß die Tatsache gewesen sein, daß ich ein Deutscher war, das, worauf ich am wenigsten Wert legte. Er verhehlte mir nicht, daß er so seine Schwierigkeiten mit mir hatte, die er auf die lapidare Formel brachte: »Du bist nicht blond, du bist nicht Graf, und du sprichst zu gut französisch. Ich kann leider nicht viel für dich tun.« Er hatte die Delikatesse, über mein für ihn schwerwiegendstes Manko keine Andeutung zu machen, darauf, daß ich mich für Frauen interessierte. Er hat mir trotzdem so manche Tür geöffnet.

Bernard Minoret

Was für Jean Paul Aron ein intellektuelles Spiel war, nicht ganz so ernst genommen, philosophisch-ironisch überhöht, was für Jacques de Ricaumont ein Kult war, eine Art Religion, war für Bernard Minoret die Essenz des Lebens selbst. Die »Gesellschaft« war sein Element, er schwamm darin wie der Fisch im Wasser. Er war ihr Produkt, aus dem gleichen Stoff, den

Lebensbedingungen des Biotops so vollkommen angepaßt, daß er völlig darin aufging, in vollkommener Mimikry völlig darin verschwand, wie das Chamäleon, das man auf dem Blatt, auf dem es sitzt, nicht wahrnehmen kann, weil es aussieht wie das Blatt. Die Gesellschaft war sein Lebenszweck, aber er war auch, wenn man so wollte, der Lebenszweck der Gesellschaft: in seinem Bewußtsein kam sie zum Bewußtsein ihrer selbst.

Er entstammte der orleanistischen Großbourgeoisie, die seit Generationen von ihren Revenuen in Paris lebt, ohne ihre festen Attachen in der Provinz zu verlieren. In der Topographie des »Tout Paris« war er angesiedelt zwischen Gratin und *Café Society,* zwischen dem »Clan« des Literaturbetriebes und der Welt des Theaters; zwischen den verschiedenen Coterien der alten Bourgeoisie und den arrivierten Aufsteigern der neuen. Sehr jung schon hatte er Zutritt zu den wichtigsten Salons gefunden.

Auch er liebte die Jungen, doch ohne Ostentation und bar jeder Misogynie. Er war der ideale *Chevalier servant* großer Damen. Außergewöhnliche Frauen wie Violet Trefusis und Marie-Laure de Noailles machten ihn zu ihrem Hausfreund und Vertrauten.

Als ich ihn, noch in der eleganten, etwas unpersönlichen elterlichen Wohnung, Boulevard Richard Wallace in Neuilly, besuchte, war immer ein Kreis junger Leute versammelt. Man spielte »Gesellschaftsspiele« – richtige Gesellschaftsspiele, wie man sie an Regentagen in Familienpensionen in der Sommerfrische spielt, wie sie aber auch in *Coppet* gespielt wurden. Sein Vater, ein distinguierter älterer Herr, fügte sich in kameradschaftlicher Komplizität als wohlgelittener Spielgefährte in die Runde (was zunächst mein Staunen erregte, bis ich es so selbstverständlich fand wie die andern).

Damals arbeitete Bernard (wenn dies Wort die lustvolle Beschäftigung mit einem literarischen Stoff adäquat bezeichnen kann) an einem Buch, das sich die Aufgabe stellte, die Kontinuität des gesellschaftlichen Establishments in Frankreich vom Ende des 18. Jahrhunderts bis in unsere Gegenwart – die Idee, die ich gerade für mich zu entdecken begann – auf spielerische Weise zu demonstrieren.

Es handelte sich, wie er mir erklärte, um die Geschichte einer völlig frei erfundenen Familie, in all ihren genealogischen Verästelungen, und sollte gleichzeitig dreierlei werden: eine Parodie des klassischen französischen Gesellschafts- und Familienromans vom Typ der »Rougon-Macquart«, eine Travestie des nationalen Geschichtskanons und eine Serie literarischer Pastiches, denn jedes Kapitel schilderte in einer signifikanten Figur die spezifische soziale Problematik einer Epoche in der literarischen Manier ihrer Zeit. Der Titel?

Les Morot-Cham-Donneurs – ein witziges Wortspiel, das einerseits die bourgeoise Vorliebe für Bindestrichnamen ironisiert (die den Wohlklang aristokratischer *noms à tiroires* imitieren), andererseits den hexagonalen Patriotismus der *France profonde* stigmatisiert; richtig gelesen lautet er »La mort au champ d'honneur«, zu deutsch: der Tod auf dem Felde der Ehre. Das Buch erschien 1954 mit den Illustrationen von Philippe Jullien, die ihrerseits den Stil der Porträtkunst der jeweiligen Epoche nachahmten (von Marie Anne Vigée-Lebrun bis zu Marie Laurencin), und einer Einführung des bekannten Historikers Pierre Gaxotte, einem Protagonisten der Rechten – Action Française, Sekretär von Maurras –, der 1962 eine vielbeachtete *Deutsche Geschichte* verfaßt hat. Er trat für die moralische Erneuerung des durch die Folgen der Revolution heruntergekommenen Frankreichs ein, was ihn nicht hinderte, dreißig Jahre lang mit einem luxemburgischen Tänzer in traulicher Menage zu leben.

Bernards letzte größere Arbeit war die *Autobiographie,* die er als Ghostwriter von und für seinen Freund, den Prinzen Jean Louis (Johnny) Faucigny-Lucinge, verfaßt hat, *Le gentilhomme cosmopolite,* ein vollkommen unbedeutender Mensch, interessant nur als perfekte Inkarnation eines Typus, lesenswert als getreue Schilderung des Lebens der *happy few,* der Crème de la crème, der Spitze der Spitze in den zwanziger, dreißiger, vierziger und fünfziger Jahren dieses Jahrhunderts. Ein Sittenbild, ein Schwanengesang.

Seine Personalkenntnis war so umfassend wie die von Jean Paul Aron, mit dem Unterschied, daß er die Leute, von denen er sprach, auch persönlich kannte. Sein immenses *savoir sociologique* war begleitet von einer noch größeren *sensibilité sociologique,* einem Einfühlungsvermögen in menschliche Beziehungen von innen her. Er wußte alles und verstand alles, er konnte von jedem sagen: »Je le connais, comme si je l'avait fait« (ich kenne ihn, als ob ich ihn gemacht hätte). Er verstand alles, aber er verzieh nichts, weil er nichts vergessen wollte. Er war nicht das Gewissen der Gesellschaft, denn die Gesellschaft ist gewissenlos, er war ihr Gedächtnis.

Im Gegensatz zu Jean Paul Aron hatte er nie etwas »studiert« und verabscheute den akademischen Lehrbetrieb. Was er wußte, wußte er durch die *tradition orale,* seine immense Bibliothek, besonders Memoirenliteratur und Biographien dienten ihm zur Absicherung seines Erinnerungsvermögens. Er war kein Intellektueller, kein Literat und kein Historiker, sondern eine vollkommene Synthese von *homme de lettres* und *homme du monde.* Ganz ohne es darauf angelegt zu haben, auf die natürlichste und selbstverständlichste Weise, wurde er zum Chronisten und Kronzeugen einer Welt, die er so vollkommen wie kein anderer in sich trug.

Sein Habitus war von äußerster Unauffälligkeit. Hochgewachsen, schon als junger Mann immer etwas gebeugt, eine Art Demutsgebärde, mit der sein Körper sagen wollte: ich stehe niemandem im Wege oder im Licht; ohne markante Gesichtszüge, aber schelmisch glitzernde Äuglein; ein Rundschädel, der zu seinem Kummer immer kahler wurde und den Schädeln asiatischer Buddha-Figuren ähnelte und dazu beitrug, ihm das würdige Aussehen eines römischen Prälaten, eines anglikanischen Bischofs zu geben. Er fand großen Spaß daran, von all dem zu erzählen, was er wußte, und fand in mir den idealen Zuhörer, der nichts wußte und alles wissen wollte.

Sein Lieblingsthema waren die großen Bälle, deren letzte er in den fünfziger Jahren noch erlebt und zum Teil noch mitorganisiert hatte. Er nahm sie ernst und würdigte sie als das, was sie sind: exklusive Kulturveranstaltungen, man darf sagen, kultische Rituale, in denen die Spitze der Gesellschaft sich selbst repräsentiert und feiert.

Das Fest von Marie-Laure de Noailles im Januar 1951, für das sie in ihrem Palais an der Place des États-Units die pittoreske Szenerie eines kleines Seebades erstehen ließ, Lune-sur-mer, in der sich dreihundert Gäste in den entsprechenden Kostümen ergingen. Hélène Rochas als Dame mit dem Sonnenschirm; Jean de Gigneron (berühmt als Liebhaber von Harold Nicolson) als Gouvernante eines halben Dutzends Pensionatsmädchen auf Rollschuhen, darunter Colette Fabre-Luce, die Schwester von Johnny; Nancy Mitford als Negerin; Louise de Vilmorin als Postbotin, Arturo Lopez, Christian Dior und Marie Louise Busquet als Bistrotiers; Diana und Duff Cooper als englische Touristen. Bernard produzierte mit Violet Trefusis einen Sketch: Die Schloßherrin, die in ihren Kammerdiener verliebt ist. Alles krümmte sich vor Lachen, weil jeder genau wußte, wie es um das Liebesleben der beiden wirklich bestellt war. Jean Cocteau kam zu später Stunde noch als »Jean Cocteau«.

Oder der Ball im Frühjahr 1952, den Arturo Lopez, die triumphale Inkarnation des Rastasquère (seit der Mitte des 19. Jahrhunderts Spitzname der in Paris residierenden südamerikanischen Multimillionäre) im Hotel Rodocanachi (ein Pseudo-dixhuitième-Palais in Neuilly, Rue de la Ferme), zur Einweihung des neuen Ballsaales gab, der bis auf den letzten Quadratzentimeter an Wänden und Decke ganz mit Muscheln bedeckt war. Alle Damen trugen vaporöse weiße Kleider, Symbol der Unschuld und Jugend, die sie verloren hatten.

In den *Bains Deligny*, jene jedem, der in Paris einen heißen Sommer zubringen mußte, wohlbekannte, an der Brücke der Concorde verankerte schwimmende Badeanstalt, gab ein portugiesischer Grande im selben Jahr ein venezianisches Fest. Die Bretterböden der Pontons waren mit orientalischen Teppichen ausgelegt, und Tausende von weißen Lilien schmückten das Holzwerk der Kabinen. Auf den Quais staute sich das Volk, das nur

237

ahnen konnte, welche Herrlichkeiten da im Scheine farbiger Lampions miteinander wetteiferten. Es wurde belohnt mit einem mitternächtlichen Feuerwerk, wie es so nur am 14. Juli in den Himmel über Paris geschossen wird.

Wenn Bernard in seiner gelassenen Art, wie beiläufig, von den Intrigen, Skandalen, Amouren, Affären, Rallyes und Bällen berichtete, geschah es ohne literarische Überhöhung, in der fast nüchternen Sprache des Polizeiberichts und des *fait divers*. Sein Ehrgeiz war die größte Präzision der Namen und Daten. Der Wert, den er auf größte Genauigkeit legte, grenzte an Pedanterie.

Dabei vermittelte er, ohne je sentenziös zu sein, mit seinem Wissen eine aus der unendlichen Vielzahl individueller Erfahrungen einer unendlichen Vielzahl von Lebensschicksalen destillierte quintessentielle Lebensweisheit. Das, sagte ich mir, ist »Soziologie«, Gesellschaftskunde, die immer nur ein »Wissen«, aber niemals eine Wissenschaft sein kann.

André Gide

Ich mußte natürlich Gide kennenlernen! Und Joseph Breitbach hatte sich auch bereit erklärt, mir einen Besuch bei dem great old man zu vermitteln. Über die Schlumberger-Connection. Aber es war nicht nötig, seine Hilfe in Anspruch zu nehmen, weil Pierre Bertaux mir schon ein Empfehlungsschreiben gegeben hatte. Das war die Supervielle-Connection.

Eine weibliche Stimme hatte mir am Telefon etwas zögernd einen Termin gegeben:»Monsieur Gide vous recevra mercredi prochain à midi.«

Es war ein regnerischer Wintertag. 1bis, rue Vanneau, an der Ecke der rue de Varenne, VIIième Arrondissement. Beste Adresse. Ministerien, Botschaften, Stadtpalais. Wenig Verkehr, vornehme Stille. Zu meiner Überraschung sah ich vor dem Haus einen Ü-Wagen mit laufendem Motor stehen, aus dem mehrere Kabel durch die offene Tür in das Treppenhaus führten. Leute, die herumstanden, Leute, die aufgeregt herumliefen, Passanten, die Concierge, Techniker, Chauffeure anderer auf der Fahrbahn geparkter Wagen, die dazugehörten, ein Polizist. Wäre ein Unfallkommando der Feuerwehr in Aktion, würde es genauso zugehen. Es wurde, wie ich erfuhr, ein Film gedreht. Monsieur Gide? Im sechsten Stock. Der Fahrstuhl war gesperrt. »Passen Sie auf! Stolpern Sie nicht über die Kabel!« Etwas verstört stieg ich die gewundene Treppe mit dem roten Kokosläufer hoch, den Kabeln nach, die ganz bis hinauf in Gides Appartement liefen; die Wohnungstür stand sperrangelweit auf, geschäftige junge Leute in Jeans und Pullovern tauchten auf und verschwanden wieder. Verdammt, ich platzte da mitten in die Dreharbeiten hinein. Hatte ich mich im Datum geirrt? Oder hatten die Aufnahmen länger gedauert als geplant? In der Wohnung herrschte Aufregung. Es wurde geflüstert. Gleich würde jemand kommen und mich hinauskomplimentieren. Ich wußte nicht richtig, wie ich mich verhalten sollte. Niemand schien meine Anwesenheit zu bemerken. Was suchte ich hier überhaupt? Warum wollte ich Gide kennenlernen? Ich war nicht nach Paris gekommen wie Klaus Mann, um Gide zu treffen. Um ehrlich zu sein: Ich mochte ihn nicht. Aber er war ein *monument historique*, das man besuchen mußte, wie das Panthéon und den Dôme des Invalides. Er gehörte ins Stadtbild. Seine überragende Figur prägte die Skyline des französischen Geisteslebens. Ich wollte ihn *sehen*.

In einem unserer Mitternachtsgespräche hatte ich Breitbach gefragt, worin seiner Ansicht nach die Bedeutung Gides läge. Er besaß die Bronzemaske, die René Sintenis von ihm gemacht hatte. Gide, sagte er, hätte für Frankreich eine ähnlich befreiende Wirkung gehabt wie Nietzsche für Deutschland. Was man beachten muß, ist der Mut, die Redlichkeit, die Unbestechlichkeit, die intellektuelle Neugierde und die innere Unabhängigkeit, mit der er einem protestantisch-humanistischen Ideal der Wahrhaftigkeit gedient hat. Schonungslos gegen die moralische Hypokrisie seiner Klasse, gegen jede politische Ideologie, die mit der Würde und Freiheit des Menschen nicht zu vereinbaren war. Er hat das Menschenrecht des Individuums auf Anderssein verteidigt, indem er sich tapfer zu seiner Homosexualität bekannt hat, in einer Zeit, in der das auch in Frankreich ein skandalöser Tabubruch war (*Corydon*), er hat, nach einer Kongo-Reise, den französischen Kolonialismus in Afrika wegen seiner ausbeuterischen Unmenschlichkeit denunziert, als er auf seinem Höhepunkt stand; er hat 1936, als die Mehrzahl der politisch engagierten Intellektuellen sich von der propagandistischen Selbstdarstellung der Sowjetunion verblenden ließen, dem Stalinismus und seinen Mitläufern eine dezidierte Absage erteilt. Man mag ihn nicht mögen, man muß ihn bewundern.

Ein halbes Jahrhundert hat er die Maßstäbe dafür gesetzt, was gute Literatur ist. Aber sein literarisches Œuvre ist nur eine Facette seiner Wirksamkeit. Wichtiger vielleicht ist seine Korrespondenz und das Tagebuch, das er ein Leben lang geführt und veröffentlicht hat und durch das er sich als intellektuelle und moralische Instanz konstituiert hat. Um zu erproben und zu demonstrieren, was das ist: Geistesfreiheit.

Er war ein Bourgeois, der das kulturelle Potential seiner Klasse voll ausreizte, ohne sie zu verleugnen. In der bewußten Gestaltung seines Lebens als Kunstwerk eine der letzten großen exemplarischen Erscheinungen des bürgerlichen Subjekts. Eine Persönlichkeit.

Eminent französisch. In Deutschland gibt es diesen Typus nicht, seit

Goethes Tod. Der deutsche Bildungsbürger hat sich nie emanzipiert. Er ist immer ein von der Aristokratie verachteter Untertan geblieben, mit einem defizienten, dem sogenannten »deutschen«, Freiheitssinn. Er hat die Wertmaßstäbe der Obrigkeit verinnerlicht, die ihn um seinen Freiheitsanspruch betrogen. Seine Persönlichkeitsstruktur wird dominiert durch das Über-Ich. Das »Ich« durfte sich nicht entfalten. Der Protest gegen die Zensur gedeiht nur in subkulturellem Klima, das sich unterhalb und außerhalb der offiziellen, zutiefst freiheitsfeindlichen Kultursphäre ausbreitet. Zum Beispiel in Schwabing oder Sils Maria. Aber um welchen Preis!

Für den französischen Literaten liegen die Dinge anders. Er repräsentiert die herrschende Kultur, deren Wertmaßstäbe republikanisch und aristokratisch sind, ausgerichtet auf die Selbstentfaltung des Individuums, auch sozial, auf der höchsten Etage gewissermaßen. Er erkennt keine Herren über sich an, er ist selbst Herr. Er lebt mit dem Autonomieanspruch des souveränen Ichs. Insofern ist er frei, das heißt, sein Denken ist frei, offen, rebellisch. Er ist der anerkannte Hüter der Freiheit und berufen, die geistigen Werte, denen er sich verpflichtet fühlt, auch politisch zur Geltung zu bringen. Freiheit ist ein aristokratisches Prinzip, auf das jeder Anspruch hat. Dem würden auch Anarchisten wie Sartre und Céline zustimmen.

»Was machen Sie hier? Vous venez voir Monsieur Gide?«
Monsieur Gide vient de décéder il y a quelques instants!
Mich hat das damals schwer getroffen. Ich empfand diesen Tod als einen persönlichen Tort, den mir der Alte zugefügt hatte, ich meine den, der hinter uns steht und alles arrangiert. Ich würde Gide nicht gekannt haben.

Es blieb mir als Trost nur der Film, den Marc Allégret von ihm gemacht hat und dessen letzten Takes ich gewissermaßen beigewohnt habe. Er kam ein Jahr später in die Kinos. Die Uraufführung in einem kleinen Saal der Kategorie *Art et Essai* war ein Ereignis im doppelten Sinne: ein Familienereignis des *Clan* – sie waren alle gekommen, eine Gedächtnisfeier, wie sie zur Ehrung eines lieben Toten nach Jahresfrist üblich ist. Ein Ereignis, sodann, weil hier, durch einen Film, eine völlig neuartige Situation im Verhältnis eines Autors zu seinem Publikum inauguriert und demonstriert wurde, die einer Umkehrung des alten Verhältnisses gleichkam. Die Leinwand rückte den Autor nicht ferner, sondern entriß ihn der Ferne, dementierte die elitäre Unnahbarkeit, in die er verbannt war, und brachte ihn in die unmittelbare Nähe der Massen. Die Relation von Innen und Außen, von Esoterik und Exoterik war verändert. Aber es lag keine Profanierung des Arkanum vor, sondern ein Transfer, der die »gesellschaftlichen Verhältnisse« verändert, ergo eine Revolution.

Marc Allégret, geboren 1900, war der Geliebte von André Gide, der ihn in den *Faux-monnayeurs* verewigt hat (diesem wunderbaren Roman, den ich schon als Schüler gelesen habe, ohne seine Tief- und Hintergründigkeit durchschauen zu können). Seinen ersten Gide-Film hatte er nach der *Voyage au Congo* gemacht, auf die er ihn begleitet hatte. Bekannt wurde er mit dem Film, den er 1934 nach einem Roman von Vicki Baum gedreht hatte, »Lac aux dames«. Jetzt hatte er einen alten Traum verwirklicht, ein präzedenzloses Meisterwerk geschaffen und Filmgeschichte gemacht. Wir sind bei André Gide zu Gast, ohne Ansehen von Namen und Person. Was sonst nur wenigen Freunden vorbehalten bleibt, wird uns allen zugänglich gemacht. Wir betreten seine Wohnung ... und seine Stimme geleitet uns durch ihre seltsam verwahrlosten Räume bis in das kleinste Hinterzimmer, in dem er arbeitet. Er zeigt uns, dir und mir, seine Manuskripte und erzählt uns von seinen Büchern und Reisen. Er sucht alte Familienbilder und Fotos heraus, und wir hören aus seinem Munde die merkwürdige Geschichte seines Lebens. Dann sind wir dabei, wie er mit alten Freunden, die wir nur aus der Literaturgeschichte kennen, plaudert, wie er mit seinen Enkeln spielt, wie er einer jungen Pianistin ein Scherzo von Chopin deutet. Er deutet es uns. Das alles geschieht mit beschämender Bescheidenheit, mit vollkommenem Takt. Wir brauchen uns nicht als Eindringlinge zu fühlen, sondern haben alle Freiheit, uns umzutun. Von Indiskretion kann nicht die Rede sein.

Der Zauber seiner brüchigen Stimme nimmt uns gefangen, doch immer wieder geschieht es, daß wir die Kommentare, die er uns gibt, überhören, weil wir durch die Ausstrahlung seiner leiblichen Gegenwart fasziniert sind. Wir sehen ihn, und mehr als jedes Wort trifft uns der Bannstrahl seiner Augen. Diese Augen lassen uns das Geheimnis seiner Größe erraten. Forschend ruhen sie auf uns, und es ist die Geschichte dieser Augen, die der Film erzählt. Sosehr sich das Antlitz des Mannes in einem 80jährigen Leben gewandelt hat, in allen Bildern, die wir sehen, mit denen des Kindes André begonnen, bleiben diese forschenden Augen unverändert die gleichen. »Pour voir«, hören wir ihn einmal sagen. Er beobachtet seine kleine Tochter, die von einem Riesenköter arg bedrängt wird. Er will nicht, daß man ihr zu Hilfe kommt. Die Augen wollen sehen, wie sie reagiert. Und man weiß plötzlich, daß dieses »pour voir« als kategorischer Imperativ sein Leben beherrscht hat und daß sein Werk nichts anderes ist als der fortlaufende Rechenschaftsbericht über das, was er sah. Es ist die Intelligenz, die beherrschte Sinnlichkeit dieser Augen, ihre Schärfe und Unbestechlichkeit, ihre Güte und Tiefe, in deren Dienst er die unzureichenden Mittel der Sprache gezwungen hat. Er hat gelebt, um zu sehen, nicht, um zu schreiben. So wird man, sagte ich damals, wenn in Jahrzehnten von der Bedeutung Gides in unserer Zeit die Rede sein wird, diesen Film zeigen müssen,

241

um sie begreiflich zu machen. Stärker als heute wird man dann vielleicht jenen Augenblick als einen Höhepunkt empfinden, in dem, wie durch ein technisches Versehen, der wohlgeordnete Ablauf der Aufnahmen durchbrochen wird und Gide, um eine Regieanweisung zu geben, aus der Rolle, in der er sich selbst spielt, heraustretend, in die Kamera aufschaut. Er wendet sich zurück und sagt:»Schneiden«, und es ist, als ob die, wenn auch fast durchsichtige, Maske der Pose, in die er sich gefunden hat, nun von ihm abfällt. Er blickt auf, aber da, wo er hinschaut, sitzen jetzt wir, und für eine Sekunde trifft uns sein Blick in seiner ganzen Mächtigkeit. Jede Phase des Films zeigt, wie schwer dem alten Herrn die Sache fällt. Er macht aus seinem Agacement keinen Hehl, aber man fühlt, daß ihn das Neue, das Unversuchte reizt, daß er sich einem Experiment nicht versagen konnte, selbst wenn es auf seine Kosten geht, und man muß die schelmische Heiterkeit bewundern, mit der er»mitspielt«, neugierig darauf, was schließlich dabei herauskommen wird. Er sollte es nicht mehr sehen.

Marc Allégrets Film hatte mir genau jenes Erlebnis vermittelt, das ich suchte, als ich am 19. Februar 1951 in der Rue Vanneau antrat; jene Erfahrung, für die Chateaubriand in seinen Memoiren den vollkommenen Ausdruck gefunden hat, dort, wo er über sein Zusammentreffen mit George Washington berichtet.»Mir war das Glück beschieden«, schreibt er dort,»daß sein Blick mich berührte, mein ganzes fürderes Leben wurde dadurch bereichert«, und er setzt hinzu:»Il y a une vertu dans le regard d'un grand homme.« Wie soll ich das übersetzen, vertu? Es liegt Heilskraft in dem Blick eines großen Mannes.

Mich faszinierte der Gedanke, daß mit den Mitteln eines Films neue Grade der Öffentlichkeit und Partizipation geschaffen werden. Einem breiten Publikum wird zugänglich gemacht, was bislang nur das Vorrecht eines kleinen Kreises von Menschen war. Ist das nicht die Weise, in der sich, meinem Ballanche zufolge, die Höherentwicklung der Menschheit, der zivilisatorische Fortschritt vollzieht? Eine neue Kulturstufe wird erreicht, wenn das Arkanum einer alten Elite zum Allgemeinbesitz neuer, breiterer Schichten wird. Die Idee der Gotteskindschaft aller Menschen in einer Sklavengesellschaft. Die Idee der Menschenrechte in einer feudalen Standesgesellschaft. Die Idee der kulturellen Demokratie in einer bürgerlichen Klassengesellschaft. Ausgelöst durch eine Wahrgabe, die einer Offenbarung gleichkommt, steigt der Pegel des kollektiven Wissensstandes, mehr Menschen sind eingeweiht in die Mysterien des Gemeinwesens und aufgerufen zur Teilnahme daran. Dieser Demokratisierungsprozeß, der sich in großen epochalen Schritten vollzieht, ist vielleicht wirklich das Entwicklungsgesetz der Gattung.

Gide ganz privat – Gide für alle. Nichts markiert den tiefen Epocheneinschnitt, als der Gides Tod – zu Recht – empfunden wurde, besser als dieser Film, der in die esoterische Geheimnissphäre eines Hierophanten eindringt und sie publik macht. Die Offenbarmachung von etwas Verborgenem durch neue Möglichkeiten der Kommunikation. Die Überschreitung der Grenzen des sakrosankten Herrschaftsbereiches der Literaten, die Erschließung eines neuen sozialen Erfahrungsraumes. Ich glaube nicht, daß Allégret dergleichen beabsichtigte. Er wollte gar keine Öffentlichkeit, sondern neue Grade der Intimität. Den Filmemacher reizte die technische Erprobung seines Mediums. Indem er darin so weit ging, wie er konnte, stellte er dessen historische Funktion unter Beweis.

Damals konnte so ein Film noch schockieren. Heute erscheint er als Prototyp eines Genres, das jeder Fernsehsender allabendlich in seinem Programm führt und das, auch bei kleinen Einschaltquoten, Millionen dankbarer Zuschauer erreicht.

Die Pointe ist, daß André Gide selber sich auf dieses innovatorische Unternehmen eingelassen hat. Das war der letzte Triumph seiner intellektuellen Neugier. Der Adept der *Vie expérimentale*, des abenteuerlichen Lebens, das immer mit der Erprobung neuer Möglichkeiten der Selbsterfahrung das Risiko der radikalen Selbstinfragestellung verbindet, scheute das letzte Experiment nicht. Als »teilnehmender Beobachter«, als Komplize seines Weggefährten wollte er erfahren, wie das ist, wenn man sich selbst zum Gegenstand eines Films macht. Die Dialektik der Erfahrung hat ihre eigene Vollendung, nicht in einem abschließenden Wissen, sondern in jener Offenheit für Erfahrung, die durch die Erfahrung selbst freigespielt wird. Das Leben, das wunderbare Leben, hält auch für einen Greis noch Überraschungen bereit. Einen schöneren Tod konnte es für ihn nicht geben, als im Vollzuge seiner eigenen Lebensphilosophie zu sterben. »Coupez!« Das haben wir in der Kiste. »J'ai joué le jeu.«

Der *Clan* machte sich den Spaß, den Text eines Telegramms zu kolportieren, das Gide aus dem Jenseits an Mauriac geschickt hatte: »*Rassurez-vous. L'enfer n'existe pas. Prévenir Claudel.*«

Clemens Heller

Es ist merkwürdig, aber ich habe in der Bibliothèque Nationale, wo ich doch dauernd war, keine Bekanntschaften gemacht. Ich bin auch nie einem der Menschen begegnet, die ich *en ville* traf, und dabei gab es viele, die auch dort arbeiteten. Ich erinnere mich nur an einen Ausnahmefall.

243

Irgendwie hatte der Mann meine Aufmerksamkeit auf sich gezogen. Auch bei schlechtem Wetter ohne Mantel, den Kragen seines anthrazitgrauen, wie mir schien, billigen, Konfektionsanzugs hochgeschlagen, fröstelnd, einen überlangen Karteikasten unter dem Arm, recht kurz geschnittene Haare mit rebellischem Wirbel und einer Strähne, die in die Stirn hing, ständig zurückgeworfen, ein Tick beinahe. Ich hatte das Gesicht irgendwo schon einmal gesehen.

Ich sprach ihn an, er sprach mich an, als wir unversehens auf dem Trottoir der Rue de Richelieu aufeinanderstießen, weil er so wenig wie ich auf seinen Weg achtete. Ach ja, natürlich. *Anatomy of Peace* von Emery Reves hatte er mir in die Hand gedrückt. Lesen Sie das einmal und schreiben mir ein kleines Exposé, was Sie darüber denken. Auf englisch, wenn's beliebt. Fünfundzwanzig Zeilen, nicht mehr. In Heidelberg. Dahin war er gekommen, um Teilnehmer für das neugegründete *Seminar for American Studies* in Salzburg zu rekrutieren.

Ich stand auf seiner Liste von Kandidaten für den ersten Sommerkurs. Er war einer der netten Amerikaner, die herübergekommen waren, um die Deutschen wieder auf die Beine zu bringen, und dazu überhaupt keinen Grund hatten, weil sie ja überhaupt nur Amerikaner waren, weil Hitler sie aus Großdeutschland verjagt hatte; viele Mitglieder ihrer Familien, denen es nicht gelungen war zu flüchten, waren in den Vernichtungslagern ermordet worden. Trotzdem, sie kamen zurück. Nicht, um sich zu rächen, sondern um zu helfen.

Auch er erinnerte sich an diese erste Begegnung, obwohl das nun schon einige Jahre zurücklag. Er schien sich richtig zu freuen. Er lebe jetzt in Paris und arbeite an einer *Geschichte des Wuchers*, ein schreckliches Thema, sagte er so beiläufig wie möglich, als geniere er sich, nicht wegen des Themas, sondern weil ein solches Vorhaben hätte zu anspruchsvoll wirken können, das hier, er tappte mit den Fingern auf den Karteikasten, den er zärtlich auf dem Arm hielt wie einen kleinen Hund, der eigentlich schon zu groß war, um auf dem Arm gehalten zu werden, das ist allein die Bibliographie, nur das Wichtigste, Unerläßliche. Ich war voller Sympathie. Noch so ein Sklave eines Monsterprojekts.

Wollen wir nicht zusammen eine Kleinigkeit essen? Wir waren ungefähr auf der Höhe der Comédie Française angelangt. Ach, gehen wir doch da drüben hin. Da wird man nicht zu schlecht bedient. Mit da drüben meinte er das *Café de la Régence,* ein piekfeines Restaurant an der Ecke der Rue St. Honoré, das seine Karte in glänzend polierten Messingständern auf dem Trottoir, rechts und links des Eingangs, einer filzvorhanggeschützten Drehtür, ausstellte, gleich neben dem Austernstand, an dem ein Mann in hellblauem ausgewaschenem Kittel und Schirmmütze mit schweren Fausthandschuhen seines Amtes waltete, brutal und liebevoll zugleich die geknackten Schalentiere auf der mit einer Schicht von glitzernden Eisstückchen bedeckten Platte anzurichten, die dann ein Ober im Frack mit blütenweißer, gestärkter, bis zu den Knöcheln reichender Schürze abholen würde, um sie seinem Gast zu kredenzen – für mich das untrügliche Anzeichen dafür, daß dieses Lokal vom Preis her für mich nicht in Frage kam. Aber schon saßen wir im Speisesaal des ersten Stocks, an einem der großen runden, damastgedeckten Tische am Fenster, mit Blick auf die Avenue de l'Opéra, das Palais Garnier in der Ferne, und der Maître d'hôtel reichte uns die foliogroßen Menükarten des Hauses, Register kulinarischer Herrlichkeiten, abgesetzt in englischer Schrift. »Comme d'habitude«, sagte mein Bibliotheksgenosse, ohne die noble Karte auch nur eines Blickes zu würdigen, und in diesem comme d'habitude, mit einer leichten professionellen, nicht devoten Verneigung, unter Hinzufügung von Monsieur, wiederholt von dem Maître d'hôtel, lag die Vertrautheit einer alten Gewohnheit, eine durch angemessene Trinkgelder befestigte Komplizität, die Selbstverständlichkeit eines perfekt beherrschten Rollenspiels, ich will nicht soweit gehen zu sagen: die Spur einer gewissen Kameraderie, von der ich ausgeschlossen war. »Et Monsieur?« wandte er sich gnädig an mich. Was konnte ich anderes tun, als so natürlich wie möglich zu sagen: »La même chose.«

Ich brauche Ihnen das ja nicht zu sagen, Die Juden und das Wirtschaftsleben, Der moderne Kapitalismus, das sind Standardwerke, unübertroffen, da kann man nur solideste Detailarbeit nachschieben...

Es kamen, präsentiert auf den bewußten runden, hier versilberten Drahtgestellen, Austern. Die überdimensionale Pfeffermühle, Schwarzbrot in feinen, sorgfältig zu adretten kleinen Haufen geschichteten Scheiben, ein Näpfchen bernsteinfarbene Vinaigrette, Butterröllchen, die kleinen kurzen schaufelförmigen Austerngabeln zum Gedeck gelegt. In einen Kübel gestellt, kühl beschlagen eine Flasche Sauterne (comme d'habitude).

Als Historiker halte ich mich an die Annales – Sie wissen, Nouvelle Histoire, Fernand Braudel, ist mein Mann, ein Verehrer Ihres Herrn Vaters nebenbeigesagt. Mein erstes Austernfrühstück. Ein angenehmer Kontrast zu den Œuf Mayonnaise und Flagolets à l'Huile meiner üblichen Kellermahlzeiten in der Rue des Petits Champs.

»Kommen Sie mich besuchen«, sagte er nach dem Essen, »damit wir in Ruhe etwas plaudern können. Hier – ich habe keine Karte«, er zog ein mit hundert Zetteln gespicktes winziges Notizbuch aus der ausgebeulten Seitentasche seines Jacketts, riß ungeschickt ein Blatt heraus und schrieb darauf seine Adresse und Telefonnummer, »wenn Sie wollen, übermorgen abend, gegen sieben. Sie erzählen mir dann, woran Sie sitzen.«

Rue Vanneau! Ich wußte nur, daß Gide dort wohnte. Einige Häuser weiter, auf derselben Seite. Gegenüber die hohe Mauer, hinter der ein kleines Schlößchen im Schatten mächtiger Kastanien versteckt lag – die Pariser Residenz von Niarchos, *L'Hôtel de Chamaleille*. Ein Diener in weißer Jacke öffnet die Tür und geleitet mich durch lange enge Korridore mit weißlakkierten Wandschränken und Bücherregalen in den hinteren Teil der Wohnung, wo die Appartements von Monsieur liegen. Da steht, völlig verzweifelt, in seinem Arbeitszimmer, vor einer Spiegeltür, die offensichtlich in den Ankleideraum führt, in einem frischgebügelten Hemd mit plissiertem Brusteinsatz, mein neuer Freund und versucht sich eine Smokingschleife um den Hals zu schlingen, was partout nicht gelingen wollte.

»Es ist zum Aus-der-Haut-Fahren! Ich hasse diese Umzieherei, aber meine Frau besteht darauf, daß ich sie begleite, diese Parties und Dinners interessieren mich nicht, diese Leute, die man da trifft, interessieren mich nicht, sie öden mich an, ich komme mir lächerlich vor in diesem Kostüm.« Er nestelt, während er schimpft wie ein Rohrspatz, an seinem Binder. Schließlich muß der Diener gerufen werden, der die schwarze Seidenschleife korrekt zusammenzieht. »Sie sehen, es wird nichts aus unserem Gespräch, ich hatte mich schon so darauf gefreut, wirklich, aber ich bin gezwungen, auszugehen, meine Frau besteht darauf. Sie müssen mich entschuldigen, Sie müssen mich bedauern. Ich bin untröstlich.« Er schlüpft in das Dinner-Jacket, das ihm der Diener hält, der ihm auch das Batisttuch, nachdem er es mit Eau de Cologne betupft hat, in die Brusttasche steckt. »Ich muß laufen.« Beinahe hätte er vergessen, in die Lackpumps zu schlüpfen, die da bereitstehen. Erst im Flur sitzen sie ihm richtig auf dem Fuß. Ich folge. Im Entree steht, ein Silberfuchscape über den Schultern, in großer Abendrobe, erdbeerfarbener Taft, wenn ich mich recht erinnere, Perlenschnüre im welligen, auf dem Nacken locker zu einem Knoten gerafften Blondhaar, Madame, eine blendende Schönheit. Dana, denke ich. Ich werde hastig vorgestellt. Der Diener öffnet die Haustür, eine Zofe, mit Spitzenschürze und Häubchen, hält sich im Hintergrund, um letzte Anordnungen entgegenzunehmen. Ein total unpersönliches Lächeln, »Come tomorrow for lunch!«

Ich kam. Diesmal in den großen, hellen Empfangsraum geleitet. Zwölf Personen. Alle weiblichen Gäste trugen Hüte. Serviert wurde in einem wintergartenartigen Frühstückszimmer an einem runden Tisch mit üppigem Blumenschmuck. (Die großen Blumenarrangements überall waren das hervorstechendste Merkmal des Luxus, die Einrichtung war nichtssagend-elegant-konventionell.) *Café-Society*, amerikanische Diplomaten, ein Konservator vom Louvre. Die interessanteste Person, neben die ich zum Glück auch placiert wurde, war eine imposante, voluminöse, großbusige Dame mit orientalischen Augen, Prinzessin Tschawtschawadze. Die Unterhaltung drehte sich ausschließlich um den Vergleich der Annehmlichkeiten von Kreuzfahrten auf Luxuslinern mit denen, die das Herumgondeln in der eigenen Yacht bietet. Die einen fanden es wunderbar entspannend, auf der *France* Südamerika zu umschiffen – man braucht sich um nichts zu kümmern, hat Platz, der Service ist perfekt, der Kapitän ein Schatz; die anderen waren lieber auf ihrem Boot, da weiß man, mit wem man es zu tun hat, kann in jedem Hafen vor Anker gehen, ist sein eigener Herr. Ja, nur wenn das Schiff groß genug ist. Nein, gerade ein kleines Boot garantiert die Intimität, die man sich für eine Mittelmeerfahrt wünscht. So wie Francine und Jean es jetzt machen, so muß man es machen! (Es handelte sich um Madame Weisweiler und Cocteau, die gerade, wie alle Welt wußte, die sie nie anders als mit Vornamen nennen würde, auf ihrer kleinen Motoryacht *Orphée II* (le luxe discret de Francine) durch die Ägäis schipperten). Die Sitte, alle Personen *nur* beim Vornamen zu nennen, gehört übrigens, wie ich lernen mußte, zu den Verkehrsformen des *tout Paris*, wie das Spitznamenwesen auf i, Jocki und Alfi und Ricki zum süddeutschen Adel, eine Technik, die Grenze zwischen In-group und Out-group unauffällig zu markieren, nur wer weiß, wer gemeint ist, gehört zur Familie. Der Hausherr öffnete nicht den Mund. Er war noch nicht zurückgekehrt aus der Bücherwelt, in der er die Vormittagsstunden in Gesellschaft des geliebten, wie ein Schutzwall vor ihm aufgebauten, Zettelkastens verbracht hatte. Die Dame des Hauses, in einem pastellfarbenen Tailleur, sagte allen Gästen reihum unverbindliche Liebenswürdigkeiten, auch mir, obwohl ich offensichtlich nicht dazugehörte. Sie war perfekt. East-coast-Aristokratie, ihre Mutter war eine Vanderbilt oder Rockefeller, mit einem Vornamen aus einem Roman von Henry James – Mathilda. Sie ist heute noch eine außergewöhnliche Beauty. Inzwischen ist sie zur Duchess of d'Argyll avanciert. Nach Mokka und Likör war's überstanden. Ich nehme an, so ein Lunch fand hier jeden Tag statt.

»Kann ich Sie irgendwo absetzen«, fragte mich meine Nachbarin mit dem exotischen Look, die mir ins Ohr geflüstert hatte, sie reise am liebsten allein und verabscheue das Wasser, »mein Chauffeur wartet unten.« Der Chauffeur hatte eine braune Uniform und eine ebensolche Hautfarbe – Café-au-lait. Das Automobil war ein Rolls-Royce derselben Couleur. Ich saß zum erstenmal in einem Rolls-Royce und werde das traumhafte Fahrgefühl nie vergessen, ein geräuschloses, federleichtes, unwirkliches Gleiten, Schweben, die Aufhebung der Schwerkraft, von Engeln getragen (vergleichbar nur der Unwirklichkeitserfahrung einer Gondelfahrt über die Lagune). Ich war ganz benommen, wie unter der Einwirkung einer sanften Droge. Wer das einmal erlebt hat, weiß, daß alles Fahren, das diesen Standard nicht erreicht, »unter dem Strich«, eine Art Notbehelf ist. Darüber ist nicht zu diskutieren, auch wenn man selber nie in einem Rolls-Royce fährt. Das muß man akzeptieren. Damit muß man leben.

Die Kulturentwicklung hat auf allen Gebieten solche absoluten Maßstäbe gesetzt, die nach obenhin zu überschreiten eine lobenswerte Ambition ist, die zu unterschreiten, indem man ihre Gültigkeit nicht anerkennt, aber nichts bringt. Diese Hochleistungen haben selbstverständlich auch einen sozialen Koeffizienten, sie sind Indikatoren des sozialen »Oben«. Sie prägen das Lebensgefühl und den Lebensstil der Oberschicht, sie gehören zu deren objektiven Kriterien. Das heißt »soziologisch«, es gibt nicht eine Sphäre der Produktion und des Genusses kultureller Spitzenprodukte, die unabhängig, eigenen Gesetzen gehorchend (als autonomes Subsystem gewissermaßen), außerhalb der höchsten gesellschaftlichen Sphäre existiert, der Spitze der sozialen Hierarchie also, die sich definiert durch den realen Besitzstand von Reichtum und Macht. Spitzenprodukte (wie Spitzenleistungen) sind immer integrierender Bestandteil des Top-Power-»Komplexes« und seiner symbolischen Ordnung. Da ist jeder Irrtum ausgeschlossen. Wo sie aufscheinen, ist »oben«.

Die Prinzessin gehörte zu jenen Damen, die, wenn sie die Fünfzig überschritten haben, anfangen, sich für jüngere Männer zu interessieren. Sie war eine Richway, reiche Amerikaner, die seit drei Generationen in Europa leben und versippt sind mit dem europäischen Adel. Ihr erster Mann war ein Comte de Breteuil, dann heiratete sie den georgischen Fürsten Tschawschawadze, ein begnadeter Pianist; Georgier waren »in«, seit der tragischen Geschichte von Misia Sert und der kleinen Prinzessin Roussadana (*Roussy*) Mdivani, deren Bruder Barbara Hutton geheiratet hatte. Sie tat ihr Bestes, um sich einen kaukasisch-folkloristischen Touch zu geben, goldne Armreifen in Menge, Ohrgehänge, dunkel geschminkte Augen, die Innenkante der Lider kohlstrichumrandet, die Wimpern geschwärzt, so daß sie wie falsche wirkten.

Im Fond des Luxusgefährtes entstand jetzt, hinter dem breiten Rücken des farbigen Fahrers, in einem Duftgemenge von Saffianlederbeize, Sandelholzodeurs und Worthessenzen eine explosive erotische Atmosphäre. Die Fürstin strich mit ihrer kleinen, feinen, etwas fetten, ungemein gepflegten, beringten und nagellackierten Hand den Schleier ihres Hutes zurück, und ich bekam die volle Wucht eines begehrlichen Blickes zu spüren, der über mir zusammenschlug wie ein Wellenbrecher bei Windstärke acht. Ich war klatschnaß und konnte mich nur in Sicherheit bringen, indem ich erklärte, ich müsse jetzt hier unbedingt aussteigen. Man erkennt meine sträfliche Unerfahrenheit. Aber es war nun einmal mein Problem, daß ich weder mit Männern noch mit älteren Damen etwas anfangen konnte, wenn es ernst wurde.

Ich traf sie viele Jahre später im Palazzo Polignac bei Daisy Fellows in Venedig wieder. Die Situation war unverfänglich, denn ich war inzwischen zu alt geworden, um noch für sie interessant zu sein. Stellen Sie sich vor, ich komme gerade von einer Autotour durch die Sahara zurück! Großartig, phantastisch, die Sonnenuntergänge, die Sandstürme, der Mond über den Palmen der Oase und diese wunderbaren Menschen, die Tuareg, blauverhüllt, aber man ahnt die vollkommene Schönheit ihrer metallischen Leiber. *The sheltering sky.* Wenig später ist sie, wie ich erfuhr, bei Veseley, wo sie eine Besitzung hatte, in einem Autounfall auf grausame Weise zu Tode gekommen. In dem Wagen, in dem sie gerade furchtlos die Wüste durchquert hatte, einem Rolls-Royce, denn in anderen Wagen fuhr sie nicht.

Im Laufe der Zeit lernte ich Clemens Heller näher kennen, den Mann, der mehr für die Sozialwissenschaften in Frankreich getan hat als irgendein anderer. Aus dem Nichts hat er mit dem Geld amerikanischer Stiftungen, vor allem der Ford-Foundation, die Strukturen geschaffen, denen sie heute ihren hervorragenden Platz im akademischen Bereich verdanken.

Als ich nach Paris kam, gab es in ganz Frankreich nur fünf Lehrstühle für Soziologie, drei für Ethnologie, zwei für Wirtschaftsgeschichte, einen für Statistik und keinen für Demographie. Außerdem existierte nirgendwo eine Diplom- oder Ausbildungsordnung. Alle Reformversuche waren am Desinteresse und der Unbeweglichkeit der Universitäten, an der Spitze die Sorbonne, gescheitert. Wie in Deutschland grassierte auch in Frankreich das Mißtrauen der Offiziellen gegen die *nova scienza*, die Soziologie. Die Lösung des Dilemmas war schließlich die Gründung einer Gegeninstitution – wie immer in Frankreich: So entstanden die *Grandes Écoles* unter Napoleon als die Ausbildungsstätten der politisch-administrativen Eliten des Staates; so war unter Richelieu schon das Collège de France entstanden, der Sammelpunkt derjenigen geistigen Kapazitäten, die außerhalb der Fakultäten Hervorragendes leisteten; so am Ende des 19. Jahrhunderts die *École de Sciences Politiques,* als wissenschaftlich anspruchsvolles, wenn auch praxisorientiertes Bildungsinstitut für den Nachwuchs der oberen Zehntausend. In dieser Tradition also entstand ein von den Universitäten unabhängiges, selbständiges sozialwissenschaftliches Forschungszentrum, die *Maison des Sciences de l'Hommes,* und etwas später, anknüpfend an die berühmte 6ème *Section de l'École Pratiques des Hautes Études* (berühmt geworden u. a. durch die Hegel-Übungen von Kojève in den dreißiger Jahren), die *Écoles des Hautes Études en Sciences Sociales*, ein akademischer Verbund, der die wichtigsten Bereiche der Humanwissenschaften – ein in diesem Zusammenhang virulent gewordener neuer Begriff – umfaßte und als Basis die Geschichtswissenschaften hatte. Ein Riesenunternehmen.

Sechzig Planstellen auf einen Schlag. Einmalig in der europäischen Universitätsgeschichte. Alles mit amerikanischem Geld. Bis dann nach einigen Jahren das Erziehungsministerium nachziehen mußte.

Nach außen hin war der Spiritus rector dieses revolutionär zu nennenden Großunternehmens, Fernand Braudel, der Papst der neuen, ganz sozialwissenschaftlich orientierten, historischen Schule. Wer aber die Geschichte kennt, weiß, daß nichts gelaufen wäre ohne Clemens Heller, seinen Schüler und Verehrer, seine rechte Hand, seinen Stabschef, seinen Intendanten, sein Alter ego (keineswegs nur sein Instrument, wie dieser mit dem für ihn charakteristischen Understatement gerne beteuerte) – Clemens Heller aus Wien, der sich, mit Leib und Seele, vollkommen selbstlos, in den Dienst der guten Sache gestellt hatte, von deren Notwendigkeit und Richtigkeit er überzeugt war.

Zu seiner eigenen Überraschung, möchte ich behaupten, entpuppte sich der junge Privatgelehrte mit der reichen Frau als genialer Organisator, Koordinator und Mittelbeschaffer, als phantasievoller *entrepreneur* in Sachen Wissenschaft, als geborener Wissenschaftsmanager, ein in der akademischen Welt des alten Europa bis dahin noch so gut wie unbekannter Typus. Kein Träumer und Phantast. Ein *empire builder*, das Wort ist nicht zu hoch gegriffen.

An ihm war nichts von amerikanischer Hemdsärmeligkeit und zur Schau getragener efficency. Er hatte ein feines Gespür für Personen, für Machtverhältnisse, für finanzielle Kombinationen. Clemens dachte nicht in Institutionen, politisch, sondern in Netzwerken, Kraftfeldern, Einflußzonen, Konstellationen von Menschen, gesellschaftsbezogen, soziologisch. Ihn prägten Flexibilität in der Wahl der Mittel, Zähigkeit in der Verfolgung des angestrebten Ziels, Charme und Sensibilität, aber auch Festigkeit. Ein weicher Händedruck, aber, wenn geboten, ein gebieterischer Augenblitz. Takt. Herzenstakt. Seine gefährlichste Waffe war seine vornehme Bescheidenheit (die größte List des Teufels ist es, glauben zu lassen, daß er nicht existiert).

Dieses rare Begabungsbündel befähigte ihn, sich von den Servitüden des Bibliothekslesedienstes und des Smokingfliegenbindens zu emanzipieren und seinen eigenen Weg der Selbstverwirklichung zu finden, was nicht jedem gegeben ist. Auf der Strecke blieben die schöne Mathilda und der überdimensional lange Zettelkasten zum Thema »Zinz« (die beide, das muß man sehen, die für seine Selbstfindung günstigen Startbedingungen schufen).

Nach dem Tode von Braudel ist Clemens Heller zum Administrator der *Maison des Sciences de l'Homme* geworden, dessen gelungener moderner Neubau auf dem Grundstück errichtet wurde, auf dem das gewissermaßen zur Revolutionsgeschichte gehörende *Prison du Cherche Midi* stand. (Eine

Geschichte all der Berühmtheiten der europäischen Geistesgeschichte, die dort eingesessen haben, wäre der Mühe wert; das letzte Kapitel würde die deutsche Besatzungszeit betreffen, die ja auch zur Revolutionsgeschichte gehört). Das war nicht selbstverständlich in dem traditionell xenophoben Milieu der französischen Universitätsintelligenzija. Es war eine mutige und kluge Entscheidung, die dem »Geiste des Hauses« entsprach, der wollte, daß das Studium der Humanwissenschaften »grenzüberschreitend« – nicht nur interdisziplinär, sondern auch international – betrieben würde, nicht nur auf Frankreich bezogen, sondern auf den Kontakt und Austausch von Spezialisten aus aller Welt, besonders aus Deutschland, bedacht. Üblicherweise kämpft im französischen Wissenschaftsbetrieb (in Deutschland ist es nicht anders) jeder für sich gegen jeden um die Vorherrschaft in seiner Disziplin. Clemens Heller gelang es – weil er kein Franzose war –, die auseinanderstrebenden Kräfte zusammenzuführen, der Dynamik der Dialogverweigerung eine Dynamik des Gesprächs zu substituieren. Den Forschern, die an ihn appellierten und die er für sein Institut zu gewinnen verstand, offerierte er Chancen, ihre Pläne unter besseren Bedingungen durchzuführen als anderswo, ohne selber Prioritäten zu setzen, ohne eine eigene Politik zu machen, ohne aber auch sich selbst vereinnahmen zu lassen. Er war kein Machtmensch, sondern ein Erotiker, dessen Leidenschaft es war, Menschen verschiedenster Provenienz und Nationalität zusammenzuführen. Seine Neugier galt dabei immer nur einzelnen Personen und ihren Ideen. Er wollte zu ihrem Glück beitragen und sie nicht beherrschen.

Als er mich 1989 an das *Maison des Sciences de l'Homme* als *Maître de recherche* berief, fragte ich ihn, was er von mir erwarte. »Nichts. Daß Sie ihre Freunde sehen und sich in Paris wohl fühlen.«

Clemens Heller ist 1917 in Wien geboren. Sein Vater besaß dort, am Stephansplatz, einen Laden – Buchhandlung, Antiquariat und Galerie, auch Verlagskontor –, das *Kunstkabinett Heller*, ein Treffpunkt der Wiener Moderne (ich hasse das Modewort), in dem Leute wie Karl Kraus und Sigmund Freud Vorträge hielten. Er ist ohne diese Herkunft und diesen Hintergrund nicht zu denken. Er stammt aus der Welt der Bücher, der Bücherschreiber, Bücherleser und Büchermacher, und schließlich ist sein wissenschaftspolitisches Engagement aus dem Wunsche zu verstehen, das Abfassen von Büchern zu fördern, Büchermenschen in den Stand zu setzen, *ihre* »Geschichte des Wuchers« zu schreiben. Er hätte auch ein großer Verleger werden können, wie sein Landsmann und Schicksalsgenosse George Weidenfeld, der als mittelloser Flüchtling in London ankam und mit derselben glücklichen Hand für Frauen und Bücher aus dem Nichts ein Bücherempire schuf.

X

LE COUPLE FRANCO-ALLEMAND

Bannwaldsee 1947

Ich hatte meine deutsche Vergangenheit. Das war nicht die Zeit vor dem Kriege, in Berlin, die war fern und unwirklich, sondern die in dem Niemandsland, das Deutschland nach dem Kriege war. Ich hatte nicht nur studiert, sondern versucht, für meinen Teil am Wiederaufbau der Ruinen mitzuwirken. Das begann, in München, mit der Gründung des RUF, noch bevor Alfred Andersch die Leitung übernahm, und führte mich in den Kreis um Hans Werner Richter, aus dem die Gruppe 47 hervorgehen sollte. Die Geschichte des Treffens in Bannwaldsee gehört zu meinen Pariser Jahren. Man wird ohne Schwierigkeiten verstehen, warum.

Ich muß den Versuch, jetzt einen Bericht von diesen, wie sich herausstellen sollte, denkwürdigen Tagen, freilich mit dem Eingeständnis eines seltsamen Erinnerungsfehlers, verbinden, einer notorischen Abweichung vom Historisch-Faktischen, dokumentarisch Belegbaren; und da gibt es ja nun inzwischen, um das Ergebnis bis ins letzte Detail zu rekonstruieren, eine ganze Literatur.

Im Laufe der Jahre wurden die Erinnerungen an die Tagung in Bannwaldsee immer wieder erzählt, eine richtige Geschichte, und wie das so geht mit Geschichten, die man zu oft wiedererzählt, sie entwickeln sich, sie entfalten ihre eigene Logik, folgen der dramaturgischen Gesetzmäßigkeit der Erzählung, werden immer schöner, in sich abgerundeter, bekommen unversehens eine Pointe, und schließlich gewinnt die Geschichte das Übergewicht über die Primärerinnerung, und man weiß nicht mehr, ob das, was das Gedächtnis bewahrt, die Erinnerung an das ursprüngliche Geschehen oder die Erinnerung an eine »Geschichte« ist, aber aus diesen »Geschichten« wird Geschichte. So ist das mit der Zeitzeugenschaft.

Ich sehe uns gehen, in der vollmondhellen Nacht, auf der asphaltierten Landstraße, selbdritt, nach dem ersten großen Leseabend im Chalet von Ilse Schneider-Lengyel, auf dem Wege zu unserem Nachtquartier ins wenige Kilometer entfernte Dorf. Die geschwungene Straße, die silbern leuchtet, steigt etwas an zwischen den dunklen Feldern, die so dunkel wirken, weil diese Straße so hell ist, so dunkel wie unsere drei Schlagschatten, die das Mondlicht vor uns auf den Asphalt wirft, der so silbern leuchtet, weiß fast, als sei er eine phosphoreszierende Substanz, langgezogene Silhouetten, die uns den Weg weisen. Wir gingen, unsere Schatten voraus, gelinde bergan, ich weiß es genau, und mir fielen mit unausweichlicher Automatik, wie in jeder ähnlichen Situation, ein Leben lang, die Verse ein:

Eine Wassermaus und Kröte
gingen eines Abends spöte
Einen steilen Berg hinan.
Sprach die Wassermaus zur Kröte:
Dieses Lied erdichtet Göthe
Als er eines Abend spöte
Stieg 'nen steilen Berg hinan.

Einer der stereotypen Sprüche meines Vaters, die sich mir so unauslöschlich eingeprägt haben, daß ich sie mit der Zuverlässigkeit eines Pawlowschen Hundes unter den Umständen der Experimentanordnung zu reproduzieren nicht umhin kann. Meine nächtlichen Weggenossen lachten mit mir, so steil war der Weg gar nicht, aber immerhin. Wir diskutierten den Abend, sonderbar erregt, irgendwie irritiert setzten wir die stürmischen Diskussionen der Runde fort. Wir waren uns einig darüber, daß alles, was wir da zu hören bekommen hatten, ziemlicher Mist war. Es ging nicht so sehr um die Inhalte. Was uns provozierte und mißfiel, war ein rüder, fast rüpelhafter Ton, eine grobe Schrumpfsprache, die Vorherrschaft eines knallharten Landserjargons. War das das Idiom der neuen deutschen Literatur? Armes Deutschland. Wir wünschten uns etwas anderes. Unser Urteil war verdorben durch unsere Referenzen: Thomas Mann und Proust. Waren wir Snobs?

Links von mir Walter Maria Guggenheimer, »Guggy« genannt, sehr viel älter als ich, der Älteste vielleicht der Gruppe, ein Überlebender der fernen Zeiten vor '33, wie mir schien, ein Repräsentant des literarischen Wien und Berlin, des Kaffeehauses, *Romanisches Café* oder *Café Stefanie.* Er sah so aus, wie ich mir Stefan Zweig vorstellte. Ein Revenant, der jetzt einen alten französischen Militärmantel über den Schultern trug wie eine Pelerine. Er sprach näselnd mit hoher, feiner Stimme, in vollständigen Sätzen, immer präzise formuliert, immer ironisch, immer spitz, dabei, in dem, was er sagte, nie apodiktisch, sondern von anspielungsreicher Undirektheit, das, was er behaupten wollte, im gleichen Zuge auch immer schon wieder zurücknehmend, aus Courtoisie mehr, als weil er von dem, was er vorbrachte, nicht recht überzeugt wäre. Eine hohe Intelligenz, für die das Denken in der Kunst der Fragestellung gipfelte und der melancholischen Gewißheit, daß es Antworten nicht gibt. Damals traf ich ihn zum erstenmal, aber er gewann sofort alle meine Sympathie. Wir gehörten, so empfand ich spontan, zur gleichen Welt. Ich wußte so wenig von ihm wie von all den anderen, mit denen ich hier herausgefahren war. Er hatte, sollte ich erfahren, emigrieren müssen und war als französischer Offizier nach Deutschland zurückgekommen. Dann hörte ich von ihm, was ihn mir noch näher brachte, daß er in eine leidenschaftliche und unglückliche Liebesgeschichte (man kannte dafür das schreckliche Wort »Beziehung« noch nicht) zu einer jungen, schönen, blonden Frau verstrickt war, die sich für Politik interessierte, mehr als für Männer und Literatur: Hildegard Brücher.

Rechts von mir schritt in einem eleganten, hellgrauen Sommeranzug, mit Fliege und dazu passenden Schuhen (der einzige von dem ganzen Haufen, der einen richtigen Anzug trug), Hans-Jürgen Soehring, ehemaliger Offizier der deutschen Luftwaffe, was ganz ungewöhnlich war in diesem Kreis: Alle anderen, ich inbegriffen, waren Obergefreite gewesen. Auch er rümpfte die Nase. Ich konnte damals nicht ahnen, daß er jener deutsche Offizier war, der als der Geliebte von Arletty in die Geschichte eingehen sollte, ein Zeuge und Opfer der Jubeljahre der Kollaboration – der deutsch-französischen Bluthochzeit.

Ich hatte gerade die *Kinder des Olymp* gesehen, die in einem Münchner Kino uraufgeführt worden waren, und war über alle Maßen entzückt. Ein ganz literarischer, unfilmischer Film; so gut wie keine optischen Effekte, keine Kameraarbeit, *tout est dans les paroles*. Ich verließ das nüchterne Lichtspieltheater wie in einem Rausch. Der *esprit de finesse* der Prévert-schen Dialoge, das erotische Fluidum, das alle Akteure verband, die vielfältigen Facetten und Spiegelungen, in denen das Leben gezeigt wurde, unaufdringlich und unwiderlegbar in seinen zeitlosen Manifestationen – Liebe + Eifersucht, Ruhmsucht + Elend, Intrige + Gewalt –, der Strom des Begehrens, der alles trägt, dem sich keiner entziehen kann. Ich fühlte mich beflügelt, verzaubert, im seligen Zustand vollkommenen Einverständnisses. So wollte ich leben, so wollte ich lieben, so wollte ich schreiben, so wollte ich sein. Alles, was ich mir von Paris erträumte, fand sich hier bestätigt.

Garance! Die wunderbare Frau! Die Traumfrau, die Inkarnation der Pariserin, Prostituierte und große Dame, Abenteurerin, Fee, Hexe, *génie libre*, ein bißchen die Nadia von Breton: Leonie Bathia, genannt Arletty. Sie kam buchstäblich aus der Gosse und wurde zu einer berühmten Schauspielerin, durch ihr Talent nicht weniger als durch ihre Liebhaber. Ihr sozialer Aufstieg ist mit dem von Coco Chanel vergleichbar, der Lumpensammler-Tochter. Eine fast stereotype Figur des französischen Romans. Nana. Sie konnte, wenn sie wollte, unnachahmlich, authentisch ordinär sein. Die berühmte Replique aus dem Film von Carné *Hôtel du Nord* stand nicht im Drehbuch:»Atmosphère, atmosphère? Est-ce que j'ai une gueule d'atmosphère?« Sie ist in die Filmgeschichte eingegangen. Natürlich hatte sie nach der *Libération* Schwierigkeiten wegen ihrer deutschen Liebhaber. Hat man ihr die Haare abgeschnitten (wie Jacques de Ricaumont)? Sie saß fünfundsechzig Wochen im Gefängnis, auch noch, als der Film 1945 in Paris uraufgeführt wurde. Irgendein selbsternanntes »Reinigungs-Komitee« machte ihr den Prozeß. Dem Ankläger, der sie mit patriotischem Pathos fragte, ob sie sich nicht schämte, als Französin die Geliebte eines Boche gewesen zu sein, rief sie höhnisch entgegen:»Mon cœur est à Paris, mon cul est à tout le monde.«

Als sie Soehring kannte, war sie fünfundvierzig, mehr als zehn Jahre älter als er. Sie blieb ihrer Liebe zu den Deutschen treu, gehörte bis zuletzt zur Runde der Gedächtnisdiners im *Maxim's*. Eine lange Freundschaft verband sie mit Céline und seinem Kater Béber. Nach ihrer letzten großen Rolle auf der Bühne – ich glaube, es war in den *Monstres sacrés* von Cocteau – erblindete sie plötzlich. Sie ist sehr alt geworden und blieb von Freunden umgeben, dem Leben ohne jede Verbitterung positiv zugewandt.

Soehring hatte 1947 einen sehr schönen Novellenband im Fischer-Verlag veröffentlicht, in dem er die Geschichte seiner Pariser Liebe erzählt.»Pour celle qui m'a dit d'écrire«:»Cordelia«, das ist sie! Das Büchlein ist ohne große Resonanz geblieben, weil es nicht den rüden Ton anschlug, der damals dominant wurde. Fürs erste machten die Obergefreiten das Rennen – das einzige, was sich nach dem Kriege in Deutschland als kulturelle Revolution ereignet hat, nicht als Reaktion auf die Nazizeit, sondern als ihre direkte Folge. Der ehemalige Offizier trat dann in den diplomatischen Dienst der Bundesrepublik, wurde sehr schnell zum Botschafter befördert und ist in einem afrikanischen Fluß unter nie geklärten Umständen beim Baden ertrunken. Man hat nur, viele Kilometer stromabwärts, seinen Panama, der wie eine losgerissene buttergelbe Seerose auf den grünen Fluten dahintrieb, aus dem Wasser gefischt.

Ich trug in Bannwaldsee, wenn ich nicht irre, noch meine alten Kommißklamotten und die schlecht geputzten Knobelbecher. Trotzdem fühlte ich mich wie in all den langen, viel zu langen Jahren (es waren nur vier), in denen ich die Uniform tragen mußte, die ich keinen Augenblick als Ehrenkleid, sondern immer nur als Kränkung, als Sträflingsanzug gewissermaßen, empfunden hatte, meiner bildungsbürgerlichen Herkunft durchaus verbunden und war jetzt auch keineswegs bereit, ihr abzuschwören und einer neuen Trümmerkultur das Wort zu reden. Ich war der Held aus meinem kleinen Kriegsroman – aus dem ich ein Stück vorgelesen hatte –, der sich verzweifelt aus den Verstrickungen und Zwängen seines unfreiwilligen Wachsoldatendaseins zu lösen sucht. Angesiedelt in der tristen Realität eines leeren Feldflugplatzes in Nordfrankreich und der Traumwelt eines phantasmagorischen Paris, endet er mit einer schlafwandlerischen Desertion, die natürlich mißglückt. In die Euphorie der Befreiung fließt die Todessehnsucht ein. Eine poetische Parabel zum Thema Existenz gegen Apparat. Der nostalgische Abgang eines bürgerlichen Subjekts. Das war nichts so Rechtes für die Kameraden vom Bannwaldsee. Wenn ich auch bereit war, radikal und kritisch nach neuen Wegen zu suchen, die aus der deutschen Nachkriegsmisere herausführten, so doch nicht um den Preis einer Absage an jede Tradition, was den anderen die unabdingbare Voraussetzung jedes Neubeginns schien. Der Bruch, der an jenem Leseabend so manifest war, schien uns dreien weniger der Garant einer geistigen Erneuerung als das Symptom einer bedauerlichen Unbildung. Meine Zustimmung ging nach rechts und links, zu dem jungen, eleganten Luftwaffen-Offizier und dem jüdischen Intellektuellen.

So weit, so gut. Nachprüfung der Daten, Recherchen, schließlich das unanfechtbare Verdikt von Hans Werner und Toni Richter persönlich, haben ergeben, daß Hans-Jürgen Soehring gar nicht zu den Teilnehmern der Bannwaldseer Tagung gehört hat, er also auch nicht mit mir und Guggenheimer den »steilen Berg« hinangestiegen war. Dabei hätte ich es beschwören können und habe es immer wieder so erzählt. Wer also war der Dritte? Denn drei waren wir, daran ist kein Zweifel möglich. Ich werde es nie erfahren. In der Liste der Teilnehmer, so wie sie heute wissenschaftlich dokumentiert vorliegt, finde ich keinen, der es hätte sein können, der in der gleichen Weise in den Konsens des nächtlichen »post mortem« im Vollmondschein hätte einfallen können. Und so hat meine Erinnerung eben doch recht, die Geschichte ist wahr: Soehring war genau der, der mit Guggy und mir so hätte über den aufregenden Abend urteilen können.

Nebenbei gesagt, auch Hans Werner Richter, das alte Schlitzohr, ist nicht unfehlbar mit seinen Erinnerungen. In seiner Porträtsammlung *Im Etablissement der Schmetterlinge* erzählt er über alte Mitglieder der Gruppe 47 so manche Geschichte, an die sich die Betroffenen anders erinnern. Von der, in der ich vorkomme, kann ich mit Gewißheit sagen: so war es nicht. Als ich ihm sagte, was er da über mich erzählt habe, stimme gar nicht, antwortete er lachend: »Das behauptet jeder, über den ich geschrieben habe.«

Der improvisierte Aufbruch in einem Bummelzug von München ins Alpenvorland. Ein wunderbarer Herbsttag. Altweibersommer. Die ausgelassene Stimmung der bunt zusammengewürfelten Horde. »Fahrten«stimmung. Die wenigsten kannten sich. Keiner wußte, wohin es ging: eine Fahrt ins Blaue.

Die Überraschung: das weiße Häuschen am See, schwarze Tannen im Hintergrund, zum Wasser hin eine große Wiese mit schwer tragenden Apfelbäumen. Geranien, Rudbeckien und Königskerzen setzen farbige Lichter.

Es begrüßte uns eine grazile, dunkelhäutige Frau mit etwas schräggestellten Augen und dichtem, langem, schwarzem Haarschopf, in den ein buntgewebtes Band geflochten war. Eine Zauberin, wie sich herausstellte, der es gelang, diesen wilden Haufen, der da in ihr Reich einbrach, mit einem sanften, mysteriösen Lächeln zu bändigen.

Man schwärmte aus, man stürzte sich in den in der Abendsonne unwirklich schillernden, schimmernden, glitzernden, jenseits des Schilfrohrs wie eine Fata Morgana lockenden See. Ich schlich mich in das kleine Haus, ein Hexenhäuschen, voller Bücher, und wo noch Platz an den Wänden blieb, Bilder, moderne,»entartete« Kunst, Masken. Ein intaktes Interieur, weiße handgewebte Teppiche, auf dem Tischchen neben dem Bett der Gastgeberin die französische Ausgabe des»Wendekreis des Krebses«. Soeben in Paris erschienen. Wie kam das hierher?

Zum Abendessen gab es jede Menge frisch gefangene Fische und Wein aus irdenen Krügen. Tischlein deck dich, alles gezaubert von der exotischen Frau vom See, Ilse Schneider-Lengyel, die uns hierher eingeladen hatte. Ohne sie wären wir nicht hier. Der Vorname paßt gar nicht zu ihr. Sie hätte Melusine heißen müssen. Es ist mir wichtig, sie für einen Augenblick der Vergessenheit zu entreißen, in der sie verschwunden ist. Sie schrieb Gedichte, war aber Kunsthistorikerin und Fotografin mit starken ethnologischen Interessen. Sie war viel gereist und hatte einen ungarischen Mann und ein Atelier in Paris, wo sie schon in den dreißiger Jahren, als ganz junge Frau noch, Fotobände veröffentlicht hatte, über die Kathedrale von Amiens, Schloß und Park von Versailles, über Rodin. Dort gehörte sie hin. Sie war völlig anders als wir alle, eine für unsere damaligen Maßstäbe ganz undeutsche Erscheinung, ein Wesen, das einer fremden kosmopolitischen Kultursphäre angehörte, was man nur ahnen konnte, denn niemand wußte Genaueres über sie. Ich erkannte es auf den ersten Blick. Ihr bayerisches Chalet bewohnte sie nur sporadisch. Es hätte ein Haus in Hydra, auf Ibiza oder in Positano sein können.»Seehex« nannten sie die bäuerlichen Nachbarn, denen sie nie geheuer war. Sie trüge schwarzseidene Unterwäsche, munkelte man!

Sie war eine Frau ohne festen Wohnsitz und ohne feste Identität, flüchtig, heimatlos, unfaßbar, undinenhaft. Es schien mir immer eine seltsame Fügung, daß der erste Keim eines literarischen Lebens in dem verwüsteten Nachkriegsdeutschland von dieser geheimnisvollen Frau »aus dem Anderswo« gepflanzt wurde. Es wurde etwas anderes daraus, als sie sich vorgestellt haben mag, als irgendeiner sich vorstellen konnte, etwas, was es so noch nie gab. Sie kam noch ein paarmal in den Männerbund, den sie gestiftet hatte, dann verlor man sie aus dem Blick und ihre Spur.

Ich traf sie noch einmal in Paris, wo sie mich in die großen Galerien der Rive droite einführte, Carré, Maeght, die Braque, Picasso, Max Ernst ausstellten. Man kannte sie überall und behandelte sie mit größter Zuvorkommenheit. Eine elegante Dame, mit einem schicken Hut und einem Silberfuchs unter dem Kinn. Während wir die Bilder kritisch betrachteten, instruierte sie mich unaufdringlich über die Besonderheiten der verschiedenen Institute, ihrer Besitzer, ihrer Künstler, ihrer Klientel; worin sich Galerien der Rive gauche von denen der Rive droite unterschieden, stellte mich vor.»Jetzt sind Sie akkreditiert«, sagte sie kokett, »und können auch ohne mich wiederkommen!« Der Rundgang – es war ein schrecklich kaltfeuchter Regentag – endete im *Fouquet's* mit einem dampfenden Grog. Ich weiß nicht, warum ich sie nie wiedergetroffen habe, alles war so vielversprechend. Mein Weg nach Paris führte über sie. Sie stand ganz am Anfang meiner Reise. Die Zigeunerin vom Bannwaldsee war die erste jener Frauen, die mir, wie nur Frauen es vermögen, den Weg zum Wissen gewiesen haben, sich aber gleichzeitig jedem Zugriff entzogen.

Dreißig Jahre später erreichte mich verschlüsselt die Nachricht, daß sie sehr elend in einer bayerischen Landesheilanstalt in geistiger Umnachtung verstorben ist. Wie Unica Zürn, wie Silvia Plath – und wir kennen von den unzähligen Opfern nur diese – ist sie, denke ich (aber was wissen wir Männer davon!), an den Schwierigkeiten zerbrochen, die damit verbunden sind, ein weiblicher Mensch zu sein.

Keiner, der am Bannwaldsee dabei war, hat geahnt, daß es so weitergehen würde, wie es weitergegangen ist, daß es überhaupt weitergehen würde. Die Treffen der Gruppe 47 behielten bis zuletzt den Charakter der Improvisation.

Was sich da ereignete, läßt sich, glaube ich, erst heute, rückblickend, richtig verstehen. Die Gruppe 47 schlug die Bresche, durch die eine bis dahin unmündige, sprachlose, vom literarischen Leben ausgeschlossene Schicht in die deutsche Kultur einbrach. Die Autoren, die sie lancierte, kamen sozial von »unten« und geographisch aus dem Osten. Sie brachten die Erfahrung von Familien mit, die jahrhundertelang von der herrschenden Schicht gedemütigt worden waren: kein industrielles großstädtisches Proletariat mit kämpferischem Klassenbewußtsein, sondern kleine Leute vom Land. Die großen Vertreibungen hatten sie in den Westen verschlagen. Sie hatten die Heimat verloren. Was sie berichteten, war ungewohnt und unerhört. Auf unbeholfene Weise hatten diese Anfänger mehr zu sagen als die alten Literaturbonzen. Mit ihren seltsamen Geschichten fanden sie das Gehör einer Leserschaft, die sich in den Schicksalen ihrer Helden, die natürlich Antihelden waren, mühelos wiedererkennen konnte. Es war eine echte »Kulturrevolution«. Mit dem durch den Krieg ausgelösten Demokratisierungsschub, den die nationalsozialistische Ära mit ihren populistischen Tendenzen vorbereitet hatte, veränderten sich die literarischen und ästhetischen Maßstäbe. Während sich mit dem Ersten Weltkrieg der Schritt von einer noch aristokratisch bestimmten Hochkultur zur Dominanz bürgerlich-mittelständischer Kulturideale und Lebensformen vollzog, kam durch den Zweiten Weltkrieg die bis dahin verachtete kleinbürgerliche Welt zu Ehren. Als Sphäre des Normalen, des Humanen, des Mehrheitskonsenses ist sie bis heute für die deutsche Kultur prägend und das repräsentative soziale Milieu geblieben. Die Gruppe 47 war symptomatisch für eine radikale Veränderung der deutschen Gesellschaft, einen sozialen Umbruch, mit dem die Herrschaft der Zwerge begann.

Boshaft könnte man sagen, daß der Weg der deutschen Literatur im zwanzigsten Jahrhundert von George zu Hans Werner Richter führte. Die Weihrauchschwaden verzogen sich im »geistigen Raum der Nation«, und an ihre Stelle trat der Mief eines ostelbisch-kaschubischen Kleinbürgertums. Früher hieß es: »Wo sich anfängt der Masur / dort sich aufhört der Kultur.« Jetzt erfuhr man, daß sie dort anfing.

In diesem Kreis wurde der symbolische Held der Nachkriegszeit aus der Taufe gehoben: ein wachstumsgestörtes Kind, ein Zwerg, ein Freak – Oskar Matzerath. Er war für unsere Epoche der Nachfolger von Wilhelm Meister, von Ullrich, von Hans Castorp.

Eine Pointe liegt für mich darin, daß die *Blechtrommel* – wie der *Malte Laurids Brigge* – zu großen Teilen in Paris geschrieben wurde. Nicht in einem *Petit Hôtel*, sondern in einem Souterrain, einem Kellerloch – 111, Avenue d'Italie, Métro Maison Blanche, ein Viertel in dem man gar nicht wohnen kann –, wo sein Autor, Günter Grass, der damals noch Bildhauer werden wollte, mit seinem Kumpan Höllerer, Quartier gemacht hatte, kurz nachdem ich die Metropole wieder verließ.

Deutsch-französisches Schriftstellertreffen in Paris

Was hatte ich damit zu schaffen? Es wäre billig, einfach zu behaupten, meine kurze Zugehörigkeit zu diesem Kreis hätte auf einem Mißverständnis beruht, es sei denn, man gehe grundsätzlich davon aus, daß jedes Einverständnis auf der Reziprozität von Mißverständnissen beruht, wozu ich allerdings neige. Man kann auch nicht von Zufall sprechen, nicht nur weil es einen Zufall nicht gibt. Schließlich ging der Gruppe 47 die Sache mit dem RUF voraus, zu dessen Mitbegründern und ständigen Mitarbeitern ich gehörte. Meine Ambitionen waren dieselben wie die all der anderen, die dem Ruf Richters gefolgt waren. Auch ich wollte »Schriftsteller« sein und wünschte irgendwie »schreibend« teilzunehmen am Zeitgeschehen. Die Aufbruchsstimmung des Neubeginns beflügelte mich, das Abenteuer lockte, Neugierde und Enthusiasmus waren ungebrochen, ich war total disponibel. Das Treffen am Bannwaldsee war eine Sternstunde in meinem Leben.

Ich hatte nicht die geringsten Schwierigkeiten, mich in das bunte Häuflein einzuordnen, das wie Pirandellos sechs Personen auszog, nicht um einen Autor, sondern um eine Identität zu finden, was vielleicht dasselbe ist. Auch ich war »Obergefreiter« und hatte aus dem Krieg, mit den Kommißklamotten und dem Landserjargon, einen Sinn für die formlose Kameraderie des Fußvolkes mitgebracht. Die vier Jahre beim Barras waren nicht spurlos an mir vorübergegangen. Wenn ich sie heute als die erste Etappe meiner Lehr- und Wanderjahre akzeptieren kann, so darum, weil ich ihnen eine einzigartige Sozialisierungserfahrung verdanke: Ich lernte Menschen aus Bevölkerungsschichten kennen, zu denen ich anders nie Zugang gehabt hätte. Ich sammelte soziologische Einsichten aus erster Hand. Hard facts. Teilnehmende Beobachtung. Danach erwachte mein soziologisches Interesse. Aber die Typen, deren Biographien und Lebensverhältnisse sich mir unter den tristen Bedingungen geteilter Demütigungen erschlossen, waren mir nicht nur Objekte eines wissenschaftlichen Erkenntnisdranges. Sie waren meine Schicksals- und Leidensgenossen. Ich fand mich unversehens unfreiwillig auf der Seite derer, die im Dunkeln stehen. Ich lernte die Welt von »unten« sehen und verstehen. Das war ein mächtiger Schock, von dem ich mich nie erholt habe. Obwohl ich alles, was ich da erlebte, gräßlich fand, sympathisierte ich mit dem Underdog, fühlte mich solidarisch mit den Erniedrigten und Beleidigten, wußte was »Ausbeutung« und »Unterdrückung« bedeutet, ohne die Vokabeln zu kennen. Ja, ich fand ein merkwürdiges regressives Gefallen an gewissen primitiven kommunitären Lebensformen, entwickelte eine Gleichgültigkeit gegen Besitz und eine phobische Aversion gegen jede Art von Gewalt. Kurzum, diese Jahre beim Kommiß förderten nicht, was normal gewesen wäre, eine grenzenlose Menschenverachtung, sondern meine Neugierde an allem Menschlichen in seiner Vielfältigkeit.

Vielleicht stammt aus dieser Erfahrungsschicht mein durch nichts zu erschütterndes Beharren auf linken Positionen im breiten Spektrum der *idées sociales,* mein stures Festhalten am Begriff der »Menschheit« und der Idee der »Menschenrechte«, das mir bis heute den Spott gewisser Freunde, die sich für besonders schlau halten, wie Cioran, einträgt? Wie anders sonst erklärt sich meine demokratische Grundoption? Ich halte es nicht für ausgeschlossen, daß spätere Historiker einmal feststellen werden, die Demokratisierung Deutschlands nach dem letzten Krieg, die Akzeptanz demokratischer Institutionen und einer demokratischen Verfassung sei nur möglich gewesen, weil sie sich auf die breite Schicksalsgemeinschaft der Obergefreiten stützen konnten. Am Ende des Krieges waren es zehn Millionen.

Doch der Obergefreite in mir war nur die eine Seite der Medaille, die andere Seite war geprägt durch den hochgestochenen kosmopolitischen Kulturbegriff des Professorensohnes bildungsbürgerlicher Herkunft, der sich keinen Augenblick darüber hinwegtäuschte, daß alles, was damals in Deutschland geschah, einer Notlage entsprach, unter Niveau war und seinen geistigen Ansprüchen nicht genügte. Der hatte nur eines im Sinn: so schnell wie möglich Anschluß zu gewinnen an den kulturellen Weltstandard, und das hieß zunächst einmal, generell, den eigenen eingeschränkten Horizont des Wissens und der Erfahrung auszuweiten. Dazu war ein Universitätsstudium geeigneter als ein wie auch immer engagierter Wald- und Wiesenjournalismus. So ging ich nach Heidelberg zu den alten Männern, um bei ihnen zu lernen, reiste, wie es sich gehört, nach Italien, bis es mir endlich gelang, das Ziel zu erreichen, das mir seit jeher leuchtend vor Augen stand: Paris.

Das war damals noch keineswegs einfach oder selbstverständlich. Man brauchte Einreisevisa, Aufenthaltsgenehmigungen, Devisenzuteilungen. Dazu verhalfen mir nette junge Franzosen, die in der französischen Besatzungsbehörde für kulturelle Fragen zuständig waren und sich von Amts wegen mit der Gruppe 47 beschäftigten. Kontrolle durch Förderung. Sie waren selber Intellektuelle, die sich für Literatur interessierten. Sie kamen auf die Tagungen. Man sympathisierte. Erste Ansätze einer deutsch-französischen Verständigung – nach dem Kriege.

Einige konnten fabelhaft deutsch. Joseph Rovan z.B. Man fragte nicht, warum. Ich lernte ihn 1949 auf der Tagung der Gruppe in Marktbreitstein kennen, wo ich selber las. Er ist inzwischen ein berühmter Mann geworden. Deutschlandspezialist, Publizist, Gaullist, Sozialist, Regierungsberater, Europäer. Wer hat ihn nicht schon mal in einer Talk-Show gesehen? Ihm verdanke ich das kleine Stipendium, das mir meinen Parisaufenthalt ermöglichte. Es sei ihm hier noch einmal von Herzen dafür gedankt.

Ich war nach Paris gegangen, weil ich Deutschland, das Nachkriegsdeutschland, so wie es sich unter Adenauer zur Bundesrepublik konsolidiert hatte, nicht liebte, idiosynkratisch nicht ertrug; das war mein Deutschland nicht – und ich war der durch nichts als durch literarische Reminiszenzen, Phantasien, Vorurteile und Klischeevorstellungen, durch unbegründbare Sehnsucht und Vorschußsympathien getragenen Überzeugung, ich würde mich in Frankreich wohler fühlen.

Für mich war der Weg nach Paris der Weg von der Peripherie ins Zentrum, von der Provinz in die Kapitale, aus dem Flachland in die Höhensphären des Zauberbergs. Von dem Augenblick an, wo ich meinen Fuß auf den Bahnsteig des Gare de l'Est setzte, an jenem diesig grauen Wintermorgen, an dem mich Marshal Suther in seinem ostentativ gelben Kamelhaarmantel begrüßte, war ich mir des initiatorischen Charakters meiner Parisreise bewußt. Ich würde Klingsors Garten betreten und an der Tafelrunde des König Arthur Aufnahme finden. Mit Fortunas Hilfe hatte ich mich dem Allerheiligsten genähert.

Ich fühlte mich sehr schnell ganz als »Pariser« und hatte das erhebende, erhabene Gefühl, der Provinz entronnen zu sein.

Jetzt holte mich die Provinz ein. René Wintzen, einer der netten jungen Franzosen, der in Offenburg eine »Gesellschaft für internationale Zusammenarbeit« animierte, organisierte im Mai 1952 das erste »deutsch-französische Schriftstellertreffen« in Paris. Die prominenten Mitglieder der Gruppe 47 waren eingeladen.

Die Gruppe 47 hatte sich in den wenigen Jahren ihres Bestehens mächtig herausgemacht. Sie war zu Einfluß und Ansehen gelangt. Es war so weit gekommen, daß alles, was in Deutschland literarisch debütierte, an sie Anschluß gefunden hatte.

Man kann sich vorstellen, wie zwiespältig meine Gefühle waren, der Einladung zu folgen.

Joseph Breitbach ließ sich die Gelegenheit nicht entgehen und gab seinen »Kollegen« einen großen Empfang, zusammen mit Jean Schlumberger im Hause von dessen Schwägerin, Madame Conrad Schlumberger.

Es fehlte an Empfängen nicht, doch fanden die anderen in Verlagshäusern statt, was ihnen eine asketische Note gab. Man wollte den »Arbeitscharakter« wahren. So hatte Julliard zu einem »verre« ins Redaktionsbüro der *Lettres Nouvelles* geladen (die damals Nerval oder Hervé herausgab), was hieß, Weißwein mit Erdnüssen. In seinen Direktionsräumen mit Stilmöbeln *d'époque* hätten es Champagner und Petits fours sein müssen.

In den Salons von Madame Schlumberger konnten sich die deutschen Schriftsteller nun ein Bild von der gedämpften Pracht eines großbürgerlichen Interieurs machen, wie es für Paris typisch ist. Es gab natürlich ein exquisites Buffet.

So erlesen wie der Rahmen waren die Gäste. Breitbach zeigte, wozu er imstande war. Das hätte der sauertöpfische deutsche Botschafter von Adenauers Gnaden, Herr Hausenstein, der auch einen Empfang gegeben hatte (von der asketischen Sorte), so niemals gebracht. Im Mittelpunkt stand Annette Kolb, zerbrechlich und resolut, mit Stock und Dreispitz, ganz ihrer Rolle als Douarière des politisch unverdächtigen, unverfänglichen deutschfranzösischen Verständigungskartells bewußt, und General Speidel (in Zivil), der eine glückliche Mischung von Majestic, 20. Juli und Bonner Bundeswehr repräsentierte, in Begleitung einer ganz entzückenden Tochter, um derentwillen man ihm seinen martialischen Status verzieh. Gabriel Marcel, Philosoph und Stückeschreiber, der in christlicher Perspektive mit dem deutschen Existentialismus rang, im Gespräch mit Jean Wahl, der, in den zwanziger Jahren schon, Hegel in Paris wieder bekanntgemacht hatte, wo man ihn, seit Victor Cousins ein Jahrhundert zuvor gescheitertem Einbürgerungsversuch, total vergessen hatte. Er war nach Buchenwald deportiert worden, was aber sein tiefes Attachement an den deutschen Geist nicht gemindert hatte. Momentan hielt er eine vielbesuchte Vorlesung über Hölderlin. Ein pittoreskes Paar, der eine, der sich mit seinen kurzen Ärmchen und graublondem Pony wie ein Pinguin bewegte, der andere wie immer leicht zerzaust, die fleckige Weste falsch geknöpft, etwas rabenhaft. Ganz korrekt gekleidet und gekämmt, Edmond Vermeil, Germanist an der Sorbonne, der Deutschlandkenner vom Dienst gewissermaßen, dessen Deutschlandbücher – L'Allemagne, essai d'explication – seit dreißig Jahren richtungweisend waren. Dort stand auch Jean Beaufret, still konzentriert auf den Champagner, den man in dieser Qualität auch nicht alle Tage bekommt, als Adressat des Humanismusbriefes von Heidegger besser in Deutschland bekannt als in Frankreich. Dort die impetuose Jenny de Margerie, klein, häßlich und blaustrümpfig, deren Initiative die vielbeachtete Rilkeausstellung zu danken war, die kürzlich in der Bibliothèque St. Geneviève gezeigt wurde. Das erzählte sie offenbar gerade einem ahnungslosen Gruppesiebenundvierziger, indem sie einen Teller mit Kanapees so schnell leerte, wie sie sprach. Unmöglich, sie alle zu nennen, Literaten, Professoren, Journalisten, Diplomaten, Verleger, gens du monde, die dem Ruf von Joseph gefolgt waren, um die »Jungen deutschen Schriftsteller« zu besichtigen. Französische Schriftsteller sah man nicht.

Wie er für Teddy das letzte Aufgebot des Faubourg zusammengetrommelt hat, so hatte er diesmal alles versammelt, was sich für das Thema »Deutschland« interessierte. Ein heikles Thema, ein brennendes Thema. Ich bekam es täglich zu spüren, wie sehr es die Franzosen passionierte. Ob sie den Deutschen eher mit Sympathie gegenüberstanden oder eher ablehnend, ihr Verhältnis zu ihnen war gespalten. Das Urteil war in jedem Falle durch Stereotypen geprägt, die eine lange Tradition hatten und sich deswegen so zäh halten konnten, weil sie durch die geschichtlichen Ereignisse und Erfahrungen immer wieder bestätigt wurden.

Das Bild, das die Franzosen von den Deutschen haben, ist ambivalent, widersprüchlich. Es löst ein Unbehagen aus. Die Deutschen bleiben rätselhaft, für einen Franzosen unverständlich, insaisissables. Sie sind ihnen unheimlich. *L'énigme allemand, L'incertitude allemande* sind typische Titel viel gelesener Deutschlandbücher. Für den Germanisten Robert d'Harcourt (Graf, Académicien, Angehöriger einer jener illustren großen Familien, deren Chef den Herzogtitel trägt), der wahrscheinlich auch auf dem Empfang war, ein Freund Jean Schlumbergers, der mit ihm seit 1914/18 das deutsche Problem, *le mystère allemand*, umkreist, lautet die Frage: *L'Allemagne est-elle inquiétante?* Auch wenn man einander zu beschwichtigen sucht mit dem Stereotyp der *deux Allemagnes*, der Unterscheidung zwischen den guten und den bösen Deutschen, ganz geheuer ist einem auch bei den guten Deutschen nicht. Es bleibt *ce côté, que nous ne pénétrerons jamais*. Es bleibt der undurchdringliche Rest. Faszinosum und Tremendum. Das dominierende Grundgefühl der Franzosen *face aux Allemands* hat, meine ich, André Siegfried auf die unübertreffliche Formel gebracht: ein Franzose empfände, wenn er nach Deutschland blicke, *le vertige au bord de la plaine*, wobei er sich mehr über die leicht erschreckbaren Franzosen mokierte als über die schwindelerregenden Autochthonen aus der norddeutschen Tiefebene, die so nahtlos in die russische Steppe übergeht. Die Boutade war noch für den Titel gut, den 1989 Madame Sauzay, die Dolmetscherin des Präsidenten Mitterrand, wenn dieser mit Bundeskanzler Kohl parliert, für ihr Deutschlandbuch wählte. *Le vertige allemand*. Sie muß es wissen.

Jetzt hatte man die bösen Deutschen verjagt und war bereit, sich mit einer neuen Spielart von guten Deutschen einzulassen. Und da waren sie, die »jungen Schriftsteller« der Gruppe 47, in ihren ungepflegten ärmlichen Klamotten, ich sah das alles mit den spöttisch mitleidig mißtrauischen Blicken der Pariser Herrschaften, des *Clan*, da waren sie, die Barbaren aus der Steppe!

Das Treffen war ein voller Erfolg. Die französischen Verleger hatten die neuen deutschen Autoren kennengelernt, die ihnen von ihren Lektoren so dringend empfohlen wurden. Für die »jungen deutschen Schriftsteller« war es der erste Schritt in die große Welt. Sie wurden mit offenen Armen aufgenommen. Eine neue Etappe in der langen Geschichte der deutsch-französischen Begegnungen, die eine Geschichte der fruchtbaren Mißverständnisse ist, hatte damit begonnen.

Ob Joseph Breitbach sich wohl jener unglückseligen Kontroverse erinnerte, die er 1934 mit Klaus Mann hatte, nachdem er es riskiert hatte, in der sehr angesehenen *Revue hebdomadaire* das französische Publikum darauf aufmerksam zu machen, daß nicht die deutschen Autoren, deren Übersetzungen sie lesen konnten, für die Literatur in Deutschland repräsentativ seien, sondern ganz andere, die sie nicht kennen würden, deutschtümelnde, nationalistische, Blut-und-Boden verhaftete Schriftsteller mit Riesenauflagen wie Hans Grimm und Hermann Stehr. Hätten die Franzosen sie gelesen, hätten sie sich nicht über Hitlers Erfolg zu wundern brauchen. Sie hätten gewußt, wie die Mehrzahl der Deutschen, *l'Allemagne profonde*, fühlt und denkt. Klaus Mann verkannte vollkommen Breitbachs Absicht, der die Franzosen aufklären wollte über das »wahre« Deutschland, das zutiefst fundamentalistisch (würden wir heute sagen) und nicht humanistisch-europäisch-universalistisch ist wie die paar deutschsprachigen Literaten, die man in Frankreich läse und schätze und fälschlicherweise für die deutsche Literatur halte. Er unterstellte dem Kameraden, dessen *Wandlung der Suzanne Dasselbach* er im *Berliner Tageblatt* vor nicht allzulanger Zeit hoch gelobt hatte, schnöde, er mache im Ausland Goebbelsche Kulturpropaganda. Größer konnte die Konfusion nicht sein. Sie spiegelt aber die Schwierigkeit, ein richtiges Bild der Deutschen zu gewinnen und zu vermitteln. Würden diesmal die Franzosen die richtigen deutschen Autoren zu lesen bekommen und die Deutschen besser verstehen?

Mein Freund Jacques de Ricaumont, der nicht eingeladen war oder nur nicht gekommen war, weil er Breitbach zu vulgär und Schlumberger zu protestantisch und ihre Gäste nicht fein genug fand, hatte, wie so oft, das richtige Wort parat. »Ich bin gegen das Verstehen. Ich will die Deutschen lieben, und lieben kann ich nur, was mir fremd und seltsam bleibt.«

Die Schwierigkeit, ein Deutscher zu sein

Die Sache wurde mir nicht leichtgemacht. Ich konnte mich mit Deutschland als Deutscher nicht identifizieren, wurde aber immer wieder in einer Weise darauf festgelegt, die mir völlig gegen den Strich ging.

Trotz der Freundschaft von Pierre Bertaux und der Exorzismen von Annette fühlte ich mich als der häßliche Deutsche.

In der Bar, Ecke Place Dauphine/Pont Neuf, in der ich mir morgens, bevor ich mich in die Bibliothèque Nationale begab, einen Espresso mit einer Baguette-beurre zu genehmigen pflegte, war ein junger *garçon* mit weißer Schürze, rotem, rundem, frechem Gesicht mit Bärtchen, Abstehohren, ein typischer *Titi parisien*, ungefähr mein Alter. Als ich ihn nach vielen Jahren wiedertraf, war er hier der Chef, nachdem er die Tochter seines Patron, die immer an der Kasse saß, geheiratet hatte, eine sehr hübsche Person mit auffällig schmaler Taille und starken Brüsten, die weiße Blusen entsprechend zur Geltung brachten. Daß zwischen den beiden etwas lief, war klar. Beide waren ausgesprochen freundlich zu mir. Sie lächelte mich an, wenn ich zu ihr hinüber sah, ein Pariser Lächeln, das allerhand versprach, mehr vielleicht, als es halten würde, wer weiß, ich habe es nicht überprüft, was wahrscheinlich ein Versäumnis war. Der Vater, unrasiert mit Trinkernase, Baskenmütze und Strickjacke, wachte hinter dem Comptoir mit dem Ausdruck höchster Indifferenz, aber ihm entging natürlich nichts. Der Jüngling hieß René.

Dieser René versetzte mir einen beträchtlichen Schock, als er sich eines Morgens, es war kein anderer Kunde im Raum, über die Theke zu mir rüberbeugte und flüsternd fragte: »T'es allemand?« Ich bejahte ungern. »Eh bien, je vais te dire: Hitler était un grand bonhomme!« Er schaute sich nach beiden Seiten um, um sich zu vergewissern, daß niemand ihm zuhörte. Dann beugte er sich noch ein wenig weiter zu mir vor und raunte mir ins Ohr:»Il a commis une seule faute – d'ne pas les avoir tué tous, les juifs!« Ich war völlig verdattert, senkte die Augen und schwieg.

Diesen Satz habe ich noch häufig gehört in Paris, und zwar aus dem Munde von Männern und Frauen aus allen Gesellschaftsschichten, jungen und alten.

Die einen wollten, daß ich mich zu Hitler bekenne. Die anderen wiederum wollten einen Nachweis dafür, daß ich ein militanter Antifaschist sei. Ich war ihnen schon als Nicht-Jude nicht geheuer. Wenn ich sagte, ich fühlte mich durchaus als Opfer des Faschismus, empfanden sie das beinahe als Affront.

Eine unvergessene Lektion über den richtigen Umgang mit meinem Deutschsein erteilte mir ein junger *Chargé de cours* der *École des Sciences Politiques*. Ich war von einigen Studenten eingeladen worden, in einem Arbeitskreis über politische Fragen, der sich reihum im Hause des einen oder des anderen Teilnehmers zusammenfand, über das neue Deutschland zu reden. Ich änderte das Thema ab – was auch gerne akzeptiert wurde – und sprach über das, was mir am Herzen lag: *La difficulté d'être Allemand.* Meine persönlichen Erfahrungen zum Ausgangspunkt nehmend, was wahrscheinlich ein Fehler war, versuchte ich, meinen Hörern verständlich zu machen, daß ich es als eine nationale Kalamität empfand, der Welt nach Auschwitz, als Deutscher, unter die Augen zu treten. Man müßte sich schämen. Mein Standpunkt war damals ungefähr der, den Karl Jaspers eindringlich vertrat. Ich hatte im Wintersemester 1945/46 in Heidelberg seine große Vorlesung in der Aula der alten Universität über die Schuldfrage gehört und war durch seine Thesen nachhaltig beeindruckt. Es war der Anfang meines Nachdenkens über Deutschland, das mich mein Leben lang begleitet hat.

Ich stand auf der Seite der Opfer. Meine Mitbetroffenheit war Trauer um einen nicht wiedergutzumachenden Verlust; mein Problem war die Peinlichkeit, zu einem Volk zu gehören, in dem etwas möglich war, was mir als ein Akt blinder Selbstzerstörung erschien. Ich solidarisierte mich nicht mit ihm, in meiner Scham, sondern desolidarisierte mich in meiner Empörung. Was war mit den Deutschen los, daß es dazu hatte kommen können? Man hörte mir betreten zu, einige offensichtlich bewegt, andere eher peinlich berührt. Ich hätte überhaupt keinen Grund, mein Deutschtum so tragisch zu nehmen. Ich brauchte mich meines Vaterlandes nicht zu schämen, sondern könnte stolz darauf sein, schon jetzt, wenige Jahre nach dem Kriege, stünde es da, honorig, proper, modern, mit tadelloser europäischer Gesinnung. Was sollte man da erst zu dem armen Frankreich sagen? Der so ermunternd zu mir sprach, war Alfred Grosser, inzwischen ein berühmter Mann, der Deutschland-Experte vom Dienst, der seine Karriere eigentlich damit gemacht hat, daß er diesen Standpunkt eisern durchgehalten hat und damit, wie sich erwies, goldrichtig lag.

Das Geheimnis der Kollaboration

Es schien für einen kurzen Augenblick so, als ob der Traum der Versöhnung der beiden Nachbarvölker nach dem Blitzkrieg 1940 in dem von der deutschen Armee besetzten Paris in Erfüllung gehen sollte. Ganz anders freilich, als es sich in den Jahren nach dem Ersten Weltkrieg, unter den Auspizien des Völkerbundes, diejenigen erhofft hatten, die in der Zusammenarbeit der beiden großen Länder die einzige Chance einer Konsolidierung und friedlichen Neuordnung Europas sahen. Hoffnungen, die sich in unserer Erinnerung und unseren Schulbüchern mit den Namen Briand und Stresemann verbinden.

Damals war es das Bündnis der republikanischen Kräfte gewesen, hüben wie drüben, im Zeichen der Ideale einer universalistischen, humanistischen, pazifistischen Völkerverständigung. Diesmal war es ein Bündnis der Feinde der Republik, hüben wie drüben, für die diese Ideale ein Greuel waren, Hirngespinste, das subversive Gedankengut von Sozialisten, Freimaurern und Juden. Der Moment schien gekommen, ein für allemal damit aufzuräumen. Nachdem der Nationalsozialismus in Deutschland die Republik von Weimar beseitigt hatte, hatten seine Armeen die Voraussetzung dafür geschaffen, die III. Republik in Frankreich zu liquidieren. Mit dem Waffenstillstand schlug die Stunde der französischen Rechten. Sie schuf sich über Nacht ihren Staat. An die Stelle von *Liberté, Égalité, Fraternité* setzte sie *Travail, Famille, Patrie.* Schluß mit Parlamentarismus und Menschenrechten. An der Spitze eines autoritären *État Français* eine »charismatische Führerpersönlichkeit« – ein General.

Das war keine Improvisation. Hier wurde in großer Folgerichtigkeit ein politisches Konzept verwirklicht, das in Frankreich immer präsent war. Seit der Französischen Revolution hatte es, welches auch immer die Verfassung war, einen unüberwindlichen Gegensatz zwischen den Anhängern und den Gegnern der Republik gegeben. Auch wenn die Linke obsiegte, gab die Rechte sich nie geschlagen. Hinter der Fassade der *France, une et indivisible* war das Land zutiefst gespalten und lebte geistig, ideologisch, vor allem aber auch in der Polarisierung der politischen und gesellschaftlichen Kräfte, im Zustand eines latenten Bürgerkrieges. Die Dreyfus-Affäre hatte deutlich gemacht, wie die Fronten verliefen. Der Triumph der Republik wurde von ihren Feinden immer nur als revisionsbedürftiges Provisorium angesehen. In den dreißiger Jahren lieferten sich die Parteigänger des *Front populaire* und die Gesinnungsmonarchisten der *Action française,* die *Camelots du Roi,* einen Kampf aufs Messer. Die *République des Juifs* wurde ebenso leidenschaftlich befehdet wie die »Judenrepublik« von Weimar zehn Jahre zuvor in Deutschland. Aus denselben Gründen. Während die einen in der »Volksfront« die »Einigung der französischen Nation gegen die 200 Familien und ihre Söldner« feierten, sahen die anderen in ihr ein nationales Unglück. Kurz, es gab eine französische Rechte, die im deutschen Nationalsozialismus ihren natürlichen Verbündeten erkannte und in seinen Armeen die Befreier begrüßte.

So empfing Claire Clémence (Clé-Clé) de Maillé, eine große Dame der französischen Gesellschaft, *grand gratin,* den General von Stülpnagel auf den Stufen ihres Schlosses mit den Worten: »Soyez le bienvenu. Nous vous attendions!« (Seien Sie willkommen! Wir haben Sie erwartet!) Sie hatte sicher den Film *La grande illusion* gesehen, in dem, was so gar nicht beabsichtigt war, ein Wiener Jude den Franzosen vorgemacht hatte, was für tolle Kavaliere die preußischen Junker waren. Renoir drehte seinen Film im Klima der Volksfront-Euphorie als Dokument linker, pazifistischer Völkerverständigung, als Anti-Kriegsfilm. Die Beziehung der beiden Offiziere war als Karikatur auf den Kastengeist der »Aristos« gedacht. Durch Stroheims eigenwillige Interpretation wurde daraus unversehens ein lyrischer Hymnus auf Standesehre und -solidarität, über nationale Sentiments hinaus.

Mit Recht ist von den »deux Frances« gesprochen worden. Dieser Dualismus war der harte politische Kern, auf den ich in meinem Studium der *idées sociales* im post-revolutionären Frankreich gestoßen war, das gesellschaftliche Substrat aller Ideologien und Geschichtsphilosophien. Von dieser historischen Realität muß man ausgehen, wenn man über die deutsch-französischen Beziehungen nachdenkt. Sie stehen im Zeichen der nicht beendeten Revolution.

Die Kollaboration begann in einer Atmosphäre hochgespannter Erwartungen. Den Einsatz gab Alfred Rosenberg, Reichsleiter, Chefredakteur des *Völkischen Beobachters*, Chefideologe der NSDAP, in einer großen programmatischen Rede, die er am 20. November 1940 vor den Würdenträgern des neuen französischen Staates und den Vertretern der deutschen Besatzungsmacht, dem »Tout Paris« der Kollaboration, über die Neuordnung Europas hielt. Als Ort der Veranstaltung hatte man sinnigerweise den Sitz der Abgeordnetenkammer, das Palais Bourbon gewählt – Symbol der parlamentarischen Demokratie. Es war eine Rede über die »Ideen von 1789«. Ihr Tenor: die Französische Revolution sei nun endgültig beendet. (Die französische Republik hatte ein Jahr zuvor die 150-Jahr-Feier der Revolution festlich begangen!). »Terminer la Révolution«, die alte Kampfparole der französischen Rechten! Was haben die Ideen von 1789 Frankreich gebracht, fragt Rosenberg. Die Herrschaft der Freimaurer und der Juden, die Herrschaft des Parlamentarismus und des Finanzkapitals. Davon hat der triumphale Sieg Deutschlands die Franzosen jetzt endlich befreit. Sie können nun, wie die Deutschen, zu den wahren Werten nationaler Selbstverwirklichung zurückkehren, zu den Quellen, aus denen jedes Volk seine Kraft zieht: Rasse, Blut-und-Boden.

Das war der Jargon der Nationalsozialisten. Aber die Nazis hatten nichts erfunden; sie hatten nur die alte völkische, anti-westlerische, konterrevolutionäre deutsche Ideologie der »Reden an die deutsche Nation«, der Alldeutschen, der »Ideen von 1914«, der Feinde der Weimarer Republik, in den Rang einer offiziellen Staatsdoktrin erhoben.

Die sollte jetzt zur geistigen Grundlage des neuen Europa werden. Eine schreckliche Perspektive. Der Witz ist der, daß die frohe Botschaft des Reichsleiters im Frankreich von 1940 keineswegs auf taube Ohren stieß. Die ihm zuhörten, konnten in seinen abstrusen Ausführungen voller Genugtuung die vertrauten Argumente ihrer eigenen, urfranzösischen *maîtres de pensée* wiedererkennen, Blut, Boden, Rasse – das war das Vokabular der Drumont, Barrès und Maurras.

Und die Sache mit den Ariern und der blonden Herrenrasse hatten doch auch die Franzosen erfunden, nicht wahr? Der Graf Gobineau, allen Wagnerianern wohl bekannt. Aber schon vor ihm hatte ein junger französischer Historiker, der eine Zeitlang Sekretär des Grafen Saint-Simon war – Augustin Thierry –, die Theorie entwickelt, daß die Französische Revolution der Aufstand der Nachfahren der kleinen schwarzhaarigen, krummbeinigen Gallier und Kelten gegen die normannisch nordische, blonde und blauäugige Oberschicht war, die seit der Völkerwanderung die mediterrane Bevölkerung der alten römischen Provinzen überlagerte. Die französische Aristokratie ist nordisch-germanisch, genauso wie ihre deutschen Cousins. Der Affekt gegen die Französische Revolution war nicht nur klassenbedingt, sondern hatte auch mit der Rasse zu tun. Und mochte jetzt auch der schmuddelige, kleinbürgerliche Reichsleiter Hitlers das Ende der Revolution als den Sieg der Rasse über die Demokratie, als Sieg des Blutes über das Gold verkünden, mochten seine widerliche Erscheinung, seine großen Worte auch noch so sehr dementieren, es gab da irgendwo ein tiefes Einverständnis. Das neue Deutschland wurde in den Augen der Franzosen repräsentiert durch den Offizier der deutschen Armee, ob General oder Leutnant, groß, blond, schneidig, elegant, courtois und gebildet. Womit sie auch wieder auf vertrackte Weise recht hatten.

Pauline de Pange

Die legitime Statthalterin der Madame de Staël, zu der Zeit, in der ich nach Paris kam, war ihre Ur-Enkelin Pauline, eine geborene Prinzessin von Broglie, verheiratet mit dem Grafen Jean de Pange.

Germaine hatte ihre einzige Tochter Albertine, ein braves, etwas störrisches, bigottes Mädchen, das nichts vom Genie seiner Eltern geerbt hatte, mit dem jungen Prinzen Victor de Broglie vermählt. Das war nicht ganz einfach gewesen. Albertine war bei dem Ruf und den Ansprüchen ihrer Mutter – die mit Royalties auf gleichem Fuß verkehrte – nicht leicht unterzubringen. Sie war nicht Französin und wie ihre Mutter Protestantin. Alle Welt wußte im übrigen, daß sie nicht die Tochter des Herrn de Staël, sondern die von Benjamin Constant war. Der junge Broglie war ein idealer Heiratskandidat. Er war der Sohn eines Herzogs, hatte aber auf der Seite der Revolution gestanden und vertrat liberale Ideen. Gewonnen wurde er mit den zwei Millionen, die Vater Necker seinerzeit Ludwig XVI. geliehen und die Ludwig XVIII. der Tochter – sie hat wie eine Löwin darum gekämpft – zurückerstatten ließ und die sie zur Mitgift von Albertine bestimmte. Sie hoffte, mit diesem Schwiegersohn auch einen politischen Erben gefunden zu haben.

Die Broglies waren eine dieser erstaunlichen Familien, die Frankreich seit Jahrhunderten in jeder Generation große Männer gestellt haben, mehrere Marschälle, Historiker, Deputierte, Minister, Kabinettspräsidenten. Achille Charles Leonce *Victor*, Herzog und Pair de France (1785–1870), der Mann von Albertine, war einer der führenden liberalen Politiker der Restaurationszeit.

Er gehörte zu den »Doktrinären«, die mit Gouizot die konstitutionelle Monarchie verteidigten (das politische Ideal von Madame de Staël), Minister des Auswärtigen und Ministerpräsident. Sein Vater, geboren 1757, hatte für die Unabhängigkeit Nordamerikas gekämpft – wie so viele junge französische Aristokraten (unter anderem auch mein Saint-Simon) und war 1789 Abgeordneter des Adels in der Nationalversammlung. Weil er die 1792 beschlossene Suspension des Königs nicht anerkannte, wurde er 1794 guillotiniert.

Der älteste Sohn von Victor und Albertine, der Herzog Victor *Albert* de Broglie (1821–1901), versuchte nach dem Zusammenbruch des Second Empire, in der Phase der Unentschiedenheit über die zukünftige Verfassung Frankreichs, als Deputierter der Nationalversammlung, gegen die Absichten von Thiers, den er als Ministerpräsidenten ablöste, die Monarchie mit dem legitimistischen Prätendenten, dem Grafen von Chambord, der als Henri V den Thron besteigen sollte, wiederherzustellen, was um ein Haar gelang. Die Dritte Republik wurde 1875 mit nur einer Stimme Mehrheit ins Leben gerufen. Albert zog sich darauf ins Privatleben zurück und schrieb historische Werke. Seine beiden Söhne, Maurice und Louis, Brüder von Pauline, waren Nobelpreisträger für Physik.

Pauline hat ihre einsame, konventionelle, eiskalte Jugend in ungemütlichen Schlössern und häßlichen Stadtpalais in ihren Memoiren mit viel Humor beschrieben.

Schon als sehr junge Frau beschloß sie, daß sie es nicht ihrer Mutter gleichtun würde, deren mondäne Oberflächlichkeit, Standesdünkel und Unbildung sie als abstoßend empfand, sondern ihre privilegierte gesellschaftliche Position dazu nutzen würde, die geistige Tradition ihrer Familie fortzusetzen, so wie es auch ihre Brüder taten; eine Tradition, die Sache der Männer gewesen war, an deren Anfang aber eine Frau gestanden hatte, mit der sie sich identifizieren konnte und der sie es gleichtun wollte. Madame de Staël, c'est moi.

Sie hatte nicht das Format und das Temperament ihrer Ahnin, aber sie hatte Energie und ein hohes Bewußtsein ihrer selbstgestellten Aufgabe; das geistige und politische Erbe der Madame de Staël, das der Vergessenheit anheimzufallen drohte, der Vergangenheit zu entreißen und ihm neue Anerkennung zu verschaffen. Zu diesem Zweck gründete sie die *Société des Études Staëliennes*.

Eine dieser Gesellschaften, die der Pflege des Werkes einer berühmten Persönlichkeit dienen, wie es deren viele gibt. Sie gehören zur geistigen und gesellschaftlichen Landschaft von Paris. In ihrer Struktur sind sie immer gleich: um einen mehr oder weniger prominenten Namensträger (der meistens auch im Besitz nur durch ihn zugänglicher Archive ist) gruppieren sich einige *Académiciens*, einie Universitätsprofessoren »vom Fach«, einige Privatgelehrte, Amateurforscher, Leute, die an einer Biographie oder einer Dissertation sitzen, Verleger, Damen der Gesellschaft und jene grauen, ältlichen Fräuleins, die irgendwo als Bibliothekarinnen oder Lehrerinnen ein bescheidenes Auskommen finden und ohne deren selbstlose und kompetente Hilfe nichts laufen würde. Man trifft sich ein- oder zweimal im Jahr zu Tagungen, auf denen Unveröffentlichtes aus dem Nachlaß, neue Forschungsergebnisse und Forschungsvorhaben vorgestellt werden; ein Bulletin wird veröffentlicht.

Die wissenschaftliche Arbeit ist hier eingebettet in das gesellschaftliche Kontinuum. *Tradition écrite* und *Tradition orale* ergänzen sich auf das fruchtbarste, Genealogie und Hermeneutik halten sich die Waage. Das Anhören der Vorträge und *Communications* war nicht wichtiger als die Kontaktpflege während des nachfolgenden, oft bescheidenen, Empfangs, auf dem man sicher sein konnte, alle die zu treffen, die ebenso lebhaft am Vereinszweck interessiert waren, sei es nun als Verwandte oder Verfasser einer Doktorarbeit wie man selbst.

Ich war natürlich Mitglied der *Société des Études Staëliennes* geworden und habe dort im Laufe der Jahre mehrere Vorträge gehalten. Gleichzeitig besuchte ich die Tagungen der *Société des Amis de Chateaubriand* und der *Société Benjamin Constant* und ging, sooft ich konnte, in die monatlichen Sitzungen des *Institut Napoléon*. Es ergab sich aus der Natur der Sache, daß man immer wieder dieselben Gesichter sah.

Madame de Pange hatte ein Buch über Madame de Staël und August Wilhelm Schlegel geschrieben (eine *Thèse d'État*) und in mühsamer Kleinarbeit eine kritische Ausgabe des von Napoleon seinerzeit eingestampften Buches *De l'Allemagne* ediert. Darauf war sie besonders stolz.

»Il y a le gratin chic«, sagte mir einer jener Freunde, die mir Einführungsstunden für Anfänger in Sachen Pariser Gesellschaft gaben; »et le gratin qui pu«. Mit dieser leicht despektierlichen Unterscheidung meinte er auf der einen Seite den mondänen, eleganten, frivolen Teil der Aristokratie, auf der anderen Seite jene Minorität, die keinen gesteigerten Wert auf materielle Annehmlichkeiten, auf Luxus und Komfort legten, tugendhaft waren und sich ernsthaft geistigen Tätigkeiten zuwendeten.

Pauline de Pange gehörte zu dieser Kategorie. Als ich sie kennenlernte, war sie eine alte Dame. Man konnte in der würdigen, mit größter Einfachheit gekleideten Gestalt nicht mehr die junge Prinzessin erkennen, die vor dem Ersten Weltkrieg am bayerischen Hof in München den jungen Standesherren den Kopf verdreht hatte. Nur die großen Rehaugen, die auch das Jugendbildnis beherrschen, das Jacques-Émile Blanche von ihr gemalt hat und das in ihrem Salon hing, gegenüber von dem Meisterwerk von Gérard,

Corinne en Italie, leuchteten geistvoll und gütig, alterslos unter der hohen Stirn, eingerahmt von zu einem einfachen Chignon zurückgenommenen Haaren. Es umgab sie eine Aura von großer Autorität, von einer aus dem Inneren strahlenden geistigen Freiheit, einer angeborenen und natürlichen Vornehmheit. Vom Typus her ähnelte sie Marguerite de Yourcenar, und man hätte sich durchaus vorstellen können, daß sie ihren beiden Brüdern in die Académie Française gefolgt wäre. Aber so weit waren die »Unsterblichen« zu ihren Lebzeiten noch nicht.

Sie hatte keinen Salon, sondern lud täglich einen kleinen Kreis zum Mittagessen, wo das von einer alten Köchin, Joséphine, vorzüglich zubereitete Geflügel serviert wurde, das wöchentlich in Körben mit anderen Lebensmitteln, wie Butter und Eiern, von den Pächtern ihrer Güter im Anjou nach Paris geschickt wurde. Da traf man Académiciens, den Hausfreund Robert d'Harcourt und in der Rolle des immer anwesenden Abbés den Jesuiten Danielou, der später Kardinal wurde und unter merkwürdigen Umständen, wie es hieß, in einem Bordell starb. Man konnte auch deutsche Professoren und österreichische Aristokraten treffen, was sich aus dem für das Haus charakteristischen Interesse für die deutsche Kultursphäre erklärte.

In ihrem Mann, dem Grafen Jean de Pange, hatte sie einen verständnisvollen Lebensgefährten gefunden, der seinerseits, völlig unmondän, das Leben eines Privatgelehrten, eines *Homme d'étude* führte, in einem auf die Minute geregelten Tagesablauf zwischen Bibliothèque Nationale, dem Union-Club und seinem Arbeitsraum, in dem ihn eine bedeutende Büchersammlung umgab. Er entstammte einer lothringischen Familie, die ihre Besitzungen in der Nähe von Metz hatte und sich seit der Abschaffung der Monarchie in Frankreich nach Wien orientierte, wo die männlichen Mitglieder der Familie als Kammerherren und Offiziere dienten. Ein Graf de Pange, Freund des Revolutionsdichters Chénier, gehörte zu den Verehrern der Mme de Staël. Jean war Chartist. Sein Lebensthema das »sakrale Königtum«, das er, wie Marc Bloch, dem historischen Bewußtsein wieder nahegebracht hat. Er blieb sein Leben lang ein überzeugter, praktizierender Katholik, der seine Gewissenszweifel seinem Beichtvater und einem Tagebuch anvertraute, in das er täglich viele Seiten schrieb.

Beide Panges fühlten sich als Europäer und verstanden sich als Mittler zwischen französischer und deutscher Kultur. Nach dem Ersten Weltkrieg versuchte der Lothringer im elsaß-lothringischen Grenzland den zentralistischen Tendenzen der französischen Politik entgegenzuwirken, ohne Erfolg. Nach dem Zweiten Weltkrieg gehörten die Panges zu den ersten, die den Deutschen halfen, obwohl die Gestapo Jean peinlichen Verhören unterzogen hatte. Sie haben immer zwischen Nazis und Deutschen zu unterscheiden gewußt. Um sich dessen zu vergewissern, hatte Jean de Pange 1947 ein »Allemagne depuis la Révolution Française« veröffentlicht, ein lesenswertes Buch.

Als ich in Paris bei ihnen eingeführt wurde, galten sie als ein geistiges Zentrum, das in seiner Weltoffenheit die hexagonale Pariser Provinzialität weit unter sich ließ. In der gesellschaftlichen Hierarchie waren sie unbestritten das Vornehmste, was es gab.

Victor

Ihr Sohn Victor war in meinem Alter, hochgewachsen, hager, leicht gebeugt, den Kopf zur Seite geneigt, mit regelmäßigen Zügen, nach englischer Manier – er hatte in Oxford studiert – etwas lispelnd, immer freundlich lächelnd, immer gütig, wirkte er altmodisch. Sehr »fin de race«. Er hatte das aristokratische Prinzip, dem seine Familie in so vielen Generationen gefolgt war, voll verinnerlicht: noblesse oblige. Das belastete ihn nicht, sondern gab ihm eine große moralische Kraft. Er war zu ernst, um das oberflächliche, mondäne Leben der Freunde um Ysabelle de Margerie zu führen (von denen ich später noch werde zu berichten haben), obwohl er durchaus zu diesem Kreis gehörte. Im Sommer empfing er einmal seine age group auf der Dachterrasse über der großen Wohnung der Eltern, 55, Rue de Varennes, von der man, von einem Pavillon aus, zu dem einige Stufen hinaufführten, den schönsten Panoramarundblick von Paris hatte: hier die Kuppel des Panthéon, dort die Kuppel der Invalides, der Eiffelturm, das Trocadero und etwas entrückt, auf den Buttes de Chaumont, die immer wieder seltsamen, kalkweißen Pilzhüte von Sacré-Cœur.

Es gab die dünnste Limonade in Zahnputzgläsern. Die wie für eine Garden Party sommerlich-festlich gekleideten jungen Herrschaften ergingen sich mit Nonchalance auf dem Altan, genossen den grandiosen Ausblick und spöttelten mit Sympathie, die eine Nuance Respekt temperierte, über den Gastgeber, der etwas steif und förmlich, in einer sehr alten Tweedjacke, mit aufgesetzten Ellbogenflecken (what was meant to be rather English), die Honneurs machte, nur unterstützt von Joséphine, in fußlangem weißgrau-gestreiftem Glockenrock, ein Häubchen auf dem Silberhaar. Alles sprach nur über den Ball, den Henri Gouin an diesem Abend für seine beiden Töchter in der Abbaye de Royaumont, im Norden von Paris, veranstaltete, und der *sen-sa-tionnel* zu werden versprach. Ich war so ungefähr der einzige, der keinen Carton hatte, was mich, wie man leicht verstehen wird, sehr schmerzte, vor allem, weil eine insipide, kleine Croy, sich mir zuzuraunen bemüßigt fand, daß die Kontrolle am Eingang besonders streng zu werden drohte. So, als wolle sie mich trösten, erzählte sie beiläufig, daß

Philippe de Rothschild, vor kurzem anläßlich des Balles für seine Tochter Philippine (»avec le nez juif à l'envers«), auf seinem Schloß, Grosbois, die Idee gehabt hatte, (il a eu l'élégance) den abgewiesenen door-crashern – es waren viele – in einem kleinen Salon am Eingang ein Glas Champagner servieren zu lassen. Es soll da sehr lustig zugegangen sein.

Auch Victor würde nach Royaumont hinausfahren. Der dringende Wunsch seiner Eltern, er möge sich verheiraten, verdüsterte um diese Zeit seine Tage. Aber er unterzog sich mit größter Gewissenhaftigkeit der Aufgabe, eine Frau zu finden, indem er sich, beraten von einer Patentante, die ihm eine Liste der in Frage kommenden Partien zusammengestellt hatte, als schon etwas ältlicher Junggeselle, auf alle Outcoming-Bälle der Saison auf Brautschau begab.

Er hat schließlich ein Mädchen gefunden, das Namen, Familie und Vermögen besaß – mit amerikanischer Großmutter – und ist mit ihr sehr glücklich geworden, wozu er fest entschlossen war.

Große Hochzeit mit achthundert Gästen im Invalidendom. Mariage de raison – mariage d'amour? Die Frage stellt sich in so einem Falle nicht. Er erfüllte eine Pflicht. Punktum.

Es war auf der Dachterrasse, rue de Varennes, nicht vorauszusehen, daß unsere Lebenswege sich dreißig Jahre lang aufs engste verbinden würden. Zusammengeführt hatte uns Annette Kolb, langjährige Freundin der Eltern, in ihrem Appartement im Hotel Cayré, Boulevard Raspail, wo sie mit Tee und Chopin deutsch-französische Versöhnungspolitik machte. Sie habe, sagte sie, das Gefühl, daß wir zusammenpaßten, daß wir irgendwie zusammengehörten. Sie sollte sich nicht getäuscht haben.

Victor stand, als ich ihn kennenlernte, wie ich, vor der Frage, einen Wirkungskreis zu finden, der seinen Fähigkeiten und seinen hohen Ansprüchen an sich selbst entsprach. Keinen Beruf, eine Lebensaufgabe. Auf keinen Fall wollte er wie sein Vater sein Dasein »loin des affaires« als Privatgelehrter verbringen. Er wollte aktiv sein, Verantwortung tragen, etwas Ehrenhaftes und für das Gemeinwohl Nützliches tun, servir une grande cause!

Es bestand auch kein Zweifel für ihn (sowenig wie für seine Eltern), daß die *grande cause* dieser Jahrhunderthälfte die Sache der deutsch-französischen Verständigung sei, die in einem vereinigten Europa ihre Krönung finden würde. Ich war, auf etwas anderen Wegen als er, zu der gleichen Überzeugung gekommen. Als ich Paris verließ, geschah es nicht, um nach Deutschland zurückzukehren, sondern um mich in den Dienst der europäischen Sache zu stellen, einer übernationalen, einer Menschheitsaufgabe, wie ich glaubte.

Es war also kein Zufall, daß wir am selben Tage in Straßburg in das

Generalsekretariat des neugegründeten Europarates eintraten. Man hatte uns bewußt zusammen eingestellt, einen Franzosen und einen Deutschen, mit dem Auftrag, dort die statutorisch vorgesehene »Zusammenarbeit auf kulturellem Gebiet« aufzubauen (was immer das bedeutete), ich auf der parlamentarischen, er auf der gouvernementalen Seite. Daraus entwickelte sich eine lebenslange Freundschaft. Eine Interessengemeinschaft zuerst, schließlich, als die Dinge für Europa schlecht standen, eine Not- und Trutzgemeinschaft. Wir galten als unzertrennlich, wie Zwillingsbrüder, le couple franco-allemand parfait. Zwei Europäer.

Victor wollte immer eine auf mehrere Bände angelegte Biographie seines Urgroßvaters Victor de Broglie, des Eidams von Madame de Staël, schreiben. Er arbeitete daran, wenn er sich von den Mühen des Dienstes, den er peinlich genau nahm, etwas entspannen wollte. Ich fragte ihn in den schlechten Zeiten oft, warum er nicht seinen Abschied nahm, um sich ganz seinen Studien und Liebhabereien zu widmen. Seine Vermögensverhältnisse erlaubten es ihm allemal. »Leute wie wir«, sagte er, »brauchen eine feste Schiene, sonst verlieren wir uns im Beiläufigen.« Dann wiederholte er mir die Lebensregel seiner Mutter: »Wenn du vor der Wahl zwischen zwei Möglichkeiten stehst, wähle die dir unangenehmere.«

Adel ist dreierlei: Eine soziale Spitzengruppe; ein kompliziertes biologisches Züchtungsergebnis, dem Geist, Macht und Reichtum die Richtung vorgezeichnet haben; eine Haltung, ein ganz bestimmtes, an biologische und soziale Voraussetzungen gebundenes Verhalten des Menschen zum Leben. Es gibt adlige Gesinnung und Haltung jenseits der beiden anderen Voraussetzungen. Es gibt adliges Wesen, das nicht geadelt worden ist, und es gibt Träger großer Namen, in denen weder die Blut- noch die Haltungskomponente zum Ausdruck kommt. Nur bei jenen Persönlichkeiten, für die alle drei Kriterien zutreffen, können wir von Adel sprechen.

Ein nobles Verhalten dem Leben gegenüber ist das Ergebnis einer ganz bestimmten sittlichen Auffassung von Leben. Es handelt sich hier nicht um Sittlichkeit im moralischen Sinne, um eine sittenstrenge Ausrichtung der Lebensführung, sondern eine Verfeinerung der Sensibilität und des Gewissens, um ein Stil- und Anstandsgefühl, um einen Habitus, die in der Geschlechterfolge vererbt, in Traditionen gefestigt, dem Typus selbst meist gar nicht besonders problematisch scheinen, weil sie ihm im wahrsten Sinne des Wortes in »Fleisch und Blut« übergegangen sind und ihm so lange als Besonderheit unbewußt bleiben, als er sie nicht mit anderen Einstellungen einer heteronomen Umwelt zu vergleichen genötigt wird. Das, was die anderen als das spezifisch Adlige empfinden, ist für ihn das, was sich von selbst versteht.

XI

HOMMAGE À LAURA

Orientreise

Eines schönen Tages erschien Sascha Tolstoi bei mir auf der Bude und erklärte:»Wir fahren nach Konstantinopel!« Ich war Phantastisches von ihm gewöhnt. So hätte er kommen können und mir sagen:»Heute nacht nehme ich dich mit auf eine schwarze Messe.« Es hätte mich nicht verwundert, sondern entzückt. Er hatte am Schwarzen Brett seines Instituts – er studierte orientalische Sprachen – ein Plakat mit der Ankündigung einer Kreuzfahrt gesehen, die in den Ostertagen an Bord des Dreizehntausendtonners *Foch* ins östliche Mittelmeer führen sollte. Abfahrt in Marseille, über Sizilien und die griechischen Inseln, nach Athen, Smyrna, Istanbul. Für Studenten zum Sonderpreis von 500 Francs, ein Spottgeld. Ein Angebot, das man sich nicht entgehen lassen durfte.»Wenn du das Geld nicht hast, leihe ich es dir«, sagte er prophylaktisch, mögliche Einwände vorwegnehmend, das war seine atavistische russische Großzügigkeit. Aber dies Sümmchen würde auch ich auftreiben können, es standen einige kleine Honorare in Aussicht.

Mir war sofort klar, daß ich diese Reise machen mußte. Sie würde nicht eine Unterbrechung meines Parisaufenthaltes sein, sondern seine sinnvolle, ja notwendige, unerläßliche Ergänzung. Nicht ein Schnörkel, der Höhepunkt! Ich sollte recht behalten, allerdings aus einem ganz anderen Grund, als ich zunächst meinte.

Im Reglement des *Boursier d'État* war eine solche Eskapade nicht vorgesehen. Der zuständige, im übrigen sehr distinguierte Herr mit der Rosette der Ehrenlegion im Knopfloch, vermutlich ehrenamtliche Leiter der Dienststelle für ausländische Stipendiaten, schüttelte den Kopf, als ich ihm mein Ansinnen vortrug, zwei Wochen an Bord eines Musikdampfers eine Mittelmeerreise zu unternehmen. Der französische Staat zahle keine Stipendien für Vergnügungsreisen. Vergnügungsreise? Es handelt sich um eine Studienreise, replizierte ich. Und waren wir auf einem französischen Schiff nicht auf französischem Territorium? Pas question. Er müsse die Zahlung für den Monat suspendieren. Vielleicht könnte er mir später eine Verlängerung bewilligen (was er tat). Bon, d'accord. Ich fuhr.

Die Reise begann in der Bibliothèque Nationale – wie sollte es anders sein. Ich mußte mich auf das, was ich sehen und erleben würde, vorbereiten, also Bücher lesen, nicht Reiseführer. Ich wollte auf keinen Fall Tourist sein, im Vorderen Orient so wenig wie in Paris. So bestellte ich mir, wie es meiner Neigung entsprach, alles in historischer Perspektive zu sehen, Reiseliteratur aus dem 19. Jahrhundert. Und da sollte sich auf wunderbare Weise bestätigen, was in dem Augenblick, in dem ich spontan auf Sascha Tolstois Vorschlag einging, nur der Schimmer einer Intuition gewesen war, daß nämlich zwischen dieser Reise und meinem akademischen Forschungsvorhaben ein unmittelbarer Zusammenhang bestand. Ich entdeckte, daß der Orient ein Topos der *Histoire des idées sociales* war. *Le voyage en Orient* gehörte zur Entstehungsgeschichte der Soziologie! Die Aufdeckung dieses Zusammenhanges war nicht ein Produkt des für die Konstruktion geistesgeschichtlicher Genealogien typischen Beziehungswahns, der auch das Abgelegenste noch in das hermeneutische Deutungsschema hineinzieht, aber ich war beglückt, wie der Verliebte, wenn er wieder einmal feststellen darf, daß, o wie wunderbar, alles, was ihm begegnet, auf geheimnisvolle Weise, mit dem Gegenstand seiner Leidenschaft verbunden ist.

Wichtige Hinweise verdankte ich Maxime Leroy, dem ich, auf einem unserer abendlichen Spaziergänge im Bois de Boulogne, nicht ohne Herzklopfen, mein Vorhaben gestanden hatte. Er war begeistert und wäre am liebsten mitgekommen.»Les Saint Simonistes y sont allés...« sagte er und kicherte, wie es so seine Art war.

War es ein Zufall, daß mein Jahrhundert mit den Berichten über zwei große Orientreisen begonnen hatte, dem *Itinéraire de Paris à Jerusalem* von Chateaubriand und dem *Voyage en Orient* von Lamartine? Zwei Schlüsselfiguren des literarischen und politischen Lebens nach meinem Herzen, Dichter, Schriftsteller, Minister, generöse Aristokraten mit liberalen Idealen, Romantiker. Viele sollten ihren Spuren folgen. Nerval, Gautier, Flaubert, Maxime Ducamps, Loti, Barrès, Gide, Morand... Was suchten sie? Der Orient gehörte zum phantasmatischen Horizont der *capitale de l'occident*. Die Reise in den Orient kam einer Reise in die Vergangenheit gleich, einer Rückkehr zu den Ursprüngen, der Konfrontation mit einer archaischen Welt, in der sich, vom Gang der Geschichte unberührt, verwittert, verschüttet, im Wüstensand vergraben wie die Sphinx, die Spuren der mythischen Uranfänge jeder Gesellschaft, jeder Kultur, durch die Jahrtausende erhalten hatten. Dort lag, wie P. S. Ballanche – mein Ballanche – sagte,»die kosmogonische und geistige Wiege der Menschheit«. Mehr aber noch als eine Reise in die Vergangenheit war *Le voyage en Orient* eine Reise in ein Anderswo, in ein Reich der Sehnsucht, in dem man Materialien zur Gestaltung einer besseren Zukunft zu finden hoffte, Anregungen, Inspirationen für die Organisation der ominösen Zukunftsgesellschaft, des *Ordre social futur*, die doch Verheißung oder Bedrohung, Sinn und Ziel aller Veränderungen war, die mit der Revolution begonnen hatten. Wissenschaft, Industrie, Arbeit, Rationalität konnten nicht alles sein. Es gab auch den hedonistischen Traum des guten Lebens. Und darum ging es doch im Grunde. Vergangenheitsbeschwörung und Zukunftsexploration gleichzeitig war *le voyage en Orient* ein geistiges Abenteuer, ein *rite de passage* auf dem Wege zu höheren Stufen der Erkenntnis, am Schnittpunkt des Alten und des Neuen, von Mythologie und Utopie, von Links und Rechts, ein, so wollte ich meinen, eminent geschichts-philosophisches Unternehmen, von dem jeder, der sie antrat, sich einen doppelten Gewinn erwarten durfte: die Befriedigung seines intellektuellen Wissensdurstes und seines sinnlichen Begehrens.

Aber auch für den, der die Reise nicht antrat, war der Orient ein Stimulanz der Einbildungskraft. Jeder, ganz Paris, trug seinen Orient in sich. Er war eine Provinz des kollektiven Unbewußten, und jeder nährte in diesem imaginären Raum seine geheimsten Wünsche. Orient, das war ein Zauberwort, lustbesetzt wie kein anderes. Was Wunder, wenn es zum Synonym für die wildesten erotischen Phantasien wurde? Man kann daran die Stärke des libidinösen Potentials ablesen, das unterschwellig der Motor der revolutionären Veränderungsdynamik ist, jenes emanzipatorischen Impulses, der zu allen Zeiten im Kerne immer der Wunsch nach einer sexuellen Befreiung, nach der Akzeptanz der Geschlechtlichkeit des Menschen war und dessen Erfüllung unter den neuen gesellschaftlichen Verhältnissen der postrevolutionären Situation wieder einmal verlorenzugehen drohte. Man vergißt zu leicht, aber das hat natürlich seine Gründe, daß die Mobilisierung der antirevolutionären Kräfte, der Widerstände gegen die radikale Transformation der Gesellschaft, nicht, wie scheinheilig oder dumm-dreist argumentiert wird, gegen die Rationalität der Aufklärung (im Namen einer Rehabilitierung des Irrationalen) oder gegen die Gleichheit und Brüderlichkeit (im Namen einer gott- oder naturgegebenen *inégalité*) erfolgt, sondern verschämt, verlogen, stillverbissen gegen die Emanzipation des Fleisches aus seiner jahrtausendelangen theologisch-metaphysischen Gefangenschaft.

La mission de la Mère

Von allen Reiseberichten, die ich im Schein meiner grünen Lampe in der Bibliothèque Nationale verschlang – und ich wurde in den wenigen Wochen, die mir bis zu unserer Abreise blieben, zu einem Spezialisten der

Orientreise –, hatte einer meine besondere Aufmerksamkeit erregt, weil er, wie kein anderer, die Verbindung herstellte zwischen meiner Feldstudie über die *idées sociales* und jenem phantasmagorischen Orientalismus, dem jetzt so unerwartet mein ganzes Interesse galt. Es handelte sich um die Geschichte der Expedition, die 1833 von Marseille aufbrach, dort, wo auch ich abfahren würde, um im Orient den weiblichen Messias, die *Große Mutter*, zu suchen, von deren Erscheinen das Heil der Menschheit abhing: *La mission de la Mère*. Eine Wahnsinnsgeschichte. Ein Drehbuch. Ich muß sie erzählen.

Ich mußte sie in der Mittwochgesellschaft von Maxime Leroy erzählen, der mich ja auf diese heiße Fährte gesetzt hatte und immer begierig war, zu erfahren, was ich bei meinen Recherchen herausgefunden hatte. Diesen Leckerbissen wollte er seiner Freundesrunde zugute kommen lassen, deren historisches Gedächtnis mühelos in die Periode reichte, in der sich diese Episode abgespielt hatte. Ich kam der Aufforderung gerne nach und hatte meine Freude an dem Schmunzeln der alten Herren, gut erfunden, schienen sie zu denken, nein, nein, sagte Maxime, das ist so gewesen!

Eine kleine Reisegesellschaft von zwölf Personen war unter der Führung eines gewissen Émile Barrault aufgebrochen, um im Orient die *Große Mutter* zu suchen. Sie hatten ein Schiff gechartert, einen alten kaum seetüchtigen Kahn, der den schönen Namen *La Clorinde* trug. Die Auswahl der Teilnehmer war nach besonderen Gesichtspunkten erfolgt: Sie sollten eine Gruppe von höchster sozialer Vollkommenheit bilden, eine Mini-Gesellschaft, ein Sample. So waren ein Lehrer, ein Ingenieur, zwei Ärzte, ein reicher Besitzer – der sein Vermögen gestiftet hatte, um die Fahrt zu ermöglichen –, ein Neger, Sohn eines Sklaven, ein Bildhauer, ein Musiker und ein Maler mit von der Partie. Von dem Klavier, das sie mitnahmen, und dem Hund darf ich schweigen. Für die Dauer ihrer Mission hatten sie das Gelübde der Keuschheit abgelegt. Zum Zeichen ihrer reinen Absichten waren sie alle weiß gekleidet. Sie nannten sich *compagnons de la femme*.

Wer waren diese Leute? Anhänger einer kleinen Sekte, die wegen ihres Phantasiereichtums, ihrer progressiven Ideen und ihrer provokatorisch-unkonventionellen Lebensweise die Aufmerksamkeit der europäischen Öffentlichkeit und der französischen Polizeibehörden auf sich gezogen hatte, Saint-Simonisten. So hießen sie, weil sie sich, nach dessen Tode, die Aufgabe gestellt hatten, die *Idées Sociales* des genialen Geschichtsphilosophen, Sozialreformers und Lebenskünstlers, Henri de Saint-Simon, zu verwirklichen. Indem sie seine Anregungen aufnahmen und in seinem Geiste weiterentwickelten, hatten sie sehr genaue Vorstellungen von der politischen, ökonomischen und gesellschaftlichen Organisation der Zukunftsgesellschaft produziert, die *Doctrine Saint-Simonienne*, eine voluntaristische Gesellschaftstheorie, in der sich soziale und ökonomische Analyse, politisches Aktionsprogramm und die ethischen Postulate eines neuen Menschheitsglaubens zu einem kohärenten Deutungssystem des epochalen Entwicklungsgeschehens verbanden, in dessen Zentrum die Lehre von der ausschlaggebenden Rolle der Frauen stand. Sie propagierten sie nicht nur in Flugschriften und Vorträgen, sondern versuchten sie auch in einem utopischen Sozialexperiment in die Tat umzusetzen. In Ménilmontant, einem Vorort von Paris, gründeten sie eine Saint-Simonistische Kommune, anders kann man es nicht nennen.

Ja, sie waren tief durchdrungen von dem Glauben, daß die Zukunft der Menschheit das Werk der Frauen sein würde. Ganz Europa, so ließen sie sich vernehmen (und Amerika), das heißt der Okzident, befände sich im Zustand eines permanenten Bürgerkrieges, dem widerwärtigsten aller Kriege, und nur die Frauen wären in der Lage, ihn zu verhindern. Nur sie könnten den Völkern den Frieden bringen. Sie würden die neue Sozialethik verkünden, die eine Überwindung der alten Männergesellschaft, eine Abkehr von der *politique mâle* ermöglichen würde, die unerläßliche Voraussetzung für den Aufbau einer gewaltfreien, friedlichen Gesellschaftsordnung. Männerpolitik sahen sie als Ursache allen Übels, als dasjenige, was die Beendigung der Übergangsphase, der Krise, der Revolution, was die Weiterentwicklung, was den sozialen, intellektuellen und moralischen Fortschritt verhinderte – man denke nur! Der große soziale Umwandlungsprozeß, der mit der Revolution begonnen hatte, konnte erst dann gelingen, wenn auch die Frauen aktiv daran teilnahmen. Das war die große, neue Idee, die dann Auguste Comte, der Begünder der Soziologie, wieder aufgenommen und auf den Begriff gebracht hat. *Le salut par les femmes.* Grundvoraussetzung für diese Teilnahme war die Empanzipation der Frauen, deren Repression in der patriarchalischen Männergesellschaft das Symbol und das Symptom für alle Repressionen war. Ohne die Emanzipation der Frauen kein Fortschritt, keine Emanzipation des Mannes zum Menschen, kein Ende der Revolution.

Aber dies Konzept blieb unvollständig, solange die Frauen ihr Wort nicht gesprochen hatten. Es fehlte ein wesentliches Element, weil nur die Frauen selbst bestimmen konnten, welches ihre Rolle und ihr Anteil sein würden. Ohne die Frauen lief nichts.

Gott war männlich und weiblich, Mann und Frau, *Dieux-Père, Dieux-Mère*: die Menschheit bestand aus Männern und Frauen, der Mensch war Mann und Frau; das gesellschaftliche Subjekt ein Paar. Die höchste soziale, politische und moralische Autorität mußte, nach dem göttlichen Ebenbild, ausgeübt werden durch ein Paar, den Hohenpriester und die Hohepriesterin, den *Großen Vater* und die *Große Mutter*. Gemeinsam würden die beiden das neue Evangelium, die Gesetze der Zukunftsgesellschaft, verkünden. Nur gemeinsam. Erst wenn auch der weibliche Messias, die *Große Mutter* gesprochen haben würde, hätte alles seine Richtigkeit und Weihe. Den *Großen Vater* gab es schon, nur saß der zur Zeit gerade im Gefängnis wegen Erregung öffentlichen Ärgernisses. Barthelémy Prosper Enfantin. Schöpfer, Hohepriester und Magus dieser neuen Sozialreligion der Steigerung der Produktivkräfte, der Industrie, der Kooperation, der Emanzipation des Fleisches, der Neger, des Proletariats und der Frauen, ein großartiger Mann, Ingenieur, Visionär, Organisator, Erotiker, ein Musterbeispiel der charismatischen Führerpersönlichkeit.

»Die Herrschaft der Frau ist nah, die *Mutter* aller Männer und Frauen wird erscheinen«, lautet seine Parole. Die Jünger, die sich um den Meister geschart hatten, der sich *Le Père* nannte, lebten mit ihm in der stündlichen Erwartung der Hohen Frau, ohne deren Offenbarungen die *Doktrin* unvollständig blieb. Auf den feierlichen Sitzungen der Saint-Simonistischen Gemeinde blieb neben dem Platz des *Père* stets ein Sessel leer. Aber keine der zahlreichen jungen Frauen, die kamen, um die frohe Botschaft ihrer Befreiung zu hören, fühlte sich berufen, den vakanten Platz einzunehmen... Man wartete vergeblich.

Sie zu suchen hatte sich meine kleine Reisegesellschaft auf den Weg gemacht. Wo? Im Orient natürlich... wo denn sonst. Der Okzident hatte den Vater geboren. *À toi, l'Orient, l'enfantement glorieux de la Mère!* Orient und Okzident sind nicht mehr zu trennen. Der Okzident stand für das männliche Prinzip, der Orient für das weibliche. Die Tradition des Okzidents war die der Männergesellschaft, der Orient, aus dem alle großen Offenbarungen kamen, würde auch die Offenbarung des weiblichen Messias bringen. Man sieht, wie schön das alles ineinandergreift und wie es seine Logik hat. Daß im real existierenden Orient der Islam herrschte, in dem die Unterdrückung der Frauen ungleich schärfere Formen angenommen hatte als je im Okzident, spielte bei solchen Spekulationen offenbar keine Rolle. Ausgerechnet in Istanbul, der Kapitale des ottomanischen Despotismus mit seinem durch jährliche Razzien immer wieder erneuerten Großserail, hoffte man, der Weltenbeglückerin zu begegnen, die neben und mit dem *Père* die neue Gesellschaft begründen würde. In einem berühmten Brief an Heinrich Heine hatte Enfantin seiner Gewißheit Ausdruck gegeben, daß es sich um eine türkische Jüdin handelte. Die galt es zu finden.

Nach einer Havarie, in der sie um ein Haar alle umgekommen wären, landeten unsere *compagnons de la femme* am Goldenen Horn. Sie hatten kein Geld mehr und mußten betteln, um ihren Lebensunterhalt zu bestreiten. Die Nächte verbrachten sie unter den Zedern der großen Friedhöfe.

Frauen waren nirgends zu sehen, nirgends zu finden. Die wenigen, die sich auf den Straßen zeigten, waren tief verschleiert. Man hielt ihnen Saint-Simonistische Reden auf französisch, bis die Polizei eingriff und sie aus der Stadt wies. In Smyrna machte die kleine Gruppe noch einmal einen Versuch am ungeeigneten Objekt, bis sie endgültig nach Marseille zurück zwangsverschifft wurde.

Mit einem Wort: Das Unternehmen war kläglich gescheitert! Aber das nimmt ihm nichts von seiner historischen und symbolischen Bedeutung.

Der Versuch dieser tapferen jungen Menschen, durch ihren persönlichen Einsatz dazu beizutragen, das Revolutionsversprechen einer neuen Gesellschaft, ohne Gewalt, ohne Waffen, in einem Modellversuch gewissermaßen experimentell einzulösen, war ein Höhepunkt der Sozialgeschichte der letzten hundert Jahre. Auf jeden Fall einer ihrer Lichtpunkte.

Die Saint-Simonisten hatten als erste begriffen, daß die permanente Revolution als sozialer Veränderungsprozeß »Evolution« ist, das langsame Hinüberwechseln der Menschheit in eine neue Daseinsverfassung, deren wesentlichstes Merkmal eine fundamentale Neuordnung des Geschlechterverhältnisses ist.

Was sie auszeichnete, war ihr Enthusiasmus. Große Ideen sind nicht unser Besitz, wir sind ihre Beute. Man kann sie nicht erfinden, sie »offenbaren« sich. Aber sie werden wirksam erst dann, wenn sie die Verbindung eingehen mit einer großen Leidenschaft, einer emotionalen und affektiven Kraft, einem libidinösen Impuls, der stark genug ist, sie gegen das Realitätsprinzip durchzusetzen, um sie in der sozialen Wirklichkeit zu verankern.

Kreuzfahrt

Solche Ideen im Kopf, stieg ich mit Sascha Tolstoi am Freitag, dem 4. April 1952, gegen Mitternacht, in den Sonderzug der *Croisière du Foch*. In den hinteren Teil des Zuges, zweiter Klasse, der für die Reisenden reserviert war, die unter den außergewöhnlich günstigen Bedingungen des Sonderangebotes an dieser luxuriösen Schiffsreise teilnehmen durften, im Prospekt als classe spéciale bezeichnet. Es hatte alles seine Ordnung, la classe la plus pauvre war auch die classe la plus nombreuse, ein buntes Völkchen, es herrschte eine ausgelassene Stimmung. In unserem Abteil spendierte jemand eine Pulle Sekt.

Ich war voller Vorfreude, wie man sich denken kann, und Vorfreude ist die reinste Freude. Stand meine gesamte Existenz in diesen Pariser Jahren im Zeichen der Reise, so war diese Kreuzfahrt in das östliche Mittelmeer, in

den Vorderen Orient, gewissermaßen eine »Reise in der Reise« – in dem
Sinne vielleicht, in dem man vom »Theater auf dem Theater« sprechen
würde – wie wiederum die »Reisezeit« der Lehr- und Wanderjahre als
Reise in unserer Lebensreise auf diesem Planeten erscheint, die wiederum
nur eine Einlage der großen kosmischen Reise ist, in der sich, der esoterischen Tradition der metempsychischen Wanderbewegungen der Seele
zufolge, unser Karma bildet und entfaltet, eine kurze Episode der Schick-
salsfahrt durch die Äonen also, von der her jede Einzelerfahrung in *diesem*
Leben, in *dieser* Inkarnation, wenn man der Sache Glauben schenken will,
einzig und allein Sinn und Bedeutung erhält.

Es verhielte sich mit der »Reise in der Reise« so wie mit jenen russischen
Holzpuppen, Babuschkas genannt, wo immer eine in der anderen steckt,
eine kleinere in jeder größeren, die sich alle, mit Ausnahme des Formates,
vollkommen gleichen, und aufeinander verweisen und bezogen sind. Jede
ist die mikrokosmische Reproduktion eines sie umgreifenden Makrokos-
mos. Die räumlichen respektive zeitlichen Proportionen sind verschieden.
Der Horizont ist der gleiche. Jede Sinnsuche hätte demnach bei der kleinsten Einheit anzusetzen, in der alle Elemente des Ganzen enthalten sind,
wie im Wassertropfen die Welt.

Die Grundbefindlichkeit des weltzugewandten, wißbegierigen Individuums ist Reiselust. Lebenskunst ist Apodemik. Abfahrt und Ankunft sind
weniger wichtig als die Ortsveränderung, die Erschließung neuer Territorien der Erkenntnis, die immer auch eine Suche nach den Gestaden der
Glückseligkeit ist, ein Aufbruch nach Cythera.

Ich hatte mich gut vorbereitet. Ich würde alles Neue, was mir begegnete, in
Bezug setzen können zu den schönen Geschichten der orientalistischen
Reiseliteratur, insbesondere auch zu den Irrfahrten der *Clorinde*. Das wäre
einmal etwas anderes als die ewigen Reverenzen an die antike Welt und die
Kreuzzüge. Das, dachte ich mir, würde meinen Berichten für Dr. Sperr
eine besondere Note geben. Ich hatte mir einen richtig schönen Plan gemacht. Es ist ihm ergangen wie den meisten Plänen. Es sollte alles ganz
anders kommen.

Der Zug hielt pünktlich früh um acht auf der Verladerampe im Hafen von
Marseille, wir blinzelten in den strahlenden Tag. Und da lag, gelassen wie
ein schläfriger Drache, das gewaltige Schiff mit dem imposanten Namen,
das uns jetzt zwei Wochen lang beherbergen und befördern würde.

Kräne, Hallen, der Gestank des Brackwassers, das Geschrei der Träger,
der Trubel der Einschiffung direkt aus dem Zubringerzug. Ohne Hast, aber
doch mit allen Anzeichen erwartungsvoller Erregung, was nur natürlich

war, verließen die neuen Passagiere ihre Waggons, um sich an Bord zu begeben. Die *première classe* über das Fallreep, die *classe speciale* über einen breiten Laufsteg, der auf der Höhe des Quais direkt in den Bauch des Ungetüms führte. Da war es wieder dunkel. Der Laderaum, der das ganze Volumen des Schiffsleibes einnahm, war in einen riesigen Schlafsaal mit hundert Doppelstockbetten verwandelt worden. In der Mitte stand ein U-förmiger Brettertisch mit langen Bänken. Dort würden wir essen.

Das alles war dem Obergefreiten in mir wohl vertraut, das schwimmende Hotel war für uns eine schwimmende Mannschaftsbaracke, der Run auf die Betten, auch wohlbekannt, von zahllosen Stellungswechseln. Sascha und ich ergatterten eines in guter strategischer Lage in der Nähe des Tisches. Es waren keine Strohsäcke, sondern Matratzen. Auch hatten wir über Wanzen nicht zu klagen. Die Maschinen wummerten. Die Hörner tuteten. Wir legten ab. Majestätisch. Der letzte Eindruck von Marseille: im Silberdunst des Morgens die hauchzarte Vision von Notre-Dame-de-la-Garde. Ein Schwarm von Möwen gab uns das Geleit.

Wer Soziologie betreibt, muß Balzac lesen – und eine Schiffsreise machen. Die sozialen Verhältnisse auf einem Schiff sind das Paradigma jeder Gesellschaft. Es gibt die Menschen auf Deck und die Menschen unter Deck; die Passagiere und die Mannschaft. Die Passagiere erster, zweiter und dritter Klasse (woher der Begriff »drittklassig« stammt). Es gibt den Kapitän, der die absolute Befehlsgewalt innehat, den »Souverän« und die Leute an der Kapitänstafel.

Auf der »Foch« fand ich maßstabgerecht das Modell der gesellschaftlichen Grundstrukturen wieder, das sich mir in Paris so eindrucksvoll zu enthüllen begann. Oben und unten. Spitze und Basis der Pyramide. Das Babuschka-Prinzip auch hier.

Zwei Welten. Die eleganten Leute vom Oberdeck, die mit einer Mischung aus Wohlwollen und Vorsicht das Völkchen aus dem Bauch des Walfisches unter sich duldeten. Man mochte wohl erlauben, daß wir auf die Sonnendecks kamen, und bei besonderen Anlässen, wie Vorträgen und den abendlichen Tanzereien, die Gesellschaftsräume betraten – eine Gleichheit war nicht zu fingieren, was bei der Kleidung begann, die einen trugen ihr Räuberzivil, die anderen zogen sich mehrere Male am Tag um.

Während wir unter Deck, im fahlen Licht einer geöffneten Ladeluke, an unseren tischtuchlosen Holztischen aßen – das Essen war derb und reichlich, es gab Wein »à gogo« –, tafelte man in den Speisesälen der Passagierdecks zu späterer Stunde als wir, so daß wir, wenn wir nach der Mahlzeit

285

emporstiegen, um etwas Luft zu schnappen, das letzte Verglühen der untergehenden Sonne am Horizont zu erleben, um, in der Ägäis, mit lüsternen Nüstern die thymiangewürzten Duftschwaden zu schnuppern, die ein milder Wind von einer Insel herüberwehte, die wir nicht sahen, an den messinggerahmten Bullaugen vorüberstrichen, hinter denen, an weißgedeckten runden Tischen, bei Kerzenschein, die feinen Leute speisten, für den Abend gekleidet, wie es sich gehört, in der Uniform der Gesittung, die Frauen mit Dekolleté, tausendmal schöner als am Tage.

Das war normal so, das konnte ich neidlos anerkennen, denn ich bildete mir ja ein, daß ich hierhin und nicht dorthin gehörte. Auch meinen Reisegefährten Tolstoi kratzte das gar nicht. Er hatte die Seele eines Anarchisten, der grundsätzlich jeden Standesunterschied leugnet und ihn darum überhaupt nicht wahrnimmt, was sein aristokratisches Selbstbewußtsein nicht mindert. Seine Demut würde ihn nicht davon abhalten, aufmüpfige Leibeigene auspeitschen zu lassen. Das war sein unwiderstehlicher russischer Charme. Leibeigene hatte er nicht mehr, er besaß nur, in der Nähe von Toulouse, einige Kohlrabifelder, die er von seinem Vater geerbt hatte, der, in den späten zwanziger Jahren noch, mit Sondergenehmigung Lenins die Sowjetunion verließ, enteignet, aber mit genügend Barmitteln, um sich in Südfrankreich anzukaufen. Da wurde Sascha auch geboren. Opfer seines herrisch-barbarischen Anarchismus waren jetzt die Frauen, die er, ob Prinzessin oder Prostituierte, in gleicher Weise venerierte und schlug. Aber Frauen mußten her. So hatte er auf dieser Reise nur eins im Kopf: Mädchen aufzureißen. Das war auch der einzige Grund, warum er sie angetreten hatte, und er erwartete von mir, daß ich ihn als ergebener Spießgeselle bei seinem Vorhaben unterstützte. Er ging ganz systematisch vor, und während ich mich noch im Liegestuhl sonnte und meiner sonnenbebrillten, schwer eingecremten Nachbarin, einer Arztfrau aus Lille, unschuldig von den Saint-Simonisten erzählte, suchte er, treppauf, treppab, alle Decks nach frischer Beute ab.

Das Wild hielt sich versteckt, vielleicht um sich vor dem gefährlichen Sonnenbrand des ersten Tages zu schützen, vielleicht wegen mangelnden Interesses für eine Meeresoberfläche pur, vielleicht halbbekleidet ausgestreckt auf dem Bett in der Kabine mit der Lektüre der mitgenommenen Reiseführer beschäftigt, *Guide Bleu Proche Orient,* wofür zu Hause die Zeit nicht mehr gereicht hatte. Es mußte die Mädchen doch geben. Diese Leute haben erwachsene Töchter und nehmen sie auf so eine Reise mit. Geschenk zum bestandenen bachot. Logisch! Aber zu sehen war nichts. Erst nach Palermo, in Nauplia hat Sascha die Fährte aufgenommen.

Ich stieg gerade auf dem Fallreep zu den tuckernden Booten hinunter – die uns zu dem kleinen venezianischen Hafen hinüberbringen sollten und sich, als könnten sie es nicht erwarten, an die Reihe zu kommen, wie eine japsende Meute ungebärdig um den Schiffsrumpf drängten –, als ich, nur darauf bedacht, niemandem auf die Hacken zu treten, in dem allgemeinen Lärm deutlich seine Stimme vernahm. Er stand oberhalb von mir, noch an Deck, weit vorgebeugt über die Reling gelehnt, und zeigte mit dem ausgestreckten Zeigefinger seiner rechten Hand in das Getümmel unter uns. Indem er hektisch-rhythmisch mit seinem Index ins Leere stieß, wollte er offensichtlich meinen Blick in eine bestimmte Richtung, auf einen aus seiner Perspektive eindeutig erkennbaren Punkt lenken. Er war erregt und strahlte über das ganze Gesicht. »As-tu vu les filles?« schrie er. Das war der Ruf eines Jägers auf einer Treibjagd zu seinem Nebenmann: Tir haut!

Ich hatte nichts gesehen und konnte nichts sehen. Erst auf dem Quai – Sascha hatte mich am Ellbogen gepackt und schubste mich unsanft vor sich her – sah ich das Objekt, das er im Visier hatte. Deux jeunes filles en fleures. Hübsch, frisch, appetitlich, attraktiv. In pastellfarbenen Kleidern, eine Twinsetjacke über der Schulter. Sascha schlug mir auf den Rücken, daß ich zusammenzuckte. Ça y est, mon vieux!

Von diesem Augenblick an war alles anders.

Das Signal war gegeben. Von einer Sekunde auf die andere veränderte sich das Szenario. Es war nicht mehr dieselbe Reise. Ich spielte eine neue Rolle in einem anderen Film.

Ich konnte die orientalistischen Referenzen vergessen, die Saint-Simonisten, die Mission de la Mère, Lamartine und Chateaubriand. Das neue Stück hieß Fuchsjagd, gedreht auf einem Musikdampfer, der in der Ägäis herumfuhr. Alles, die Häfen, Inseln, Ruinen, Mondnächte auf offener See, Busse, Eseltreiber, war jetzt nur noch pittoreske Kulisse für das dämliche Suchspiel »zwei Jungen aus dem Unterdeck sind hinter zwei Mädchen vom Oberdeck her«. Das Drehbuch sah vor, daß jeder den ihm vorbestimmten, ihm unbekannten Partner suchen, finden und »verführen« mußte, was immer das hieß.

Einer fernsehgeschulten Generation, die bei den gegebenen Umständen jetzt ganz selbstverständlich einen Ablauf erwarten darf, wie er ihr in jedem Samstagnacht-Soft-Porno geboten wird – die Pärchen finden sich schnell und ficken dann vergnügt auf nächtlichen Decks, in Rettungsbooten, hinter Taurollen und in fremden Kabinen –, rate ich jetzt zu zappen. Von dergleichen konnte in unserem Szenario überhaupt nicht die Rede sein. Wir schreiben die fünfziger Jahre.

Aber auch für damalige Verhältnisse war ich für die mir zugedachte Rolle denkbar ungeeignet. Ich war unfähig, Mädchen aufzureißen, habe es nie gekonnt und auch nicht gelernt. Trotz meines fortgeschrittenen Alters klebten mir die pubertär-romantischen Eierschalen noch hinter den Ohren. Aber ich ließ mich, wider besseres Wissen und Gewissen, mitreißen, meine

Neugierde war größer als meine Vorsicht – ein Abenteuer, warum nicht, ein Experiment. Ich hatte nur einen Anhaltspunkt: ein feines Profil mit scharf geschnittener, etwas spitzer Nase; zwei Ohrringe, nicht, wie bei diesem Typ von Mädchen üblich, Perlen im Ohrläppchen, sondern etwas zigeunerhafte »Creolen«; die Andeutung eines verschmitzten Lächelns (vielleicht eingebildet). Das hatte mir auf Anhieb gefallen. Ich machte also mit, ohne zu ahnen, wie weit mich mein Mitläufertum führen würde, daß aus dem Spaß bitterer Ernst werden könnte. *Sic voluere fata.*

An Bord war nicht viel zu machen, der Zutritt zu den Oberdecks war streng geregelt. Die »Jagd« fand auf dem Lande statt, was auch nicht leicht war, denn die Herrschaften der ersten Klasse machten organisierte Exkursionen mit archäologischer Führung in Sonderbussen. Wir waren uns selbst überlassen. Man mußte also herausbekommen, wie das offizielle Programm lief, und versuchen, rechtzeitig am richtigen Ort zu sein.

Athen. Dieser dumme Likabetos. Dieser Schrumpfzuckerhut. Die häßlichste, verkommenste, verstaubteste Stadt, die ich je gesehen habe, in der mir die Akropolis völlig deplaziert vorkam. Sie hatte in diesem Balkankaff, mit ihren byzantinischen Zwergkirchen, nicht das geringste zu suchen. Ein Juwel aus Rosenquarz auf einer Müllhalde. Aber ich folgte der Exkursion auf ihrem Weg zum Pantheon, nicht um die Karyatiden zu sehen, sondern um den Moment abzupassen, an dem sich das *Profil* zeigen würde. Vergeblich. Es tauchte unverhofft im Museum hinter einer Vitrine mit schwarzgelben Vasen auf und versetzte mir einen Stich ins Herz.

In Konstantinopel wich mir Sascha nicht von der Seite, der eine Nargyleh kaufen wollte und ausschließlich daran interessiert war, den großen Basar zu finden. Die Mädchen schien er vollkommen vergessen zu haben. Mich trieb es hinaus in das Häuschen von Loti, hinter den Friedhöfen mit den tausendjährigen Zedern, wo hinzukommen es nicht leicht war, weil die Taxichauffeure mich nicht verstanden (oder nicht verstehen wollten). Es gelang dann doch, nachdem Sascha einen Wutanfall simuliert hatte.

Wo war sie? In Topkapi, vermutlich, auf der offiziellen Besichtigungstour der Herrschaften aus der première classe. Ich hätte ihr dies kleine Haus zeigen wollen, etwas erzählen von den poetisch-melancholischen Romanen des Julien Viaud. Ganz zart verspürte ich das seltsame Bedürfnis, mit ihr, deren Abwesenheit mir absurderweise schmerzlich war, die Freude über etwas zu teilen, was meinem Herzen nahestand. Ein gefährliches Zeichen! Statt dessen saß ich da mit Sascha, auf wackeligen Stühlen, trank türkischen Kaffee und schaute sehnsuchtsvoll durch die Zedern auf das Goldene Horn – ganz klein am Horizont, vor dem sich rötlich verfärbenden Himmel, die Minarette der Hagia Sophia.

Auf der Rückfahrt lockerten sich die Verkehrsbedingungen an Bord ein wenig. Allabendlich wurde getanzt, und alle Säle waren allgemein zugänglich. Man konnte sogar hinaufgehen auf die Kommandobrücke, wo der Kapitän den VIPs die Radaranlage erklärte. Da stand, während neugierige Passagiere, in sommerlicher Abendkleidung, in dem großen, leicht gekrümmten Panoramaraum herumstolzierten und sich entzückt über den bläulich schimmernden Bildschirm neigten, auf den sich, in einem silbernen Koordinatennetz, der Kurs des Schiffes einzeichnete wie eine Kometenbahn – stand aufrecht, stumm und regungslos der Maat am Steuerrad in blütenweißem Matrosendreß, dessen um die schmalen Hüften straff anliegenden Keilhosen seine knackigen Arschbacken grandios zur Geltung brachten, ein Sinnbild männlicher Kraft und Herrlichkeit, unmöglich nicht an *Querelle* zu denken. Weiß der Himmel, warum mir jetzt, wo ich dies schreibe, vierzig Jahre später, ausgerechnet dieser knackige Arsch des Rudergängers einfällt, während ich doch die sehr delikate seelische Verfassung eines jungen Mannes beschreiben muß, der nichts anderes im Sinn hat, als ein Profil, das ihn auf unerklärliche Weise erregt und in einen Dauerzustand unerträglicher diffuser Erwartung versetzt.

Die glänzende Nacht, der Sternenhimmel, das spiegelglatte, quecksilberig schillernde Meer. Das Setting war ideal. Der Regisseur machte seine Sache gut. Jetzt mußte es geschehen. Das Profil (mit den Ohrringen) trat in mein Blickfeld. Es gab keine Möglichkeit, sie nicht zu begrüßen. Sie lächelte verschmitzt, als wolle sie sagen, sie habe mich schon überall vergeblich gesucht. *Action!*

Die ersten Worte sind reine Qual. Ich weiß meine »Zeile« nicht. Die Situation ist gerettet, als sie mir ihren Namen sagt. Jeder Name hätte mich entzückt, und ich hätte ihn wunderbar gefunden, weil es der ihre war, aber in diesem Fall geschah etwas Besonderes, Geheimnisvolles. Sie hieß Laure, ganz einfach, doch in meinen Ohren klang das wie ein Signal, ein Schlüsselwort, eine Losung, die eine mir ganz persönlich und allein bestimmte Botschaft barg. Ein Schibboleth. Wie sie das aussprach, Laure, als wollte sie sagen: erkennst du mich wieder, ich bin es! Ja. Sie war keine Fremde. Seltsames Sinnspiel der Laute. Laure, das klingt ganz wie *l'or. Je cherche l'or du temps.* Und so als wäre plötzlich ein kosmischer Lichtstrahl auf sie gefallen, sah ich das Mädchen jetzt vor mir, verklärt durch die magische Aura ihres Namens. Ein Beleuchtungseffekt des Regisseurs? Es war wohl nur der Mond, der ihr Haar und das Profil wie ein hinter ihr verstecktes Spotlicht beleuchtete.

Um mich ihrer physischen Gegenwart zu versichern, um mich zu versichern, daß sie real anwesend war, nicht um sie sinnlich zu berühren, lege ich – wir stehen dicht nebeneinander über die Reling gebeugt – meine

Hand auf ihre Hand, die sich nicht sofort entzieht. Ein *Zeichen!* Sie hat mich angenommen.

Man redet n'importe quoi, aber es ist klar, daß nicht das Zusammenreden, sondern das Zusammenstehen das wichtige ist. Die Kreuzfahrt, alles, was man gesehen hat, Athen, Istanbul, Smyrna, Rhodos, Santorin (die Eselkarawane das steile Kraterriff hinan) kein Thema. *Zusammen schweigen.* Ein Herr nähert sich, man stiebt auseinander. Was will er? Man findet sich auf einem tieferen Deck wieder, man schaut in die Sterne. Ob man sich wiedersehen wird, darum geht es. – »Vous voulez vraiment?« Ein herausfordernder Seitenblick. Ist da ein Vorbehalt zu spüren oder so etwas wie Neugierde, ein Interesse, ein Wunsch ihrerseits? Ja, natürlich (es ist gar nicht natürlich), man wird sich wiedersehen, in Paris. Ein erster *Triumph!* Ihre *Adresse*, nicht sofort, am nächsten Tag erst, auf einen kleinen, zusammengerollten Notizbuchzettel geschmiert, mit einer Telefonnummer, konspiratorisch in meine Hand geschoben, das darf niemand sehen. Unser *Geheimnis.*

Wir sehen uns jetzt, so oft wir können. Wir wollen (ich will mit ihr) allein sein. *Störende Dritte.* Zum Beispiel lästige Zahnarztgattinnen, denen ich auf der langen Überfahrt von Marseille auf dem Sonnendeck von den Saint-Simonisten erzählt habe und die jetzt kommen, weil sie es genauer wissen wollen. Oder jener bewußte Herr, wie sich herausstellt der Chaperon, von den Eltern, die nicht auf dem Schiff sind, beauftragt, auf sie aufzupassen. Mon protecteur. Jetzt findet sie ihn auch lästig. Immer sehr schick, im Blazer, Seidenhalstuch, in weißen Flanellhosen, weißen Deckschuhen. Was steht sie nur dauernd mit dem Kerl aus der *classe spéciale* herum, muß er sich besorgt fragen, sage ich. Soll er, sagt sie spitzbübisch. Sie möchte, daß ich ihr zeige, wo wir hausen. Ich tue es ungern. Sie gehört da nicht hin, finde ich. Ihr hätte es nichts ausgemacht, sagt sie, da unten einquariert zu sein. Sie findet es eine tolle Idee von der Reederei, die Kreuzfahrt für Studenten zugänglich gemacht zu haben. *D'habitude il n'y a que des vieux.* Ich hätte Sie ja auch sonst gar nicht kennengelernt, denken Sie nur! Es bedeutet ihr also etwas, den Studenten kennengelernt zu haben. *Stolz und Entzücken.*

In der letzten Nacht ein *Kuß* auf die Wange. Leichter Flaum. Keine Schönheit, denke ich, aber alles an ihr gefällt mir. Was eigentlich? Die Haltung, der nonchalante Gang, eine betonte Gleichgültigkeit für ihre Kleidung, jeder Verzicht auf Kosmetik, die *elegante Silhouette* und dann die Intonation ihrer Stimme, die Art, wie sie spricht, die langgezogenen Vokale, Der Oberschichtakzent. Sonst finde ich das albern, bei ihr entzückt es mich. Ein natürliches gewinnendes Lachen. Lauter Äußerlichkeiten, gib's zu. Unsinn: Rasse, Klasse. Ein *je-ne-sais-quoi.* Qualität. (Was meinst du damit? Läßt sich Qualität physiognomisch erfassen? Wie denn sonst? Physiognomie ist Wesenserkenntnis.) Kein gewöhnliches Mädchen. Ein außerordentliches

Geschöpf. Etwas Kostbares, im Grunde Unnahbares, Irreales. Ich war, wie man sieht, von der Aura von Laura vollkommen geblendet. Wie nennt man das?

In Marseille Trennung. Die furchtbare Angst, sie trotz aller Versprechen und Beteuerungen nicht wiederzusehen. »Rufen Sie mich an, sobald Sie in Paris sind!« Ich fahre nicht gleich mit dem Sonderzug zurück, weil ich noch ein paar Tage auf dem Gütchen von Sascha bei Toulouse verbringen will. Die langsame Prozession der Ausschiffung. Die Herrschaften der ersten Klasse auf dem Fallreep, das Völkchen aus dem Laderaum über den Laufsteg. Ich sehe noch, wie sie zu einem großen Wagen läuft und von einem distinguierten Paar in die Arme geschlossen wird. Ich existiere nicht mehr. *Ich bin untröstlich.*

Bei Sascha

In Toulouse hatte ich herrliche Tage. Kein Schloß, nicht einmal ein Guts-haus, eine auf Steinpfosten, anderthalb Meter über dem Boden errichtete, von einem Balkon umlaufene Holzbaracke, ein Bungalow im wahrsten, ko-lonialen Sinne des Wortes, geräumig, luftig, kaum möbliert, Korbsessel, propellergroße Ventilatoren an der Decke, von der Fliegenfänger hingen, grüne, etwas eingebeulte und löcherige Fliegennetze vor den Fenstern, die man von außen mit ungestrichenen Holzläden verschließen konnte. Darun-ter amerikanische Benzinkanister, Drahtrollen, Stapel von Obstkisten, Schläuche, Farbtöpfe, Hacken, Harken, Schaufeln, Spaten, Waschkübel, Wäscheleinen, große und kleine Körbe, Ballonflaschen, Mülltonnen, leere Konservenbüchsen, jede Menge Weinflaschen, Bierflaschen kastenweise, Werkzeug. Hier nach irgendeiner Ordnung, einem System zu suchen, war ein typisch deutscher Reflex, den ich schnell unterdrückte. Die Stadt Tou-louse war in walking distance. Wir speisten täglich im besten Restaurant am Platz, mit dessen Besitzerin, einer jungen voluptuösen Frau, Sascha ein Verhältnis hatte. Die Rechnung schob er, ohne sie eines Blickes zu würdi-gen, mit einem breiten Lächeln, das sein Vergnügen über die vorzügliche Mahlzeit und seine Zufriedenheit mit dem Entgegenkommen seiner Freundin bekundete, in die Schublade einer Spiegelkonsole, die im Vor-raum stand.

Vormittags saß ich fleißig an der Schreibmaschine und tippte meine Rei-seeindrücke für Dr. Sperr. Nachmittags – während Sascha mit einer alten Schrotflinte bewaffnet in Gummistiefeln durch seine Artischockenplantage stapfte, auf Vogeljagd –, versuchte ich, mit Paris zu telefonieren, was damals noch eine sehr zeitraubende Angelegenheit war. Am anderen Ende antwortete schließlich eine gepflegte Männerstimme. Ich dachte, es sei der Vater, und fragte sehr höflich, ob ich vielleicht mit Laure sprechen könnte. »Mademoiselle Laure est sortie.« Sie war immer sortie. Die Männerstimme war, wie ich später erfuhr, die Stimme von Raoul, dem Butler.

Sascha beobachtete meine Versuche, den Faden meiner Kreuzfahrt-Amoure weiterzuspinnen, nicht wegen der Telefonrechnung – seine Großzügigkeit kannte keine Grenzen –, sondern wegen der Widrigkeiten, die mich erwarteten, mit Sorge. »Laß die Hände weg von der Göre. Tu perds ton temps.«

Ich habe auch diesen Ratschlag nicht befolgt. Ich war in jenem Zustand, den man als Verliebtheit bezeichnet. Dichter, Sexualwissenschaftler, Komparatisten haben ihn beschrieben und zu analysieren versucht.

»Der Jüngling sieht das Mädchen; es mag ein gewöhnliches Gesicht sein, eine zufällige Gestalt aus der banalsten Umgebung. Aber das gibt den Anstoß. Eine Erinnerung steigt auf, eine unklare Reminiszenz. Die äußere sterbliche Gestalt hat sich mit der inneren unsterblichen Gestalt verschmolzen, und dann taucht im Bewußtsein eine leuchtende und strahlende Form auf, die nicht von dieser Welt ist... Das Erwachen dieses Bildes berauscht den Mann, es leuchtet und blüht in ihm. Eine Göttin – vielleicht Venus selbst – steht im heiligen Raum seines Tempels: das Gefühl eines furchterrenden Glanzes erfüllt ihn, und die Welt verwandelt sich für ihn... Er kommt in Berührung mit der sehr realen Gegenwart einer Macht... und fühlt in sich selbst dieses viel weitere Leben, das vielleicht subjektiv ist, aber auch in intensiver Form objektiv. Ist es vielleicht nicht auch evident, daß die Frau, die sterbliche Frau, die eine solche Vision hervorruft, gewissermaßen innigst mit ihr selbst verbunden ist und daß sie viel mehr als eine Maske oder eine leere Formel ist, die ihn an sie erinnert? Nicht weniger als im Mann wirken in ihr innerlich tatsächlich tiefe unbewußte Kräfte, und das Ideal, das sich ekstatisch im Mann gezeigt hat, ist aller Wahrscheinlichkeit nach eng verbunden mit dem, was (als objektiver Archetypus) in stärkster Weise in der Erbmasse der Frau gewirkt hat, indem es dazu beitrug, ihre Form und ihre Gestalt zu bilden. Man braucht sich also nicht zu wundern, daß ihre Gestalt es ihm in Erinnerung zurückruft. Wenn der Mann in ihre Augen hineinblickt, wird er in Wirklichkeit durch ihre Augen hindurch ein viel tieferes Leben erschauen als das Leben, dessen sie sich selbst bewußt sein kann und das doch das ihre ist – ein ewiges und wunderbares Leben. Was in ihm mehr als sterblich ist, erblickt in ihr das, was mehr als sterblich in ihr ist, und die Götter steigen herab, um sich zu begegnen.«

Die mysteriöse *cristallisation* hatte stattgefunden. Dergleichen hatte ich noch nicht erlebt. Es traf mich völlig unvorbereitet. Hätte ich vorausahnen können, was mich erwartete, wäre ich geflohen.

HSP

Mit dem Bild von Laure, das ich in mir trug und das keine Sekunde, auch im Schlaf nicht, aufhörte, seine verzaubernde Wirkung auf mich auszu-üben, fuhr ich, von Saschas besten Wünschen für Erfolg begleitet, nach Paris zurück. Sie wollte mich vom Bahnhof abholen, sie stand am Bahnhof, Gare d'Austerlitz, am Ende der Taxischlange. Das verschmitzte Lächeln, die Carmen-Ohrringe. Ich bemerkte als erstes, daß an ihrem dunkelblauen Schulmädchenmantel ein Knopf abgerissen war. Sie legte auf ihre Kleidung offensichtlich überhaupt keinen Wert, was mir äußerst sympathisch war. »Salut, Nicolas«, sagte sie ganz selbstverständlich, wie zu einem vieux copin. Wir brachten meine Koffer zum Henri IV – »quelle jolie adresse«. Laure wartete im Taxi, und jetzt brachte ich sie nach Hause, 34, Avenue de Jena.

Das Taxi hielt vor einem *hôtel particulier,* in dessen Portal sie ver-schwand. Sie hatte mir in aller Eile noch gesagt, daß wir uns am nächsten Nachmittag im *Flore* treffen könnten. Ne téléphones pas! Ich verstand nicht sofort, daß das ein Vertrauensbeweis war.

Die Eltern von Laure gehörten zu einer besonders exklusiven Fraktion der französischen Großbourgeoisie, der *Haute Société Protestante* (kurz ge-nannt HSP), der *Banque Protestante,* deren Namen Mallet, Schlumberger, Hottinger, Pourtalès einen ebenso guten Klang hatten wie die Namen der *Haute Finance Juive* und des *Gratin* des Faubourg St. Germain. Sie waren alle miteinander verwandt, streng endogam, häufig aus dem Elsaß, manche mit Schweizer Aszendenz, Genfer wie Necker, der Vater von Madame de Staël, der auch schon dazugehört hatte. Das Feinste vom Feinen, wenig-stens hielten sie sich dafür. Die Vermögen waren alt, und der Lebenszu-schnitt hatte sich seit hundertfünfzig Jahren nicht geändert. Man wohnte in einem Stadtpalais im VIII. oder XVI. Arrondissement, hatte ein Schloß auf dem Lande, in der näheren Umgebung von Paris, und ein Chalet in St. Mo-ritz oder ein Mas in Grasse.

Die starken Persönlichkeiten, die für den Zusammenhalt und Zucht und Sitte der einzelnen Clans sorgten, waren Frauen. Hochmögende, herrische, gestrenge Damen, die, nicht nur von den Männern ihrer Familien, Vätern und Söhnen, sondern in der ganzen Pariser Gesellschaft gefürchtet waren.

Meine Situation war genau dieselbe wie auf der Kreuzfahrt. Ich konnte das Mädchen nur sehen, wenn es seinen Bewachern entwischte. Es war natürlich nicht daran zu denken, daß wir uns täglich trafen. Dieser Umstand hätte meiner Tätigkeit in der Bibliothèque Nationale sehr zustatten kommen können, versetzte mich aber in einen Zustand depressiver Gereiztheit, der das Interesse an meiner Arbeit auf den Nullpunkt brachte. Immer war ich in Erwartung eines Anrufes, schaute in meinem Fach nach einem Zettel mit einer Nachricht von ihr, wartete tagelang auf das nächste Rendezvous. Und die Wartezeiten waren um so unerträglicher, als es mir unmöglich war, mich auf irgend etwas anderes zu konzentrieren.

Manchmal sahen wir uns länger als eine Woche nicht. Wenn wir uns trafen, war es nur für kurze Zeit, meistens nicht mehr als eine Stunde. Sie hatte einen Terminkalender wie ein Minister, sprach ständig von Parties, Wochenendausflügen, Tanzereien, von Freundinnen und Freunden, Cousins und Cousinen (tiens, Rose läßt schön grüßen), tat dabei so, als ob sie sich gar nicht dafür interessierte, als ob ihr das überaus gleichgültig wäre, das waren ihre Verpflichtungen. Irgend etwas daran zu ändern, schien ihr überhaupt nicht in den Sinn zu kommen. Sie nahm Malunterricht in einer privaten Malschule für höhere Töchter. Sobald sie die Aufnahmeprüfung bestanden haben würde, wollte sie an die *École du Louvre*. Manchmal erlaubte sie mir, sie von ihrem Malkursus abzuholen. Auf keinen Fall wollte sie, daß ich sie nach Hause brachte oder von zu Hause abholte.

Das empfand ich als besonders kränkend, aber sie erklärte mir ganz unbefangen, daß ihre Eltern unsere Beziehung mißbilligten. Nach der Reise hatte sie ihnen von mir erzählt und vorgeschlagen, mich ihnen vorzustellen, wie es normal gewesen wäre, war aber auf eisige Ablehnung gestoßen. »Il faut se méfier des gens d'Europe Centrale.« Ihr war das egal, sagte sie, aber wir müßten sehr vorsichtig sein. Sie legte offenbar Wert darauf, trotzdem mit mir zusammenzukommen, interessierte sich für das, was ich tat, wollte alles genau wissen, und wenn ich ungeduldig wurde und erklärte, ich hielte diesen Zustand nicht aus, er sei meiner nicht würdig, es wäre besser, wir würden uns trennen, sagte sie ganz empört, das käme überhaupt nicht in Frage. Warum, fragte ich mich dann, sah sie mich überhaupt?

Das Problem lag nicht zwischen uns. Es war nicht eine Frage der Reziprozität unserer Zuneigung. Sie verhehlte mir nicht, daß sie mich mochte, und akzeptierte, daß ich um sie warb. Was zwischen uns stand, war etwas anderes. Unsere Schwierigkeiten lagen nicht im sentimentalen oder erotischen, sondern im sozialen Register. Zum erstenmal war ich in Paris an die Sozialschranke gestoßen. Ich hatte es konkret mit den Ausschließungsmechanismen jener französischen Gesellschaft zu tun, die ich mit soviel Enthusiasmus und Wißbegierde zum Hauptgegenstand meiner Studien gemacht hatte.

Aus der Warte ihrer Eltern war ich ein dahergelaufener Abenteurer, des-

sen Namen und Familie man nicht kannte, ein Halb-Balkanese, ein alter
Student, ein Bohemien, ohne Vermögen, ohne Berufsaussichten, *sans situation* – genau der Typ, vor dem man seine Töchter schützen mußte, wenn
man es mit ihnen gut meinte. Sie hatten vollkommen recht.

Laure war für mich unerreichbar, weil sie zu einem Milieu, zu einer
sozialen Sphäre gehörte, zu der ich, auch wenn sie es gewollt hätte, keinen
Zutritt finden konnte. Ich brauche nicht zu sagen, daß sie mir in dieser
Unerreichbarkeit nur um so kostbarer erschien.

Sie zu gewinnen und zu besitzen, wurde so, ohne daß ich mir im geringsten über meine Motivation klar war, zu einer Existenzfrage, einer Ehren-
sache, bei der es gar nicht mehr darum ging, was für Gefühle ich für dieses
Mädchen empfand. Es ging um die Bestätigung meines gesellschaftlichen
Status.

Was ich konstatierte, war eine Steigerung der Intensität meines Begehrens. Aus einem Spiel war Ernst geworden. Ich litt schreckliche Qualen,
aber schrieb dieses Leiden nicht, was richtig gewesen wäre, meinem ge-
kränkten Selbstwertgefühl zu, sondern interpretierte es als untrügerisches
Zeichen dafür, daß meine Verliebtheit in ein neues, höheres Stadium eingetreten war, in das Stadium der »Großen Liebe«. Ich bildete mir ein, ich
könne ohne Laure nicht mehr leben. Welches auch immer die Umstände
waren, der Intensitätsgrad war echt. Ich handelte nicht mehr mit klarem
Kopf, es brodelte in mir, ich war wie besessen. Und wie nicht anders zu
erwarten, machte ich alles falsch.

Unser Verhältnis wurde enger. Die Zeit, die wir zusammen verbrachten,
nahm zu; unsere Gespräche wurden vertraulicher, unsere Körpersprache
zutraulicher. Sie hatte nichts dagegen, wenn ich ihr den Arm um die Schultern oder eine Hand aufs Knie legte oder ihren feinen leicht geschwungenen Hals streichelte, am unteren Rand des Haaransatzes, den ihre Gar-
çonne-Frisur für Liebkosungen freigab. Auch nahm die Verweildauer ihrer
Hand in der meinen zu, eine große, nervöse, langfingerige Hand, mit sau-
beren unmanikürten Nägeln (am kleinen Finger der Linken ein diskreter
goldener Wappenring, *Chevalière* genannt, wie ein Marken- und Gütezeichen, der »Knopf im Ohr«). Ich registrierte all diese kleinen Zeichen ge-
nauestens, symbolisch, als Beweise einer schrittweisen Annäherung, als
Demonstration eines Einverständnisses, als Unterpfand eines Paktes, als
Vorstufen zu einem Höchsten, Letzten, dem absoluten »Liebesbeweis«, der
bestehen würde in der Einwilligung zum Vollzug des äußersten Grades
physischer Intimität. Das war das ersehnte, hartnäckig angestrebte Ziel.
Paradoxerweise reizte mich ihr Körper gar nicht. Ich war nicht scharf auf
sie. Ich wollte sie besitzen.

Quatorze Juillet

Die Nacht der Entscheidung war der 14. Juli. Quatorze Juillet. Der Nationalfeiertag der Franzosen. Das Fest der Französischen Revolution. Das Fest der *Revolution qui recommence toujours et qui est toujours la même* und die nicht zu Ende ist. Wir wollten es zusammen verbringen. Das war möglich, weil die Eltern von Laure ihr Pariser Haus verlassen hatten, um wie jedes Jahr den Sommer auf ihrem Landsitz zu verbringen. Das Personal hatten sie mitgenommen, auch den treuen Raoul, der das Telefon unter Kontrolle hatte. Laure war allein zurückgeblieben, weil ihre Malschule erst am 14. Juli Ferien machte. Sie hauste allein in ihrem Zimmerchen unter dem Mansardendach. Ich konnte sie jetzt anrufen. Und einmal schmuggelte sie mich sogar in das Haus. Leise, leise vorbei an den Portiersleuten, einem portugiesischen Ehepaar, das die Einfahrt überwachte. Es gab einen Fahrstuhl! In den Salons waren die schweren Damastvorhänge zugezogen, die Möbel von weißen Schutzbezügen bedeckt und die Teppiche aufgerollt, die Vitrinen leer, ihr Inhalt in den Schränken. Laure sprach von einer berühmten Sammlung Compagnie-des-Indes-Porzellan. Und das ist das Arbeitszimmer von Papa! Es sah aus wie ein richtig gemütliches Studierzimmer, Bücher an allen Wänden in allen Regalen, auf einem Tisch wissenschaftliche Zeitschriften, ein Mikrofilmlesegerät, ein Vervielfältigungsapparat. Papa hatte sich schon als junger Mann aus dem aktiven Bankgeschäft zurückgezogen und naturwissenschaftlichen Studien gewidmet, war ein *homme d'études* geworden, ein Amateurforscher, ein Privatgelehrter, Vulkanologe, der auf internationale Kongresse reiste und jeden Vulkanausbruch in der Welt persönlich in Augenschein nahm. In Fachkreisen hatte er einen wohletablierten Ruf. Was für ein sympathischer Herr! Es war durchaus denkbar, daß wir uns glänzend verstanden hätten, ein idealer Schwiegervater. Aber gerade dieser Gedanke, seine skandalöse Möglichkeit, vielmehr seine Unmöglichkeit war es, die uns abgrundtief trennte. Es war klar, daß Laure diesen Vater vergötterte. Ihre Mutter schien sie zu hassen. Die war ein Drachen.

In das Gemach der jungen Dame durfte ich nur einen kurzen Blick werfen. *Il y a trop de désordre!* Ich konnte nicht widersprechen. *Toiles de Jouy,* an den Wänden, über dem Bett. Auf einem weißgestrichenen Brett darüber Puppen und Plüschtiere. *Tiens, sie greift hinauf, je te le donne, mon chat préféré. Promets moi, que tu sera gentil avec lui.* (Ich habe das kleine Vieh heute noch.) Ich war sprachlos vor Glück. Das war ein Versprechen. Die Geste war eindeutig. Sie hatte mir den Fetisch ihrer Kindheit geschenkt, hier, nimm, ich will kein kleines Mädchen mehr sein, ich bin kein kleines Mädchen mehr, aber sei lieb mit meiner kleinen Katze, bitte. *Mon chat.*

Ich faßte Laure mit beiden Händen an den Hüften und zog sie an mich. Körper an Körper gepreßt standen wir und guckten uns in die Augen. Nicht länger als eine Sekunde, dann entwand sie sich. Ich hatte sie nicht mit meinen Lippen geküßt. Aber meine Augen hatten sie geküßt. Ihre haselnußbraunen Äuglein. Ich habe sie kurz aufleuchten sehen, die Göttin blitzte mich herausfordernd an, dann plötzlich trübten sie sich, verloren jeden Glanz, und es waren die Augen eines verängstigten Tieres.

Wir trafen uns auf der Place d'Alma und zogen über die Seine, Esplanade des Invalides, Boulevard des Invalides, Richtung Montparnasse, Saint-Germain-des-Prés. Ganz Paris war auf der Straße. Hunderte, Tausende von Menschen, Junge, Alte, Männer und Frauen. Ich hatte davon gehört. Ich hatte es nicht geglaubt. Das Volk, le peuple. Da war es. Keine abstrakte Größe, keine Masse, keine Kundgebung, kein Aufstand – organisch, spontan, konkret, sinnlich, spürbar in seiner Kraft, in seiner Lust, in seiner Herrlichkeit. Beiderlei Geschlechts. Menschheit. Le Grand Être. Bibliotheksmensch, Bücherratte, Erforscher der idées sociales, Soziologe, sperr Auge und Ohren auf! Hier zeigt sich dir, was du in deinem Kopf bewegst, in lebendiger Anschauung. La fête de l'humanité. Und du bist dabei. Du gehörst dazu, du und dein Mädchen, klassenlos, frei von allen gesellschaftlichen Fesseln, souverän, denn das Volk ist der Souverän.

Überall, von Auteuil bis zur Bastille, von Clignancourt bis zur Porte d'Orléans, waren auf den Plätzen Tanzböden aufgestellt, geschmückt mit Girlanden von bunten Glühbirnen. Überall standen, vor den Cafés, den Restaurants, den Bistros, den Brasserien, lange Tische mit Bänken. Überall tönte Musik, live von kleinen Orchestern, von einer Ziehharmonika, aus krächzenden Lautsprechern, keine Samba und kein Boogie-Woogie, kein Cha-Cha-Cha, sondern Valse musette, der Soundtrack eines Films von Carné. Überall wurde getanzt. Und die Tanzwut ergriff uns wie ein Rausch. Wir drehten uns in dem wogenden Meer der unzähligen Paare. Wir drehten uns im Kreise, bis wir schwindlig wurden. Dann setzten wir uns, bevor wir weiterzogen – Hand in Hand, zum nächsten Platz, um weiterzutanzen –, außer Atem an einen Tisch und tranken ein Glas Wein, Gros rouge, das Ambrosia des Volkes. Laure hatte ein verklärtes Gesicht, als sei sie in Trance. Ich weiß nicht, was ich für ein Gesicht gemacht habe, aber auch ich war im *état secondaire* einer seligen Trunkenheit. Was mich mehr noch berauschte als die Menschenhorden, der Tanz, die Musik, der Wein – über den Dächern wetterleuchteten Feuerwerksgarben wie Nordlichtschleier –, das »Nordlicht«, kosmisches Signal der Menschheitserlösung, sagt Fourier – war der Kontakt mit dem Mädchenkörper. Ich konnte sie anpacken nach Herzenslust, in ihrem einfachen Kattunkleid mit der flaschengrünen Twinsetjacke, und wenn ich meine Hand darunter schob, spürte ich durch den nassen Stoff, denn sie war völlig verschwitzt, ihre nackte Haut. Sie schien es nicht zu bemerken, ließ mich sie streicheln, ohne sich an mich zu drängen. Sie trug ihre Zigeunerohrringe, die ihr etwas Verwegenes gaben, wie auf dem Schiff, und blinzelte mir mit verschmitzten Augen zu. Ich nahm keinen Menschen mehr wahr, sondern nur tausend Gesichter, Augen, Münder, Nasen, Mützen, Locken, Glatzen. Ich sah nur sie, ihre spitze Nase, ihr spitzes Kinn, den leichten Flaum auf den Wangen, die Sommersprossen, ihr Lachen. Ich fühlte nur sie. Und ich hatte nur eine Frage im Kopf: Kommt sie nachher mit auf meine Bude?

Sie kam mit. Auch auf der Place Dauphine, wo die Lichtergirlanden zwischen den Platanen hingen, wurde getanzt, und wir drehten eine letzte Runde. Dann zog ich sie hinauf, vorbei an dem Alkoven des Herrn Baltrand, die schmale Wendeltreppe hinauf mit den schiefen Stufen und dem ausgetretenen Läufer. Total erschöpft sanken wir beide auf das Bett. Ich war von dem einzigen Wunsch besessen, sie auszuziehen. Nicht jetzt gleich. Doch, jetzt gleich, sofort. Sie trug unter ihrem Kleidchen nur einen weißen Baumwollbüstenhalter und einen ebensolchen Slip (Pensionatsunterwäsche), den es mir gelang ihr abzustreifen. Ich schob meine Hand zwischen ihre Beine und fand ihre große, haarige, nasse Pussi gar nicht so kleinmädchenhaft. Ihr Kopf lag in meinem Arm, während unsere Münder in einem Zungenkuß verschmolzen. Ich machte mich stockend, im Flüsterton, zum Fürsprecher von jemandem, der dort unten Einlaß begehrte.

Da richtete sie sich auf, entfernte meine Hand, strich ihr Kleid glatt, um ihre Blöße zu verdecken, starrte mich entsetzt an – einen wildfremden, wahnsinnig gewordenen Mann – und fragte mit spitzer Stimme (der Stimme ihrer Mutter): Que faisons-nous là? Kein Vorwurf. Sie mußte sich sagen: das kann es nicht sein. Enttäuschung. Tränen. Tränen enttäuschter Liebe. Was sollte ich machen?

Wir kuschelten uns, wie Hänsel und Gretel, die in den Hexenwald geraten waren, eng aneinander. Sie war mir nicht böse, sie war nur außer sich. Sie wollte in den Arm genommen werden. Meine Worte erreichten sie nicht, sie schluchzte bitterlich, untröstlich, verzweifelt, bis sie einschlief.

Sie wachte vor mir auf. Die Vögel zeterten in den Platanen, als müßten sie sich für die gestörte Nachtruhe schadlos halten. Ne te déranges pas! Ich nehme ein Taxi! Ich wußte, daß sie noch heute Paris verlassen und zu ihrer Familie fahren würde. Es war der Moment für einen Abschied. Sie gab mir keine Gelegenheit dazu. Ich rufe dich an! Ich wußte, sie würde nie telefonieren. Sie hatte mir eine Chance gegeben, ich hatte meine Chance verspielt.

Sie war eine stolze Mathilde – ich war ein schlechter Julien Sorel. Ich konnte nicht seitenweise Rousseau rezitieren, der »Liebesdiskurs« war mir nicht geläufig, ich hatte nie in meinem Leben, anders als floskelhaft und spielerisch, die Worte ausgesprochen »Ich liebe dich«. Zudem lag mir die Rolle des Verführers überhaupt nicht, ich hatte mich daran gewöhnt, verführt zu werden.

Sie hatte sich dazu bereit gefunden, sich verführen zu lassen, weil sie sich davon etwas Großes, Außerordentliches, Festlich-Zeremoniöses versprach. Nicht das banale coucher avec un garçon, was ja sein mußte, sondern den rite de passage, mit dem ihr Leben als Mensch de plein droit, als Vollmensch beginnen würde.

Ich hatte mich auf sie fixiert, weil sie ein so perfektes Produkt ihres Milieus war (»So ein Mädchen möchte ich heiraten!«), und sie mit dem ihr, meinen Vorstellungen nach, gebührenden Respekt, das heißt vollkommen konventionell, behandelt.

Ich hatte sie völlig falsch eingeschätzt. Sie hatte nur einen Wunsch: ihr Milieu zu verlassen.

»Oui, oui, papa – maman.« Raoul, der Butler; Brigitte, die kleine Schwester; die Familie! Der Clan! Tante Mary Mallet, die Großmutter-Douarière (die, halbblind, halbgelähmt täglich eine Stunde mit dem Rolls-Royce im Bois de Boulogne spazieren gefahren wurde), der Foxterrier. Das war alles wunderschön, selbstverständlich, bequem, aber langweilig, monoton, das war nicht das Leben. Das konnte das Leben nicht sein.

Sie wollte da heraus, Schluß machen mit all den Maßregeln, Verboten, Konventionen, Stereotypen, Klischeevorstellungen, in die sie hineingeboren war und die alles und jedes bis ins letzte Detail regelten und berechenbar machten, bis zum letzten Atemzug. Sie wollte die Freiheit, die Leidenschaft, das Absolute.

Sie wollte sich nicht verheiraten, quelle idée, und sie wollte schon gar nicht mich heiraten. Der Gedanke (es war nie zwischen uns davon die Rede gewesen) wäre ihr ebenso absurd vorgekommen wie ihren Eltern, nur aus diametral entgegengesetzten Gründen. Sie hatte mich auserwählt, weil ich nicht so war wie die adretten jungen Männer, die sie auf den Partys und den Weekends in Varengeville-sur-mer bei der Tante Mary traf, mit denen sie auf dem Rasen Crocket spielte und mit denen sie (nachmittags) ins Kino ging.

Sie wollte jemanden, der für ihre Eltern vollkommen unakzeptabel, ein Skandal war. Das Verdikt »il faut se méfier des gens d'Europe Centrale« war für sie eine Empfehlung. Ein Deutscher? Warum nicht? Ein Métèque, à la bonne heure!, wenn er ihr das brachte, was sie suchte. Sie wollte etwas Wildes, Exotisches, Abenteuerliches, sie wollte nicht »verführt« werden, sondern entführt.

Sex ja, wenn es ein Akt der Befreiung war, des Körpers, der Seele, des

Geistes, der Emanzipation von gesellschaftlichen Zwängen (unter denen sie litt); gerne, aber nicht als kleine Dreingabe, nach einem Spaziergang, weil es so üblich war. Und was tat ich? Ich hielt mich an die bürgerlichen Konventionen – die sie durchbrechen wollte, gesellschaftlich und erotisch-sexuell. Es war ein doppeltes Mißverständnis. Sie wäre mir bis ans Ende der Welt gefolgt, wenn ich mich, ihren Erwartungen entsprechend, etwas phantasievoller, etwas radikaler, etwas amoralischer, etwas revolutionärer verhalten hätte. Fehlanzeige. Ich war weder Marxist noch Sadist noch Anarchist. Im Grunde ein Bürgersöhnchen, wie all die anderen Jungs, die sie kannte, borniert und feige, kurz – ein Langweiler. Un pauvre type, quoi.

Ich erfinde nichts. Kurze Zeit nachdem sie mich fallengelassen hatte, brannte sie mit einem Jugoslawen durch, einem notorischen Gangster, Rauschgiftschmuggler und Mädchenhändler – dem Chef einer Bande, die in Frankreich damals ihr Unwesen trieb und schließlich von der Polizei nach einer Mordaffäre, in die höchste politische Kreise verwickelt waren, ausgehoben wurde. Zwei Jahre lebte sie als Räuberbraut – von der Familie verstoßen, enterbt, ohne festen Wohnsitz. Ich weiß nicht, ob sie heute sagen würde, daß es ihre schönsten Jahre waren. Die Geschichte endet mit einem Happy-End, denn sie kehrte heim und wurde auf der Stelle mit einem standesgemäßen älteren Vetter verheiratet (der für solche Zwecke in jeder großen Familie bereitsteht).

Das dauerte nicht lange. Nach einer Periode der Konsolidierung ließ sie sich scheiden und wurde, dreißigjährig, die Lebensgefährtin eines sehr viel älteren Herrn, der eine einflußreiche Position in der Verlagswelt innehatte, ein Mann von Geist und Lebensart, ohne einen bestimmten Beruf, aber mit einem sehr großen Vermögen. Die größtmögliche Annäherung eines Mitglieds der Gesellschaft an eine Boheme-Existenz. Er verließ Erstfrau und Kinder, um ganz für Laure zu leben, die jetzt ganz der Kunst lebte. Irgendwann haben sie dann auch geheiratet.

Das habe ich alles aus ihrem Munde erfahren. (Sie hat mir bestätigt, was mir gerüchteweise längst zu Ohren gekommen war.) Sie lud mich, zusammen mit dem Lebensgefährten, zu einem kleinen Abendessen in ihre Atelierwohnung ein. (Festlich gedeckt, Terrine de Fois Gras du Périgord, Château Yquem.) Beide behandelten mich wie einen alten Freund. Seit unserem Quatorze Juillet waren vielleicht zwanzig Jahre verstrichen. Alles, was damals geschehen war, lag so unendlich weit zurück. Man konnte darüber sprechen, als wäre es die Geschichte von anderen, als wäre es die Erinnerung an einen spannenden Film, den man einmal zusammen gesehen hatte. Sie war stolz, mir ihre Bilder zu zeigen, großformatige Ölbilder, die an Matisse und Modigliani erinnerten. Sie bereitete eine Ausstellung in einer bekannten Galerie der Rive gauche vor. Als ich mich verabschieden wollte, hielt sie mich zurück. Sie müsse mir noch etwas zeigen und zog aus der untersten Schublade eines Graphikschrankes eine große verschnürte Mappe hervor. Es war ein Stoß von Cansonbögen mit Tusch- und Federzeichnungen, Porträtskizzen, die sie an ihrer Malschule von mir gemacht hatte. Nicht unähnlich.

Ich hatte ihren Entschluß, sich von mir zu trennen, akzeptiert, aber ich trauerte ihr sehr lange nach, ohne daraus eine Inszenierung zu machen. Das war auch nicht nötig, die Trauerarbeit nahm ohne mein Zutun unheimliche Formen an. Ich stand wochenlang, unter einem Schreibzwang – täglich schrieb ich Briefe an sie oder dachte mir in meinem Kopf Briefe aus, die ich an sie schreiben wollte. Seitenlange Episteln, kurze Botschaften, in denen ich alles das sagte, was ich ihr nie gesagt hatte. Keine Liebesbriefe, Briefe der Klage und der Anklage, der Selbstanklage – keiner wurde je abgeschickt. Oder: Ich ertappte mich dabei, daß es mich, ohne meine Absicht, immer wieder in die Avenue de Jena verschlug. Alle Wege durch Paris schienen an diesem Haus vorbeizuführen, und ich spähte nach einem Zeichen in dem bewußten Mansardenfenster aus. Gleichzeitig litt ich unter der Halluzination, sie überall zu sehen; im Gedränge eines Warenhauses, auf den Champs-Élysées, im *Flore,* ja in der Halle der Bibliothèque Nationale. Da war das Profil mit der spitzen Nase und dem kurzen Haarschopf. Da war ihre Silhouette. Wie in einem Alptraum wiederholte ich die Suche auf der Orientreise. Einmal war sie es wirklich, sie stand auf dem Bahnsteig gegenüber (unerreichbar, wie jeder weiß, der die Pariser Untergrundbahn kennt). Ich winkte, sie winkte, mein Herz stand still. Nie war mein Gefühl für dieses Mädchen so brennend, so intensiv, so echt gewesen. Da rollte der Zug ein, und die wunderbar-schmerzliche Erscheinung verschwand. Die klassische Metapher dafür, wie sich zwei Menschen verfehlen. So ist das Leben. Mein Leben.

Die andere Laure

Ganz verstand ich meine Laure erst, als ich die Geschichte jener anderen Laure kennenlernte, von der jetzt die Rede sein muß, so wie meine Laure mir die andere, viele Jahre später, zu verstehen half. Es war wichtig für mich, daß sie beide den gleichen Namen hatten. Dabei hieß jene andere gar nicht Laure, sondern nannte sich nur so. Ihr bürgerlicher Name war Colette Peignot. Sie ist 1903 geboren und 1938 gestorben. In die Geistesgeschichte – in die *Histoire des idées sociales en France,* in die »Geschichte der Soziologie« – ist sie eingegangen als die Geliebte, die Muse, die Komplizin, vielleicht als Opfer von Georges Bataille.

Was für eine schöne, was für eine schreckliche Geschichte! Dieses Mädchen aus gutem Hause, die höhere Tochter par excellence, die ausbricht in einer Zeit, in der das noch den unwiderruflichen Bruch mit der Familie und dem Milieu bedeutete, dem man entstammte.

Meine Laure und Colette Peignot waren aus demselben Holz – auch wenn die eine dreißig Jahre jünger war als die andere. Sie waren französische Oberschichttöchter. Rebellische Prinzessinnen. Für junge Mädchen aus dieser Sphäre waren die gesellschaftlichen Zwänge 1923 und 1953 noch dieselben wie ein Jahrhundert zuvor. Der Unterschied eines streng katholischen Backgrounds (im Falle von Colette) und eines protestantischen (im Falle meiner Laure) spielte keine wesentliche Rolle – die Doppelmoral jesuitischer Beichtväter und die verinnerlichte puritanische Heuchelei dienten gleichermaßen der Durchsetzung der »sittlichen« Normen einer patriarchalischen Männergesellschaft, zu deren wesentlichsten Zwecken die Unterdrückung der Frauen gehörte.

Von den Töchtern wird erwartet, daß sie sich widerstandslos unterwerfen und in der Anpassung ihren Vorteil finden, wofür die Mütter, Tanten und Großmütter das Vorbild liefern. Machen sie aber nicht mit, dann verstärkt ihre Mitwisserschaft um die Machtstrukturen ihrer Klasse (die sie sich nicht durch Lektüre sozialkritischer Schriften erwerben brauchten) die Virulenz ihrer Rebellion; es ist dann gerade die Parzelle von Teilhabe an der Oberschichtsuperiorität, jenes Stückchen »Souveränität«, das sie mitbekommen haben, das ihnen die Stärke und die moralische Kraft für ihren Protest und den Entschluß verleiht, sich aus diesen Verhältnissen zu lösen, Schluß damit zu machen, sich zu desolidarisieren und ein »anderes« Leben zu führen. Und aus ihrer negativen Sozialisationserfahrung als Frauen, aus der Erfahrung der gegen sie gerichteten Gewaltmaßnahmen wissen sie, daß sie damit beginnen müssen, sich als Frauen zu emanzipieren.

Mit ihrer kompromißlosen Ablehnung der großbürgerlichen Welt, aus der sie stammt und die das einzige ist, was sie kennt, steht so ein Mädchen furchtbar allein da. Verstoßen von den Vätern und Brüdern, denen sie den Gehorsam aufgesagt hat, geächtet von den Müttern und Schwestern, die sie um so strenger verurteilen, als sie sie darum beneiden, den Schritt getan zu haben, den sie selber zu tun nicht gewagt haben. Sie verachten diese Herren, weil sie ihre Schwäche durchschauen, und hassen diese Damen, deren Stärke sie fürchten müssen. Ihr Traum ist es, Menschen zu finden, die so fühlen wie sie. Aber wo?

Heimatlos geworden, ist Colette ständig unterwegs, auf der Flucht, auf der Suche, auf der Reise. Hinter allen Befreiungsversuchen steht der

Wunsch, sich außerhalb, jenseits aller Zwänge und Konventionen, aller vorgegebenen und vorgeschriebenen sozialen Rollen und Verhaltensmuster als »Person« autonom und authentisch zu verwirklichen. Im Medium der Literatur – sie schreibt kleine subversive Texte –, im politischen Engagement – sie wird Mitglied der PCF. Das alles empfindet sie als sehr ungenügend. Es gibt offenbar für eine Frau nur den einen Weg, um zu sich selbst zu finden, den Weg der sexuellen Emanzipation. Laure geht ihn, existentiell, experimentell jusqu'au bout. Es ist ein Leidensweg, ein Opfergang.

Immer dasselbe Muster: die Selbstauslieferung an Männer, von denen sie sich die transgressorische Erfahrung einer Selbstverwirklichung im Absoluten verspricht. Jean Bernier, ein kommunistischer Literat, wird ihr erster Geliebter. Sie ist zweiundzwanzig! Das ist beinahe noch eine romantische Liebesgeschichte mit Gedichten und einem kleinen Suizidversuch. Mit fünfundzwanzig lebt sie ein Jahr in Berlin – wie kommt sie nach Berlin? – zusammen mit dem jüdischen Arzt und Schriftsteller Eduard Trautner, Übersetzer von Sade, der sie zum willigen Spielzeug seiner sexuellen Phantasien machen kann. Was man später in der Histoire d'O lesen konnte, hat sich da in einer Wohnung am Kurfürstendamm abgespielt. Das nackte Mädchen an der Kette mit dem Hundehalsband, das auf allen vieren auf dem Parkett herumrutscht und ihrem Peiniger die mit Exkrementen beschmierten Toastbrotscheiben aus der Hand frißt. Zwei Jahre später versucht sie es in Moskau mit dem russischen Dichter Pilnjak, dessen alkoholische Exzesse und Brutalitäten weniger nach ihrem Geschmack sind.

Nach Paris zurückgekehrt, geht sie eine Verbindung mit dem Berufsrevolutionär Boris Souvarine ein, der ihre subversive Energie in politische Bahnen zu lenken versucht. Sie wird seine Mitarbeiterin, Kampfgefährtin, Genossin, Kameradin im Maquis des Weltbürgerkriegs. Mit ihrer moralischen, intellektuellen und substantiellen finanziellen Hilfe gibt er die Zeitschrift La Critique Sociale heraus. Exzerpierend, redigierend, Korrekturen lesend, Druckereirechnungen zahlend, leistet sie ihren Pflichtbeitrag zum großen Befreiungswerk der permanenten Revolution.

In der anarchistisch-antibürgerlich-revolutionären Szene des politisch-literarischen Untergrunds, der Avantgarden und Subkulturen, außerhalb der offiziellen Institutionen und der Gesellschaft, also genau am Gegenpol der Oberschichtsregionen, aus denen sie stammt, lernt sie Georges Bataille kennen, den Dichter und Philosophen, den Ethnologen und Erotomanen – den Soziologen.

Sie ist achtundzwanzig – das beste Alter für eine Frau – er fünfunddreißig. Sie ist keine Beauté, aber apart-attraktiv, fragil und mädchenhaft, resolut und distinguiert, intellektuell und sensibel, ein ganz französischer Typ, mit einem schmalen Gesichtsoval, hoher Stirn, ausdrucksvollen dunklen

Augen, einer fein geschwungenen Nase und schmalen Lippen, immer eine Strähne des à la garçonne geschnittenen kastanienbraunen Haars zur Seite streichend – ganz ähnlich meiner Laure, jedenfalls stelle ich sie mir so vor, und es ist mir heute unmöglich, zwischen den beiden zu unterscheiden. Es umgab sie eine Aura natürlicher Keuschheit, und nichts in ihrem Erscheinungsbild ließ etwas von der morbiden Leidenschaftlichkeit vermuten, deren sie fähig war. Er ist gutaussehend, blond-blauäugig, sexbesessen, von bäuerlich-plebejischer Herkunft und Robustheit, aber gezeichnet vom Stigma der Genialität.»Plebejisch« im Sinne von Ballanche, im Gegensatz zu patrizisch. Kein héritier, sondern ein Stipendiat, einer, der von unten kommt. Die Plebejer von heute – so Ballanche – sind die Herren von morgen, weil sie das neue Wissen haben, mit dessen Verkündung eine neue Epoche der Menschheitsentwicklung einsetzt. Das macht die Stärke von Bataille aus, und er ist sich dessen voll bewußt. Rücksichtslos in der Auseinandersetzung mit Rivalen, schafft er sich die Anerkennung, die seinem Genius gebührt. Rücksichtslos nimmt er seinem Freunde Boris die Freundin weg. Er raubt sie, wie der Stier die Königstochter Europa.

Bataille brauchte Laure, er hatte das Glück, ihr zu begegnen. Laure brauchte Bataille. Sie findet in ihm den ebenbürtigen Partner, den sie immer gesucht hat, den kompromißlosen Weggefährten auf der Suche nach dem Absoluten, intellektuell und erotisch. Er findet in ihr seine Schakti, die Frau, ohne deren magische Kraft er seine spirituellen Intuitionen und sexuellen Obsessionen nicht an die äußerste Grenze existentieller Exploration hätten treiben können. Sie sollten sich bis zum frühen Tod von Laure, 1938, nicht mehr trennen.

Die Frage drängt sich auf: warum stirbt sie so jung? Ich neige dazu zu sagen: weil sich ihr Leben erfüllt hatte. Sie hatte all ihre physischen und seelischen Energien verzehrt auf dem Weg der Selbstfindung. Sie hat sich geopfert, aber in diesem exemplarischen Opfer die Erfüllung gefunden: ihre Identität als weiblicher Mensch in der Komplizität mit einem Mann. Oder muß man das anders sehen? War sie die willenlose Beute eines starken Willens, dem sie sich blindlings unterworfen hatte? Hat sie mehr gegeben als empfangen? Man kann bezweifeln, ob Bataille ein genügend wertvoller Mensch war, um soviel Hingabe zu rechtfertigen. Aber ohne ihn hätte sich die ganze Größe ihrer bedingungslosen Liebe – und das ist das Wort, das jetzt fallen muß – nicht voll entfalten können.

An ihrem Sterbebett hat der große Regisseur das Drama dieses Frauenschicksals in einer wahrlich makabren Szene sinnbildlich zur Anschauung gebracht: auf der einen Seite sitzt Bataille mit einigen Intimen. Auf der anderen, ihm gegenüber, Mutter und Schwester von Laure. Die Mutter ist gekommen, um den Leichnam der verlorenen Tochter aus den Fängen des

Teufels zu reißen. Sie besteht darauf, daß sie einem Priester beichtet und das letzte Sakrament nimmt. Bataille hat erklärt, daß, wenn ein Priester den Raum beträte, er auf ihn schießen würde. Laure ist bewußtlos und röchelt in schwerer Agonie. Ihr diaphanes Antlitz ist das einer Heiligen. Wird sie das Kreuzeszeichen der Versöhnung machen? Lauernd, ohne ein Wort zu wechseln, blicken die feindlichen Parteien auf die Sterbende. Bataille ist Katholik. L'inconsolable veuf de Dieu, wie Sartre treffend gesagt hat. Auch für ihn geht es um ein Gottesurteil. Es geschieht kein Wunder. Seine Laure wird nicht christlich von einem Priester begraben werden. Sie hat, es gibt mehrere Augenzeugenberichte über den Vorgang, kein Zeichen gemacht; sie hat die Hand zwar an die Schulter gehoben, aber an die falsche Seite, als wollte sie das blasphemische Kreuz der Schwarzen Messe schlagen. Was ging in dem armen Geschöpf vor? Komm, mein Freund, erlöse mich. Einziger Freund du, Tod.

Sociologie sacrée

Die Interrogation über den Sinn des geschichtlich-gesellschaftlichen Geschehens, das mit der Revolution begann und an deren Anfang eine Figur wie P. S. Ballanche stand, fand ihren letzten Höhepunkt im Denken von Bataille.

Die Linie, die von Ballanche zu Bataille führt, ist wissenschaftsgeschichtlich der Leidensweg der Soziologie – der titanische Versuch einer diesseitsimmanenten Sinnfindungsoperation: die Reflexion über die Revolution wird Geschichtsphilosophie, die Geschichtsphilosophie wird Soziologie, die Soziologie wird Anthropologie (im Sinne Feuerbachs), Kultursoziologie, Cultural Anthropology, Ethnologie, Religionssoziologie, die Religionssoziologie wird Mythenforschung, die Mythenforschung eröffnet einen neuen Zugang zur geschichtlich-gesellschaftlichen Wirklichkeit. Im Bund mit der Tiefenpsychologie erschließt sie den Geheimnischarakter der Immanenz – das ist das Anliegen der *sociologie sacré*.

Unter Durkheims Ägide hatte die neue science de l'homme um die Jahrhundertwende den Status einer laizistischen Ersatzreligion gewonnen, die beanspruchte, die wissenschaftliche Doktrin der Republik zu sein. Zu einem gewissen Grade erfüllten sich auf diese Weise die Vorstellungen eines pouvoir spirituel von Auguste Comte. Doch waren die hohen Ansprüche der Soziologie als politisch-moralische Leitwissenschaft der Gesellschaft in den sterilen Schulkämpfen des akademischen Wissenschaftsbetriebes verkommen. Sie war vom Leben abgeschnitten. Um den Kontakt zur geschichtlich-gesellschaftlichen Wirklichkeit wiederherzustellen, mußte sie aus der szientistischen Erstarrung befreit werden. Das Denken über die *société en transition* mußte seine spekulative Gewalt zurückgewinnen.

Bataille hat die »Soziologie« aus der Respektibilität einer methodologisch abgesicherten offiziellen Universitätsdisziplin zurückgeholt in die Offenheit des wilden Denkens.

Zu diesem Zwecke gründete Bataille mit einer Hand voll Freunden, wie sich herausstellen sollte, den kreativsten Köpfen seiner Generation, das *Collège de Sociologie* – eine subversiv-anarchistisch-konspirative Privatakademie, ein Forum, eine Gedanken-Werkstatt freier, vorurteilsloser Geister, einen Verein, alles, nur nicht eine Universität, eine *Haute École,* ein *Institut,* eine Schule, einen Bund vielleicht, geschaffen als Instrument zur Durchsetzung seines megalomanen Willens zur Macht.

Was war das zentrale Thema des *Collège de Sociologie?* Die »Souveränität«? Die »Erotik«? Die Genealogie der »Gewalt«? Das »Böse«? Der Tod? Nein, *le sacré,* das Heilige.

Das Heilige – nicht das Religiöse. Die Phänomenologie des »Religiösen« verweist auf das Heilige, dringt aber nicht zu seinem Wesenskern vor. »Die Soziologie, die wir hier lehren wollten, ist nicht die allgemeine Soziologie, auch nicht Religionssoziologie, sondern ganz präzise die sociologie sacrée.«

Das Heilige ist auch nicht das Göttliche (als eines Attributs des Gottes der Theologen). Es ist nicht eine theologische, sondern eine anthropologische Kategorie. Es ist ein ausgezeichneter Modus menschlicher Seinserfahrung, eine Dimension der Welt in ihrer psycho-physischen Diesseitigkeit. Als solche läßt es sich vielleicht definieren als das Gegenteil des Profanen, Alltagsmäßigen, Opakrealen.

Wo aber das Heilige fassen, das sich verbirgt und nur als numinose Präsenz, als diffuses Agens, als okkulte Macht den Lebensstoff durchwirkt, nur im Verbot, im Tabu nur seine Anwesenheit verrät? Wie sich dem Mysterium des Heiligen nähern, das sich jeder Annäherung entzieht? Hat die Revolution nicht die Bedingungen geschaffen, das Heilige aus der Jahrtausende währenden babylonischen Gefangenschaft in den Kerkern von Theologie und Metaphysik zu befreien, die es konfisziert und kodifiziert hatten um den Preis seiner völligen Verfremdung und Denaturierung; um den Preis der Verfemung, der Diskreditierung, der Desakralisierung des Körpers? Der Diffamierung des Leibes, der Leiblichkeit? Welch furchtbare Verstümmelungen des Menschen waren damit verbunden. Die Verteufelung seiner Geschlechtlichkeit, was die Repression der weiblichen Sexualität, des Weiblichen, der Frau zur Folge hatte. Was Wunder, daß das Heilige in den Untergrund abtauchte und nur noch in den Masken des Schreckens erschien. Die verheerendste Konsequenz der gewaltsamen Reduktionsstrategie war eine paranoide, um die weibliche Sexualität zentrierte Metaphysik des »Bösen«.

Alle Verfremdungen, alle Unterdrückungen, alle Verfolgungen, alle Scheiterhaufen des Abendlandes haben aber das Wissen nicht völlig ausmerzen können, daß der Königsweg zum Heiligen über das Sacrum sexuale führt, über die sexuelle Erfahrung in der Ekstase der Vereinigung der Geschlechter – also über das Tun des »Bösen«. So wurde die Vorstellung, daß der Zugang zum Heiligen über das Böse lief, konsequenterweise eine der epistemologischen Prämissen der sociologie sacrée.

Die Erkundung des »Sakralen« im »Gesellschaftlichen« (der Gegenstand der Batailleschen Soziologie) muß über die Exploration des Sexuellen führen. Die soziologische Erkenntnis (Erkenntnis überhaupt) ist in ihrer Quintessenz nicht logisch, sondern erotisch (was nichts zu tun hat mit dem Unterschied von rational und irrational). Der Weg zu ihr – »vie expérimentale« – führt über das sexuelle Experiment. Die Rückkoppelung der »Erkenntnis« (des absoluten Wissens) an die geschlechtliche Erfahrung als der einzigen Möglichkeit ihrer Falsifikation. Da war nicht epistemologisch, szientistisch, philosophisch heranzukommen. Das war erfaßbar, dingfest zu machen nur *in actu.*

Die soziologische Erkundung an den Siedepunkt, an die äußerste Lust- und Schmerzgrenze der erotischen Erfahrung zu treiben, der orgiastischen Ekstase, die vielleicht nur erreicht werden konnte im gemeinsamen Liebestod, der als Opferritual zelebriert werden mußte – das war das Projekt von Bataille.

Dazu brauchte er eine Komplizin. Er hatte sie in Laure gefunden, die ihm durch alle Höhen und Tiefen, durch Himmel und Hölle sexueller Exzesse gefolgt war, freiwillig, auf ihrem eigenen Erlösungstrip. Ja, man kann sich vorstellen, daß sie ihn in ihrem Wunsch, zum Äußersten zu gehen, noch angetrieben und ermuntert hat. Frauen wie sie sind mutiger, radikaler, generöser als die Männer, denen sie folgen.

Weil das Experiment aber keine Privatsache sein durfte, sondern ein sozialer Akt sein mußte, weil das Heilige ein *fait social* war, gemeinschaftsstiftend, die Einzelsubjekte übergreifend, brauchte er eine Kultgemeinde. So gründete er mit Laure, parallel zum *Collège de Sociologie,* eine Geheimgesellschaft mit dem enigmatischen, aber eindeutigen Namen *Acéphale,* nicht um Vorträge zu veranstalten, sondern um das Große Experiment der sociologie sacrée vorzubereiten und durchzuführen, das Menschenopfer als Höhepunkt einer Orgie. Laure war willens, dieses Opfer zu sein. Bataille selber wollte sich mit ihr töten. Man hatte bereits den Ort gefunden, an dem das Ritual zelebriert werden sollte: eine durch einen Blitzschlag ausgehöhlte, mit kahlen Ästen bizarr in den Himmel ragende, einsam in einer

Lichtung des Waldes von Saint-Nom-La-Bretêche, bei Marly, im Umkreis von Paris, stehende Eiche. Nicht alle Mitglieder des *Collège de Sociologie* waren auserwählt, dem Geheimbund *Acéphale* anzugehören. Heute kennen wir ihre Namen und sind erstaunt, unter ihnen Leute zu finden, die später, nach dem Krieg, zu Kultfiguren der intellektuellen Szene von Paris (und ihren deutschen Filialen) wurden: Leiris, Caillois, Klossovski, Lacan. Ganz eindeutig eine Sekte mit Riten, Erkennungszeichen, Sprachregelung, Treffen an bestimmten Orten, deren symbolische Bedeutung nur dem Eingeweihten einsichtig war, Geheimhaltungszwang, eine verschworene Rotte. Interessant ist übrigens, daß, während im *Collège* nur Männer anzutreffen waren, in den Geheimbund zwei Frauen Aufnahme fanden. Laure, als konstitutives Mitglied, Isabelle Walberg aus Solidarität zu ihrem Gefährten Patrick Waldberg, der zu den Getreuen von Bataille gehörte. Ohne Frauen ging es nicht.

Alle waren von Batailles Idee fasziniert, um der Erkenntnis willen das Letzte zu wagen, nicht verbal, als Schreibübung, als rethorische Figur, sondern heroisch, als *acte gratuit* – und setzet Ihr nicht das Leben ein, nie wird Euch das Leben gewonnen sein –, nicht als Selbstmord, sondern als Liebestod. Zu guter Letzt haben sie die Durchführung der Wahnsinnstat – denn als etwas anderes können wir sie nicht qualifizieren – verhindert. Es kann aber auch sein, daß nichts daraus wurde, weil Laure gestorben war. Und dann brach der Krieg herein, und die Perspektiven für eine Erprobung des Ernstfalles verschoben sich.

Zu den seltsamen Ritualen des Geheimbundes *Acéphale* gehörten Treffen auf der Place de la Concorde, an jener Stelle, auf die man vom Hotel Crillon herunterschaut, wo die Guillotine stand, durch die Ludwig XVI. enthauptet wurde.

Wenn wir genau hinschauen, so werden wir feststellen, daß der Stachel im Fleische Batailles der Königsmord von 1793 ist. Sein zentrales Problem: Was wird aus der Souveränität nach der Tötung des Königs?

Souveränität als höchster Ausdruck menschlicher Selbstverwirklichung, menschlicher Daseinsmöglichkeiten, ist an die Existenzform der »souveränen Person« geknüpft, nicht als Phantasmus, Utopie, Idee, sondern als soziologische Realität. Nur der König kann souverän sein. Ihm ist es vorbehalten, allein die höchste Existenzform zu verwirklichen. *Ein* Mensch, *ein* Individuum auf Kosten aller anderen, aber mit ihrer Hilfe für sie, stellvertretend. Weil der König souverän war, hatten auch sie an der Souveränität teil.

Nach der Ermordung des Königs ist die Möglichkeit der souveränen Lebensform als höchste Stufe menschlicher Selbstverwirklichung scheinbar zur Selbstverwirklichungschance aller geworden. Das ist die Lebenslüge der Demokratie. Tatsächlich sind die soziologischen Bedingungen der Möglichkeit der souveränen Person zerstört worden und definitiv verlorengegangen. Wo alle souverän sein könnten, ist es keiner mehr. Die »Souveränität« wird zu einem herrenlosen Gut, das keinen sozialen Ort mehr hat. Alle Versuche, ihn zu besetzen, bleiben unbefriedigende Usurpationen; in den Polstern des leerstehenden Königsthrons nisten die Mäuse.

Die Idee der Souveränität verkommt zur Phrase. Sie lebt fort als Erinnerung, als Sehnsucht, als Bedürfnis: als die schmerzliche Erfahrung eines Mangels. Der demokratische Bürger (citoyen) kann keine souveräne Person sein. Als Desiderat des »autonomen Subjekts« wird der Souveränitätsanspruch zu dem unerfüllbaren Lebenstraum, an dessen Grandiosität der kleine Mann seine Inferiorität mißt. Ein Gerücht, das seine Omnipotenzphantasien stimuliert.

Batailles Unmut wurzelte in der Trauer über eine Welt, in der die Souveränität nicht mehr gelebt werden kann. Seine Versuche, sie in ihren einzelnen Komponenten zu restituieren, d.h. für die Lebenspraxis des bürgerlichen Subjekts zurückzugewinnen, sind unbefriedigend und befriedigen vor allem ihn selber nicht. Es hilft ihm nichts, das Fest, die Gewalt, die Verschwendung, das Opfer als Ausdruck souveräner Lebensform zu exaltieren. Mit der Forderung nach der Transgression gesellschaftlicher Normen kann er nicht mehr erreichen, als sich die Grenzen, an denen sich der einzelne in einer demokratischen Gesellschaft stößt, die Zwänge, denen er unterworfen ist, schmerzlich zu Bewußtsein zu bringen.

Der Königsmord, das ist die Revolution, und die Revolution ist irreversibel, sie ist die Emanzipation des Menschen. Aber sie ist die Profanation des Heiligen. Die Frage nach dem Ende der Revolution wird darum erst dann ihre Antwort finden, wenn geklärt ist, wie der einzelne Mensch, das Subjekt, nach der Tötung des Königs König sein kann. Le roi est mort, vive le roi! Der politische Weg (der souveränen Machtergreifung des Kollektivs, Proletariat oder Volk) scheint nach der Erfahrung der letzten 50 Jahre kompromittiert.

Es ist aufregend zu sehen, wie Bataille parallel und gleichzeitig zu Carl Schmitt, der es in Deutschland für die deutschen Männer tut, die französische Antwort gibt. Er präkonisiert nicht die politische Selbstermächtigung, durch die Entscheidung für die autochthone Volksgemeinschaft, durch Ausscheidung (und Vernichtung) des Fremden – die heroisch-asketische Identifizierung des Mannes mit dem Staat –, sondern die erotische Exaltation von Sexualität und Todestrieb über den orgiastischen Exzeß. Für beide Varianten ist die fundamental unterschiedliche Perzeption des Weiblichen charakteristisch. Die männerbündlerische Ausgrenzung der Frau in der

Ent-Scheidung, die Repression des revolutionären Impulses durch einen Gewaltakt hier – dort die promiske, anarchistische Steigerung des revolutionären Impulses im Liebesakt. Die Theorie der Souveränität des einen führt zur Legitimation des Freikorpsführers und seiner »verschworenen Gemeinschaft«. Die Theorie der Souveränität des anderen zur Apologie des Libertin und der Orgie.

Madame de Staël und Saint-Simon. Juliette Récamier und Barthelémy Prosper Enfantin. Die Figur des Hohen Paares. Ein Kapitel meiner Studie über die Ideengeschichte des 19. Jahrhunderts. Wie geht es weiter? Napoleon III. und Eugénie? Madame Récamier und Ballanche? Barrès und Anne de Noailles? Elsa und Aragon? Breton und Nadja? Man kann sich über die Zwischenglieder streiten. Am Ende der Kette stehen Laure und Bataille.

Was im Falle von Ballanche und Juliette emblematisch blieb, eine belebte Allegorie, im Stil und Kostüm der Charaden von Coppet, und seine Wahrheit im Funktionsmodus eines Salons hatte, wurde von Laure und Bataille in der Dramatik einer wilden »Beziehungskiste«, außerhalb der Gesellschaft, durchlebt und durchlitten. Dort die Wahrung des Tabus in einem gehegten Kultraum von Anstand und Sitte, hier, in barbarischer, brutaler, radikaler Erkenntniswut, die bewußte Verletzung des Tabus als das letzte Ziel, in einem endzeitlichen No-man's-land, auf wilder Heide. Das eine verhält sich zum anderen wie die Zelebration einer Messe zur Inszenierung einer Schwarzen Messe. Was dort geheiligt war, sollte hier profaniert werden. Beide haben dasselbe Anliegen, dieselben Voraussetzungen, dasselbe »erkenntnisleitende Interesse«: die Evozierung der Ursubstanz des Sakralen.

Keines der hierogamischen Paare ist in der Evokation des Heiligen weitergegangen als Laure und Bataille. Sie haben die »Leidenschaft der Erkenntnis« bis zum äußersten getrieben, sie haben die »Wahrheit« der Wirklichkeit ausgelotet, sie »erlebt«, sie haben ihre Souveränität bewiesen in der Anerkennung des absoluten Herrn, des Todes.

Auf dem Lustlager ihrer erotischen Exzesse ist die Soziologie zu sich selbst gekommen, die Genese der Soziologie als Wissen der Wahrheit aus der Vereinigung des weiblichen und des männlichen Erkenntnisvermögens. Die Präfiguration des Androgyn als letzte Metamorphose des *couple des amoureux sacrés*.

310

XII

WEGE INS PARADIES

Ysabelle und ihr Kreis

Ich dankte es meiner Kindheitsgespielin Ysabelle de Margerie, daß ich meine Studien über die Pariser Gesellschaft unter idealen Bedingungen vertiefen und auf den Punkt bringen konnte. Durch sie fand ich Zugang zu einem Kreis von Menschen meines Alters, an deren sozialem Leben ich als teilnehmender Beobachter lange genug und mit dem erforderlichen Grad an Vertrautheit aktiv Anteil nahm, um jenes mysteriöse In-group-Wissen zu erwerben, ohne das es ein savoir sociologique nicht gibt.

Ysabelle hatte mich, als ich mich bei ihr kurz nach meiner Ankunft in Paris meldete, wie einen Bruder aufgenommen. Meine Mutter hatte ihr geschrieben, mich angekündigt, und Ysabelle, die ihre eigene Mutter bei ihrer Geburt verloren hatte, verehrte meine Mutter seit den Tagen ihrer Berliner Kindheit. Alles, was sie an jene fernen Jahre erinnerte, die sie als ganz kleines Mädchen im Botschaftspalais am Pariser Platz verbrachte, hatte eine besondere Aura behalten. Dort kam sie her, dort war gewissermaßen ihre Heimat, jenes Paradies, das jeder von uns, auch nachdem er daraus vertrieben wurde, unauslöschlich in seinem Innersten bewahrt, Ort des Ursprungs, Ort der Sehnsucht.

Jetzt war sie eine junge Dame, Mitte Zwanzig, unverheiratet und lebte allein in einem hochherrschaftlichen, mit kostbaren Möbeln, Bildern, Bibelots und Büchern aus dem Besitz ihres Vaters, des Botschafters, ausgestatteten Appartement im VII. Arrondissement, in der stillen, vornehmen Rue de Verneuil.

Selbständig, finanziell unabhängig, war sie frei, zu tun und zu lassen, was sie wollte, hielt sich aber strikt im Rahmen der Konventionen ihres Milieus. Die Stellung einer alleinstehenden unverheirateten jungen Frau war gar nicht einfach. Sie hatte nicht den Spielraum einer Altersgenossin in derselben Situation aus der nouvelle bourgeoisie wie Papou. Ein Liebhaber kam nicht in Frage. (Den konnte sie sich problemlos erst leisten, nachdem sie verheiratet war.) Diese Zwänge schienen sie nicht zu stören. Sie hatte sie so vollkommen verinnerlicht, daß sie ihr zur zweiten Natur geworden waren. Ihre Bedürfnisse und ihr Begehren waren den gesellschaftlichen Normen, denen sie sich anzupassen gelernt hatte, restlos konform, und sie war es zufrieden. Sie war das vollkommene Gegenteil von Laure, der meinen und der anderen, die ihre Selbstverwirklichung – Autonomie und Authentizität – in der Rebellion suchten. Ysabelle fand sie im Konformismus. Sie trug ihn wie ein gutsitzendes Schneiderkostüm.

So lebte sie unbefangen en bande in einem ausgedehnten, aber begrenzten, alters- und standesgemäß homogenen Bekanntenkreis, in den sie mich nun aufnahm und in den ich als ihr Jugendfreund, als ami de jeunesse, mit der größten Selbstverständlichkeit integriert wurde.

Eine Clique, wie es deren viele gab in Paris, die sich natürlich überschnitten, untereinander kommunizierten und rivalisierten, aber eines gemeinsam hatten, daß ihre Mitglieder sich exklusiv aus den höheren Strata der Gesellschaft rekrutierten. Ein perfektes, repräsentatives Sample jener sozialen Gruppe, die man als Jeunesse dorée bezeichnen könnte, Kinder der Oberschicht, fils et filles de famille, junge Leute zwischen zwanzig und dreißig, korrekt gekleidet, unintellektuell, *diplômés de sciences po,* mondän, mit guten Manieren, Seizième, Faubourg, die Geld hatten, weil ihre Eltern Geld hatten, die sich kannten, weil ihre Eltern sich kannten: Erben, nicht Stipendiaten. Ohne daraus eine Ideologie oder Theorie zu machen, gehörte es zu ihrem Selbstbewußtsein, daß sie die junge Generation der gesellschaftlichen Elite waren, die künftigen Herren.

Es gehörten immer auch ein paar italienische Comtessen, aus Rom oder Venedig, oder zwei reiche Südamerikaner dazu, Engländer und Eastcoast-Amerikaner (die Smith hießen, aber eine Tante hatten, die eine Vanderbilt war und einen Marquis de Laroche-Saint-Barbe oder so geheiratet hat), étrangers de distinction, die für eine kosmopolitische Note sorgten. So fiel ich nicht weiter auf. Niemand schien davon Notiz zu nehmen, daß ich Deutscher war, und wenn doch, geschah es mit Sympathie.

Die jungen Herren hatten eine Position im diplomatischen Dienst, an einer Privatbank, in einem Familienunternehmen, darüber wurde wenig gesprochen, nur wenn es hieß »Thierry ist nach London versetzt worden«. Ihre Zukunft war gesichert. Sie waren etwas, sie brauchten nichts zu werden. Es fehlte jede Aufsteigermentalität. Die Frage war, wie brillant sie das Curriculum honorum absolvieren würden, für das sie bestimmt waren. Ihre Vorbilder brauchten sie sich nicht lange zu suchen, sie fanden sie in ihren Familien.

Für die jungen Damen war zu meiner Zeit Berufstätigkeit noch kein Ideal und keine Notwendigkeit. *Attachée de presse* an einem Verlag oder bei einem Grand Couturier war das höchste der Gefühle. Viele waren verheiratet, viele schon wieder geschieden. Alle hatten Zeit. Das war ihr Luxus.

Man traf sich fast täglich auf Partys, Exkursionen aufs Land, dîners, die dann meistens in einem fashionablen Nachtklub endeten. Der beliebteste Treffpunkt für diese Altersgruppe war *Jimmy's* am Boulevard Montparnasse, man ging auch gelegentlich ins *Chéherazade* oder in den *Eléphant blanc*, eines der beiden Top-Etablissements des eleganten Nachtlebens, eher frequentiert von den alten Herrschaften. Es gab natürlich auch die Gewölbe von Saint-Germain-des-Prés, in die man sich gelegentlich verirrte, weil dort ein berühmter Jazzmusiker aus Harlem von sich reden machte. So etwas wie Diskoschuppen gab es damals noch nicht. Man ging auch zusammen, in kleineren Gruppen, in Ausstellungen, auf Vernissagen und ins Kino. Regelmäßig verabredete man sich am Sonntagvormittag zu einem Bummel auf dem Flohmarkt, Porte de Clignancourt, der bei *Josette* endete, ihrem Akkordeonisten und ihrem *Canard aux olives*. Man war au courant über alle wichtigen Kulturereignisse der Saison. Sie lieferten den eigentlichen Gesprächsstoff neben dem Gesellschaftsklatsch. Man kommentierte die großen Bälle, auf denen man sich getroffen hatte und diskutierte gemeinsame Ferien- und Reiseprojekte, Weekends auf den Schlössern der einen oder der anderen, die Jungen verständigten sich, ohne viel Aufhebens davon zu machen, über ihre *parties de chasse*, die in ihrem Leben eine große Rolle spielten.

Über Politik wurde, wenn ich mich recht erinnere, so gut wie gar nicht gesprochen. Man las den *Figaro*, doch hauptsächlich wegen der kleinen Familienanzeigen (Verlobungen, Heiraten, Todesfälle), die damals noch auf der ersten Seite standen. Die ministeriellen Krisen gehörten zum Alltag wie die Börsenkurse. Daß der Nobelpreis an François Mauriac ging, war wichtiger als die Wahl des Präsidenten der Republik. Innenpolitisch waren die Fronten ein für allemal klar: der Feind war die Kommunistische Partei, die mit über hundert Parlamentssitzen jede bürgerliche Regierung paralysierte. Außenpolitisch war das Hauptproblem die Auflösung des französischen Kolonialreiches mit einem häßlichen Krieg in Indochina. Im übrigen war man für die Aussöhnung mit Deutschland und das Vereinigte Europa. Kollaboration und Résistance waren kein Thema.

Man siezte sich und nannte sich beim Vornamen. Die Frage nach der situation sociale et professionnelle stellte sich nicht, weil stillschweigend vorausgesetzt wurde, daß alles in Ordnung war. Es gehört zum gesellschaftlichen *comment,* daß man nie nach solchen Einzelheiten fragte. Wenn man dazugehörte, wußte man Bescheid, wenn man nicht dazugehörte, gingen sie einen nichts an. Ich wußte nichts und wollte alles wissen. Ysabelle zeigte Verständnis für meine soziologische Wißbegierde und hatte offensichtlich Spaß daran, mir von jedem einzelnen zu erklären, wer er oder sie war. Zu ihrer Verwunderung fand ich spannend, was sie banal und langweilig fand.

In dem Maße, in dem ich sie zu Indiskretionen über die anderen verführte, wurde sie sich selber interessant.

Hinter den Vornamen verbargen sich oft große Namen. Ysabelle zeigte mir, wie ich im *Bottin Mondain* den speziellen Standort und Stellenwert jedes dieser jungen Menschen innerhalb seiner Familie und seine Vernetzung innerhalb der Sippen eruieren konnte.

Der *Bottin Mondain* war – und ist bis heute – das Adreßbuch der Oberen Zehntausend, das jährlich erscheint, 2 000 Seiten stark, ein schwerer Lexikonband, ein unerläßliches Orientierungsinstrument für jeden, der sich in der Pariser Gesellschaft bewegt. Das Besondere war, daß hinter jedem Namen mit seinem Titel der Name der Frau mit ihrem Mädchennamen steht, so daß man gegebenenfalls dort nachschlagen kann, aus welcher Familie sie stammt. Alle Kinder sind aufgeführt, auch die verstorbenen, die verheirateten Töchter mit ihrem neuen Namen (den man dann nachschlagen kann), die jüngeren Geschwister mit dem Geburtsjahr (damit man weiß, wann sie heiratsfähig sind und eingeladen werden können). Nach der Pariser Stadtadresse, die Anschrift der Besitzung auf dem Land, versehen mit einem besonderen Symbol, XXX, das Schloß bedeutet. Familien stehen zusammen, ihre Mitglieder hierarchisch geordnet, der chef de famille an der Spitze, häufig vor ihm noch die Douarière, die Witwe seines Vorgängers. Man findet darin auch die Liste aller Mitglieder der Académie Française, aller Klassen des diplomatischen Korps natürlich, und der Herzöge. Nicht die der Parlamentarier und der Kabinettsmitglieder – die wechseln zu oft.

Im *Bottin Mondain* steht nicht, wer will. Man wird aufgenommen wie in einen exklusiven Club, was natürlich an den Ausspruch von Groucho Marx denken läßt: »Ein Club, in den ich aufgenommen werde, ist nicht fein genug für mich.«

Der *Bottin Mondain* wurde für mich schnell zu einer Pflichtlektüre. Ich konsultierte ihn in der Bibliothèque Nationale und ergänzte, was ich darin über den aktuellen Status quo erfahren konnte, mit den Informationen, die ich über die Genealogie der einzelnen Familien im *Grand Larousse* finden konnte. Am anderen Epochenende war eine nie versagende Referenz die fünfbändige *Biographie universelle et portative des contemporains, ou dictionnaire historique des hommes vivants et des hommes morts depuis 1789,* von Rabbe, Vielle de Boispolin und Saint-Preuve, aus dem Jahre 1834. Auf sie hatte mich Bernard Minoret aufmerksam gemacht.

Die soziologische Feldstudie führte mich direkt in die Geschichte: die Erforschung der Sozialstruktur der postrevolutionären Epoche. Mein Thema. Was zunächst nur eine Vermutung war, eine Intuition, fand sich bestätigt. Die französische Gesellschaft war in ihrem Kern strukturell –

ethno-soziologisch – identisch geblieben. Die Rede von der »Gesellschaft im Wandel« war Revolutionsrhetorik, ein Relikt des geschichtsphilosophischen Diskurses, eine Leerformel. Das soziale Umfeld veränderte sich an der Peripherie, im Zentrum wechselten nur die Stile und Moden. Für den Soziologen mußte gelten: *Plus ça change, plus c'est la même chose.*

Hyacinthe und Mario Ruspoli

Meine besondere Aufmerksamkeit hatte ein Geschwisterpaar auf sich gezogen, das etwas aus dem Rahmen fiel. Sie trug den schönen Namen Hyacinthe, er hieß Mario – Prinz und Prinzessin aus dem Hause Ruspoli, dem verarmten französischen Zweig des berühmten römischen Fürstengeschlechts. Hyacinthe, etwas blaß, mit nicht sehr gepflegtem Haar, hatte vergißmeinnichtblaue Äuglein, die sie mit schwarzen Lidschatten geschickt zur Geltung brachte, was in diesem Kreis nicht ganz comme il faut war, weniger weil es ihr ein frivol verworfenes Air gab, viel mehr weil es als unfein galt, sich stark zu schminken; ein diskreter Lippenstift, das war alles, was erlaubt war. Sie las viel, kannte Freud, Marx, Sartre und redete viel, schnell und blitzgescheit. Dem Gesetz der Komplementarität zufolge, nach dem Gegensätze sich anziehen, war sie die beste Freundin von Ysabelle, und so ergab es sich, daß wir oft lange, Tee aus hauchdünnen Tassen trinkend, in Ysabelles behaglich-luxuriösem Salon zu dritt beisammen saßen, um nach Herzenslust zu klatschen; das heißt, wir redeten über Leute, aber so, als extemporierten wir Proust oder Choderlos de Laclos. Exquisite Gespräche, soziologisch-literarische Kolloquien, Gesellschaftswissenschaft. Die Rollen waren gut verteilt. Ich stellte die Fragen, Ysabelle lieferte die Fakten, Hyacinthe gab die Analysen, die sich gewaschen hatten. Unbeschwert durch jeden Jargon brachten die beiden Frauen mit einer saloppen Leichtigkeit und Unverfrorenheit auch die delikatesten Probleme zur Sprache, die mich hätten erröten lassen. Es war ein Genuß, ihnen zuzuhören. Hyacinthe verhehlte nicht, daß sie ein Faible für mich hatte, es beruhte auf Gegenseitigkeit. Sie war genauso alt wie Ysabelle, das heißt unter dreißig, nur viel erfahrener. Sagen wir es offen, sie war ein richtig durchtriebenes Weibsstück, das wußte, was es wollte, und wenn es sich einmal etwas vorgenommen hatte, ohne große Umschweife auf sein Ziel zusteuerte. Es war klar, daß sie mich mit ihren Kommentaren anmachen wollte. Ysabelle schien zu finden, daß wir gut zueinander paßten, und förderte den sich anbahnenden Flirt mit Diskretion. Sie brachte sich ein durch ihre Komplizität. Wer weiß, was sich alles daraus entwickelt hätte, wäre Hyacinthe nicht völlig unerwartet an einer Meningitis gestorben.

Mario galt meine Bewunderung, weil er, ungewöhnlich in diesem Milieu, zwei Eigenschaften in seiner Person vereinigte, die nur selten zusammengehen – er war, so jung er war, mein Alter, ein vollendeter Grandseigneur und ein begabter Künstler. Man trifft gelegentlich Künstler, die den Habitus eines Herrn haben, es ist sehr rar, daß einen großen Herrn die Aura des Künstlers umgibt. Aufgefallen war er mir zum erstenmal auf einem *souper à petites tables,* bei einem der Südamerikaner – dunkelrote zum Boden fallende Tischdecken, nur Kerzenlicht von schweren Kandelabern, Vermeilcouverts, die Teller breit goldumrandet, doch das nur nebenbei –, als er sich, inmitten der Mahlzeit, von seinem Platz erhob und den Raum verließ. Was war geschehen? Ein plötzliches Unwohlsein? Ysabelle, die ihm gegenüber placiert war, berichtete, daß ein anderer Tischgenosse etwas außergewöhnlich Dummes gesagt hätte, es ging um Picasso, und Mario aus Protest die Runde verlassen hätte. »Er wird die Gelegenheit benutzt haben, um sich seine fällige Kokaindosis reinzuziehen«, meinte Hyacinthe trocken.

Le Moulin de Richebourg

Völlig bezaubert hat mich der junge Fürst, als ich ihn, in Begleitung der beiden Mädchen, auf einem Sommerfest in seinem Hause auf dem Lande wiedertraf. Es war einmal im Monat Open house, vom Nachmittag bis in die späte Nacht, wo dann der Garten mit den Heckenmassiven, den Rosenparterres und den Mixed Borders wie eine Theaterszene effektvoll ausgeleuchtet war. Eingeladen wurde zum *goûter.*

Wir waren am späten Nachmittag eingetroffen, hinausgefahren in Ysabelles kleinem Auto, einem Simca-Coupé, in dem ich, wie so oft, quer auf dem äußerst unkomfortablen Rücksitz gesessen und gelitten hatte. (Getröstet durch die nervöse Hand von Hyacinthe mit den abgekauten Nägeln, die sich unauffällig dahinten zu schaffen gemacht hatte, was suchte sie da?)

Mario hatte, wie es sich gehört, sehr reich geheiratet. Eine Reederstochter aus La Rochelle, Goldy, Millionenerbin und wunderschön obendrein. Das Mädchen mit dem goldenen Haar. Sie trug es hochgesteckt, was ihren Nacken und ihre Schultern vorteilhaft zur Geltung brachte. Eine königliche Erscheinung. Mario neben ihr, hochgewachsen, braungebrannt, dunkellockig, mit einer von Intelligenz sprühenden Physiognomie, war der schwarze Prinz. In den Augen aller waren sie das ideale Paar. Mit ihrem Geld hatten sie, wenige Kilometer von Paris, in Richebourg bei Dourdan, eine alte Wassermühle gekauft und daraus ein traumhaftes Anwesen gemacht, das wegen seiner Originalität, seiner exquisiten Einrichtung und seiner mondän-artistischen Funktion in den einschlägigen Hochglanzmagazinen auf beiden

Seiten des Atlantiks in großen Reportagen als etwas Besonders-Einzigartiges gerühmt wurde. Man kann sich denken, wie gespannt ich war, als ich das weißgestrichene, von geschnittenen Taxushecken flankierte Gattertor durchschritt. (Ysabelle führte festen Schritts, Hyacinthe, die auf ihren hohen Absätzen etwas unsicher daherschwankte, hatte sich eingehängt.)

Die Mühle war ein weitläufiger Komplex von Haupt- und Nebengebäuden, mit hohen, ziegelgedeckten Dächern, versteckt zwischen Akazien und Erlen, so daß man nicht auf einen Blick übersehen konnte, wie groß das Ganze war. Den Mittelpunkt der Anlage bildete eine gewaltige Halle, der alte Mahlboden, in dem sich einmal die Mühlsteine befunden haben mußten, eine aus gewaltigen Balken gefügte Holzkonstruktion, offen bis unter den Dachfirst, vielleicht zehn Meter hoch, das Volumen eines Kirchenschiffs.

Mitten durch diesen imposanten Raum, der nichts anderes war als eine frühindustrielle Werkstätte, lief, zwei Meter breit, von Steinplatten eingefaßt, der Mühlbach – die alte Energiequelle, die über riesige Schaufelräder die schweren Mühlsteine in Bewegung gehalten hatte, von denen keine Spur mehr zu sehen war – immer noch mit starker Strömung; es tanzten Forellen darin. Über den Wasserlauf sprangen zwei kleine Brücken, deren rustikale Holzgeländer vom gleichen Typ waren wie die der beiden Galerien, die, eine über der anderen, den Hallenbau inwändig umzogen und gliederten (erst von den jetzigen Besitzern eingezogen, schätzte ich) und zu denen diverse kleine Treppen hinaufführten. Die perspektivische Überschneidung der verschiedenen Schrägen und Geraden des Balkenwerks erzeugte den bizarr-pittoresken, geheimnisvoll-verwirrenden Eindruck der Kerkervisionen von Piranesi, wirkte aber keineswegs bedrückend, sondern anheimelnd, man konnte sich durchaus auch vorstellen, im Inneren einer Kogge zu sein oder im Dachgestühl eines Barockschlosses. Man hatte Lust, darin herumzuklettern, hinauf und hinunter, Winkel und Nischen zu entdecken und aus verschiedenen Höhen, mit wechselndem Blickwinkel, auf den Mühlbach hinunterzuschauen, dessen Rauschen, ohne daß man dessen richtig inne wurde, dem Raumerlebnis seine akustische Dimension gab.

Möbliert war das Ganze mit behaglichen Sitzgruppen – alten Chesterfield-Sofas und -Sesseln, Napoléon-III-Ensembles, mit schwarzlackierten geschwungenen Holzrahmen, buntbestickten Bezügen und Kordelvolants, durchgesessenen Korbsesseln, über die Kaschmirschals gebreitet waren, orientalischen Divans, von Kissenbergen bedeckt, und Puffs mit zerschlissenen Seidenbezügen; am Boden aus roten Fliesen, *tomettes* genannt, lagen Kelims, Tierfelle, Eisbär und Braunbär. Jede Menge Schnickschnack; Vogelbauer mit ausgestopften Papageien, Elefantenzähne, Karussellpferde, Negerplastiken, chinesische Drachen, japanische Paravents; überall, auf niedrigen Tischen, auf Vasen und Bronzen montierte überdimensionale Lampenschirme, die, unterstützt durch die Spots, mit denen einzelne Objekte angeleuchtet waren, ein warmes goldenes Licht verbreiteten. So war das ganze Ensemble eingerichtet. Die Schlafzimmer der Hausherren, in einem eigenen Trakt, in einem anderen Flügel die zahlreichen Gästezimmer (jedes mit einem Badezimmer – ich werde nichts über die Badezimmer sagen, obwohl es sich lohnen würde). Alle Einrichtungsgegenstände stammten vom *Marché aux puces,* auf dem damals noch jede Menge pittoreskes Gerümpel billig zu finden war.

Mit seiner Mühle hat Mario eine richtige Mode lanciert – gegen den vornehm-prätentiösen Dekorationskanon der Salons, gegen die Stahlrohrmöbelästhetik Le Corbusiers. Den Flohmarktstil. Er ist nicht Ausdruck eines weltanschaulichen Miserabilismus – aus der Notlage der Nachkriegsjahre entstanden –, sondern eine avantgardistische Provokation von »oben« gewissermaßen. Raffinement auf dem Niveau und in der Tradition eines Robert de Montesquiou. Die souveräne Mißachtung der Konventionen, der exzessivste Subjektivismus. Eine dekadente Spielform des Luxus als des Überflüssigen, was das unerläßliche ist.

Aus dem alten Kornspeicher hatte Mario das Atelier gemacht, in dem er malte. Er hatte mich beiseite gezogen (sein Interesse für mich setzte ich aufs Konto von Hyacinthes Sympathie), um es mir zu zeigen und mir seine künstlerische Produktion vorzuführen. Er wollte offensichtlich nicht, daß noch jemand anderes dabei war. Mehrere Staffeleien mit verschiedenen Bildern in verschiedenen Stadien der Fertigstellung standen im Flutlicht der Scheinwerfer. Er arbeitete, sagte er, nachts. An die weißgetünchten Ziegelwände gelehnt Dutzende von leinwandbespannten Rahmen aller Formate, zum Teil fertige Sachen.

Die offene Art, in der er über seine Arbeit sprach, rührte mich an. Es fiel mir leicht, ihm entgegenzukommen. Was er machte, gefiel mir gut. Es war in der Manier von Juan Gris und Georges Braque, abstrakte Gegenständlichkeit in verhaltenen Erdfarben. Feuilles mortes. Gelegentlich ein leuchtendes Blau. Keine menschlichen Figuren. Keine Akte. Dann sah ich am Boden, etwas versteckt, eine Porträtskizze, in düsteren Tönen, Schwarz und Grau, eine expressionistische Fratze, erschreckend, beängstigend, aber unverkennbar, ein Selbstbildnis. Der schwarze Prinz im Zeichen Saturns. Als ich mich niederhockte, um mir das Bild näher anzuschauen, drehte er es um. »Oh, ça n'est rien, ça m'a pris un soir.« Dorian Gray malt sich selber, wie er sich sieht, ohne Maske.

Er bereite, sagte er noch, eine Ausstellung in einer bekannten Galerie der Rive droite vor. Maeght? Ja, Maeght. Und Picasso war hiergewesen – er geht nie zu jungen Malern – und hatte ihn ermuntert.

Als wir das Atelier verließen, war die Nacht schon hereingebrochen. Es waren vielleicht noch fünfzig Personen anwesend. Die große Halle mit dem Mühlbach wurde von ihnen wie durch Statisten belebt. Da saß eine Gruppe, dort lehnte sich ein Paar über das Geländer der Galerie, um in das mit starker Strömung fließende smaragdgrüne Wasser zu schauen, dort wurde der Schatten eines Profils an die schräge Dachfläche geworfen wie ein überdimensionaler Schattenriß.

Die Atmosphäre war cool und intim zugleich. Jeder war sich selbst überlassen, gehörte aber mit jeder Fiber seines Wesens zu einer affektiven Erlebnisgemeinschaft. Alle befanden sich in einem Zustand der Erwartung, der Erwartung von etwas Außergewöhnlichem, das sich plötzlich ereignen würde – die Erscheinung des Wunderbaren, das in diesem Rahmen, der nur dafür geschaffen schien, nicht ausbleiben konnte. Die meisten, denke ich, wußten von früheren Besuchen, was ihnen bevorstand.

Das Wunderbare brach um Mitternacht herein und mit ihm ein Schub neuer Gäste. Ganz andere Menschen, mit anderen Gesichtern, Haaren und Kleidern. Wie ein Rudel Meerkatzen verteilten sie sich lautlos in der großen Halle, die keine Geheimnisse für sie barg.

Auf einer Art Empore in halber Höhe, wo auch ein zünftiges Stehklavier stand, hatte eine fünfköpfige Band Aufstellung genommen und begann, schlagartig, herrlichen Jazz zu spielen. Die warme Akustik in dem offenen Gebälk, so anders als die dumpfe Sonorität der Kellergewölbe, an die sie gewohnt waren, mußte die Musiker bezaubern. Saxophon und Klarinette, Kontrabaß und Gitarre jubilierten um die Wette. Man war auf dem Riverboat.

Alle Musiker waren Schwarze. Sie saßen im Dämmer. Man sah, wenn man so saß, daß man sie sehen konnte und genau genug hinschaute, nur das Weiße in ihren Augen und die glitzernden Reflexe, die entfernte Lichtquellen auf den Schweißperlen schillern ließen, die ihre Gesichter bedeckten wie Pailletten. Nur einer war weiß. Kreideweiß. Ein langes, schmales, bleiches Gesicht, die Augen geschlossen – der Klarinettist. Ich fragte nach seinem Namen. Es war mir, als ob ich ihn schon einmal erlebt hätte. Es war Claude Luter, der König des Jazz, der in den Kellern von Saint-Germain-des-Prés allnächtlich seine Triumphe feierte. Mario hatte ihn mit seinen Männern engagiert, um mit ihnen in der Mühle zu spielen.

Jazz, neben der Malerei, war Marios Leidenschaft. Es dauerte nicht lange, bis er sich mit seinem Tenorsaxophon zu den Musikanten gesellte. Sie kannten sich offensichtlich gut.

Es herrschte eine intensive Spannung, der sich keiner entziehen konnte. Ich saß auf einem der ausgebeulten Chesterfield-Sofas zwischen Ysabelle und Hyacinthe. Die eine voller Andacht, gewiß, aber doch etwas distanziert, sie liebte den Euphon der großen Oper; die andere, fast in Trance, saugte die betörenden Dissonanzen mit jeder Faser ihres Körpers ein. »C'est dingue«, röchelte sie und, abwechselnd, »je flippe« – weil sie absolut nicht die Klappe halten konnte. Durch die Luft zog ein süßer Haschischduft, ein Nichts von Schweißgeruch, eine Ahnung von den Möglichkeiten einer Orgie. Ich schließe nicht aus, habe vielmehr gute Gründe für die Vermutung, daß, während die einen zuhörten, die anderen, die Groopies und Fans aus der Szene, die Gelegenheit nutzten, um in den Gästezimmern andächtig zu bumsen.

Die Session dauerte bis zum Morgengrauen. Zum Abschluß wurde eine Gulaschsuppe serviert.

Auf der Rückfahrt nach Paris, in dem kleinen Simca-Coupé, saß ich neben Ysabelle, Hyacinthe zusammengerollt, schlafend wie ein Kind, auf dem Rücksitz.

Schloßphantasien

Ich phantasierte vor mich hin. Das war's! So und nicht anders wollte ich leben. Wenn mich einer nach meinem »Lebensprojekt« fragen sollte – nicht, was ich tun wollte, sondern wie ich leben wollte –, konnte ich ihm antworten: die Mühle von Richebourg. Weiter nichts. C'est si simple que ça!

Von dem, was ich mir wünschte, als den angemessenen äußeren Rahmen für mein Leben, hatte ich immer schon eine ganz präzise Vorstellung. Ich konnte sie nicht aus eigener Anschauung gewonnen haben. Ich trug sie in mir, als Knabe schon. Sie gehörte zu meiner inneren Welt, solange ich zurückdenken kann. Wo kam sie her? Aus dem Bilderbuch? Aus einem anderen Leben? Aus Tiefenschichten des kollektiven Unbewußten, an das ich genetisch und kulturell angeschlossen war, seit meiner Zeugung? Ein Phantasmus? Nicht ein Produkt meiner Phantasie, denn ich habe nichts erfunden. Ein Archetypus, könnte man sagen. Ein genetisches Apriori. Der Besuch in der Mühle von Mario Ruspoli war für mich keine Offenbarung, die mir etwas enthüllte, was mir bis dahin unbekannt geblieben war. Er wirkte auf mich wie ein betörendes Déjà-vu.

Ein Haus in einem Park. Alte Bäume gehören unbedingt dazu, Buchen oder Zypressen, Terrassen. Ein Herrenhaus. Un manoir, une gentilhommière. Ein Schloß. Es braucht nicht groß zu sein, aber geräumig, groß genug, um unter seinem First genügend Räume zu bergen, für all seine Bewohner, groß genug, um viele Freunde zu Gast haben zu können und Feste mit ihnen zu feiern. Ein Saal.

In einem solchen Haus zu leben schien mir das Normale, das eines Menschen allein Würdige. Jede Abweichung davon eine Degradation. Der Anspruch darauf gehört, meiner Ansicht nach, zur Definition der Menschenrechte.

Schloß oder nicht Schloß. Das ist die soziale Frage. Für den Soziologen läuft da die absolute Grenze, die Sozialschranke zwischen oben und unten; es gibt die, die in einem Großen Haus leben, und es gibt die anderen, die Etagen- und Reihenhaus-, die Wohnmaschinen- und Dachbodenbewohner, die Achtquadratmetermenschen. Der untrüglichste Parameter jeder Statistik, die Auskunft geben soll über die Stratifikation der sozialen Hierarchie: über wieviel Quadratmeter Wohnfläche verfügt ein Mensch.

Das Schloß. Ein Topos der Literatur. Ein Topos der Kulturgeschichte. Ein Topos der Soziologie. Er ist eingeschrieben in die Topik des kollektiven Unbewußten. Eine anthropologische Konstante.

Ethnologische Forschung lehrt uns, daß es in jeder menschlichen Sozietät den realen, imaginären und symbolischen Ort gibt, an dem alle Vorstellungen und Sehnsüchte des guten Lebens mit den Versuchen, es in konkreto zu verwirklichen, konvergieren. Alle materiellen und geistigen Leistungen (opera) sind darauf gerichtet und abgestimmt. Überall konstituiert sich eine höchste Daseinssphäre, ein exquisiter Lebensbereich, der mit allem ausgestattet ist, was das Leben lebenswert macht. Immer gehören außerordentliche, privilegierte Wohnverhältnisse essentiell und konstitutiv dazu. Für unseren Kulturkreis ist *la vie de château* das Paradigma menschenwürdigen Lebens, das große Vorbild geblieben, der Inbegriff, die Norm stilvoll-gesitteter höherer Lebensform, Indikator des gesellschaftlichen Status, das Ziel jedes ökonomischen, politischen oder nur sozialen Aufstiegs, ein unübertroffenes Lifestyle-Modell. Es ist als eine Mitgift des Ancien régime auf uns gekommen und hat sich als normatives Leitbild bis heute erhalten.

Daran haben merkwürdigerweise zweihundert Jahre politischer und industrieller »Revolution« nichts geändert. Die Basis der Pyramide hat sich verbreitert, die Spitze ist gleich geblieben. Man hat sich viele Gedanken darüber gemacht, die Lebensbedingungen der *classe la plus nombreuse et la plus pauvre* zu verbessern, und gehofft, die Steigerung der Produktionskraft würde dazu beitragen. Neue Vorstellungen aber davon, was das »gute Leben« ist, haben sich nicht herausgebildet. Es sind nach wie vor die der alten, immer wieder totgesagten Aristokratie. Die Bourgeoisie hat, was ihren Lebensstil betrifft, keine Alternative entwickelt. Der Versuch, den hedonistischen Luxus durch asketisch-hygienische Tugend zu ersetzen, wurde schnell als Betrugsmanöver erkannt. Alle Bemühungen, eine menschenwürdige demokratisch-sozialistische Massenkultur durchzusetzen, sind daran gescheitert, daß sie die historisch vorgegebenen Standards eines menschenwürdigen Daseins nie erreichen konnten. Die Oberschichten, wie auch immer sie sich rekrutieren, orientieren sich – wenn es um die Gestaltung ihres Lebens geht – hartnäckig an den tradierten Wertmaßstäben der aristokratischen Eliten. Ich möchte noch weitergehen und behaupten: die überkommenen Maßstäbe der Çi-devants geben die Kriterien für die Definition dafür ab, was eine »Oberschicht« ist. Sag mir, wer in einem Land ein »Schloß« bewohnt, und ich sage dir, wer soziologisch zur Oberschicht zählt. Ich warte immer noch auf den Gegenbeweis.

Das hört ungern, wer nicht in einem Schloß wohnt, wenn es auch dem einen oder anderen schmeicheln wird, der nicht gemeint ist. Nicht alle, die in einem »Schloß« leben, sind dessen würdig. Und umgekehrt. Die Sache ist schon ein bißchen komplizierter – ist doch klar.

Es hat sich erwiesen, daß der Kampfruf »Friede den Hütten, Krieg den Palästen« zu nichts Gutem führt. Das Gleichheitspostulat der Menschenrechte kann offenbar nicht dadurch eingelöst werden, daß man die Schlösser zerstört und alle zwingt, in Hütten zu leben, aus denen sehr schnell Baracken werden. Das allgemeine Glücksversprechen – das größte Glück der größten Zahl – kann nur bedeuten, daß alle das Recht haben, in einem Schloß zu leben.

Die einzige Sozialutopie, die diese Forderung ernst genommen hat, ist die von Charles Fourier, der gesagt hat, die Glücksvorstellungen einer Epoche seien die von den Lebensbedingungen ihrer Oberschicht, und sich ein System ausgedacht hat, das allen ermöglicht, in Palästen – seine Phalanstères sind Paläste – zu leben, d. h. in schloßähnlichen Verhältnissen.

Es sieht so aus, als müßten wir uns damit abfinden, daß dieser schöne Traum sobald nicht in Erfüllung geben wird. Wir können uns darüber nur trösten, weil wir wissen, daß die Idee des Schlosses, als Repräsentation einer grandiosen Vorstellung des Menschen und seiner Lebensmöglichkeiten, noch lebendig ist, als Sehnsuchtsfigur für die vielen, als reale Lebenschance der wenigen. Die Idee des Schlosses hat der Zerstörung der Schlösser standgehalten.

Solange es Schlösser gibt und Menschen in ihnen wohnen, kann man sich sagen: das Paradies auf Erden existiert.

Une chambre de bonne

Das Paradies existiert. Der Aufenthalt dort ist nicht eine Sache des Verdienstes, sondern des Glücks – der Gnadenwahl. Wer dort wohnt, kann jederzeit vertrieben werden. Er kann sich aber auch selbst exilieren, weil ihn Fortuna fallenläßt oder ein Dämon ihn treibt.

So verließ Mario Ruspoli eines Tages zur großen Überraschung seiner

Freunde die schöne Goldy und ihre Mühle, durch deren weite Halle das Wasser rauschte, verließ zwei kleine blonde Prinzen, verließ das Atelier mit all seinen Bildern, verließ den Schauplatz rauschender Feste und mitternächtlicher Jamsessions mit Claude Luter, um mit einer, wie es hieß, äußerlich völlig unscheinbaren, wuschelköpfigen Spanierin, einer kleinen Ratte de rien du tout, in eine chambre de bonne ins dreizehnte Arrondissement zu ziehen – pour vivre une grande passion.

Dolores García, fille d'immigrés, eine politisch engagierte Anarchistin. Temperamentvoll, leidenschaftlich, gescheit. Sie brachte ihm alles, was er in seinem Milieu nicht fand. Endlich ein Mädchen, mit dem er intelligent reden und ficken konnte.

Er wurde ausgestoßen wie ein Aussätziger. Die einzige, die ihn verstanden und in Schutz genommen hätte, wäre seine Schwester Hyacinthe gewesen, aber die lebte nicht mehr, als er seinen großen Schritt in die Freiheit wagte. Es war dieselbe souveräne Geste, mit der er auf dem schicken Souper vom Tisch aufgestanden und weggegangen war, weil er das dämliche Gerede nicht länger ertragen konnte. Ich fand ihn großartig.

Er lebte mit seiner Geliebten in den ärmlichsten Verhältnissen. Spielte, für ein lumpiges Honorar in den Jazzkellern, versuchte sich als Fotograf, hielt Lichtbildvorträge für *Connaissance du monde,* fand vorübergehend einen Produzenten, für den er kleine Dokumentarfilme drehte. Nichts wollte richtig glücken. Dann wurde er von einem Augenleiden befallen und verlor das rechte Auge. Ich traf ihn noch einmal in Straßburg, bei Victor de Pange, der sein Klassenkamerad im Lycée Henri IV gewesen war, mit der schwarzen Augenklappe. Immer noch, wie damals in seiner Mühle, hatte er das gewinnend lässig elegante, heiter superiore Auftreten eines Grandseigneurs. Er starb, noch keine vierzig Jahre alt.

Tragen wir, der Ordnung halber, nach: der Vater von Mario und Hyacinthe, Edmondo, war, über seine Mutter, verwandt mit den Talleyrand-Périgord. Die Mutter, Marthe, ein exzentrischer Blaustrumpf, der zahllose orientalische Sprachen beherrschte, Bücher schrieb und übersetzte, war eine geborene Chambrun (Laval war mit einer Chambrun verheiratet). Sie sind, nach wechselreichem Leben, die es zu weit führen würde hier zu erzählen, hochbetagt in Tanger gestorben.

Goldy war die Tochter eines protestantischen Reeders aus La Rochelle, Franc Delmas-Vieljeux (beste alte Bourgeoisie, ein Vermögen, das auf die Zeiten des Sklavenhandels zurückging), der während des Krieges von den Deutschen als Geisel erschossen wurde. Über ihre Mutter stammte sie ab von dem bekannten jüdischen Dandy, Sammler und Bankier Charles Haas, der Proust als Modell für Swann gedient hatte.

Dolores García war Jüdin. Sie war nicht häßlich und unscheinbar, sondern sehr schön. Hat nach dem Tod von Mario Filme gemacht. Von Hyacinthe erfuhr man, daß sie auf einem Strand vor Rom tot aufgefunden wurde, Opfer einer Überdosis.

Orgie

Auf meinem Programm der *vie expérimentale* stand natürlich die Orgie. Orgie ist ein bombastisches, ein barockes Wort, es erinnert an Orgel, es braust und schwillt wie Donnerhall, wie Höllenklamauk und Sphärenmusik, es ist hochgradig affektbesetzt und gehört darum zu den magischen Worten aller europäischen Sprachen, wie Tod oder Gott. Die Idee der Orgie gehörte zu den *idées sociales,* von Sade, über Fourier bis zu Bataille. Sie beherrscht die erotische Literatur. Sie beschäftigt die Ethnologen, Religionsforscher und Kultursoziologen. Sie geistert im Kopf jedes Menschen. Handelt es sich um einen Phantasmus, eine Figur der Einbildungskraft oder vielmehr um ein tief ins kollektive Unbewußte eingeschriebenes archetypisches Grundmuster des menschlichen Sexualverhaltens, ja Sozialverhaltens, um eine anthropologische Konstante? Als Utopie und normatives Pattern gleichzeitig ist die Orgie ein Kulturphänomen. Sie gehört zu den ewigen Regulationsmechanismen des menschlichen Triebhaushaltes und somit in den Bereich der geschichtlich-gesellschaftlichen Wirklichkeit des Menschen. Tiere kennen die Orgie nicht, soviel ich weiß.

Sie gehört nicht ins Ressort des Sexualforschers, sondern des Soziologen. Der sicherste Beweis dafür scheint mir darin zu liegen, daß sie in unserem Kulturkreis mit einem Tabu belegt ist. Und wo ein Tabu herrscht, geht es um ein essentielles Problem der menschlichen Gesellschaft. Wo ein Tabu ist, berühren wir den Geheimnisbereich des Sozialen: das Sakrale. Es ist kein Zufall oder Zeichen einer Abwegigkeit, daß Bataille die Orgie in den Mittelpunkt seiner *sociologie sacrée* gestellt hat.

Orgien waren kultische Handlungen und sind heute Veranstaltungen, zu denen sich Gruppen von Menschen beiderlei Geschlechts zusammentun, um einer höheren Erlebnisqualität willen, als sie die in Zweierbeziehungen finden können. Es sind erotische Rituale, die zu existentiellen Grenzerfahrungen führen. Auch wenn sie banalisiert, kommerzialisiert und zur Routine werden, bleibt dieser Mehrwert als Möglichkeit immer erhalten und verleiht ihnen die Aura des Außeralltäglichen. Sie sind immer ein Fest. Wer stirbt, ohne an einer Orgie teilgenommen zu haben, kennt das Leben nicht.

Wie aber die »Erfahrung« einer Orgie machen? Orgienveranstalter stehen nicht im Telefonbuch, und man sucht ihre Ankündigungen vergebens in den Kleinanzeigen, allenfalls fände man sie auf den schwarzen Listen der Sittenpolizei. Die Zeiten, in denen sie zum Bestand der sanktionierten Kulte gehörten, sind lange vorbei (wenn die Erinnerung daran sich auch mit zäher Hartnäckigkeit erhalten hat).

Party, Partie, Partouze

In Paris sprach man nicht von Orgie, sondern vom Partouze. Ich wußte nicht, was das war, meine Cousine Jacqueline machte immer wieder Anspielungen, aber dabei blieb es. Bis mich eine junge Frau aufklärte. Nennen wir sie Véronique. Der Name spielt keine Rolle. Ich habe ihn vergessen, und sie hat mir wahrscheinlich auch nie ihren richtigen Namen genannt. Das gehört zum Metier. Sie aber habe ich nicht vergessen, sondern sehe sie ganz deutlich vor mir, bäuchlings ausgestreckt auf meinem Bett, mit ihren Beinen wippend, an einem Fuß einen schwarzen Lackpumps, sonst mit nichts anderem bekleidet als ihrem Strumpfhalter, der ihren weißen runden Popo wunderbar zur Geltung brachte, den Wuschelkopf zwischen meinen Beinen, andächtig damit beschäftigt, mit ihren langen resedarot gefärbten Fingernägeln an meinem Schwanz herumzuspielen, wobei sie ab und zu aufschaute, mit frechen Augen, um zu sehen, ob ich auch zufrieden sei.

Ich hatte sie – es war lange nach Mitternacht – zu mir ins Henri IV mitgenommen, weil ich sie besonders attraktiv fand. Sie war mir aufgefallen, weil sie mir zugelächelt hatte, sehr diskret, so wie einem eine junge Frau an einer Straßenkreuzung aus dem Auto zulächelt. Sie saß in einem schwarzen Mini-Morris, der wie ein Accessoire wirkte, das sie ausgewählt hatte, weil es gut zu ihr paßte. Es konnte kein Zweifel an ihrer Identität bestehen, *une poule de luxe*. Leichten Schrittes, heiter, meine Verlegenheit souverän überspielend, kam sie mit. Zog sich blitzschnell aus und ließ mich mit narzißtischem Wohlgefallen ihren vollkommenen Körper bewundern. Sieh da, wie schön ich bin, und ich gehöre jetzt dir. Nichts, aber auch nichts ließ darauf schließen, daß es ihr nicht auch großen Spaß machte, hier zu sein. Man hätte sie für ein Mädchen von Madame Claude halten können, den vollkommensten Callgirls von Paris. Zwischen ihr und Papou war im Grunde kein Unterschied. Ich war entzückt.

Sie plauderte, während sie mir half, mich auszuziehen, ging geduldig auf meine dummen Fragen ein, sprach vom Film, den sie am Nachmittag mit einer Freundin gesehen hatte, sagte, daß sie mich *sympa* fände, und da sie sah, daß ich meine Zeit brauchte, rückte sie mich in eine Position, die es ihr erlaubte, mir Vergnügen zu bereiten. »Je vais te faire plaisir.« Schon die Art, in der sie es sagte, machte mir plaisir.

Also du weißt wirklich nicht, was eine partouze ist? Sie hatte ganz beiläufig gefragt, ob ich nicht nachher mit ihr zu einer Partouze gehen wollte.»Je
t'explique!« Und sie erklärte es so anschaulich, daß ich, ehe ich wußte, wie
mir geschah, ejakulierte.»Oh le vilain«, der Bursche bringt uns um mein
Vergnügen (ihr Vergnügen! wohlbemerkt, sagte sie). Sie schien ganz be-
trübt. Los, wir gehen jetzt dahin! Nein, nicht heute, morgen. Soll ich dich
abholen kommen, vers minuit?

Das Wort »partouze« gehört zur Pariser Umgangssprache, wie bistro und
bordell. Roland Barthes hat es zu akademischen Ehren gebracht in seinem
Fourier-Buch. (Nicht in den »Alltagsmythen«, wo es gut hingepaßt hätte.)
Er stellt die Reihe auf: party, partie, partouze – Steigerungsfolge, deren
Superlativ die Orgie wäre. Er hebt damit den geselligen Charakter der Veranstaltung, die Konvivialität in der Promiskuität, hervor. Das ist richtig. Es
ist eine anonyme Geselligkeit bei gleichzeitig höchster Intimität. Die Partouze ist die kleine Schwester der Orgie, eine Spielform, sie gehört in den
Alltagsbereich, ein im Grunde harmloses Gesellschaftsspiel im heterosexuellen Register. Eine Vergnügungsveranstaltung. Wie der bal nègre.

Les Marroniers

Véronique führte mich in einen Club im noblen VIIIième Arrondissement,
zwischen Parc Monceau und Place des Ternes. Er lag im Erdgeschoß eines
Gartenhauses, das man durch eine kleine Kastanienallee erreichte, der es
seinen poetischen Namen verdankte: *Les Marroniers*. Véronique faßte
mich zutraulich unter den Arm.»Tu vas voir, tu vas t'amuser. Moi, j'adore
ça!« Die Formalitäten. Einschreibegebühren, Eintritt für den Abend (zwei
Getränke inbegriffen). Nicht jeder wurde eingelassen, und nur paarweise.
Ausziehen – man mußte alle Kleider ablegen in der Garderobe, zu der ein
langer Flur hergerichtet war. Jeder bekam seinen Bügel. Am Ende des
Flures standen Duschen zur Verfügung, die man eher danach als davor
benutzte.

Splitternackt betraten Adam und Eva das Paradies. Wir konnten uns sehen lassen. Wir waren ein schönes Paar. Ich erinnere mich an alles genau,
als wäre es gestern gewesen. Drei große, ineinander übergehende, relativ
hohe, kahle Räume, an deren Wänden ringsum mit weißen Laken überzogene Matratzen ausgelegt waren, auf denen vielleicht dreißig nackte Männer und Frauen lagen, saßen, hockten, lagerten, einige dicht aneinander
gedrängt zu einer Gruppe, manche Paare mehr für sich. Einige, vor allem
Männer, spazierten herum. Die Räume waren ganz hell ausgeleuchtet, was
mich wunderte.

Mein erster Eindruck war: ein Aquarium, mit glänzenden Fischleibern, die sich am Boden übereinander schieben. Mein zweiter Eindruck war: der Nacktbadestrand von Kampen auf Sylt. Mein dritter Eindruck war ein mythologischer: der Olymp, gemalt von Puvis de Chavanne. Wir suchten uns ein freies Plätzchen zwischen zwei Paaren, die miteinander beschäftigt waren. So unauffällig wie möglich schaute ich mich um, streichelte mit den Fingerkuppen den wunderbaren Körper meiner Gefährtin, Hals, Schultern und Rücken, und genoß es, daß sie alle Blicke im Umkreis auf sich zog. »Sie sind wohl das erste Mal hier?« fragte meine Nachbarin. »Wir kommen jede Woche hierher, mein Mann braucht das.« Der Mann war gerade in einen anderen Raum gegangen, und sie suchte Anschluß. Es waren alle Altersgruppen vertreten. Sehr beeindruckte mich, als er an uns vorüberschritt, ein Mann, der an die sechzig sein mußte, mit einem braungebrannten, athletischen Körper, vollendet wie eine hellenistische Statue; Charon, der das Schiff sicher über den Styx leitet, in dem er aber nicht die Schatten der Toten, sondern eine heitere Gesellschaft von Nymphen und Satyrn nach Cythera übersetzt.

In der Mehrzahl waren es Paare, junge Frauen und mittelalterliche Männer, zum Teil mit guten Köpfen, der Typ, den man bei *Lipp* trifft. Véronique erklärte mir, daß sie viele der Mädchen kannte, die sich gern hierher mitnehmen ließen, nicht umsonst natürlich, weil sie Frauen mochten, was wiederum den Männern gefiel, die alleine nicht zugelassen waren. Zu den strikt eingehaltenen Spielregeln gehörte es, daß Praktiken männlicher Homosexualität nicht toleriert waren, die Frauen aber miteinander tun konnten, wozu sie lustig waren. Zu den Regeln gehörte auch, daß niemand sich auf jemanden einlassen mußte, der ihm nicht gefiel; es genügte ein Blick, ein Wink, und ein unliebsamer Annäherungsversuch war abgewiesen.

Ich solle mich doch um meine Nachbarin kümmern, sagte Véronique, was ich schüchtern versuchte. Sie hatte einen asthenischen, etwas schlaffen, aber anziehenden Körper, rotes Haar, überall, Sommersprossen überall. Une vraie rousse. Eine Mannequinfigur, wie ich mir das immer schon einmal gewünscht hatte. Es dauerte nicht lange, und ein Orang-Utan, Naturpullover, setzte sich zu uns und begann, ohne ein Wort zu sagen, die Beine der beiden Mädchen zu streicheln. Als seine Hände sich zu hoch wagten, schickte Véronique ihn weg und wendete sich dem rothaarigen Mädchen zu. »C'est pour toi«, raunte sie mir ins Ohr, das sie zärtlich küßte, mit ihrem Atem mehr als mit ihren Lippen.

Inzwischen war überall etwas in Bewegung geraten. Man hörte, von hier und dort, kleine Schreie und schweres Atmen, Wellen der Erregung berührten uns und schwappten über uns zusammen.

»Prends-la!« hauchte Véronique, die ihre Finger tief in der Roten stecken hatte. Ich hatte die meinen in ihr. »Qu'est ce que tu attends?« Sie zeigte mir, wie ich es anstellen mußte, um das Mädchen zu vögeln, ohne meine Hand von ihrer Muschi zu lassen. Die Mädchen schmiegten die Köpfe aneinander, und ich konnte beide abwechselnd küssen, während ich gleichzeitig in beiden war. Ein Doppelstecker. Véronique war scharf darauf, daß ich die andere zum Höhepunkt brachte. »Fais-la jouir!« Ich fühlte, wie sie beide gleichzeitig kamen. Die Rothaarige verdrehte die Augäpfel, so daß nur noch das Weiße zu sehen war. Véronique stöhnte kaum hörbar. Ich fühlte die Kontraktionen ihrer Muskeln. Zwischendurch tauchte einmal kurz der Ehemann des roten Mädchens auf, ein hageres, spitzbärtiges Männchen, das, wie ich erfuhr, an Priapismus litt. Er hüpfte wie ein Faun um unsere Dreiergruppe herum, klatschte in die Hände und rief »Bravo«, was mich Gott sei Dank nicht sonderlich aus der Fassung brachte.

Ich hatte kaum Gelegenheit zu sehen, was um uns herum geschah, aber ich partizipierte mit allen Sinnen an dem promisken Setting. Ich kommunizierte ohne präzise Wahrnehmung, total in einem *état secondaire*. Ein hochgradiges Lustgefühl durchströmte mich. Körper und Seele waren in einen erotischen Rauschzustand versetzt, als stünden sie unter der Einwirkung einer Droge. Ich war hyperluzid, hypersensibel und im siebenten Himmel zugleich. Ob ich noch eine andere Frau haben wollte, fragte Véronique. Ich war selig erschöpft und wollte nur sie. Ich lag auf dem Rücken, einen Arm unter dem Kopf, den anderen ausgestreckt auf dem Leib des nackten Mädchens neben mir, das uns zuschaute. Véronique setzte sich rittlings auf mich und streichelte mich mit ihren Schamhaaren, und die Lust, die sie dabei verspürte, übertrug sich auf meinen Körper, so daß ich mühelos in sie eindringen konnte. Keine Rede von Penetration, sie saugte mich in sich hinein, verschlang mich, lutschte mich, knetete mich, und ohne mehr als ein ganz leichtes Wiegen der Hüften holte sie sich, ganz langsam, piano pianissimo, indem sie mir in die Augen schaute, ohne zu lächeln, als wolle sie mich hypnotisieren, meinen/ihren Orgasmus. Das war kein gewöhnlicher Orgasmus. Das war unendlich mehr. Keine Explosion. Musik, ein Orgelrauschen, das anschwoll, immer mächtiger wurde, immer polyphoner, und mich davontrug, schwerelos, ins Unendliche. Und es wollte nicht aufhören. Das schöne Wesen saß auf mir, ohne mich freizugeben, ich hatte meine beiden Hände jetzt auf ihren Schenkeln, als müßte ich sie festhalten, als müßte ich mich festhalten, und fühlte, wie neue Kräfte in mich einströmten, und ihre Augen, die funkelten wie Katzenaugen, ermunterten mich, und ihr vibrierendes triefendes Inneres ermunterte mich, und ohne sagen zu können, was ihr Leib war und mein Leib, carne unum, fuhren wir noch einmal ab ins Nirwana der Seligen.

Als wir den Ort der Verzauberung verließen, dämmerte der Morgen hinter den Kastanienblättern. Ich verabschiedete mich voller Dankbarkeit von Véronique mit einem reglementwidrigen langen Kuß, den sie erwiderte. Sie hatte mich in den Venusberg geführt. Nous y retournerons quand tu voudras!

Natürlich wollte ich. Ich hatte in dieser Nacht etwas völlig Neues erlebt und wollte es unbedingt wieder erleben. Es war etwas qualitativ Neues im Vergleich zu all meinen bisherigen sexuellen Erfahrungen, das über das Sexuelle weit hinausging. Véronique war die Komplizin, Gespielin, Vertraute, die mich mit leichter Hand in Höhenbereiche erotischer Erfahrung geführt hatte, die ich ohne sie nie kennengelernt hätte. Sie hatte mir geschenkt, was keine Frau mir bisher zu geben vermochte. Es war nicht eine Steigerung meines sinnlichen Lustvermögens, es war ein echter Erkenntnisgewinn.

So, phantasierte ich, müssen die Mädchen gewesen sein, die sich in den Tempeln der Großen Göttinnen der heiligen Prostitution weihten, sie taten es gerne, freiwillig und mit Gewinn. Der Gedanke, sie hätte ihren Part vielleicht nur simuliert, so getan, »als ob«, konnte mich nicht stören. Das Simulacrum war so perfekt, daß die moralische Frage nach der Authentizität zu einer rein akademischen Frage wurde. Was allein zählte, war die Qualität der Performance und die Wirkung, die sie auf mich hatte. Daß sie die Techniken beherrschte, die dazu gehörten, diese Wirkung zu erzielen, war ihr Berufsgeheimnis. Bekanntlich ist es ein Kriterium höchster Professionalität, daß sie diese Professionalität völlig vergessen läßt. Das ist die Schwelle, an der Simulation zu Kunst wird.

Ich möchte hier diesem Mädchen meine Bewunderung aussprechen. Meinen Dank. Naserümpfenden Feministen möchte ich sagen, daß ich die Frauenwelt darum beneide, daß sie diese Rolle der Selbstverwirklichung in ihrem Repertoire hat. Die Männer haben es da viel schwerer. Véronique war genau das, was sie sein wollte. »J'adore ça!« Ich projiziere nicht ein Wunschbild. Sie war die Inkarnation eines Wunschbildes, ein Geschenk des Himmels.

Was schön ist, ist teuer. Wie man sich denken kann, ging die Aufrechterhaltung einer solchen Beziehung weit über meine Verhältnisse. Ich konnte mir dies Vergnügen nicht leisten. Niemals habe ich meine Armut mehr gehaßt. Manchmal, wenn ich sehnsuchtsvoll an diese fernen Zeiten zurückdenke, will es mir scheinen, als sei Véronique von all den jungen Frauen, denen ich damals in Paris begegnet bin, diejenige gewesen, die meinen geheimsten Wunschvorstellungen von der idealen Frau am nächsten gekommen ist.

Évelyne und Jean-Pierre

Ich hatte Glück, weil ich wenig später zu einem Kreis Zutritt fand, der sich um ein junges Paar in meinem Alter gebildet hatte. Jeden Samstagabend war bei ihnen Open house, das hieß in diesem Fall, sie veranstalteten für und mit ihren Freunden eine Partouze. Kostenlos. Sie bewohnten die weitläufige Beletage eines hôtel particulier und lebten auf großem Fuß. Évelyne und Jean-Pierre.

Da wurden nicht viele Umstände gemacht, sie schmissen in die Mitte des Salons zwischen die drei langen, samtbezogenen, hufeisenförmig angeordneten Kanapees die Zwei-mal-zwei-Meter-Matratze ihres französischen Bettes, und dort fand die Party dann statt. Évelyne gab das Zeichen für den Beginn, indem sie sich aus- und einen der Jungs zu sich auf die Matte zog. Sie hatte am oberen Rand ihrer Schamhaare ein Muttermal, drei winzige Leberflecken, ein Sternbild, und das Stichwort lautete:»Baises mon envie!«* Es waren so an die zwölf Personen anwesend, alle ungefähr im selben Alter. Getränke standen kistenweise in der Küche zur Selbstbedienung. Man saß mit einem Glas in den weichen Pfühlen und schaute zu, bis man selber in den Reigen eintrat. Immer ergriffen die Mädchen die Initiative.

Évelyne war ein ganz unscheinbares Geschöpf, man hätte sich auf der Straße nicht nach ihr umgesehen: zierlich, schmal, mit kurzem Haar, still, sanft, ungeschminkt, aber sexbesessen wie eine Mänade. Sie war stolz, die Königin des *Roi René* genannt zu werden. Von ihr hörte ich zum erstenmal von dem legendären Tisch. Jean-Pierre, gutaussehend, damals schon mit Dreitagebart, war ein Abenteuer-Typ, ein perfekter Macho, der in Afrika dunkle Geschäfte machte, vermutlich Waffenhandel, in London seine Anzüge und Hemden anfertigen ließ, teure Armbanduhren trug, Sportwagen fuhr, sich für Fußball begeisterte und nur eine Schwäche hatte: seine Liebe zu Evelyne.

Wieder einmal war ich auf die Figur des couple pervers gestoßen, das Paar, das seine exzentrischen, aber komplementären sexuellen Bedürfnisse – ihre Nymphomanie und seinen Voyeurismus – gemeinsam befriedigt. Sie hatten das Glück, sich gefunden zu haben, und waren sich dieses Glückes bewußt. Das gab ihnen, allen anderen gegenüber, ein beneidenswertes Selbstbewußtsein und Superioritätsgefühl. Sie waren, im Sinne von Bataille, souverän. Sie haben schließlich geheiratet und bekamen viele Kinder, und wenn sie nicht gestorben sind, so leben sie noch heute.

Ihr Hochzeitsfest mit über hundert Gästen war, wie man sich denken wird, eine Superorgie, in der Évelyne sich, ohne ihr prächtiges weißes Spit-

---

* *Envie* = Muttermal *und* Begehren

zenkleid auszuziehen, sie schürzte die schweren Röcke nur, von jedem fikken ließ, der dazu Lust hatte, und das waren viele. Jeder bekam zum An-
denken einen Fetzen aus ihrem Brautschleier.

Le Roi René

Eine Stadt, in der keine Orgien stattfinden, ist eine tote Stadt. Paris strotzte
von Leben. Es war nicht das *Paris by night* der Touristen – das ich mit
Dana erkundet hatte – oder das *Paris du grand monde,* dessen Spielregeln
mir Joseph Breitbach zu erklären versuchte. Nicht das *Paris intellectuel,* in
das ich progressiv eindrang. Es war das *Paris libidineux,* das Nacht für
Nacht an verschwiegenen Orten seine Saturnalien feierte, zu denen mir
Véronique einen ersten Zugang eröffnet hatte. Man kannte Paris nicht,
wenn man sie nicht kannte. Den Treffpunkt an der Porte Dauphine am
Eingang des Bois de Boulogne, die Allée des Acacias zum Beispiel. Dort
kreisten jeden Abend ab elf Uhr langsam die Autos, blinkten sich mit den
Scheinwerfern zu, die Insassen, immer ein Paar, musterten sich, man hielt,
stieg aus – jemand nannte eine Adresse, man einigte sich, und eine
Schlange von fünf bis zehn Wagen setzte sich in Marsch zu dem verabredeten Ziel, manchmal nur ein paar Häuserblocks entfernt, manchmal quer
durch die Stadt. Keiner dieser Menschen kennt sich. Sie wollten das gleiche
und taten es.

Ich habe auch das mitgemacht. Es lohnt sich nicht, darüber zu berichten.
Was ich aber unbedingt erzählen muß, weil es in dies Buch gehört, ist mein
erster Besuch im *Roi René.*

Durch eine Portiere aus schwerem Samt trat ich, begleitet von einer
Freundin, in den fast dunklen Saal. Die einzige Beleuchtung war ein Spot-
light, das von der Decke auf einen in der Mitte des Raumes stehenden
niedrigen Tisch mit einer außergewöhnlich breiten Oberfläche fiel, grobge-
hobeltes, gewachstes Holz, dunkelbraun gebeizt. Rustikale Machart, Spe-
zialanfertigung. Bühnenrequisite. An den ebenfalls mit dunklem Samt ver-
hängten Wänden rundum – in vier, fünf Meter Abstand zum zentralen Möbel – eine meterbreite Sitzbank, überzogen mit dem gleichen Stoff. Sie war
dicht besetzt. Wir tasteten uns vor zu einem freien Platz. Vor der Sitzbank
kleine Tische und niedrige Hocker. Auf den Tischchen Champagnerkübel
und Whiskyflaschen mit Gläsern. Es wurden nur Paare eingelassen.

Das Auge mußte sich an die Dunkelheit gewöhnen. Man sah nur, wie
weiß gepuderte Masken, die Gesichter der Umsitzenden schimmern. Gelegentlich die nackte Schulter einer Frau. Alle waren angezogen. Nur wer
Bescheid wußte, konnte auf die Distanz erraten, was er allenfalls in unmit-

telbarer Nähe beobachten konnte. Rechts der Herr war auf den Boden geglitten, wo er unbequem kniend seinen Kopf unter den Rock des Abendkleides seiner Dame geschoben hatte, wie ein Fotograf zu Olims Zeiten unter ein schwarzes Tuch. Links sah man nur den Rücken der Dame, die sich über den Schoß ihres Nachbarn gebeugt hatte und ihm einen blies. Alles ganz cool, ganz relaxed, im Zeitlupentempo gewissermaßen. Es wurde wenig gesprochen. Im ganzen werden vielleicht fünfzig Personen anwesend gewesen sein, manchmal waren es etwas weniger, manchmal etwas mehr. Ich erinnere mich nicht an Musik, die aus irgendwelchen Lautsprechern herunterrieselte. Diese schreckliche menschenfeindliche Unsitte war damals noch nicht verbreitet. Vor allem nicht in guten Häusern.

Von der Straße war man durch eine »Bar« hereingekommen, Typ Fernfahrerkneipe, mit entsprechendem Publikum, Schiebermütze schräg auf dem kahlen Schädel, unrasiert, was damals noch nicht der letzte Yuppie-Chic war, sondern plebejisch und verwahrlost. Seitwärts davon lag in einer wintergartenartig verglasten Veranda ein Restaurant mit weißgedeckten Tischen, Kristallgläsern und konisch aufgestellten Stoffservietten, ein Restaurant, in dem ein paar elegante Paare speisten. Die Karte war erstklassig. Das Etablissement lag an einer der westlichen Ausfallstraßen von Paris. Sein Name – ein legendärer Name – prangte in roter Leuchtschrift über der Baracke – denn darum handelte es sich –, *Le Roi René.* Nur wenige, vielleicht keiner derer, die gewohnheitsmäßig in der Bar einkehrten, hatten eine Ahnung davon, was sich in der arrière boutique abspielte.

In dem dunklen Saal herrschte ein lautloses Summen, ein Kribbeln und Krabbeln, das nicht an einzelnen Bewegungen festzumachen war, eine Spannung, eine Erwartung, wie in einem Bienenstock, in dem sich der Ausflug der Königin vorbereitet. Meine Begleiterin nahm meine Hand und führte sie behutsam an die Innenseite ihres Schenkels, an die deliziöse Stelle zwischen Strumpfband und Slip. Ganz zart, ganz seidenweich. Sie seufzte, was aber eine liebenswürdige Übertreibung war. Sie wollte nur sagen: himmlisch. Ihre Geste war nicht durch eine intuitive Erfassung der Lokalatmosphäre ausgelöst. So hielt sie es, sobald die Lichter erloschen waren, im Theater und im Konzert. Eine liebe Gewohnheit.

Dann geschah es. Es erhob sich, auf der gegenüberliegenden Seite des dunklen Saales, eine völlig entkleidete junge Frau und schritt, von einem völlig bekleideten Herrn geleitet, festen und gesetzten Fußes zu dem angestrahlten Tisch in der Mitte, setzte sich darauf, legte sich darauf, ihren von einem guten Coiffeur gestylten Lockenkopf auf den Arm des Herrn gestützt, der sich dementsprechend neben sie gesetzt hatte, und spreizte, ganz langsam, ihre von der Tischkante herunterbaumelnden Beine.

Ebenso langsam erhoben sich, von allen Bänken, einzelne Männer und einzelne Frauen, gingen zu dem Tisch und setzten sich zu dem Paar, ihm zugeneigt, manche kniend, manche stehend, und zwar so, daß sie es sehen konnten. Die eine oder andere Hand glitt streichelnd über den Körper, das Knie, die Hüfte, die Brüste, die Schulter. Aller Augen waren auf das schwarzlockige Dreieck fixiert, an dem die junge Nackte jetzt mit ihren Fingern zupfte. Es neigte sich vielleicht ein Kopf, ein Männerschädel oder ein Weiberschopf, um sie dort zu küssen. Alle, außer ihr, waren bekleidet. Dunkler Anzug mit Krawatte, Smoking, Modellkleider, einige lange Abendroben. Das Ganze ein Balanchine würdiges choreographisches Meisterwerk.

Und jetzt kam, was kommen mußte, das, wofür alles Bisherige – die kleinen Techtelmechtel auf den Bänken – nur das Vorspiel war: ein Mann trat zwischen die Beine der ausgestreckt daliegenden, sich darbietenden Frau, ließ seine Hose fallen, die Jacke behielt er an, und schob sein erigiertes Glied in den – in der richtigen Höhe vor ihm placierten – erwartungsvoll geöffneten Schoß. Ein kleiner Schrei der Ermunterung. Die Liegende rückte das Becken etwas zurecht. Warf ihre Hand graziös zurück. Und überließ sich, die Augen geschlossen, dem koitalen Rhythmus, der von ihr Besitz ergriff.

Derweilen hatte sich der Kreis der Gaffer vergrößert und eine so dichte Gruppe gebildet, daß derjenige, der auf seinem Platz sitzen geblieben war, nichts mehr sah. Nicht mehr sehen konnte, was da Unglaubliches, Unfaßliches, Wunderbares in der Mitte des Saales auf dem berühmten Tisch passierte. Der Spot war so eingestellt, daß er genau den nackten weißen Leib traf, der strahlte, als wäre er von innen erleuchtet, und immer wieder phantasmagorisch hinter den schwarzen, sich sachte verschiebenden Silhouetten aufschien.

Das war nur der Anfang. Denn nun durfte ein Herr nach dem anderen, den Vorgänger ablösend, wenn dieser seinen Höhepunkt erreicht hatte, und dem nächsten Platz machend, wenn er selber soweit war, an das generös dargebotene weibliche Genitale herantreten und nach Herzenslust fikken, wobei es schon einmal vorkam, daß einer seine Smokingschleife vom Hals riß und sich das Hemd aufknöpfte oder das Paar schöner Beine, das manchmal noch bestrumpft war, anhob und über die Schultern schob. Das ging so lange, bis die Dame abwinkte.

Mit jedem Neuen steigerte sich die kollektive Erregung. Vor allem aber die Erregung der Frau. Ich hatte mich so plaziert, daß ich, über die um sie Gedrängten, sie Berührenden hinweg – zehn Hände suchten den elektrisierenden Effekt des direkten Körperkontakts – ihr Gesicht sehen konnte. Gerötet, schweißüberzogen, Haarsträhnen klebrig in der Stirn, unwillig, konnte man meinen, hin und her geworfen – aber nein, das war nicht Unmut, sondern Ungeduld. Die Lust stieg in ihr auf. Es war wie das langsame und stetige Ansteigen der Hitze in einem Teekessel bis zum Siedepunkt. Der Moment, wo das Wasser in einen anderen Aggregatzustand übertritt, kündigt sich zuerst in kleinen Bläschen an, dann beginnt es zu brodeln, dann zischt und kocht es, und der Dampf steigt auf mit explosiver Kraft. Ich konnte es genau verfolgen. Jetzt war die Grenze überschritten, der Übergang vom ersten Orgasmus zur repetitiven orgiastischen Dauererregung, die kein Ende mehr nehmen durfte, die fortging und diese junge Frau fortriß mit allem, was an Gefühl, an Begierde, an Lust in ihr war und erlöst werden wollte. Dem mußte sie Ausdruck verleihen. Aus den kleinen Schreien des Anfangs, den Seufzern, dem Jaulen wurde ein Schreien, das sich steigerte zu einem stridenten, anhaltenden Jubelgeheul.

Wie angesteckt durch diese Lustdemonstration begannen die Umstehenden, ihr voyeuristisches Retenue aufzugeben. Ich fand meine Hand auf der Arschbacke der Dame, über die ich mich neigte, vor mir, unter mir, ohne zu wissen, wie sie dahin gekommen war. Gleichzeitig fühlte ich, daß eine Hand, nicht die ihre, an meiner Hose herumnestelte, die war unerhörterweise noch zugeknöpft. Nicht für lange. Die auf den Bänken Sitzengebliebenen begannen wie mesmerisiert, sich in anzüglichen Posen zu räkeln. Aber es gab auch die, die in vollem Wichs weiter an ihrem Champagner nippten und nur mit dem Wippen ihrer Schuhspitzen eine gewisse Nervosität verrieten.

Dann löste sich die zentrale Gruppe auf, und alles kehrte an seine Ausgangsposition zurück. Der Traum vom Dauerfick und den zehntausend Schwänzen, *100000 verges,* war ausgeträumt, geplatzt. Das nackte Mädchen schlüpfte erschöpft und selig in den Nerz, den fürsorgliche Menschen für sie bereithielten. Einige zogen sich zurück, um nebenan zu soupieren.

Manchmal fand sich gleich eine Nachfolgerin, die es nicht abwarten konnte, sich das Kleid vom Leib zu reißen, um in das Lustbad zu steigen. Manchmal dauerte es eine Stunde oder zwei, bis die Konstellation sich wieder formierte. Es gab Nächte, in denen passierte überhaupt nichts. Das Wunder fand nicht statt. Pech gehabt.

Zu den Bedingungen eines derartigen Spektakels gehört natürlich die vollständige Anonymität aller Beteiligten. Man darf eigentlich niemanden kennen. Problem jeder Organisation von Orgien. Wenn man öfter kam, war es nicht zu vermeiden, daß man gewisse Gestalten wiedererkannte. Diesen distinguierten graumelierten Herrn vom Diplomatentyp zum Beispiel, der regelmäßig eine besonders attraktive junge Dame an den Tisch geleitete, von der man munkelte, sie sei seine Frau. Sie hätte seine Tochter sein können. Sie war – eine zeitlang wenigstens – die Königin des *Roi René.*

Jahre später saß ich dem sympathischen Herrn im Speisewagen eines

TEE gegenüber. Wir kamen ins Gespräch. Er war, was mich nicht wenig erstaunte, ein Landsmann und tatsächlich Berufsdiplomat, jetzt auf Posten in Genf. Ich saß in Straßburg. So plauderten wir nostalgisch über die schönen Pariser Jahre. Vom *Roi René* war natürlich nicht die Rede.

Der *Roi René* war in die erotische Topographie von Paris eingeschrieben wie die *tour d'argent* in die gastronomische. Jeder wußte, daß es diesen Ort gab. Er war in keine Karte eingezeichnet und stand in keinem Guide. Aber nur wer einmal dort gewesen war, konnte von sich behaupten, ins vitale Zentrum der Stadt vorgedrungen zu sein.

Das Etablissement besteht heute übrigens nicht mehr, wenigstens nicht so, wie ich es gekannt habe. Es ist am Aidsvirus gestorben. Doch schon vorher gab es Schwierigkeiten. Eines schönen Tages oder, besser, eines Nachts, wurde die Bar – eine Goldgrube – überfallen und der Besitzer, wie sich denken läßt, ein hochkarätiger Ganove, und zwei Komplizen in einem Feuergefecht von Maschinenpistolen niedergemäht. Ein règlement de compte innerhalb des Milieus, Anlaß für die Polizei, die Bude zu schließen. Dem Prince de Broglie war es auch nicht anders gegangen. Aber das war alles noch Balzac und nicht die Weltdrogenmafia von heute.

Man kam gegen Mitternacht. Man ging, wenn durch die Spalten der dunklen Draperien das fahle Morgenlicht hereinzusickern begann.

Ich war wieder einmal fasziniert, sexuell und intellektuell aufs äußerste stimuliert. Kein Aphrodisiakum hätte stärker wirken können. Meine Begleiterin, deren Namen ich nicht nennen will und die sonst eher dazu neigte, ungehemmt zu plappern, schwieg ostentativ. Was mochte sie denken?

Wir saßen im Fond eines Taxis, dessen Stoßdämpfer offensichtlich kaputt waren. Am Ausgang des Lokals, dessen Name mit roter Leuchtschrift jetzt in den blaßvioletten Morgenhimmel eingeschrieben war, standen zu dieser Stunde immer einige Taxis für Gäste bereit, die nicht im eigenen Wagen gekommen waren. Gelegentlich sah man eine Limousine warten, deren Chauffeur von der Theke der Bar herbeieilte, um seiner Herrschaft den Schlag aufzureißen. Für unseren Fahrer waren wir die letzte Fuhre. Paris hatte keine Geheimnisse für ihn. Wir hätten auf dem eingebeulten Rücksitz machen können, was wir wollten. Das erwartete er. Wir hielten uns nur bei der Hand.

Ich hatte plötzlich Angst, ihr könne das Ganze mißfallen haben. – Fandest du's nicht schrecklich? hörte ich mich scheinheilig fragen. Ich meine, dieses arme Geschöpf, das da brutal von irgendwelchen Kerlen gebumst wurde? Ein Opfer männlicher Begierde. Ein Vergewaltigungsritual? Dieses Etablissement ist eine Schinderhütte. Das dachte ich mir, müsse ihr Eindruck sein. Weit gefehlt.

Das Mädchen, sechsundzwanzigjährig, vielerfahren, hochsensibel, orgas-musfähig, selbstbewußt, stolz, eine Feministin *avant la lettre,* eine richtige kleine Emanze, Professorentochter von der Sorte, die '68 auf die Barrika-den gegangen wäre, lachte schallend. Ja, die Person lachte mich aus. Du siehst das völlig falsch, sagte sie, wir waren in einem Tempel, in dem der Frau gehuldigt wird wie nirgendwo sonst. Hier kann sie ihren Traum, der der Traum jeder Frau ist, an die äußerste Grenze ihrer Lust zu gehen, ja diese Grenze vielleicht zu überschreiten, verwirklichen, ausleben. Das ist wunderbar! Ich bin völlig entzückt. Ich finde gar keine Worte dafür, um zu sagen, wie entzückt ich bin. Ich habe niemals gedacht, daß es so etwas gibt. Als du mir davon erzählt hast, habe ich dir kein Wort geglaubt. Ach, ich bin dir für mein Leben dankbar, daß du mich dahin geführt hast!

Sie öffnete mir die Augen. So deutlich hatte ich es nicht wahrgenommen. Wir waren in einem Sanktuarium gewesen, eingerichtet für die Verwirkli-chung nicht von Männer-, sondern von Frauenphantasien (die nicht die Phantasien aller Frauen sein müssen).

Kaum in meiner Bude, Hotel Henri IV, angelangt, stürzte sie sich auf mich. Ich war wieder einmal frappiert von der Geschwindigkeit, mit der eine Frau sich ausziehen kann. Ihre Leidenschaft war eine Flamme des Feuers, an dem wir gestanden hatten, unsere Lust ein Funke, den die Glut-hitze dieser Nacht in den Himmel wirbelte, wo er wie ein Stern unter Ster-nen leuchtete, bis er erlosch.

No Bibliothèque Nationale diesen Vormittag. Monsieur Balitrand wirt-schaftete mit dem Staubsauger im Treppenhaus. Sollte er! Wir machten mehr Lärm als er. Als er sich direkt vor der Tür von Nummer 9 zu schaffen machte und mit seinem Apparat daran zu pochen schien, als verlange er Eintritt, stellten wir uns, wie ertappte Kinder, die Köpfe unter die Decke gesteckt, für eine kleine Ewigkeit mausetot. Scheintot. Süßestes Ineinan-derversunkensein im Venusberge. Draußen vor der Tür werkelte nur einer der sieben Zwerge. Sollte er! Durch das Rauschen des Staubsaugers hörte ich an meinem Ohr eine kleine süße Stimme. Was sagte sie, was seufzte sie, was säuselte sie, was hauchte sie? Das eine Zauberwort: *encore!*

Ich wußte, jetzt hat sie nur einen Wunsch, dorthin zurückzukehren, sel-ber auf diesem Tisch zu liegen. Die Königin zu sein.

Wir beide konnten alles zusammen tun, weil wir uns liebten.

Das kleine Einmaleins

Ich habe, durch Introspektion, versucht herauszubekommen, was den »Mehrwert« einer Partouze – denn darum geht es – gegenüber normalem

Zweiersex ausmacht. Bataille hat die Metaphysik der Orgie unübertrefflich formuliert. Meine eigene bescheidene Analyse verhält sich dazu wie zur Differentialrechnung das kleine Einmaleins.

Die Partouze steigert die Intensität der erotischen Situation dadurch, daß (mindestens) sieben Faktoren ins Spiel gebracht werden, die bei normalem Sex latent bleiben oder ausgeschlossen sind:
– Exhibitionismus. Die Lust, sich nicht nur einem Partner, sondern einem Publikum zu zeigen. Sich, seinen Körper, seine »Schönheit« bewundern zu lassen und zu fühlen, daß die anderen dadurch erregt werden. Der Exhibitionismus hat eine stark narzißtische Komponente;
– Voyeurismus. Die Lust am Sehen und Zusehen. *Plaisir des yeux.* Es geht dabei immer um das Sehen der »Urszene«, was mit dem Schauder einer Tabuverletzung verbunden ist;
– Die Lust am Wechsel. Jene Passion, die Fourier die *papillonne* nennt; das Flattern von einer Situation zu einer anderen, das Naschen; das Kontraste und Ähnlichkeiten ausprobieren und auskosten;
– Die Lust am Experimentieren (nicht identisch mit 3., weil »wissenschaftlicher«, klassifikatorischer). Sich selbst und andere in neuen Situationen und Konstellationen zu erproben und zu beobachten;
– Die Möglichkeit, die eigene homosexuelle Komponente ins Spiel zu bringen. Das Geheimnis der Partouze ist die Bisexualität, auf einer noch tieferen Ebene: die polymorph-perverse Grunddisposition;
– Die Entlastung von den Zwängen der Konfrontation mit einer Rolle, einem Partner;
– Die beliebige, uneingeschränkte Dauer. In der Polyphonie asynchroner Abläufe, an denen der einzelne Teilnehmer, je nachdem, passiv, aktiv, halbpassiv, halbaktiv, in allen Nuancen, die ihm geboten werden und zu Gebote stehen, partizipiert.

Die Partouze ist Erotik, nicht Sexualität, Kultur, nicht Natur. Das »Mehr« ist nicht quantitativ, sondern qualitativ, nicht Summierung, sondern Potenzierung. In der ritualisierten Form des tantrischen Rades ist alles darauf angelegt, daß der finale gleichzeitige Orgasmus den explosiven Ausbruch kosmischer Energien erzeugt. Ein absolutes Intensitätserlebnis, Transzendenz.

Jede Partouze ist ein Fest und hat eine sakrale Dimension. Sie ist ein Fest der Frauen, zu dem Männer immer nur unter Vorbehalt zugelassen sind. Im Curriculum der Menschwerdung ist es für beide Geschlechter eine unerläßliche Erfahrung, ein initiatorischer *rite de passage.*

Doch auch hier gilt: Non licet omnibus Cytheram adire.

XIII

DAS ENDE DER GESCHICHTE

Der Kapitän auf großer Fahrt

Wenn ich des Abends allein von meinen Streifzügen durch die Stadt in mein kleines Hotel zurückkehrte, verharrte ich, bevor ich den großen Schlüssel zu meinem Zimmer im Schloß umdrehte, noch einen Augenblick. Ich horchte, ob mein Nachbar ein Lebenszeichen von sich gab. Das Licht brannte immer bei ihm, die kleine Nachttischlampe, das konnte ich an dem hellen Streifen sehen, der unter seiner Tür hervorschimmerte. Er atmete schwer. Ich konnte es deutlich hören. Er ächzte und keuchte. Wenn es ihm schlechtging, hatte er Hustenanfälle, die nicht aufhören wollten. Ich empfand ein tiefes Mitgefühl mit diesem alten Mann, der da auf seinen Tod wartete. Das hatte sich das Schicksal wieder so ausgedacht, mich neben einen Sterbenden zu legen, einen Greis – keine italienische Studentin, wie sie doch auch in diesem Hotel abstiegen, zum Beispiel. Memento mori. Aber es hatte sich auch etwas Besonderes dabei gedacht. Ihn und mich verband eine gemeinsame Passion, das Interesse für die Französische Revolution.

Er schlief nie des Nachts. Er las. Wenn ich den Eindruck hatte, daß es ihm nicht zu schlecht ging, klopfte ich, um ihm noch einen kleinen Besuch zu machen. Das war für ihn eine große Freude:»Ah, vous revenez du grand monde. Racontez-moi!« Ich mußte an meinen Vater denken, zu dem ich noch einmal hereinschaute, um ihm gute Nacht zu wünschen, wenn ich in meinem letzten Berliner Jahr spätabends aus einem Vortrag, einem Konzert oder aus dem Theater nach Hause kam. Dann mußte ich erzählen. Auch der alte Kapitän saß ins Kissen gelehnt in seinem Bett und hielt ein aufgeschlagenes Buch in seiner Hand. So, dachte ich mir, muß Joseph Conrad ausgesehen haben, mit der ungebärdigen weißen Mähne über der hohen Stirn, der kraftvollen Hakennase, dem etwas vergilbten, üppigen, breit über die hochgezogene Decke gefächerten Vollbart, in dessen Lockengestrüpp die knöchrigen Finger der freien Hand unablässig zupften und zwirbelten. Die Augen lagen tief in ihren Höhlen. Ich war nicht immer sicher, ob sie mich wahrnahmen. Die Fragen, die er mir stellte, waren eine reine Höflichkeit. Das, was ich ihm hätte erzählen können, interessierte ihn nicht. Er lebte in einer anderen Welt, nicht in der Gegenwart, die nicht mehr für ihn war als dieses kleine dürftige Zimmer. Seine Welt war jetzt die seiner Bücher, von denen die Wände auf wackligen Regalen bedeckt waren. Es war die Welt, die ich mir in der Bibliothèque Nationale zu erschließen versuchte. Wenn ich mit ihm sprach, konnte ich glauben, ich spräche mit einem Zeitgenossen jener Epoche, meiner Epoche.

Ja, die Große Revolution! Seit seiner Kindheit gab es nichts, was ihn mehr interessierte, und seitdem er nicht mehr zur See fuhr, war die Beschäftigung mit ihr zu seinem einzigen Lebensinhalt geworden. Auch die Erinnerung an seine großen Fahrten über die Weltmeere war für ihn vollkommen verblaßt. Er wollte nichts mehr damit zu tun haben und winkte müde ab, wenn ich danach fragte. Dabei hätte ich so gerne etwas darüber erfahren.

Was er wohl las? Seine Hauptlektüre waren die 60 Bände der *Collection des mémoires relatifs à la Révolution Française*, die Berville und Barrière 1820 bis 1828 bei *Baudouin Frères* herausgegeben hatten. Er hatte sie komplett von seinem Vater geerbt, Drucker seines Zeichens, der noch zur Generation jener strebsamen bildungsgläubigen Angehörigen der Arbeiterklasse gehörte, für die der politische Kampf selbstverständlich verbunden war mit der Aneignung eines Wissens um seine Ursprünge und seine Kontinuität; für die das Bewußtsein, in der Tradition der Revolution zu stehen (»die immer wieder dieselbe ist und immer von neuem beginnt«), ein unverzichtbarer Bestandteil ihres Klassenbewußtseins war. Ich kannte die Sammlung. Sie gehörte zu meiner Pflichtlektüre, obwohl sie wissenschaftlichen Kriterien längst nicht mehr standhielt; ein gut Teil der veröffentlichten Texte ist apokryph; keiner auf seine Authentizität hin kritisch überprüft; von mehreren weiß man, daß es sich um reine Fälschungen handelt. Trotzdem war sie durch nichts ersetzt worden und ein Quellenwerk geblieben, auf das kein Forscher verzichten konnte. Sie war für ein breites Publikum bestimmt, und in den Jahren ihres Erscheinens waren die billigen Bände äußerst populär, wurden gelesen wie Fortsetzungsromane. Heute waren sie eine bibliophile Kostbarkeit. Was hätte ich darum gegeben, sie zu besitzen! Natürlich spielte ich mit dem Gedanken, sie meinem Nachbarn abzuluchsen, wußte aber auch, daß davon nicht die Rede sein konnte. Schon die Andeutung eines solchen Ansinnens hätte ihn schwer verletzt. Diese Bände waren alles, was ihm vom Leben geblieben, was ihm das Leben war. Immer wieder, ungezählte Male, denn er war jetzt über achtzig Jahre alt, hatte er sie durchgelesen. Die Wirklichkeit, die er dort fand, war seine Wirklichkeit.

Hätte ich mir einen besseren Führer auf meinem Wege zurück in die Vergangenheit wünschen können? Er würde mir, dachte ich, wichtige Hinweise geben, mich auf Querverbindungen aufmerksam machen, Widersprüche aufzeigen zwischen verschiedenen Darstellungen desselben Ereignisses, derselben Person, mir Zusammenhänge erklären, die einem erst aufgehen können, wenn man sehr viel weiß. Zu meinem größten Schmerz aber mußte ich bald erkennen, daß ich mir da falsche Hoffnungen machte. Der alte Kapitän würde mir bei meinem Versuch der Rekonstruktion einer Epoche keine Hilfe sein. Er kannte die Namen, die großen Ereignisse, die Anekdoten, aber er wußte, wenn ich ihn fragte, nicht mit Sicherheit anzugeben, welches Werk er gerade in der Hand hatte. Die Chronologie war verblaßt. Die Fülle der Einzelheiten war zu einem bunten Panorama zusammengeflossen, in das er blinzelnd hineinschaute wie in einen Sonnenuntergang. Die Große Revolution war für ihn nicht ein Stück »Geschichte«, das er sich lesend vergegenwärtigte, wie es noch sein Vater getan hatte. Sie war zerronnen zu einem Sammelsurium von vielen kleinen Geschichten, zu einer Art Tausendundeinernacht.

Wenn er sich darüber freute, auf eine Episode zu stoßen, auf eine Persönlichkeit, an die er sich erinnerte, war es die Freude am Wiedererkennen von etwas Bekanntem, ganz punktuell, ganz ohne jeden Bezug zu einem großen Sinnzusammenhang. Deswegen las er immer wieder dasselbe. Das Lesen war für ihn zu der Droge geworden, mit der er seine Einsamkeit betäubte.

Wie wird aus der lesenden Beschäftigung mit den Geschehnissen vergangener Zeiten »Geschichte«? Es geht nicht ohne historische Methode, Chronologie und Strukturmodelle. Es geht nicht ohne »Geschichtsbewußtsein«, und das ist letzten Endes eine im Bewußtsein der eigenen Geschichtlichkeit wurzelnde Geschichtsphilosophie. Vergangenheit strukturiert sich von der Aktualität der je eigenen Gegenwart her, die offen ist zur Zukunft hin. Meinem alten Kapitän zerfloß die »Geschichte« zu Geschichten, weil er selbst aus der Geschichte herausgefallen war.

So kam es, daß meine späten Besuche bei meinem Zimmernachbarn nie lange dauerten, zu reinen Höflichkeitsbesuchen verkamen. Würde es mir einmal so ergehen?, fragte ich mich erschreckt jedesmal,wenn ich ihn verließ. Wird das übrigbleiben, diese Erinnerung an Erinnerungen, von all dem historischen Material, das mir anzueignen, bis ins letzte Detail zu beherrschen, ich jetzt die kostbarsten Jahre meines Lebens verwendete?

Kojève

Die *Introduction à la lecture de Hegel* hatten wir Ende der 40er Jahre schon, kurz nach seinem Erscheinen, in Heidelberg gelesen. Es war unser Einstieg in die Hegellektüre, die nicht über Marx, *Kritik der Rechtsphiloso-*

phie, oder schulbuchmäßig über die *Geschichte des deutschen Idealismus* lief. Kojèves Interpretation der *Phänomenologie des Geistes* war für uns eine Offenbarung. Diese Synopsis eines philosophischen Diskurses und einer historischen Situation öffnete uns die Augen für das Epochenschicksal. Geschichtsphilosophie als historische Hermeneutik! Der wegen seiner großen Dichte und Schwierigkeit berüchtigte Hegelsche Text, von dem ich zunächst nicht eine Zeile verstand, war plötzlich, nachdem wir den Schlüssel gefunden hatten, völlig durchsichtig. Die Revolution, Napoleon, der Staatsrechtslehrer in Paris – der »in einem anderen Land« zum Bewußtsein seiner Selbst gelangende Weltgeist, das »Itzt« der großen Gegenwart, alles fügte sich zum epochalen Paradigma. Mit Kojèves Hegelinterpretation im Kopf entdeckten wir die Einheit der europäischen Geschichte als Geistesgeschichte. Es war klar, daß ich, wenn ich nach Paris kam, versuchen würde, Kojève zu treffen.

Er war damals schon eine legendäre Figur. Jeder wußte von den Hegelvorlesungen, die er 1933 bis 1939 in der 5ème *Section de l'École des Hautes Études Pratiques* gehalten hatte, kannte persönlich jemanden, der dabei gewesen war. Er hat eine ganze Generation französischer Intellektueller mit dem Hegelvirus infiziert. Was er jetzt machte, wußte niemand genau. Er hatte sich von der intellektuellen Szene zurückgezogen und arbeitete, so hieß es, in einem Ministerium.

Das erste Mal sah ich ihn anläßlich eines Vortrages, der im Collège philosophique, in einem schlecht erleuchteten, verrotteten Saal, gleich neben dem *Deux Magots,* angekündigt war. Überfülle. Auf wackeligen Stühlen, am Boden hockend, auf den Fensterbrettern kauernd, drängelte sich, gemischt aus allen Altersgruppen, Männlein und Weiblein. Ich konnte identifizieren: Jean Wahl mit seiner weißen Mähne; Merleau-Ponty, sehr distinguiert; Queneau, bebrillt, unscheinbar (der Mann, der aus den Notizen von Kojève und einigen Mitschriften das Buch gemacht hatte); Erik Weil, klein, gesetzt, ein kurzgeschorener Kugelkopf mit braunen Kulleraugen, der gerade selber ein Hegelseminar an der *École pratique* veranstaltete, mit seinen Schülern, Israeliten mit Käppchen und Dominikaner in weißen Soutanen.

Hegel in Paris – ein Thema für sich. Ich war nach Paris gekommen, um die Leichtigkeit des Seins zu finden, und was fand ich: die Herrschaft Hegels. Hegel an der Sorbonne, wo Hippolyte einen *Cours magistral* über die Phänomenologie im größten überfüllten Hörsaal hielt, Hegel in den Seminaren von *Sciences Po,* Hegel in den Zeitschriften, *Temps Modernes* von Sartre, *Esprit* von Mounier, bei den Dominikanern von *Économie et Humanisme,* den Jesuiten von *Études,* an der Spitze der Père Lubac, Hegel bei den Marxisten natürlich, den Trotzkisten, ganz zu schweigen von Bataille –

alle paukten sie deutsche Vokabeln und buchstabierten Hegel. Es war so, als gäbe es keine französische Philosophie mehr. Vergessen Descartes, vergessen Bergson. Nach Hegel kamen Nietzsche und Heidegger, aber Hegel war die absolute Referenz, nicht Kant, Hegel. Es war die Unterwerfung des französischen unter den deutschen Geist. Und das alles hatte Kojève ausgelöst, der russische Jude aus Moskau, erst Emigrant in Deutschland, dann Emigrant in Frankreich, ein Amateur, der es, ohne offiziellen Auftrag, in einem zufällig leerstehenden Seminarraum, quasi privat übernommen hatte, für ein paar Freunde einen Hegeltext ins Französische zu übersetzen, von einer Fremdsprache in eine andere. Er muß einem starken Bedürfnis entsprochen haben, anders läßt sich sein Erfolg nicht erklären. Bei fluktuierender Zuhörerschaft fand sich eine feste Gemeinde hochkarätiger Intellektueller, die fünf Jahre lang diesen Kursen folgte. (Bataille, der auch zu den Hörern von Kojève gehörte, wollte das mit seinem *Collège de Sociologie* nachmachen; durch die Bank weg waren alle Mitglieder dieses *Collège* Kojève-Adepten, nur Kojève selbst kam nicht.)

Was jetzt stattfand, war kein Vortrag, sondern eine Causerie. Thema: »Zeit und Begriff« bei Hegel, These: ihre Identität. Brillant, von einer intimen Kenntnis der Problematik zeugend, doch wurde ich das Gefühl nicht los, daß der Redner sich über seine Hörerschaft ein bißchen lustig machen wollte. Kojève, ein stattlicher, zu Embonpoint neigender Herr, im gutsitzenden grauen Zweireiher, Schlips und Kragen, hob sich merklich von den hageren, schlecht gekleideten Gestalten ab, die ihn umgaben. Ein Bourgeois, kein Intellektueller. Mein Gedanke: der Mann ißt regelmäßig und gut in teuren Restaurants.

Ich ging nach dem Vortrag auf ihn zu, sagte, ich habe wie er in Heidelberg promoviert, sei wie er Schüler von Jaspers gewesen, habe sein Hegelbuch gelesen und hätte das dringende Bedürfnis, ihn zu sprechen. Heidelberg! Ein Leuchten verklärte seine Züge. Er zog mich in russischer Weise an seine Brust. »Kommen Sie morgen in mein Büro«, sagte er auf deutsch.

Er hatte eine Beraterfunktion im *Secrétariat d'État aux Affaires Économiques,* und dort, in dem ministeriellen Dienstgebäude, 44, Quai de Branly, zu Füßen des Eiffelturms, suchte ich ihn auf. Er empfing mich, liebenswürdig, kollegial, wie einen alten Kommilitonen, in seinem Dienstzimmer, einem sehr großen Raum, der bis an die Decke mit seiner Privatbibliothek ausgefüllt war, eine recht ungewöhnliche Mischung von Arbeitsstube eines Privatgelehrten und Amtsraum eines hohen Beamten. Er verwirklichte hier sein Ideal des Philosophen: *Conseiller du Prince* zu sein, der einzig angemessene Status für einen Intellektuellen, sagte er.

Die Audienz, die am frühen Nachmittag begonnen hatte und bis in den späten Abend dauern sollte, wurde gegen 18 Uhr durch den Einbruch von einer Schar von Sekretärinnen mit dicken Unterschriftsmappen unterbrochen. Er unterzeichnete sie, ohne die Briefe auch nur eines Blickes zu würdigen. Das Gespräch, das er monologisch weiterführte, war ihm wichtiger. Er hätte sein Todesurteil unterschreiben können.

Wie sich später herausstellte, gehörte Kojève damals zu den führenden Köpfen des wirtschaftlichen Wiederaufbaus Europas. Er sah die historische Notwendigkeit, die alten nationalen Grenzen zu überschreiten und Organisationen der internationalen Kooperation aufzubauen; die OECD zuerst, dann die Montanunion, aus der sich die Europäische Wirtschaftsgemeinschaft entwickeln sollte. Es kam darauf an, den Subkontinent technisch-organisatorisch auf eine höhere Stufe zu hieven. Er hat sich die Theorie Batailles vom Marshallplan als großen Potlatsch zu eigen gemacht (oder stammt sie am Ende von ihm?)

Sein Hegelseminar gehörte in eine andere Lebensphase, aber Kojève interpretierte das politische Geschehen nach dem Zweiten Weltkrieg noch mit den Kategorien der Hegelschen Geschichtsphilosophie. Das Telos der Geschichte war der universelle und homogene Weltstaat.

Hegel hatte einen Augenblick meinen können, daß Napoleon ihn verwirklichen würde, womit die Geschichte zu Ende gewesen wäre. Es ging dann aber noch 150 Jahre weiter. Kojève war der Überzeugung, daß die Idee des Universalstaates heute mit Stalin ihre Verwirklichung gefunden habe. »Das Ende der Geschichte, das war nicht Napoleon, sondern Stalin, und ich sollte kommen und es verkünden. Mit dem Unterschied, daß ich nicht das Glück hatte, Stalin unter meinem Fenster vorbeireiten zu sehen. Aber nun ja...« Er, Kojève, war der Hegel Stalins (der Philosoph, in dem der Weltgeist zum Bewußtsein seiner Selbst kommt). Diese Selbstidentifizierung mit Hegel ging sehr weit. »Zuerst hielt ich Hegel für einen Verrückten, weil er sich für Gott hielt. Als ich mich dann näher mit ihm beschäftigt hatte, revidierte ich mein Urteil, denn auch ich hielt ihn für einen Gott. Wenn wir beide dieser Überzeugung waren, konnte er kein Verrückter sein.« Das hieß im Klartext: Hegel war Gott, ich bin Hegel, also bin ich Gott. Man wußte nie genau, ob er das ernst meinte oder sich nicht nur über seinen Gesprächspartner mystifizieren wollte.

Der *Grand Commis* der Vierten Republik war immer noch Stalinist, aber seine Optik hatte sich leicht verschoben. Die Herstellung der planetarischen Einheit ist – sagte er – heute kein politisches Problem mehr, sondern ein wissenschaftlich-technologisches. Sie ist in der industriellen Weltzivilisation und in den Welt(verwaltungs)organisationen vorgezeichnet. Der ideologische Ost-West-Konflikt ist völlig sekundär, ein Nachzugsgefecht, eine List der Vernunft gewissermaßen, um den Prozeß der Welteinheit zu beschleunigen.

Immer noch hegelianisch-dialektisch, operierte Kojève jetzt mit dem *argument de Jeanne d'Arc*. Zur Zeit der Jungfrau ging der Kampf zwischen Feudalherren und Königtum. Die Feudalherren vermochten der Entwicklung der modernen Kriegführung mit Feuerwaffen nicht zu folgen, weil sie wirtschaftlich zu schwach waren, um entsprechende Manufakturen zu unterhalten. So kam es zum Sieg der Königspartei, und ihre Vorkämpferin Jeanne d'Arc wurde zur Heldin gemacht. Aber es bestand – rein theoretisch gesehen – auch eine andere Entwicklungschance. Hätten nämlich die Feudalherren, was ihrem Geist zuwider gewesen, ihren Interessen aber entsprochen hätte, sich zu einer Kooperative zusammengeschlossen und gemeinsam Kanonen gegossen und Pulver fabriziert, sie hätten zweifellos die Königspartei besiegt. Aber mit ihrem Sieg hätte nicht etwa die »Reaktion« Erfolg gehabt, sondern in diesem Falle hätten die Feudalherren den wirtschaftlichen und politischen Fortschritt repräsentiert wie im umgekehrten Falle die zentrale Königsmacht. Jeanne d'Arc wäre auch so verbrannt worden, mit einem einzigen Unterschied: niemand würde heute von ihr sprechen. Das war das Argument des kooperativen Zusammenschlusses des Westens in Idealkonkurrenz mit der Sowjetunion. Er war eine Jeanne d'Arc, die für die Feudalherren optierte und diesen Zusammenschluß herbeiführte, dem Scheiterhaufen entging, aber heiliggesprochen wurde.

Im Mittelpunkt unseres Gesprächs stand natürlich Kojèves Lieblingsthema: das »Ende der Geschichte«. Was geschieht, nachdem der Weltgeist seinen Saturationspunkt erreicht hat?

Hegel hat das Problem gesehen. »Und ich war der erste, der erklärt hat, daß Hegel das gesehen hat, aber niemand will sich mit dem Gedanken befreunden, daß die Geschichte abgeschlossen ist, niemand verdaut das.« Der Herr im grauen Flanellsuit fixiert mich mit listig blinzelnden Äuglein. »Um ehrlich zu sein, ich habe auch zuerst gedacht, daß das ein Hirngespinst sei, aber anschließend habe ich nachgedacht und gesehen, daß es genial war. Hegel hatte sich nur um 150 Jahre geirrt.« Kunstpause. Er besann sich. Dann energisch: »Nein, Hegel hatte sich nicht geirrt. Er hat schon das richtige Datum des Endes der Geschichte angegeben, 1806. Was ist seit diesem Datum geschehen? Überhaupt nichts!« Nichts? Das war doch genau »meine« Epoche, *l'époque de transition*. Ich sagte: »Pardon, da ist doch allerhand geschehen, weltgeistmäßig, meine ich!«

»Können Sie mir bitte sagen, was?«

»Na, die Entstehung der Soziologie, der Soziologie verstanden als universale Planungstheorie, im Sinne Saint-Simons, in der Nachfolge Saint-Simons.«

»Und was ist das Neue, über Hegel hinaus?«

»Die Entdeckung der Zukunft! Hegel kennt die Zukunft nicht.«

Der Gedanke schien ihn zu amüsieren. Er kannte, wie er mir gestand, Saint-Simon nicht.

Das »Ende der Geschichte« war das Ende der Hegelschen »Geschichtsphilosophie«, der Geschichtsphilosophie überhaupt, als epochales Sinnstiftungsmodell, als säkularisierte Heilsgeschichte. Gut, aber wie lebt der Menschheitsmensch? »Wir bewegen uns auf eine russisch-amerikanische Lebensweise zu, menschenähnlich, aber animalisch, ich will sagen, ohne Negativität. Wie geht das Leben weiter, wenn es keine Negativität, im Sinne Hegels, mehr gibt, die für das Menschliche konstitutiv ist? Wenn es keinen Kampf mehr gibt, um Anerkennung zum Beispiel, wenn es keinen Feind mehr gibt, wenn es das Tragische und das Heroische nicht mehr gibt?«

Kojève schien besorgt. Aber er hatte prompt eine Antwort parat. »Alles wird eine Frage der Form, des Lebensstils. Materalistisch, sensualistisch, eudämonistisch. Das Höchste sind dann die *extases ludiques*, die »logosfrei«, sinnlos und »schön« sind: jeux, mathématique, amour.

Das war Musik in meinen Ohren (denen ich nicht ganz traute). Keine Larmoyanz, kein Spengler oder Heidegger, keine apokalyptische Kulturkritik. Der alte Hegelianer schreckte vor der Perspektive einer hedonistischen Weltkultur nicht zurück! Er konnte es, weil er selber ein Hedonist war, ein Bonvivant, ein homme à femmes, ein Lebenskünstler. Er hat in seiner Jugend immer reichlich Geld gehabt und war frei von jedem Ressentiment. Er gehörte nicht zu den armen Intellektuellen, die im heroischen Nihilismus den einzigen Ausweg aus ihrer privaten Existenzkrise sehen, die sie zu einer metaphysischen Sinnkrise stilisieren.

Er hatte sich für die Philosophie interessiert, gewiß, aber nicht aus der Warte des Knechtes, sondern aus der Warte des Herren. Der Philosoph war der Ratgeber des Tyrannen, nicht der Ideologe der Opfer der Tyrannis. Jetzt sagte er trocken: »Ende der Geschichte! Ende der Geschichtsphilosophie! Lassen wir das. Vergessen wir es. Philosophen interessieren mich nicht mehr, was ich suche sind Weise. Aber finden Sie mir einen Weisen!«

Ihm mußte etwas Ostasiatisches, Taoistisch-buddistisch-Zenartiges vorschweben. Für die Welt der *post-histoire* hatte er ein Modell bereit. »Nehmen Sie Japan: Das ist ein Land, das sich während dreier Jahrhunderte wissentlich vor der Geschichte – »unserer Geschichte« – geschützt hat. Es hat eine Barriere zwischen sich und der Geschichte aufgerissen, so daß es vielleicht unsere eigene Zukunftsgesellschaft präfiguriert. Japan hat eine raffinierte ästhetische Lebenskultur entwickelt – Literatur, Theater, Ikebana, Geishas, Samurais –, in der sich wunderbar ohne »Geschichte« leben läßt; eine Lebenskultur der Zeremonien, der Formen, des Stils, der Imitation, der Simulation. Eine Kultur des Snobismus, gegen die sich die franzö-

sische Salonkultur, ja sogar der englische Snobismus, der die höchste okzi-
dentale Kulturleistung des 19. Jahrhunderts ist, geradezu barbarisch aus-
nimmt! Da ist viel zu machen. »Der Snobismus ist bei uns die Sache einer
kleinen Minorität. Japan lehrt uns, daß man den Snobismus demokratisie-
ren kann. Japan, das sind 24 Millionen Snobs.«
Der hegelianische Stalinist endete als Apologet des Snobismus. Welche
Metamorphose!

Der Proletarier und der Snob, das waren die beiden konkurrierenden
Leitfiguren des bürgerlichen Renegaten der Jahrhundertwende. Zwei Utopien des guten Lebens.

Die Figur des »Proletariats« als letztem Repräsentanten des Weltgeistes,
als letztem Subjekt der »Geschichte«, als Hoffnungsträger und Avantgarde
der Menschheit bei der Neugestaltung der Welt, war die letzte Leistung
des Hegelschen Geistes (die absolute Negativität, die dialektisch in die absolute Positivität umschlägt, man faßt sich an den Kopf).

Der Snob (in der Pose des Dandys) ist der letzte Triumph des immer
wieder totgesagten Ancien régime, der Suprematie der aristokratischen Lebensform und aristokratischer Werte wie Eleganz, Verschwendung (Prodi-
galität), Kult der Schönheit, Courtoisie über die bürgerliche Moral. Er ist
das Programm der bürgerlichen Selbst-Nobilitierung durch Imitation und
Osmose. Veredelung durch Anpassung. Sozialisierung durch Zivilisierung.

Die Utopie des Proletariers hat, wie wir gesehen haben, in den sozialisti-
schen Zwangsstaat und ins Gulag geführt. Die Utopie des Snobs ist allgemein geworden in der Lifestyle-Werbung der kapitalistischen Konsumge-
sellschaft. Sie ist das Programm der *post-histoire.*

Kojève bewohnte ein kleines Häuschen in Vanves (15, Boulevard de Stalin-
grad, sinnigerweise), wo er mit einer russischen Frau lebte, mit der er nur
russisch sprach und die er niemandem zeigte. Er ist regelmäßig in der Sowjetunion gewesen, um seine dort lebende Mutter zu besuchen.

In den 60er Jahren kam er auf der Rückreise aus China durch Berlin und
hatte ein großes Gespräch mit den führenden Köpfen der Studentenbewe-
gung, arrangiert von Jacob Taubes. Der Weltgeist – erzählte er, habe sich
seiner Ansicht nach momentan in Maos China etabliert. Auf die Frage, was
man jetzt tun sollte, gab er die lakonische Antwort: »Griechisch lernen.«
Die verblüfften Zuhörer hielten das für die letzte Botschaft eines reumüti-
gen Humanisten. Es war reiner Snobismus. Ein Bonmot à la Wilde.

Von Berlin fuhr er nach Plettenberg, um Carl Schmitt zu besuchen. Als
man sich darüber erstaunt zeigte, sagte er: »Der einzige Mensch, mit dem
es sich in Deutschland zu sprechen lohnt.« Es muß ihn amüsiert haben, den
»Apokalyptiker der Gegenrevolution«, dessen Horrorvision eine Welt ohne

Politik war, mit seiner Utopie der *extases ludiques* zu konfrontieren. »Da hätten wir ja gleich im Matriarchat bleiben können«, wird er ihm gesagt haben, denke ich mir.

Kojève hatte einen schönen Tod, so, wie er ihn sich gewünscht haben muß, wie jeder von uns sich ihn wünscht. Er starb schmerzlos an einem Herzinfarkt inmitten einer Sitzung europäischer Wirtschaftsexperten, an der er als Leiter der französischen Delegation teilnahm, in Brüssel. Aktiv mitwirkend an der Gestaltung des Neuen Europa, an der neuen Organisation der Menschheit auf ihrem Planeten.

Ariel

Jean Cocteau war für mich die Inkarnation all des Undeutsch-Französischen, das zu finden ich nach Paris gekommen war. Das Paris der Kinder des Olymp. Es war mein höchster Wunsch, ihm zu begegnen. Er war omnipräsent und unfaßbar gleichzeitig. Ich habe ihn nur einmal in seiner Wohnung im Palais Royal besucht, nachdem ich ihm während des Kongresses für kulturelle Freiheit auf irgendeinem Empfang vorgestellt worden war. Ich interessierte ihn nicht. Ich war keine Künstlernatur, kein *poète*. Ich versuchte mit ihm über Saint-Simon zu sprechen, fragte ihn, ob er nicht einen Film über ihn machen wollte – den späten Saint-Simon, der auf dem Sterbebett seinen Schülern gesagt hat: »Pour faire de grandes choses, il faut être enthousiaste.« Er kannte nur den Memorialisten.

Vielleicht wird man einmal, rückblickend, mit dem nötigen Abstand, sie alle vergleichend, die auf ihren Schultern dies kostbare Kunstgebilde trugen, genannt französische Kultur, zu der Überzeugung kommen, daß Jean Cocteau von allen der Größte war.

In seinem so vielseitigen Werk und seinem vielfältigen Leben hat er die Essenz dessen, was Kultur ist, zum Ausdruck und zur Anschauung gebracht. Das Sublime, das Numinose, das Schöne, das des Schrecklichen Anfang ist.

Keiner beherrschte wie er alle Register mit gleicher Vollkommenheit. Er schrieb Gedichte, Theaterstücke, philosophische Traktate, machte Filme, Ballette, Fresken, Tapisserien, zeichnete, malte Bilder, schmückte Keramiken, entwarf Kostüme, arrangierte Feste. Einige mögen auf einem Gebiet Größeres geleistet haben, er exzellierte auf allen. Zwischen Matisse und Picasso, zwischen Proust, Gide und Morand, zwischen Radiguet und Genet, zwischen Claudel und Maritain, zwischen Hervé und Carné behauptet er mühelos seinen Rang und Platz.

Kein L'art pour l'art, kein verkrampfter Avantgardismus, jeder Mode abhold, blieb er sich selber treu, dem, was er für seine Bestimmung hielt, *autonome et authentique*. Sein natürliches Revier, das er nie verlassen hat, war die Höhensphäre der Gesellschaft, der er selbst angehörte – die »Spitze der Pyramide, wo Geld, Macht, Talent und Geist konvergieren«. Der Luxus – definiert als das Überflüssige, welches das Unerläßliche ist – war ihm selbstverständlich, weil er selber ein Geschöpf des Luxus war. Proust, Madame de Chévigné, Diaghilew, Strawinsky, die Surrealisten, Picasso, Misia Sert, Coco Chanel, Marie-Laure de Noailles, Francine Weisweiler. Das war sein soziales Umfeld, sein Milieu, die Menschen mit denen er lebte, für die er lebte, seine Lebenswelt, der Umkreis, innerhalb dessen seine Kunst ihre soziale Funktion erfüllte. Er machte Gebrauchskunst für die *Happy few,* wie, an den Höfen der Fürsten, die Künstler der Renaissance.

Er war Prospero und Ariel, Caliban zähmend, die Banausen foppend, die Gutgläubigen verzaubernd, die Liebenden beglückend. Sein kreativer Impuls war Generosität. Er wollte beglücken und versöhnen. Er war kein Machtmensch – der tentation totalitaire nicht eine Sekunde erlegen. Völlig frei von sozialem Ressentiment. Er wollte nicht entlarven. Er war kein Nostalgiker des Nichts, einer für den »das Sein nichts anderes ist als eine zumutungsreiche Störung der Reinheit des Nichtseins«. Ihn faszinierte der Geheimnischarakter des Seienden. Er bejahte die Wirklichkeit als Mysterium. Er ging damit um wie ein Zauberer, der aus dem scheinbar leeren Zylinder die Taube herausholt, die darin verborgen ist. »*Les gens séparent le mystère et la réalité. Or, la réalité c'est le mystère (il n'existe pas de réalité). Les personnes qui le savent sont poètes ou aptes à comprendre les poètes. Tout le reste est esthéticisme.*« Er glaubte daran, daß es die Aufgabe des Künstlers sei, das Mysteriöse zu feiern. Nicht Denunziation und Zerstörung, sondern Inkantation und Beschwörung. Nicht den Spiegel zerschlagen, sondern durch ihn hindurchtreten. Er war ein Vermittler zwischen dem Sichtbaren und dem Unsichtbaren. Ein echter Schamane.

Die Beziehungen zu Menschen waren ihm so wichtig wie sein künstlerisches Schaffen. Seine wunderbaren Freundschaften sind ein wichtiger Bestandteil seines Werkes. Obwohl er aus seinen homoerotischen Neigungen kein Hehl machte, war er alles andere als ein militanter und sektiererischer Homosexueller, auch keine Tunte. Ein Androgyn, polymorph-pervers. Amor und Psyche, Jüngling und Mädchen in eins. Er hat Knaben, Männer und Frauen gleichermaßen geliebt. Er war ein Liebender, der sich liebend die Welt anverwandelte.

Cocteau und die Deutschen. Ein weites Feld. Deutsch als Kind bei einem »Fräulein« gelernt. Die Legende der Eulenburgprozesse, die über Andeutungen seines Onkels Lecomte zu ihm gedrungen ist. Der Kaiser, wie Ludwig II. und die Kaiserin Elisabeth, ein Fabelwesen nach seinem Geschmack.

In den fünfziger Jahren hatte er auf den deutschen Bühnen, bei der deutschen Jugend, einen Erfolg, wie er ihn nie in Frankreich gefunden hat. Er war die wunderbare Erscheinung des »anderen«. Man liebte ihn, weil er so französisch war. Er war in seinem ganzen Sein der Antipode all dessen, was deutsch ist. Aber auch ihn hat dieses merkwürdige Deutschland fasziniert. Im Paris der *occupation* spielte er eine große Rolle, was ihm noch lange sehr verübelt wurde, vor allem seine Freundschaft mit Arno Breker. Er schätzte ihn, wie auch Ernst Jünger, mit dem man ihn zusammengebracht hatte – weil er so deutsch war. Die Gestapo wollte, 1944!, daß er mit Jean Marais den Prinzen von Homburg inszeniert, was er für einen schlechten Witz hielt.

Ich bin untröstlich, daß aus jenem Projekt von Leni Riefenstahl nichts geworden ist, die einen Film über Voltaire und Friedrich den Großen machen wollte, in dem Cocteau beide Rollen spielen sollte. Er hatte angenommen. In der Geschichte der deutsch-französischen Beziehungen wäre das ein unübertreffbarer Höhepunkt gewesen.

Sein Tod, 1963, nicht der von Gide, markiert das definitive Ende einer Epoche, meiner Epoche. Solange er lebte, blieb immer noch ein Rest der Welt, die er repräsentierte, erhalten.

Besuch bei Carl Burckhardt

Mit dem kleinen Vorortzug fahre ich von der Place St. Michel hinaus nach Versailles, die Linie, die ein Stück lang, über den Gare d'Orsay, die Seine-Quais begleitet. Ein sehr stimmungsvoller Nebeltag. Der Zug hat eine Stunde Verspätung, ich bin also wieder einmal unpünktlich. Und wenn ich je hatte pünktlich sein wollen, so bei diesem Besuch, bei dem mir protokollarische Korrektheit, wie in ganz seltenen Fällen nur, unbedingt geboten schien.

Carl Burckhardt erwartete mich mit seiner Frau in der großen, hohen Halle des Schlößchens – das Weiße Haus –, das er zu seiner Residenz gemacht hat. Er war damals Schweizer Botschafter in Paris, die für ihn ideale Position. Baseler Patrizier, Weltmann mit aristokratischem Selbstbewußtsein, Historiker – sein schon 1934 erschienenes Buch über den Kardinal und Staatsmann Richelieu war berühmt, außerhalb der Universität. Für die Zunft war er ein Amateur, ein Dilettant, das entsprach durchaus seinem Selbstverständnis. Diplomat, mit übernationalen Sonderaufgaben betraut,

Völkerbundskommissar für Danzig, fühlte er sich als homme du monde, der zu seinem Vergnügen schrieb, in der Tradition der Memorialisten als *Moralist*. Seit seiner Jugend bewegte er sich selbstverständlich auf dem Parkett der großen Welt. Ein vorbildlicher Repräsentant der alten Oberschicht, deren Kulturbegriff unlöslich verbunden ist mit einem senieuralen Lebensstil. Ein guter Europäer, kosmopolitischer als alle Franzosen, die ich kannte. Von den Deutschen ganz zu schweigen. Sein Ideal war der Prince de Ligne. Neider nannten ihn einen Snob. Sie haben nichts verstanden. *Un prince ne peut pas être snob.* Seine imposante Gestalt beherrschte den großen Raum vollkommen. Ich hatte das Gefühl, einer anderen Rasse von Mensch gegenüberzustehen, wie es sie eigentlich schon gar nicht mehr gab. Das entsprach durchaus meinen Erwartungen. Ich wäre enttäuscht gewesen, wenn es anders gewesen wäre. Deswegen hatte ich ihn sehen wollen.

Ein Feuer brannte in dem gewaltigen Kamin, auf einem Tischchen stand auf seinem silbernen Tablett das Teeservice. Die Dame des Hauses goß aus der bauchigen Kanne, viel zu schwer in ihrer Hand, in eine Sèvres-Tasse den Tee mir ein, keine Milch, danke, nein, Zucker, bitte, ja, Zitrone gerne. Und ließ die beiden Männer dann allein.

Wir sitzen uns in zwei hohen, Gobelin-bezogenen Louis-treize-Armstühlen vor dem Kamin gegenüber und schauen auf die breiten Scheite, an denen die Flammen emporzüngeln. Vor den Fenstern, die auf den Park hinausgehen, verdämmert rosa-diesig der Tag. In ferneren Regionen des Raumes schimmern auf chinesische Vasen montierte Lampen in gelben Schirmen. Das ideale Setting.

Das Gespräch ist zeremoniös, von kultivierter Förmlichkeit. Es wird von einem Meister des Gesprächs inszeniert. Ich beobachte mit Genuß, wie jede Äußerung durch eine Anekdote, durch ein Zitat, durch eine weit ausholende Vorgeschichte ihr Relief erhält. Vielleicht etwas zu absichtsvoll, aber man merkt die Absicht und ist entzückt.

Ich will nicht leugnen, daß ich hier dank meines Namens saß. Carl Burckhardt war Gast im Berliner Haus meiner Eltern gewesen. Für jemanden wie ihn war es selbstverständlich, daß jemand, den er zu sich einlud, einen Namen hatte. Ich war also ein bißchen mehr als der *jeune allemand qui écrit une thèse sur Ballanche*. Die abgemessene Höflichkeit, mit der er mich behandelte, setzte keine Barriere.

Er wußte über Ballanche Bescheid. Ich schließe nicht aus, daß er sich vorbereitet hatte. Die Elite-Theorie, die der Kern von Ballanches Geschichtsphilosophie ist, die Idee, daß die Menschheit immer höhere Stufen des Wissens erreicht, nicht durch einen linearen Prozeß der Erkenntnisakkumulation, sondern durch die Dialektik von Esoterik und Exoterik, Verhüllung und Enthüllung, die den Kreislauf der Eliten in Bewegung setzt. Eliten sind Geheimnisträger, deren exklusives Wissen sich langsam verbreitet, bis es den Bewußtseinsstand aller bestimmt. Dann bildet sich irgendwo eine neue Elite mit einem neuen Geheimnis, das einen höheren Erkenntnisgrad inauguriert. Welches ist heute die Idee der neuen Elite? Das ist die Frage, die uns beschäftigen muß.

Ich lauschte gebannt. Carl Burckhardt war in seinem Element. Während er sprach, hatte er sich eine Pfeife gestopft und ging jetzt paffend in der weiten Halle, an den weißen Bibliotheksschränken entlang, die rechts und links den Kamin flankieren, auf und ab. Er sprach über die Rolle von Rousseau, seinen Zusammenhang mit dem Calvinistischen Terror gegen die Trinitätsleugner, über die Hauslehrer-Philosophie und ihren Einfluß auf die jungen Aristokraten. Ohne sie kein Schwur des *quatre août*, aber à la longue war ihre Wirkung negativ. Über einen neuen Konservativismus: Die Leerstelle ausfüllen, die seit dem Ausscheiden des Europäischen Adels als Führungsschicht unbesetzt geblieben ist. Über Proust, der auch zu den Verleumdern der großen Welt gehört. Schließlich auch er nur ein Intellektueller. Von denen, das wüßten wir ja nun, haben wir nichts zu erwarten.

»Ich werde Ihnen eine Geschichte erzählen, Sie werden sie in keinem Buch finden. Sie ist mündliche Überlieferung, im kostbarsten Sinne des Wortes. Ich gebe sie heute hiermit an Sie weiter. Ich habe sie von Alois von Liechtenstein, der noch den alten Fürsten von Ligne gekannt hat. Der hat sie selber erlebt, als er als ganz junger Mann unter dem Prinzen Eugen diente. Prinz Eugen sprach zu den Offizieren eines neu aufgestellten Kavallerieregiments. Er sagte: ›Messieurs, vous aurez à servir d'exemple. Faites-le avec tant de légèreté, de grâce, que personne ne puisse jamais vous le reprocher.‹ Das scheint mir die Quinta Essentia des *honnête homme*. Es enthält das, was dem Gentleman-Ideal fehlt, das Spielerische, die Grazie. Ich habe versucht, so zu leben.«

Burckhardt bringt mich durch dichten, nieseligen Nebel, den spärliche Straßenlaternen nur unvollkommen, wenn auch poetisch, transparent machen, zur Bahn. Er hat ein Lodencape übergeworfen und einen Tiroler Hut mit Birkhahnfeder aufgesetzt. Ganz österreichischer Grande. Er sagt mir lauter nette Sachen. Meine Hand schon zum Abschied in der seinen, bemerkt er beiläufig: Meine Töchter laden am Sonntag zu einem kleinen Goûter ein. Vielleicht haben Sie Lust zu kommen. Sie kennen doch die Wamboldt-Mädchen. (Woher wußte er das?) Die könnten Sie ja im Auto mitnehmen. Sie bekommen einen *Carton*.

Das Goûter war ein Nachmittagsempfang von hundert Personen, meistens sehr jungen Leuten. Ich war eigentlich viel zu alt. Ich kann mir die

Beschreibung des Buffets mit seiner Garde würdiger Maîtres d'hôtel sparen. Es ist das gleiche, wie immer. Gegen sieben wurde der Aubusson im Großen Salon, lateral zu der Halle mit dem Kamin, aufgerollt. Ein kleines Orchester nahm Aufstellung in einer Ecke. Und es wurde getanzt, Boogiewoogie und Cha-Cha-Cha. Später gegen Mitternacht würde es ein Souper an kleinen Tischen mit den bewußten goldenen Stühlchen geben. Beautiful people. Die Töchter des Hauses waren zum Verlieben. Pic besonders, die Älteste, die ihr Studium sehr ernst nahm, ohne jede Spur von Blaustrümpfigkeit, die ihre Mutter unerträglich *collé-monté* und ihren Vater etwas verschmockt fand, progressive Ideen hatte und später, wie zu befürchten war, ausbrach, eine Liebesheirat unter Stande machte, die unglücklich endete. Das Tanzen war ihre Sache nicht, sie unterhielt sich lieber mit mir, auf den Treppenstufen in der Halle sitzend. »Ach, Sie wohnen Place Dauphine! Ich weiß es, weil ich den Umschlag für Ihre Einladung adressiert habe. Was für eine schöne Adresse. Sie erinnern sich, was Breton darüber gesagt hat. Nadia! Cette Place Dauphine est bien un des lieux les plus profondement retirés que je connaisse... Dort würde ich gerne wohnen... Dies alles hier ...« Sie machte eine wegwerfende Bewegung. Was konnte ich sagen? (Auch sie hatte sich vorbereitet.) Konnte ich ihr sagen, daß ich nur einen Wunsch hatte, so zu wohnen wie sie?

Honnête homme sein! Das war also die Burckhardtsche Botschaft an den jungen Deutschen. Nicht Professor, Schriftsteller, Diplomat, Künstler – nicht ein Berufsmensch, kein »Spezialist« – sondern einem Ideal dienen und darin Vorbild sein, mit Grazie und Leichtigkeit. Das war ein Rat, wie man ihn nicht auf einem Spaziergang im Bois-de-Boulogne erteilen kann, oder an einem Tischchen im *Deux-Magots*, sondern nur in einem Schloß.
Ich war mir der großen Auszeichnung bewußt, zum Empfänger dieser Botschaft auserwählt worden zu sein. So wie er mit mir, hatte dreißig Jahre zuvor in Rodaun Hugo von Hofmannsthal mit ihm gesprochen. Es ging um den »Turm«, dies tiefgründige Lehrstück politischer Philosophie. Den Verlust des Königs. Die Heraufkunft der Namenlosen. Die Verantwortung der alten Eliten. Ihre Ohnmacht. »Wir aber sind Allerletzte. Wir sind etwas sehr Eigentümliches, vielleicht etwas Bedenkliches, nämlich Europäer.«
Schon damals war das Gespräch ein vornehmer Anachronismus. Aber ich verstand diese Rede noch. Ich konnte seine Botschaft noch aufnehmen. Seine Sprache, seine Gedanken, seine Weise, die Welt zu sehen, waren mir selbstverständlich, vertraut, angenehm. Ich hatte viele Menschen getroffen, in diesen Jahren, die ich bewundern konnte, die mich faszinierten, die sich mir als Vorbild darboten. Aber ich hätte nur so sein wollen wie er.
Ich mußte an die Gespräche mit Cioran denken, die am Anfang meines

Parisaufenthaltes standen. Sie hatten etwas pubertär Provinzielles gehabt, das mir nie so recht gefiel. Jetzt wußte ich, warum. Was uns fehlte, war die Leichtigkeit.

Leichtigkeit kann man nicht lernen. Man hat das Gefühl dafür nur, wenn man schon als Kind mitbekommt, daß hinter den Ritualen und Maskeraden der gesellschaftlichen Verkehrsformen, der Konventionen und Verhaltensnormen, als Übereinkunft höheren Ranges, ein stillschweigendes Einverständnis der Akteure darüber herrscht, alles sei nur unter Vorbehalt, cum grano salis gewissermaßen, ernst zu nehmen, niemals ausgesprochene, ja unaussprechbare, vorgegebene Abmachung unter »Gleichen«, unter denen, die »dazugehören«. Das aber ist das Privileg der »Erben«.

»Leichtigkeit«, definiert als ein heiteres Nichts-ernst-Nehmen, sich selbst inbegriffen, wodurch der Geist frei wird, die Welt in ihrer phänomenalen Vielheit und Vielseitigkeit zu akzeptieren, auf sich wirken zu lassen und zu genießen – die ideale Attitüde dem Leben gegenüber. Die einzige, die es einem jungen Menschen ermöglicht, jene Erfahrungen zu sammeln, durch die sich ihm die gesellschaftliche Wirklichkeit, und nur um die geht es, in ihrem konkreten So-Sein erschließt.

Metasoziologie oder die nackte Wahrheit

Ein Jahr ist eine verdammt kurze Zeit, auch wenn sie zunächst endlos erscheint und schließlich zwei daraus werden. Was sind zwei Jahre? Ein Augenblick und eine Ewigkeit.

Es kam der Tag, von dem an alles sich einem Ende zuzuneigen schien. Ich würde Abschied nehmen müssen von der Bibliothèque Nationale und dem Hotel Henri IV, von Gewohnheiten und Menschen, die mir lieb geworden waren. »*Messieurs 'dames, c'est l'heure, on ferme!*« Aber wie entstand in meinem Inneren das bestimmte Gefühl, daß ich Paris jetzt verlassen mußte? »Alles hat seine Zeit ...« raunt der gnomische Diskurs. Es war nicht Sache einer Entscheidung, wie sie meinem Aufbruch nach Paris voraufging, auch nicht einmal einer Wahl (eines *choix* im Sartreschen Sinne) – das Fatum schien es so zu wollen. Die Gründe, die ich heute für meinen Schritt angeben kann, sind sehr wahrscheinlich nur Rationalisierungen für Zwänge und Stimmungslagen, Unlustgefühle und Verlockungen, die dazu beitrugen, mich fortzutreiben, weiter, einer neuen Etappe der Großen Reise zu.

Das psycho-soziale Moratorium war abgelaufen. Ich war dreißig geworden und hatte das Herumzigeunern satt. Ich hatte die Misere satt, in der ich lebte. Ich hatte es satt, *le jeune Allemand qui écrit une thèse sur Ballanche* zu sein. Es war Zeit für einen Rollen- und Szenenwechsel.

Zwei Faktoren waren vielleicht ausschlaggebend. Mein Forschungsvorhaben war mir über den Kopf gewachsen. Im Laufe der Monate hatte sich das Volumen des zu bearbeitenden Stoffes – sei es, weil ich neue Bereiche entdeckte, die es zu durchforschen galt, sei es, weil ich die Erfordernisse seiner Erschließung besser einzuschätzen lernte – ständig ausgeweitet. Mein »Projekt« hatte Proportionen angenommen, die ich nicht mehr bewältigen konnte. *Quantitativ.* Tausend Stunden Lesearbeit in der Bibliothek hatten mich zu der Überzeugung gebracht, daß ich mein Ziel nie erreichen würde. Mochte mein methodischer Ansatz auch interessant und richtig sein, er überstieg die Kapazität eines isolierten Einzelkämpfers wie mich bei weitem. Ich arbeitete noch mit artisanalen Methoden der Datenverarbeitung: handgeschriebenen Exzerpten, Zettelkästen und Karteien. Heute würde ein Unternehmen wie das meine als fünfjähriges »Forschungsprojekt« eine ganze Mannschaft mit Computer-Ausrüstung beschäftigen (und ernähren). Ich glich jenem Engländer, der den Montblanc alleine, nur mit einem Regenschirm bewaffnet, besteigen wollte.

Aber das war nur der kleinere Teil der Schwierigkeiten, mit denen ich mich konfrontiert sah. Viel schwerer wog etwas anderes: Mein Verhältnis zu meinem Forschungsgegenstand hatte sich *qualitativ* verändert. Die Frage nach dem »Ursprung der Soziologie« war von einer ideen- bzw. geistes(wissenschafts)geschichtlichen zu einer fundamental-anthropologischen geworden. Der historische Parameter blieb wohl der gleiche, aber das erkenntnisleitende Interesse war jetzt ein anderes.

Ursprünglich hatte ich mir gedacht, einen Beitrag zur Genese der Soziologie zu liefern, ein Kompendium an Texten verifizierbarer historischer Fakten und Daten, eine Geschichte ihrer Entstehung »von außen« gewissermaßen. Dabei war ich, je tiefer ich in meinen Stoff eindrang, historisch und empirisch, in meiner Bibliothek und »en ville«, auf die »innere« Problematik der Soziologie gestoßen. Die Frage nach dem Wesen der »Gesellschaft«, mit der ich es da zu tun hatte – und die ich als *societé de transition* erlebte –, die daraus sich ergebende, noch dringendere Frage nach dem Wesen von »Gesellschaft« überhaupt, die epistemologische Frage schließlich nach den Bedingungen und Möglichkeiten soziologischer Erkenntnis. Das Thema, um das es ging, war überhaupt nicht die Soziologie, sondern die *Gesellschaft im Wandel.*

Société de transition, was bedeutete das?
Hundertfünfzig Jahre französische Geschichte nach der Revolution. Eine alte Gesellschaftsordnung, die des Ancien régime, wurde abgelöst durch eine neue. Niemand wußte, wie sie beschaffen sein würde. Jeder machte sich seine Gedanken darüber, mußte sich Gedanken darüber machen. Das

war deswegen so überaus wichtig, weil das Selbstverständnis des einzelnen in einer säkularisierten Welt ohne Metaphysik und Theologie sich nur konsolidieren konnte über ein Verständnis der geschichtlich-gesellschaftlichen Gegebenheiten seiner Zeit. Das »soziologische Epochenverständnis« war das a priori der menschlichen Selbsterkenntnis. Ergo: »*Pour connaître parfaitement son époque (il) faut analyser l'état social.*« Diese Analyse konnte sich, säkularen abendländischen Denktraditionen folgend, zweier verschiedener Methoden bedienen – der deduktiv-systematischen und der phänomenologisch-induktiven. Genau das hat sich zugetragen.

Zwei Namen stehen dafür: Auguste Comte und Honoré de Balzac! Altersgenossen (der eine geboren 1798, der andere 1799), Schicksalsgenossen, Kinder von Saint-Simon und Madame de Staël, Napoleoniden, Revolutionsbeender, Gründungsväter der Soziologie. Unerreicht bis heute. Zwei Riesen, auf deren Schultern wir stehen.

Comte wollte das Allgemeine. Balzac das Besondere. Comte bemühte sich, die methodischen Grundlagen einer holistischen Gesellschaftswissenschaft zu legen, mit deren Hilfe der große Transformationsprozeß transparent gemacht und politisch unter Kontrolle gebracht werden konnte. Die Ablösung des Alten durch das Neue wird bei ihm zum Nacheinander von »Stadien« der Menschheitsentwicklung. Das Verhältnis von Mensch und Gesellschaft wird von ihm nur abstrakt behandelt.

Balzac lieferte die Elemente einer Gesellschaftskunde in pragmatischer Absicht, die es dem orientierungsbedürftigen Individuum möglich machen soll, sich in diesem Prozeß zurecht und seinen Weg zur Spitze zu finden. Die Wechselwirkung von Individuum und Gesellschaft ist für ihn eine Frage alltäglicher Lebenspraxis in konkreten alltäglichen Lebenswelten. Was Auguste Comte in einem geschichts-philosophischen Modell der Abfolge von Wirtschafts- und Denkstilen durch wissenschaftliche Theoriebildung zu erfassen versuchte, erschloß sich Balzac im Medium der Literatur, indem er eine enzyklopädische Topic gesellschaftlicher Verhaltensweisen entwarf.

Comte hat das Schema des Epochenwechsels als das eherne Gesetz der Menschheitsentwicklung formuliert. Er glaubte mit Sicherheit die Zukunft aus einer umfassenden Kenntnis der Vergangenheit(en) bestimmen zu können *(savoir pour prévoir)*. Balzac hat sich darauf beschränkt, die Kasuistik einer Gesellschaft im Wandel zu repertorieren. Er war fasziniert durch die Simultanität unterschiedlicher, konkurrierender, gesellschaftlicher Verhaltensmuster und -normen dieser Epoche des Übergangs, in der längst nicht entschieden war, nach welchen Regeln die neue Gesellschaft der Zukunft schließlich organisiert sein würde.

Comte hat eine Makrosoziologie entworfen, Balzac eine Mikrosoziologie geliefert. Der eine hat eine »Wissenschaft« zu begründen versucht, ein systematisches Lehrgebäude – der andere einen Gesellschaftsroman geschrieben. Die beiden Wege soziologischer Erkenntnis – der Weg der rechten und der Weg der linken Hand.

»Soziologie soll heißen: eine Wissenschaft, welche den historischen Prozeß einer Gesellschaft im Wandel in seiner Gesamtheit deutend verstehen will.«

Und/Oder: »Soziologie soll heißen: eine Gesellschaftskunde, welche soziales Handeln deutend verstehen will.«

Ich hatte sie beide beschritten, um mein *savoir sociologique* zu erlangen.

Ich brauche nicht zu sagen, daß mir Balzacs literarischer Zugang reizvoller und dabei heuristisch ergiebiger schien als der trockene scientistische Ansatz Auguste Comtes. Die *Comédie humaine* brachte mehr Licht in das Dunkel der *Époque de transition* als der *Cours de Philosophie Positive*. Der Roman eignete sich als Genre für die soziologische Wirklichkeitserkundung offensichtlich besser als der wissenschaftliche Traktat.

Trotzdem befriedigten mich beide nicht. Obwohl sie, jeder auf seine Weise, die verborgene Mechanik der gesellschaftlichen Prozesse der *societé de transition* aufdecken wollten, blieben sie an der Oberfläche, der Oberfläche, die »etwas verrät, aber noch mehr verbirgt«. Comte hatte die Dame Soziologie als Hohepriesterin gesehen, keusch und hehr, Balzac sah die Kurtisane in ihr, frivol und verlogen. Mir erschien sie als *Belle dame sans merci*, in zahllosen Masken und Kostümen, begehrenswert und grausam. Ich wollte sie – aber ich wollte sie unverhüllt.

Wissensdurst und Neugier hatten mir Paris als soziologischen Erkenntnis- und Erlebnisraum erschlossen. Der »Held der Erzählung« hatte die Chance wahrgenommen, sein *savoir sociologique* jenseits der Texte bis an die Grenze des ihm Möglichen auszuweiten und war zu dem Punkt vorgedrungen, an dem er erkennen konnte, daß sich hinter den partiellen Wahrheiten des Systems und der Anekdote noch etwas anderes, ein »Mehr« verbarg. Es gab einen höheren Grad soziologischer Erkenntnis – die soziologische Wahrheit hinter dem *savoir sociologique*. So etwas wie eine Metasoziologie.

Die wissenschaftlichen und die literarischen Soziologien waren nur das Gestein, aus dem das reine Gold herausgeschmolzen werden mußte, das Quintessentielle.

Was mir damals als »nackte Wahrheit« erschien, habe ich versucht zu Papier zu bringen. Soweit war ich gekommen, weiter konnte ich nicht gehen.

Tractatus socio-logicus

1.   Jede Gesellschaft (jeder Sozialkörper) ist horizontal stratifiziert.

1.2   In ihrem Inneren bildet sich eine Struktur, die ein gesellschaftliches »Oben« (O) und ein gesellschaftliches »Unten« (U) konstituiert.

1.2.1   Dieser Satz ist reversibel. Es gibt keine Gesellschaft ohne O und U.

1.2.2   Der Abstand von U zu O ist die vertikale Achse, das Rückgrat, jeder sozialen Organisation (Societät).

1.2.3   Das Verhältnis von O und U ist hierarchisch.

1.3   In dem Spannungsfeld von O und U entfaltet sich die Vielfalt des gesellschaftlichen Lebens, mit Wechsel und Dauer, Aufstieg und Niedergang, unzähligen Zwischenstufen; Deviationen, Sonderformationen usw.

1.3.1   Insofern ist jede Gesellschaft de facto eine »Klassengesellschaft«, nach welchen Gliederungsprinzipien sie im einzelnen auch ausdifferenziert ist (Kasten, Ständen, weltlichen und religiösen Gemeinschaften, Familienverbänden, Geschlechterordnungen).

1.3.2   Immer gibt es die »Oberschicht« (upper-class) und die »Unterschichten« (lower-classes). Dazwischen liegt das breite Spektrum der »Mittelschichten«.

1.3.3   Wie groß – quantitativ – auch das Volumen des Gesamtkörpers sei, wie weit der Abstand von top to bottom – die beiden Extreme O und U bestimmen die soziale Topologie.

1.4   O und U sind, auch über das Soziologische hinaus, unverrückbare, seinsmäßige Konstanten.

1.4.1   O und U sind ontologische Kategorien.

2.   Dreidimensional gedacht ist die Vertikale von U nach O die Achse einer Pyramide oder eines Kegels mit Basis und Spitze.

2.1   Die »Spitze« ist – unabhängig von der Breite der Basis und der Vielzahl und Differenziertheit der Zwischenstufen – immer klein und in ihrer Struktur gleich (isomorph).

2.1.1   Immer bildet sich eine »Grenze« (»Sozialschranke«, Sprachbarriere, Reglementierung, Sitte, »Snobismen«), die die Spitze vom »Rest« absondert. Es ist die Scheidelinie zwischen »O« und »U«.

2.1.2   Diese Grenzlinie markiert die »soziologische Differenz«.

2.1.2.1 Das Unterscheidungskriterium ist qualitativ.

2.2   In der Spitze (der Pyramide) findet ein Gemeinwesen seinen kulturell-repräsentativen Ausdruck.

2.2.1   Es ist der Gipfelbereich, in dem Macht, Reichtum und Geist (höchste geistige Leistung) konvergieren.

2.2.1.1 »Macht«, »Reichtum«, »Geist« definieren sich von der Spitze her, qualitativ, nicht quantitativ.

2.2.2   Innerhalb der Pyramidenspitze ist der privilegierte Ort angesiedelt, der als der »Höchste« bezeichnet werden muß. Der Sitz der »Souveränität« – nicht als staatsrechtlicher Begriff, sondern als soziologischer Topos.

2.2.2.1 Es ist der Ort, in dem das »Sakrale« aufscheint.

2.2.3   Der Gipfelbereich ist die eigentliche Kultursphäre. »Kultur« verstanden als Ikonographie, als Normenkodex, als symbolisches System.

2.2.4   In ihm werden die für eine Gesellschaft gültigen Wertmaßstäbe und Qualitätskriterien etabliert und sanktioniert.

2.3   Die Spitze ist der Bereich der gesellschaftlichen »Superlative«. Sie sind Indikatoren der jeweils optimalen menschenmöglichen Daseinsbedingungen.

2.3.1   Die Lebensbedingungen im Gipfelbereich finden in einem superioren Lebensstil ihren verbindlichen und vorbildlichen Ausdruck.

2.3.1.1 Seine Basis ist Fülle. Seine Funktionen Repräsentation und Verschwendung.

2.3.2   Dazu gehört wesentlich Luxus. Luxus ist ein keiner ökonomischen Notwendigkeit gehorchendes Kulturprodukt. *Le luxe est le superflux – le superflux est l'indispensable,* das zum Bedürfnis jener wird, die oberhalb der ökonomischen Zwänge stehen.

358

2.3.2.1 Der Luxus, obwohl nur für wenige selbstverständlich, setzt die höchsten Standards für alle.

2.3.2.2 Er ist eine Demonstration dessen, was dem Menschen optimal möglich ist. Insofern ist es kein Paradox zu behaupten, nur der allergrößte Luxus sei menschenwürdig.

2.3.3 Zu den Lebensbedingungen der Spitzenregion gehört auch die »Kunst« resp. die Produktion von Kunstwerken(objekten), von Stilen, von »Moden«.

2.3.3.1 Alle Subkulturen, Gegenkulturen, Avantgarden, Deviationen, Sezessionen orientieren sich, auch in Opposition und Negation, an dem Gipfelbereich und sind relevant nur in dem Maß, in dem sie Zugang zu ihm finden.

3. Jede Einzelexistenz ist in ihrem Dasein und Sosein durch ihren Standort und ihren Stellenwert innerhalb oder außerhalb des Gipfelbereiches bestimmt.

3.1 Von ihr her definiert sich, was sozialer »Aufstieg« und »Abstieg« ist, »Erfolg« und Mißerfolg, Ruhm und Rang, Sein und Nichtsein.

3.2 Die soziale Mobilität und Dynamik, das Gesetz aller Veränderungen und der Erneuerung beruht auf der Anziehungskraft der Gipfelsphäre.

3.2.1 Die *vis attrativa* der Spitzenregion ist ebenso mysteriös wie unwiderstehlich. Es scheint so, als sei die gesamte Pyramide von dunkelsten Zonen der Basis aufwärts darauf angelegt, daß alle ihre Teile der Spitze zustreben. Mit anderen Worten: es ist dem Menschen natürlich, daß er nach oben will, zur Höhe, zum Licht.

3.2.1.1 Man kann von einem sozialen »Heliotropismus« sprechen.

3.3 Der Attraktionskraft ist ein selektives Prinzip inhärent. Sie zieht »Qualität« an (hinauf).

3.3.1 »Qualität« im Sinne des jeweils »Besten«, das ein Gesellschaftskörper zu produzieren imstande ist.

3.3.1.1 Das »Beste« ist einerseits eine gesellschaftlich-kulturelle Konvention. Es entspricht den Anforderungen, Bedürfnissen, dem Geschmack der Spitzengruppe. Diese »Konvention« setzt sich normativ nach unten hin durch. Sie konstituiert einen Code kultureller Standards, die als »optimal« anerkannt werden.

3.3.1.2 »Qualität« ist aber auch etwas substantiell Seinsmäßiges, Objektives. So findet sich in den Naturreichen eine Hierarchie der »Qualität« (Edelsteine, Edelmetalle, Pelzwerk, Federkleid etc.).

3.3.2 Die Erzeugung von »Qualität« ist der vielleicht wichtigste Antrieb der Kulturbewegung (*culture* als Veredelung).

3.3.2.1 Sie entspringt einem bewußten Veredelungswillen und ist das Ergebnis einer »Züchtungsleistung«.

3.3.2.2 Die Züchtung eines Rassepferdes, einer Rose und eines Sportwagens folgen demselben Prinzip.

3.3.2.3 Aber auch jedes »Spezialistentum«, das auf mehr beruht als nur funktioneller Arbeitsteilung, weil es dem Ideal einer höchsten Perfektionierung (excellency) in einem Bereich menschlicher Kunstfertigkeit folgt (Sänger, Ballettänzer, Pianisten, Herzchirurgen, Zahnärzte).

3.4 Insofern ist das Prinzip der Qualitätssteigerung ein Evolutionsfaktor.

3.4.1 Er wird effektiv, indem sich die Aufstiegsdynamik (von U) und die selektive Attraktionskraft der Spitze (von O) verbinden und eine Steigerung der menschlichen Leistungsfähigkeit bewirken.

3.4.2 »Qualität« als entwicklungsbiologisches Selektions- und Strukturprinzip ist einerseits der Gradmesser für die »Ungleichheit« der Menschen in der Gesellschaft, andererseits (und gleichzeitig) die Bedingung der Möglichkeit ihrer Aufstiegschancen und Abstiegsrisiken.

3.4.2.1 Nicht nur im darwinistischen Sinne des »Sich-Durchsetzen des Stärksten«, sondern im Sinne eines der Spezies inhärenten, biologisch-genetischen Veredelungspotentials – zu dem alle spezifischen »Hochbegabungen« gehören, aber auch phänomenale physische und psychische Eigenschaften wie »Schönheit« und Charisma, wobei sich zwischen der genetisch-biologischen Prädisposition des Individuums und den jeweils geltenden kulturellen und gesellschaftlichen Normen und Konventionen eine Wechselwirkung ausbildet.

3.4.2.1.1 Es wird nicht immer dieselbe Disposition honoriert, wenn

»Schönheit« gesellschaftlich anerkannt wird und eine Aufstiegschance in die Spitze impliziert.

3.4.2.1.2 Was »Charisma« bedeutet (die dazu erforderlichen biologisch-genetischen Voraussetzungen), variiert ebenfalls. Die Vermutung geht allerdings dahin, daß es hier anthropologische, artspezifische Konstanten gibt.

3.4.3 Auf welcher Stufe der Pyramide auch immer »höchste Qualität« (aus welchen Gründen auch immer) produziert wird, findet sie einen Weg in die Spitze (steigt sie auf).

3.5 Adel wie edel sind Qualitätsbegriffe. Die Idee der »Aristokratie«, einer »Herrschaft der Edelsten (Vornehmsten)« entspricht einer idealtypischen Vorstellung der Besetzung der Spitzenregion.

3.6 Jede »Elite«-Theorie stellt den Versuch dar, jene Minorität, die die Spitzengruppe jeder Gesellschaft de facto ausmacht, soziologisch zu bestimmen.

3.6.1 Diese Gruppe rekrutiert sich von unten und scheidet die Elemente wieder aus, die nicht ihren Standards entsprechen.

3.6.2 Das ist gemeint mit der Rede vom »Kreislauf der Eliten«.

3.7 In jeder Gesellschaft bilden sich in den niederen Strata Zellen der Negation des herrschenden Systems, in denen Aufstiegsansprüche als Veränderungsstrategien formuliert und agiert werden.

4. Die »soziologische Differenz« von »Oben« und »Unten« geht allen anderen Distinktionen voraus,

4.1 der ethischen von Gut und Böse, der ästhetischen von Schön und Häßlich, der metaphysischen von Sein und Schein, der politischen von Freund und Feind, ja, der religiösen von sakral und profan. Alle diese Differenzen sind sekundär und gelten nur in Teilbereichen.

4.2 Die soziologische Differenz ist für alle anderen konstitutiv, denn sie begründet – für alle Gesellschaften zu allen Zeiten – das elementare Strukturprinzip der sozialen Organisation.

4.3 Die Dichotomie von »Reich« und »Arm« ist eine Synekdoche. Ein verkürzter Ausdruck für den elementaren Sachverhalt der sozialen Wertehierarchie.

4.3.1 Mit »Reichtum« ist gemeint Überfluß, Fülle, Qualität, superiorer Lebensstil und alles, was damit zusammenhängt. Mit »Armut« das Gegenteil: Not, Mangel, Beschränktheit, im Vergleich zum Optimum defiziente Lebensbedingungen. Reichtum ist Macht, Freiheit, Armut Ohnmacht, Zwang, Abhängigkeit.

4.3.2 Der Unterschied von »Reichtum« und »Armut« ist keineswegs nur, aber immer auch, ein materieller.

4.3.3 Ganz wenige sind »reich«. Die Mehrzahl ist in verschiedenen Graden »arm« bis hin zur *classe la plus nombreuse et la plus pauvre.*

4.3.4 Das meint Balzac, wenn er sagt: »Den Verfassern von Deklamationen (und soziologischen Traktaten, dürfen wir hinzufügen) muß man klar und bestimmt sagen, daß der Unterschied von Reichtum und Armut (Reichen und Armen) eine Tatsache der sozialen Ordnung ist, die man hinzunehmen hat wie die Existenz verschiedener Arten der Zoologie.«

4.3.4.1 Der Satz von Balzac hat die Gültigkeit eines Axioms.

5. Für den Soziologen, der wissen will, wie »Gesellschaft« funktioniert, ist nur die Spitze der Pyramide interessant.

5.1 Er hat zu unterscheiden zwischen zwei verschiedenen Begriffen von »Gesellschaft«.

5.1.1 Einmal die »Gesellschaft« verstanden als das Ganze – das andere Mal »die Gesellschaft« verstanden als das Spezielle. Einmal die gesamte Pyramide, das andere Mal: die Spitze der Pyramide.

5.1.1.1 Die Gesamtgesellschaft ist immer eine abstrakte Größe, der man nur statistisch beikommen kann.

5.1.1.2 Die »Gesellschaft« im engeren Sinne, als Population des Gipfelbereiches, ist ganz konkret, hic et nunc, eine genau bestimmbare, beschränkte, überschaubare Zahl von Individuen, von Familien oder Sippen, die einen »Namen« haben.

5.1.1.3 Es handelt sich um einen (sehr kleinen) »Teil«, aber um den Teil, der für das Ganze steht.

5.2 Dieser Teil, nicht das Ganze ist die »Welt«. Im Sinne des französischen Sprachgebrauchs: *Le Monde* heißt »die Gesellschaft«.

5.3 Der Satz: »der einzelne ist nichts ohne die Gesellschaft«, muß so gelesen werden: er ist nichts außerhalb »der Gesellschaft«. Er existiert nur in dem Maße, in dem er »dazu«gehört.

5.3.1 Die »Welt« ist immer schon da, und zwar nicht als das ganz andere, als Negation des Subjekts, sondern als jene »Gesellschaft« im eingeschränkten, exklusiven, elitären, emphatischen Sinne, die den einzelnen als historisches Subjekt konstituiert und ihm seinen soziologischen Ort zuweist.

5.3.2 Nur seine Zugehörigkeit zu dieser »Welt« verleiht dem Leben einen »Sinn«.

5.3.2.1 Man wird sich mit dem Gedanken abfinden müssen, daß das Leben der meisten Menschen keinen Sinn hat.

5.3.3 Das Nichts – le néant – ist keine metaphysische, sondern eine soziologische Kategorie. Die Angst vor dem Nichts, die Faszination durch die Idee des Nichts sind typische Kennzeichen derjenigen, die keinen gesellschaftlichen Status haben, sind Ausdruck ihrer sozialen Non-Existenz, ihrer Nichtigkeit.

6. Das alles kann man wissen, aber darf es nicht sagen.

6.1 Die soziologische Wahrheit ist banal, grausam und nicht kommunizierbar. Für die einen eine Selbstverständlichkeit, nicht der Rede wert, für die anderen ein Skandalon, das sie nicht ertragen können. »Es kann nicht wahr sein«, sagen sie.

6.1.1 Die soziologische Wahrheit ist nicht akzeptabel. Sie ist evident dem Insider, der sich hüten wird, sie zu enthüllen. Outsider reden von Sachen, von denen sie nichts verstehen. Unters Fußvolk kommt sie nur durch Spione, Überläufer (Aussteiger) und Verräter, als Gerücht.

6.2 Soziologen sind Betrüger, Ignoranten oder Verräter.

6.3 Das System funktioniert, solange der aporetische Charakter der konstitutiven Grundwahrheit ignoriert oder geleugnet werden kann.

6.3.1 Auf keinen Fall darf affirmatif darüber gesprochen werden. Wenn, dann nur im Modus der »Kritik«, in der Verneinung.

6.3.2 Alle Revolutionen, Religionen, Geschichtsphilosophien, Ideologien verdanken sich dem Wunsch, den soziologischen Grundbefund zu beschönigen, zu verschleiern, ihn umzudeuten, umzukehren, nicht »wahr«zuhaben – ihn zu verändern.

6.3.3 Dieser Veränderungswunsch (der Wunsch der »Armen«, »reich« zu sein) macht die Vorstellung einer Gesellschaft im Wandel so attraktiv. Am Ende ist das Gesetz der sozialen Bewegung die große »Umkehrung«.

6.3.4 Aber kein »Wandel« ändert etwas an der Grundstruktur. Immer wieder bildet sich eine »Spitzengruppe« am selben Ort. So neu sie sich in ihrem Erscheinungsbild auch präsentiert, es handelt sich doch nur um eine Metamorphose des ewig gleichen.

6.4 »Dialektik« ist die Kunst der Verneinung des Evidenten, zum Zwecke der Verkehrung der Wahrheit in ihr Gegenteil. Sie will den entlarven, der ihr ein X für ein U vormacht. Sie macht dafür dem, der ihr Glauben schenkt, ein U für ein O vor.

6.5 Das Wesen der soziologischen Erkenntnis ist es, daß man darüber nicht sprechen kann.

7. Worüber man nicht sprechen kann, darüber muß man schweigen.

Dieser Text, hingeworfen in einem nokturnen Anfall depressiver Luzidität – einem jener raren Momente begnadeter Wirklichkeitsschau und solitärer Selbstverständigung, die uns an den Rand des Wahnsinns bringen –, ein Bündel von schwerleserlichen Manuskriptblättern, verschnürt in einem verblaßten Aktendeckel, dem ich in einer Aufwallung von Trotz die Aufschrift »Pariser Testament« gegeben hatte, fand ich jetzt in dem ollen Karton wieder, in dem ich die unzähligen Notizen und Exzerpte zu meiner großen Arbeit über den »Ursprung der Soziologie« aufbewahrt habe – man wirft so etwas ja nicht weg, irgendwann schreibst du das auch vielleicht doch noch, piepst eine kleine Stimme. Spurensicherung.

Tatsächlich hat mich dieser Karton auf allen späteren Etappen meines Lebens begleitet, wie ein Talisman. Ohne ihn je zu öffnen, hätte ich mich um nichts in der Welt von ihm trennen wollen – so wenig wie der Graf Johann (»Hans«) Coudenhove-Kalergi von seiner ägyptischen Mumie, mit der er durch ganz Europa reiste und die in allen Grandhotels, in denen er abzusteigen beliebte, zum Schrecken des Personals, in seiner Suite neben seinem Bett Aufstellung fand – ein misanthropischer Exzentriker und Grandseigneur, nach meinem Geschmack (geb. 1893), der unter dem Pseudonym Duca della Gloria ein skandalöses Memoirenbuch mit dem vielversprechenden Titel »Ich aß die weiße Chinesin« veröffentlichte. (Er war der ältere Bruder Richards, des Pan-Europa-Coudenhove, die Mutter eine japanische Prinzessin). Der Höhepunkt seiner legendären Existenz war vielleicht jenes Fest, das er mitten im Krieg im Adlon für die Berliner Gesellschaft gab und das in einer Art Saalschlacht gipfelte: im Ballsaal hatte er auf einem riesigen Tisch als Damengabe Berge von Seidenstrümpfen, Parfums, Champagnerflaschen angehäuft. Märchenhafte Schätze in karger Zeit. Als er das Tuch, ein riesiges Seidensegel in den Farben Rot und Gelb, mit der Aufforderung an seine weiblichen Gäste, sich bitte schön zu bedienen, von den begehrenswerten Kostbarkeiten zog, die, bis dahin nur geahnt – man sprach von nichts anderem –, jetzt vor aller Augen ausgebreitet waren, ging plötzlich das Licht aus. Keine Panne, kein Luftalarm, es war so vom Gastgeber geplant und gewollt. Und es geschah genau das, was er erwartet hatte und experimentell beweisen wollte – von ihrer Begierde hingerissen, stürzte sich die elegante Damenwelt in ihren Abendtoiletten hemmungslos auf die verlokkende Beute. Jedes Schamgefühl, jede Wohlerzogenheit, jede Selbstkontrolle hatte im Schutze der Dunkelheit die auf Benimm und Haltung so Erpichten, die auf gute Manieren und Contenance Dressierten verlassen, war verschwunden, zum Teufel damit, was soll's, wer schneller zugriff, bekam mehr, es entstand eine von kruder Raffgier beherrschte Masse, die sich im Nahkampf um den Gabentisch stieß und drängelte, hysterische Schreie und derbe Flüche aus zartem Frauenmund, eine Szene auf einer »Titanic«, auf der nicht der Ruf erschollen wäre: »Rette sich, wer kann«, sondern »jeder nehme, was er kann«. Der Chronist berichtet nicht, wie lange der Graf des grausame Spiel laufen ließ, das er mit voyeuristischem Genuß, an eine Säule gelehnt, beobachtete. Eine Orgie der Pleonexie, die minderwertigste der menschlichen Leidenschaften. Das Experiment war gelungen.

»Testament«? Das klingt makaber und larmoyant, nach letztwilliger Verfügung für die trauernden Hinterbliebenen, im Zweifelsfall meine arme Mutter, die aus der Ferne mein Pariser Treiben mit Besorgnis verfolgte. Dergleichen war nicht meine Absicht. Ich hatte keineswegs vor, mich umzubringen, nach Maßgabe von Sieur Cioran, der ja der Meinung ist, daß wenn einer erst einmal den Lauf der Welt durchschaut hat, ihm anstandshalber kein anderer Ausweg bleibt als der Suizid. Es war eine Bilanz, wie man sie am Ende einer wichtigen Etappe des Lebens zieht. *Faire le point* nennt das der Franzose. Ich war mehr denn je in das Leben verliebt. Mein Problem war es jetzt, ohne Selbsttäuschung und Hochmut mit meinem auf so angenehme Weise erworbenen »Wissen« in Würde als *honnête homme* weiterzuleben.

Nicht verdienen, sondern einer noblen Sache dienen, das war die Maxime, die mir Carl Burckhardt mit auf den Weg gegeben hatte. Die nobelste Sache für meine Generation schien mir ohne Zweifel die Sache eines Vereinten Europa zu sein. Auch hier fand ich wieder in Saint-Simon ein Vorbild, der als einer der ersten das Projekt einer Union der Europäischen Staaten konzipiert hatte, *pour terminer la Révolution*, versteht sich. So ging ich zum Europarat. Es war die Option von Kojève. Von Hegel zur Europäischen Gemeinschaft. Ich befand mich in bester Gesellschaft.

Prince ne puys, sociologue ne daygne, Sombart suys.

Immer wieder. Immer das gleiche

Das ist es wohl, was wir lernen müssen, was zu lernen ich ausgezogen war nach Paris, es gibt keine letzte Wahrheit, sondern nur Wahrheiten. Die Leidenschaft der Erkenntnis führt vielleicht zur Demontage der Illusionen, sie führt aber auch zur Erkenntnis der Leidenschaft. Es gab nicht nur die Rechthaberei der Männer, sondern auch die fröhliche Wissenschaft der Weiber. Doch führt nicht männliche Kopfarbeit zu *dieser* Einsicht, sondern Initiation in die Mysterien des Venusberges.

Dana, Anne-Marie, Annette, Papou, Laure, Véronique (ach, Véronique!) – das lief nicht alles schön nacheinander, wie es die Erzählung fordert, sondern durcheinander, die einzelnen Geschichten verflochten, wie ein Zopf, Episoden eines Fortsetzungsromans. Puzzlesteine, die, wahllos vom Haufen genommen, erst nach einiger Zeit, wenn sich zeigt, wie sie sich ineinanderfügen, das Bild ergeben, dessen jeder ein Teil ist.

Ist das nicht immer das gleiche, fragt nachsichtige Fürsorglichkeit. Nie, kann ich antworten. Ich war nie gelangweilt, nie degoutiert, nie blasiert. Bin es bis heute nicht, weiß nicht, was das ist. Immer das gleiche gibt es nicht. Das wollen uns nur die einreden, die uns den Spaß vermasseln wollen, weil sie selber keinen haben, weil sie an nichts Spaß haben, die Spaßverderber. Die Vielfalt macht den Reiz des Lebens aus, das Vergleichenkönnen, das herausfinden des jeweilig Besonderen.

Schließlich ist man selbst doch immer wieder ein anderer, ist immer etwas anderes in einem angesprochen, zur Geltung gebracht. Das Spiel ist das gleiche, aber die Karten sind neu gemischt und verteilt. Man erfährt das Ich in seiner Vielfalt, als Vielfalt. Man erfährt die Welt als Diversität und Einheit. Gleich bleibt das Begehren, die libidinöse Energie, die Wißbegierde.

Jede Verbindung mit einer Frau ist einmalig, einzigartig, unwiederholbar, uneinholbar, ein Wunder. Immer wieder müssen wir uns dessen aufs neue vergewissern. Ein Leben lang. Jede Verbindung ist zufällig und schicksalsmäßig. Ich wähle nicht die Frauen, die Frauen wählen mich. Alles hat seine Zeit und seine Dauer. *Les destinés sont proportionelles aux attractions.* In jeder Frau die ich erkenne, offenbart sich mir das Geheimnis. *Quand je fais l'amour avec une femme, je les baise toutes. J'aime la femme divine, éternelle, cosmique que chacune d'elle représente pour sa part.*

Es gibt, so will mir scheinen, für einen Mann keinen anderen Weg zur vollkommenen Selbst- und Seinserfahrung als den Weg über den Körper der Frau. Durch die Vereinigung mit dem anderen Geschlecht findet er Zugang zur anderen Hälfte der Welt, das heißt zur Erfahrung ihrer Ganzheit, die er sich allein nicht erschließen kann. Die Sehnsucht, eine unwiderstehliche Kraft, treibt ihn, sich auf diesen Pfad zu begeben. Sein Begehren ist eingebettet in den Strom jenes universellen Verlangens nach Vereinigung, der die Welt im Innersten zusammenhält.

Durch unsere Leiber in ihrer Geschlechtlichkeit sind wir in concreto mit dem Leib der Gesellschaft, mit der Menschheit, mit der Welt, mit dem Sein verbunden.

Für mich ist die Frau, jedes weibliche Wesen für den Mann, potentielle Heilsbringerin. Im Ritual der sexuellen Vereinigung scheint das Heilige auf. Es ist die Vereinigung des Gottes mit der Göttin. Geschlechtervereinigung als Vollzug, als Sakrament des »Sacrum sexuale«.

Die Feministinnen unter meinen Freundinnen mögen mir verzeihen, ich denke hier ganz altmodisch biologistisch, sexistisch, durchaus anti-»dekonstruktivistisch«. Die Frauen sind für mich biologisch, psychosomatisch und ergo ontologisch etwas anderes als die Männer, wenn auch von der gleichen Essenz, der gleichen Gattung zugehörig. Die Spezies Mensch ist zweihäusig.

Das ist nicht evident für jemanden, der aus Deutschland kommt. Ich habe es in Paris gelernt.

Indem ich bei meinen Nachforschungen über den Ursprung der Soziologie notwendigerweise über das Wesen der Soziologie, der »Neuen Philosophie«, nachzudenken begann, wurde mir die ganze Absurdität, der helle Wahnsinn der »alten« klar, die in der Geschichtsphilosophie Hegels ihren letzten Höhepunkt erreicht hatte, der auch der Wendepunkt war. Der Irrwitz, die Welt auf die Dialektik von Sein und Nichts zu reduzieren. Ein Paroxysmus des männlichen Geistes, männlicher Ausgrenzung und megalomaner Selbstbehauptung. Denn der zu-sich-selbst-kommende (Welt-)Geist war selbstverständlich immer der Geist der Männer, der äußerste Abstraktionsgrad des begrifflich-systematischen Diskurses das sichere Indiz dafür. Das zum Bewußtsein seiner Selbst kommende Subjekt war männlich. Die

Bewegung der Geschichte, das strukturierende Moment der Gesellschaften, war der Kampf der Männer, »Herr« und »Knecht«, um Anerkennung und Suprematie. Tod und Gewalt. Frauen haben in dieser Philosophie keinen Platz. Die andere Hälfte der Menschheit wird ausgeschlossen. Sie ist Kontingenz, dem Nichts verfallen.

Im Gegensatz zu dieser Männerphilosophie der Geschichte, eine extreme Ausformung der abendländischen Metaphysik, Hegel hat ja nichts erfunden, eine säkulare Tradition nur auf den Punkt gebracht, entsteht die nichtdialektische, positivistisch-szientistische, empirisch-pragmatische Soziologie als eine Gesellschaftsphilosophie der Vermittlung, des Ausgleichs, der Versöhnung (der »Beendigung der Revolution«) der ganzen Menschheit unter Einschluß der Frauen. Für sie wird der weibliche Teil zum existentiell-konstitutiven Moment der »Zukunftsgesellschaft«. Der weibliche Beitrag wird sie prägen. Und um das möglich zu machen, ist die Emanzipation der Frau zur wichtigsten Menschheitsaufgabe geworden.

Die *époque de transition,* die Übergangszeit, war zweifellos eine Weltwende, doch die Revolution, die da eingesetzt hatte, war nicht die bürgerliche, demokratische oder industrielle – das waren nur Nebenaspekte; es war die Heraufkunft einer auf der Komplementarität des männlichen und des weiblichen Prinzips basierenden Gesellschaftsordnung. Es geht nicht mehr um den Anerkennungskampf von Herr und Knecht über die abstrakte Negativität, sondern um die Emanzipation der Männer und Frauen vom abstrakten zum sinnlichen Menschen.

»Soziologie« war dann ein universaler Interpretationszusammenhang, in dem sich das neue Selbstverständnis des Menschen als zweigeschlechtliches Gattungswesen entfaltet. Die Alternative zur Abwendung vom monotheistischen Gottesglauben der Väter – ein schwerer Schritt – war nicht der Glaube an die Allmacht der Wissenschaft *per se* – vielmehr die Errichtung einer neuen symbolischen Ordnung. Die Überwindung des Männerzeitalters kulminiert in der Sakralisierung des Geschlechtlichen/Weiblichen als gnostischer Lebensmacht.

Der epochale Schritt von der metaphysischen Geschichtsphilosophie zur Soziologie (der Schritt von Hegel zu Auguste Comte und den Saint-Simonisten, in Deutschland Feuerbach) fand ihren emblematischen Ausdruck im Topos von der *Femme Messie.*

Ich gehöre, denke ich, zur letzten Generation der Hegel-Geschädigten. Wo der Einfluß Hegels aufhört, beginnt die *post-histoire* (was um Gottes willen nicht heißt, daß die »Geschichte« aufhört). Aber wir wissen jetzt, daß die Geschlechterproblematik das zentrale Problem der Menschheitsentwicklung ist.

Das Strukturprinzip der Welt ist nicht die dialektische Alterität von Sein und Nichts, sondern die Komplementarität von Männlich und Weiblich in ihrer Diversität.

Das Menschheitsziel ist der Androgyn – als Metapher, als Sehnsuchtsfigur, als utopisches Projekt, als jene Idee, in der die harmonische Symbiose, die Synthese von Männlich und Weiblich als Vollendungsstufe der Spezies sich ankündigt und symbolisch darstellt.

Paris – die emblematische, die symbolische Stadt – war immer schon auch die androgyne Stadt. Als ich mit Maxime Leroy über das Abenteuer der *Compagnons de la femme* sprach, sagte er mir, etwas agaciert: *»C'était pas la peine d'aller si loin. Ils avaient, ce qu'ils cherchaient, à portée de main.«* Was sie so sehnsüchtig suchten, *La Femme Messie,* residierte auf dem anderen Ufer der Seine.

Ménilmontant, die Kommune des Père Enfantin, und der Salon von Juliette, der Demivierge de la Chair in der Abbaye aux Bois, waren komplementär und einander zugeordnet, zwei Figurationen der beiden mythischen Pole der Stadt, die immer schon die sakrale Topographie von Lutetia bestimmten: das Heiligtum des Mannes, des Vaters, und das Heiligtum der Frau, der Mutter, die zusammen den Tempel des Menschheitskultes bilden. *Le temple doit représenter un androgyne, un homme et une femme.*

So sah es der Plan der *Ville Nouvelle* von Charles Duveyrier vor, eines der phantasmagorischen Projekte der Saint-Simonisten, an dem Enfantin selber mitgearbeitet hatte. Paris, *capitale de l'univers,* Mittelpunkt der in ihren Gegensätzen versöhnten Welt.

Und wo sollte er stehen, der große Menschheitstempel, wenn nicht inmitten der Isle de la Cité, zwischen den beiden Armen des Stroms, zwischen Rive droite und Rive gauche, da, wo einstmals schon der Isistempel gestanden hatte – da, wo heute noch die Kathedrale von Notre-Dame steht, vor der Esmeralda tanzte und der Turm von Saint-Jacques, der geheimnisumwobene Kultort schwarzer Messen, wo Nerval den Tod fand.

Und genau da im Zentrum des sakralen Bereichs, am Schnittpunkt ihrer beiden mythischen Sphären, auf heiligem Territorium lag doch meine Place Dauphine, der verwunschene Ort, dessen intensiv erotische Atmosphäre Breton beschworen hat, dem dort Nadia begegnete, *ce génie libre, qui sera tour à tour prostituée, aventurière, femme-enfant, fée, sorcière et aristocrate.*

»Quelle belle adresse«, sagten sie. Sie wußten nicht, wie recht sie hatten.

»Vous me confondez avec ma mère!« – »Non, mon enfant. Je suis amoureux de vous, parce que j'ai aimé votre mère.« Oder hätte ich sagen müssen: »Parce que j'aime votre mère«?

Ja, das war sie! Zwanzig Jahre jünger, etwas pummeliger, dieselbe gekräuselte Oberlippe, das feine Näschen, das Grübchen über dem linken Mundwinkel und am Kinn. *Marie-Laure!* Eine der faszinierendsten Frauengestalten, der zu begegnen mir vergönnt war. Sie entstammte der poesiegesättigten Lebenssphäre der Supervielles. Tochter einer Schwester von Denise Bertaux. Ein paar Jahre jünger als Anne-Marie, ihre Tante. Sie war noch zu jung, um auf den Gesellschaften des Clans zu erscheinen, tauchte gelegentlich nur zum Guten-Tag-Sagen auf, sechzehn-, siebzehnjährig. Ich hatte damals nur Augen für Anne-Marie und habe sie überhaupt nicht wahrgenommen. Aber sie hatte mich fast zehn Jahre später, auf einem Empfang im Hause der Großeltern, erspäht und von diesem Augenblick einer flüchtigen Begegnung an das deutliche, durch nichts zu erklärende und durch nichts zu rechtfertigende Gefühl gehabt: Dies ist der Mann meines Lebens, wir sind füreinander bestimmt. Es überwältigte sie wie eine Offenbarung. Sie beschrieb es als einen jähen Schmerz, einen Stich ins Herz. Gleichzeitig durchströmte sie ein warmes Glücksgefühl. Das merkwürdigste war für sie, sagte sie immer wieder, die absolute Gewißheit dieses Gefühls, das anders war, stärker als jedes andere Gefühl, das sie kannte und das sie auch nie wieder verließ. Sie sah mich und erkannte mich. Wir waren füreinander bestimmt, sie für mich, ich für sie, weil wir in einem anderen Leben schon einander gehört hatten. Sie sah da nicht einen Fremden, der ich für alle die anderen war. Sie kannte mich von jeher und immer schon, und ich gehörte ihr, Geliebter und Gebieter, Bruder vielleicht. Sie wußte von diesem ersten Moment an, warum sie auf der Welt war: sie war gekommen, um mich wiederzufinden.

Die Schwärmerei eines exaltierten Backfischs? Zehn Jahre später noch hatte sie nichts an Intensität verloren und war so stark, daß sie mich in ihren Bann schlug. Jetzt war ich es, dem es wie Schuppen von den Augen fiel und der sie wiedererkannte. Ja, sie und keine andere war es, die mir bestimmt war, und obwohl uns das Leben inzwischen so weit auseinander geführt hatte, kommunizierten wir in seligem Einverständnis, das nun auch mich überkam wie ein Rausch. Es war kein physisches Begehren, das da aufflammte. Nichts wäre natürlicher gewesen im Angesicht dieser jungen Frau, die mir mit soviel Ernst und völlig ungeschützt von ihrer Liebe zu mir sprach. Sie wollte mich nicht verführen, sondern überzeugen. Sie ließ nicht ihre Sinne sprechen. Ihre Seele suchte und fand die meine.

Diese Gewißheit unserer Zusammengehörigkeit war unser Geheimnis. Sie stand im absoluten Gegensatz zu unseren Biographien. Unser Leben lang haben wir versucht, zueinander zu finden. Immer kam etwas dazwischen, Großes und Kleines. Umzüge, Autounfälle, Operationen. Andere Männer bei ihr. Andere Frauen bei mir. Sie waren ohne Bedeutung für uns. Wir nahmen diese Störungen hin als Äußerlichkeiten, die uns nicht tangieren konnten, weil wir wußten, daß wir zusammengehörten. Wir trafen uns regelmäßig wieder, aber nie kam es zu der ersehnten Vereinigung. Sie war nicht für dieses Leben programmiert.

Marie-Laure hat alles durchgemacht, was eine Frau durchmachen kann. Als junges Ding, in der Zeit der Rallyes (Tanzstunden würden wir sagen) ließ sie sich mit einem Jungen ihres Milieus ein, der sie, nachdem er ein Jahr lang das Szenario der großen Liebe gespielt und jeden Nachmittag mit ihr gebumst hatte, brutal sitzenließ: »Mein liebes Kind, ich muß dir mitteilen, daß ich mich morgen verloben werde!« Ja mit wem denn? Mit Marie-Françoise, einem jungen Mädchen aus derselben Clique. Aber sie ist eine Erbin und bringt ein kolossales Vermögen mit in die Ehe. Die Voraussetzung für eine große Karriere. »Du wirst verstehen, daß Marie-Françoise dich nicht auf dem Empfang, den ihre Eltern für uns geben, sehen möchte. Zwischen uns ändert sich nichts, nicht wahr, mein Liebling?«

Man darf ihm keine Vorwürfe machen, dem jungen Herrn. Er handelte vollkommen systemkonform. Er war keineswegs ein Arrivist oder *Coureur de dot*. Er stammte selber aus gutem Hause und machte die Partie, die man von ihm erwartete. Er heiratete einen Geldsack und in eine Familie mit großen Namen. Das nennt man eine Vernunftehe. Die Ehe ist etwas anderes als eine Liebesgeschichte. Realitätsprinzip versus Lustprinzip.

Das wußte Marie-Laure alles. Sie wußte vor allem, daß sie selber kein Vermögen hatte. Aber sie war verknallt und hatte sich Hoffnungen gemacht, schließlich war sie auch aus einem guten Stall. Sie war guter Hoffnungen. Die Eröffnung traf sie wie ein Schlag. Es war ein Sonntag. Die beiden waren zum Tee nach Montfort Lamaury hinausgefahren. Sitzen da im Garten, umgeben von anderen Ausflüglern. Die Sonne sticht. Ein Gewitter kündigt sich an. Ohne ein Wort zu sagen, steht sie auf und rennt auf die Straße, rennt, verliert einen Schuh, achtet nicht darauf, rennt weiter. Der junge Herr rührt sich nicht von seinem Stuhl. Irgend jemand liest sie auf, bringt sie nach Hause, ohne herauszubekommen, was dem Mädchen widerfahren ist, das von Schluchzen erstickt nicht sprechen kann.

Marie-Laure erzählt mir das schreckliche Vorkommnis wie einen Alptraum, kaum vernehmbar, zitternd, im Nachtzug nach Straßburg, in dem wir sitzen, die Beine ausgestreckt, in einem überfüllten Abteil, eng umschlungen, unter ihrem Mantel uns liebkosend. »Nicolas, mon chéri...«

Inzwischen hatte sie geheiratet. Nach demselben Prinzip. Einen sehr viel älteren Mann mit Geld und einem Titel. Jetzt ist sie Marquise. Sie lacht. Jetzt hat sie eine Position in der Gesellschaft. Jetzt kann sie machen, was sie will. Jetzt ist unsere Stunde gekommen. Aber nein.

Sie hat einen Liebhaber, dem sie vollkommen verfallen ist. Ein Ganove, ein Abenteurer, ein Zuhältertyp. *Beau comme un dieu!* Er quält sie sadistisch, er nutzt sie aus, er schlägt sie, er beschimpft sie, er behandelt sie wie Dreck, sie zittert am ganzen Leibe, wenn sie von ihm spricht, sie hält es nicht einen Tag mehr aus, sie hat nur einen Wunsch, ihn zu verlassen, sie kann es nicht, sie hat ihn in der Haut. »Nicolas, mon chéri, si tu savais!«

Nachts um drei reißt er sie telefonisch aus dem Schlaf. Er muß sie unbedingt sehen. Jetzt gleich. Sie hängt ein. Soll er klingeln. Sie wird ihm nicht aufmachen. Zehn Minuten später bricht er über den Balkon durch das Fenster in ihr Zimmer ein. Er braucht sofort sechstausend Francs, um Spielschulden zu bezahlen, man erwartet ihn sofort zurück. Ohne Widerspruch, splitterfasernackt geht sie zum Safe, der hinter dem Nachttisch in die Wand eingelassen ist, holt das Geld heraus, händigt es ihm aus. Ohne sie eines Blickes zu würdigen, eines Kusses, einer Zärtlichkeit, ohne ein Wort des Dankes verschwindet er durch den Vorhang, durch den er hereingebrochen war. Sie ist nicht empört, legt sich ins noch warme Bett, zieht die Decke über den Kopf. Sie ist glücklich. Sie erschauert vor Glück, weil sie ihm das Geld gegeben hat. Das Geld des Mannes, dem sie sich verkauft hat, dem Mann, den sie liebt. Es ist, als ob er sie gefickt hätte. Verstehe einer die Frauen.

Aber das ist noch nicht alles. Der Liebhaber hat eine Geliebte, eine achtzehnjährige Mulattin, bildhübsch, ich habe sie kennengelernt. Nathalie, das Rabenaas. Die Marquise muß sie nicht nur aushalten (im doppelten Sinne des Wortes), sie muß das Bett mit ihr teilen. Sie tut es gerne. Sie sagt, es sei, als ob sie süchtig sei. Sie muß einfach alles tun, was dieser Mann von ihr verlangt. Natürlich koksen sie auch. Es beginnt im *Bal Nègre*, wo die Kleine anschafft. Die drei tanzen zusammen. Tanzen wie besessen. Dann gehen sie auf Nathalies Bude, um die Ecke. Wenn Marie-Laure mir erzählt, was da passiert, werde ich neidisch. Nach einiger Zeit finden sie, daß es bei Nathalie nicht komfortabel genug ist, und jetzt findet der Zauber im breiten Ehebett der Marquise statt. Die Kinder – es gibt zwei kleine Mädchen, Véronique und Angélique – schlafen einen Stock höher ihren Kinderschlaf.

Sie hat das nicht nur alles erlebt, sondern einen Roman darüber geschrieben, der veröffentlicht wurde und einen gewissen Erfolg hatte. Alle wußten, daß hinter dem Pseudonym die Enkelin von Supervielle stand. Sie gehört zur Gesellschaft, sie gehört zum *Tout Paris*. Ihr Leben ist nicht viel abenteuerlicher als das anderer Großer Damen, das von Marie-Laure de Noailles zum Beispiel, die sie sich zum Vorbild gewählt hat.

Der Marquis, der alles wußte und vielleicht etwas stolz war auf seine so verführerische Frau, war irgendwo in Südostasien auf diplomatischem Posten. Marie-Laure hatte es abgelehnt, ihm dorthin zu folgen. Nur einmal im Jahr flog sie zu ihm, die Koffer voller Kleider der Haute Couture, ausgeliehen, wie das üblich ist, um ihren Repräsentationspflichten als Botschafterin zu genügen. Dort fand sie einen Harem mandeläugiger Prinzessinnen vor, des créatures délicieuses. Gewitzigt durch ihre Erfahrungen mit Nathalie inszenierte sie zwischen Perlenvorhängen, Hängematten und Draperien aus schwerer Seide das Paradies der Lüste nach dem Vorbild der *Émanuelle*.

Die Prinzessinnen, Töchter der großen Familien des Landes, hatten vor allem den Wunsch, ein Visum für Frankreich zu bekommen, bevor die Franzosen die alte Kolonie verließen, was unmittelbar bevorstand. Nichts war schwieriger, selbst wenn man mit dem Botschafter und seiner Gemahlin schlief. Marie-Laure verheiratete kurzerhand ihre Lieblingsgespielin mit ihrem Liebhaber. Damit war das Problem gelöst. Später fanden sich alle in Paris wieder. Ein anderes der Mädchen schenkte sie ihrem Vater.

Pierre David. Ein gutaussehender homme du monde, etwas älter als ich, der immer überall anwesend war und nie ein Wort sprach. Nach seinem Tod erfuhr ich sein wohlgehütetes Geheimnis. Er hatte in der Französischen Legion in Rußland auf deutscher Seite gekämpft. Doch das nur nebenbei.

Sie erzählte mir alles, wenn unsere Wege sich kreuzten. Unsere karmatische Komplizität kannte keine Grenzen. Sie genoß es, sich mir hüllenlos zu zeigen und sich meiner voyeuristischen Anteilnahme zu vergewissern. Wir kommunizieren über den Signifikanten des abwesenden Dritten. Das ungelöste Problem, das Erbe, das wir aus früheren Leben mit uns schleppten, muß rasende Eifersucht gewesen sein.

Am nächsten kamen wir uns, körperlich, als sie sich in eine Freundin von mir verliebte. Unerwartet tauchte sie mitten in der Nacht in dem Hotel auf, in dem wir Quartier genommen hatten. Als wäre es das Selbstverständlichste von der Welt, legte sie sich zu uns und bot mir (ohne auf den geringsten Widerstand zu stoßen) das erregende Schauspiel ihrer lesbischen Verführungskünste. Als sie erreicht hatte, was sie wollte, verließ sie uns, genauso abrupt, wie sie gekommen war. »Non, Nicolas, mon chéri, je ne peux absolument pas rester. Bonne nuit, les amoureux!«

Einmal stellte ich uns die Frage, warum wir, wo wir doch zusammengehörten, nicht zusammenkommen, nicht zusammen leben konnten. Sie hatte sofort die Antwort bereit: Aber du weißt doch, mein Liebling, daß wir beide nicht Geld genug dafür haben!

Das unerfüllte Versprechen, das mich ein Leben lang mit der Mutter verband, wurde eingelöst von ihrer Tochter. Hier ist genau die Stelle, an der der Weg, den die Erzählung nehmen kann, sich gabelt. Fiction oder non-fiction? Es ist eine Frage des Genres. Auf der einen Seite ist die Versuchung fast unwiderstehlich, von der Wahrheit abzuweichen, und auf der anderen ist die Forderung, sich an sie zu halten, so gut wie unerfüllbar.

Schriebe ich einen Roman, so begänne jetzt hier, ganz unabhängig von dem, was sich wirklich ereignet hat, die Geschichte des älteren Herrn, der zum Liebhaber der Tochter einer früheren Geliebten wird. Diese literarische Idee ist nicht originell, und es ist nicht schwer, sich in sie einzufühlen und eine neue Version zu liefern. Der Topos hat seine eigene Gesetzmäßigkeit. Es ist auch nicht die Aufgabe des Romanciers, zu berichten, was geschehen ist, sondern vielmehr, was geschehen könnte und was möglich wäre. Im Erlebnisbereich des Möglichen ist der literarischen Phantasie keine Grenze gesetzt, und das Einverständnis des Lesers ist dem Autor gewiß, wenn die Geschichte nur gut erzählt ist.

Ganz anders, wenn ich mich an die Regel des autobiographischen Berichtes halte. Was kann ich denn erzählen von dem, was wirklich geschehen ist? Es gibt keine Fakten, es gibt nur Interpretationen.

War die kurze Begegnung mit Angélique überhaupt mehr als das Aufblitzen einer Phantasievorstellung, eines Wunschszenarios in meinem Kopf? Oder nicht in meinem Kopf, nein, in dem des jungen Mädchens? Gewiß. Es war der Gedanke des jungen Mädchens, der auf mich übersprang, der mich für einen Augenblick verwirrte und verführte. Ich gestehe es ein: ich entflammte lichterloh. Ihr Wunsch, nicht der meine, die Geliebte des Mannes zu werden, von dem sie wußte, daß er die große Liebe ihrer Mutter war – nicht weil er ihr sonderlich gefiel, sondern weil er der Mutter gefallen hatte und sie eine Chance sah, die Mutter endlich als Rivalin auszustechen, sich an ihr für irgendwelche Demütigungen zu rächen, mich also gewissermaßen der Mutter wegzunehmen, ihr diesen Besitz abzujagen, um ihr triumphierend zurufen zu können: »Na, siehst du, das kann ich doch längst!«

Oder war es umgekehrt? Handelte sie in ihrer Bereitschaft, sich mir hinzugeben – die erst nur ein Gedankenspiel war, ein Vibrieren der Sinne –, als Beauftragte der Mutter, deren Vertraute sie früh geworden war, deren Komplizin und die ihr von ihrer Liebe zu mir gesprochen hatte oder auch nicht gesprochen hatte, deren Unerfülltheit sie aber spüren konnte aus dem, was ungesagt blieb, ein Sehnen, das sich auf sie empathisch übertragen hatte, eine drängende Ungeduld, die sie jetzt, ohne daß sie sich dessen sehr genau bewußt wäre, in ein Abenteuer trieb, das sie nicht in eigener Verantwortung durchleben würde, sondern stellvertretend, als Wiedergutmachung für ein Unrecht, das ihrer Mutter vom Schicksal zugefügt worden war – das Ausagieren einer Identifikation (und weiß Gott, wir wissen, wieviel Kinder, Töchter und Söhne in ihrem Leben die geheimen, unbefriedigten Sehnsüchte ihrer Mütter erfüllen). Gleichviel.

Das entscheidende Faktum war die Perzeption einer Möglichkeit – dieser Möglichkeit, wie sie als *figure de style* in einem Roman vorkommen könnte, ja für diese Gattung die literarisch richtige, dem Genre entsprechende Auflösung der Situation wäre. Wenn (ich sage, wenn) daraus nichts wurde, wenn wir die Chance nicht ergriffen, die Offerte nicht annahmen, die unser Begehren und unsere Einbildungskraft uns zuspielten, so war das nur wieder eine Bestätigung für die traurige Defizienz der Wirklichkeit gegenüber ihrer literarischen Überhöhung, die nichts anderes ist als die Freilegung der in ihr verborgenen Wahrheit. Die Wirklichkeit hätte eigentlich so sein müssen, wie sie sich in unserer Phantasie abzeichnete.

Und wenn wir nun doch das Angebot ratifiziert haben? Dann gibt es gute Gründe, darüber Schweigen zu bewahren. Auch wenn es die Regel des von mir gewählten Genres ist, die Wahrheit, nur die Wahrheit zu sagen, so heißt das noch lange nicht, ich wäre verpflichtet, die ganze Wahrheit zu sagen. Der Autobiograph kann nicht, er darf nicht, was für den Romancier zum Metier gehört, seine Abenteuer ohne weiteres zum Material seiner Erzählungen machen. Das ist eine Frage der Rücksicht, des Respekts, der Courtoisie, kurz, der gesellschaftlichen Konvention. Darüber herrscht weitgehend Einstimmigkeit. Der Leser, der, wenn es um einen Roman geht, keine Anstandsregeln mehr kennt, ist in seinem Urteil über den Autor eines Erinnerungsbuches sehr streng. Er möge ihn mit seinen Intimitäten verschonen, die gingen niemanden etwas an, er solle lieber berichten, was wirklich berichtenswert sei. Zum autobiographischen Genre gehört die Verschwiegenheit des Verschweigens.

Es gibt aber vielleicht noch einen ganz anderen Grund, der mich an dieser Stelle zurückhalten muß, die ganze Wahrheit zu sagen: Gewisse Glückserfahrungen sind zu köstlich, als daß man sie der Öffentlichkeit preisgeben möchte. Obwohl ich der festen Überzeugung bin, daß nur das Allerintimste, das Verborgenste erzählenswert ist, und jenen Autobiographien mit größtem Mißtrauen gegenüberstehe, in denen über das, was man eigentlich erfahren möchte, weil es das wichtigste in jedem Leben ist, tunlichst geschwiegen wird: Sex and Money, werde ich in diesem einen Falle so skrupulös sein, wie es der Leser erwartet, und die schöne Geschichte von der schönen Tochter meiner Freundin Marie-Laure nicht erzählen, darf aber mit einer gewissen Genugtuung feststellen, daß das Stück Wahrheit, das ich dem Leser vorenthalte, mit dem Stück Imagination, das er in einer *vie romancée* zu lesen bekommen hätte, genau deckungsgleich ist. Das Defizit an Wirklichkeitsstoff ist identisch mit dem literarischen Mehrwert. *La vie à chaque instant est un roman.*

REGISTER